TRAITÉ

DES NULLITÉS

DES CONVENTIONS ET DES ACTES.

IMPRIMERIE DE WEISSENBRUCH PÈRE, IMPRIMEUR DU ROI.

TRAITÉ

DES NULLITÉS

DES CONVENTIONS ET DES ACTES,

EN MATIÈRE CIVILE,

PAR M. SOLON,

Avocat à la Cour royale de Paris.

NOUVELLE ÉDITION,

AUGMENTÉE DE LA LÉGISLATION DE BELGIQUE.

BRUXELLES,

LIBRAIRIE DE JURISPRUDENCE DE H. TARLIER,

ÉDITEUR DE MERLIN, DURANTON, TOULLIER, SIREY, GRENIER, ROGRON, PAILLIET, POTHIER, LEGRAVEREND, LERMINIER,
HENRION DE PANSEY, CHABOT DE L'ALLIER, BOULAY PATY, AUGAN, CARRÉ, DUPIN, PARDESSUS, PIGEAU, PROUDHON,
MACAREL, LEDRU, DUCAURROY, PERSIL, VAZEILLE, CORMENIN, MASSÉ, COMTE, LEVASSEUR, PONCET,
DE LA JURISPRUDENCE DE LA COUR DE CASSATION ET DES COURS D'APPEL DE BELGIQUE ET DE FRANCE.

1836.

INTRODUCTION.

L'exécution des lois est une des conditions les plus essentielles à la stabilité des sociétés humaines ; rien ne serait plus contraire à l'ordre public et à la paix des familles, que la facilité qui serait laissée aux citoyens de s'affranchir de l'accomplissement des devoirs qui leur sont imposés comme condition de la liberté et des droits dont ils jouissent.

Pénétrés de cette vérité, tous les législateurs se sont occupés de donner à la loi cette autorité active, cette force imposante, sans lesquelles il est évident que ses dispositions se réduiraient à de vains préceptes, à d'inutiles conseils.

En matière criminelle, l'exécution des lois a été, autant que possible, assurées par de peines corporelles ou infamantes ; et celles-ci sont l'objet d'un Code particulier, dont les dispositions sont étrangères au sujet que nous avons voulu traiter.

En matière civile, cette même exécution se trouve assurée, soit par la certitude des avantages que le législateur avait rattachés à l'observation de la loi, soit par la privation des droits qu'on avait voulu acquérir ou se ménager en ne suivant pas la volonté du législateur, en d'autres termes, cette exécution est assurée par l'annulation des actes ou conventions illégalement consentis.

Une telle annulation est la garantie la plus efficace de l'exécution des lois; elle nous touche dans nos intérêts qui, comme on sait, sont le plus souvent le mobile de nos actions; elle nous menace dans les résultats de notre désobéissance; elle nous dit : Pourquoi violer la loi, lorsque vous ne devez en tirer aucun profit ?..

La menace d'annuler les actes et les conventions illicites, forme donc la sanction des lois qui règlent la forme de ces actes et les conditions essentielles à ces conventions; et la nullité qui réalise cette menace, fait, en quelque sorte, partie de la loi qu'elle a pour objet de faire respecter.

Aussi verrons-nous qu'il existe une relation intime entre les nullités et les dispositions à l'inobservation desquelles elles ont été attachées, et que la nature d'une nullité, l'importance de ses effets, le droit de la proposer, etc., etc., dépendent entièrement de la disposition qui a été méconnue. C'est ainsi que nous verrons que la violation d'une loi générale et d'ordre public produit une nullité d'ordre public, absolue, irréparable, tandis que la violation d'une loi dont l'objet est uniquement de régler les droits des citoyens entr'eux, ne produit qu'une nullité de droit privé, dont les effets sont bien moins graves et peuvent être facilement réparés ; c'est ainsi que nous verrons l'inobservation d'une loi sur la procédure produire un *nullité de forme,* tandis que la contravention aux lois qui règlent les conventions des citoyens entr'eux, qui assurent leurs garanties dans les transactions, etc., produit *une nullité du fond.*

Cette observation nous a été très-utile pour classer les nullités, pour en déterminer les conditions, l'importance et les effets; elle nous a servi surtout à faire une distinction qu'on ne doit jamais perdre de vue dans la pratique, nous voulons parler de la différence qu'il y a entre la nullité de la convention, et la nullité de l'acte qui est destiné à la prouver.

A cette première observation, fertile en conséquences, nous avons rattaché deux idées qui nous ont paru fondamentales, et dont notre ouvrage n'est, en quelque sorte, que le développement et la justification.

La première, c'est que les nullités sont, pour la partie dans l'intérêt de laquelle elles ont été portées, un remède de droit *remedium juris,* dont l'objet est d'empêcher cette partie de souffrir de la contravention. La loi lui donne l'action en nullité pour empêcher le mal; s'il n'est point encore fait, ou pour le réparer, si déjà cette partie a eu à en souffrir. (VANTIUS, *de nullitatibus*).

La deuxième, c'est que la nullité est, relativement à celui qui a violé la loi, la punition de sa désobéissance. — C'est une véritable peine qui consiste dans la privation des droits, ou avantages que l'acte aurait conférés, s'il eut été conforme à la loi, et qui enlève tous les profits qui sont résultés de l'acte, pour remettre les parties dans l'état où elles étaient lorsqu'a été fait l'acte illégal. *Restitutio ità facienda est ut unusquisque integrum jus suum recipiat.*

C'est dans ces deux idées fondamentales que nous avons cru retrouver toute la théorie des nullités; c'est dans la combinaison des conséquences qui en résultent, que nous avons puisé la plupart des règles répandues dans notre ouvrage.

Ainsi, considérant les nullités comme un remède de droit, nous avons reconnu et prouvé que les juges ne devaient jamais en admettre d'inutiles, et qu'il n'y avait pas de nullités sans griefs.

Par la même raison nous avons pensé que, généralement, le remède devait appartenir à tous ceux qui auraient souffert, ou pourraient avoir à souffrir, et que dans le silence de la loi, il n'y avait pas de raison pour refuser, à un individu plutôt qu'à un autre, le droit de proposer une nullité. Nous avons considéré que tous les citoyens étant égaux devant la loi, la justice exigeait qu'ils eussent les mêmes droits; *prima enim pars æquitatis est æqualitas.* Senèque, lett. 30.

Nous avons dû aussi soutenir que le mal ne pouvant exister qu'autant que la loi aurait été violée, il fallait que la violation fut manifeste, entière, que la volonté du législateur fut totalement méconnue. S'il n'en était point ainsi, le juge ne peut pas avoir le droit d'administrer le remède, de prononcer la nullité. Aussi avons-nous raisonné dans ce sens, qu'il était juste et raisonnable d'admettre dans bien des cas les équipollens, les inductions, et d'être indulgens toute les fois que la volonté du législateur avait été observée, quoique d'une manière indirecte, ou implicite.

D'un autre côté, frappé de cette idée que les nullités étaient une peine, nous en avons diminué le nombre autant que possible; et nous avons raisonné dans ce sens, qu'en général, *les nullités sont odieuses.*

Cet adage cependant nous a paru manquer par trop de généralité. Il est bien vrai que les nullités sont odieuses; mais ce n'est que lorsqu'il s'agit d'une nullité de pure forme. Que signifie, en effet, dans le for intérieur, l'irrégularité d'une demande dans sa forme, si cette demande est juste? que signifie l'imperfection d'un acte, lorsque la convention, dont il avait pour l'objet de fournir la preuve, se trouve établie d'une autre manière, et se trouve parfaite en elle-même?

Mais, au contraire, les nullités sont favorables quand elles sont la conséquence d'une omission qui blesse la convention dans son essence, ou qui donne à penser que la demande n'est point fondée ou qu'elle a été formée de manière à faire une surprise au défendeur. La nullité, dans ce cas, doit être le triomphe de la justice, elle est véritablement le *remedium juris*; elle est favorable, et l'interprétation doit toujours se faire dans le sens le plus opposé à une convention injuste, à une demande mal fondée, ou malicieusement faite.

En d'autres termes, la nullité est odieuse quand elle devient l'arme de la mauvaise foi, elle doit être repoussée dans tous les cas où le législateur ne s'y oppose pas formellement, et que la contravention à la loi n'a pas empêché que la convention ne soit parfaite : *quid enim tàm congruum est fidei humanæ quàm ea quæ inter homines placuerunt servare ?* au contraire, la régularité de l'acte, dans sa forme, ne dispense pas de rechercher les moyens de faire annuler une convention illicite dans son objet, ou surprise par de mauvais moyens.

Il en est de même en procédure ; nous avons pensé qu'on devait, autant que possible, séparer l'objet d'une demande de la forme dans laquelle elle avait été faite, et que l'irrégularité des actes ne devait pas empêcher de prendre tous les moyens de faire droit à la demande, si elle est légitime et justifiée.

Cette manière de raisonner ne sera pas du goût de toute le monde; elle sera improuvée par les formalistes; ils s'élèveront contre ce qu'ils appellent une dangereuse innovation, ils signaleront les inconvéniens graves qui doivent résulter, suivant eux, de l'affranchissement des formes. Et nous ne serions pas étonnés de voir renouveler, par rapport à la manière de former les actions et de rendre la justice, la querelle qui s'est élevée de nos jours entre les classiques et les romantiques, sur le plus ou moins d'importance des règles littéraires. — Nous désirons que cette lutte ait lieu, qu'elle intéresse les jurisconsultes; et nous n'hésitons pas à le dire : elle ne peut que tourner au profit de la justice et de la vérité. L'on sera tout étonné de voir que la procédure ait joué un si grand rôle dans les actions des hommes, que, très-souvent, elle ait été employée contre le bon droit, et que le plus souvent elle ait encouragé et fait triompher la fraude.

Quant à nous, notre conviction est formée; nous nous sommes déclaré contre la rigueur des formalistes. Notre plus grand désir a été de substituer à la règle subtile et fausse : *la forme emporte le fond;*

cette autre règle : *la forme ne doit emporter le fond, que dans les cas où elle est nécessaire pour constituer ou conserver le droit.* — Cette dernière règle nous a paru l'expression la plus naturelle et la plus exacte de ce besoin essentiellement conservateur, de rendre à chaque citoyen ce qui lui est dû, et par cela même, de faire tourner à la confusion du plaideur de mauvaise foi l'emploi de ces moyens de forme, dont l'unique objet est souvent de détourner la main de la justice prête à le frapper.

Quel sera le jurisconsulte de bonne foi qui ne conviendra, que de tous les écueils dont le magistrat est environné, le plus dangereux est celui que présente tous les jours l'application de l'adage : *la forme emporte le fond?*

Combien de ces magistrats ne voit-on pas qui concluent, de cet adage, que la forme doit régner en souveraine dans les causes qui leur sont soumises, et qui, par cela même, cherchent la raison de décider dans un code de procédure plutôt que dans les faits du procès.

Singulière façon de rendre la justice ! n'est-il pas évident, pour tous, qu'en vénérant ainsi la forme, on juge plutôt du mérite de l'avoué, de l'exactitude de l'huissier, que de la probité du plaideur, de la légitimité de sa demande ? Le juge voit de quel côté est la justice, mais il semble craindre de la faire triompher, parce qu'on lui dit qu'elle n'a point été environnée des formes ordinaires ; on fait, en quelque sorte, à celle-ci le reproche de se montrer dans une tenue peu régulière, et d'oser se montrer seule ; on lui applique avec dérision les paroles du fabuliste :

> Mais aussi, dame Vérité,
> Pourquoi vous montrer toute nue ?
> Cela n'est point adroit. . . . .

Cet abus existe encore dans beaucoup de tribunaux, et nous ne saurons trop le répéter, notre but est de le signaler pour le détruire. Qu'on ne pense pas cependant que nous voulions prétendre que la forme des actes et les formalités des procédures puissent être absolument négligées. Nous nous empressons de reconnaître que, quelquefois, elles constituent le droit, que souvent elles le conservent, et que, plus souvent encore elles sont nécessaires pour lui donner l'action et la vie, sans lesquelles il serait illusoire. La forme alors est essentielle ; elle fait partie du droit ; elle est nécessaire pour rendre la justice ; et notre ouvrage renferme un grand nombre d'exemples qui témoignent, dans ce cas ; de notre respect pour elle.

Expliquons donc toute notre pensée. Nous avons voulu prouver que la forme n'était, en général, que l'accessoire du droit ; et que si, quelquefois, on lui donnait l'avantage sur celui--ci, ce ne devait être que dans les cas d'une absolue nécessité. Nous avons voulu prouver que la forme étant souvent en opposition à l'équité, elle était exceptionnelle ; que dès-lors, au lieu de la faire dominer sur les jugemens, il fallait autant que possible chercher à se soustraire à la sécheresse de ses volontés, à la subtilité de ses entraves.

Nous devons toutefois l'avouer : nous n'aurions pas osé nous livrer d'une manière aussi prononcée à la conviction dont nous étions pénétré, si nous n'avions trouvé dans la jurisprudence un mouvement très marqué et progressif dans ce sens ; mais ce progrès est si visible, que personne ne pourra le méconnaître, ni nous accuser de vouloir hâter son développement.

Ainsi, par exemple, lors de la promulgation de la loi du 25 ventôse an XI, sur le notariat ; les Cours d'appel se montrèrent très rigoureuses sur la forme des actes, en général, et plus particulièrement sur la forme des testamens. La plus légère omission était un grief suffisant de nullité, et les procès uniquement basés sur des vices de forme, se multiplièrent avec une déplorable facilité. Mais bientôt l'abus se fit sentir, on abandonna cette jurisprudence rigoureuse qui portait tous les jours atteinte aux conventions les plus légitimes, aux dispositions les plus sages ; et, de jour en jour, on s'appliqua à flétrir les procès de chicane, à proscrire les nullités sans objet.

Pareil changement s'opéra dans l'interprétation des lois sur la procédure civile ; c'est une chose singulière et incroyable que la facilité avec laquelle certaines Cours royales prononcèrent le rejet des demandes les plus justes, sous le pretexte que l'action avait été mal intentée. Il semblait que le fond du droit n'était plus rien ; que la justice avait cessé d'être la volonté ferme et constante de rendre à chacun ce qui lui était dû, que la forme seule était tout. Heureusement cette direction des esprits a été changée ; et généralement on nous a paru sentir le besoin de ne reconnaître d'autres nullités de procédure que celles qui sont absolument nécessaires. Les magistrats et les jurisconsultes sont devenus questionneurs comme les moralistes ; ils ont voulu se fixer sur les conséquences de leurs décisions ; et il est bien rare aujourd'hui qu'ils ne disent pas ce que l'auteur de l'*Émile* mettait toujours dans

la bouche de son élève : *En quoi ce que vous demandez est-il utile ?
à quoi cela est-il bon ?.... En quoi cela est-il justice ?*

Ce changement utile et sage ne peut pas être révoqué en doute;
il se manifeste tous les jours dans la jurisprudence, et c'est pour en
presser les heureux effets, que nous avons entrepris cet ouvrage.

Notre but aurait été manqué, si nous n'avions attaqué de tous nos
efforts la puissance des brocards de droit, de ces adages nés du sein
de la controverse des écoles, et que la plupart des docteurs avaient
créés à une époque où ils s'occupaient beaucoup plus de se faire des
élèves, et de créer des systèmes, que de bien interpréter la loi. Nous
les avons soumis à un examen consciencieux ; nous les avons dépouillés
de cette couleur fausse, de ce prestige dont les ont empreints des
docteurs secondaires, qui les avaient accueillis et transmis, en quelque
sorte, sur la parole du maître.

Rapportant toutes nos idées et nos opinions sur ce point, à cette
pensée première et fondamentale, qu'avant tout *les lois avaient pour
objet de faire rendre à chacun ce qui lui est dû*, nous n'avons admis
d'autre règle générale et absolue, que celle qui tendait au triomphe
de la justice, à la conservation de l'ordre public. Nous en avons tiré
la conséquence que c'était seulement par leurs effets que l'on devait
déterminer le sens et l'application des règles de droit.

On ne s'étonnera donc pas que nous ayons souvent cité les lois
romaines; c'est comme raison écrite, comme règles d'équité, comme
règles d'interprétation, que nous les avons accueillies, et que nous
en avions le droit. (Arrêt de la Cour de cassation, du 2 messidor
an XI ; Sirey, vol. 3-1-306).

C'est dans le même esprit que nous avons trouvé un encouragement
pour combattre les opinions qui nous ont paru injustes ou dangereuses.
L'autorité des jurisconsultes dont nous avons eu à critiquer les décisions,
ne nous a nullement arrêté ; la franchise de notre opposition fera notre
excuse, et nous fera d'ailleurs, pardonner les erreurs dans lesquelles
nous avons pu tomber nous-même..

Au reste, nous ne nous sommes occupé de l'examen des questions
que comme exemples des principes que nous avions posés. On sentira
facilement que notre ouvrage eût été immense, si nous eussions voulu
examiner et approfondir les questions nombreuses et graves qui devaient
se présenter à notre pensée. Et comme nous n'avions nullement le désir
de faire parade de logique et de science, nous prévenons nos lecteurs
que nous n'avons voulu qu'exposer notre plan, faire connaître les

principes de la matière, et que l'examen des questions a été pour nous d'un intérêt presque nul.

Nous ne ferons point ici l'analyse des opinions que nous avons adoptées sur les diverses parties du Traité que nous livrons au public, nous avons fait connaître les idées générales qui nous ont dirigé dans l'ex posédes principes et dans la solution des questions qui nous ont servi d'exemple.

Ces idées nous ont conduit à faire sentir la nécessité d'apporter plus de respect pour le fond d'une demande, et l'objet d'une convention, que pour les formes dont elles ont été entourées;

De ne point reconnaître de privilége, dans le droit de proposer les nullités;

D'admettre une interprétation large, généreuse, favorable aux actes faits de bonne foi;

De ne jamais poursuivre des contraventions sans griefs; de ne jamais accueillir des nullités inutiles;

De ne pas refuser trop légèrement l'offre de preuve de la violence, de la fraude où d'une autre cause illicite;

D'être facile pour admettre la ratification d'un acte nul dans la forme, et d'être réservé pour la ratification d'une convention illicite, ou viciée dans son essence;

De voir modifier autant que possible les effets des nullités qui n'auraient point pour objet de punir la fraude, et, au contraire, de les voir étendre quand elles proviennent d'une cause injuste;

De voir dominer surtout les principes de justice et d'étiquité naturelle, qui, dans toutes les matières, sont les interprètes les plus parfaits, les guides les plus sûrs.

Aurons-nous suffisamment fait connaître la nécessité d'une pareille innovation? C'est ce que nos lecteurs jugeront, et qu'ils jugeront surtout avec bienveillance, quand ils sauront que nous n'avons pas eu l'ambition de devenir auteur; que nous avons commencé notre travail à un âge où bien loin de chercher à instruire les autres, on ne fait que sentir le besoin qu'on a soi-même d'instruction.

Notre seule ambition a été de signaler une innovation possible, un progrès dans l'interprétation et l'application des lois. Si nous sommes assez heureux pour faire comprendre la nécessité de ce progrès, nous serons suffisamment récompensé de nos soins et de notre travail.

TRAITÉ
DES NULLITÉS,

DES CONVENTIONS ET DES ACTES,

DE TOUT GENRE,

EN MATIÈRE CIVILE.

CHAPITRE PREMIER.

Des diverses espèces de Nullités.

1. Nous avons dit, dans l'introduction, que la clause de nullité était une véritable peine, dont l'objet était d'empêcher la violation de la loi, qu'elle fesait partie de celle-ci, qu'elle en était, en quelque sorte, la sanction. Nous avons dit que, par cela même, il existait une relation intime entre les nullités et les lois à l'inobservation desquelles elles avaient été attachées, et que la nature d'une nul ité, l'importance de ses effets, dépendaient entièrement de l'objet de la disposition à laquelle il avait été contrevenu. Ces idées une fois admises, il est certain que pour bien classer les nullités, pour faire connaître leurs diverses espèces, nous avons dû jeter un coup d'œil rapide sur l'objet et le caractère des diverses lois qui nous régissent.

2. Or, ces lois se rapportent à une infinité d'intérêts distincts : aussi va-riées, en quelque sorte, que les actions des hommes, leurs dispositions n'ont point toujours la même gravité, et leur exécution n'est pas toujours aussi essentielle. Toutes ont bien pour objet l'intérêt public, elles y concourent même ; mais ce n'est pas de la même manière; les unes y concourent directement, elles constituent la société ou le pays qu'elles régissent, elles forment la base de son organisation; ce sont celles qui forment son droit public.

3. D'autres y concourent d'une manière plus indirecte, promulguées dans l'unique but de protéger des intérêts qui, sans se rattacher au droit public, s'élèvent cependant au-dessus des intérêts purement privés, il est certain que, lorsque ces intérêts sont conservés malgré la contravention, celle-ci est peu grave, et il est bien rare que le juge ne trouve pas dans la loi, ou dans ses

motifs, des moyens de faire fléchir la sévérité d'un texte trop rigoureux, et dont l'application, d'ailleurs, est devenue sans objet.

D'autres y concourent bien plus indirectement encore, ce sont celles qui se rapportent aux actes et transactions des citoyens entr'eux.

4. L'importance de quelques-unes de ces lois a pu être si exactement calculée d'avance, que le législateur a prononcé, de plein droit, la nullité des actes faits au mépris de leurs dispositions ; tandis que l'importance des autres dépend tellement des circonstances, que le législateur a dû s'en rapporter à la sagesse des tribunaux, pour que ceux-ci, appréciant la gravité de l'infraction par l'examen et les conséquences du fait, fussent les maîtres d'annuler l'acte ou de le maintenir.

5. Les unes tiennent au *fonds du droit;* elles fixent les obligations des citoyens entr'eux; d'autres déterminent la *forme des actes* qui ont pour objet de fournir la preuve de ces mêmes obligations, et de les faire exécuter en réglant l'exercice des actions.

6. Sans pousser plus loin notre examen sur les diverses espèces de lois, il nous suffira de dire que l'on doit observer dans les nullités les mêmes caractères ; et que, comme les lois dont elles sont la sanction, elles n'ont ni les mêmes causes, ni la même gravité, ni le même objet ; elles ne sont point toujours et indistinctement établies pour tous. Aussi les divise-t-on en plusieurs espèces que nous allons examiner.

7. Première Division.—Les lois ayant toutes pour objet l'intérêt général ou l'intérêt particulier, les nullités que le législateur a attachées à l'inobservation de leurs dispositions, sont aussi ou *d'ordre public,* ou *de droit privé.* On les distingue les unes des autres en ce que les premières ne se rattachent que secondairement aux intérêts particuliers, *primariò spectant utilitatem publicam, secundariò privatam,* tandis que les secondes sont principalement portées en vue de l'intérêt des citoyens pris indivi-

duellement ; *primariò spectant utilitatem privatam, secundariò publicam ;* ces dernières sont l'effet de la contravention aux lois dont l'objet est principalement de régler les actes et les transactions des citoyens entr'eux.

8. Deuxième Division. — Les nullités d'ordre public se divisent en *nullités d'ordre public proprement dites,* et *nullités d'ordre public secondaires.*—Les premières sont la suite de la contravention aux lois qui ont pour objet de déterminer les droits de la société à l'égard de chacun de ses membres. Telles sont les lois qui forment notre droit public, celles qui concernent les bonnes mœurs, la sûreté commune, la police générale, ou qui se rapportent à la disposition des choses qui sont placées hors du commerce par le droit naturel, le droit des gens ou le droit civil.

Les nullités d'ordre public secondaires sont l'effet de la contravention aux lois qui, bien qu'elles n'aient point été portées dans l'intérêt général, s'élèvent cependant au-dessus de celles qui sont de pur droit privé : telles sont les lois qui règlent l'exercice des actions et le mode de procédure en général, celles qui déterminent la forme des actes, les lois concernant les communautés, les mineurs, les interdits, les femmes mariées, enfin celles qui se rapportent à des intérêts qui, quoique privés, ne peuvent être débattus en justice qu'en présence et sur les conclusions du ministère public. Henrion de Pansey ; du Pouv. municip. liv. 2. chap. 18, § 12.

9. Troisième Division. — Les nullités se divisent en *nullités absolues* et en *nullités relatives. Les nullités absolues* sont celles que la loi a prononcées en faveur de tous ceux qui peuvent avoir intérêt à s'en prévaloir : de pareilles nullités réduisent l'acte à un pur fait; elles sont si graves, qu'elles dégagent les parties contractantes de leurs promesses respectives. Telles sont celles qui sont attachées à la violation des lois dont l'intérêt public est le principal motif.—Telles sont celles qui résultent de l'omission des formalités prescrites pour

un contrat solennel; celles qui résultent de ce qu'il aurait été pris un engagement sans cause, etc. , etc.

Les nullités relatives sont celles qui résultent de la contravention à une loi dont les dispositions n'intéressent que certaines personnes ou certaines communautés. Telles sont les nullités portées en faveur des mineurs, des femmes mariées , des interdits , des communes. Telles sont, dans les actes de procédure, les nullités qui résultent de l'irrégularité d'un exploit qui, par cela seul qu'il est vicieux dans sa forme ou qu'il n'a point été régulièrement remis à la partie intéressée, ne donne pas à cette partie les renseignemens essentiels à sa défense, ou les garanties que le législateur avait voulu lui accorder.

10. La définition que nous venons de donner de la nullité relative, et les exemples dont nous l'avons accompagnée, prouvent que c'est avec raison qu'on a dit que cette nullité était moins une nullité qu'une faculté que le législateur avait voulu accorder à une ou plusieurs personnes de faire annuler un acte ou une procédure inattaquable pour tout autre. *Quandò actus nullus est favore alicujus, intelligitur si ipse velit esse nullus. Mantica de amb. et tac. conv. lib. 4. tit. 29. n. 12.*

11. La distinction entre les nullités absolues et les nullités relatives est essentielle; c'est même une de celles qu'il importe le plus de connaître, à cause que le caractère qui les sépare ne varie pas. Il n'est point de nullité qui puisse devenir absolue ou relative, suivant les circonstances. Une nullité relative ne peut jamais devenir absolue, puisqu'elle n'a de force que par la réclamation de ceux en faveur desquels elle est établie. (1) Comme aussi une nullité absolue étant portée dans l'intérêt de toutes les parties, établit un droit duquel aucune d'elles ne peut être privée qu'autant qu'elle y renonce.

12. Quatrième Division. — Les nulli-

tés se divisent en *nullités de plein droit* et *nullités par voie d'action.* Les *nullités de plein droit* sont celles que le législateur a formellement prononcées , ou qui n'étant point expressément prononcées, sont la conséquence d'un vice apparent et réel qui a empêché l'acte ou le contrat de se former. Ces nullités sont toujours absolues quand elles sont le résultat d'une contravention qui a frappé de *non esse* le contrat ou la convention. Au contraire, elle peuvent n'être que relatives, quoique *prononcées de plein droit*, quand elle n'empêche pas que le contrat n'ait eu une certaine force.

Les *nullités par voie d'action* sont celles que le législateur n'a point voulu prononcer directement, à cause qu'elles dépendent plutôt des circonstances du fait que de la disposition du droit, et qu'il était dès lors indispensable de les soumettre à l'appréciation du magistrat: Ces nullités n'empêchent pas qu'un acte ne puisse offrir toutes les apparences de la réalité, qu'il ne produise même, en certains cas, le même effet que s'il était valable; notamment elles n'empêchent pas qu'un titre soit translatif de la propriété, et que le possesseur ne puisse se croire de bonne foi.

13. Quelques exemples suffiront pour expliquer la différence qu'il y a entre les *nullités de plein droit* et les *nullités par voie d'action.*

Le mariage de l'individu frappé de mort civile est *nul de plein droit*, à cause qu'il est entaché d'un vice certain et irrécusable, résultant du jugement qui porte la peine.

Par exemple encore, les actes faits par l'interdit sont ou nuls de plein droit, ou seulement annulables, suivant qu'ils ont été consentis avant ou après le jugement qui le frappe d'interdiction. Art. 503 Code civil. — Si l'acte est fait après le jugement, il est nul de plein droit : le juge ne peut le valider par aucune considération, quelque puissante qu'elle soit. — Au contraire, si l'acte est antérieur au jugement, la nullité ne peut être prononcée par le juge qu'a-

<hr>

(1) *Tronchet, séance du Conseil d'État, du 5 vendém. an X.*

pres l'examen du fait, et seulement dans le cas où la cause de l'interdiction aurait notoirement existé lorsque l'acte a été fait. La nullité, dans ce cas, dépend d'un fait dont l'appréciation est abandonnée à la conscience du magistrat.

14. L'art. 444 du Code de commerce nous fournit un autre exemple de *la nullité de plein droit* et de *la nullité par voie d'action*. Il s'exprime en ces termes : « Tous actes translatifs de pro- » priété immobilière faits par le failli, » à titre gratuit, dans les dix jours qui » précèdent l'ouverture de la faillite, » *sont nuls* et sans effet, relativement à » la masse des créanciers; tous actes du » même genre, à titre onéreux, *sont* » *susceptibles d'être annulés*, sur la de- » mande des créanciers, s'ils paraissent » aux juges porter un caractère de » fraude. »

15. Il résulte de ce que nous venons de dire, qu'il dépend le plus ordinairement du juge d'accueillir ou de rejeter une nullité qui n'est point prononcée *de plein droit*; au lieu que si elle a ce caractère, il ne peut se dispenser de la prononcer, car elle repose sur des présomptions légales contre lesquelles aucune preuve n'est admise. Art. 1350 et 1352 Code civil.

16. Observez néanmoins que la *nullité de plein droit* ne produit véritablement son effet qu'autant qu'elle est reconnue par jugement; car, il n'appartient pas aux particuliers de se rendre justice à eux-mêmes; ils ne peuvent jamais l'obtenir que par l'intermédiaire des magistrats spécialement chargés de la leur administrer, et qui, par cela même, sont considérés comme les auxiliaires de la loi; *tanquàm legale auxilium*. Vantius, Tract. de nullit. pag. 2. Nous reviendrons sur ce sujet dans le cours de cet ouvrage.

17. La distinction que nous venons de faire entre les nullités *de plein droit* et les nullités *par voie d'action*, n'a rien de commun avec celle qui était admise par la jurisprudence, à une époque où le droit romain et le droit coutumier se divisaient la France. On reconnaissait aussi alors deux espèces de nullités des contrats ou des conventions ; savoir, celles qui étaient prononcées par les coutumes et par les ordonnances, et celles qui, suivant l'usage, ne rendaient pas les actes nuls de plein droit, mais donnaient seulement ouverture à rescision. Les nullités de la première espèce étaient appelées *nullités d'ordonnance* ; quand un acte en était frappé, il était nul de plein droit; il suffisait, en ce cas, d'alléguer la nullité, pour obtenir qu'elle fût prononcée; il n'était nullement besoin d'obtenir des lettres de rescision. — Les nullités de la deuxième espèce étaient appelées *nullités de droit*; elles ne rendaient pas les actes et les contrats nuls de plein droit; elles créaient seulement la faculté de les faire annuler ou rescinder en obtenant des lettres de rescision. — C'est à cette dernière espèce de nullités qu'il faut appliquer la maxime : *Les voies de nullité n'ont pas lieu en France*; ce qui doit s'entendre des nullités que le droit romain avait introduites, et non pas de celles portées par les ordonnances ou par les coutumes, qui produisaient leur effet sans lettres royaux. Argou, Inst. du droit français, vol. 480, pag. 2, et arrêt de Cass. du 1 floréal an 12.

18. CINQUIÈME DIVISION. — La nullité par voie d'action se divise en *action en nullité proprement dite*, et *action en rescision*. — La première résulte plus spécialement d'un vice de forme. La seconde est le résultat d'un vice de l'engagement au fonds. Arg. des art. 1304 et 1338, Code civil.

19. La différence qui existe entre ces deux actions est peu remarquable, depuis que l'on a supprimé l'usage où l'on était de ne pouvoir faire rescinder un acte qu'après avoir obtenu des lettres de rescision, et que les unes et les autres ont été soumises à une même prescription par l'art. 1304 du Cod. civ. — Cependant, nous avons pensé qu'il était utile de ne pas les confondre, par le motif que, si le préjudice éprouvé par une partie, ne doit pas être d'une

grande considération pour accueillir une action en nullité; nous avons pensé qu'il devait en être autrement quand il s'agit d'admettre ou de rejeter une action en rescision. — Nous verrons en effet que *l'action en nullité* doit être admise, par cela seul que la volonté du législateur a été méconnue, et sur la présomption légale que la partie qui se plaint a eu à souffrir de l'inobservation de la loi. — Au lieu que, lorsqu'il s'agit d'accueillir une *action en rescision*, l'existence du préjudice pour la partie qui se plaint est d'une considération puissante; car, que signifierait en effet l'action d'un individu qui se plaindrait d'une obligation, acte qui n'a préjudicié en rien à ses intérêts ?

Au surplus, il est si vrai que le législateur n'a pas considéré ces deux actions comme ayant le même caractère, c'est qu'il les a distinguées dans plusieurs articles du Code. Voir les art. 1304, 1311 et 1338, etc. La Cour de cassation elle-même a pensé que l'on ne pouvait point, en appel, convertir une *action en nullité* en une *action en rescision*. Arrêt du 1er décembre 1811. Sirey, 1812, pag. 144.

20. SIXIÈME DIVISION. — Les nullités sont continues ou non continues. — Les *nullités continues* sont celles dont la cause est si grave et si absolue, que la loi résiste toujours à l'existence de l'acte qui en est frappé. — La *nullité non continue* est celle qui avait pour cause une circonstance qui n'était que passagère, un danger qui a passé, une crainte qui ne s'est point réalisée : les nullités du mariage ont, pour la plupart, ce caractère. Telles sont, en général, les diverses espèces de nullités.

21. Les définitions que nous en avons données et que nous avons puisées dans les notions qui nous ont paru les plus exactes, paraîtront subtiles ; et c'est, en effet, le danger de la plupart des définitions du droit. *Leg.* 203 *ff. de reg. juris.* Mais, néanmoins, nous nous sommes convaincus combien il était utile de les classer et de ne pas les confondre, vu que leur importance, leurs

effets, le droit de les proposer, la facilité de les couvrir par la ratification, enfin leur application dépendent le plus souvent de l'espèce à laquelle elles appartiennent.

22. Il n'est pas toujours facile de découvrir la pensée du législateur, de déterminer l'espèce d'une nullité proposée, et, par cela même, d'en faire une juste application. Il nous semble que, dans le doute, on peut recourir aux règles générales de justice et d'égalité qui doivent être la base de toute interprétation, et qu'on peut y retrouver les règles suivantes :

23. Ire *Règle*. Dans le doute si une nullité est d'ordre public ou de droit privé, le silence du législateur doit être interprété en ce sens que la nullité n'a été portée que dans un intérêt privé ; on conçoit, en effet, que si elle était d'ordre public, le législateur l'aurait exprimé, ou du moins l'aurait donné à connaître et que le juge ne pourrait s'y méprendre. — Dans le doute, on doit toujours se prononcer pour la validité des actes : et *hæc quidem interpretatio, per quam actus sustinetur, dicitur regina aliarum interpretationum.* Decius, in leg. in testam. n. 11. Cod. de mili. testa.

24. IIme *Règle*. Toute disposition qui prononce sans restriction la nullité d'un acte, produit une *nullité absolue* qui peut être proposée par tous les intéressés. Il est certain, en effet, que le droit exclusif de proposer la nullité, ou en d'autres termes, la faculté que nous avons de nous faire dégager de nos obligations envers ceux que nous pouvons contraindre à remplir les leurs à notre égard, est un privilége trop important pour qu'on puisse l'étendre hors des cas que la nécessité et la loi ont déterminés. Un pareil privilége blesserait l'égalité dont tous les citoyens doivent jouir devant la loi ; il faut donc le rejeter, toutes les fois qu'il n'est pas clairement établi. « L'égalité, disait » Bentham, est un des objets de la loi ; » or, dans un arrangement destiné à » donner à tous les hommes la plus gran-

» de somme possible de bonheur , il n'y » a pas de raison pour que la loi cher- » che à en donner plus à un individu » qu'à un autre. »

25. IIIme *Règle.* Dans le doute si une nullité doit produire son effet de plein droit, ou si , au contraire , elle dépend de l'examen du fait , on doit se décider dans ce dernier sens. La raison en est que les nullités , sourtout celles qui opèrent leur effet de plein droit et indépendamment des circonstances du fait, constituent une peine rigoureuse ; or , comme les peines ne doivent point être étendues , et qu'au contraire , il faut les restreindre autant que possible , le législateur doit s'exprimer clairement ; si on a mal interprété sa volonté , il a dû le prévoir , et il ne peut s'en plaindre , puisque lui seul , par son laconisme ou par tout autre motif, n'a pas fait connaître sa volonté , et qu'il est de principe que l'interprétation doit toujours être faite contre lui. *Contrà eum qui dicere legem potuit interpretatio est facienda.*

26. Après avoir exposé les diverses espèces de nullités , nous devons en indiquer les causes : ce sera l'objet du chapitre suivant.

CHAPITRE II.

Des causes générales des Nullités.

27. Nous avons dit , dans le chapitre précédent , que l'action en nullité différait de l'action en rescision , principalement parce qu'elles avaient des causes différentes ; il convient donc de les séparer , dans l'examen que nous allons en faire, et de diviser le présent chapitre en deux sections ; nous traiterons dans la première , des causes de la nullité des actes et des conventions , et la seconde aura pour objet , les causes particulières qui donnent lieu à la rescision des conventions.

ou de plusieurs des parties contractantes ; 3° pour cause de l'incapacité d'une ou de plusieurs de ces parties ; 4° à raison de la nature de la chose, de la stipulation , ou du fait qui est l'objet de la convention , ou de la disposition ; 5° pour défaut de pouvoir, de mandat ou d'attribution ; 6° pour cause de contravention aux lois sur l'enregistrement.

Reprenons, dans autant de paragraphes particuliers , ces diverses causes des nullités.

Section I.

Des causes qui donnent lieu à la nullité, et à l'annulation des actes ou conventions.

28. Les actes ou conventions sont nuls ou annulables : 1° pour vice de forme ; 2° pour défaut de volonté d'une

§ I. *Des nullités des actes dans leur forme.*

29. Les actes , en général , sont nuls dans la forme , lorsqu'ils sont dépourvus d'une ou de plusieurs des formalités requises pour les constituer et leur donner l'être ; de celles dont on dit : *forma dat esse rei.* Les actes dans lesquels on

a omis de pareilles formalités sont comme s'ils n'existaient pas ; car ils ne remplissent point les conditions sous lesquelles la loi civile les a admis.

Il ne faut pas confondre ce genre de formalités, avec celles qui n'ont d'autre objet que de rendre l'acte plus sûr et plus authentique, et connues, dans le droit, sous la dénomination de *formalités accidentelles.* Nous verrons, dans le cours de cet ouvrage, que l'observation de ces formalités n'est pas tellement nécessaire, que l'acte ne puisse exister sans elles.

30. La nullité qui résulte d'un vice de forme est, en général, odieuse ; il convient donc de ne l'accueillir qu'avec circonspection ; et dans les circonstances où la volonté du législateur est manifeste. Vide infrà chap. 3, De l'interprétation des lois.

§ II. *Du défaut de volonté de la part d'un ou de plusieurs des contractans.*

31. C'est la volonté qui sert de fondement aux conventions ; il n'est pas de contrat qui puisse exister sans elle ; si bien que, toutes les fois qu'il y a lieu d'en interpréter les clauses douteuses, on doit rechercher quelle a été la commune intention des parties contractantes, plutôt que de s'arrêter au sens littéral des termes. (Art. 1156 et 1163 Code civil.)

32. Cette volonté doit être fondée sur l'intention de contracter, de s'obliger ou d'obliger les autres ; un simple projet ne suffirait pas pour créer le lien de droit. *Vinculum juris.*

33. La volonté des parties contractantes doit se rapporter au même objet ; les conventions ou les contrats ne se forment précisément que par la stipulation et la promesse que les parties se font, respectivement, sur la même chose, ou sur le même fait : *conventio est duorum vel plurium in idem placitum consensus.* Ce qui a lieu même dans les promesse gratuites, car une libéralité ne peut se faire qu'à celui qui y consent. *Non potest liberalitas nolenti acquiri.* (Arg. de l'art. 932 Code civil).

Si donc, lorsque deux parties veulent traiter ensemble, l'une était dans l'intention de vendre sa chose à l'autre, et que celle-ci n'entendît la recevoir qu'à titre d'échange, il n'y aurait pas concours, *in idem placitum ;* il n'y aurait pas de contrat.

Il en serait de même si l'une d'elles entendait vendre à l'autre une maison de campagne, et que celle-ci fût dans l'intention d'acheter la maison de ville du vendeur ; il est certain que, dans ce cas, le vendeur entendait vendre ce que l'autre n'était pas dans l'intention de lui acheter, et que l'acheteur croyait acheter ce que l'autre ne croyait pas lui vendre. *Vid. leg. 9 cod. ff. du contrat empt.*

Il n'y aurait pas de vente, non plus, si le vendeur stipulait un prix plus fort que celui que l'acquéreur entendait lui donner. Dict. leg. 9. Mais si l'acquéreur promettait un prix supérieur à celui que le vendeur avait en vue, la vente serait bien faite, car celui qui consent à acheter une chose à un certain prix, consent *à fortiori* à acheter cette chose pour un prix moindre.

§ III. *De l'incapacité des parties contractantes.*

34. Ce n'est pas tout de consentir, il faut être capable de vouloir, et il faut en outre que la loi ne s'oppose pas à l'effet de la volonté que l'on exprime. Dans le consentement qui est requis pour la validité des conventions, il faut deux choses, disait Dumoulin, (de verb. oblig. tract. leg. si quis ità n.° 20) la volonté et le pouvoir. *In consensu requiruntur et voluntas et potestas.* Sans ce double caractère, il n'y a pas de consentement. Nous avons vu, dans le § précédent, comment la volonté devait intervenir, voyons actuellement quand une partie est incapable de vouloir.

35. L'incapacité des parties contractantes est *naturelle ou civile.*

De l'incapacité naturelle.

36. L'incapacité naturelle est celle

qui provient du défaut de raison. — Celui qui ne raisonne pas ne peut avoir une volonté réfléchie; il ne peut contracter un engagement. On conçoit, en effet, que les conventions ayant pour objet nos besoins, nos goûts, ou nos intérêts, il faut que nous soyons en état de comparer les obligations que nous contractons avec les avantages que nous devons en retirer.

Les enfans n'ont point encore l'usage de leur raison, les furieux, les insensés en sont également privés ; ils sont donc naturellement incapables de contracter.

37. L'incapacité naturelle opère, par elle seule, la nullité des conventions. « La loi civile, dit le Chancelier d'Agues- » seau, dans l'affaire de l'abbé d'Or- » léans, ne fait que suivre et imiter la » loi naturelle, et le magistrat semble » n'interposer son jugement que pour » joindre l'autorité de la loi à celle de » la nature. »

C'est en conformité de cette règle, que le législateur après avoir dit, dans l'art. 502 Cod. civil, que les actes passés par l'interdit après le jugement d'interdiction, ou par lui passés sans l'assistance d'un conseil, étaient nuls de plein droit, ajoute dans l'article 503 du même code, que les actes antérieurs à l'interdiction *pourront être annulés*, si la cause de l'interdiction existait notoirement à l'époque où les actes ont été faits.

38. C'est par suite de la même règle qu'il a été jugé avec raison qu'il n'était pas nécessaire que l'acte *annullable* aux termes de l'art. 503, fût entaché de dol ou de lésion. La Cour de cassation a décidé qu'il suffisait que celui qui avait souscrit l'engagement eût souffert un dommage dont l'appréciation est abandonnée aux lumières et à la conscience des magistrats. Arrêt du 15 nov. 1826. Jur. du 19e. s., 1827, 1., 51. Sirey, 1827, part. 1re., p. 51. — Il est évident que la notoriété de la démence jointe à l'existence du dommage, excluent l'idée d'une volonté saine.

39. Par application de cette même règle, que l'incapacité naturelle an-

nulle la convention, indépendamment des dispositions de la loi civile, nous pensons que l'ivresse, lorsqu'elle est portée au point de faire perdre la raison, produit la nullité de tous les contrats et actes que fait, pendant qu'elle dure, celui qui en est atteint. L'ivresse, en effet, est une véritable démence; elle nous prive de nos facultés ; et soutenir que celui qui s'est obligé, dans cet état, est valablement obligé et a su ce qu'il fesait, c'est blesser les lois de la justice, c'est faire violence à la raison.

Sans doute, en matière criminelle, il eût été dangereux pour la société d'admettre l'ivresse comme une excuse; c'eût été donner une trop grande facilite de commettre le crime ; c'eût été, en quelque sorte, lui donner un brevet d'impunité, et la morale et la raison commandaient de considérer l'ivresse comme une faute de plus : mais en matière civile, de pareils dangers n'existent pas ; il faut s'en tenir aux principes généraux, suivant lesquels une volonté éclairée et capable de savoir à quoi elle s'oblige, peut seule servir de fondement à une obligation ; or, l'homme pris de vin n'a pas plus de raison et ne peut pas plus valablement vouloir que l'homme en délire. Dès-lors, l'engagement qu'il a pris est nul, pour défaut de consentement; art. 1109 du Code civ. Il n'est pas même absolument nécessaire qu'il y ait eu dol ou fraude de la part de celui envers qui l'obligation a été consentie. Pothier, Traité des oblig. n°. 49 ; Puffendorf, droit de la nature, livre 3. chap. 6. — Plusieurs coutumes, en France, permettaient de se dédire pendant vingt-quatre heures de tout contrat fait dans l'ivresse, et même de celui fait dans un cabaret. Conférences de Duparc Poullain, sur l'article 295 de la coutume de Bretagne.

La Cour d'Angers a reconnu que l'ivresse était une cause de nullité dans l'espèce suivante :

À la fin de mai 1820, des affiches annonçaient que le 5 juin suivant il serait procédé, dans l'auberge du Dauphin, ville de Vilaine, par le ministère de M. D...... notaire, à la vente, au plus offrant, du domaine du Grand-Haut-Bois.

Au jour marqué, des enchérisseurs se rendent dans l'auberge, et l'adjudication est faite au sieur Pothier, dernier enchérisseur.

Lorsque l'exécution du contrat est réclamée par les vendeurs, Pothier s'y refuse, prétendant qu'il était ivre lors de l'adjudication, et que son consentement lui a été surpris.

26 mai 1821, jugement interlocutoire qui admet Pothier à prouver son ivresse.

23 juillet 1822, jugement qui, considérant que si des témoins déposent de l'ivresse de Pothier, d'autres déclarent qu'il n'était point ivre, *que, dans le doute, foi est due à l'acte authentique*, condamne à payer.

Sur l'appel, la Cour ; attendu que la première des conditions essentielles à la validité des conventions est le consentement de la partie qui s'engage ; qu'en considérant sous ce rapport l'acte de vente du 5 juin 1820, on remarque que Pothier était échauffé par l'eau-de-vie, etc., que ces faits, attestés par un grand nombre de témoins concordans et désintéressés, établissent jusqu'à l'évidence que Pothier était alors incapable de donner un consentement ; que vainement on oppose que Pothier, le soir de l'adjudication, en a parlé à quelques personnes, que c'était donc avec connaissance, qu'il avait mis des enchères, puisqu'il en conservait le souvenir après l'adjudication.......... Qu'on ne doit pas confondre la mémoire qui nous retrace des objets avec la raison qui les compare et nous fait discerner la nature et l'étendue de nos engagemens ; *qu'il est de principe que l'ivresse telle qu'elle existe, d'après l'enquête, est une espèce de délire avec lequel le consentement ne peut exister* ; par ces motifs, déclare la vente nulle, etc. Arrêt du 12 décembre 1823. Sirey, 1824, 2. 240. Dalloz, t. 20., p. 316.

On trouve encore dans Sirey, pag. 265, un arrêt de la Cour de Caen, qui a jugé que l'état d'ivresse opérait incapacité actuelle de tester, et que l'opinion émise par le notaire que le testateur lui a paru sain d'esprit, n'était qu'une opinion purement morale, indépendante de la forme substantielle de l'acte dont il est le rédacteur ; que, par conséquent, il n'était pas nécessaire de recourir à l'inscription de faux pour prouver l'erreur dans laquelle le notaire et les témoins avaient pu être induits sur ce point important.

40. Celui qui n'est que faible d'esprit, c'est-à-dire, celui qui n'est atteint que d'une imbécillité légère qui ne vient pas de l'extinction, mais seulement de la diminution de la raison, n'est pas absolument incapable de vouloir, et s'il peut facilement se laisser surprendre, il peut cependant concevoir l'effet du consentement qu'il donne ; aussi, n'est-il pas à même d'être interdit, et les engagemens qu'il forme ne sont pas frappés de nullité ; c'est la conséquence des art. 502 et 503 du Code civil.

Le premier de ces deux articles dispose « que l'interdiction ou la nomina» tion d'un conseil aura son effet du » jour du jugement, et que tous les » actes passés postérieurement par l'in» terdit, ou sans assistance du conseil, » seront nuls de plein droit. » — Le second autorise les juges à faire remonter les effets de l'interdiction, par rapport aux actes faits antérieurement « lorsque la cause de l'interdiction exis» tait notoirement à l'époque où ces » actes ont été faits. »

Cette faculté de faire remonter les effets du jugement d'interdiction, n'a lieu, comme on le voit, que par rapport aux actes faits par l'interdit, et nullement dans le cas où il y a lieu seulement à la nomination d'un conseil judiciaire pour cause de faiblesse d'esprit ; cela devait être ainsi : au premier cas, la notoriété de la démence fait présumer la mauvaise foi de la part de celui qui a traité avec l'interdit, en même temps qu'elle prouve que ce dernier était naturellement incapable de savoir ce qu'il fesait ; tandis que au second cas celui qui n'était que faible d'esprit, ayant pu consentir, quoique d'une manière qui n'était point tout-à-fait réfléchie, les tiers qui ont traité avec lui ont pu le croire capable de contracter, et ne doivent, dès lors, répondre que de leur dol.

41. Mais si le faible d'esprit n'est pas naturellement incapable de vouloir, il n'en est pas moins vrai que sa volonté n'est pas toujours bien saine, et comme sa trop grande facilité pourrait l'exposer aux pièges de la mauvaise foi, on peut lui faire donner par la justice un conseil judiciaire sans lequel il ne peut plaider, transiger, emprunter, recevoir un capital mobilier, ni en donner décharge, aliéner ni grever ses biens d'hypothèque. (Art. 499 et 513 du Code civil.)

42. Le caractère particulier de l'incapacité des faibles d'esprit a donné naissance à une question importante : partant de ce point que le jugement qui lui donne un conseil judiciaire, n'a point d'effet sur les actes qu'il avait consentis antérieurement, on a demandé si l'on devait en conclure que, au cas où il vînt à mourir après la dation du conseil, le testament qu'il aurait fait auparavant fût nécessairement valide, comme étant fait par un homme ayant une capacité suffisante.

Il est certain que le législateur n'ayant point réglé à cet égard la capacité du faible d'esprit, et s'étant borné à dire que pour faire une donation entre-vifs ou un testament, il faut être sain d'esprit, (Article 901 Code civil), il a voulu que le tout fût déterminé par la capacité ou l'incapacité naturelle du testateur ; rien n'empêche donc que l'on ne puisse demander et que l'on ne doive obtenir la nullité d'un testament ou d'une donation, si on peut prouver qu'au moment de leur confection le donateur ou le testateur n'étaient point sains d'esprit. L'art. 901 Code civil établit en effet une règle générale et absolue dont la disposition est indépendante des art. 502 et suiv. Voy. Grenier, traité des Donations, part. 1.re, chap. 3, sect.

2, n° 101 et suivants : l'arrêt de cassation, du 22 nov. 1827 ; Jur. du 19e. s., 1827, 1., 187 ; Arrêt de la cour de Colmar, du 3 février 1813 ; Sirey, 1813, p. 43 ; Paillet, sur l'art. 901.

«Nous étonnerons-nous, disait d'Aguesseau, dans l'affaire de l'abbé d'Orléans, que les lois aient permis aux hommes de disposer de leurs biens, et plutôt et plus facilement par un contrat que par un testament. Dans le contrat, la moindre capacité suffit, parce qu'il est conforme au droit commun, et que, d'ailleurs, on peut s'en rapporter à la foi de celui avec qui on traite : on peut prendre un conseil et signer, sans savoir précisément à quoi l'on s'engage ; par la confiance que l'on a dans la probité, dans les lumières et dans l'expérience de celui que l'on consulte. — Mais, dans le testament, il faut que ces lumières, cette expérience, cette capacité se trouvent dans celui qui le fait. Il n'est pas, à la vérité, défendu à un testateur de prendre un conseil, mais le conseil ne regarde point la substance de l'acte, il ne regarde que la forme. C'est au testateur à penser, à délibérer, à examiner, à se consulter, à s'interroger lui-même, en un mot, à *vouloir :* le Jurisconsulte ne lui donne ses avis que pour prêter à ses pensées les termes de la loi, et pour joindre, pour ainsi dire, la forme extérieure à la matière et à la substance de l'acte qui doit être produit par la seule volonté du testateur. »

43. Le faible d'esprit n'étant, en général, frappé d'incapacité que par la dation d'un conseil, son incapacité est une incapacité exceptionnelle, reposant plutôt sur la loi civile que sur la loi naturelle, il en résulte que celui à qui on a donné un conseil judiciaire pour une pareille cause, peut faire tous les actes qui ne lui sont point défendus par le jugement. Seulement s'il a été trompé, il a l'action du dol que les juges devraient admettre avec d'autant plus de faveur que sa facilité est plus grande, et son intelligence plus bornée.

44. On ne peut s'empêcher de déplorer le silence du législateur, relativement aux actes que le faible d'esprit aurait consenti avant qu'on lui ait donné un conseil; ne serait-il pas de toute justice que, comme le mineur, il pût se faire restituer contre de pareils actes, lorsqu'il aurait été lésé par les obligations qu'ils lui imposeraient? — Ne peut-il pas arriver que la prévoyance des parens soit éveillée trop tard, et que toute une fortune soit détruite avant qu'il ait été fait aucune démarche pour la conserver? — Ne serait-il pas juste que la loi permît un retour sur les actes passés avant le jugement qui donne le conseil? Cette rétroactivité, admise avec précaution dans les cas graves où la lésion serait manifeste, punirait bien des fraudes, et réparerait bien des injustices. Ce serait, suivant nous, remplir une lacune bien importante, que de rendre commune aux faibles d'esprit la disposition conservatrice de la fortune des mineurs. Il pourrait en résulter quelques abus, mais ils seraient moins graves et moins nombreux que ceux qui résultent de l'état de notre législation à cet égard.

45. L'icapacité naturelle qui résulte de l'absence de la raison, peut n'être pas continuelle : il arrive souvent qu'elle est en quelque sorte périodique, et que ceux qui en sont frappés ont des intervalles lucides; par cela même, il arrive que leur famille ne demande point leur interdiction.

Celui qui se trouve placé dans cette position, n'étant ni toujours capable, ni toujours incapable, ses engagemens se ressentent de l'état de sa raison, au moment où il les a consentis; ainsi, il n'est pas douteux que les actes qu'il a faits pendant un intervalle lucide ne soient valables. C'est la conséquence de l'article 503 du Code civil qui ne permet d'attaquer les actes antérieurs à l'interdiction, qu'autant que la cause de l'interdiction aurait existé notoirement à *l'époque* où ces actes auraient été faits. — Voy. d'Aguesseau, dans son plaidoyer du 15 mars 1698.

46. Remarquez que l'intervalle lucide n'est point une simple diminution, une rémission du mal, c'est une espèce de guérison passagère, une intermission si clairement marquée, qu'elle soit entièrement semblable au retour de la santé, et comme il est impossible de juger en un moment de la qualité de l'intervalle, il faut qu'il dure assez longtemps pour pouvoir donner une entière certitude du rétablissement passager de sa raison. *Leg. 6. de Curat. fur.* De là il suit qu'il ne faut pas confondre une action sage avec un intervalle lucide, parce qu'une action peut être sage en apparence, sans que celui qui en est l'auteur soit sage en effet. L'action n'est qu'un effet rapide et momentané de l'ame, l'intervalle dure et se soutient. D'Aguesseau, affaire d'Orléans.

47. Le sourd-muet est aussi naturellement incapable de contracter; non pas qu'il soit privé de raison, mais parce que son infirmité l'empêche d'exprimer sa volonté et d'entendre l'expression de celle des autres.

48. Cette incapacité n'est pas tellement absolue qu'on ne puisse la vaincre; aussi est-elle extrêmement réduite depuis que, par les heureux efforts de la bienfaisance et du génie, le sourd-muet a été rendu à la société. Il est dès ce moment devenu capable d'exercer les droits qu'elle donne, et de remplir les devoirs qu'elle impose. Bigot-Préamenneu, dans son exposé des motifs, tit. des Donat. et Testamens.

49. Mais jusqu'à quel point le législateur a-t-il entendu le faire participer aux bienfaits de la vie civile, ou plutôt l'exposer aux dangers dont il doit y être environné? A quel point commence sa capacité? à quelles limites s'arrête-t-elle? La loi ne le dit pas; elle nous laisse dans l'incertitude. — Nous devons en conclure que le législateur a cru indispensable de s'en rapporter aux tribunaux et leur a laissé le soin d'examiner si, dans les causes qui leur seraient soumises, le sourd-muet avait manifesté sa volonté, et avait contracté en connaissance de cause. — Ce qui le prouve, c'est

que, par l'art. 1123, Code civil, il est dit que toutes les personnes peuvent contracter si elles n'en sont pas déclarées incapables, et que nulle part on ne retrouve dans la loi une disposition qui déclare tel le sourd-muet.

Ce qui le prouve encore, c'est ce qui s'est passé au Conseil d'État lors de la discussion sur l'art. 146 du Code civil. Le projet de cet article déclarait les sourds-muets incapables des contracter mariage, à moins qu'il ne fût constaté qu'ils étaient capables de manifester leur volonté. Cette disposition fut retranchée sur l'observation du consul Cambacérès ; puisque, « disait-il, cette » disposition a uniquement pour objet » d'expliquer que les sourds-muets ne » peuvent se marier qu'autant qu'ils » peuvent consentir, la disposition se » confond avec celle de l'art. 4, d'a- » près laquelle il n'y a point de ma- » riage, s'il n'y a point de consente- » ment. »

Enfin, cela résulte de la combinaison des art. 1109 et 1123 Code civil, d'après lesquels tout individu qui peut manifester sa volonté peut contracter, s'il n'en est point déclaré incapable.

La capacité du sourd-muet est donc en général *toute de fait ;* elle se réduit à cette question : A-t-il manifesté clairement sa volonté ? a-t-il donné un consentement éclairé ? — Peu importe au surplus de quelle manière.

50. Jusqu'ici nous nous sommes occupés de la capacité du sourd-muet, pour les conventions en général. Quant à la faculté de disposer, soit par donation, soit par testament, il faut distinguer : s'il ne sait pas écrire, il ne peut disposer, car il est impossible qu'il puisse donner des signes certains de sa volonté. *Si talis est testator qui neque scribere, neque articulatè loqui potest, mortuo similis est.* Leg. 29, Cod. de Testam. ; Pothier, Traité des Donations, sect. 1re., art. 1. Cela est si vrai, que l'art. 936 Code civil le rend incapable de figurer personnellement dans une donation qui lui est faite, pour l'accep-

ter ; à plus forte raison est-il incapable d'y figurer comme donateur.

51. S'il sait écrire, nul doute qu'il ne puisse faire un testament olographe, car la loi n'exigeant pour la confection de ce testament que la condition qu'il soit écrit, daté et signé de la main du testateur, le sourd-muet est à même de satisfaire au vœu de la loi. *Inst. de Just. lib.* 2, *titr.* 2, § 3.

52. Il peut faire aussi un testament mystique ; mais il faut que le testament soit entièrement écrit, daté et signé de sa main ; qu'il soit par lui présenté au notaire et aux témoins, et qu'au haut de l'acte de suscription, il écrive en leur présence que le papier qu'il présente est son testament : après quoi le notaire écrit l'acte de suscription dans lequel il est fait mention que le testateur a écrit ces mots en présence du notaire et des témoins. Art. 979, Code civil.

53. Mais peut-il faire un testament public ? peut-il consentir une donation ? Nul doute qu'il est incapable de faire un testament public ; car suivant l'art. 972 Code civil, ce testament doit être *dicté* au notaire par le testateur, et le notaire ne peut l'écrire que tel qu'il est *dicté.* — Or le sourd-muet ne peut remplir cette formalité qui est cependant substantielle.

54. Quant à la question de savoir s'il peut faire une donation, il y a plus de difficulté ; et cependant on paraît pencher pour l'affirmative, par le motif que, suivant l'art. 902, Code civil, toute personne peut disposer par donation entre-vifs, si elle n'en a point été déclarée incapable, et que le sourd-muet n'est nullement frappé de cette incapacité. — C'est ainsi que M. Favard de Langlade dit, en son répertoire. V° sourd-muet. « Lorsque le sourd-muet » veut faire une donation, rien ne s'op- » pose à ce qu'il écrive sa volonté en » présence du notaire et des témoins, » et qu'il ne signe très-valablement la » transcription que le notaire en a faite » après en avoir pris lecture. » Voir en-

core ce que dit M. Grenier, Traité des Donations, n° 285.

55. Tout en convenant que l'opinion de ces deux auteurs est la plus généralement suivie, nous n'en sommes pas moins convaincus qu'elle est en opposition aux principes, et inconciliable avec plusieurs dispositions du Code civil. On remarque, en effet, que le législateur ne s'est occupé que dans une seule circonstance de la capacité du sourd-muet pour disposer de ses biens, c'est pour l'autoriser à faire un testament mystique; que pour une pareille disposition il a considéré comme insuffisantes la comparution du disposant devant le notaire et les témoins, sa signature au bas de l'acte, et sa déclaration au haut de l'acte de suscription *que le papier qu'il présente est son testament*; qu'enfin il a prescrit impérieusement et comme pouvant, seule, présenter une garantie entière de l'intelligence et de la volonté du sourd-muet, la condition que le testament serait entièrement écrit, daté et signé de sa main.

Or, si la comparution du sourd-muet devant le notaire et les témoins, si sa signature au bas de l'acte, si la déclaration même de ses intentions, ne sont point suffisantes pour valider une disposition qui ne doit, cependant, avoir son effet qu'après qu'il ne sera plus, comment supposer qu'elles suffiront pour valider une donation qui doit le dépouiller à l'instant et irrévocablement (art. 894 Code civil), et dont les suites peuvent être d'autant plus funestes qu'elles sont irréparables ?

56. Vainement dit-on que le sourd-muet qui voudra donner, écrira ses intentions devant le notaire ; car la loi n'exige pas cette condition, et, très-certainement, le législateur n'aurait pas manqué de l'exiger, s'il eût voulu que le sourd-muet pût disposer de ses biens de cette manière. D'ailleurs, nous l'avons dit, cette déclaration est insuffisante pour la confection d'un testament mystique ; elle serait donc sans force pour valider une

donation qui exige bien une capacité aussi entière de la part du disposant.

57. Vainement encore, invoque-t-on l'art. 902 du Code civil, d'après lequel « toutes personnes peuvent disposer par » donation, si elles ne sont point dé- » clarées incapables ; » car cet article doit être combiné avec l'art. 1108 du Code civil ; suivant lequel, le consentement de la partie qui s'oblige est une des conditions essentielles pour la validité des conventions, et encore avec les anciens principes qui considéraient le sourd-muet comme incapable de donner son consentement, et surtout d'en apprécier les conséquences. *Mortuo similis est*, disait la loi. 29 *Cod. de Test.*

Or, il suit de ces diverses dispositions et considérations, que le sourd-muet, étant naturellement incapable de manifester sa volonté, est présumé ne pouvoir donner un consentement sain et réfléchi ; que cette présomption cesse bien devant les preuves du contraire, dans les contrats purement consensuels, parce qu'à leur égard, la preuve du consentement suffit, pourvu qu'il soit manifesté ; mais que, pour les contrats solennels, pour les dispositions où le législateur a prescrit les formes et conditions spéciales qui devaient valider le consentement des contractans, le sourd-muet était incapable, à moins qu'il n'eût été relevé de son incapacité naturelle.

Ainsi, il ne peut pas faire de testament public, parce qu'il ne peut pas *le dicter*, et que le législateur ne l'a point dispensé de cette formalité. *Suprà*, n.° 53.

Ainsi, il ne peut pas faire un testament mystique, à moins qu'il ne se soumette à des formalités qui lui ont été imposées comme une garantie de son intelligence, et comme nécessaires à la manifestation de sa volonté. Art. 979 du Code civil.

Ainsi, et *à fortiori*, il est incapable de donner entre-vifs, puisque, pour ce genre de contrat, il faut la déclaration expresse *qu'on donne*, et le sourd-muet est incapable de faire cette déclaration.

58. On objecte, encore, étant que la loi permet au sourd-muet de faire un testament olographe et un testament mystique, de contracter mariage, etc., etc., on doit présumer qu'elle a voulu lui permettre de consentir une donation entre-vifs ; nous répondrions qu'il n'y a aucune analogie entre ce dernier contrat et ceux dont nous venons de parler. Il était juste que le sourd-muet pût disposer de sa fortune, au gré de ses affections, pour le temps où il aurait cessé d'être ; il était convenable qu'il pût se marier, et faire les actes nécessaires à l'administration, la conservation, ou l'augmentation de sa fortune : le priver de ce droit, c'eût été le priver d'un des avantages les plus précieux de la vie civile. Quant au droit de disposer de son bien par donation, il n'y avait aucune raison de le lui accorder ; et il y en avait beaucoup pour l'en priver : le testament, par exemple, est révocable ; rien n'empêche celui qui l'a fait, n'étant pas libre, de le refaire quand la contrainte a cessé ; tandis que la donation, rarement utile au sourd-muet, le dépouille d'une manière irrévocable, et peut avoir pour effet de le ruiner complètement.

59. Jusqu'ici, en parlant du sourd-muet, nous ne nous sommes occupés que de celui qui était privé d'une manière absolue de l'usage de la parole. S'il s'agissait d'un sourd-muet qui pût se faire comprendre en parlant, quoique avec la plus grande difficulté, les dispositions qu'il aurait faites et les contrats qu'il aurait consentis, seraient valables. § *Utiquè*, etc. aux Inst. *quib. non est permiss. fac. test.*

60. En terminant ce sujet, qu'il nous soit permis d'émettre le vœu de voir le législateur s'occuper d'une manière plus spéciale, du sort du sourd-muet. Il ne suffit pas que la philantropie ait pris le soin de faire son éducation, et que le législateur le fasse participer aux avantages de la société : il faudrait que la surveillance de la loi devînt plus active, du moment que cesse la protection de ses maîtres. Il faudrait que son inexpérience fût éclairée, et qu'il eût un moyen de lutter contre les dangers qui l'environnent dans un monde qu'il ne connaît pas. Nous voudrions que, à raison de l'état physique de sa personne, de l'incertitude qui règne habituellement sur son intelligence, et sur la part qu'il prend aux engagemens qu'on lui propose, il fût considéré comme mineur, et qu'il fût soumis aux lois sur la minorité, ou tout au moins que l'on lui donnât un curateur, sans l'assistance duquel il ne pourrait aliéner ses biens. Que l'on réfléchisse, un seul instant, sur la législation qui le concerne, et l'on sera frappé des dangers dont il est environné. S'il sait écrire, il peut vendre, emprunter, consommer sa ruine ; et cependant de pareils actes sont d'autant plus à craindre pour lui, qu'il peut être plus facilement trompé ou violenté. Que de malheureux de cette espèce ont été dépouillés, sans avoir pu faire entendre leurs plaintes !

De l'incapacité civile.

61. Il y a incapacité civile dans tous les cas où il y a incapacité naturelle : c'est la conséquence de l'art. 1108 du Code civil qui place le consentement de la partie qui s'oblige ou qui dispose, au nombre des conditions essentielles à la validité des conventions.

62. L'incapacité civile, proprement dite, est celle de l'individu qui, étant naturellement capable de contracter, en est déclaré incapable par la loi.

63. Cette incapacité est exceptionnelle ; elle ne doit jamais être étendue au-delà des bornes que la loi a assignées. Arg. de l'art. 1103 du Code civil.

64. Elle est absolue ou relative.

65. *L'incapacité absolue* est celle qui prive l'individu qui en est frappé de l'exercice de ses droits civils. — Elle est l'effet de la mort civile. Arg. de l'art. 25 du Code civil. « La mort civile, dit » Merlin, en son Répert. V° Mort civile,

» produit à l'égard de la société le même
» effet que la mort naturelle : elle
» rompt absolument tous les liens qui
» étaient entr'elle et celui qui l'a en-
» courue ; il n'est plus censé exister
» que par une sorte de commisération
» absolument indépendante des lois. »

66. Le mort civilement est donc incapable de consentir aucun des actes
introduits par la loi civile. Seulement,
le législateur lui a réservé les droits
qui peuvent être nécessaires à son existence naturelle : ainsi, 1° il est capable de recevoir à titre d'alimens,
soit par acte entre-vifs, soit par testament ; *Discours de l'Orateur du gouvernement, dans l'exposé des motifs
du Tit.* 1, *liv.* 1 ; *Arrêt de la Cour
de Paris, du* 27 *novembre* 1813 ; 2° il
peut actionner ses enfans pour se faire
donner des alimens : *Arrêt de la Cour
de Paris, du* 18 *août* 1808 ; 3.° il peut
acquérir à titre onéreux et faire le
commerce : Arg. des art. 25 et 33 du
Code civil. — Mais comme il ne peut
personnellement ester en justice, s'il
a besoin de plaider, à raison des droits
qui lui sont réservés, le tribunal devant lequel il porte son action, est tenu
de lui nommer un curateur qui le représente. (Art. 25 Code civil.)

67. *L'incapacité relative* est celle
dont le législateur a cru devoir frapper
certains individus, seulement à raison
de certains actes, de certaines dispositions, ou à cause des circonstances
dans lesquelles ces individus se trouvaient placés, au moment où la convention a été consentie, ou la disposition faite. — Cette incapacité n'existe
pas pour d'autres actes que ceux pour
lesquels elle a été prononcée ; elle n'a pas
lieu non plus hors des circonstances
qui en avaient été le motif.

68. Malgré que nous nous soyons
fait une loi de ne pas approfondir les
exemples, nous devons examiner succinctement quelques-unes des incapacités prononcées par le code, et qui
sont une cause journalière de procès
et de difficultés.

ART. 1ᵉʳ. *De l'incapacité des mineurs.*

69. Quelques jurisconsultes ont prétendu que la minorité n'était jamais
une cause de nullité, mais seulement
une cause de rescision, dans le cas où le
mineur aurait été lésé ; ils ont cru trouver le fondement de cette opinion dans
la nature même de cette incapacité qui,
ne reposant pas principalement sur le
défaut de raison, mais bien sur l'inexpérience et la trop grande facilité du
mineur, ne peut avoir d'autre objet que
d'éviter qu'il ne soit lésé ; suivant l'ancienne règle : *Minor non restituitur tanquàm minor, sed tanquàm læsus.*

Ils ont prétendu, en outre, qu'il y aurait une grande économie pour le mineur de lui permettre de faire toute
sorte d'actes et de conventions, sans les
nombreuses formalités auxquelles la loi
les soumet, et qu'il n'y aurait aucun
danger pour lui, puisqu'il pourrait, dans
tous les cas, faire rescinder les engagemens onéreux.

Enfin, ils ont cru trouver, dans la
jurisprudence, des décisions propres à
dissiper tous les doutes ; ils ont invoqué
un arrêt de cassation, (Jur. du 19ᵉ. siècle, 1826, 1. 168) qui a jugé que, lorsqu'un établissement industriel appartenant à des mineurs avait été vendu sans
que les formalités prescrites pour l'aliénation des biens des mineurs eussent été
remplies, cette vente pouvait être maintenue, si elle avait été faite par un huissier priseur, après évaluation, par un
homme de l'art, de l'objet vendu, et si
d'ailleurs il était constant que le prix
fût un juste prix et eût tourné à l'avantage des mineurs, et qu'en maintenant
une pareille vente, une Cour ne se met-
tais pas en contradiction avec l'art. 452
du Code civil.

70. Les considérations sur lesquelles
repose cet arrêt seraient assez importantes pour nous faire désirer la révision des
divers articles du Code qui intéressent
les mineurs : souvent, en effet, nous
avons déploré les longueurs et les frais
des procédures relatives à la vente ou

partage de leurs biens ; et souvent nous nous sommes convaincus que ces frais absorbaient la valeur des biens que la loi avait pour objet de conserver. Cependant, ces considérations, quelque puissantes qu'elles soient, ne peuvent dispenser de l'observation de la loi, et suivant nous, celle-ci est en opposition formelle avec l'arrêt précité. — La question étant importante, nous avons cru devoir l'examiner.

71. Sous toutes les législations, on a pensé que les besoins et les intérêts des mineurs pouvaient leur rendre nécessaires les mêmes actes, les mêmes engagemens que les majeurs sont dans l'habitude de consentir; ces mineurs, en effet, appartiennent à la grande famille sociale, ils ont une fortune à conserver ou à acquérir; et les frapper d'une incapacité absolue eût été d'une injustice évidente; c'eût été même être injuste envers eux, que de ne pas leur permettre de faire, par eux ou par leurs tuteurs, tous les actes qui rentrent dans l'exercice des droits civils.

72. Néanmoins, tout en reconnaissant les droits du mineur à cet égard, les législateurs n'ont pas perdu de vue qu'il n'était point d'un âge assez mûr et d'une expérience assez avancée, pour discerner l'utile de ce qui ne l'était pas, et pour échapper aux pièges que la cupidité ne cesserait de lui tendre ; ils ont senti qu'il y aurait imprudence de mettre sa fortune à sa propre discrétion, ou même de la livrer au libre arbitre d'un tuteur ignorant ou de mauvaise foi, en permettant à l'un ou à l'autre, ou à tous les deux simultanément, de prendre toute sorte d'engagemens.

73. Dès-lors, ils ont dû distinguer parmi ces engagemens ceux qu'il serait nécessaire de soumettre à des conditions ou formalités spéciales, dont l'observation offrirait la garantie que les intérêts des mineurs ne seraient point compromis, et ceux, au contraire, desquels il était inutile de s'occuper d'une manière particulière, par le motif que le droit qu'aurait le mineur de le faire annuler ou rescinder, au cas de lésion, serait une garantie assez forte de la conservation de ses intérêts.

74. De là, la nécessité de distinguer parmi ces engagemens ceux qui seraient *nuls dans la forme,* c'est-à-dire, ceux qui seraient faits au mépris des dispositions spéciales, requises par les lois sur la minorité, comme garantie des intérêts du mineur, et ceux qui, n'ayant point été soumis à ces formalités ou à ces conditions, seraient seulement *rescindables pour cause de lésion.* — Cette distinction étant fondée sur l'ordre public, a toujours été d'une utilité incontestable, et les législations qui nous ont précédé l'ont, toutes, admise.

75. La loi romaine, à laquelle précisément on emprunte tous les jours la maxime: *Minor non restituitur tanquàm minor, sed tanquàm læsus,* n'en reconnaissait pas moins qu'en certains cas la minorité était une cause de nullité des conventions, sans qu'il fût besoin de prouver, ni même d'alléguer la lésion: peu importe disait-elle, la vileté du prix, lorsque les biens du mineur ont été vendus sans l'observation des formalités prescrites: *Supervacuum est tibi de vili prœtio tractare cum Senatûs-Consulti autoritas retento dominio alienandi viam obstruxerit.* Leg. 11. Cod. de præd. minor. sine decret. non alien.

Dans la loi 49 *ff. de minor,* Ulpien consacre la distinction entre les actes nuls et les actes rescindables, « Si res pupil-
» laris, dit-il, vel adolescentis distracta
» fuerit *quam lex distrahi non prohibet;*
» venditio quidem valet.: verumtamen
» si grande damnum pupilli vel adoles-
» centis versetur, etiamsi collusio non
» intercessit, distractio per in integrum
» restitutionem revocatur. »

Pothier, dans ses Pandectes, liv. 4, tit. 4, n° 14, à la note, rapporte les mots : *quam lex distrahi non prohibet.* Et il ajoute fort à-propos : *Nàm si ea res sit quam lex distrahi prohibet, putà prœdium rusticum, distractio ipso jure nulla est, nec opus est restitutione.*

76. Dans l'ancienne jurisprudence, on avait consacré aussi la distinction entre les engagemens nuls pour vice de

forme et ceux contre lesquels le mineur était seulement restituable au cas de lésion : ainsi, par exemple, il était constant que la vente des biens immeubles du mineur sans l'observation des formalités prescrites par les lois d'alors sur la minorité, était nulle de plein droit. « On compte, disait Pothier, au contrat » de vente, n. 14, parmi les choses qui » ne peuvent se vendre, les héritages » et autres immeubles des mineurs, des » interdits, de l'Église, etc. Ces choses » ne se peuvent vendre, si ce n'est pour » quelque juste cause, en vertu du dé- » cret du juge, et en observant au préa- » lable certaines formalités.» (1)

Voici un arrêt qui prouve jusqu'à quel point les parlemens étaient esclaves de la loi Romaine que nous venons de citer. — Un sieur Martel, par acte du 12 avril 1694, acheta de Marie Faubic une vigne de la contenance d'environ trente journaux; la venderesse déclara agir en qualité de mère, tutrice et légitime administreresse de la personne et biens de son fils mineur, à qui la vigne appartenait en sa qualité de seul et unique héritier de son père; elle déclara en outre que la succession de son mari était grevée de plusieurs dettes qu'elle ne pouvait acquitter; qu'au contraire elle avait de la peine à gagner sa vie et celle de son fils; que vu sa grande gêne, elle a été conseillée par ses bons parens et amis, pour éviter la dissipation de tous ses biens, d'en vendre une partie. — Cette vente fut, en conséquence, consentie au prix de 700 francs. La mère fit emploi dans le contrat même, au paiement des créanciers qui firent, en même temps remise, chacun du quart de sa créance. —Fut-il jamais de vente plus favorable! — Cependant au mois de septembre 1710, le mineur devenu majeur, fit assigner Martel en délaissement de la vigne, sur ce fondement qu'il était pupille lors de la vente que sa mère en avait

faite, et que les solennité ordonnées par les lois, *toto ff. tit. de reb. eor. qui sub. tut. vel curat. sunt, et cod. de præd. min. sine dec. non alien.* pour l'aliénation des biens des mineurs, n'avaient point été observées; il demanda encore la restitution des fruits, et offrit le remboursement de la somme de sept cent francs, avec les intérêts.

Martel soutint au contraire son contrat ; il se fondait 1° sur la nécessité de la vente ; nécessité qui résultait de plusieurs saisies sur les biens des mineurs ; 2° sur ce qu'elle avait été avantageuse au mineur, non-seulement en ce que les créanciers avaient été payés du prix; mais encore en ce qu'ils avaient fait l'abandon du quart de leurs créance ; 3° *parce qu'il n'y avait point eu de lésion.* — De ces raisons, il concluait que la vente devait être maintenue *ex æquo et bono.* — A cela il ajoutait : que sur la foi de cette acquisition, et d'un titre qui paraissait si solide, il avait fait bâtir une maison, commode et logeable, à une des extrémités de cette vigne, et avait aussi fait diverses acquisitions au voisinage ; enfin et subsidiairement, il concluait à ce que le demandeur fût condamné à lui payer la valeur de la maison qu'il avait fait bâtir : étant de règle que toutes les fois qu'on bâtit avec juste titre, on est fondé à demander le remboursement de la valeur du bâtiment.

Là dessus, sentence qui condamna Martel à délaisser la vigne avec restitution des fruits, à dire d'experts, lui accorde les réparations utiles, nécessaires et permanentes ; lui permet d'emporter les matériaux employés à la construction de la maison qu'il a fait bâtir sur ladite vigne, sans toutefois détériorer celle-ci, à la charge par le demandeur de lui rembourser la somme de 700 fr., avec les intérêts du jour du contrat.

---

(1) On peut voir au surplus ce que disent : *Dumoulin, en son Commentaire sur l'art. 173 de la Coutume du Bourbonnais; Argou, Inst. du droit français, vol. 2, pag. 479; Louet, sur Brodeau, et les arrêts qu'il cite, lettre A, somm 5; Albert, v° Mineur; Rousseau de Lacombe; v. décret n° 1.* Enfin on peut lire *deux arrêts du Parlem. de Toulouse, rapportés dans le Journal du palais, v. 3 p. 486 et v. 5 p. 328.*

SOLON. 2.

Martel fut débouté de son appel, par les raisons ci-dessus exposées.

77. Cette décision est remarquable en ce qu'il semble que toutes les circonstances les plus favorables étaient réunies en faveur de l'acquéreur. La justice et toutes les convenances militaient pour lui; le mineur au contraire se présentait sous le point de vue le plus défavorable; sa mère avait vendu pour lui conserver sa fortune, pour payer ses dettes, pour obtenir des remises, il n'avait éprouvé aucune lésion, et cependant il venait se plaindre ! Certes, la cause n'était point douteuse, s'il se fût agi d'appliquer la maxime : *Minor non restituitur tanquàm minor sed tanquàm læsus ;* mais comme ce n'était point cette règle qu'il fallait appliquer; comme la vente avait été faite sans l'observation des formalités spécialement requises par les lois sur la minorité, *la vente était nulle de plein droit*, elle ne pouvait être dès-lors maintenue sous aucun prétexte ; suprà n°. 15.

78. Au reste, l'opinion qui avait servi de fondement à cet arrêt était si généralement répandue, que s'il faut en croire ce qui est rapporté par Boniface, liv. 4, tit. 9, chap. 2, de l'aliénation des biens des mineurs, *elle n'était contestée ni par aucun docteur, ni par aucun parlement.*

79. Bien plus, l'incapacité du mineur et celle de son tuteur pour opérer la vente des biens immeubles du premier, étaient si absolues, que cette vente ne pouvait avoir lieu, même des biens à lui donnés ou légués, avec permission de vendre à l'amiable.

80. Telle était, sous l'ancienne jurisprudence, l'opinion générale sur la proposition ci-dessus. Le Code civil l'a-t-il modifiée ? Il est évident que non.

« L'art. 484 dispose expressément » que le mineur ne pourra pas vendre » ni aliéner ses immeubles, ni faire au- » cun autre acte que ceux de pure ad- » ministration, sans observer les for- » malités prescrites au mineur non » émancipé, à l'égard des obligations » qu'il aurait contractées par voie

» d'achat ou autrement, *elles seront* » *réductibles au cas d'excès.* » — Comme on le voit, cet article défend positivement au mineur de faire les actes qui ont pour objet l'aliénation de ses immeubles, sans observer les formalités spécialement requises. Au lieu que pour les actes d'achat ou d'administration, et autres obligations en général, l'article ne les défend pas au mineur ; au contraire, il lui permet de les consentir, en lui réservant toutefois le droit de les faire rescinder ou réduire au cas d'excès. — Donc il y a une différence entre ces deux espèces d'engagemens, car il serait déraisonnable de prétendre qu'il en est de même *des actes défendus et des actes qui ne le sont pas.*

81. Mais quelle est cette différence ? Il ne peut y en avoir qu'une ; c'est qu'au lieu que ces derniers engagemens sont seulement rescindables au cas d'excès, les autres sont *nuls de plein droit*, par cela seul que les formalités prescrites par la loi pour leur confection, n'ont point été observées ; c'est la seule conséquence raisonnable de la défense faite au mineur par les art. 457, 484, Code civ. ; c'est celle qui résulte d'ailleurs des autres dispositions de la loi. L'art. 1311, Code civil, dispose en effet que le mineur est non-recevable à revenir contre l'engagement qu'il avait souscrit en minorité, lorsqu'il le ratifie en majorité, soit que cet engagement *fût nul en la forme*, soit qu'il fût *seulement sujet* à restitution.

Cette explication est au surplus donnée par l'orateur du gouvernement, qui fut chargé de présenter le titre des obligations ; après avoir dit que la simple lésion donnerait lieu à rescision en faveur du mineur émancipé contre toute espèce de conventions, et en faveur du mineur émancipé contre toutes les conventions qui excéderaient les bornes de sa capacité, il ajoute : « Ce » qui concerne l'aliénation des immeu- » bles, est soumis à des règles particu- » lières. »

82. Il est donc hors de doute que le

Code civil a maintenu les anciens principes sur l'incapacité du mineur ; que, comme autrefois, la minorité peut être une cause de nullité , et qu'en ce cas , il est inutile de s'occuper du point de savoir si le mineur a été lésé par l'engagement dont il demande la nulltié.

83. Cette première proposition établie, il nous reste à examiner quels sont , parmi les engagemens consentis par le mineur, ceux *qui sont nuls de plein droit* , et ceux qui *sont seulement sujets à rescision.* — L'art. 484 et l'art. 1311 répondent à cette question. Il en résulte en effet que *les premiers* sont ceux qui , à raison de leur importance , ont été soumis à des conditions ou à des formalités spéciales , et qui ont été faits au mépris de ces conditions et de ces formalités. — Tels sont 1° la vente du mobilier du mineur sans les formalités prescrites par l'art. 452 , Code civil ; 2° la vente d'un immeuble appartenant au mineur sans l'observation des formalités prescrites par les art. 457, 458, 459, cte.,Code civil; 3° le partage d'une succession, dont une partie appartient à un mineur, et pour lequel on ne s'est pas conformé aux dispositions de l'art. 838, Code civil, et autres qui y sont indiqués ; 4° la transaction faite par le mineur ou par son tuteur , sans observer les dispositions, portées par l'art. 467, Code civil.

Les seconds sont ceux qui , n'étant point soumis à des conditions ou à des formalités spéciales , renferment des obligations qui font éprouver un préjudice au mineur. Tels sont les achats et toutes autres obligations en général (art. 484 , Code civil). Il est certain que dans de pareils actes , la forme ne veillant pas pour le mineur , comme dans les engagemens de la première espèce , il fallait que le juge pût venir au secours de ce dernier , si ce secours était nécessaire , et qu'il pût rescinder une obligation trop onéreuse.

84. Remarquez au reste que les engagemens , que le législateur a assujettis à des formalités ou à des conditions spéciales , intéressent le plus or-

dinairement la fortune du mineur. Il convenait que le législateur annulât ces actes de plein droit , lorsqu'ils auraient eu lieu sans les formalités requises pour leur validité, à cause que, par rapport à eux, l'action en rescision pour cause de lésion , ne serait le plus souvent ni assez prompte , ni d'un effet aussi sûr que l'action en nullité. Dans les ventes d'immeubles , par exemple , le mineur qui voudrait prouver la lésion , serait tenu de provoquer une expertise dont les opérations longues et coûteuses sont propres à le décourager, et peuvent par cela même nuire à l'exercice de son droit ; il serait obligé de soumettre , en quelque sorte , sa fortune à la décision de trois experts souvent ignorans; et quelquefois circonvenus par un adversaire adroit , et souvent il serait dans l'impossibilité de faire constater des dégradations dont l'appréciation est cependant indispensable pour prouver la lésion dont il a à se plaindre.

Quelles pertes et quels embarras le mineur n'éprouverait-il pas par l'exercice d'une pareille action , par l'incertitude de son résultat ! Comb'en de fois n'arriverait-il pas que la difficulté de se procurer les frais énormes qu'il seroit tenu d'avancer, le placerait dans l'impossibilité d'agir? On lui prête bien les fonds qui peuvent lui être nécessaires pour poursuivre l'effet d'une action en nullité , parce que , dans ce cas , la résolution de l'acte étant la conséquence naturelle et certaine de la violation des formes , il y a peu d'argent à avancer , et point de chances à courir ; au lieu qu'à l'égard des engagemens dont nous venons de parler, la preuve de la lésion étant douteuse , et ne pouvant être établie que par une procédure faite à grands frais, on n'oserait pas s'exposer à faire les avances nécessaires. Il en résulterait cet inconvénient grave , que plus l'acquéreur de l'immeuble du mineur le dégraderait, plus il rendrait l'expertise douteuse, et le résultat incertain ; et plus il rendrait difficile l'action du mineur, devenu majeur, plus il créerait des embarras ; or, ces embarras seuls suffisent pour établir la lésion, et pour vicier l'acte par lequel le mineur aurait pris des engagemens de cette espèce. *Minoribus viginti quinque annis, subvenitur non solùm cùm de bonis eorum aliquid minuitur, sed etiam cùm intersit ipsorum litibus et sumptibus non vexari*, leg. 6. ff. de minor.

85. Quant aux engagemens qui n'ont pas été soumis à des formalités spéciales, on remarque qu'ils se rattachent plus particulièrement à l'administration des biens du mineur ; or, pour de pareils engagemens, l'action en rescision est bien suffisante, car il est bien rare qu'en les faisant, le mineur puisse compromettre sa fortune.

86. Nous devons répondre à une objection prise de l'art. 1304, Code civil, qui soumet l'action en nullité et l'action en rescision à un même délai ; on en a tiré la conséquence que par rapport aux actes du mineur, ces deux actions devaient être confondues, ou plutôt n'en faisaient qu'une seule ; c'est une erreur. L'art. 1304 n'a fait que reproduire les dispositions de l'art. 134 de l'ordonnance de 1539, qui, bien que soumettant à une même durée l'action en nullité et l'action en rescision, n'en consacrait pas moins la distinction des actes nuls dans la forme, et des actes seulement rescindables. On lit, en effet, dans cet article : « Nous voulons ôter aucunes difficultés et diversités d'opinions qui se sont trouvées par ci-devant le temps que se peuvent casser les contrats faits par les mineurs ; ordonnons qu'après l'âge de 35 ans parfaits et accomplis, ne se pourra pour le regard du privilége en faveur de minorité, plus déduire ni poursuivre la cassation desdits contrats, en demandant ou en défendant par lettres de relièvement ou restitution, ou autrement soit *par voie de nullité* pour l'aliénation des biens immeubles, faite sans décret, ni autorité de justice, *ou pour lésion, déception, ni circonvention* ; sinon,

» ainsi qu'en semblables contrats, sera » permis aux majeurs d'en faire poursuivre par relièvement ou autre voie » permise de droit. »

87. L'examen que nous venons de faire, nous donne à penser qu'aujourd'hui comme sous l'ancienne jurisprudence, attestée par Louet sur Brodeau, lett. A, nomb. 5, le mineur, ni son tuteur pour lui, ne pourraient pas consentir la vente de biens immeubles qui auraient été donnés ou légués au premier avec permission de vendre à l'amiable.—Les formalités prescrites pour de pareilles ventes étant substantielles, et dans des vues d'ordre public, personne ne peut dispenser de leur accomplissement.

88. Nous admettrions cependant une exception qui pourrait être infiniment utile aux mineurs, et qui ne les exposerait à aucun danger ; c'est pour le cas où un testateur leur léguerait une propriété immobilière, *sous la condition* qu'ils la vendraient dans un délai déterminé *pour un prix également déterminé*, et qui serait employé à payer les dettes du légataire. En pareil cas, nul doute que la vente étant l'exécution d'une condition sans laquelle le mineur ne serait point propriétaire du bien vendu, serait valable, si toutefois le legs avait été accepté par le tuteur ou par le mineur dans la forme légale ; nous pensons avec le jurisconsulte Romain, qu'il n'est pas nécessaire que la justice intervienne dans une pareille vente, pour calmer l'inquiétude du tuteur, puisqu'il ne fait qu'exécuter la volonté du défunt.

89. Nous désirerions beaucoup, dans l'intérêt des mineurs, qu'une pareille disposition devint usuelle ; qu'un père, par exemple, qui aurait des enfans mineurs, et qui devrait le quart de sa fortune, pût leur léguer des immeubles déterminés, sous la condition que leur tuteur les vendrait pour une somme qui serait fixée dans le testament, et qui serait immédiatement employée à payer les dettes de la succession. Une pareille disposition, quand elle n'excéderait pas la

quote disponible, ne pourrait souffrir de difficultés ; et, au fond, elle conserverait bien souvent la fortune d'un mineur.

90. Le mineur est relevé de son incapacité pour les conventions et donations portées dans son contrat de mariage ; on conçoit en effet qu'il eût été bien inutile que le législateur permît aux mineurs de se marier, si en même temps il ne leur eût permis de consentir les conventions, sans lesquelles, le plus souvent, le mariage ne pourrait avoir lieu ; seulement il faut qu'en consentant ces conventions ou donations, ils soient assistés des personnes dont le consentement est nécessaire pour la validité du mariage, art. 1095 et 1398, Code civil. — Ces deux articles consacrent l'ancienne règle : *Habilis ad nuptias, habilis ad pacta nuptialia*

91. Les articles 1095 et 1398 qui permettent au mineur qui se marie de consentir toutes conventions et donations, dont le contrat de mariage est susceptible, modifient-ils les art. 457 et 484, qui lui défendent d'aliéner ses biens immeubles, de telle sorte, que la mineure puisse, en se constituant des biens de cette nature, donner pouvoir à son futur époux de les vendre sans observer les formalités prescrites par l'art. 457 ?

La question était, autrefois, très controversée. Les lois Romaines ne voulaient pas que la fille mineure pût donner un pouvoir aussi étendu à son futur époux, et la plupart des Jurisconsultes qui ont écrit sur l'ancienne Jurisprudence française étaient du même avis ; on peut voir les lois citées par Roussille, Traité de la Dot.

Au contraire, le Parlement de Toulouse admettait dans toute son extension la règle : *Habilis ad nuptias, habilis ad pacta nuptialia ;* et il autorisait la fille mineure à donner à son futur époux le pouvoir de vendre à l'amiable les immeubles qu'elle se constituait en dot. Voir Catelan et son commentateur Vedel, liv. 4 ch. 45, et liv. 5 chap. 26.

Il suffit de lire les dispositions des articles 1095 et 1398 du code, pour demeurer convaincu que le législateur a adopté l'opinion du Parlement de Toulouse. Le second de ces articles dispose, notamment, que le mineur habile à contracter mariage est habile à consentir *toutes les conventions et donations* dont le contrat est susceptible, etc. Or, qui dit *tout* n'excepte rien. — Comment, d'ailleurs, serait-il possible de supposer qu'une disposition aussi précise, aussi générale, ne s'appliquerait pas à la constitution de dot avec permission de vendre, lorsqu'il est constant que, de toutes les clauses que l'on stipule dans les contrats de mariage qui se passent dans le midi de la France et dans les provinces qui suivaient le droit Romain, c'est une de celles auxquelles les parties contractantes tiennent le plus, et qui a dû, dès-lors, occuper le plus l'esprit des législateurs ?

92. Sans discuter plus long-temps cette question, nous nous bornerons à rapporter le passage suivant qui est extrait du Traité du contrat de mariage, de M. Bellot, et qui nous paraît énoncer les vrais principes. « L'art 1095 permet
» au mineur de donner tout ce qu'un
» majeur pourrait donner, s'il est assisté
» de ceux dont le consentement lui est
» nécessaire pour se marier. Donner est
» plus que vendre, l'acte est plus ruineux ; si l'un des ces contrats devait
» être défendu au mineur qui se marie,
» ce serait, sans doute, le premier. Si
» un mineur peut donner un immeuble
» à son conjoint, nous ne voyons pas
» pourquoi ce mineur ne pourrait pas
» permettre à son conjoint de le vendre.
» Il est à croire que les parens ne le
» permettront que pour l'avantage du
» mineur ; et, comme la femme a une
» hypothèque légale sur les biens de
» son mari, cette aliénation n'est pas
» aussi dangereuse pour la femme qu'on
» peut se l'imaginer. Est-elle contraire
» à la loi ? Elle n'est point contraire
» aux art. 1309 et 1398 L'est-elle aux
» art. 1125 et 457 ? Oui : mais ces articles sont modifiés par l'art. 1398.
» Est-ce que le mineur ne pourrait, as-

» sisté de ceux dont le consentement est
» nécessaire pour son mariage, faire
» un ameublissement ? Nous pensons
» bien sincèrement qu'il le peut ; si
» cela lui est permis, c'est bien encore
» un aliénation ; aliénation qui n'a pas
» de conséquence moindre que celle
» dont il s'agit. Nous avons peine à
» croire qu'un arrêt de la Cour royale
» de Riom, du 19 novembre 1809, qui
» juge le contraire, fixe la jurispru-
» dence. L'aliénation qu'a faite la fem-
» me mineure, dans l'espèce, est une
» véritable convention du mariage qui
» peut être pour elle d'un avantage
» évident. La loi, en disant que le mi-
» neur assisté peut faire toutes les con-
» ventions qu'un majeur pourrait faire,
» parle d'une manière trop générale
» pour croire qu'il y ait exception pour
» le cas proposé, etc. » Dalloz, t. 19, p. 392.

93. Que doit-on décider sur la question de savoir si la mineure qui se marie
peut, avec l'assistance de ceux dont le
consentement est requis pour la validité de son mariage, consentir que son
hypothèque légale soit restreinte à certains immeubles de son futur époux ?

S'il ne fallait consulter que les dispositions générales de l'art. 1398 du
Code civil, il est certain que la future
épouse aurait ce pouvoir, puisqu'elle
est habilitée par cet article à faire toutes
les conventions dont son mariage est
susceptible. Mais la question doit être
jugée par l'art. 2140 du même code qui
dispose que « lorsque, dans le contrat
» de mariage, les parties *majeures* se-
» ront convenues qu'il ne sera pris
» d'inscription que sur un ou plusieurs
» immeubles du mari, les immeubles
» qui ne seraient pas indiqués pour
» l'inscription resteront libres et affran-
» chis de l'hypothèque, pour la dot de
» la femme et pour ses reprises et con-
» ventions matrimoniales, etc. »

Cet article s'occupe d'une faculté exceptionnelle dont l'exercice peut être
très préjudiciable à une épouse, il ne
l'accorde qu'à celle qui est *majeure*.
Dès-lors, il la refuse à celle qui n'a pas
encore vingt-un ans. Les termes de la

loi sont précis, et nous dispensent d'é-
numérer les motifs d'un pareille restriction. — Nous n'hésitons donc pas à
soutenir que si, par l'art. 1398, le législateur a relevé le mineur de l'incapacité dont il était frappé par les art.
457 et 484, l'art. 1398 a été lui-même
modifié par l'art. 2140. — S'il pouvait
exister le moindre doute, il doit
cesser devant un arrêt de la Cour de cassation dont les considérans sont décisifs ;

» La Cour, après en avoir délibéré,
» attendu que l'art. 2140 n'a permis
» qu'à la femme *majeure* de restrein-
» dre, dans le contrat de mariage, son
» hypothèque légale à certains im-
» meubles du mari, spécialement dési-
» gnés ;
» Que, lorsque cette restriction est
» ainsi opérée par la femme *majeure*,
» son hypothèque se concentre dans les
» immeubles désignés ; — que, dans ce
» cas touts les autres immeubles du
» mari sont affranchis de l'hypothèque
» légale ;
» Que l'article 2140 n'ayant accordé
» cette faculté qu'à la femme *majeure*,
» on ne pourrait, sans étendre cette
» disposition, l'appliquer à la femme
» mineure qui doit, par conséquent,
» conserver son hypothèque entière,
» telle que la loi la lui confère, tant
» pour la conservation de sa dot, que
» pour la sûreté de ses reprises matri-
» moniales ;
» Que la faculté de cette restriction
» fut agitée, pour la première fois, au
» Conseil d'état, lorsqu'on s'y occupa
» des hypothèques et des priviléges ;
» *Que la discussion dissipe tous les*
» *doutes qui ont été élevés sur cette*
» *question ;*
» Que des opinions entièrement oppo-
» sées furent, en effet, émises au Con-
» seil d'état ;
» Que l'une de ces opinions tendait à
» n'admettre la faculté de restreindre
» l'hypothèque légale, ni à l'égard des
» femmes mineures, ni à l'égard des
» femmes majeures ;
» Que l'opinion opposée tendait, au
» contraire, à permettre une restriction,

» non-seulement aux femmes majeures,
» mais encore aux femmes mineures ;
  » Que la dissidence des opinions cessa
» dès qu'on eut proposé une nouvelle
» rédaction de l'art. 2140 , telle qu'elle
» se trouve aujourd'hui dans le code ;
  » Que , par cette nouvelle rédaction
» la faculté de res'reindre l'hypothèque
» fut limitée aux parties *majeures* , tan-
» dis que, par la première rédaction ,
» elle était indéfiniment accordée aux
» parties , sans distinction de majorité
» et de minorité ;
  » Que cette discussion et cette nou-
» velle rédaction démontrent qu'on n'a
» entendu permettre et qu'on n'a réel-
» lement permis qu'à la femme majeure
» de restreindre son hypothèque légale,
» et qu'on a entendu refuser cett : fa-
» culté, et qu'on l'a réellement refusée
» à la femme mineure ;
  » Que les art. 1309 et 1398 du Code
» civil qui autorisent , en général, les
» mineurs à faire dans les contrats de
» mariage , du consentement de leurs
» parens , toutes les conventions dont
» ces contrats sont susceptibles, ne s'ap-
» pliquent qu'aux conventions qui ne
» sont pas spécialement réglées par la
» loi;—qu'en effet, malgré ces articles,
» le législateur n'en a pas moins limité
» à la femme majeure la faculté de res-
» treindre l'hypothèque légale, etc.,etc.;
» Rejette — 19 juillet 1820. Dalloz , t.
17 , p. 519. Arrêt en sens contraire ,
Paris 10 août 1816; Dalloz, t. 27, p. 269.
  94. Telles sont les règles de l'incapacité des mineurs. La loi , il faut le dire,
a trop multiplié les formalités et les
frais , et , par cela même , elle a manqué le but qu'elle s'était proposé, celui
de conserver leur fortune. Combien n'a-
t-on pas vu , en effet, de petits patri-
moines dévorés par le fisc , les experti-
tises , les hommes de loi ! Et combien
de fois le mineur n'a-t-il pas eu à déplorer la protection dont on avait voulu
l'environner !
  Notre législation est incomplète, elle
est même rigoureuse envers les mineurs ; et c'est pour nous un devoir de
renouveler les vœux qu'on ne cesse de
faire depuis long-temps pour obtenir
qu'elle soit revue et modifiée.

  95. Pourquoi , par exemple, un père,
un parent , un ami qui laissent leurs
biens à des mineurs , n'auraient-ils pas
le droit d'autoriser ces mineurs , s'ils
sont en âge d'être émancipés , ou leurs
tuteurs , à vendre , amiablement , ces
biens à un prix dont le *minimum* serait
fixé par la donation ou le testament ,
et à la charge d'employer ce prix à
payer les dettes du mineur , ou le passif
de la succession ? La tendresse du père,
l'amitié du parent ou du bienfaiteur ,
la connaissance qu'ils ont de la valeur
de leurs biens, ne seraient-elles pas une
garantie suffisante de l'utilité de pareilles dispositions ? Suprà , nᵒ 87 et 88.

  96. Pourquoi encore, un tuteur , un
mineur émancipé ne seraient-ils pas
autorisés à consentir le partage d'une
succession dans laquelle ce dernier serait intéressé? Pourquoi la loi ne per-
mettrait-elle pas que ces lots , faits par
les parties , fussent tirés au sort , en audience publique , et que l'acte , contenant les autres opérations du partage ,
fût homologué , après rapport , et sur
les conclusions du ministère public ?
Pense-t-on que ces précautions ne seraient pas suffisantes ? Et l'expérience
ne nous apprend-elle pas, tous les jours,
que les formalités actuellement exigées
n'offrent pas au mineur des garanties
plus réelles ! (1)

Art. 2. *De l'incapacité de la femme*
mariée.

  97. La femme séparée de biens , ne
peut donner , aliéner, hypothéquer,
acquérir à titre gratuit ou onéreux ,
sans le concours de son mari dans
l'acte, ou son consentement par écrit.
(Art. 227 , Code civil.)

  98. Cette autorisation doit être spéciale; toute autorisation générale, même
stipulée par contrat de mariage , ne
pourrait valoir que pour l'administration des biens. (Art. 223 et 1538.)

(1) Voir, le Traité des Minorités , etc. ,
publié en 1 vol. à la librairie de jurispr. de
H. Tarlier.

99. Le défaut d'autorisation produit la nullité de l'engagement de la femme, art. 225 , Code civil ; peu importe que cet engagement lui soit avantageux ou désavantageux , car l'autorisation n'est pas requise en sa faveur , mais bien en faveur de son mari, et pour maintenir la puissance qu'il a sur les biens par elle apportés dans la communauté conjugale.

100. La femme ne peut non plus ester en justice, sans l'autorisation de son mari, quand même elle serait marchande publique ou commune, ou séparée de biens , art. 215 , Code civil. — À défaut de cette autorisation, elle ne peut être poursuivie à raison des condamnations prononcées contre elle.

101. Cette autorisation n'est pas nécessaire à la femme pour es er en jugement , lorsqu'elle est poursuivie en matière criminelle ou de police ; art. 216 , Code civil.

102. La femme, si elle est marchande publique, peut , sans l'autorisation de son mari, s'obliger pour ce qui concerne son négoce; et , audit cas, elle oblige aussi son mari , s'il y a communauté entr'eux. — Elle n'est pas réputée marchande publique , si elle ne fait que détailler les marchandises du commerce de son mari, mais seulement quand elle fait un commerce séparé ; art. 220 , Code civil.

103. Elle peut aussi tester sans l'autorisation de son mari ; art. 226, Code civil. — Le testament, en effet, doit être l'expression libre de sa volonté ; et et il ne le serait pas, si le consentement du mari était nécessaire. — Remarquez , d'ailleurs, que le testament ne doit avoir effet qu'à la mort , c'est-à-dire , à une époque où le mariage étant dissous, la puissance maritale n'existe plus.

104. Si le mari refuse d'autoriser sa femme à passer un acte, elle peut le faire citer directement devant le tribunal de première instance de l'arrondissement du domicile commun, qui *peut* donner ou refuser son autorisation , après que le mari aura été entendu ou dûment appelé en la chambre du conseil ; art. 219, Code civil ; art. 861 , Code de procéd.

105. Si le mari refuse d'autoriser sa femme à ester en jugement, le juge *peut* donner l'autorisation ; art. 218 , Code civil. Il est à remarquer cependant que ce n'est que lorsque la femme est défenderesse , que le juge peut donner cette autorisation sans demander l'avis du mari, car il serait injuste que son refus pût affaiblir les droits des tiers ; s'il s'agissait d'une action à intenter par la femme , celle-ci devrait demander l'autorisation dans la forme prescrite par l'art. 219 , Code civil, et par l'art. 861 du Code de procéd. (Arg. de ce dernier article.)

106. La femme qui veut contracter ou ester en jugement, doit s'adresser directement à la justice, sans avoir besoin de citer préalablement son mari ; dans les trois cas suivans :

1° Lorsque le mari est frappé d'une condamnation emportant peine afflictive ou infamante, encore qu'elle n'ait été prononcée que par contumace , et cela pendant la durée de la peine *seulement* , art. 221 , Code civil. Après cette époque , il reprend l'exercice de ses droits , et il est relevé de toutes les incapacités qui résultaient de sa condamnation ; art. 633 , Code d'inst.

2° Lorsque le mari est interdit ou absent, art. 222 , Code civil, ou seulement présumé absent, art. 863, Code de procédure civile, ou même lorsque son éloignement *constaté* l'empêche de donner son autorisation pour une affaire urgente ; comme, par exemple, s'il s'agissait, pour la femme, d'intenter une action en interruption de prescription, etc.

3° Lorsque le mari est mineur , article 224, Code civil, et qu'il s'agit d'un acte que le mineur n'aurait pas lui-même capacité pour consentir. S'il s'agissait d'un acte que le mineur émancipé pût faire, par exemple, d'un acte d'administration , il pourrait autoriser sa femme , et sur son refus, celle-ci serait obligé de le faire citer en justice. Cette distinction est basée sur l'art. 224 ;

mais surtout sur ses motifs, qui ne sont autres que l'ancienne règle : *qui per se ipsum facere quid prohibetur aliis concedere non potest.*

107. La femme n'a pas non plus besoin de demander à son mari l'autorisation pour ester en justice, lorsqu'elle le poursuit en séparation de corps. Il suffit que le juge autorise la femme lorsqu'elle comparaît, et qu'elle prend ses conclusions ; c'est le cas de la règle : *nemo potest esse actor in rem suam.*

108. Une question assez délicate divisait autrefois les jurisconsultes ; c'était de savoir comment la femme était habilitée pour contracter avec son mari.

Ricard, Lebrun, et autres, pensaient que pour de pareils actes, la femme pouvait s'obliger seule envers son mari, et que celui-ci n'avait pas même besoin de l'autoriser.

Pothier, de la puissance maritale, n° 42, pensait que cette autorisation était nécessaire, mais qu'elle était suffisante ; qu'ainsi il n'y avait pas lieu de recourir à la justice.

Le Code gardant le silence sur cette question, on doit s'en tenir à la règle générale écrite dans les articles 217 et 219, Code civil, suivant laquelle la femme ne peut s'adresser à la justice qu'autant que son mari *refuse de l'autoriser* ou de concourir à l'acte. — On doit croire, en effet, que si le législateur avait voulu qu'il y eût exception à cette règle, il s'en serait expliqué, comme il l'a fait dans l'article 1558, pour la vente de l'immeuble dotal, et dans l'art. 2144, pour la restriction de l'hypothèque légale. Son silence prouve qu'il n'a pas entendu que la femme recourût à la justice, par cela seul, que le mari avait intérêt à l'acte qu'elle se proposait de consentir.

C'est ainsi, du reste, que la loi a toujours été interprétée ; notamment, il a été décidé par un décret du 17 mai 1809, que la femme autorisée par son mari, pouvait constituer sur ses biens propres un majorat, en faveur de lui-même, etc. etc.

Notamment encore, la Cour de cassation a jugé, par son arrêt du 8 novembre 1814, que les art. 217, 218, et 222, Code civil, ne recevaient point exception dans le cas où le mari devait profiter de l'autorisation. Dalloz, t. 19, p, 325.

109. *Nec obstat*, un arrêt de la même cour, qui a décidé que la femme qui plaidait contre son mari en vertu d'une autorisation de justice, ne pouvait pas se désister valablement de sa demande, avec l'autorisation de son mari. La seule lecture de cet arrêt, prouve que la cour s'est décidée par cette double considération que le mari aurait été, dans l'espèce de la cause, *actor in rem suam*, et que le désistement était frauduleux. — « *Attendu*, porte cet arrêt, *qu'indépen-* » *damment des violens indices de dol* » *personnel, dont la cour a déclaré en-* » *taché l'acte de désistement dont il s'a-* » *git*, aux termes de l'art. 219, Code » civil, la femme en puissance de mari, » doit être par lui, ou bien à son défaut, » par la justice, autorisée à passer tous » actes ; que celui de désistement d'une » instance en séparation de biens, in- » tentée par la dame Gonin contre le » demandeur, était de la nature de » ceux qui exigent une autorisation de » la justice, puisqu'elle avait été déjà » autorisée par elle pour la former ; » d'où il suit que l'omission de cette » formalité de rigueur affectait de nul- » lité un pareil désistement, et qu'elle » n'aurait pu être couverte par l'auto- » risation du sieur Gonin qui ne pouvait » être *actor in rem suam*, etc. ».

110. Au reste, il ne faut pas croire que la femme coure de grands dangers pour sa fortune, par cela seul que son mari peut l'habiliter dans les conventions auxquelles il serait intéressé ; car, outre l'action de dol et fraude qu'elle serait en droit d'exercer contre son mari, si celui-ci avait abusé de son influence, elle ne peut lui vendre ses biens que dans les cas déterminés par la loi (Art. 1595, Code civil). Et si elle lui a consenti une donation, elle peut la révoquer ; Art. 1096.

111. Si la femme est séparée de corps et de biens, ou de biens seulement, elle

est capable de tous les actes d'administration : elle peut *disposer de son mobilier et l'aliéner*, mais elle ne peut aliéner ses immeubles, sans le consentement de son mari ou l'autorisation de la justice. (Art. 1449 Code civil).

112. Quoique la femme séparée de biens puisse disposer de son mobilier, nous ne pensons pas qu'elle puisse aliéner sa dot mobilière. Il est bien vrai que plusieurs Cours lui donnent ce droit; mais cette jurisprudence nous parait tellement subversive des principes relatifs à l'objet et à la nature de la dot, qu'il nous est impossible de l'admettre. Peu de mots suffiront pour justifier notre opinion.

La dot est le bien que la femme apporte au mari pour supporter les charges du mariage. — Dès le moment du contrat, le mari a des droits sur la jouissance de cette dot, et les enfans, à mesure qu'ils naissent, acquiérent un droit pareil. Arg. des art. 203, 1448, 1540, Code civil. — Aussi, et pour que la dot ne soit pas enlevée à sa destination, le législateur a voulu que, si elle consistait *en immeubles*, elle fût inaliénable, art. 1554 du Code civil; que si elle était mobilière, ou si elle consistait en une somme d'argent, la femme eût, sur les biens de son mari, une hypothèque légale, indépendante de l'inscription; art. 2135, Code civil; qu'enfin, le mari qui est administrateur du ménage perçût cette dot et en jouît, sous l'obligation d'en supporter les charges.

Du moment que le désordre d'affaires du mari met cette dot en péril, ou même lorsque les revenus en sont compromis au point qu'ils ne peuvent pas être employés à l'entretien des époux et des enfans, la femme peut demander la séparation des biens; art. 1563 Code civil. Si le tribunal la prononce, la femme reprend l'administration de ses biens; notamment elle reprend l'administration de ses biens dotaux; le jugement qui intervient fait passer sur sa tête les droits qu'avait son mari, et lui rend la

jouissance de sa dot mobilière avec les charges qui y étaient attachées.

Nous disons : *avec les charges qui y étaient attachées ;* car la séparation de biens ne dissout pas le mariage, et tant que celui-ci dure, la dot doit supporter, ou au moins aider à en supporter les charges.

Mais si la femme pouvait recevoir sa dot sans emploi et sans caution, quelle serait la garantie de l'époux et des enfans? comment cet époux dont la détresse est constatée par le jugement qui prononce la séparation de biens, pourrait-il assurer pour lui, pour sa femme et ses enfans, des moyens d'existence ?

Tant que cette dot est restée dans ses mains, la femme, ses parens, le procureur du roi pouvaient en assurer la restitution par une inscription sur ses biens, art. 2194 Code civil; mais lorsque cette dot passe dans les mains de la femme, peut-on présumer que la loi ait voulu qu'elle y passât pour y être dissipée? qu'elle pût être livrée à l'inexpérience d'une femme qui n'a jamais administré sa fortune ?

Pour le décider ainsi, il faudrait dire que la séparation de biens dissout le mariage; mais comme cela n'est pas, comme cette séparation n'ôte pas à la dot son objet ni son caractère, il est évident, ou rien ne le sera, qu'elle doit être placée de manière à ne pouvoir être perdue. La décision contraire est en opposition avec les principes sur le régime dotal; elle n'est avantageuse ni pour la femme ni pour ses enfans; elle peut entraîner les conséquences les plus graves dans leur fortune.

Vainement dit-on que la loi permet à la femme de disposer de son mobilier, car l'art. 1449 qui lui donne cette faculté doit se combiner avec les art. 203, 1448, 1540, 1554, et 2135 Code civil, et il résulte de cette combinaison que si le législateur lui a permis la libre disposition de sa fortune mobilière, il n'a pu avoir en vue que la partie de cette fortune qui était restée libre à la femme, c'est-à-dire, ses paraphernaux, et nullement les biens qu'il avait lui-même déclarés inaliénables, et en quelque sorte indisponibles, dans l'intérêt des époux et des enfans.

On objecte encore que, par l'art. 1549, le législateur considère comme un acte d'administration la perception des capitaux constitués, que, dès lors, la femme *reprenant* l'administration de ses biens, doit la reprendre telle qu'elle l'avait conférée à son mari, c'est-à-dire avec le droit de percevoir les capitaux. — On peut répondre qu'en donnant ce droit au mari, le législateur avait frappé ses biens d'une hypothèque indépendante de l'inscription, et qu'il avait ainsi assuré, autant qu'il était en lui, la restitution de la dot ; qu'ainsi, on ne doit pas supposer que ce droit que le mari avait *sous condition* ait été rendu à la femme sous condition de garantie ou d'emploi. Voir, au surplus, les arrêts rapportés par Sirey, sur les art. 1449, 1540, etc. de ses Codes annotés.

113. Le droit que la loi donne à la femme d'aliéner son mobilier produit-il cet effet que, si elle a consenti, *seule*, une obligation en faveur d'un tiers, cette obligation soit valable jusqu'à concurrence de ce même mobilier ? Nous ne le pensons pas : l'art. 218 du Code qui défend à la femme de contracter sans l'autorisation de son mari ; s'exprime en termes généraux, et nulle part on ne trouve une exception pour la femme séparée de biens. L'art. 1449 qui permet à la femme de disposer de son mobilier, semble bien vouloir établir une dérogation à l'art. 218, mais cela est douteux, et par cela même, nous devons nous prononcer en faveur de la puissance maritale *qui est d'ordre public.*

La Cour de cassation qui, par arrêt du 16 mars 1813, Dalloz, t. 19, p. 502, Sirey, 1814, 1ʳᵉ p. 160, avait validé une pareille obligation, a changé d'avis ; elle a jugé qu'une obligation de cette nature devait être annulée, *même en ce qui touchait les revenus et le mobilier de la femme,* si l'obligation n'était

pas reconnue être une suite de l'administration de ses biens, ou n'avait pas eu pour objet de pourvoir à ses besoins. Arrêt du 5 mai 1829, Jurispr. du 19ᵉ siècle 1829 ; 1.ʳᵉ p. 181.

Aʀᴛ. III. *De l'incapacité des communes.*

114. Les communes sont toujours mineures. Le maire est leur tuteur, et celui-ci ne peut faire aucun acte important, sans l'autorisation du conseil municipal qui est le seul représentant légal de la commune, pour tout ce qui touche à ses biens et à ses besoins.

115. Les communes ne peuvent emprunter, vendre, échanger ou autrement aliéner, qu'après avoir obtenu l'autorisation dans la forme prescrite par la loi. *Henrion de Pansey, des Biens comm., liv. 2, chap. 11.* — Elles ne peuvent pas transiger sans cette autorisation ; art. 2045 du Code civil. — Elles ne peuvent pas partager sans une pareille autorisation, les biens qu'elles jouissent en commun avec des particuliers ; enfin, elles ne peuvent pas même recevoir à titre gratuit, si elles n'y sont autorisées par ordonnance royale. (Art. 910 du Code civil).

Elles sont également incapables d'ester en jugement sans être autorisées ; *art. 4 et 15 de la loi du 28 pluviose an VIII ; Arrêté du 17 vendémiaire an X.* — Cette autorisation est nécessaire pour l'attaque comme pour la défense ; *Loi du 14 décembre 1789.* — Elle est tellement essentielle, que le maire d'une commune ne la représente réellement devant les tribunaux qu'autant qu'il a reçu l'autorisation de plaider : à défaut de cette autorisation, le maire étant sans caractère distinctif, le jugement rendu contre lui, quoique en sa qualité de maire, est à l'égard de la commune, *res inter alios acta,* et ne la lie en aucune manière. Elle pourrait donc se soustraire aux condamnations qui porteraient contre elle, lors même que dans l'ensemble de leurs dispositions elles lui seraient favorables.

117. L'autorisation pour plaider n'est pas nécessaire lorsqu'il s'agit d'une action formée par un particulier contre une commune, comme responsable de dommages à lui causés, et en général toutes les fois qu'il s'agit de poursuites *d'ordre public et de haute-police ordonnées par une loi spéciale.* Cour de cassation du 19 novembre 1821; Dalloz, t. 5, p. 168; Sirey, 1822, part. 1re, p. 50; ni quand il s'agit de poursuites de police correctionnelle. *Ordon. du 22 février 1821.*

118. Tout acte fait avec une commune non légalement autorisée, tout jugement rendu contr'elle sans autorisation, sont nuls de plein droit. Il n'est pas nécessaire qu'il y ait lésion. — Néanmoins les tiers n'ont pas le droit de se prévaloir de la nullité, ainsi que nous le prouverons dans le cours de cet ouvrage.

Art. 4. *De quelques incapacités relatives.*

119. Des motifs de convenance et d'ordre public ont déterminé le législateur à prononcer quelques incapacités qu'il est d'autant plus essentiel de connaître, qu'elles peuvent nous frapper ou nous intéresser tous, par suite de notre état dans le monde, de nos rapports de famille; et des circonstances dans lesquelles nous pouvons nous trouver placés. — Comme ces incapacités sont des causes radicales de la nullité des actes, nous devons indiquer celles qui peuvent recevoir, le plus souvent, leur application.

120. 1° Il est défendu aux tuteurs d'acquérir les biens de ceux dont ils ont la tutelle, et d'accepter la cession de droits ou créances contr'eux, ni prendre leurs biens à ferme, à moins que le conseil de famille n'ait autorisé le subrogé-tuteur à leur en passer bail; art. 450 du Code civil. — Il leur est aussi défendu de faire aucun traité avec leurs mineurs devenus majeurs, s'il n'a été précédé de la reddition d'un compte détaillé et de la remise des

pièces justificatives, le tout constaté par un récépissé de l'oyant-compte, dix jours au moins avant le traité. (Art. 472.)

Enfin, il leur est défendu de rien recevoir de ceux qui ont été leurs pupiles, si le compte définitif de la tutelle n'a été préalablement rendu ni apuré. Art. 907 du Code civil.

121. 2° Par analogie, pareille défense est faite au co-tuteur des enfans mineurs de sa femme, de recevoir aucun don de ces enfans, même devenus majeurs, avant l'apurement du compte de tutelle. Cour de Metz, du 18 janvier 1821; Dalloz, t. 9, p. 319, Sirey, 1822, 2e, p. 362; Cour de Limoges, 4 mars 1822; Dalloz, t. 9, p. 320; Sirey, 1822, 2e, pag. 265.

122. Il est même à remarquer que le co-tuteur ne peut pas profiter de l'exception introduite *en faveur des ascendans* par l'art. 902, car cet article ne comprend point les *alliés;* et il n'y a aucune raison d'accorder à ceux-ci un droit que les ascendans tenaient, en quelque sorte, de la nature, avant qu'il leur fût réservé par la loi. D'ailleurs, la qualité de co-tuteur est, en général, peu favorable.

123. Si le mineur est émancipé, la prohibition existe-t-elle pour le curateur? Nous ne le pensons pas : car outre qu'il n'est point compris dans la prohibition, il n'y a pas de raison de l'y comprendre; ne percevant ni les capitaux ni les revenus du mineur, il n'est pas comptable envers lui; il est d'ailleurs sans influence sur sa volonté, du moment que la curatelle a cessé. — Il y a même raison de décider pour le subrogé-tuteur. Arg. de l'art. 902 du Code civil.

124. 3° Les enfans naturels reconnus ne peuvent rien recevoir par donations entre-vifs, ou par testament, au-delà de ce qui leur est accordé au titre des successions, art. 908, 756 et suiv. Code civil. — Cette prohibition ne paraît pas devoir être étendue au cas où, s'agissant d'un patrimoine

peu important, la part que la loi accorde à l'enfant naturel serait insuffisante pour lui fournir des alimens. Nous pensons que, dans ce cas, le père pourrait lui donner au-delà de ce que la loi détermine par les articles ci-dessus ; que même il pourrait tout lui donner, si tout était nécessaire, pour un motif aussi intéressant. Nous avons vu, en effet, que l'obligation où était un père de fournir des alimens à ses enfans était de droit naturel, que par cela même il les devait à son fils, *mort civilement ;* nous allons voir bientôt qu'il les doit à son fils adultérin ou incestueux, comment serait-il privé du droit de les fournir à son fils naturel ? La nature et la loi s'opposent à une pareille interprétation ; car ce serait faire tourner, contre l'enfant naturel, les dispositions par lesquelles le législateur avait voulu le traiter plus favorablement que les enfans adultérins et les enfans incestueux.

125. L'incapacité de l'enfant naturel est d'ordre public ; c'est dans l'intérêt du mariage qu'elle a été établie. Aussi avons-nous peine à concevoir les doutes qui se sont élevés sur la question de savoir s'il pouvait être adopté par ceux qui l'avaient reconnu ; et si, par cette adoption, on pouvait le soustraire aux suites de son incapacité ?

La négative nous paraît certaine. La loi n'a pas voulu que l'enfant naturel eût les mêmes droits que l'enfant légitime, sur la succession de son père. — Elle a si peu voulu que sa volonté à cet égard pût être éludée, qu'elle a frappé de la même incapacité ceux qui pourraient être choisis pour le faire profiter directement des droits qu'elle lui refusait ; art. 911 Code civil. Dès lors, nous devons penser qu'elle a aussi proscrit d'avance tout acte ou arrangement qui aurait pour objet de lui faire obtenir tout, lorsqu'il n'a droit qu'à la moitié, au tiers, au quart, etc.

Or, l'adoption n'aurait pas d'autre objet, art. 350, Code civil ; donc elle serait, dans l'espèce, une violation manifeste de la loi. Il est bien vrai que quelques Cours du royaume ont jugé différemment ; mais tant que la question ne sera point souverainement jugée, nous persisterons à croire qu'il faut repousser une interprétation contraire à celle que nous venons de donner à la loi. *Interpretatio fugienda per quam lex redditur elusoria.* Franc. rip. in leg. si constant. nᵒ 5 sol. matrim.

Nous ajouterons, d'ailleurs, que l'adoption a toujours été considérée comme une fiction par laquelle celui qui n'avait point d'enfans s'en donnait un auquel il transmettait son nom et sa fortune ; qu'ainsi, elle n'a pu être accordée à celui qui était père. Pourquoi, en effet, recourir à la fiction quand il y a la réalité !

126. 4ᵒ. Les enfans incestueux ou adultérins ne peuvent rien recevoir de leur père ou mère, si ce n'est à titre d'alimens. Art. 762, Code civil.

Mais, quel est l'enfant auquel on peut, *légalement,* donner le titre d'enfant adultérin ou incestueux ? Ce ne peut être celui auquel on ne pourrait opposer que l'acte de reconnaissance de ceux qui se diraient les auteurs de ses jours, car une pareille reconnaissance est nulle, art. 335 et 342, Code civil ; et par suite, elle ne peut pas plus être opposée à l'enfant, qu'il ne pourrait lui-même s'en prévaloir. — Ce ne peut donc être que celui dont l'existence légale se trouve constatée, sans qu'il soit besoin de recourir à une pareille reconnaissance. Par exemple, lorsqu'elle est la conséquence d'un jugement qui fait droit à l'action en désaveu, dans le cas de l'art. 312, Code civil ; par exemple encore, lorsqu'elle est la conséquence d'un jugement qui annule un mariage pour cause de bigamie, ou pour cause d'inceste, etc., etc.

Dans ces circonstances et autres pareilles, l'état de l'enfant se trouvant constaté comme conséquence de la chose jugée, il a droit à des alimens.

127. 5ᵒ. Les docteurs en médecine et en chirurgie, les pharmaciens, sont incapables de profiter des dispositions entre-vifs ou testamentaires que leur

auraient consenties leurs malades, pendant le cours de la maladie dont ils seraient morts. Art. 909. .

Cette incapacité n'en existe pas moins, quoique pour mieux éluder la loi, le médecin, le chirurgien ou le pharmacien, aient épousé la malade; arrêt de cassation, du 30 janvier 1820, et cependant, le mariage est inattaquable; même Cour, 30 août 1808. Dalloz, t. 9, p. 326.

128. Ne perdons pas de vue que les motifs de l'incapacité des médecins et chirurgiens sont pour prévenir la fraude et l'ascendant qu'ils pourraient prendre sur l'esprit de leurs malades, dans le but de leur extorquer tout ou partie de leur fortune. C'est assez dire qu'il ne faut pas étendre cette incapacité sur ceux qui donneraient des soins à celle qu'ils ont épousée sans fraude. En agissant ainsi, l'époux médecin remplit un devoir, et le législateur qui le lui impose par l'art. 212 du Code civ., se mettrait en contradiction avec lui-même, s'il le punissait de l'avoir rempli.

129. Par la même raison, ils peuvent profiter : 1° des dispositions rémunératoires faites à titre particulier, eu égard aux facultés du disposant et aux services rendus; 2° des dispositions universelles, dans le cas de parenté jusqu'au quatrième degré inclusivement, pourvu toutefois que le décédé n'ait pas d'héritier en ligne directe; à moins que celui au profit de qui la disposition a été faite, ne soit lui-même du nombre de ces héritiers; art. 909 Code civil.

130. 6°. Les ministres des cultes sont frappés de la même incapacité. (*Idem.*)

131. 7°. Il faut en dire autant des empiriques, des sages-femmes, et généralement de tous ceux qui, sans avoir légalement le titre de médecin, exercent cependant la médecine. Cour de Paris, du 9 mai 1820, Dall., t. 9, p. 324; Sirey, 1820, p. 259. — L'identité des motifs étant parfaite, ce n'est pas créer une incapacité et ajouter à la loi, ce n'est qu'interpréter celle-ci et en déterminer le sens et l'application : *Non*

possunt omnes articuli sigillatim ; aut legibus . aut Senatus-Consultis , comprehendi : Sed cùm in aliquâ causâ sententia eorum manifesta est, is, qui jurisdictioni præest, ad similia procedere , atquè ita jus dicere debet. L. 12 , ff. de legibus.

132 .8°. La vente ne peut avoir lieu entre époux que dans les trois cas suivans : 1° celui où l'un des deux époux cède des biens à l'autre, séparé judiciairement avec lui, en paiement de ses droits ; 2° celui où la cession que le mari fait à sa femme, même non séparée, a une cause légitime, telle que le remploi de ses immeubles aliénés, ou les deniers à elle appartenant, si ces immeubles ou deniers ne tombent en communauté ; 3° celui où la femme cède des biens à son mari en paiement d'une somme qu'elle lui aurait promise en dot, et lorsqu'il y a exclusion de communauté ; sauf dans ces trois cas, les droits des héritiers des parties contractantes, s'il y a avantage indirect. (Art. 1595, Code civil.)

133. 9° Les administrateurs des communes ou établissemens publics, ne peuvent , *à peine de nullité*, acquérir des biens confiés à leurs soins et qui sont dans le cas d'être vendus; il en est de même des mandataires, pour les biens qu'ils sont chargés de vendre : — Des officiers publics, pour les biens nationaux dont les ventes se font par leur ministère. (Art. 1596, Code civil.)

134. Les juges , leurs suppléans, les magistrats remplissant les fonctions du ministère public, les greffiers, huissiers, avoués, défenseurs-officieux et notaires, ne peuvent accepter la cession des procès, droits et actions litigieux qui sont de la compétence du tribunal dans le ressort duquel ils exercent leurs fonctions, *à peine de nullité* et des dépens, dommages et intérêts. (Art. 1597 du Code civil.)

135. 11°. Les immeubles constitués en dot ne peuvent être aliénés ou hypothéqués pendant le mariage, ni par le mari, ni par la femme, ni par les deux conjointement, sauf dans les cas d'ex-

ception exprimés par les art. 1555, et suiv. Code civil. — Cette disposition est d'ordre public; elle est faite dans l'intérêt du mariage, et pour que les époux et leurs enfans conservent toujours une dernière ressource. — Aussi, lorsque la vente d'un immeuble dotal a eu lieu, elle est radicalement nulle. — La femme ou ses héritiers peuvent la faire révoquer *après* la dissolution du mariage (soit que cette dissolution ait lieu par la mort, soit qu'elle ait lieu par suite d'un jugement de séparation de biens), sans qu'on puisse leur opposer aucune prescription, pendant sa durée. — Le mari lui-même peut faire révoquer l'aliénation pendant le mariage, en demeurant néanmoins sujet aux dommages-intérêts de l'acquéreur, *s'il n'a pas déclaré*, dans le contrat, que le bien vendu était dotal; art. 1560 du Code civil.

L'action accordée au mari, lorsqu'il n'a pas déclaré que le bien vendu était dotal, et lorsque, par conséquent, il est tenu de tous dommages et intérêts envers l'acheteur, est une exception à la règle: *Eum quem de evictione tenet actio cumdem agentem repellit exceptio :* mais l'intérêt des enfans et de la femme ont rendu cette exception nécessaire.

136. 12°. Le saisie ne peut, à compter du jour de la dénonciation à lui faite de la saisie, aliéner les immeubles, à peine de nullité, et *sans qu'il soit besoin de la faire prononcer.* Art. 692 Code de proc.

Ces derniers mots signifient seulement que le poursuivant peut passer outre et continuer la procédure en saisie, nonobstant toute vente et signification qui pourraient être faites dans le cas de l'art. 692. Il ne faut donc pas croire que, si le saisissant et les créanciers trouvaient cette vente avantageuse, ils ne pussent pas la maintenir; au contraire, il est positif que la nullité n'est radicale que pour eux, c'est-à-dire, qu'autant qu'ils la proposent et qu'elle ne peut être invoquée par l'acquéreur. Cour de cassation, 5 déc. 1827;

Sirey, 1828, p. 240. — Arg. de l'art. 693 Code civ.

137. 13°. Le concubinage est une cause de nullité des donations, dans tous les cas où il produit l'inceste ou l'adultère, et où la preuve en est acquise comme la conséquence d'un jugement. L'intérêt de la société aurait exigé que l'on admît, dans tous les cas, le concubinage comme une cause de nullité d'une donation. Nous n'aurions pas manqué de le considérer comme tel, et d'appuyer notre conviction des nombreuses autorités que nous fournit l'ancienne jurisprudence, si nous n'avions été frappés du danger d'admettre la preuve testimoniale. Mais combien de fois n'aurait-on pas été exposé à entendre des témoins complaisans et coupables flétrir, de leur bouche parjure, les rapports les plus purs de la reconnaissance et de l'amitié !

Nous avons donc cru devoir nous en tenir au cas où le concubinage se trouve prouvé par jugement, et qu'il produit l'inceste ou l'adultère, comme dans le cas des art. 337, 339, 340 du Code pénal; il n'est pas douteux qu'alors il ne soit une cause de nullité.

Cette décision est incontestable lorsqu'un enfant a été le fruit de l'inceste ou de l'adultère, car cet enfant est incapable de profiter d'aucune des dispositions qui lui seraient faites par son père ou sa mère ; et ceux-ci sont frappés de la même incapacité par l'art. 911 du Code civil, qui les répute personnes interposées.

Elle ne peut pas l'être, non plus, lorsqu'il n'y a pas d'enfans, car si la loi a cru devoir punir ces derniers d'une faute qui leur est étrangère, comment supposer qu'elle a voulu traiter plus favorablement les vrais coupables ? Telle n'a pas été la volonté du législateur, et lorsque, par les art. 1131 et 1133 du Code civil, il a annulé toutes dispositions contraires à l'ordre public et aux bonnes mœurs, il a dû mettre en première ligne les dispositions faites par un époux adultérin ou incestueux à son complice.

138. Nous ferons toutefois observer que, si le concubinage sans adultère et sans inceste n'est pas, en général, une cause suffisante de la nullité d'une disposition, il peut être considéré comme un des moyens les plus puissans de captation et de dol; il devient alors une cause de rescision. C'est ainsi que la Cour de cassation a jugé, par arrêt du 30 décembre 1829, que le fait de nullité pour cause de concubinage, comme moyen de captation, dépendait des circonstances, et que la décision des juges sur ce point échappait à toute censure. Gazette des Tribunaux du 31 décembre 1829.

139. Quelques Jurisconsultes ont pensé que le suicide était une preuve de démence, et que, par cela même, il était une cause de nullité du testament fait quelques instans avant la mort. Cette opinion ne nous paraît pas fondée; quelque coupable que soit envers sa famille et envers la société celui qui, de propos délibéré, met fin à sa propre existence; quelque exaltation que l'on puisse supposer dans son esprit, il peut ne pas être insensé. Tant de causes, en effet, ont pu produire son affreuse résolution, que, comme le Jurisconsulte Romain, nous devons le plaindre. *Si quis impatientiâ doloris, aut tædio vitæ, aut morbo, aut furore, aut pudore, mori maluit, non animadvertatur in eum.* ff. 49. tit. 16. leg. 6.

Tout ce que l'on peut dire, c'est que le suicide étant opposé à nos mœurs et à notre nature, peut être allégué comme une forte présomption de démence ou de fureur, et que, réuni à quelqu'autre circonstance grave, il peut prouver que son auteur n'était point sain d'esprit. Cela aurait lieu, par exemple, si le suicide avait été précédé de quelqu'acte d'aliénation mentale; ou encore, si la disposition faite portait les traces de la démence ou de la fureur. — Dans ces circonstances et autres pareilles, le fait même du suicide prouve que le testament ou la donation n'ont point été faits dans un intervalle lucide.

140. Telles sont les incapacités particu-

lières dont nous avons cru devoir nous occuper; nous n'en mentionnerons pas d'autres, puisqu'il suffit de lire la loi qui les prononce, et que l'énumération en serait longue et sans intérêt pour nos lecteurs. Nous nous bornerons à rappeler que la capacité est toujours présumée, et que l'incapacité est une exception dont les effets ne peuvent jamais être étendus au-delà des limites que le législateur a lui-même posées. *Mala restringenda sunt, non amplianda et multiplicanda.* Suprà, n° 63.

141. D'un autre côté, nous devons rappeler que ce n'est pas sans des motifs graves que le législateur a frappé d'incapacité certains individus, que dès-lors, toutes les questions qui peuvent se rattacher à une pareille matière doivent être résolues de manière que la volonté du législateur ne soit pas éludée. *Etenim interpretatio fugienda per quam lex redditur elusoria.* De là deux règles essentielles qui trouvent ici leur place.

142. *La première*, c'est que les tribunaux doivent annuler tout acte, accord ou disposition par lesquels les parties ont fait indirectement ce que la loi leur défendait, à peine de nullité, de stipuler ou d'accepter directement. Cela a lieu, par exemple, toutes les fois que les parties ont déguisé, sous la forme d'un contrat onéreux, une disposition en faveur d'un incapable. Art. 911 et 1099 du Code civil; arg. de l'art. 843, même code.

143. *La seconde*, c'est que toute disposition au profit d'un incapable est nulle, quand elle est faite sous le nom de personnes interposées; c'est-à-dire, quand elle est faite à quelqu'un qui ne doit pas en profiter et qui n'a été choisi que pour en faire profiter l'incapable; art. 911 du Code civil. La loi répute personnes interposées, les père et mère, les enfans et descendans et l'époux de l'incapable, art. 911; et en certains cas, les parens dont l'incapable est héritier présomptif, au jour de la donation. Article 1100 du Code civil.

144. La présomption établie par les articles ci-dessus, dispense de toute preu-

ve celui au profit duquel elle existe. — Elle est même de nature à ne pouvoir être détruite par une preuve contraire, art. 1350 et 1352 du Code civil ; et celui que la loi répute personne interposée, ne peut pas être admis à prouver que c'est par affection ou par considération pour lui que la disposition a été consentie.

La Cour de cassation a consacré ces princ·pes (arrêt du 13 juillet 1813, Sirey, 1813, p. 361; D. t. 9. 350), elle a déclaré essentiellement nul le legs fait à la mère d'un bâtard adultérin par le père reconnu de ce bâtard, encore qu'il apparût que le legs avait été fait à la mère par pure affection pour elle ; encore que ce bâtard fut incapable de succéder à sa mère, et conséquemment de trouver dans sa succession le legs universel du père ; et enfin, encore que la mère ayant disposé du legs, eut indiqué par là qu'elle n'était pas interposée pour le transmettre à ses enfans.

145. Les art. 911 et 1100 sont limitatifs en ce sens, qu'ils désignent les personnes *que la loi présume* personnes interposées, mais ils n'excluent pas les autres cas où une personne peut avoir été choisie pour faire profiter un incapable. Rien n'empêche donc que celui qui ne se trouve point compris dans ces deux articles, ne puisse, suivant les circonstances, être déclaré personne interposée.

§ IV. *La nullité des contrats résulte quelquefois de la nature de la chose, qui fait la matière de l'engagement.*

146. Toute convention consistant dans le consentement par lequel une ou plusieurs parties s'obligent à donner, à faire, ou à ne pas faire quelque chose, il ne peut y avoir de contrat, sans une chose qui en soit l'objet. (Art. 1108 et 1126, Code civil.)

147. Le mot *chose* employé dans ce dernier article, est pris dans le sens le plus étendu. Il signifie tout ce qui peut être la matière d'un engagement, il se rapporte à tous les droits, faits ou promesses, qui peuvent nous être utiles ou

agréables ; et par cela même, au simple usage, à la simple possession d'une chose. (Art. 1127, Code civil.)

148. Il n'y a que les choses qui sont dans le commerce qui puissent faire la matière d'un engagement (art. 1128, Code civil). Les choses qui sont dans le commerce, sont celles qui peuvent être vendues ou achetées.

149. L'obligation doit avoir pour objet une chose au moins déterminée quant à son espèce. La quotité de la chose peut être incertaine, pourvu qu'elle puisse être déterminée, art. 1129, Code civil. — Une chose est déterminée lorsqu'on en connaît l'espèce, la qualité, et qu'on en connaît ou peut connaître la quantité.

150. Il n'est pas nécessaire qu'une chose existe pour qu'elle puisse être l'objet d'une convention, les choses futures peuvent aussi en faire la matière, art. 1130 Code civil. Ainsi on peut stipuler sur le produit d'une partie de chasse, d'une partie de pêche, sur la cargaison d'un navire.

151. Il est néanmoins des circonstances dans lesquelles la loi a cru devoir interdire toute stipulation sur les choses futures. Ainsi, par exemple, on ne peut pas vendre des blés en vert, une pareille vente est contraire à l'ordre public ; *loi du 6 messidor, an III.* — Pothier, Obligations, n.° 132.

Ainsi encore, on ne peut renoncer à une succession non ouverte, ni faire aucune stipulation sur une pareille succession, même avec le consentement de celui dont il s'agit, art. 1130, Code civil. Une pareille stipulation a toujours été contraire à l'ordre public. Nous devons ajouter qu'elle offrirait une trop grande facilité pour rompre l'égalité des partages.

152. La convention doit toujours avoir un objet licite, c'est-à-dire, qui ne soit pas contraire aux lois, aux bonnes mœurs, à l'ordre public. Ainsi il est défendu de compromettre sur les dons et legs d'alimens, logemens, vêtemens, questions d'état, ni sur aucune des contestations qui sont sujettes à communi-

cation au ministère public, leg. 8, ff. de trans. et leg. 32. §§ 6 et 7, *ibid.* — Article 1004 Code de proc.

153. Lorsque la stipulation consiste dans un fait, il faut qu'il soit possible , arg. de l'art. 1172; car la convention qui a pour objet une chose impossible , est comme si elle était sans objet.

154. Mais si la convention a un objet véritable, et qu'elle soit faite sous une condition impossible, il faut distinguer si la condition est affirmative, ou si elle est négative.

Est-elle affirmative? Il faut encore distinguer si elle est placée dans un testament ou une donation , ou si elle est placée dans une convention ordinaire.

Au premier cas, elle est considérée comme non écrite, art. 900, Code civil. —Au second cas, elle rend nulle la convention qui en dépend, art. 1172.

Si elle est négative, c'est-à-dire, si elle consiste à ne pas faire une chose impossible, elle ne rend pas nulle l'obligation sous laquelle elle avait été contractée , art. 1173, elle est considérée comme non écrite.

155. Sous la dénomination de conditions impossibles, on comprend non-seulement celles qu'il est naturellement impossible d'accomplir , mais encore celles que le devoir , la raison et la loi ne permettent pas d'accomplir , encore qu'elles soient très-possibles en elles-mêmes, *leg. si stipul. in princ. ff. de verb. oblig.* Aussi le législateur prohibe-t-il toute condition contraire à la loi, ou aux bonnes mœurs , art. 1172, Code civil.

156. Ainsi, par exemple, le legs fait à une femme à condition qu'elle ne se mariera pas, n'en est pas moins valable , quoique le légataire se marie ; une pareille condition est contraire à l'ordre public , qui favorise les mariages , et comme telle *réputée non écrite* (loi du 5 septembre 1791).

Si une pareille condition était imposée dans une convention, la convention serait nulle, art. 1172.

L'on doit remarquer que la loi du 5 sept. 1791, ne proscrit pas la clause pro-

hibitive du convol, comme elle a proscrit la clause prohibitive d'un premier mariage ; la clause prohibitive du convol n'a rien d'illicite , elle peut souvent être considérée comme le service le plus signalé qu'un père m ourantrend à ses enfans — V. Toullier , t. 5, n.º 259 ; Merlin, Rép. V° *Condition*, sect. 2, § 5, n° 4. — Enfin, arrêt de cassation du 20 octobre 1807; Sirey, 1808 p. 128.

157. Ainsi encore, on peut considérer comme condition illicite et contraire à la morale, la condition imposée à un légataire ou à un contractant , de vivre et de mourir dans une religion spécialement désignée. Une pareille condition tendrait à gêner le libre exercice de la foi religieuse.—Elle est donc *réputée non écrite*, lorsqu'elle se trouve dans une donation ou un testament. Cour de Colmar , 9 mars 1827; Jurispr. du 19e siècle, 1827, 2. 166, et si elle est écrite dans une convention ordinaire, elle en produit la nullité.

§ V. *Les conventions sont nulles pour défaut de cause.*

158. La cause d'un contrat est le motif qui détermine les parties à contracter, à s'obliger.

Dans les contrats à titre onéreux , la cause de l'engagement que prend une des parties, est ce que l'autre partie lui promet ou lui donne , ou le risque dont elle se charge.

Dans les contrats à titre gratuit ou de bienfaisance, la libéralité que l'une des parties veut exercer envers l'autre , est une cause suffisante de l'engagement qu'elle contracte envers elle. Pothier , Obligations, part. 1re, chap. 1, § 6, n°42.

159. La cause est de l'essence des conventions et des contrats, art. 1108, Code civil ; et toute obligation sans cause ou sur une fausse cause, ou sur une cause illicite , ne peut avoir aucun effet; article 1131.

160. L'obligation est sans cause, lorsqu'elle est contractée sans motif , c'est-à-dire , envers un individu à qui il n'était rien dû *civilement* ou *naturellement,*

à qui on ne voulait rien donner, et qui lui-même ne donnait ni ne promettait rien en dédommagement de l'obligation qu'on lui consentait.

161. L'obligation a une fausse cause lorsqu'elle repose sur un fait ou une circonstance que l'on croyait vrais, et qui n'existaient cependant pas. Par exemple, si, croyant que mon père vous devait 10,000 francs, je vous donnais en paiement un immeuble dépendant de sa succession, ce bail en paiement serait nul pour *fausse cause*, si je retrouvais la quittance que vous aviez consentie à mon père. Art. 1377 Code civil.

162. L'obligation a une cause illicite, lorsque celle-ci est prohibée par la loi, quand elle est contraire aux bonnes mœurs ou à l'ordre public; art. 1133 du Code civil. C'est le juge qui détermine le caractère de la cause; de telle sorte que, *en général*, la décision des juges d'appel qu'une convention est contraire aux bonnes mœurs, est une décision en point de fait, qui ne donne point ouverture à cassation. Arrêt de rejet du 11 nivôse an IX.

Nous disons *en général*, parce qu'il est des cas où une décision, quoique portée en point de fait, a une telle connexité avec un point de droit, que le pourvoi en cassation serait nécessairement admissible. Ainsi, il est aujourd'hui reconnu que la Cour de cassation a le droit d'examiner les conséquences légales des faits déclarés constans par les juges du fonds. Sirey, 1813, p. 68, et 1831, p. 385. Dalloz, t. 3. p. 367; Jurisp. du 19ᵉ. s. 1832, 1. 210.

163. Il n'est pas nécessaire que la cause de la convention repose sur un intérêt pécuniaire : par exemple, on tient pour certain que les devoirs imposés par l'honnêteté publique et par le droit naturel, sont une cause suffisante dans une disposition et une convention. Ainsi la Cour de cassation a validé l'acte, par lequel un individu s'était obligé de fournir des alimens à son frère naturel dans le besoin. Arrêt du 22 août 1827; Jurisp. du 19ᵉ. siècle, 1827, 1. 152.

La Cour de cassation a même décidé par cet arrêt, qu'un jugement qui avait reconnu, d'après les faits et les circonstances du procès, qu'une convention avait eu pour objet de remplir une obligation naturelle et que dès-lors la charge imposée avait une cause suffisante, ne donnait point ouverture à cassation.

164. La convention n'est pas moins valable, quoique la cause n'en soit pas exprimée; art. 1132 du Code civil. Par conséquent, et *à fortiori*, la cause d'une obligation est suffisamment exprimée par ces mots : *Je déclare devoir*. Cour de cassation, 29 avril 1831. Sirey, 1831, t. I, p. 410.

§ VI. *La nullité des actes ou conventions se tire encore du défaut de pouvoir de l'officier ministériel qui en est l'auteur.*

165. C'est un principe incontestable que le vice le plus essentiel des actes est pris du défaut de pouvoir de celui qui les a faits. *Non major est defectus, quam defectus potestatis*. D'Aguesseau, 126ᵉ. plaidoy. Avis du Conseil d'état du 4 juin 1813, approuvé le 4 juillet suivant.— Ce n'est, en effet, que par exception et par une espèce de privilége commandé par l'intérêt public, que certains individus ont reçu de la loi, exclusivement à d'autres, le droit de donner aux actes un caractère authentique. — Il est évident que ce privilége ne peut appartenir qu'au fonctionnaire revêtu de la confiance de la loi, à celui qui, par le fait de sa nomination à la place qu'il occupe, est censé avoir donné des gages de son intelligence et de sa probité. — Il ne peut non plus appartenir au fonctionnaire, à l'officier ministériel qui dépasserait les bornes de sa compétence ou de ses attributions. Car, il est de principe qu'un excès dans la compétence, dans le mandat, ou dans les attributions équivaut à l'absence totale de compétence, de mandat, ou d'attribu-

tion. Pothier, Traité des oblig. , vol. I, part. 2 , chap. 6. Arrêté du Gouvernement, du 5 fructidor an IX. Arg. de l'art. 1987 du Code civil et de l'art. 424 du Code de procédure.

166. Ainsi , 1°. L'acte fait par un notaire incompétent ou hors des limites de sa résidence est nul. Art. 6 et 68 de la loi du 25 ventôse an XI.

167. 2°. Il en est de même de l'exploit signifié par un huissier incompétent. Déc. du 14 juin 1813, art. 2.

168. 3°. Le défaut d'attribution de la part des juges qui ont concouru à un arrêt emporte nullité, bien que la nullité ne soit pas formellement prononcée par la loi. Arrêt de cassation ; Sirey, 1822, pag. 374. *Incompent* entia judicis rectè pragmaticis dicitur nullitas nullitatum.* Faber. Cod. , lib. 3 , tit. 3 , definit. 4, not. 5. — Il en est de même du cas où un tribunal aurait prononcé sur des choses non demandées. Art. 480, Code de procédure.

169. 4°. Une sentence arbitrale est nulle, si elle est portée après les délais fixés par le compromis, ou si elle prononce sur des choses non demandées. Art. 1028 Code de procédure.

170. 5°. Enfin , la compétence ou le pouvoir d'un juge ou d'un officier ministériel tiennent tellement à l'essence des actes, que la violation des formalités prescrites par la loi emportent *nullité de plein droit*, lorsque, dans la volonté du législateur, le caractère ou le pouvoir de ce magistrat ou de cet officier ministériel sont subordonnés à l'observation de ces formalités. Cour de cassation , 4 juin 1822 ; Sirey , 1822, p. 254 et 1 avril 1823. Sirey, 1823. p. 276.

§ VII. *La nullité d'un acte résulte quelquefois de la contravention aux lois sur l'enregistrement.*

171. Lors d'un premier projet de loi sur l'enregistrement, et dans la séance tenue par le Conseil des Cinq-cents, le 6 fructidor an VI , la commission proposa de déclarer nuls tous actes translatifs de propriété qui n'auraient point

été enregistrés dans un certain délai ; cette proposition fut rejetée , comme trop rigoureuse ; et depuis , l'opinion générale a été que l'enregistrement d'un acte était étranger à sa substance, qu'il ne constituait qu'une formalité extrinsèque, dont l'omission ne rendait l'acte nul que dans les cas où la loi le déclarait formellement. Cour de cassation , 23 février 1827. Sirey, 1827, t. I, p. 360.

172. La loi du 22 frimaire an VII contient sur l'enregistrement des actes, les dispositions suivantes :

Art. 33. Les Notaires, qui n'auront pas fait enregistrer leurs actes dans les délais prescrits, paieront personnellement, à titre d'amende, et pour chaque contravention, une somme de cinquante francs, s'il s'agit d'un acte sujet au droit fixe, ou une somme égale au montant du droit , s'il s'agit d'un acte sujet au droit proportionnel ; sans que, dans ce dernier cas, la peine puisse être au-dessous de cinquante francs. — Ils seront tenus, en outre, au paiement des droits, sauf le recours contre les parties, pour ces droits seulement.

Art. 34. La peine contre un huissier ou autre ayant pouvoir de faire des exploits ou procès-verbaux, est, pour un exploit ou procès-verbal non présenté à l'enregistrement dans le délai, d'une somme de vingt-cinq francs, et de plus, une somme équivalente au montant du droit de l'acte non enregistré. L'exploit ou procès-verbal non enregistré dans le délai *est déclaré nul*, et le contrevenant responsable de cette nullité envers la partie.

Ces dispositions, relativement aux exploits et procès-verbaux, ne s'étendent pas aux procès-verbaux de vente de meubles et autres objets mobiliers, ni à tout autre acte du ministère des huissiers sujet au droit proportionnel. La peine pour ceux-ci, sera d'une somme égale au montant du droit; sans qu'elle puisse être au-dessous de cinquante francs. Le contrevenant paiera, en outre, le droit dû pour l'acte, sauf son recours contre la partie, pour ce droit seulement.

Art. 35. Les greffiers qui auront négligé de soumettre à l'enregistrement, dans le délai fixé, les actes qu'ils sont tenus de présenter à cette formalité, paieront, à titre d'amende et pour chaque contravention, une somme égale au montant du droit.—Ils acquitteront en même temps le droit, sauf leur recours, pour ce droit seulement, contre la partie.

Art. 36. Les dispositions de l'article précédent s'appliquent également aux secrétaires des administrations centrales et municipales, pour chacun des actes qu'il leur est prescrit de faire enregistrer, s'ils ne les ont soumis à l'enregistrement dans le délai.

Art. 37. Il est, néanmoins, fait exception aux dispositions des deux articles précédens, quant aux jugemens rendus à l'audience, etc.

Art. 38. Les actes sous signature privée, et ceux passés en pays étranger, qui n'auront pas été enregistrés dans les délais déterminés, seront soumis au double droit d'enregistrement.— Il en sera de même pour les testamens non enregistrés dans le délai.

Art. 47. Il est défendu aux juges et arbitres de rendre aucun jugement et aux administrations centrales et municipales de prendre aucun arrêté, *en faveur des particuliers*, sur des actes non enregistrés, à peine d'être personnellement responsables des droits.

173. Il résulte de ces divers articles que, dans tous les cas, sauf pour les exploits et procès-verbaux dont parle l'art. 34, l'enregistrement n'est qu'une formalité extrinsèque dont l'inobservation rend passible d'une amende le fonctionnaire contrevenant, mais ne saurait être une cause de nullité : encore, l'article 34 qui déclare nuls les procès-verbaux et exploits non enregistrés dans le délai, doit-il être combiné avec l'article 47 qui ne défend de rendre des jugemens sur des actes non enregistrés, que lorsque ces jugemens seraient rendus en faveur des particuliers.

Or, il semble résulter de la combinaison de ces deux articles, que la nullité attachée par la loi à l'absence de la formalité extrinsèque de l'enregistrement, n'est introduite que dans l'intérêt du fisc ; et qu'elle ne peut profiter, en aucun cas, aux particuliers pour repousser la foi due, en justice, aux actes des officiers de police judiciaire. Cour de cassation, 16 janvier 1824 ; Sirey 1824, p. 230.—Cette conséquence n'est cependant point exacte, et l'arrêt que nous venons de citer n'est point suivi dans la pratique.

174. Le défaut d'enregistrement d'un acte notarié n'étant pas une cause de nullité, il nous sera facile de résoudre la question de savoir, si l'enregistrement, quoique fait après le délai fixé par la loi, donne effet rétroactif quant à l'hypothèque, au jour de l'acte, ou bien, si l'hypothèque ne prend sa date que du jour de l'enregistrement.

Il nous paraît certain que l'enregistrement n'est rien pour la validité de l'inscription d'hypothèque; le défaut d'enregistrement, nous l'avons prouvé, n'est pas une cause de nullité; il est étranger à la substance de l'acte, et celui-ci, quoique non enregistré, n'en est pas moins authentique et ne fait pas moins foi de sa date et de son contenu.

Il est dès-lors étranger à la substance de l'hypothèque et de l'inscription qui donne à cette dernière sa date et sa force. Outre que cette décision est la conséquence des dispositions de la loi de frimaire, elle s'évince plus spécialement encore des articles 2127 et 2134 Code civil. L'art 2127 dit, en effet, que pour la validité de l'hypothèque il suffit qu'elle ait été consentie par acte passé en forme authentique devant deux notaires ou devant un notaire et deux témoins, et l'art. 2134 dispose qu'entre les créanciers, l'hypothèque, soit légale, soit conventionnelle, soit judiciaire, n'a de rang que du jour de l'inscription prise par le créancier sur les registres du Conservateur, dans la forme et de la manière prévue par la loi.

Sur quel motif plausible pourrait-on

faire reposer l'opinion contraire ? Ce n'est certes pas sur la loi; puisque nous venons de voir que la loi de frimaire ne punit que d'une amende, le notaire qui néglige de faire enregistrer un acte dans le délai de rigueur.

Croirait-on pouvoir argumenter de ce que, d'après l'édit de 1693 et autres réglemens postérieurs, les particuliers ne pouvaient acquérir aucun privilége ni hypothèque, en vertu d'actes non contrôlés ? (Grenier, Traité des hypothèques, t. 1er pag. 29). Mais ce serait évidement mal-à-propos, car, outre que ces réglemens n'ont pas force de loi, ils sont inconciliables avec les articles de loi précités.

Le seul argument qui mérite une réponse , c'est celui que fait M. Grenier, loc. cit.: sans l'enregistrement, un acte, quoique passé devant notaire, ne peut avoir une date certaine ; la fixité de cette date est le but de la loi du 22 frimaire an VII. Or, un acte qui n'est pas enregistré n'est pas authentique, n'a pas de date fixe; et ne peut dès-lors, à ce double titre, conférer hypothèque. L'authenticité se compose de la passation de l'acte par un notaire qui la commence, et de l'enregistrement (quand il ne se fait qu'après le délai) qui la rend complète : l'authenticité est suspendue pendant tout le temps intermédiaire.

Cette argumentation pouvait être fondée sous l'empire de la loi du 5 décembre 1790 sur l'enregistrement, dans laquelle on trouvait les dispositions suivantes :

Art. 2. Les actes des notaires et les exploits des huissiers seront assujettis, dans toute l'étendue du royaume, à un enregistrement, *pour assurer leur existence et constater leur date.*

Art. 9. A défaut d'enregistrement dans les délais fixés par l'article précédent, un acte passé par-devant notaire ne pourra valoir que comme acte sous seing-privé..... Cependant, l'acte ayant reçu la formalité omise , acquerra la fixité de la date et l'hypothèque, à compter du jour de l'enregistrement.

Mais aujourd'hui, on ne peut plus raisonner de la même manière. Les dispositions de la loi de 1790 ne se retrouvent pas dans la loi de frimaire an VII, et au contraire, celle-ci abroge formellement la première. On lit en effet dans l'article 73 « toutes les lois rendues » sur les droits d'enregistrement, et » toutes dispositions de lois y relatives, » sont et demeurent abrogées pour l'a-» venir. » Une pareille disposition se retrouve dans un avis du Conseil-d'état du 26 mars 1808, approuvé le 1er avril.

175. On a encore demandé si par suite des lois sur l'enregistrement et dans l'intérêt du fisc, les contre-lettres étaient nulles, pour n'avoir pas été enregistrées le même jour que l'acte qu'elles ont pour objet de modifier.

Sous l'empire de la loi de frimaire, la question n'était pas douteuse ; l'art. 40 s'exprimait en ces termes : «Toute contre-lettre faite sous seing-privé qui aurait pour objet une augmentation de prix stipulé dans un acte public, ou dans un acte sous seing-privé précédemment enregistré, est déclarée nulle et de nul effet. » Aussi, à cet égard, la jurisprudence de la Cour de cassation était constante; voir Arrêt du 13 fructidor an XI.

176. Sous le Code civil , il en est autrement. Elles doivent avoir leur effet entre les parties contractantes ; elles ne sont nulles que par rapport aux tiers : c'est la conséquence de l'art. 1321 ; cela résulte d'ailleurs des explications qui eurent lieu sur cet article , dans la séance du Conseil-d'État, le 2 frimaire an XII.

Le citoyen Duchatel, demanda qu'on proscrivît, d'une manière absolue, l'usage des contre-lettres , qui tendent à déguiser les conventions. Il en résulte, dit-il , des fraudes , souvent contre les particuliers et toujours contre le trésor public.

Le citoyen Bigot Préameneu , dit que les contre-lettres ne doivent être annulées que lorsqu'elles sont frauduleuses : et le citoyen Bertier fait observer que la proposition du citoyen Duchatel lui paraît dans ses généralités propre à produire un mal plus grand que celui qu'on a voulu éviter...

Le citoyen Cambacérès fait remarquer qu'il existe déjà une disposition législative contre l'usage des contre-lettres, mais elle ne lui semble pas juste. Ces actes doivent avoir tout leur effet entre les parties ; il suffit pour en prévenir l'abus de les soumettre au droit d'enregistrement, lorsqu'ils sont produits.

Le citoyen Tronchet dit qu'il faut, en effet, distinguer : une contre-lettre doit être valable entre les parties, et nulle contre les tiers ; or, la régie de l'enregistrement est un tiers par rapport à l'acte.

Le citoyen Defremon dit qu'il serait contre tous les principes, d'annuler indistinctement les contre-lettres. L'intérêt du fisc serait bien mieux assuré, si, lorsqu'elles sont produites, la peine de l'amende était infligée aux parties, pour ne pas les avoir fait enregistrer.

Le citoyen Duchatel fit observer avec raison, que plus la peine serait forte, et plus on s'appliquerait à dérober à la régie la connaissance de l'acte.

La proposition du citoyen Duchatel fut renvoyée à la section qui a paru n'y avoir aucun égard, puisqu'elle a rédigé l'art. 1321 tel qu'il est dans le Code.

Enfin, ce qui ne laisse aucun doute sur la pensée du législateur, c'est que par l'art. 1396 du même Code, il annule les contre-lettres qui ont pour objet d'apporter quelque changement aux conventions matrimoniales. Il est évident que cette disposition aurait été inutile sous l'empire de la loi de frimaire, qui annulait indistinctement toutes les contre-lettres. Si donc le législateur a cru devoir porter cette disposition, ce n'est que parce que, dans sa pensée, les contre-lettres devaient en général produire leur entier effet entre les parties contractantes. Toullier, t. 8, n° 182 (t. 4, édit. Tarlier) ; Arrêt de cassation, du 10 janvier 1819 ; Sirey, 1819, p. 151. Dalloz, t. 21, p. 119 ; L'espèce de la question jugée, par cet arrêt, est remarquable, car la Cour a décidé, que l'art. 1321 du Code civil, portant en termes exprès que les contre-lettres doivent avoir leur effet entre les parties contractantes, s'appliquait même à celles qui ont pour but d'augmenter, au préjudice du fisc, le prix stipulé dans un acte public, et que l'art. 40 de la loi de frimaire an VII, qui déclarait la contre-lettre nulle, était virtuellement abrogé par l'article 1321.

M. Merlin, en son Répertoire de jurisprudence, a néanmoins adopté l'opinion contraire ; et, comme son opinion a cela de particulier, qu'il l'a discutée dans sa seconde édition, qui n'a paru que long-temps après les arrêts de la Cour de cassation : il ne sera pas inutile de parcourir les raisons sur lesquelles il se fonde. Questions de droit v° contre-lettres § III.

177. Les actes sujets au timbre et qui n'ont point été timbrés, sont-ils nuls ?

L'affirmative vivement soutenue dans l'assemblée constituante, fut solennellement rejetée lors de la discussion du décret du 29 septembre 1791, servant d'addition aux lois sur le timbre et l'enregistrement. Cette décision a été, depuis, consacrée par un arrêt de la Cour de cassation du 13 fructidor an X, rendu sur les conclusions de M. Merlin.

178. Telles sont les causes principales de la nullité des actes et conventions ; lorsque ceux-ci sont viciés pour une des causes ci-dessus, ils sont nuls par la volonté de la loi. La partie qui a intérêt et qualité pour se prévaloir de la nullité, dont ils sont infectés, n'a autre chose à faire qu'à prouver que la nullité existe, le juge ne peut se dispenser de la prononcer.

Passons à l'examen des causes particulières de la rescision des conventions.

SECTION II.

Des causes de rescision.

179. Les causes de la rescision des

conventions ; passées entre majeurs , différant de l'action en rescision pour cause de lésion que la loi accorde aux mineurs, nous avons divisé la présente section en deux paragraphes : le premier aura pour objet l'examen des causes de rescision en général , et dans le second nous nous occuperons de la rescision établie en faveur des mineurs.

§ I. *Des causes générales de la rescision des conventions.*

180. Les causes de la rescision des conventions , sont : 1° l'erreur, 2° la violence, 3° le dol , 4° enfin la lésion. — Nous allons nous occuper de ces diverses causes, dans autant d'articles particuliers.

Art. Ier. *De l'Erreur.*

L'erreur est un vice radical dans les conventions , il détruit le consentement dans son principe. Celui qui se trompe ne fait pas ce qu'il veut , et fait ce qu'il ne veut pas ; en un mot, il ne donne pas un consentement valable. Art. 1109 du Code civil. *Non videntur qui errant consentire.* Leg. 116 ff. de reg. juris.

En général , on distingue *l'erreur essentielle* et *l'erreur accidentelle.*

L'erreur essentielle est celle qui se rapporte à une chose nécessaire à la convention , ou par elle-même , ou d'après l'intention des contractans. Lorsqu'elle a existé , elle vicie le consentement.

L'erreur accidentelle est celle qui se rapporte à une chose ou à un fait qui n'ont aucune liaison nécessaire avec la convention.—Elle n'est point une cause de la rescision des conventions.

181. S'il y a doute sur le seul fait de savoir si l'erreur était essentielle ou seulement accidentelle , la convention doit être maintenue ; car , il est de principe que , dans le doute , l'erreur doit retomber sur celui qui se trompe ; toute personne qui contracte , étant raisonnablement censée connaître ce qu'elle fait , ou tout au moins , étant inexcusable de n'avoir pas pris les renseignemens nécessaires.

182. On distingue plus spécialement : 1° l'erreur sur la chose même qui fait l'objet de la convention ; 2° l'erreur sur la personne ; 3° l'erreur sur le motif ; et 4° l'erreur de droit.

183. L'erreur qui tombe sur la chose même qui fait l'objet de la convention, est une cause de nullité. Une pareille erreur détruit jusqu'à l'apparence de la convention ; il n'y a pas eu seulement erreur , il y a eu absence de consentement , les parties ne s'entendant pas sur la chose , il n'y avait pas *consensus in idem placitum* , il ne peut y avoir lieu en ce cas, à l'action en rescision ; on n'a pas besoin de rescinder ce qui n'a jamais existé.

Par exemple , j'entends vous vendre ma métairie de Saint-Martial , et vous croyez acheter mon domaine de Cabarieu ; il n'y a pas vente, puisque nous ne nous entendons pas sur l'objet de la convention. Suprà , n° 33.

184. Si l'erreur ne tombe que sur *les qualités* de la chose , elle n'est pas une cause de nullité , parce qu'elle n'empêche pas la convention de se former. — Mais est-elle une juste cause de rescision ?

Oui , si ces qualités sont essentielles, c'est-à-dire si , par leur nature ou par un motif quelconque , elles peuvent être considérées comme ayant déterminé la volonté des parties contractantes.

Par exemple , j'achète un vase d'argent doré , le croyant en or et le payant pour tel : il est évident que , bien qu'il n'y ait point eu erreur sur la chose même , puisque je l'ai eue sous les yeux, et que c'est bien celle que j'ai voulu acheter , je pourrai néanmoins faire rescinder la vente ; en effet, ce qui m'avait déterminé, c'était la matière de la chose que j'achetais : et , il n'est pas douteux que si j'avais pensé que le vase fût en argent , je ne l'aurais pas acheté , ou tout au moins, je ne l'aurais pas payé aussi cher.

Non, si ces qualités ne sont qu'accidentelles, c'est-à-dire, si elles n'ont point une liaison nécessaire et absolue avec la convention, et qu'il n'y ait pas de raison de croire qu'elles aient déterminé la volonté des parties. Par exemple, si le vase que je vous ai acheté était bien en or véritable, mais d'une qualité inférieure à celle que je croyais acheter ; en pareil cas, il n'est pas présumable que la qualité de l'or ait déterminé ma volonté. *Leg. aliter ff. de contract. empt.*

185. Au reste, en pareille matière, les juges doivent rechercher et suivre l'intention des contractans ; il arrive souvent que telle qualité de la chose qui parait essentielle, n'a cependant pas déterminé la volonté, et que telle autre qui, par elle-même, paraît ne se rattacher que d'une manière très-indirecte à la convention, en a été cependant la cause déterminante. Dans ces circonstances, l'intention des parties, lorsqu'elle est manifeste, est l'unique guide que les juges doivent suivre pour se décider à rescinder le contrat ou à le maintenir.

186. *L'erreur sur la personne* est une cause de rescision, lorsque la considération de cette personne est la cause principale de la convention. C'est alors une erreur essentielle (art. 1110 du Code civil).

Par exemple, si je commande un tableau à un mauvais peintre que je confonds avec un peintre fameux dont il porte le nom ; si je prouve que je croyais traiter avec ce dernier, il sera certain que la considération du talent de l'artiste m'ayant seule déterminé à traiter, le contrat doit être rescindé. Si donc, j'ai promis la somme de 10,000 francs au peintre médiocre, pour prix du travail dont je le chargeais par erreur, je ne serai point dans l'obligation de la lui payer. Toutefois, je dois à cet artiste une indemnité proportionnée à son travail, aux frais qu'il a faits, car il ne peut pas être victime de mon erreur et de la négligence que j'ai mis à prendre des informations (art. 1382 Code civil).

Ce ne serait que dans le cas où il se serait aperçu de mon erreur avant de faire aucune dépense, ni de se livrer à aucun travail, que je ne lui devrais aucun dédommagement : sa réticence serait frauduleuse, et dès-lors il serait non recevable à se plaindre d'un tort auquel il s'est volontairement exposé.

187. Dans les contrats à titre gratuit, la considération de la personne à qui l'on donne, est la cause déterminante de la volonté, car on ne donne que par devoir ou par affection, et ces deux sentimens ne s'appliquent pas indistinctement à tout le monde.

188. Dans les contrats de mariage, la considération de la personne est aussi la cause déterminante de la volonté des contractans ; dans de pareils contrats il y a le plus généralement, un sentiment de préférence, ou de convenance pour la personne qu'on épouse. Si donc il y a eu erreur sur la personne, on peut demander à faire rescinder le contrat. Mais remarquez que cette action doit être faite presque instantanément ; la moindre cohabitation, le moindre retard, produisent une ratification réclamée par les convenances et l'ordre public. — Une action basée sur une pareille cause doit être admise avec la plus grande précaution, et lorsque l'erreur est manifeste, le plus léger doute doit se résoudre en faveur de l'indissolubilité du mariage.

189. Dans les transactions on pense généralement que la considération de la personne a déterminé la volonté ; c'est la conséquence de l'article 2053 du Code civil, qui dispose qu'une transaction peut être annulée lorsqu'il y a erreur dans la personne ; la raison en est que celui qui transige, parce qu'il ne veut pas soutenir un procès contre une personne, n'aurait fait peut-être aucune concession si le différent s'était élevé avec une autre.

190. Lorsqu'il n'est pas certain que la considération de la personne a déterminé le consentement, l'erreur n'est point une cause de rescision. (Art. 1110.)

— Une pareille erreur est sans importance; on en trouve un exemple dans le cas où, ayant donné l'ordre d'acheter des bijoux chez un orfévre de ma connaissance, mon commissionnaire les achète chez un autre qu'il préfère ; si ces bijoux me sont remis et que je les agrée, le marché doit tenir.

191. L'erreur sur les qualités *accidentelles* de la personne, n'est pas une cause de rescision ; ainsi, par exemple, on ne serait pas reçu à demander la rescision d'un mariage par le motif qu'on aurait cru mal à propos, que l'époux auquel on s'était uni, était préfet, receveur-général, etc. etc. Et généralement l'erreur dans la personne nous paraît n'être qu'accidentelle, quand elle porte uniquement sur ses qualités sociales. — Si quelquefois de pareilles méprises ont été la cause de la rescision de mariage, ce n'a été qu'à raison des manœuvres frauduleuses employées par une partie à l'égard de celle qui serait tombée dans l'erreur ; manœuvres sans lesquelles il était certain que le mariage n'aurait pas été contracté. (Art. 1116 C. c.) Cela a eu lieu, par exemple, dans l'espèce d'un arrêt de la Cour de Bourges, du 6 août 1827, Sirey 1828, pag. 40.

192. L'*erreur sur le motif* est aussi une juste cause de rescision des conventions, lorsqu'il a été déterminant. Si l'obligation est l'effet de ma volonté, celle-ci n'est elle-même que l'effet du motif qui m'a déterminé, le consentement en ce cas n'est pas donné d'une manière absolue, mais conditionnelle; si le motif qui m'a déterminé n'existe pas, la condition n'est pas remplie, et je suis fondé à dire, que je n'ai point consenti et que, dès-lors, je ne suis point obligé.

193. Celui qui veut faire dépendre son engagement de la réalité d'un motif inconnu, doit avoir la précaution de le faire connaitre, au moins d'une manière explicite. — Cela est d'autant plus nécessaire, que très souvent le motif déterminant se trouve accompagné de motifs accessoires, qui contri-

buent aussi à produire la volonté, et qui cependant ne sont pas suffisans pour que l'erreur, qui se rapporte à eux, puisse justifier la rescision d'une convention. Dans le doute, le motif est toujours présumé n'être qu'accessoire : tant pis pour celui qui ayant un motif déterminant ne l'a point fait connaitre ; l'erreur doit retomber sur lui, *semper error nocet erranti.* Sup. n° 181.

194. L'énonciation du motif déterminant, n'est cependant pas nécessaire lorsqu'il est de nature à n'avoir pu être ignoré des parties; il est inutile, dans ce cas, d'en faire une condition expresse. » Il y a, dit M. Toullier, des condi-» tions tacites qui sont inhérentes aux » conventions, *quæ insunt* qui en » font nécessairement partie, quoi-» qu'elles n'y soient qu'implicitement » comprises.—Ces conditions implicites » n'ont pas moins de force que les con-» ditions expresses ; ce sont celles sans » lesquelles on ne peut concevoir l'exé-» cution de la promesse qui a été faite, » ou la prestation de la chose promise. » *Conditio per se inesse dicitur promis-*» *sioni, vel pacto, si sine eâ, præstatio* » *ejus quod promissum vel de quo con-* » *ventum est concipi nequit.* »

195. Le Code civil renferme plusieurs dispositions qui suffiraient pour faire connaître ce qu'on doit entendre par le motif déterminant d'une convention ; voir notamment les art. 1974, 1975, 2055, 2056, 2057 du Code civil. Et si les juges ont à le rechercher, il est bien rare qu'ils ne le découvrent pas dans l'objet de la promesse, et dans les circonstances qui l'ont précédée ou accompagnée.

196. Les conventions sont aussi rescindables pour cause d'*erreur de droit.* —En général, l'ignorance où l'erreur en matière de lois et de devoirs, passe pour volontaire et n'empêche pas l'imputation des actions et des omissions qui en sont la suite.—Chacun, en effet, est censé connaître le droit ; cette présomption est d'ordre public ; et rien ne nuirait à l'exécution et à l'autorité des lois, comme la facilité qui serait donnée

à un individu de prétendre qu'il ignorait telle ou telle disposition.

197. Cependant il n'est pas douteux
que si l'erreur de droit dont une partie entend se prévaloir pour faire rescinder l'engagement qu'elle a consenti,
reposait sur l'ignorance où était cette
partie de quelque disposition de la loi,
cette erreur serait une juste cause de
rescision, si elle avait été le motif déterminant de la convention.

Nous avons dit qu'une convention ne
pouvait exister s'il y avait eu erreur
dans le motif déterminant, et nous en
avons donné pour cause que, dans ce
cas, le consentement n'avait été donné
que sous une condition qui ne se réa-
lisait pas ; or, il est évident que cette
raison s'applique à tous les cas où il y a
eu erreur sur le motif déterminant,
et qu'il n'y a pas lieu, dès-lors, à distinguer si l'erreur était une erreur de
fait ou une erreur de droit ; dans l'un
et l'autre cas, je n'ai donné mon consentement que parceque je croyais vrai
ce qui ne l'était pas ; et il est certain que
si la disposition du droit qui m'avait
déterminé à abandonner ma chose
n'existait pas, j'ai été induit en erreur.
Mon engagement doit donc être rescindé ; on ne peut le maintenir, ni
comme contrat à titre onéreux, puisque
je n'ai rien reçu en considération de
ce que j'ai abandonné, ni comme contrat à titre gratuit puisque je n'avais
pas l'intention de donner, et que je
n'ai fait un abandon que dans l'idée
que je m'étais formée, par erreur, que
la loi m'y obligeait.

Que pourrait opposer à ma réclamation la partie qui aurait profité de
mon erreur ? ne serait-elle pas forcée
de convenir que je ne lui devais rien,
et qu'elle n'avait aucun droit à l'abandon que je lui ai consenti ? comment
échapperait-elle à l'application du principe d'équité, qui lui défend de s'enrichir à mon préjudice, *nemo debet locupletari detrimento alterius ?*

Dira-t-elle que je n'ai pu consentir
par erreur de droit, attendu que cette
erreur n'est jamais présumée, *nemo jus*

ignorare censetur ? ce serait tirer de cet
adage une conséquence forcée, car en
disant qu'on ne présume pas l'erreur
de droit, il ne signifie pas qu'on ne
puisse errer dans le droit ; il ne signifie
pas surtout que celui-là qui ne s'est
obligé que par suite d'une erreur de ce
genre, soit valablement obligé ; il n'a
pas pour objet d'ériger en loi la spolia-
tion de celui qui se trompe, au profit
de l'homme de mauvaise foi qui veut
s'approprier une chose à laquelle il
n'avait aucun droit. L'équité, cette
règle souveraine des conventions, ne
permet pas de doute à cet égard, elle
ne veut pas que celui-là qui se trompe,
soit lié par son consentement. La jurisprudence et la loi ne le veulent pas
non plus : nous allons le prouver.

198. Dans le droit romain l'erreur
de droit comme l'erreur de fait, était
une cause de restitution. Il y avait
néanmoins quelque différence ; on dis-
tinguait celui qui alléguait l'erreur de
droit pour acquérir, et celui qui l'alléguait pour ne pas perdre ; et voici ce
que décidait dans les deux hypothèses,
le jurisconsulte Papinien, dans la loi
8 ff. *de juris et facti ignorantiâ.* « L'er-
» reur de fait ne nuit pas même aux in-
» dividus du sexe masculin, dès qu'elle
» peut leur faire perdre ce qui leur
» appartient ; mais l'erreur de droit ne
» profite pas même au sexe féminin,
» quand il s'agit de gain ; au reste
» l'erreur de droit ne peut faire perdre
» à personne sa propriété. » *Erro facti
ne maribus quidem in damnis, vel compendiis obest. Juris autem error nec
fæminis in compendiis prodest. Cæterum
omnibus juris error, in damnis amit-
tendæ rei suæ non nocet.* Voir en outre
les lois 7 et 13 Cod. tit.

199. Cette distinction fut suivie par
la plupart des interprètes de l'ancien
droit ; et nous avons été à même de
remarquer qu'elle fournit le moyen de
concilier plusieurs lois Romaines qui
paraissent être opposées les unes aux
autres. Nous avons vérifié, en effet,
que les unes s'appliquaient à l'erreur
alléguée, *pro lucro captando,* et les

autres à l'erreur dont on voulait se prévaloir *pro damno vitando*.

Une pareille distinction n'était point raisonnable : pourquoi, en effet, distinguer si l'erreur dans laquelle je suis tombé m'a fait perdre une partie de ma fortune, ou si elle m'a empêché de l'augmenter. De deux choses l'une : *ou j'ai consenti en connaissance de cause et sans erreur*, et alors je dois être lié par l'engagement que j'ai pris ; ou bien, *je me suis trompé, je me suis déterminé par un motif démontré faux*, et alors, mon consentement n'étant point valable, il serait injuste de m'en faire subir les conséquences.

Aussi doit-on reconnaître que plusieurs Jurisconsultes, notamment Vinnius, s'attachèrent à faire ressortir l'injustice et la frivolité de la distinction faite par les lois romaines ; ils s'efforcèrent de justifier que, dans tous les cas où l'erreur de droit aurait été le motif déterminant de la convention, elle viciait le consentement dans son principe, et devait être une cause de la rescision des conventions. — Pothier, de la Procédure, part. 5, chap. 4 ; Domat, Traité des lois civiles, liv. 1er, tit. 18, n° 14 ; d'Aguesseau, Dissertation sur l'erreur de droit, t. 5 de ses œuvres.

Ce dernier s'exprime en ces termes : « Pour soutenir que l'on peut être obligé nonobstant une *erreur déterminante*, il faudrait soutenir qu'une obligation sans cause ou fondée sur une fausse cause, injuste et illégitime pourra être valable, que ce qui est nul pourra produire des effets, que le droit n'a pas pu établir un remède favorable auquel il a donné le nom de *conditio sine causâ* ou de *conditio indebiti*, et convertissant ainsi toutes obligations sans cause en donations forcées, on fera passer tous les contractans qui errent dans le droit pour de véritables donateurs. »

Dénizart, en son dictionnaire, v° *Erreur*, indique une raison de plus de décider : il pense que toute erreur de droit engendre une erreur de fait. Par exemple, dit-il, croire que Pierre est unique héritier d'André son frère, tandis qu'il ne l'est point ; c'est une erreur de fait qui peut provenir de ce qu'on ignore que dans la coutume où les biens d'André sont situés, la représentation a lieu en ligne collatéra'e, au profit de plusieurs neveux du défunt. — Il en conclut que lorsqu'une pareille erreur a été la cause d'une convention, cette convention est vicieuse.

200. Le Code confirme l'opinion des auteurs que nous venons de citer ; en effet, nous lisons dans l'art. 1109 du Code civil, qu'il n'y a point de consentement valable s'il n'a été donné que par erreur. — Le législateur n'a pas distingué l'erreur de droit, de l'erreur de fait. La raison et l'équité exigeaient qu'on les comprît dans une même disposition et qu'on leur donnât le même effet, celui de faire rescinder une convention.

Le législateur l'a si bien entendu ainsi, que prévoyant combien, dans certains cas, il serait impossible de dire que l'erreur de droit avait été le motif déterminant de la convention ou de l'engagement, il a établi des exceptions à la règle générale écrite dans l'article 1199. Ces exceptions ayant pour objet de fortifier la règle, nous devons les rappeler à l'esprit de nos lecteurs.

201. *La première* a lieu pour le cas où un aveu ayant été fait par une partie, celle-ci voudrait le faire révoquer pour cause d'erreur de droit ; elle ne le peut pas, art. 1356, Code civil. On conçoit en effet qu'en avouant une obligation, dont on est tenu naturellement, mais dont on serait dispensé par la loi civile, on est censé avoir voulu renoncer au bénéfice de cette loi. Ainsi vous me poursuivez pour le paiement d'une somme de 10,000 fr. ; j'avoue en justice que je vous dois cette somme et je suis condamné à vous la payer ; je ne pourrai plus faire révoquer mon aveu, en disant que cette somme vous était due depuis plus de 30 ans, qu'ainsi, lorsque je l'ai avouée, elle était éteinte par la prescription, que je ne l'ai reconnue que parce que j'ignorais que votre inac-

tion pendant un si long laps de tems pût me libérer. Remarquez d'ailleurs qu'en pareil cas il est bien difficile que je puisse prouver que l'erreur de droit soit le motif déterminant de mon aveu. En reconnaissant une dette qui n'était point légalement prouvée ou qui était prescrite, j'ai pu vouloir m'obliger civilement à acquitter une obligation dont j'étais naturellement tenu et dont l'observation m'était commandée par la conscience ; or, ce motif ayant pu me déterminer à faire l'aveu que j'ai fait, on ne doit pas en supposer d'autre qui serait moins honorable pour moi, on ne doit pas m'admettre à faire en quelque sorte l'aveu de ma propre turpitude. *Nemo auditur turpitudinem allegans.*

202. *La seconde exception* a eu lieu dans le cas de la transaction. Suivant l'art. 2052 du Code civil, ce genre de contrat ne peut être rescindé pour cause d'erreur de droit. On en conçoit le motif : la transaction est un contrat par lequel les parties terminent un procès qu'elles ont ensemble ou préviennent celui qui pourrait s'élever entr'elles. (Art. 2044 Code civil). Elles font un arrangement que chacune d'el'es préfère, à la chance de gagner jointe au péril de perdre : *qui transigit, quasi de re dubiâ et lite incertâ neque finita transigit*, leg. 1. ff. de transact. — Ce contrat a quelque chose d'aléatoire, qui ne permet pas de supposer que les parties aient pu prévoir le sort de leur contestation et qu'elles aient connu le véritable sens de la loi qui devait les juger. Dans un pareil contrat, le seul motif que l'on peut présumer avoir déterminé les parties contractantes, c'est celui exprimé dans l'article 2044 ; c'est-à-dire le *désir de terminer un procès qu'elles avaient ensemble, ou qui pouvait s'élever entr'elles.*

203. Mais comment concilier cette disposition de l'art. 2052 qui ne veut pas que la transaction puisse être rescindée pour cause d'erreur de droit, avec la disposition portée par l'article 2054, suivant laquelle il y a lieu à l'action en rescision contre une transac-

tion, lorsqu'elle a été faite en exécution d'un titre nul, à moins que les parties n'aient expressément transigé sur la nullité ? Nous traiterons cette question infra art. 2, sect. 2, au chap. de la ratification.

204. Le code n'a point fait d'autres exceptions à la règle : que l'erreur de droit, comme l'erreur de fait, est une cause de rescision des conventions, lorsqu'elle a été la cause déterminante de la volonté ; mais, elles suffisent pour fortifier la règle. On conçoit, en effet, qu'il eût été bien inutile de faire des exceptions pour les deux cas ci-dessus, si, en principe, l'erreur de droit n'eût été une juste cause de rescision. — Aussi, aujourd'hui cette question n'est-elle plus douteuse. Voir Favard de Langlade, Répertoire, v° Erreur.

205. Quelques Jurisconsultes, notamment Voët, dans ses Pandectes, liv. 12, tit. 6, n° 7, et Pothier, Traité de l'action *condictio indebiti*, avaient voulu faire admettre une troisième exception, pour le cas où un individu aurait payé, *par erreur de droit*, une somme qu'il ne devait pas ; ils auraient voulu que, dans ce cas, l'erreur ne donnât pas lieu à la répétition de ce qui aurait été induement payé. Mais cette opinion est inconciliable avec les dispositions de l'art. 1377 du Code civil, qui établit la règle générale que « lorsqu'une personne qui, *par erreur*, se croyait débitrice a acquitté une dette, elle a le droit de répétition contre le créancier » ; et ce n'est pas sans étonnement que nous avons vu l'opinion de ces jurisconsultes confirmée par un arrêt de la Cour de Paris, du 25 janvier 1823. Aussi cet arrêt a-t-il été cassé par la Cour suprême, par arrêt du 24 janvier 1827 ; Sirey, 1827, p. 350. Voici les termes de ce dernier arrêt :

Vu les art. 1235 et 1377 du Code civil ; attendu que ces articles posent en principe général que celui qui, *par erreur*, se croyant débiteur, a payé en son nom ce qu'il ne devait pas, est fondé à répéter du créancier ce qu'il a ainsi payé ; que ce principe est établi sans distinction entre l'erreur de fait et l'erreur de droit, et qu'il n'est pas permis de distinguer là où la loi ne distingue pas.

Que si la seconde partie de l'article 1235 et les art. 1356 et 2052 du même Code, établissent des exceptions tant pour le cas de l'obligation naturelle volontairement acquittée, à l'égard de laquelle il n'y a pas lieu à répétition, que pour ceux de l'aveu judiciaire, et de la transaction dont l'un ne peut être révoqué et dont l'autre ne peut être attaqué pour cause d'erreur de droit, ces exceptions confirment la règle générale pour les cas non exceptés. — Il suit de là que, dans l'espèce, en infirmant le jugement du tribunal de la Seine, au chef qui avait ordonné la restitution de 5,000 fr., montant des deux billets dont s'agit, et en motivant cette infirmation sur ce que le majeur ne peut se faire restituer contre l'erreur de droit, la Cour royale de Paris a violé les art. 1235 et 1377 précités, casse etc. etc.

206. Il nous reste à faire observer que l'erreur de droit n'étant une cause de rescision d'une convention, que parce qu'elle produit cet effet que la convention se trouve sur fausse cause, il en résulte que la partie intéressée doit montrer que son erreur a été le motif déterminant de sa volonté ; en d'autres termes, qu'elle prouve que si elle a consenti, ce n'a été que parce qu'elle supposait vrai un point de droit qui ne l'était cependant pas. — Si bien que, si à l'erreur de droit, se trouvaient mêlés d'autres motifs qui eussent pu déterminer sa volonté, cette erreur ne serait pas présumable et l'existence de ces divers motifs particuliers, donnant une cause légitime à l'engagement, et faisant par cela même douter s'il y avait eu réellement erreur de droit, la partie qui voudrait se prévaloir de cette erreur, devrait être déclarée non recevable. Par exemple, Pierre qui est mon parent meurt : je suis appelé par la loi à lui succéder, cependant, dans la con-

fiance que j'ai qu'Antoine est parent de Pierre au même degré, je l'admets au partage de la succession. Bientôt, éclairé sur mon erreur, je demande la rescision du partage auquel j'ai consenti par erreur de droit, nul doute que ma demande ne doive être accueillie, puisque je n'avais donné mon consentement que par erreur et que je ne puis avoir consenti que par ce motif à reconnaître à Antoine des droits qu'il n'avait pas.

Supposons, au contraire, que Théodore me doit une somme de 1,000 fr. depuis plus de 30 ans. Je poursuis contre lui l'exécution de mon titre ; il ne m'oppose pas la prescription et me paie ; pourra-t-il se faire restituer contre ce paiement, sous prétexte que s'il m'a payé, ce n'a été que par erreur et parce qu'il ignorait la prescription de l'action ? Non sans doute ; car si Théodore a pu me payer, dans l'ignorance où il était de la prescription de son engagement, il a pu aussi me payer par respect pour les convenances, parce que, bien que l'action civile fût éteinte, il n'était pas moins tenu naturellement de l'obligation prescrite, et l'on doit supposer que c'est pour satisfaire à cette obligation que Théodore m'a payé : c'est sur ce fondement que le législateur, après avoir dit dans l'art. 1235 du Code civil, que ce qui a été payé sans être dû était sujet à répétition, ajoute: « La » répétition n'est pas admise à l'égard » des obligations naturelles qui ont été » volontairement acquittées. »

207. Le législateur, en consacrant le principe qu'il n'y a point de consentement valable, s'il a été donné par erreur, a laissé aux juges le droit de décider dans quel cas une partie, qui prétend s'être trompée, peut être admise à prouver son erreur ; il lui a également laissé le droit d'examiner cette preuve, de s'en contenter, ou de la déclarer insuffisante. — Le juge n'a qu'à se pénétrer de l'importance d'un pareil pouvoir, il n'a qu'à consulter sa conscience. Nous nous permettrons seulement de lui faire remarquer qu'il ne doit point ad-

mettre les anciennes distinctions, dont la subtilité de quelque ancien docteur avait fait des règles fausses et inapplicables. Ainsi notamment il ne doit pas aujourd'hui maintenir une distinction dont on abusait dans la pratique, et que l'on faisait entre l'*erreur vincible* et l'*erreur invincible* ; la première était celle qui reposait sur une ignorance, dans laquelle on se trouvait par sa faute ou par sa négligence et dont on se serait garanti, si l'on eût pris tous les soins dont on était capable. — La deuxième était celle dont on n'aurait pas pu se garantir avec toute l'attention possible.

Il faut en dire de même de la distinction entre l'erreur qui se rapporte à un fait qui nous est personnel, et l'erreur qui se rapporte à un fait qui ne nous est pas propre.

208. Ces distinctions n'ont aucune autorité par elles-mêmes. Elles peuvent tout au plus servir à guider les magistrats dans la recherche et le caractère de l'erreur; en d'autres termes, elles sont toutes de fait, et n'ont aucune force en droit.

ART. 2. *De la violence et de la crainte.*

209. La liberté est de l'essence du consentement ; céder à la force, est un acte de nécessité, et non un acte de volonté : si je vous promets une somme de 10,000 fr., par suite de la violence que vous exercez à mon égard, c'est comme si je ne promettais pas, car une pareille promesse n'émane point de ma volonté, mais bien de la vôtre; je suis en quelque sorte un instrument purement passif et le consentement que j'ai donné ne peut pas plus m'y être attribué, qu'on ne peut attribuer le délit à l'épée dont on s'est servi pour frapper quelqu'un.

210. Les législateurs romains étaient tellement ennemis de la violence exercée dans les conventions qu'ils en étaient presqu'injustes; ils décidaient que, si un créancier avait arraché par force, des mains de son débiteur, l'argent qu'il lui devait, il était obligé de le rendre;

ils le condamnaient même à perdre sa créance. *Leg.* 13, *ff. ex. quib. caus. major. in integ. astit.*

211. Nos lois proscrivent aussi la violence, elles annulent le consentement qui n'a pas été libre Art, 1109 et 1111 du Code civil.

212. Sous le point du vue moral, tous les genres de violences, les voies de fait, les simples menaces sont répréhensibles et forment un moyen odieux de s'emparer de la chose d'autrui.

213. Aux yeux de la loi, il eût été dangereux de considérer tous ces genres de contrainte, comme des causes suffisantes de rescision. Autant il était juste que le législateur vînt au secours d'un citoyen victime d'une violence considérable, autant il devait dédaigner les plaintes de la pusillanimité et de la faiblesse; or, c'est pour satisfaire à cette double convenance qu'il a indiqué quels étaient les caractères de la violence, et quelles étaient les circonstances qui devaient la précéder ou l'accompagner pour qu'elle fût une cause de rescision des conventions. Ce caractère et ces conditions sont déterminées par les règles suivantes.

214. *Règle première.* Pour qu'il y ait violence, il faut qu'elle soit de nature à faire impression sur une personne raisonnable et à lui inspirer la crainte d'exposer sa personne ou sa fortune à un mal considérable et présent. *Metus non vani hominis sed qui in homine constantissimo cadat,* leg. 2, Cod. tit. quod. metûs causâ. Mais comme la violence ne fait pas sur tout le monde la même impression, que nous n'avons pas tous la même fermeté et la même force, pour y résister, les juges doivent avoir égard à l'âge, au sexe et à la condition des personnes art. 1112 du Code civil. Ainsi l'homme atteint d'une infirmité grave est plus susceptible de s'effrayer que l'homme robuste et bien portant ; l'homme obéit moins à la crainte qu'une femme jeune et timide, etc. etc.

Les juges doivent aussi avoir égard aux circonstances ; ils s'informeront si

la violence a été exercée par un ou plusieurs individus, si elle a eu lieu la nuit
ou le jour, si c'était à la ville ou à la
campagne ; et c'est en réunissant tous
les faits, qu'ils seront à même d'apprécier le caractère de la violence alléguée et de calculer exactement l'impression qu'elle a dû faire sur l'esprit
de celui qui se plaint.

215. Pour qu'il ait violence, il faut
qu'elle soit de nature à faire craindre à
la personne qui en est l'objet, un mal
considérable et présent. (Article 1112
du Code civil). Pour peu que le danger
fût éloigné, on ne pourrait pas dire que
le consentement n'a pas été libre. — Si
par exemple, je vous menace de vous tuer
tôt ou tard, au cas où vous ne me con-
sentiez pas une obligation de 10,000 fr.,
cette menace dans quelques termes
qu'elle soit faite, n'est pas suffisante
pour caractériser la violence et donner
lieu à la rescision de mon engagement,
si j'ai eu la faiblesse de le consentir.

216. Au reste, il n'est pas nécessaire
qu'il y ait eu des voies de fait ; il est des
circonstances où l'on exerce une plus
grande violence sur la volonté de quelqu'un par la menace, que par les coups
qu'on pourrait lui porter. *Ut non dubium sit quin major adhibita vis ei sit,
cujus animus sit perterritus quàm illi
cujus corpus sit vulneratum; Cicero,
pro Cincinn.* Seulement il faut que,
comme dans la violence par voie de fait,
les menaces fassent craindre un mal
considérable et présent. *Metum non
jactationibus tantum vel contestatio-
nibus sed atrocitate facti probare convenit.* Leg. 9, Cod. de his quæ vi, etc.

217. On ne peut prétendre qu'il y a
eu violence de la part de celui qui n'a
fait qu'user du droit que la loi lui donnait : par exemple , de la part de celui
qui a eu recours aux voies judiciaires,
même avec une extrême rigueur, pour
obtenir l'exécution d'un titre légitime;
par exemple encore, de la part du magistrat ou de l'officier ministériel qui auront agi avec sévérité dans l'exercice
de leurs fonctions et sans en abuser ;
leg. ult. Cod. de his que vi, etc.

218. Il est également certain qu'un
débiteur ne pourrait pas obtenir la rescision d'un engagement qu'il aurait
souscrit pour assurer le paiement d'une
dette légitime, sous le prétexte qu'il
était en prison , et qu'on lui avait promis de lui rendre la liberté. Vainement
dirait-il que son consentement n'avait
été que l'effet de la contrainte , il ne
devrait pas être écouté, car si cette contrainte était injuste, il pouvait la faire
cesser , et dès-lors, elle n'était pas de
nature à faire sur son esprit une impression assez forte et telle qu'elle est
caractérisée par l'art. 1112 du Code civil.

219. *Quid*, si l'incarcération a été
l'effet d'une contrainte illégale, injuste,
et faite uniquement dans le but d'extorquer le consentement ?

Il faut distinguer: de deux choses,
l'une; ou bien il existait une dette, ou
il n'en existait pas.

Au premier cas l'engagement ne peut
point être rescindé, puisqu'il a une
cause légitime et qu'il ne porte aucun
préjudice au débiteur. Celui-ci était
dans l'obligation de payer ses dettes , il
devait tout au moins fournir le titre
qu'on lui demandait , et ne pas attendre qu'on l'y contraignît par des actes
de violence. Son refus est déloyal et le
rend peu favorable. Quelque grave que
soit aux yeux de la loi , l'attentat à la
liberté individuelle , il ne peut justifier l'application du décret de Marc-Au-
rele , dont il a été tant de fois question.
Ce prince, après avoir dit qu'il y avait
violence toutes les fois qu'on ne re-
courait pas aux moyens légaux , pour
obtenir ce qui était légitimement dû,
voulait que, lorsqu'un créancier se présentait comme ayant reçu ou obtenu
par violence quelque chose de son débiteur, fût-ce la somme qui lui était
due et qui devait lui être payée de
bonne volonté et par autorité de justice , il perdit sa créance. *Leg. 13, ff.
quod metûs causâ, etc.* Aucune disposition des nos Codes n'autorise une pareille punition. Il faut même convenir
qu'elle était moins dictée par un esprit
de justice , que par ce sentiment natio-

nal qui mettait au-desus de tout la liberté du citoyen Romain.

Nous devons ajouter que la légitimité de l'engagement n'empêcherait pas que le débiteur ne pût demander et ne dût obtenir une réparation , pour cause de l'atteinte portée à sa liberté ; une pareille violence constitue un véritable délit dont la gravité se mesure sur le caractère de l'individu qui s'en est rendu coupable , (Art. 114 , 119, 122, 341, 343 Code pénal) ; et qui toujours donne lieu à des dommages-intérêts. Naturellement ces dommages-intérêts modifient l'engagement du débiteur , quelquefois même ils le réduisent à rien. — Mas remarquez qu'au lieu que cette extinction de titre soit l'effet de la rescision pour cause de violence , elle n'est que le résultat de la compensation qui s'opère de plein droit au moment où est rendu le jugement qui , d'un côté, reconnaît la légitimité de la dette et qui , de l'autre , accorde au débiteur les dommages–intérêts. (Art. 1289 et 1290 Code civil).

Au second cas , l'engagement est nul pour défaut de cause. *Qui in carcerem quem detrusit ut aliquid ei extorqueret , quidquid ob hanc causam factum est nullius est momenti* , et de plus celui qui a été incarcéré a droit à des dommages-intérêts considérables.

220. Il peut y avoir difficulté pour prouver si la violence n'a eu pour objet que de faire reconnaître une dette légitime , ou au contraire, de surprendre un titre pour une somme qui n'était point due. On sent que dans ce cas c'est à l'auteur de la violence à fournir la preuve qu'il lui était dû quelque chose. L'autre partie ayant été contrainte , n'a autre chose à prouver que les faits de violence dont elle se plaint. La présomption de la loi est pour elle , tant pis pour la première qui , par son imprudence et par sa conduite coupable , s'est exposée à toutes les conséquences défavorables qui résultent d'une mauvaise action.

221. *Règle deuxième.* La violence exercée contre celui qui a contracté l'o-

bligation, est une cause de rescision , encore qu'elle ait été exercée par un tiers, autre que celui au profit duquel la convention a été faite. (Art. 1111 du Code civil). Car bien que dans ce cas celui avec qui j'ai contracté n'ait point eu de part à la violence, mon consentement n'en a pas moins été donné malgré moi, et c'est précisément le défaut de consentement qui a déterminé le législateur à me délier de l'obligation qu'on m'a forcé à consentir. *Neque enim lex adhibenti vim irascitur , sed passo succurrit.* Controv. de Senèque 4, 26.

222. *Règle troisième.* La violence est une cause de rescision d'un engagement, non seulement lorsqu'elle a été exercée contre la partie qui s'en plaint, mais encore lorsqu'elle a été exercée contre son époux , son épouse , ses ascendans ou ses descendans (Art. 1113 du Code civil). Le législateur a pensé avec raison , que l'homme était aussi sensible aux mauvais traitemens dont pourraient être l'objet sa femme, ses enfans, ou ses ascendans, qu'à ceux qu'il aurait lui-même à supporter.

223. Le Code ne parle point de la crainte comme cause de rescision des contrats. Cependant il n'en est pas moins vrai, que dans beaucoup de circonstances elle produit le même effet que la violence; comme celle-ci, et autant qu'elle, elle agit sur notre esprit avec assez de force pour nous ôter la liberté de faire ou de ne pas faire. Telle serait la crainte que nous inspire la vue d'un danger qui nous menace ou qui menace notre épouse , nos descendans , nos ascendans. — Telle serait celle qu'on nous inspire par la menace qu'on nous fait de mettre au feu des papiers importans, desquels dépend notre honneur ou notre fortune. *Leg. si non is accipiat pecuniam cod. de his quæ vi.* Il n'est pas douteux que tout engagement qui aurait été déterminé par une pareille crainte , devrait être rescindé ; il y a même raison que dans le cas de la violence, et c'est en général par les mêmes principes que l'on doit résoudre les

questions qui se rattachent à l'une ou à l'autre.

224. Il y a cependant une grande différence entre les engagemens qui sont l'effet de la violence et ceux qui sont l'effet de la crainte. Dans les premiers, ceux à qui ils sont consentis étant toujours défavorables, il y a toujours lieu à rescision. Au contraire, les seconds *peuvent* être maintenus comme ayant une cause légitime, quoique dictés par la vue d'un danger grave et. par la crainte d'en être la victime. Par exemple, si étant au moment de périr dans les flammes, je promets la somme de 1,000 fr. à celui qui me sauvera la vie, que Jean se présente pour recevoir mon engagement et qu'il me délivre; mon obligation est valable, car elle a une juste cause, elle est la récompense du service rendu, *leg.* 9, § 1. *ff. quæ metús. causâ.* —Peu importe que le danger que je courais m'ait inspiré des craintes, Jean n'était pas obligé de s'exposer pour moi, et son dévouement, quoique peu généreux, n'en a pas moins mérité une récompense.

Mais supposons que mon engagement fut excessif, pourrai-je en demander la réduction? l'affirmative ne nous paraît pas douteuse; car si la promesse que j'ai faite à celui qui m'a sauvé la vie est juste, comme étant la récompense du service qu'il m'a rendu, elle deviendrait injuste si elle excédait les bornes que m'imposaient l'imminence du danger, l'absence des secours, l'état de ma fortune, les efforts de celui envers qui je me suis engagé et le danger qu'il avait à courir. Tout contrat synallagmatique dans lequel ce qu'une partie gagne est bien au-delà de ce qu'elle fait ou de ce qu'elle donne, est contre les principes de la justice; l'égalité qui fait le caractère distinctif de ces contrats n'existe plus, et tout donne à penser qu'il n'y a point eu, de la part d'un des contractans, cette liberté d'esprit, cette sagessse nécessaire pour consentir un engagement. Les juges doivent donc rechercher la cause d'une pareille inégalité; or, dans l'espèce, leur tâ-

che est facile; la position dans laquelle je me suis trouvé, prouve que je n'ai point agi avec réflexion. L'exagération de la promesse que j'ai faite, prouve mon défaut de liberté et le vice du consentement que j'ai donné : il y a donc lieu à réduire mon engagement dans une juste proportion. Il serait plus exact, peut-être, de rescinder l'obligation comme étant l'effet de la crainte, sauf à accorder à celui à qui j'ai fait la promesse, la juste récompense de son dévouement.

Le danger qui a inspiré la crainte doit se rapporter à un mal considérable et présent, sinon elle ne serait pas une cause de rescision. Si par exemple, l'on s'était engagé, envers une personne, pour se faire escorter et se faire défendre contre des voleurs, l'engagement serait obligatoire; Burlamaqui, du droit naturel, 3ᵉ part., chap. 4, nᵒ. 5. En ce cas il n'y. avait pas une crainte assez imminente pour faire supposer que le consentement n'a pas été libre.

225. Les conventions qui ont pour cause la crainte ou le respect que nous inspire une autorité, subsistent dans toute leur force, bien qu'on ne s'y fut pas porté de soi-même et sans cela. Dans un régime de liberté comme celui dans lequel nous vivons, un citoyen serait inexcusable d'agir contre sa conscience, ou au mépris de ses droits, dans la crainte d'encourir la disgrace du pouvoir. — La crainte révérencielle envers un père, une mère ou autres ascendans, sans qu'il y ait eu de violence exercée, ne suffit pas non plus pour faire rescinder un contrat, article 1114 du Code civil. Nous n'admettons plus aujourd'hui l'ancienne maxime : *Velle non creditur qui obsequitur imperio patris vel domini.*

226. Lorsqu'une partie est admise à prouver les faits de violence, il peut arriver qu'elle ne peut point faire cette preuve, ou qu'elle ne peut établir que des faits qui ne sont point assez graves pour constituer la violence. Il ne faut pas croire que pour cela la partie à qui on reproche des faits de cette nature

doive être relaxée ; si les faits dont on a fait preuve peuvent motiver la rescision de la convention pour une autre cause, et si le demandeur a pris soin de conclure à toutes fins. Par exemple, j'ai été contraint de signer une obligation dont je n'ai pas reçu le montant ; je me trouve dans l'impossibilité de prouver les faits de violence que j'avais coarctés, ou bien les faits que j'ai établis ne caractérisent pas suffisamment la violence ; il n'est pas douteux que ces mêmes faits peuvent être considérés par le juge comme des manœuvres frauduleuses sans lesquelles je n'aurais point donné mon consentement, ou bien encore qu'ils ne puissent y voir la preuve que mon engagement était sans cause. Donc ils peuvent l'annuler ou rescinder sur ma demande. Voir l'art. suivant. Mais nous le répétons, il est utile de conclure à toutes fins.

Art. 3. *Du dol , de la fraude , de la suggestion , etc. etc.* (1)

227. Le dol et la fraude sont aussi une juste cause de rescision des conventions , ils font exception à toutes les règles : *Si quid dolo malo factum est perpetuo prœstandum est.* Leg. 2 , § 5, *de. hœred. vel act. vend.* — L'action que la loi donne pour en réparer les effets est extrêmement favorable.

228. Le dol et la fraude comprennent toutes les surprises , les finesses et les machinations qu'on peut mettre en usage pour tromper quelqu'un. *Omnis calliditas, fallacia, machinatio, ad circumveniendum, fallendum, decipiendum alterum adhibita.* Mais le dol ne peut être une cause de rescision d'une convention , qu'autant que les manœuvres employées par une partie , ont été telles, qu'il est évident que sans ces manœuvres , l'autre partie n'aurait point contracté. (Art. 1114 du Code civil).

On conçoit , en effet, que si la morale réprouve toute espèce de tromperie,

toute espèce de finesse même , la jurisprudence ne peut pas aller aussi loin. Il faut un dol déterminant, des manœuvres telles qu'il est bien certain que sans elles le consentement n'aurait pas été donné. *Aliter leges, aliter philosophi tollunt astucias; leges quatenùs manu tenere possunt , philosophi, quatenùs ratione et intelligenter.* Cicero de officiis lib. 3 caput 17. Ainsi toute espèce de mensonge ne constitue pas une manœuvre frauduleuse; et une confiance trop légèrement accordée, ne peut être considérée comme l'effet du dol de celui à qui on aura imprudemment consenti une obligation ou une quittance. « Il faut, dit Merlin, des faits capables d'égarer la prudence ordinaire, » de déconcerter les mesures de prévoyance et de sûreté, qui dans l'usage » accompagnent, ou doivent accompagner toutes les transactions civiles » et commerciales. ».

229. Le dol qui n'aurait point été le motif déterminant de la convention , et qui par cela même ne suffirait point pour la faire rescinder, serait cependant une cause suffisante pour faire adjuger des dommages à celui qui aurait été trompé; les dommages seraient proportionnés au préjudice qu'il en aurait ressenti. (Arg. de l'art. 1382 du Code civil).

230. Le dol employé par une partie à l'égard de l'autre, n'empêche pas qu'il n'y ait eu consentement et que la convention ne soit parfaite dans la rigueur du droit. Ce n'est que parce que ce consentement m'a été surpris par le dol de l'autre partie, et qu'il est de principe que chacun doit réparer le préjudice qu'il occasionne par son dol, que cette partie me doit des dommages. *Si quis, cum aliter eum convenisset obligari, aliter per machinationem obligatus est, erit quidem subtilitoti juris obstrictus , sed doli exceptione uti potest, quia enim per dolum obligatus est competit ei exceptio.*

(1) Voir l'excellent Traité du Dol et de la Fraude, de M. Chardon. 1 vol. gr. 8° publié à la librairie de jurisprudence de H. Tarlier, à Bruxelles.

Or, l'appréciation de ces dommages ne peut pas se faire d'une manière plus exacte, qu'en rescindant l'obligation; car, comme dit fort à propos Blakstone, en son commentaire sur les lois anglaises, chap. 8: « Puisqu'un tort quelconque peut être considéré comme opérant simplement la privation d'un droit; la restitution de ce droit dont a été privée la partie lésée, est le remède évident et naturel de toute espèce de tort. »

231. Puisque le dol n'empêche pas que la convention ne soit parfaite dans la rigueur du droit, il en résulte que si le dol a été l'ouvrage d'un tiers et qu'il n'y ait eu aucune collusion entre ce tiers et l'autre contractant, la convention subsiste dans toute sa force, suivant l'ancienne doctrine des auteurs, *dolus tertii contractum non vitiat.* Ranchinœus, tit. de dolo, art. 2 à la note. — Leg. 15, ff. *de dolo malo.* Art. 1116 du Code civil. Seulement celle des parties qui aura été trompée, devra obtenir des dommages de la part de l'auteur de la fraude; Pothier, des Oblig., n° 31 et 32. Voir néanmoins infra, n° 240 de la suggestion.

232. Cette conséquence est rigoureuse, car il peut se faire que, l'auteur du dol étant insolvable, la partie trompée ne puisse obtenir la réparation du préjudice qu'elle a éprouvé. Nous avouons même que nous ne concevons pas pourquoi, dans le cas de dol, il n'y a lieu à rescinder le contrat que lorsque les manœuvres ont été employées par la partie contractante elle-même, tandis que la violence est une cause de rescision, lors même qu'elle a lieu de la part d'un tiers, art. 1111 du Code civil; mais cette différence existe, et voici la raison qu'en donnent les auteurs. Le plus ordinairement, les personnes qui usent de violence cherchent à rester inconnues à celui dont elles veulent contraindre la volonté; il était donc juste d'accorder à ce dernier le droit de se faire restituer contre les effets de cette volonté, quel qu'ait été l'auteur des violences; sans quoi, le

préjudice aurait pu être irréparable. Le dol, au contraire, ne peut provenir que de personnes connues, puisqu'il suppose, le plus ordinairement, une grande confiance abusée; la partie trompée sait donc à qui s'adresser pour obtenir la rescision de son engagement.

233. Peut-on considérer comme étant l'ouvrage d'un tiers, et, comme tel, insuffisant pour faire rescinder un engagement, le dol du tuteur agissant pour son mineur? Il est évident que non; le tuteur n'a agi que pour le mineur, et, dès-lors, celui-ci ne peut, sous aucun prétexte, profiter du dol et de la fraude dont son tuteur aura usé, dans son intérêt. A ce cas s'applique la règle : *Factum tutoris est factum minoris.*

234. L'espèce de dol et de fraude qui se renouvelle le plus, et qui est le plus souvent impunie, à cause de la difficulté qu'il y a de la prouver, est cel'e qu'on appelle, en droit, *suggestion, captation,* et qu'on peut définir : *la substitution, par des manœuvres frauduleuses, de la volonté d'un tiers à celle d'un disposant, ou d'une partie contractante.*

Ce genre de dol est d'autant plus odieux que ses effets ordinaires sont l'exhérédation des familles ; il offre d'autant plus de danger que les manœuvres qui le caractérisent sont le plus souvent employées auprès d'un malade, ou auprès d'individus dont les sens affaiblis cèdent plus souvent à la séduction qui les environne.

235. Sous l'empire de l'ordonnance de 1731, art. 37, la suggestion était spécialement indiquée comme une des causes de la nullité des testamens, et tous les jours dans la pratique, les tribunaux annulaient des dispositions dans lesquelles la volonté du disposant avait été captée.

236. Le Code civil ne contient pas de dispositions expresses sur ce point ; et son silence, dans l'origine, fait élever des doutes sur la question de savoir si le législateur avait eu l'intention de déroger à l'article de l'ordonnance de 1731 dont nous venons de parler.

Ces doutes nous paraissent injurieux pour le législateur : comment supposer, en effet, que dans aucun cas il ait voulu qu'on laissât subsister ce qui serait l'ouvrage du dol ou de la fraude? Comment supposer qu'il veuille tolérer que des manœuvres insidieuses et criminelles puissent priver une famille d'une fortune, d'un droit qui devaient lui appartenir, pour en investir l'intrigant adroit qui saurait substituer sa volonté à celle d'un mourant? une pareille interprétation est, nous le répétons, injurieuse : nous devons donc la repousser. *Etenim interpretatio justa et congrua rationi naturali semper fieri debet.* Voici, au surplus, ce qui doit nous fixer sur la pensée du législateur. On lisait dans le projet du Code civil un article ainsi conçu : « La loi n'admet pas la preuve que la disposition n'a été faite que par haine, colère, *suggestion*, ou *captation.* »—Cette disposition ne fut pas insérée dans le Code civil, nous n'en connaissons point le motif, mais tout porte à croire que c'est parce qu'on la trouva injuste et dangereuse. Ce qui le prouve c'est la manière dont s'exprime, sur ce point, l'orateur du gouvernement, chargé d'exposer les motifs du titre des donations et testamens.

« La loi, dit-il, garde le silence sur
» le défaut de liberté qui peut résulter
» de la suggestion ou de la captation et
» sur le vice d'une volonté déterminée
» par la colère ou par la haine. Ceux
» qui ont entrepris de faire annuler des
» dispositions par de semblables motifs,
» n'ont presque jamais réussi à trouver
» des preuves suffisantes pour faire re-
» jeter des titres positifs; et peut-être
» vaudrait-il mieux pour l'intérêt gé-
» néral, que cette source de procès
» ruineuse et scandaleuse fût tarie, en
» déclarant que ces causes de nullité ne
» seraient point admises. Mais alors la
» fraude et les passions auraient cru
» avoir dans la loi même un titre d'im-
». punité. *Les circonstances peuvent être*
» *telles que la volonté de celui qui a*
» *disposé, n'ait pas été libre et qu'il*

» *ait été entièrement dominé par une*
» *passion injuste.* C'est la sagesse des
» tribunaux qui pourra seule appré-
» cier les faits et tenir la balance entre
» la foi due aux actes, et l'intérêt des
» familles. — *Ils empêcheront qu'elles*
» *ne soient dépouillées par les gens avi-*
» *des qui subjuguent les mourans ou*
» *par l'effet d'une haine que la raison*
» *et la nature condamnent.* »

237. La suggestion ainsi entendue, il était inutile d'en faire une cause spéciale de la nullité des donations et des testamens; elle rentrait dans les dispositions générales des art. 1109 et 1116 du Code civil, qui déclarent non valable le consentement surpris par dol.

238. C'est aussi dans ce sens que la jurisprudence a maintenu les anciens principes sur la suggestion et la captation, et c'est en faisant l'application des principes sur le dol et la fraude, qu'elle a annulé les donations et les testamens qui étaient l'effet d'un consentement surpris, d'une volonté captée. Cour de cassation, 29 avril 1824 et 18 mai 1825. Jurispr. du 19ᵉ siècle, 1826, 1. 10.

239. Nous devons même dire, qu'en général les Cours royales ont admis le principe consacré par l'ancienne jurisprudence, que, pour faire annuler un contrat il faut un dol grave; les testamens sont viciés par le moindre dol, dès le moment qu'il a suffi pour capter la volonté du disposant. Voir l'opinion de d'Aguesseau, supra, n° 42.

240. Il est également certain qu'au lieu que le dol proprement dit, n'est une cause de rescision des contrats qu'autant qu'il est l'ouvrage d'une des parties contractantes, la suggestion et la captation annulent une disposition, non-seulement lorsque les faits sur lesquels elles reposent sont propres à la partie en faveur de laquelle cette disposition est faite, mais même lorsqu'ils ne peuvent être attribués qu'à un tiers sans intérêt. *Leg.* 71, *§* 1 *ff. de hæred. instit.* Arrêt de cassation du 18 mai 1825; Jurispr. du 19ᵉ s. 1826, 1. 10.

241. Dans tous les cas, il ne peut y

avoir captation qu'autant que les manœuvres qui ont été employées ont déterminé la volonté du disposant, qu'autant qu'il y a eu des inspirations insidieuses capables de produire cet effet, que celui qui en était l'auteur est parvenu à faire adopter, comme étant propre au disposant, la volonté d'un autre. Des services rendus, des prières et même des présens ne sauraient caractériser la captation. *Leg. 3 et 4 ff. si quis elig. test.*

242. Une autre espèce de dol et de fraude dont les tribunaux ont beaucoup à s'occuper, consiste dans ce que nous appelons en droit la simulation, c'est-à-dire dans la volonté concertée de deux ou plusieurs personnes pour donner à un acte l'apparence d'un autre.

243. La simulation n'existe qu'autant qu'elle a été employée pour porter préjudice à quelqu'un ou pour frauder la loi dans une de ses dispositions essentielles ; en d'autres termes, qu'autant que les parties ont déguisé leur accord afin de faire indirectement ce que la loi leur défendait de faire directement. Dans tous les cas où la volonté des parties n'a rien d'illicite, il ne saurait y avoir de simulation. C'est aujourd'hui un point de jurisprudence établi et qui ne peut être contesté.

244. Il n'est donc pas absolument nécessaire que les parties observent strictement la forme spéciale de la convention qu'elles veulent faire ; rien ne s'oppose à ce qu'elles empruntent la couleur d'une convention, pour en passer secrètement une autre ; la raison et la loi s'accordent pour les autoriser à faire indirectement ce qu'elles avaient le droit de faire directement. Godeffroi, *in leg. 6 ff. de præscrip. verbis.* — La Cour de cassation l'a plusieurs fois reconnu ; elle a jugé notamment :

245. 1° Que la donation déguisée sous la forme d'un contrat onéreux était valable, si les parties s'étaient conformées aux règles constitutives de l'acte ou du contrat dont elles avaient adopté la forme. *Si quis donationis*

causâ minoris vendat venditio valet. Leg. 38 ff. de contrah. emt. — Cour de Toulouse, 31 août 1820, Cour de cassation ; 23 avril 1827, Gazette des Tribunaux 1827, n° 501. — Paillet, sur l'art. 893 du Code civil.

Néanmoins dans ce cas il est nécessaire que l'acte dont les parties ont adopté la forme, soit translatif de propriété ; s'il existait le moindre doute sur ce point, les juges ne pourraient pas maintenir l'acte comme donation ; Cour de Paris, 7 janvier 1829 ; Gazette des tribunaux, du 9 janvier 1829. — Voici dans quelle espèce.

En 1815, M. Pean de Saint-Gilles, notaire, était dépositaire d'une somme de 275 mille francs, que lui avait confié M. le marquis de Jaucourt ; M. Achille du Cayla, pair de France, la réclama comme transmise par M. de Jaucourt à Mad. du Cayla sa fille, pour être remise plus tard à son fils : les enfans du Cayla soutinrent au contraire que M. de Jaucourt, leur aïeul, avait voulu leur donner cette somme et qu'il avait déguisé cette donation sous la forme d'un dépôt.

Pendant ce procès, intervinrent devant les premiers juges, les héritiers du sieur Viard, créancier de la mère de M. du Cayla ; ils soutinrent que M. de Jaucourt avait dénaturé ses biens de son vivant, dans l'intérêt de Madame du Cayla sa fille, pour la mettre à l'abri des poursuite de Viard, et que les deux cent soixante-quinze mille francs, dont M. Pean de Saint-Gilles était dépositaire, provenaient de M. de Jaucourt.

Le tribunal de Paris, par jugement du 25 juillet 1827, accueillit ce système, et attribua les 275,000 fr. aux héritiers Viard ; il y eut appel.

M. Gayrard, avocat des héritiers du Cayla a soutenu devant la Cour, que le dépôt couvrait une donation au profit de ses cliens, et qu'il était permis de déguiser une libéralité sous cette forme.

M. Lavaux soutint au contraire que la forme du dépôt, empêchait le délaisement de la propriété du donateur, au profit du donataire, et qu'en vertu de la maxime : *donner et retenir ne vaut*, la donation cachée sous la forme d'un dépôt, était radicalement nulle.

La Cour : attendu qu'il résulte de l'art. 1939 du Code civil, que le déposant reste propriétaire des fonds déposés; qu'ainsi une donation déguisée sous la forme d'un dépôt n'opère pas saisine au profit du donataire, adoptant au surplus les motifs des premiers juges, a mis l'appellation au néant et confirmé la sentence des premiers juges avec amende et dépens.

246. 2° Que les parties contractantes ne pouvaient se plaindre de la simulation, et s'en faire un moyen pour demander la nullité de leurs engagemens. En dénaturant leurs conventions, elles n'ont fait qu'user du droit qu'elles avaient de faire indirectement ce que la loi leur permettait de faire directement, elles ne peuvent donc avoir aucun motif plausible pour attaquer une disposition qu'elles ont faite ou un engagement qu'elles ont pris, le voulant bien. — Arrêt de cassation du 8 janvier 1817; Sirey, 1817, p. 151; autre arrêt du 5 décembre 1826; Jurip, du 19ᵉ s., 1827, 1. 249.

247. Si cependant au lieu de changer seulement la forme de la convention qu'elles voulaient consentir, les parties n'avaient eu d'autre objet que de faire croire à l'existence de cette convention, lorsque dans la réalité elles ne voulaient en consentir aucune, nul doute que, *si en intentant l'action en nullité, elles n'étaient point obligées d'alléguer leur propre turpitude*, elles ne fussent recevables dans leur action, comme dans le cas où il s'agirait d'une vente qui n'aurait aucune réalité, dont le prix serait fictif, etc., etc., ou d'une toute autre convention à laquelle on pourrait appliquer ce que disait d'Argentré, sur l'art. 269 de la coutume de Bretagne. *Vᵒ contrat nᵒ 5, tales sunt contractus proprie simulati id est, qui colorem habent, substantiam vero nullam, cum scilicet nulla conventio initur*

sed fingitur nec ulla obligatio contrahitur non aliter quam illæ fugaces umbræ inferorum apud virgilium quæ idolæ sunt hominum cum re nihil sint.

248. 3° Qu'un jugement qui, sur la déclaration et le consentement de toutes parties, annule un acte pour cause de simulation, devait être considéré par rapport à la régie de l'enregistrement, comme une véritable rétrocession volontaire de la chose vendue. La Cour de cassation a consacré ce point de droit dans l'espèce suivante.

Par acte du 17 octobre 1806, le sieur Andréa vendit plusieurs immeubles au sieur Ducasse, moyennant 40,500 fr. Ces immeubles restèrent inscrits au rôle financier de l'an X, jusqu'en 1818 sous le nom du père du vendeur, dont le fils était seul héritier.

Le sieur Andréa, fils payait les impositions. En 1818 l'administration de l'enregistrement demanda les droits de la rétrocession opérée en faveur de ce dernier. — Il opposa qu'il n'avait pas cessé d'être propriétaire, et pour le prouver, il justifia en 1819 d'un jugement du tribunal de Toulouse, du 19 mai de la même année, qui avait annulé la vente du 17 octobre 1806, comme simulée et faite en fraude de ses créanciers.

Le même tribunal accueillit le 23 décembre 1819, ces moyens de défense, en déclarant qu'il n'était pas possible de présumer une rétrocession volontaire là où il n'avait jamais existé de vente valable.

Pourvoi en cassation pour violation de l'art. 12 de la loi du 22 frimaire an VII.

Le 23 décembre 1819, arrêt de la Cour ainsi conçu : « Attendu qu'il est de principe que la simulation dans les actes ne constitue pas, à l'égard des tiers, une cause de nullité radicale de ces actes, puisqu'il est au pouvoir des parties contractantes de les laisser subsister, lorsque, d'ailleurs, ils sont licites en eux-mêmes et n'ont pas pour objet une fraude à la loi; qu'il suit de là qu'un jugement qui sur le consentemént et la déclaration des parties annule un tel acte , pour cause de simulation , doit être considéré par rapport à la régie de l'enregistrement, comme une véritable rétrocession volontaire de la chose vendue ; qu'ainsi un tel jugement ne peut faire obstacle à l'application de la présomption légale résultant de l'art. 12 de la loi du 22 frimaire an VII.

» Attendu qu'en jugeant le contraire, le tribunal de Toulouse a violé ledit art. 12 , et par suite , l'art. 69 , § 7 , n° 1 de la même loi, la Cour casse, etc.

249. Il résulte de. ces diverses décisions et d'un grand nombre d'autres analogues qu'on pourrait rapporter, que la simulation n'est une cause de rescision des . conventions , qu'autant que les parties contractantes n'auraient dénaturé leurs accords que dans le but de frauder les dispositions de la loi, qui ne tiennent pas seulement à la forme , mais à la capacité des personnes à l'indisponibilité de la chose , ou dans un but autrement illicite ; en pareil cas , l'engagement est rescindable , non pas parce que les parties auraient donné à la convention qu'elles ont faite , une forme qui n'était pas la sienne , mais bien parce que leur convention avait un objet illicite. — Voir arrêt de la Cour de cassation du 23 avril 1827 ; Jurispr. du 19ᵉ s. , 1827 , 1. 249. .

250. Lors donc qu'il s'agit d'assigner à une convention son véritable caractère, de l'annuler ou de la maintenir , et dans ce dernier cas , de déterminer les effets qu'elle doit produire, on doit moins s'en tenir aux apparences que les parties lui ont données , qu'à la disposition réelle qu'elles ont faite : *obligationis origo potius considerandus quam titulus.* Chassaneus , Cout. de Bourg , fol. 253. (Art. 1156 du Code civil.) Suprà n° 142.

Art. 4. *De la lésion.*

251. La lésion qu'un individu éprouve dans un engagement, ne vicie point ,

dans son principe, le consentement qu'il a donné. Elle n'est une cause de rescision que parce qu'elle consacrerait une injustice , en blessant l'égalité qui tient à l'essence des conventions. L'intention des parties étant , en général , de recevoir , chacune, l'équivalent de ce qu'elle promet ou de ce qu'elle abandonne , si l'une d'elles donne ou promet une chose dont la valeur est bien au-dessus de ce qu'elle reçoit , elle éprouve une injustice qui doit être réparée. Cette réparation est d'autant plus juste , que l'existence d'une inégalité aussi grave que celle qui caractérise la lésion , doit donner à penser qu'il y a eu erreur de la part de la partie lésée , ou dol ou usure de la part de l'autre partie.

252. Il ne faut pas croire que celui qui reçoit plus qu'il ne donne soit toujours obligé, même dans le for intérieur , de restituer l'excédant , et que l'égalité des contrats soit essentiellement blessée parce que , dans une convention , il n'existe pas un rapport parfait dans la valeur , le mérite , ou l'importance des choses respectivement promises ou abandonnées ; l'expérience prouve que ce serait bien mal interpréter les règles de la justice et de la loi. — D'un côté , les conventions varient à l'infini , dans leur objet, leur utilité , dans le prix que telles ou telles autres personnes y attachent. L'on peut citer pour exemple ce possesseur de la lampe du philosophe Épictète , qui fesait autant de cas de ce morceau de terre , que si , avec la lampe , il avait reçu tout le savoir du philosophe ; pressé par un individu qui pensait comme lui, de lui en faire la vente , il y consentit, moyennant trois mille drachmes. . . . . Malgré la disproportion énorme qui existait entre la chose et le prix, le marché fut maintenu, parce qu'il était évident que les parties avaient attaché un grand prix à la possession de l'objet vendu. — D'un autre côté , rien n'est plus naturel que la lutte d'intérêts qui s'établit entre deux individus qui sont à même de traiter affaire ensemble , et

rien n'est plus commun que l'inégalité qui est presque toujours le résultat de cette lutte.

Toute sorte de lésion n'est donc pas une cause de rescision , il faut qu'elle soit grave , essentielle , que l'on puisse supposer qu'elle est le résultat d'une erreur , du dol, ou de l'usure. Or, c'est pour que les tribunaux n'eussent point à s'occuper tous les jours de plaintes inadmissibles , que le législateur a déterminé lui-même les conditions et les circonstances sans lesquelles la lésion ne saurait être une cause de rescision entre majeurs, art. 1313 du Code civil. — Examinons les divers cas où la lésion produit cet effet.

253. Les partages peuvent être rescindés lorsqu'un des cohéritiers établit à son préjudice une lésion de plus d'un quart, art. 887 du Code civil ; et l'action est admise , dans ce cas , contre tout acte qui a pour objet de faire cesser l'indivision entre cohéritiers, encore qu'il fût qualifié de vente , d'échange, de transaction , ou de toute autre manière , art. 888 du Code civil.

Mais après le partage , ou l'acte qui en tient lieu , l'action en rescision n'est plus admissible contre la transaction faite sur les difficultés réelles que présentait le premier acte , même quand il n'y aurait pas eu , à ce sujet , de procès commencé (même article).

254. Le partage fait par les ascendans peut aussi être attaqué , pour cause de lésion du quart , art. 1079 du Code civil. — Il est même une circonstance dans laquelle la simple lésion , quoiqu'elle ne se portât pas au quart , serait une cause de rescision. C'est lorsqu'avant le partage entre-vifs, l'ascendant a disposé du préciput en faveur d'un de ses enfans ; il est bien certain , qu'alors le moindre préjudice qu'éprouverait un des enfans , serait une privation d'une partie de sa légitime , et devrait par cela même être réparé en exécution des art. 913 , 914 et suivans du Code civil.

Lors de la discussion qui eut lieu au conseil d'Etat sur l'art. 1079 de ce Code,

l'on proposa d'interdire absolument à l'ascendant, qui avait déjà fait des dispositions par préciput , le droit de faire le partage de ses biens. — Cette proposition fut rejetée, mais on n'accorda à l'ascendant la faculté de partager ses biens, dans ce cas , que sous la condition que celui des enfans ou descendans qui en ressentirait *la plus petite lésion* pourrait attaquer le partage. — C'est dans ce sens que l'art. 1079 do t être entendu.

255. Il y aurait également lieu à rescision d'un partage d'ascendans fait par testament , pour simple lésion , quoiqu'au dessous du quart , dans le cas où cet ascendant aurait promis , dans le contrat de mariage d'un de ses enfans , de maintenir l'égalité entr'eux dans le partage de ses biens. Une promesse de cette nature ne peut point être violée, et chacun des enfans est fondé à attaquer le partage testamentaire fait par son auteur , si ce partage blesse d'une manière notable l'égalité promise. — Arrêt de la Cour de Paris, du 3 décembre 1831. — Arrêt de la Cour de Limoges, du 29 février 1832. Jurisprudence du 19e siècle, 1832, 2. 282.

256. Le majeur peut attaquer , pour cause de lésion , l'acceptation expresse ou tacite qu'il a faite d'une succession , si cette succession se trouvait absorbée ou diminuée de plus de moitié par la découverte d'un testament inconnu au moment de l'acceptation, art. 783 du C. civ. On présume qu'en pareil cas, le majeur n'a accepté la succession que parce qu'il a ignoré l'existence du testament.

257. Le droit qu'a le mineur de se faire restituer contre son acceptation , peut-il être étendu au cas où la succession se trouverait absorbée ou diminuée de plus de moitié par la découverte d'une dette inconnue ? La négative semble résulter de la combinaison des deux articles 1313 et 783 du Code civil. Cependant si on considère que la disposition de l'art. 783 est basée sur ce qu'il est à présumer que celui qui a accepté, a erré sur un fait important et déterminant, on trouvera dans l'espèce de la

question la même raison de décider , la même justice à rendre. — La circonstance est même beaucoup plus favorable ; car une dette inconnue et considérable qui survient , augmente beaucoup plus les embarras de l'héritier, que la nécessité de partager l'hérédité avec un héritier institué ; rarement ce partage peut opérer sa ruine , tandis qu'une dette qui diminuerait la moitié de la succession peut facilement, surtout si elle concourt avec d'autres dettes , entraîner la déconfiture de celui qui a accepté l'hérédité. — Il y aurait injustice, nous ne saurions trop le répéter, à repousser, dans ce cas, le majeur dans son action en rescision. Nous devons ajouter qu'il peut se prévaloir non seulement de l'art. 783 du Code civil, mais encore des dispositions de la loi qui autorisent la rescision d'un contrat , ou engagement quelconque , pour cause d'une erreur , lorsque cette erreur est de nature à avoir déterminé la volonté. — Voir néanmoins Chabot de l'Allier, dans son Traité des successions art. 783, n° 7.

258. Le majeur peut aussi faire rescinder l'acte de vente par lequel il a été lésé de plus de sept douzièmes du prix de la vente, lors même que par le contrat , il aurait expressément renoncé à la faculté d'en demander la rescision et qu'il aurait déclaré donner la plus value. (Art. 1674 du Code civil). Lorsqu'une lésion aussi énorme, se rencontre dans une vente , il est impossible de croire que le consentement du vendeur ait été libre , ou tout au moins qu'il n'ait pas été l'effet du besoin ; il n'y a que l'homme privé de sa raison, ou celui qui se trouve placé dans la position la plus pénible, qui puisse consentir à vendre sa chose pour un prix aussi modique, comme aussi il n'y a que l'homme injuste qui puisse acheter à quelqu'un qu'il voit décidé à vendre à un prix aussi vil. Lorsqu'une lésion aussi énorme existe , l'action que la loi donne au vendeur, est en quelque sorte un acte d'humanité : *humanum est* dit la loi 2 , Cod. *de rescind. vendit.*

259. Il ne s'agit pas qu'une partie se prétende lésée pour que le juge doive l'admettre à prouver la lésion. Comme ce n'est pas sans de graves motifs qu'on peut porter atteinte à la foi des contrats, il faut que le demandeur produise des titres ou documens qui fassent présumer la lésion et qui par cela même justifient l'admissibilité de l'action, art. 1677 du Code civil ; ce ne fut qu'à cette condition , que l'action fut conservée dans notre Code. On peut s'en convaincre en lisant le procès-verbal des conférences qui eurent lieu au Conseil d'Etat sur l'art. 1674 et suivans.

260. Cette action n'a pas lieu dans les ventes de meubles , Arg. de l'art. 1674 Code civil ; elle n'a pas lieu non plus dans les actes de baux à ferme. Arg. de l'art. 1313.

261. Dans tous les cas où il y a lieu à l'action en rescision pour cause de lésion, l'action doit être admise lors même que le vendeur aurait formellement renoncé dans le contrat , à la faculté de l'intenter, art. 1674. On conçoit que si une pareille renonciation avait été reçue, elle serait devenue de style, et elle aurait toujours rendu vaine la disposition de la loi.

262. Les motifs de l'action qui nous occupe , étant pris dans la gène et les embarras présumés des vendeurs, il était évident qu'on ne pouvait donner à l'acquéreur le droit de la proposer. Il n'a pas pu agir, *urgente necessitate* ; et, s'il a porté la chose à un prix trop élevé, il a pû le faire parce que cette chose avait pour lui une valeur d'affection , ou parce qu'elle était à sa convenance, art. 1683 Code civil.

263. Il suit de là que l'action en rescision pour cause de lésion, n'a pas lieu contre un acte d'échange ; l'échangiste, en effet , est en même temps vendeur et acheteur , et si en la première qualité il a le droit de faire rescinder son engagement , ce droit lui est refusé en raison de sa qualité d'acquéreur ; on sent d'ailleurs, que comme on n'est pas contraint par le besoin de faire un échange d'immeubles, cet échange est

présumé volontaire et exempt de lésion, art. 1706 du Code civil ; le Code a modifié , sur ce point , les principes de l'ancienne jurisprudence. Voir les arrêts de l'ancien parlement de Toulouse, rapportés par Maynard , livre 3 , chapitre. 59.

264. L'action en rescision n'a pas lieu non plus dans les contrats aléatoires , quel que soit l'événement ; lors même que l'un des contractans aurait en résultat tout le profit, et l'autre toute la perte. La raison en est, que celui qui a retiré tout le bénéfice de la négociation pouvait en éprouver tout le dommage. *Id actum esse manifestum est, ut : quemadmodum emolumentum negociationis ità periculum ad empto- rem pertineret.* Leg. 10, ff de hæred. vel. act. vend. Faber au Cod. liv. 2, tit. 4 definit. 10. Il est d'ailleurs de la nature des contrats aléatoires que les parties donnent un consentement indéfini et d'avance à tout événement, et par conséquent celui à qui le contrat n'est pas favorable , ne saurait raisonnablement se plaindre de la perte qui lui est arrivée , à laquelle il s'est soumis volontairement et avec connaissance. Burlamaq. Droit de la nature et des gens , 3e part. chap. 12 , § 6. — Enfin on peut ajouter que l'estimation des risques, est quelque chose de tellement incertain , qu'il serait presque impossible de déterminer, par rapport aux contrats aléatoires, l'existence et la qualité de la lésion.

265. On en trouve un exemple dans la transaction qui, suivant l'art. 2052 du Code civil , ne peut être attaquée pour cause de lésion. Comment pourrait-il en être autrement ? par la transaction , les parties abandonnent des prétentions qui peuvent être fondées et cela dans la vue d'éviter un procès ! Elles aiment mieux faire un sacrifice que de risquer de tout perdre , et d'ailleurs ce sacrifice leur paraît souvent assez payé par la tranquillité d'esprit qu'elles se procurent. N'est-il pas, dès-lors, évident que le prix de la transaction peut être inappréciable ?

Il faut au surplus que l'acte soit réel-lement une transaction , il ne suffirait pas qu'il eût été ainsi qualifié si , d'ailleurs, il n'avait rien d'aléatoire ; c'est ce qui résulte de la combinaison de l'article 2052 avec l'art. 888 du Code civil ; ces deux articles paraissent renfermer deux dispositions contradictoires , mais il suffit d'en pénétrer l'esprit pour être convaincu que l'antinomie n'est qu'apparente.

L'art. 888 dispose , « que l'action en » rescision est admise contre tout acte » qui a pour objet de faire cesser l'in-» divis entre cohéritiers , encore qu'il » fût qualifié de vente , d'échange ou » de transaction ou de toute autre ma-» nière. — Mais après le partage, ou » l'acte qui en tient lieu, l'action en res-» cision n'est plus admissible contre les » transactions faites sur *les difficultés* » *réelles* que présentait le premier ac-» te, même quand il n'y aurait pas eu » à ce sujet de procès commencé. »

Supposons que par un premier acte , des cohéritiers fassent une transaction sur les difficultés qui peuvent s'élever entr'elles au sujet du partage de la succession indivise et qu'elles se règlent définitivement sur leur droits à cette succession. Cet acte sera-t-il rescindable s'il établit pour une partie une lésion de plus du quart? *Oui* , si l'on décide la question suivant l'art. 888. *Non*, si on fait l'application de l'art. 2052. Mais quel est celui des deux qui doit être appliqué ? c'est ce qu'il est important de rechercher.

Les art. 887 et 888 se rapportent aux actes de partage proprement dits, c'est-à-dire aux actes qui ont principalement pour objet de faire cesser l'indivis d'une succession ou d'une propriété commune ; en d'autres termes , à l'opération en quelque sorte matérielle et de simple calcul , dont l'objet est d'attribuer à chacun des copartageans une partie de la succession équivalente à son droit dans les biens communs. C'est pour ces actes que le législateur a prescrit l'égalité , et c'est contr'eux qu'il a voulu qu'on pût diriger l'action en rescision lorsqu'ils renfermeraient une lésion de plus du quart. Peu importe et la forme dont ces actes aient été revêtus, et la qualification qu'on leur ait donnée, car, nous l'avons dit et nous ne saurions trop le répéter, la nature des actes et l'effet qu'ils doivent produire se déterminent par leur objet, plutôt que par la dénomination que les contractans leur ont donnée.

L'art. 2052, au contraire, ne s'applique qu'à la transaction proprement dite, c'est-à-dire au contrat par lequel les parties terminent une contestation née, ou préviennent une contestation à naître (Art. 2004 du Code civil), bien entendu que leur position respective ferait naître des *difficultés réelles* (Article 888 § 2). Car si aucune difficulté n'existait, l'art. 2052 serait inapplicable et l'acte, bien que revêtu de la forme de transaction, n'en serait pas moins un partage

La solution de la question proposée, dépend donc entièrement de l'examen du fait; les juges doivent rechercher quelle était la position des parties contractantes, leurs droits, leurs prétentions; ils doivent rechercher surtout, si elles n'avaient qu'une consistance à former, un partage à faire, et dans ce cas, s'il y a eu lésion de plus du quart, l'action en rescision doit être accueillie; peu importerait même que la formation de la masse et les comptes entre parties, eussent présenté quelques difficultés, si ces difficultés n'étaient pas assez graves pour faire présumer que l'intention des parties était plutôt de faire une transaction qu'un partage.

Au contraire ils doivent refuser l'action en rescision, s'il résulte de l'acte et des faits ou prétentions qui y ont donné lieu, que les parties étaient moins occupées de faire un partage que de transiger sur une contestation née ou à naître.

« S'il s'était élevé, dit Chabot de l'Allier, Traité sur les successions, des » contestations *réelles* et *sérieuses*, rela- » tives aux droits respectifs des préten- » dans à la succession, par exemple, sur » les qualités de l'un ou plusieurs » d'entr'eux sur la quotité de la portion » qui doit leur appartenir, sur la vali- » dité des dons ou legs faits à quelqu'un » des cohéritiers, sur l'obligation ou la » dispense du rapport, et si, pour ter- » miner tous les débats, les héritiers » avaient procédé au partage des biens, » non par quotité et en formant des lots, » mais par attribution, c'est-à-dire, en » convenant que d'après les bases adop- » tées, chacun d'eux aurait tels et tels » biens désignés; dans ce cas, on ne peut » douter que l'acte ne fut une véritable » transaction, qui ne serait pas soumise » à l'action rescisoire pour cause de » lésion.

» On sent en effet, que le réglement » des droits respectifs des héritiers peut » donner lieu à des questions épineuses » et à des difficultés graves, qui seraient » de nature à jeter les parties dans une » involution de procès ruineux. Si dans » le dessein de prévenir ces procès, ou » pour les terminer lorsqu'ils ont été » déja commencés, les héritiers font un » traité à l'amiable, pourra-t-il être » permis de revenir sur ce traité, sous » prétexte de lésion, de manière à » ressusciter tous les débats qu'il avait » éteints ? Dans cette supposition, il » n'y aurait plus de transaction à faire » sur les contestations qui pourraient » s'élever à l'égard d'une succession in- » divise; il faudrait porter en justice » toutes ces contestations et les faire » décider toutes par les tribunaux, puis- » que autrement on s'exposerait à les » voir toutes renaître sur des demandes » en rescision ? mais ne serait-ce pas » allumer le flambeau de la discorde » dans toutes les familles ?

« Telle n'a pas été, sans doute, l'in- » tention du législateur; il a bien voulu » que, lorsqu'il ne s'agit entre cohé- » tiers que de procéder à un partage, » il ne fût pas permis, en déguisant la » nature de l'acte et en lui donnant la » couleur et la forme d'une transaction, » de le soustraire à l'action rescisoire » pour cause de lésion; mais il n'a pas » entendu que, dans le cas où une tran- » saction aurait été nécessaire et réelle, » l'acte qui la contient et qui, par la

» manière dont il règle les débats, fait
» cesser l'indivision du bien, dût être
» regardé comme n'étant qu'un simple
» partage. Dans ce cas, en effet, le par-
» tage n'est que le résultat de la tran-
» saction; il est lié avec elle et, comme
» elle, il doit être inattaquable, puis-
» qu'il ne serait pas possible de le rom-
» pre, sans rompre également la tran-
» saction, sans renouveler tous les procès
» terminés. »

Ainsi l'ont jugé les Cours de Grenoble
le 15 avril 1807, la Cour de cassation,
le 7 février 1809 et la Cour d'Amiens,
le 10 mars 1821. Dalloz., t. 26, p. 442 et
suiv. Sirey, 1822, 2ᵉ, p. 239.

« Observez néanmoins, ajoute M Cha-
» bot, que l'acte ne peut être considéré
» comme transaction, et non comme
» un simple partage, que dans le cas
» seulement où les contestations et les
» difficultés sur lesquelles il a été tran-
» sigé, étaient réelles, étaient sérieuses,
» et présentaient des questions dont la
» solution pouvait être incertaine. Il
» est donc nécessaire, que dans l'acte
» même, les contestations, les difficultés
» et les questions dans lesquelles on
» transige, soient clairement énoncées,
» pour que, sur la demande en rescision
» pour cause de lésion, les tribunaux
» soient en état de vérifier les motifs
» véritables et les caractères essentiels
» de l'acte, et puissent décider s'il est
» réellement une transaction plutôt
» qu'un simple partage. »

266. Il résulte de l'art. 888, que
dans le même acte il peut y avoir partage et transaction ; par exemple : il
peut arriver que les parties fixent d'a-
bord la quotité de la portion que chacune d'elles doit avoir et qu'elles
transigent sur ce point ; qu'immédiatement et par le même acte, elles pro-
cèdent au partage de la masse, et que
dans ce partage une d'elles éprouve
une lésion de plus du quart. Dans ce
cas l'acte peut valoir comme transaction, quant à la fixation des quotités,
et peut être rescindé pour cause de
lésion dans la partie de ses dispositions
qui se rapporte à la formation des lots.

Cour royale d'Amiens, 10 mars 1821;
Sirey, 1822, p. 239; Cour de cassation,
30 juin 1819; Dalloz, t. 26 p. 444; Sirey
20-1-268; Cour de Toulouse, 11 juillet
1828, Jurisp. du 19ᵉ siècle, 1830; 2. 44.

Il devrait en être autrement pour
peu qu'il parût résulter de l'acte que
toutes les clauses étaient liées ensemble
et en quelque sorte la condition l'une
des autres; infrà. De l'effet des nullités,
sect. 3, § 2.

267. Comme on le voit aisément, la
solution des questions que nous venons
d'examiner, en interprétant les art. 888
et 2052, dépend presque toujours du
fait; ces questions sont dans le domaine
du juge et il est dans ses attributions de
déterminer le caractère de la convention contre laquelle une partie veut se
faire restituer. Cour de cassation 13 janvier 1825; Jur. du 19ᵉ siècle, 1825,
1. 311.

268. Nous avons dit que les partages
ne pouvaient être rescindés pour cause
de lésion, que lorsque cette lésion était
de plus du quart; mais, si dans un partage, il avait été expédié à un cohéritier
un immeuble cédé avec une contenance
fixe, et qu'il y eût déficit de contenance,
le cohéritier lésé aurait son recours contre ses cohéritiers, alors même que le
déficit serait moindre du quart. — La
Cour de cassation a dit avec raison: Dans
une pareille circonstance, il ne s'agit
pas de lésion à vérifier et prévenir, il
s'agit de convention à maintenir et à
exécuter. Arrêt du 8 novembre 1826;
Jur. du 19ᵉ siècle, 1827, 1. 191.

269. L'action en rescision pour cause
de lésion n'est point admise contre une
vente de droit successif faite sans fraude,
à l'un des cohéritiers, à ses risques et
périls, par ses autres cohéritiers, ou
par l'un d'eux, art. 889 du Code civil.
— Une pareille cession est considérée
comme un contrat aléatoire, parce qu'il
est incertain si l'émolument sera plus
fort que les charges ou réciproquement:
elle rentre, dès lors, dans l'exception
que nous avons établie, suprà n° 264.

270. Par la disposition contenue dans
l'article 889, le législateur a résolu les

doutes qui existaient autrefois sur la question de savoir si les actes de vente de droit successif étaient rescindables pour cause de lésion; il a partagé l'opinion que Pothier avait soutenue avec force contre l'avis d'autres jurisconsultes. — Mais, par cela même que cette solution a mis fin à une longue controverse, elle ne doit être donnée que sous les conditions et dans les circonstances prévues par la loi. Ainsi la vente de droits successifs n'est affranchie de l'action en rescision, pour cause de lésion, que lorsqu'elle réunit les deux caractères suivans.

271. 1° La cession de droit doit être faite *aux risques et périls* de l'acquéreur.

A défaut de cette condition, la cession est un véritable partage qui, aux termes de l'art. 888 du Code civil, est rescindable s'il établit pour le vendeur une lésion de plus du quart. Voir les arrêts rapportés par Automne sur la loi 4 *Cod. de hæred. vend. Mornac* sur le tit. ff. *famil. erciscond.* Brodeau sur Louet, lettre H, somm. 8; Leprêtre, cent. 1er, chap. 25 ; Catelan, liv. 5 chap. 72. Voir notamment un arrêt de la Cour de Corse du 6 déc. 1826 ; la Gazette des tribunaux, n° 391, année 1827. Cet arrêt a été rendu dans l'affaire du sieur Fondani contre la dame Fantani, l'un et l'autre héritiers ou se disant tels de l'illustre général Paoli, et au sujet de sa succession. Il s'agissait d'une transaction par laquelle la dame Fantani avait vendu au sieur Fondani, tous ses droits sur ladite succession, moyennant la pension viagère de six cents francs. La dame Fantani en demandait la rescision pour cause de lésion et on lui répondait que, s'agissant d'un contrat aléatoire, son action était inadmissible. — La Cour annula la transaction par le motif, qu'un acte de cette nature n'était qu'une opération tendante à faire cesser l'indivision entre les contractans et que ces actes, quell que fût leur dénomination, sont nuls (la Cour voulait dire rescindables), lorsqu'ils présentaient une lésion de plus du quart.

Enfin, la Cour de Toulouse vient de juger tout récemment, le 3 mars 1830, Jurispr. du 19mo siècle, 1830, 2. 322, qu'en pareille matière le cohéritier cessionnaire ne pouvait être réputé avoir acquis *à ses risques et périls*, par cela seul, que la cession étant faite à forfait et sans désignation des objets cédés, le cédant ne s'était obligé à aucune garantie.

« Attendu, est-il dit dans cet arrêt, qu'il résulte de la concordance des art. 888 et 889 du Code civil, que la vente n'est à l'abri de la rescision, pour cause de lésion, que dans le cas où l'acquéreur *a expressément tout pris à ses périls et risques, etc. etc.* »

272. Au reste, nous devons faire observer que ce n'est qu'entre cohéritiers qu'il est nécessaire de déclarer que la cession est *faite aux risques et périls* du cessionnaire, parce que ce n'est que par rapport à eux que le défaut de cette condition fait réputer la cession pour un simple partage. (Art. 888 et 889 du Code civil.) Si l'acquisition était faite par un tiers, l'énonciation de la condition ci-dessus serait inutile ; elle n'aurait jamais pour effet de faire cesser l'indivis, et ne pourrait pas être, dès-lors, rescindable pour cause de lésion de plus du quart, ce serait un contrat aléatoire, qui offrirait des chances de profit ou de perte et qui ne serait rescindable pour aucune espèce de lésion. Arg. de l'art. 1696 du Code civil.

273. 2° Pour que la cession de droits successifs soit à l'abri de l'action en rescision, il faut qu'elle ait été consentie sans fraude. (Art. 889 du Code civil.) Si donc l'héritier acquéreur, connaissant parfaitement la consistance et la valeur de la succession, avait trompé le vendeur qui ne les connaissait pas, l'acte ne serait plus aléatoire, puisqu'il n'offrirait pas de chance de perte pour l'acquéreur ; il serait donc considéré comme un véritable partage qui serait rescindable, s'il contenait lésion de plus d'un quart.

En disant que la cession *faite en fraude* n'est considérée que comme un partage, nous n'avons pas entendu qu'il fallût une fraude proprement dite, c'est-à-dire, basée sur des manœuvres sans lesquelles le consentement de la partie trompée ne serait point intervenu. Il suffit de la connaissance seule qu'a eu l'acquéreur de l'actif et du passif de la succession. Cette connaissance le mettant à même de ne s'exposer à aucune perte, enlève à la cession le caractère des contrats aléatoires, et le prive du droit de se prévaloir de l'exception portée par l'art. 889.

Lebrun, dans son Traité des successions, livre 4, chap. premier, n° 58, s'exprime ainsi sur ce sujet : « Il faut néanmoins distinguer le temps et les autres circonstances de la vente de droits successsifs, car si un héritier absent traite par procureur avec ceux qui avaient une demeure commune avec le défunt et qui pouvaient être fort instruits des affaires de la succession, et qu'il leur vende ses droits sans avoir eu communication de l'inventaire que les parens ont fait faire, *Non visis inspectisque tabulis*, en ce cas, il est vrai de dire avec la loi que le vendeur *non tam paciscitur quàm decipitur*, et qu'il y a lieu à la restitution. En effet, on ne peut comparer un tel traité au marché d'un coup de filet appelé dans le droit *jactus retis*, parce que l'incertitude n'est pas réciproque, les acheteurs connaissant bien mieux les affaires de la succession puisqu'ils en connaissent au moins les effets ; et généralement toutes les fois qu'il y a du dol et de la fraude de la part des cohéritiers acheteurs, il n'y a lieu à la restitution. » Arrêt du parlement de Toulouse du 17 juin 1711.

274. La Cour de Toulouse a consacré les mêmes principes. On lit dans un de ses arrêts en date du 28 avril 1820, rapporté dans le recueil des arrêts de cette Cour : « Attendu que l'acqué-
» reur n'avait couru aucun risque en
» fesant le traité, puisque la succes-
» sion était ouverte depuis plus de
» vingt-un ans ; que pendant tout ce
» temps il avait géré seul, et en sa
» qualité d'héritier, tous les biens de
» la succession, ce qui l'avait mis à
» portée d'en connaître exactement les
» forces. » Voir en outre un arrêt de la Cour d'Agen, du 22 mai 1817, Dalloz, t. 26, 358; Sirey, 1819, p. 181.

275. L'action en rescision pour cause de lésion n'est pas admise contre les ventes qui, d'après la loi, ne peuvent être faites que d'autorité de justice. (Art. 1684, Code civil). Ces ventes étant faites aux enchères sous les yeux de la justice, la loi présume que les objets ont été portés à leur juste valeur, ou tout au moins, qu'il était impossible d'éviter la lésion.

276. Mais cette exception ne doit être appliquée qu'aux ventes qui *ne pouvaient être faites que d'autorité de justice*. Si donc des majeurs faisaient devant le tribunal une vente qu'ils pourraient faire autrement, l'action en rescision pour cause de lésion d'outre moitié, à lieu, par le motif, que les majeurs ayant été les maîtres d'observer, dans cette vente, ou de négliger les formalités qui forment précisément la sécurité du législateur, le ministère public n'étant plus surveillant nécessaire de pareilles ventes, il n'y a plus raison de supposer que le bien a été porté à sa juste valeur (Brodeau sur Louet, lett. D. somm. 32). S'il en était autrement, celui qui voudrait acheter avec usure ne manquerait jamais d'exiger que la vente se fit en justice ; et alors, comme dans le cas dont nous avons parlé, suprà, n° 261, la faculté de faire resciuder la vente serait abrogée par le fait.

277. Nous dirons en finissant, qu'il y a entre la rescision pour cause de lésion, et la rescision pour cause de violence ou de dol, cette différence que, dans la première, la partie contre laquelle on poursuit la résolution de l'acte peut s'y opposer en offrant de rembourser le supplément du prix ou de la portion héréditaire.

L'art. 1678 du Code civil, conforme en cela à la loi 2, *Cod. de rescind vend.*, le décide dans le cas de la vente. — L'art. 891 du même Code, le décide dans le cas du partage en général, de même que la loi *majoribus* 3, *Cod. comm. utriusque judicii*, le décidait autrefois; et la jurisprudence, basée sur une identité de motifs, l'a décidé pour le cas particulier du partage fait par les ascendans. Papon, liv. 15, tit. 7, arrêt 7, Grenier, des Donations, n° 401.

Au contraire, dans tous les autres cas où il existe une cause de rescision, la partie contre laquelle on agit, ne peut arrêter le cours et l'effet de l'action et ne peut empêcher la résolution.

§ II. *De l'action en rescision spécialement accordée au mineur.*

278. Nous avons prouvé dans le second chapitre de cet ouvrage, n° 69, que parmi les engagemens consentis par le mineur, les uns étaient nuls dans la forme, et les autres seulement rescindables, dans le cas où ils établiraient à son préjudice une lésion quelconque. Nous avons dit que les engagemens nuls dans la forme, étaient ceux qui, étant assujettis par la loi à des formalités spéciales, auraient été consentis par le mineur, sans observer ces formalités, et que toutes les autres espèces d'engagemens ne pouvaient être attaquées que par la voie de la rescision. Nous avons dit que c'était à ces derniers seulement que se rapportait l'ancienne règle : *Minor non restituitur tanquàm minor, sed tanquàm læsus.*

L'action que la loi accorde, en ce cas, au mineur, est connue dans le droit sous le nom d'action et rescision, action et restitution; elle est soumise à des règles que l'ancienne jurisprudence a recueillies, et qui, bien qu'elles ne soient pas insérées dans le code, ne sont pas moins utiles aujourd'hui pour connaître exactement la nature et les effets de cette action.

Ces règles nous ont paru se réduire aux suivantes :

279. 1re *Règle.* Le bénéfice de restitution accordé aux mineurs, leur est accordé à cause que la faiblesse de leur âge, leur inexpérience, les rendent en général incapables de bien administrer leur fortune, et les exposent aux entreprises de la fraude, aux pièges de la séduction. *Fragile est hujus modi ætatis consilium, multis captationibus, obnoxium, multorum insidiis expositum.* Leg. 1 ff. de minorib.

Il suit de-là, que, comme c'est surtout la fragilité de leur âge, *lubricum ætatis*, leur inexpérience qui sont la cause première et principale de l'action que la loi leur accorde, et que leur jeunesse les expose non-seulement à être trompés par les autres, mais à se tromper eux-mêmes, ils ont le droit de se faire restituer contre tous les actes dans lesquels ils ont été lésés, indépendamment de la bonne ou mauvaise foi des personnes qui ont contracté avec eux. *Vel ab aliis circumventi vel suâ facilitate decepti.* Leg. 44 ff. de minoribus.

Par la même raison, ils ont le droit de se faire restituer contre toutes personnes, même contre un autre mineur, leg. 2, § 6, cod. de minor.; seulement alors l'action ne produit son effet contre ce dernier que jusqu'à concurrence du profit qu'il a retiré de la chose, ou de l'argent que l'autre mineur lui a délivré ou compté; le mineur actionné n'est point tenu de restituer la chose dont il n'a point profité, l'argent qu'il a dissipé dans de folles dépenses; par rapport à ces objets, la position des deux mineurs est la même : ils peuvent l'un et l'autre se prévaloir du bénéfice de restitution, *leg. 34, § 6, ff. de minoribus.* Le juge doit repousser l'action du demandeur, par application des principes généraux, suivant lesquels *in pari causâ melior est conditio rei quàm actoris.*

280. 2e *Règle.* *La simple lésion* donne lieu à la rescision en faveur du mineur non émancipé contre *toutes sortes de conventions*, et en faveur du mineur émancipé contre toutes les conventions qui excèdent les bornes de sa capacité. (Art. 1305, Code civil).

371. Ainsi il suffit *d'une simple lésion,*

Cependant les juges ne doivent pas accueillir trop facilement l'action du mineur; ils ne doivent pas considérer comme une véritable lésion cette inégalité légère et presqu'inévitable qui se trouve dans presque toutes les conventions; et s'ils doivent se montrer sévères toutes les fois qu'ils acquièrent la conviction qu'on a usé de fraude envers le mineur, ils doivent être très-difficiles pour prononcer la rescision d'un engagement fait sans fraude, et duquel il n'est résulté pour ce dernier qu'un préjudice peu important. L'équité et l'intérêt même des mineurs le veulent ainsi. Il n'est pas douteux, en effet, que si le bénéfice de restitution s'exerçait avec une trop grande rigueur, on ferait de cette classe nombreuse de citoyens une espèce d'ilotes avec qui personne n'oserait traiter d'aucune affaire, même de pure administration; on méconnaîtrait les intentions du législateur; on violerait surtout cette maxime du droit naturel, que sa justesse a fait passer dans le droit civil : que l'on ne doit jamais faire tourner au préjudice de quelqu'un ce qui a été créé en sa faveur : *quod in favorem alicujus introductum est in ejus odium retorqueri debet.* — Aussi la loi Romaine ne voulait-elle pas que les magistrats accordassent trop légèrement la rescision des engagemens souscrits par le mineur : *ne,* disait-elle, *magno incommodo hujusmodi ætatis homines adficiantur, nemine cum eis contrahente. Leg. quod si minor.* 25, § *non semper* ff. *de minorib.* Les juges doivent donc prendre en considération la fortune du mineur, la bonne ou mauvaise foi des personnes qui ont contracté avec lui, l'utilité ou l'inutilité des dépenses (Arg. de l'art. 484, C. civ.)

Il faut, en un mot, que le mineur ait été manifestement trompé, ou négligent: *itaque nisi aut manifesta circumscriptio sit, aut tam negligenter in eâ causâ versati sunt, præter interponere se non debet. Leg.* 24, § 1, *ff. de minoribus.*

Remarquez néanmoins qu'il n'est pas toujours indispensable qu'il y ait eu préjudice pécuniaire ; car il est de principe constant, que le mineur pour-

rait se faire restituer contre l'engagement qu'il aurait consenti, et qui serait de nature à lui causer de graves embarras. *Minoribus viginti quinque annis subvenitur non solùm cùm de bonis eorum aliquid minuitur, sed etiam cùm intersit ipsorum litibus et sumptibus non vexari. Leg.* 6, ff. de minor.

282. Le bénéfice de restitution est admis, avons-nous dit, *contre toutes sortes de conventions.* Ce sont les expressions de l'art. 1305. Il semblerait en résulter qu'il n'y a de restitution possible que contre les conventions ; cependant pour cause d'identité de motifs, et par l'effet d'une jurisprudence constamment suivie, l'action en rescision est accordée au mineur *contre toutes sortes d'actes,* ce qui a lieu non-seulement pour le préjudice qu'il éprouve; mais encore, lorsque par le fait de sa volonté, il se trouve privé de quelque profit qui devait lui revenir ; *aut quod acquirere emolumentum potuerunt, omiserunt, Leg.* 44, ff. de minoribus ; comme si, par exemple, il avait répudié une succession qui lui était avantageuse.

Mais le mineur ne peut demander à être restitué *de son chef* que contre les actes passés par lui, et non contre ceux passés par ses auteurs, quand même la lésion proviendrait d'un fait arrivé ou accompli pendant sa minorité ; c'est ainsi qu'il n'est pas restituable contre la déchéance d'une faculté de réméré, stipulée par son auteur. (Art. 1663, Code civil.)

283. L'art. 1305 fait une différence entre le mineur non émancipé, et le mineur émancipé. — Le premier est restituable contre toutes sortes de conventions ; le second, au contraire, n'est restituable que contre les conventions qui excèdent les bornes de sa capacité. — « L'émancipation, dit M. Proudhon, ne relève pas le mineur de toute incapacité; elle le place dans un état mitoyen entre le majeur et le mineur en tutèle. Il y a des actes qu'il peut faire seul aussi valablement qu'un majeur; d'autres, où il doit être assisté d'un curateur; d'autres, qu'il ne peut faire

qu'en suivant les formalités prescrites pour les mêmes actes, à l'égard des mineurs en tutèle; d'autres, enfin, qui lui sont absolument interdits. »

284. *3e Regle*. Le bénéfice de restitution n'a d'autre objet que de réparer la lésion éprouvée par le mineur; mais la faveur de la loi ne peut lui servir pour profiter aux dépens de celui qui a contracté avec lui. — La restitution doit donc toujours avoir lieu, de manière que le mineur n'éprouve ni perte, ni profit, par l'acte contre lequel il obtient la restitution. *Qui restituitur in integrum sicut in damno morari non debet, ità nec in lucro.* Leg. 1, Cod de rep. quœ Antonius.

285. C'est par ce motif, que les anciens interprètes du droit comparaient le bénéfice de restitution, que le mineur peut invoquer, au bénéfice d'inventaire. *Nihil ampliùs operatur restitutio in integrum in minore, quam beneficiarii hæredis repudiatio in majore.* Mornac, in leg 7, § 10, ff. de minorib. 25 annis.

286. Le mineur qui emprunte une somme d'argent pour payer une dette de son père, ne pourrait donc se faire restituer contre son engagement; car, si la restitution avait lieu, il se trouverait avoir éteint une dette dont il était tenu, et aurait ainsi augmenté son patrimoine aux dépens de celui qui lui aurait prêté les fonds.

Nous pensons même qu'on devrait le décider ainsi, dans le cas où la somme empruntée par le mineur aurait servi à acquitter une dette dont le père aurait pu demander l'annulation ou la rescision, pour une des causes ramenées dans la présente section; le mineur ne serait pas fondé à prétendre qu'il n'avait connu le vice de la première obligation qu'après qu'il avait contracté la seconde; en effet, en pareille circonstance, il n'est point lésé par l'obligation qu'il contracte, puisqu'elle est légitime, et qu'on lui a réellement compté les fonds, mais bien par le paiement qu'il fait à un créancier à qui il pouvait refuser le montant de sa créance. Ce paiement est tout-à-fait étranger à la personne envers qui il s'est obligé; on ne peut rien reprocher à cette personne, et il serait de toute injustice qu'on la punît d'avoir voulu rendre service à ce mineur, d'avoir, peut-être, évité l'expropriation de ses biens. Une décision contraire pourrait, quelquefois, être avantageuse à celui-ci, mais plus souvent encore elle serait préjudiciable à ses intérêts. Personne n'oserait plus traiter avec lui, ni même arrêter la saisie de ses biens, dans telle circonstance où une somme modique serait suffisante pour sauver sa fortune. Arg. d'un arrêt du 5 décembre 1826. Jurisp. du 19e siècle, 1827. 1. 310. La véritable lésion n'ayant été que dans le paiement fait injustement, le mineur ne pourrait se faire restituer que contre le premier créancier.

287. *4e Règle*. Le bénéfice de restitution n'a lieu, en faveur du mineur, que contre les actes qui lui portent préjudice, soit que la lésion s'accomplisse par l'acte même, soit que la cause seule s'y trouvant, la lésion ne se fasse ressentir que plus tard. — Il ne peut se faire restituer contre le préjudice survenu après coup par suite d'un événement de nature à ne pouvoir être prévu lors du contrat (Art. 1306, Code civil). Comme si, par exemple, le édifices qu'il avait fait réparer avec l'argent emprunté, avaient été détruits par un incendie ou une inondation.

288. Par abus de cette règle, on a prétendu que le mineur ne devait point être reçu dans sa demande en restitution contre un contrat aléatoire qu'il aurait souscrit. On a dit que s'il pouvait perdre par ce contrat, il pouvait aussi faire un profit; qu'ainsi il y avait égalité de chances, et qu'il y aurait injustice à le relever d'un engagement qu'il aurait consenti, tout comme il l'aurait fait, s'il avait été majeur *Quando aliquid habet se ad lucrum et damnum nec minor tanquàm læsus restituitur. Tiraqueau*, in leg. si unquàm inverb. donat. largit. numb. 110 à 113. Boërius, decis. 62. numb. 11.

Cette opinion est une erreur. Dans les contrats aléatoires l'appréciation exacte des chances de pertes et des chances de profits n'est pas une chose facile à faire, elle est au-dessus de l'intelligence du mineur, qui a bien pu ne pas se pénétrer suffisamment des charges qu'un pareil contrat lui imposait. Dès-lors, les motifs de la restitution existent dans leur entier, et les juges peuvent et doivent, dans l'intérêt du mineur, rescinder les contrats aléatoires comme les autres, suivant qu'ils sont plus ou moins onéreux, suivant qu'on a fait la condition du mineur plus ou moins dure. Seulement les juges doivent bien se garder de prononcer la lésion d'une manière trop large et sans examen ; ils doivent prendre en considération la fortune du mineur, le plus ou moins d'intérêt qu'il avait dans la négociation qu'il a faite, le plus ou moins de facilité qu'il doit éprouver pour satisfaire à l'obligation qu'il a consentie. Ce n'est enfin qu'en grande connaissance de cause, qu'ils doivent prononcer ou refuser la rescision. *Sciendum est autem non passim minoribus subvenire, sed causâ cognitâ, si capti esse proponantur.* Leg. 11, § 3, ff. de minoribus. Et si le contrat aléatoire, fait par le mineur, est un acte de sagesse ; si, en le souscrivant, il n'a fait que ce qu'aurait pu faire un père de famille intelligent et sage, il ne peut se faire restituer. *Non videtur circumscriptus minor qui jure sit usus communi.* Leg. ult. cod. de integ. restit. minor.

289. Abusant encore de la règle ci-dessus, quelques auteurs ont pensé que le mineur n'était point restituable contre l'adition qu'il aurait faite d'une hérédité ; c'est une véritable erreur, et nous ne devons pas prendre la peine de la réfuter. Voir la loi 7, 8, 9, ff. *de minorib.* Il est seulement obligé de rembourser le montant de ce dont il a profité. *Præstare debet*, dit la loi, 7, § 5, eod. tit., *si quid ex hæreditate in rem ejus pervenit, nec periit per ætatis imbecillitatem.*

En ce cas, la restitution produit cet effet, que le mineur doit obtenir le remboursement des sommes qu'il a payées aux créanciers de la succession. Lapeyrère et les auteurs qu'il cite, V° Mineur, n. 91 ; à moins qu'il ne fût prouvé, ou seulement établi par des présomptions graves, précises et concordantes, qu'il avait trouvé dans la succession des ressources suffisantes pour éteindre le passif, et que les juges eussent la preuve qu'en payant les dettes, le mineur n'avait rien distrait de sa fortune particulière.

Nous conviendrons qu'il est des cas où la restitution contre l'acceptation d'une succession, est extrémement rigoureuse, sourtout quand il n'y a pas eu inventaire ; aussi faut-il que le mineur qui atteint sa majorité soit bien prudent, s'il ne veut pas perdre tout droit à la faveur de la loi, il doit surtout faire un inventaire exact des meubles et effets mobiliers dépendans de la succession (*Lapeyrère, ibid.*) Il doit intenter son action de suite : le moindre retard, joint à une possession continuée, la moindre imprudence doit le rendre non recevable, et doit être prise pour ratification.

Lorsqu'il se fait restituer, il doit l'être en entier. Ainsi tout ce qu'il a pu faire pendant qu'il était mineur, la dissipation des capitaux, les dégradations ne lui nuisent point. Les majeurs qui avaient intérêt à ce que l'actif de la succession ne fut point dissipé, ont à s'imputer de n'avoir pas fait faire inventaire, et de n'avoir pas fait tous les actes conservatoires que la prudence suggère en pareille circonstance.

290. Nous avons dit que le mineur était restituable non-seulement lorsque l'acte même établissait la lésion, mais encore lorsque l'acte contenait la cause, ou en quelque sorte, le germe d'une lésion qui devait se faire ressentir plus tard. Il n'existe d'exception que dans le cas où la lésion est la suite d'un événement postérieur et imprévu. Si donc la lésion est l'effet d'un événement qui, quoique postérieur à l'engagement du mineur, était de nature à n'avoir pas

pu être ignoré du majeur qui a traité avec lui , en ce cas il y a lieu à restitution : cela est d'autant plus juste, qu'on pourrait dire qu'à la lésion se joindrait la circonstance du dol et de fraude de la part du majeur, et que celui-ci n'avait cédé son droit à l'autre que pour se débarrasser lui-même de la chance d'éviction ou du préjudice qu'il avait à craindre.

Supposons , par exemple , qu'on ait vendu à un mineur un immeuble dotal, pour une somme qu'il a acquittée ; il est évident qu'il peut demander la rescision de son contrat , lors même qu'il ne serait pas poursuivi en éviction par la femme ou ses héritiers ; le danger qu'il court d'être évincé , est une circonstance assez grave pour qu'on doive y voir une véritable lésion, et pour qu'on y retrouve tous les caractères de cette faiblesse , de cette inexpérience qui forment la base de l'action en rescision.

Nous pensons néanmoins avec la Cour de Toulouse , que si un mineur émancipé avait acquis un immeuble dotal pour un prix qui n'aurait rien d'excessif , et qu'il n'aurait point payé , il pourrait ne pas être restitué contre cette acquisition; il est certain, en effet, que , comme le dit cette Cour, arrêt du 24 janvier 1825. « A l'égard de cette vente , le mineur qui a acquis sans lésion , est dans la même position qu'un majeur, il peut seulement , ainsi que l'art. 1653 du Code civil l'y autorise , se refuser au paiement jusqu'à ce que l'on le rassure sur le danger de l'éviction possible , un jour , de l'immeuble dotal qu'il a acquis. » Les circonstances doivent au surplus être pour beaucoup dans la conviction du magistrat.

291. 5e *Règle.* Un mineur n'est pas restituable contre l'acte par lequel il a satisfait à une obligation naturelle : en acquittant une obligation de ce genre, il a rempli un devoir ; or, il serait contraire aux principes de la morale et de l'honnêteté publique, qu'il se prétendît lésé , par cela seul qu'il aurait consenti un acte juste et convenable.

Le mineur qui a constitué une pension alimentaire en faveur d'un ou de plusieurs de ses ascendans qui sont dans le besoin , n'est donc pas restituable, si la pension est sagement calculée sur les besoins de ceux qui la reçoivent, et sur les moyens de celui qui la donne.

292. Il en serait de même , si le mineur s'était rendu caution judiciaire pour faire sortir son père de prison. Auzanet, liv. 2 des arrêts, chap. 78.

293. Il en serait de même , si le mineur avait acquitté une dette légitime, que le créancier avait laissé prescrire, ou renouvelé un titre qui allait prescrire. La prescription éteint bien l'action civile, mais laisse exister l'obligation naturelle ; or, pour l'homme juste et consciencieux , cette dernière obligation est bien tout aussi puissante que la première. Le mineur a donc pu renoncer à un moyen odieux, et payer ou assurer une créance dont la cause était légitime.

294. Il résulte encore de la règle ci-dessus, que le mineur qui a ratifié un engagement , souscrit par son père , et qui était susceptible d'être annulé pour une cause qui n'avait rien d'illicite , ne peut point se faire restituer contre la ratification qu'il a consentie ; car le moyen de nullité n'empêchant pas qu'il y eut, de la part du père du mineur, une obligation naturelle , celui-ci en acquittant une pareille obligation , n'a fait que remplir un devoir , contre lequel il serait injuste qu'il pût se faire restituer ; cela aurait lieu surtout dans les cas où il aurait ratifié un engagement nul dans la forme.

295. 6e *Règle.* Le mineur n'est pas restituable contre les obligations résultant de son délit ou quasi-délit (art. 1310 , Code civil); c'est-à-dire, qui résultent des faits illicites, par lesquels il a causé un préjudice à autrui. Il ne convenait pas que le mineur pût invoquer sa minorité pour refuser de réparer le dommage qu'il aurait occasionné pour un pareil motif.

296. Remarquez que la loi ne parle pas dans cet article des *obligations contractées* , mais bien des obligations *ré-*

sultant du délit ou quasi-délit, commis par le mineur, ce qui ne doit s'entendre que de celles qui sont la suite, juste et naturelle, du préjudice causé, et non des obligations qui auraient été souscrites à cette occasion ; il n'est pas douteux que ces dernières pouvant être excessives, et ayant pu être arrachées par la crainte qu'on aurait inspirée au mineur, il peut en demander la rescision, si elles ne sont pas en rapport avec la réparation qu'il devait.

297. Il suit de la règle que nous venons de rapporter, que si le mineur s'est dit majeur, et qu'il ait appuyé son assertion sur un faux acte de naissance, ou sur des manœuvres frauduleuses, capables de tromper celui avec qui il a contracté, il ne pourra faire rescinder la convention consentie par suite de sa fausse déclaration. *Leg.* 2, *cod. si minor se majorem dixerit*. La simple déclaration de majorité, de sa part, ne fait point obstacle à sa restitution, art. 1307, Code civil, c'était à celui qui a contracté avec lui à bien s'assurer de son âge, de son état. Une décision contraire eût rendu sans objet le bénéfice de restitution ; car on n'aurait jamais manqué en contractant avec un mineur, de lui faire faire la déclaration qu'il avait atteint sa majorité.

298. Ce que nous venons de dire de la déclaration de majorité, a lieu dans le cas où le mineur se serait dit commerçant : la production d'une fausse patente le rendrait non recevable à demander la nullité ou la rescision des engagemens qu'il aurait pris ; il en serait autrement, s'il n'avait fait que se déclarer commerçant.

299. Lorsque le législateur ne veut pas que le mineur puisse se faire restituer contre les obligations résultant de son délit ou quasi-délit, il suppose que la culpabilité du mineur est établie, indépendamment de la simple déclaration qu'il en aurait faite. Nous pensons donc qu'il est de toute justice que l'acte par lequel un mineur se reconnaîtrait l'auteur d'un délit, ou d'un quasi-délit, soit sujet à rescision, si les juges retrou-

vent dans cet acte des traces de dol et de fraude, ou même l'absence de preuve de la culpabilité du mineur ; ce n'est nullement le cas de l'exception portée par l'art. 1310 ; il nous semble même que c'est plus que jamais le cas de venir au secours du mineur, à qui on a pu surprendre une déclaration qui tend non-seulement à diminuer sa fortune, mais encore à compromettre sa réputation.

300. 7° *Règle*. Le mineur n'est point restituable contre les actes faits par son tuteur, lorsque celui-ci n'aura point excédé les bornes du pouvoir que la loi lui accorde. — En faisant de pareils actes, le tuteur agit pour le mineur, comme si celui-ci était majeur. — Cette règle est la conséquence de l'art. 1305, qui le décide ainsi pour le mineur émancipé, et de l'art. 1314, Code civil.

Ainsi le tuteur ayant qualité pour recevoir les capitaux mobiliers du mineur, celui-ci ne pourra pas se faire restituer contre les paiemens qui auraient été faits de bonne foi à ce tuteur.

Ainsi le mineur ne sera pas restituable contre les baux à ferme consentis par son tuteur à des tiers de bonne foi.

S'il n'en était point ainsi, le tuteur n'inspirerait pas plus de confiance que le mineur, et personne n'oserait traiter avec lui ; ce qui, ainsi que nous l'avons dit, serait très préjudiciable à celui-ci. Suprà, n° 281.

Hors les cas particuliers où le tuteur agit dans les bornes que la loi a imposées à son autorité, son concours dans l'engagement souscrit par le mineur, la promesse même qu'il aurait faite par écrit de le rendre taisant, n'empêcherait pas le mineur de se faire restituer. *In his autem quæ minorum tutores vel curatores malè gessisse probari possunt, licet personali actione à tutore vel curatore jus suum consequi possint : in integrum tamen restitutionis auxilium eisdem minoribus dari jampridem placuit. Leg. 3, cod. de minoribus si tutor vel curator.* — C'est la conséquence de l'art. 1305, qui autorise le mineur à se faire restituer contre *toutes sortes de conventions*, sans distinguer celles qui ont été traitées par le mineur seul, par son tuteur, ou par tous les deux conjointement.

301. A ce sujet, on a demandé si par rapport aux actes que le tuteur n'était point autorisé à faire, l'autorisation qu'il donnerait au mineur était d'une importance telle, qu'en défaut, on dût décider que l'engagement souscrit par le mineur était nul, comme dépourvu de sa forme constitutive.

Nous pensons que non, et c'est bien mal à propos, suivant nous, que M. Toullier, en son droit civil, vol. 6, (édit. Tarlier, t. 3, n° 106), a soutenu que le mineur était présumé lésé, par cela seul, qu'il avait agi sans l'autorisation de son tuteur. La loi n'a dit nulle part que cette autorisation fût substantielle, et qu'elle fût requise à peine de nullité. L'art. 1305 et autres dispositions, n'admettent la rescision que dans le cas où il y a lésion ; si cette lésion n'existe pas, il ne peut y avoir lieu à rescision sous aucun prétexte ; peu importe, lorsque le mineur a fait un acte qui lui est utile, que l'autorisation du tuteur soit intervenue, ou qu'elle n'ait pas été donnée ; comme le plus grand intérêt du mineur est l'unique guide en cette circonstance, c'est par l'existence ou l'absence de la plus simple lésion que les tribunaux doivent se déterminer. *Placuit*, dit Justinen, aux inst. tit. de auct. tut., *meliorem quidem conditionem pupilli facere etiam sine tutoris auctoritate ; deteriorem verò aliter quàm cum tutoris auctoritate.*

C'est encore par erreur que M. Toullier a voulu comparer l'autorisation du tuteur à celle du mari, car celle-ci étant requise autant et plus dans l'intérêt du mari que dans l'intérêt de la femme, l'acte fait sans l'autorisation est une atteinte portée à la puissance maritale, et produit, par cela même, la nullité de cet acte ; au lieu que l'autorisation du tuteur n'étant requise que dans l'intérêt du mineur, son défaut est sans importance, toutes les fois que le mineur n'a point été lésé.

302. 8ᵉ *Règle.* Enfin, le mineur n'est pas restituable dans tous les cas où le législateur l'a autorisé à traiter comme s'il était majeur.

Par exemple, le mineur commerçant, banquier, ou artisan, n'est point restituable contre les engagemens qu'il a pris, à raison de son commerce ou de son art (Art. 1308, Code civil).

Par exemple encore, le mineur n'est point restituable contre les conventions portées en son contrat de mariage, lorsqu'elles ont été faites avec le consentement et l'assistance de ceux dont le consentement est requis pour la validité de ce mariage (Art. 1309, Code civil). Suprà, n° 90.

Et généralement lorsque les formalités requises à l'égard des mineurs ou des interdits, soit pour aliénation d'immeubles, soit pour un partage de succession, ont été remplies, ils sont, relativement à ces actes, considérés comme s'ils les avaient consenties en majorité ou avant l'interdiction. (Art. 1314, Code civil.)

CHAPITRE III.

De l'interprétation des lois qui ont pour objet la forme des actes et la validité des conventions.

---

303. Lorsque la peine de nullité se trouve formellement attachée à l'omission d'une formalité, ou à une contravention quelconque, la conduite du

juge ne peut être douteuse, son devoir est d'appliquer la loi, et d'annuler l'acte fait au mépris d'une volonté aussi clairement exprimée.

Au contraire, lorsque la nullité n'est point textuellement prononcée, la volonté du législateur peut n'être pas bien connue; car, si d'un côté son silence peut s'interpréter en faveur de l'acte ou de la convention, d'un autre côté, il arrive souvent que, bien qu'il ne se soit pas suffisamment expliqué, il n'a pas moins voulu que la nullité fut suppléée par le juge.

Or, comme celui-ci ne peut être que l'organe de la loi, et l'interprète de la volonté qui l'a conçue et promulguée, il en résulte que lorsque le législateur ne s'est pas suffisamment exprimé sur les conséquences d'une infraction, le juge doit chercher à déchirer le voile qui dérobe à tous les yeux la pensée de la loi; il doit s'emparer de cette pensée comme de l'unique guide qui ne peut l'égarer; et faisant ce que le législateur ferait lui-même, il doit annuler l'acte, si son existence est incompatible avec l'ordre public, s'il blesse les dispositions qui tiennent à sa forme constitutive.

Mais quand et comment les magistrats devront-ils et pourront-ils pénétrer les vues du législateur? dans quelles circonstances seront-ils obligés de prononcer une nullité que celui-ci n'aura point prononcée lui-même? La réponse à ces questions forme l'objet du présent chapitre.

304. Nous avons entendu soutenir que les lois qui se rattachaient à la forme des actes, à la validité des conventions, ne pouvaient en aucun cas donner lieu à interprétation; qu'en effet, l'interprétation supposait des doutes, et qu'en cette matière, il pouvait si peu en exister de réels, que du moment qu'on en appercevait l'ombre, on devait se prononcer en faveur de l'acte attaqué; *interpretatio in dubio capienda est semper ut actus et dispositio valeant potiùs quàm pereant.* Leg. quoties 12, ff. de reb. dub.

Cette manière de raisonner n'est point exacte; car, s'il est vrai que lorsque la volonté du législateur est douteuse, le juge doive se prononcer pour la validité de l'acte, il n'est pas également vrai de dire qu'il y ait doute, par cela seul que le législateur ne s'est pas prononcé d'une manière explicite. Il est certain, au contraire, que très-souvent le législateur ne s'exprime pas positivement sur ce point, et que, cependant, il entend que l'acte fait contre sa volonté soit annulé par le juge.

Or, l'interprétation dont nous allons poser les bases, et déterminer les règles, consiste précisément à rechercher dans quel cas la volonté du législateur ne doit pas être douteuse, quoiqu'elle n'ait point été formellement exprimée. — Une pareille interprétation ne doit rien ajouter ni retrancher à cette volonté, puisque son objet est uniquement d'exposer le sens naturel et régulier de la loi.

Cette interprétation est tellement indispensable, que, sans elle, il serait impossible de rendre la justice, *Maximes du droit public*, vol. 6, pag. 3; et qu'il serait nécessaire d'y recourir, lors même que la loi l'aurait défendu; car il n'est pas au pouvoir de la loi de décider qu'on ne s'assurera pas du sens qu'elle exprime. Barth. *in leg. omnes populi 9 ff. de just. et jure.*

305. Une pareille interprétation est surtout nécessaire en matière de nullités. Dans les dispositions qui s'y rattachent, le législateur ne peut pas toujours s'expliquer sur l'importance de la disposition qu'il prescrit; souvent il lui est impossible de prévoir les conséquences d'une infraction, les dangers que peut avoir pour l'ordre public l'existence d'un acte fait contre sa volonté, les moyens que la fraude peut employer pour éluder une prohibition. Très-souvent aussi il ne peut prévoir des circonstances qui doivent rendre les dispositions de la loi plus ou moins essentielles, qui peuvent les rendre inutiles et sans objet, ou même contraires à l'ordre qu'elles avaient eu pour objet de conserver.

Ajoutons, d'ailleurs, que si le législateur avait annulé indistinctement tous les actes faits en opposition à la loi, il aurait en quelque sorte paralysé l'esprit et la conviction des magistrats, en les obligeant de comprendre, dans une même proscription, les actes les plus contraires à l'ordre public, et ceux dont l'existence n'offrirait aucun danger; qu'enfin en les privant du droit d'examiner et d'apprécier les faits, il les aurait empêchés de juger.

Comme aussi, si en faisant une injonction ou une défense, le législateur avait dit ou même donné à penser que les actes faits au mépris de cette injonction ou de cette défense, n'en devaient pas moins être maintenus, la loi aurait été frappée d'impuissance, elle n'aurait plus été qu'un vain précepte, un inutile conseil.

306. Disons-le donc, il n'y a que l'interprétation qui puisse faciliter l'application des lois, dans la partie de leurs dispositions qui a pour objet la forme et les conditions nécessaires à la validité des actes et des conventions; et c'est pour faciliter cette application, que nous avons fait choix des règles qui nous ont paru les plus justes, et en même temps les plus fondées en droit.

307. Avant d'en faire l'examen, nous avons dû combattre une opinion admise par plusieurs jurisconsultes, et qui nous a paru contraire aux principes le plus élémentaires, du droit et de la rescision. Cette opinion consiste à prétendre qu'il existe dans la loi des expressions solennelles qui, quoique détournées de leur signification primitive, n'en offrent pas moins une indication certaine de la volonté du législateur. Suivant cette opinion, il y a toujours nullité quand la loi s'est servie des termes *ne peut*, Merlin, Rép. V° Nullité, § 1, n. 3; au contraire, il n'y a pas nullité lorsque le législateur, voulant exprimer le caractère d'un acte fait en opposition à la loi, a dit que cet acte *ne serait pas valable*. Toullier, tom. 8. (Edition Tarlier, t. 4,) n° 319.

Cette opinion nous paraît fausse et dangereuse; elle ne tend rien moins qu'à subordonner la pensée de la loi à la plume plus ou moins fidèle d'un rédacteur, et à faire dégénérer en discussions grammaticales, des questions dont la solution peut souvent intéresser l'ordre public; elle est, par cela même, contraire à la nature des choses. Nous allons le prouver en examinant les deux propositions soutenues, l'une par M. Merlin, l'autre par M. Toullier.

308. Est-il exact de dire *qu'il y a nullité toutes les fois que la loi s'est servie des termes : ne peut*. Cette proposition est-elle juste? est-elle fondée sur une disposition de la loi? est-elle conforme à la volonté du législateur? — Nous n'hésitons pas à nous prononcer pour la négative.

309. Dans l'origine, on fit résulter cette proposition de la loi 5, cod. de leg. ainsi conçue : « *Nullum, enim pactum. nullam conventionem, nullum contractum inter eos volumus subsecutum qui contrahunt, lege contrahere prohibente. Quod ad omnes etiam legum interpretationes tàm veteres quàm novellas trahi generaliter imperamus : ut legislatori quod fieri non vult, tantùm prohibuisse, sufficiat : cœtera quæ quasi expressa ex legis liceat voluntate colligere : hoc est ut ea quæ lege fieri prohibeatur, si fuerint facta non solùm inutilia, sed pro infectis etiam habeantur, licet legislator fieri prohibuerit tantum, nec specialiter dixerit inutile esse debere quod factum est. Sed et si quid fuerit subsecutum ex eo vel ob id quod interdicente lege factum est illud quoque cassum atquæ inutile esse præcipimus.*

310. Plus tard, Dumoulin tira de cette loi la règle : *Negativa præposito verbo potest tollit potentiam juris et facti*; mais on doit remarquer qu'il ne crut pas la présenter comme une règle générale et absolue; au contraire; il n'en permit l'usage qu'après examen, et suivant les circonstances, *secundùm subjectam materiam* : ce sont ses propres expressions; c'est-à-dire, que son opinion fut, que si généralement les dis-

positions prohibitives étaient présumées prescrites à peine de nullité, cette présomption n'était pas tellement puissante, que le juge ne dût examiner le fait, et qu'il ne pût se déterminer par une présomption contraire.

311. La modification raisonnable qu'un auteur d'un aussi grand mérite que Dumoulin, apporta à la loi Romaine, affaiblit beaucoup l'autorité que celle-ci avait obtenue sur quelques jurisconsultes d'un second ordre; elle produisit même cet effet, que la loi fut totalement abandonnée par les jurisconsultes et les magistrats les plus éclairés. C'est ce qu'atteste Alciat dans ses paradoxes, liv. 3, chap. 4 : « *Negativam verbo posse antepositam non excludere omnem potentiam, quod in nostra hæc tempora opinati sunt juris periti.* »

312. Enfin, la loi 5, et la proposition même de Dumoulin, perdirent toute leur autorité par la promulgation des anciennes ordonnances royales; notamment de celle de 1667. On lit, en effet, dans ces ordonnances, un grand nombre de dispositions conçues en termes prohibitifs, et dans lesquelles néanmoins on ajouta la peine de nullité. Evidemment cette précaution eût été inutile, si le législateur eut accordé la moindre importance à la règle ci-dessus.

313. Depuis lors, celle-ci n'a trouvé place que parmi les subtilités du droit; et si quelques jurisconsultes de mérite l'ont accueillie, ce n'est que sans examen, et en quelque sorte par l'effet d'une considération aveugle pour le savant maître qui l'avait écrite dans ses ouvrages.—Comment, d'ailleurs, pourrait-elle supporter le moindre examen?

Nous l'avons dit, elle n'est point juste, elle n'est point fondée sur la nature des choses. Est-il bien vrai, en effet, qu'il y ait une différence dans la nature des lois prohibitives, et des lois impératives? Nous ne saurions le penser.

Sans doute elles ont un objet différent, puisque les unes *commandent* certaines choses, tandis que les autres *défendent*, soit d'une manière absolue,

soit avec des restrictions; mais cette différence dans l'objet, nous pourrions même dire dans les termes, ne donne pas plus d'autorité aux uns qu'aux autres; il est des cas où une injonction de la loi se lie essentiellement à l'ordre public, tandis que ses prohibitions sont sans importance; comme aussi il arrive souvent que la prohibition est absolue, au lieu que l'injonction est peu grave; et, d'ailleurs, subordonnée aux circonstances.

Les lois impératives, de même que les lois prohibitives, sont l'expression de la volonté du législateur. Elles découlent de la même source; elles ont le même caractère; elles doivent dès-lors avoir la même autorité : elles ont cela de commun, qu'elles ont plus ou moins d'importance, suivant qu'elles ont pour objet des choses ou des faits qui tiennent plus ou moins à l'ordre public : les unes et les autres se rapportent à une infinité d'actes et de faits différens, et par cela même l'effet de la contravention à leurs dispositions ne peut se déterminer d'une manière générale et absolue.

Lorsqu'on veut juger de la force d'une loi conçue en termes prohibitifs, ou dans laquelle on s'est spécialement servi des mots : *ne peut, ne peuvent*, etc., on ne doit pas perdre de vue que toutes les défenses n'ont point la même importance, qu'elles ne doivent pas être toutes également observées, dans toutes les circonstances. et à l'égard des mêmes personnes. De même qu'en matière criminelle, la défense s'aggrave par les circonstances, l'âge, la rescision, de même aussi, en matière civile, elle change à raison des dangers que peut offrir, pour l'ordre public, l'acte fait contre la disposition de la loi; aussi variée, en quelque sorte, que les diverses espèces auxquelles elle peut s'appliquer, sa gravité ne peut être exactement calculée que par l'examen du fait ou de l'acte qu'elle a pour objet, et par les conséquences qu'ils pourraient avoir s'ils avaient lieu au mépris de la loi.

Ainsi la prohibition est absolue et

d'ordre public, lorsqu'elle a pour objet d'interdire un acte dont l'existence serait contraire aux bonnes mœurs.

Ainsi, quelquefois la défense peut n'être que temporaire, comme, par exemple, lorsque le législateur a dit que la femme *ne pouvait* contracter un nouveau mariage qu'après dix mois révolus depuis la dissolution du mariage précédent. (Art. 228 , Code civil.)

Quelquefois la prohibition n'est faite que pour certaines personnes, à raison de quelques circonstances, en vue de quelque danger qui ne se réalise cependant pas.

Enfin, il arrive que la prohibition ne se rattache qu'à des faits ou des actes accessoires et sans importance.

314. Cela posé, il est évident que *défendre* un acte, ce n'est pas *annuler* cet acte, s'il est fait malgré la défense ; et que, par conséquent, la maxime de Dumoulin, de laquelle il résulterait que la nullité serait toujours et dans tous les cas, la suite d'une infraction à une loi prohibitive, n'est point raisonnable, n'est point fondée sur la nature des choses.

Elle ne peut donc pas être entrée dans la pensée du législateur ; comment, d'ailleurs, supposerions-nous que le législateur ne s'est jamais servi des expressions *ne peut*, etc. , et qu'il n'a jamais fait des lois prohibitives, sans avoir présente à l'esprit la maxime de Dumoulin , et sans avoir la volonté de s'y conformer ? Une pareille supposition est invraisemblable, elle ne repose sur rien ; et nous devons croire que si le législateur avait eu intention de donner autorité à cette maxime, il l'aurait érigée en loi ; et par là, il aurait dissipé tous les doutes. — Tel avait été son projet ; mais il fut obligé d'y renoncer.

315. Lors de la présentation, au Conseil-d'état du titre 4 du livre préliminaire qui fut mis en tête du projet du Code civil, on lisait dans l'art. 9 : « *Les* » *lois prohibitives emporteront peine de* » *nullité , quoique cette peine n'y soit* » *pas formellement exprimée.* »

Cet article fut rejeté ; on n'en dit pas le motif ; mais ce fut sans doute, parce que l'on sentit que son application serait impossible, ou tout au moins qu'elle offrirait de grands dangers.

316. Plus tard, et dans le Code de procédure civile, le législateur posa une règle incompatible avec la maxime de Dumoulin ; il dit dans l'art. 1030 : « Qu'aucun exploit ni acte de procé- » dure ne pourrait être déclaré nul ; si ». la nullité n'en était formellement pro- » noncée par la loi. » — Il semblait que tous les doutes devaient être dissipés par cette disposition ; et cependant quelques auteurs prétendirent que l'article 1030 était sans application aux lois conçues dans des termes prohibitifs. Mais la Cour de cassation fit justice de cette nouvelle prétention ; et par son arrêt du 1er sept. 1813 , Sirey, 1814 , p. 67, elle jugea que la disposition de l'article 1030 devait être suivie à l'égard des lois prohibitives, comme à l'égard des lois impératives.

317. Il est bien vrai qu'on ne trouve pas une disposition pareille dans le Code civil , mais cela est indifférent, puisque par le rejet de l'art. 9 , du tit. 4 , du livre préliminaire du Code civil, le législateur avait assez clairement manifesté sa volonté, et que toute autre explication était inutile. Mais ce qui a dissipé tous les doutes, c'est que le Code civil renferme plusieurs dispositions , dans lesquelles sont employés ces mots : *ne peut* et *ne pourra* , etc. , et dont l'inobservation n'entraîne pas nullité ; tandis qu'il en est d'autres, conçus dans les mêmes termes, et auxquels le législateur a cru devoir ajouter la clause irritante. Art. 64 , 65 , 144 , 160 , 228, etc.

318. A l'occasion de ce dernier article, qui défend à la femme de contracter un second mariage , dix mois avant la dissolution du premier, M. Locré dit, *dans son Esprit du Code civil :* « Plu- » sieurs cours auraient désiré que le lé- » gislateur ajoutât à cet article la peine » de nullité. mais le Conseil-d'état ne » crut pas devoir le faire ; en effet , » quelle peine imposer ? La nullité du » mariage ? c'était trop pour la contra-

» vention à une loi de simple précau-
» tion, qui ne tendait ni directement,
» ni indirectement à réprimer des dé-
» sordres graves. *Il suffisait donc d'en*
» *faire la défense*, et de s'en rapporter
» à la fidélité de l'officier de l'état ci-
» vil du soin de la faire observer, »

Donc, nous avons eu raison de le dire, dans l'esprit du législateur, *défendre qu'un acte soit fait*, ce n'est pas
toujours *le déclarer nul* s'il a été fait.

319. La Cour de cassation a consacré
ces principes dans l'espèce suivante.

Marie Berry était veuve depuis moins
de dix mois, lorsque, le 11 therm. an XI,
elle convola en secondes noces avec le
sieur Verchères, qui, par contrat de
mariage, lui fit donation de tous ses
biens présens et à venir. Le sieur Verchères étant décédé, Marie Berry se mit
en possession des biens de l'hérédité;
mais les héritiers du défunt attaquè-
rent la donation et le mariage du 11
thermid. an XI; ils soutinrent que cette
femme s'étant remariée avant que dix
mois se fussent écoulés, depuis la mort
de Pierre Heno, son premier mari, le
second mariage avec le sieur Verchères était radicalement nul, aux termes
de l'art. 228, Code civil; d'où ils con-
clurent que la donation contractuelle
devait être déclarée caduque, comme
faite en faveur d'un mariage nul et non
avenu.

Un jugement du tribunal civil de
Charoles, du 21 therm. an XII, accueillit cette prétention, et prononça la nullité du mariage et de la donation. —
La cour de Dijon saisie de l'appel, in-
firma le jugement, par arrêt du 3 juillet 1807. Les héritiers Verchères se
pourvurent en cassation; mais par arrêt de la section civile, du 29 oct. 1811,
au rapport de M. Liger de Verdigny, et
sur les conclusions de M. Daniels; la
cour, vu l'art. 228, Code civil; *attendu
que cet article n'a pas attaché à la prohibition qu'il renferme la peine de nullité du mariage;* que cette prohibition
n'est pas rangée parmi les causes des
demandes en nullité de mariage, dont
il est traité au chap. 4, tit. 5, liv 1 du

Code; attendu qu'en effet il y aurait
une rigueur exagérée à annuler l'acte
le plus important et le plus favorable
de la vie civile, par l'application trop
étendue de cet article du Code, *qui ne
crée qu'un empêchement temporaire*.
qui n'est que de précaution et de police;
tandis que pour remplir le vœu, pour
en assurer l'exécution, et pour prévenir
les inconvéniens possibles de la précipitation des secondes noces, il est des
moyens suffisans dans l'attention plus
exacte des officiers de l'état civil, et
dans la surveillance active des magistrats exerçant le ministère public, d'où
il suit, que la cour de Dijon en ne reconnaissant pas et en ne prononçant pas
la nullité du second mariage de Marie
Berry, veuve Verchères, n'a pas violé
l'art. 228, Code civil, rejette, etc. —
Voir les arrêts rapportés par Dalloz,
t. 19, p. 361 et 363; Sirey, 1809. 1.
168. 1812, 1. 46. 1814, 1. 67.

320. Nous devons dire qu'il a été
rendu plusieurs arrêts, dans lesquels la
Cour de cassation semblerait avoir reconnu l'autorité de la maxime de Dumoulin. Mais, si on examine les faits à
raison desquels sont intervenus ces arrêts, on y trouve la preuve que, lorsque la cour a maintenu l'annulation des
actes faits au mépris de lois prohibitives, ou de lois dans lesquelles étaient
employées les expressions *ne peut* et *ne
pourra*, ce n'a été qu'après l'examen du
fait; et parce que les actes, dont l'appréciation lui était soumise, étaient
contraires à l'ordre public, aux bonnes
mœurs, ou privés de quelqu'une de
leurs qualités constitutives.

Peu importe donc que dans les considérans, la Cour de cassation ait dit,
comme dans son arrêt du 4 décembre
1818, Dalloz, t. 7, p. 110; Sirey, 19. 1. 177,
que les expressions *ne pourront*, sont en
même temps prohibitives, impératives
et absolues; puisqu'il est certain que
dans l'espèce de cet arrêt, la prohibition de la loi était effectivement essentielle, absolue. Il n'est pas permis de
douter, en lisant cet arrêt, que la Cour
de cassation s'est déterminée par la

nature de la contravention, et nullement par la considération que le législateur aurait employé cette expression plutôt que d'autres.

321. Disons-le donc, la maxime de Dumoulin est sans autorité parmi nous; elle est repoussée par la loi et la jurisprudence; elle est contraire aux règles ordinaires d'interprétation et de justice.

322. Il nous reste à dire un mot sur la seconde proposition, celle d'après laquelle, déclarer un acte non valable, ce n'est pas le déclarer nul : « L'acte » nul, dit M. Toullier, vol. 8, (édit. Tar» lier t. 4,) n° 319, de son Cours de droit » civil, est celui qui n'a jamais existé, » qui n'existe pas, et qui est de nul » effet, *quæ si fuerint facta non solùm* » *inutila sed pro infutis etiam habean-* » *tur.* Leg. 5, cod. de leg. — Au con» traire, l'acte non valable n'est pas nul, » il n'est pas comme s'il n'existait pas; » il manque de force, il est vrai, il n'a » pas en lui *vim probandi,* mais il peut » l'acquérir; il n'a pas la force néces» saire pour déterminer le juge, mais » il peut et doit être pris en considéra» tion, et quelquefois le magistrat lui » attribue une existence et une force » entière, lorsque des circonstances » suffisantes ajoutent à ce qui lui man» que de force. »

M. Toullier fortifie son raisonnement par les termes de l'art. 1325, Code civil. Cet article est ainsi conçu : « Tous actes sous seing-privé, qui contiennent des conventions synallagmatiques, *ne sont valables* qu'autant qu'ils sont faits en autant d'originaux qu'il y a de parties ayant un intérêt distinct, etc. etc. » « Or, dit-il, il est certain qu'à défaut » du fait double ou triple, l'acte sous » signature privée n'est point nul, il » peut servir de commencement de » preuve par écrit, il peut être fortifié » par une foule de circonstances. »

Si M. Toullier eut seulement voulu dire qu'il y a des actes absolument nuls, et d'autres qui ne font que manquer de force, il aurait eu une idée parfaitement juste, et que personne n'aurait été fondé à contester. Mais prétendre

que lorsque le législateur avait dit « qu'un acte qui ne serait point fait » dans telle forme et sous telles condi» tions, *ne serait point valable,* » c'était tout comme s'il avait exprimé l'idée que l'acte ne fût point nul, et qu'il fût seulement imparfait et manquant de force; c'est là une erreur que nous avons cru devoir relever.

323. Dans leur sens naturel et grammatical, les mots *nul* et *non valable* ont la même signification; ils indiquent également ce qui est nul, ce qui ne vaut point, ce qui ne doit point produire d'effet.

Dans le langage de la loi, ces mots conservent leur signification grammaticale, ils expriment la même idée; si le législateur eut voulu changer leur signification propre, il n'eût pas manqué de le dire; son silence prouve qu'il n'a pas eu cette intention; car, ainsi que le dit avec raison Burlamaqui, Principes du droit de la nature et des gens, chap. 15, de la manière d'interpréter les conventions et les lois, « tant » *qu'il n'y a point, d'ailleurs, de con-* » *jectures suffisantes qui obligent de* » *donner aux termes un sens particu-* » *lier, on doit les prendre dans celui* » *qui leur est propre, suivant l'usage* » *commun et populaire.* »

Le jurisconsulte Alciat avait dit avant lui : *Ab omnibus traditum est, ut in quâcumque materiâ etiam si pœnam irroget ea tenûs verba generaliter capi, quatenùs sermonis proprietas ferre potest nisi aliam loquentis mentem conjiciamus.* (De verbo signif. lib. 1.)

Enfin, la loi romaine avait fait de ce principe une règle d'interprétation des testamens. *Non aliter à significatione verborum recedi opportet quàm cum manifestum est aliud sensisse testato'rem.* Leg. 69. ff. de legibus. Il faut que la volonté du testateur de changer la signification propre des mots dont il s'est servi, soit *manifeste,* sinon, sa volonté ne sera point suivie.

324. Cette règle une fois reconnue, existe-t-il dans la loi, la preuve, la présomption même, que le législateur

ait eu en vue de changer la signification propre des mots : *non valable*?
y a-t-il dans la loi une seule disposition
qui établisse ainsi que le voulait la loi
romaine, *qu'il soit manifeste*, que le
législateur a eu cette intention ? Une
pareille disposition n'existe pas, et
M. Toullier n'en indique aucune qui
puisse même être présumée devoir produire cet effet. L'art. 1325 qu'il cite,
ne prouve rien ; et si l'acte dont il parle
peut servir de commencement de preuve
par écrit, ce n'est pas parce que le législateur a dit *qu'il serait non valable*,
s'il n'était pas fait autant d'originaux
que de parties intéressées, mais bien
parce que cet acte rentre dans l'application des principes que nous explique-
rons ci-après, chap. 3, sect. 1re. Ce
qui le prouve, c'est que dans plusieurs
articles du Code, on retrouve les mêmes expressions, avec un sens tout différent. Art. 948, 970, 1050, 1241,
1242, etc., etc.

Disons-le donc avec confiance, il est
impossible d'admettre que le législateur ne se soit servi des mots *acte non
valable*, qu'avec la restriction dont parle
M. Toullier ; il est sûr, au contraire qu'il
a indifféremment employé ces expressions pour exprimer l'acte abolument
nul, comme dans les articles que nous
avons cités, et l'acte seulement manquant
de force, comme dans l'art. 1325.

325. Telles sont les observations que
nous avons cru utiles, pour prouver le
peu de justesse de deux propositions
adoptées par M. Merlin et M. Toullier. La
science profonde de ces deux jurisconsultes a dû nous faire hésiter à les combattre. Aussi n'est-ce qu'après un examen approfondi, que nous avons persisté
dans nos premières idées, et que nous
avons acquis la conviction de l'erreur
dans laquelle ils étaient tombés.

La même étude nous a également
convaincu que toutes les fois que le
législateur n'a point prononcé expressément la nullité d'un acte, pour cause
de contravention à une loi, il y a doute;
que quelques soient les expressions
dont il s'est servi, les juges doivent tou-

jours rechercher quelle a été sa volonté,
ce qu'ils ne peuvent et ne doivent faire
qu'en observant les indices généraux
et ordinaires que l'on est dans l'habitude de reconnaître en pareille ma
tière (Burlamaqui loc. cit. pag. 546 et
suiv.), que se déterminer seulement
par les expressions dont il s'est servi,
en les éloignant de leur signification
propre, c'est de toutes les interprétations la plus arbitraire, et par cela
même, la plus contraire à l'esprit général de la législation et à l'ordre public.

326. Après avoir ainsi combattu les
diverses opinions qui se sont formées sur
la manière d'interpréter les lois en matière des nullités, nous devons faire connaître les règles que la raison, la loi, et
la jurisprudence nous indiquent comme
les plus incontestables et les plus sûres.

327. Une première règle qu'on doit
considérer comme fondamentale, c'est
que lorsque la loi prononce la nullité
d'un acte, le juge ne peut se dispenser
de la prononcer ; il ne lui appartient
pas de la modifier ou de la restreindre
par quelque considération que ce puisse
être. « Le juge, disait l'immortel auteur
» de l'Esprit des lois, n'est que la bou-
» che qui prononce la parole de la loi,
» un être inanimé qui ne peut en mo-
» dérer ni la force ni la rigueur. »

328. Les anciens parlemens eux-mêmes, malgré leur droit de remontrance,
ne se permirent jamais de méconnaître
cette règle. C'est ce qu'atteste le président Hénault, dans son abrégé de l'his-
toire de France, tom. 2, pag. 953.

329. Cette règle doit être suivie, lors
même que l'acte dont la loi prononce la
nullité, ne paraîtrait dangereux sous
aucun rapport, et que l'on ne pourrait
se rendre raison du motif qui aurait pu
porter le législateur à prononcer une
nullité aussi inutile. Le juge doit penser que le législateur a eu ses raisons,
bien qu'il ne les ait pas données à connaître. *Non omnium quæ à majoribus
constituti sunt ratio reddi potest.* Leg.
20, ff. de legibus. — C'est ce qui résulte des dispositions de l'art. 1029 du
Code de procédure civile, qui dispose

qu'aucune des nullités...... prononcées dans le Code n'est comminatoire. Dalloz, t. 12 , p. 247.

330. Une deuxième règle qu'on peut regarder aussi comme fondamentale , c'est que les nullités étant une, véritable peine , sont de droit étroit, et que le juge ne peut en reconnaître d'autres que celles que le législateur a lui-même reconnues. L'art. 1030 du Code de procédure , porte expressément : « Aucun exploit ni acte de procédure ne pourra être déclaré nul, si la nullité n'en est pas formellement prononcée par la loi.»

331. Cette disposition particulière aux actes de procédure , a été étendue par la jurisprudence aux autres matières du droit. Circulaire du Ministre de la justice au Commissaire du gouvernement près la Cour de cassation , le 10 prairial an XI. — Arrêt de cassation , du 5 janv. 1810 , rendu par les sections réunies , et sur les conclusions du procureur général Merlin.

La nouvelle jurisprudence n'a fait , à cet égard, que confirmer l'ancienne ; voici, en effet , ce qu'on lit dans Mornac, sur la loi Ire de procurat. et défens. « *Valere nihilhominus acta quælibet in quibus peccatum in aliquo fuerit adversùs edicta regia , si verò adjectum non sit ratum, alias non fore quod geritur , ut aut vulgò loquimur :* s'il n'est dit , *sous peine de nullité.* »

332. Enfin , une troisième règle qui fait le complément des deux précédentes , et sans lesquelles il serait souvent impossible d'en faire l'application; c'est qu'il n'est pas nécessaire pour qu'un acte soit annulé , que la nullité soit formellement prononcée ; il suffit que la volonté du législateur ne puisse pas être révoquée en doute. C'est la conséquence du principe, que la loi défend non-seulement ce qui est compris dans ses termes ; mais encore ce qui est compris dans son esprit. *Lex imperat et vetat non solùm quod verbis sed et quod sententiâ continetur.*

333. Mais comment se pénétrer de sa pensée du législateur , quand il ne l'a pas formellement exprimée? comment suppléer au silence qu'il a gardé ? Dans quel cas le magistrat devra-t-il maintenir l'acte fait en contravention à la loi?

Le juge doit se mettre à la place du législateur , et porter la solution que ce dernier donnerait lui-même à la question proposée , s'il était appelée à la résoudre. *Interpretatio ,* dit Wesembec aux Inst. , *idem operari debet quod ipsa lex.* Il doit surtout examiner la cause qui a fait soumettre l'acte à la formalité dont on a négligé de le revêtir. *Interpretatio in qualibet dispositione secundùm causam fieri debet ob quàm dispositio facta est et verba prolata sunt.*

Pour parvenir à ce résultat , le magistrat doit chercher à connaître :

1° La nature de l'acte ou du fait prohibés ou prescrits sous telles conditions ou dans telle forme ;

2° Le sens propre et grammatical des mots dont le législateur s'est servi pour exprimer sa volonté ;

3° Le rapport de ces expressions avec celles qui appartiennent plus spécialement au langage de la loi ;

4° Le rapport de ces mêmes expressions, lorsqu'elles sont équivoques, avec d'autres qui sont claires , précises , et qui ont été employées par le législateur, car alors les uns s'expliquent par les autres : *incivile est nisi totâ lege perspectâ unâ aliquâ ejus particulâ propositâ judicare, vel respondere.* Leg. 24, ff. de leg.

5° Les conséquences qui résulteraient du maintien de l'acte ou de son annulation ; dans le doute, il faut toujours prendre le parti le plus juste : *omnis enim interpretatio fondari debet in æquo et bono , et debet habere istos comites , scilicet , bonum et æquum.* Dumoulin ; Cout. de Paris , § 37, glose 1re, n. 48.

334. Il sera bien rare que cet examen, fait avec soin, ne mette pas le juge dans le cas de connaître la pensée du législateur, et de décider ce que celui-ci déciderait lui-même , si la question proposée lui était soumise. Il sera presqu'impossible qu'il n'y trouve pas un indice sûr pour la détermination qu'il devra prendre, d'annuler l'acte ou de le maintenir : et si , dans quelques cir-

constances, il se trouve dans l'impossibilité d'éclairer sa conscience, de former sa conviction, il validera l'acte, par cette double considération que, dans le doute, on doit se prononcer pour la validité des actes; et d'un autre côté, que toute interprétation doit se faire contre celui qui, se trouvant dans l'obligation de faire connaître sa volonté, ne l'a fait que d'une manière imparfaite. *Contrà eum qui dicere legem potuit interpretatio est facienda*, suprà n. 23 et 25.—Voir aussi la loi : *veteribus*, etc., ff. de pactis.

335. Jusqu'ici nous avons indiqué les règles fondamentales de l'interprétation des lois; il nous reste à exposer les règles plus spéciales de cette interprétation, et qui seront aux premières ce que la pratique et à la théorie. Voici celles que la raison, la loi de la jurisprudence nous ont paru consacrer.

336. *Règle première*. Toute disposition impérative ou prohibitive qui a pour objet l'exercice ou la conservation d'un droit naturel est, en général, essentielle et absolue, et doit être observée à peine de nullité. « La loi naturelle, » disait l'arrêt de cassation du 7 déc. 1822, Dalloz, t. 22, p. 497 ; Sirey , 1823, p. 5 , autorisée et confirmée par la loi » positive , donne à celle-ci un effet » plus étendu , plus imposant , plus rigoureux, qui rend son exécution tout-» à-fait essentielle et indispensable. » —Voir Cass. 19 décembre 1817; Dalloz, t. 14, p. 27; Sirey, 18. I. 170. 19 , 1. 328 ; 10 février 1819.

Ce serait en vain que pour se soustraire aux effets de l'inobservation de pareilles dispositions , on prétendrait que le législateur n'ayant point prononcé la peine de nullité, on a ignoré les suites de l'infraction , car , comme ces dispositions sont basées sur la loi naturelle , elles ont dû être connues de tous sans exception , même de ceux qui ne se sont livrés à aucune étude. *Neque enim in eâ re , rusticitati venia præbeatur*. Leg. de in jus vocand. cod.

Les conséquences de cette première règle sont importantes et nombreuses , ainsi :

337. 1º Toutes les conditions exigées, et les formalités prescrites par le législateur comme nécessaires pour assurer le droit de la légitime défense, sont substantielles , et sont présumées avoir été prescrites à peine de nullité. Peu importe que le législateur ne s'en soit pas formellement exprimé ; car du moment qu'il a pensé que ces formalités et ces conditions étaient nécessaires , comme garantie d'un droit aussi sacré que celui dont nous parlons , l'omission d'une de ces formalités ou de ces conditions , fait supposer que celui au préjudice de qui cette omission a eu lieu, n'a pas pu se défendre convenablement. Voir trois arrêts de cassation ; Dalloz, t. 7, p. 356; Sirey, 1823, 377, 378 et 431.

338. 2º Toute disposition ou acte qui aurait pour objet d'enlever à un père les droits que la nature lui donne en sa qualité de père, et ceux que la loi lui confirme, ou lui confère en cette qualité et comme une conséquence de cette qualité, est nul, de nullité absolue, peu importe que le législateur n'ait pas formellement prononcé cette peine.

Par exemple, l'art. 384 du Code civil veut que le père , durant le mariage, et après la dissolution du mariage, le survivant des père et mère aient la jouissance des biens de leurs enfans jusqu'à l'âge de dix-huit ans accomplis, ou jusqu'à l'émancipation qui pourrait avoir lieu avant l'âge de dix-huit ans. —L'acte par lequel le père déclarerait abandonner cet usufruit, ne le lierait pas, il pourrait revenir contre sa renonciation.

La seule exception permise à cette disposition de l'art. 384, est portée par l'art. 387, qui dispose que cette jouissance ne doit pas être étendue aux biens que les enfans pourront acquérir par un travail ou une industrie séparée, ni à ceux qui leur seront donnés ou légués sous la condition expresse que le père ou la mère n'en jouiront pas. — Cette exception étant spéciale , portée dans l'intérêt des enfans, et pour les encourager au travail , ne fait que confirmer la règle générale, et ne doit pas être étendue à d'autres cas.

339. 3° Est généralement nul, de nullité radicale, tout acte par lequel l'homme renoncerait à sa liberté, si ce n'est dans les cas et de la manière autorisée par la loi: — Il est évident, en effet, que du moment que l'on se soumet au pouvoir arbitraire d'un autre, on se met dans l'impossibilité de remplir ses devoirs.

Ainsi, l'acte par lequel un individu se soumet à la contrainte par corps, hors des cas déterminés par la loi, ne doit point recevoir d'exécution, article 2063 du Code civil; du moins, quant à la partie de cet acte, qui établit la contrainte par corps; car l'engagement, s'il a une cause légitime, doit être maintenu.

Il a été jugé avec raison, que le souscripteur d'un billet à ordre qui, pour procurer a son créancier le droit de la contraindre par corps, s'est faussement qualifié *marchand*, peut, lors des poursuites qu'on intente contre lui, faire annuler le billet à ordre, en tant qu'il serait considéré comme conférant juridiction aux tribunaux de commerce, et le faire considérer comme une simple promesse. Arrêt de la Cour de Liége du 28 août 1811; Dalloz, t. 4, p. 343; Déc. not. de Bruxelles, t. 24, p. 329; Sirey, vol. 12, part. 2, p. 168.

340. On ne doit pas perdre de vue que les lois naturelles ne doivent être observées, à peine de nullité, qu'autant qu'elles sont sanctionnées par la loi civile; c'est dans ce sens que la règle que nous examinons, a été consacrée par la jurisprudence. Le défaut de sanction civile établit, en général, la présomption que la loi naturelle, à laquelle il a été contrevenu, n'est point absolue, et que son exécution n'est point rigoureusement prescrite.

341. 2° *Règle.* Toute disposition prohibitive ou impérative, qui ne repose que sur une disposition variable et arbitraire, est présumée non essentielle; l'acte, fait au mépris de ses dispositions, ne doit être annulé qu'autant que le législateur en a manifesté l'intention d'une manière certaine.—Cette règle est la conséquence de celle que nous venons d'indiquer.

342. 3° *Règle.* Toute disposition qui intéresse directement et principalement l'ordre public et les bonnes mœurs, doit être rigoureusement observée, peu importe qu'elle ne prononce pas formellement la nullité des actes faits contre le vœu du législateur. Arg. des art. 6, 900 et 1133 Code civil et 1004 du Code de proc. Il ne serait pas raisonnable de supposer que le législateur qui a pris soin de faire des lois nécessaires au mantien de l'ordre public, ait pu vouloir qu'on tolérât l'existence des actes diamétralement opposés au but qu'il s'était proposé.

Cette règle est fondamentale; elle tient en quelque sorte à l'organisation de toutes les sociétés civilisées; et le conséquences qui en résultent, sont d'une grande importance. Nous allons en faire connaître quelques-unes.

343. *Premièrement:* Le droit de juridiction ne peut être exercé que par le tribunal qui en a reçu le pouvoir de la loi, ou des parties, dans les cas où elles ont le droit de proroger la juridiction. Tous jugement, décision ou acte qui seraient émanés d'une autorité qui n'était point compétente, sont nuls de nullité absolue, bien que cette nullité ne soit point formellement prononcée, *suprà* n° 165 à 168.

Par exemple, un jugement ou acte de l'autorité judiciaire, par lequel un tribunal se serait immiscé dans les matières attribuées aux autorités administratives, sont nuls de plein droit, bien que la nullité ne soit pas formellement prononcée; loi du 24 avril 1790, tit. 2, art. 127, § 2 Code pénal; arrêt de cassation du 23 avril 1819.

Spécialement les tribunaux ne peuvent, sous aucun prétexte, changer, modifier les réglemens de police, ni y ajouter. Cette règle est absolue, et n'admet aucune exception. Toute décision qui y contreviendrait directement ou indirectement, serait radicalement nulle, bien que le législateur ne l'ait point dit formellement; arrêt du 28 août 1818.

Par exemple encore, un jugement du tribunal de commerce, qui statuerait sur une matière purement civile, serait absolument nul, et n'obligerait pas les parties. Les tribunaux de commerce n'ont, en effet, qu'une juridiction exceptionnelle, dont les limites ne peuvent point être étendues arbitrairement.

Enfin, il est de principe qu'en matière civile, il doit y avoir deux dégrés de juridiction, et qu'il ne peut être dérogé à ce principe, que dans les cas déterminés par la loi, et lorsque, dans l'intérêt des parties, pour abréger le procès et simplifier les procédures, elle a cru devoir y apporter quelques modifications : il en résulte que tous jugemens ou actes qui auraient pour objet de priver une partie de l'un de ces deux degrés, d'une de ces deux garanties, hors des cas d'exception prévus par la loi, sont nuls radicalement; loi des 1er mai et 24 août 1790 ; arrêt de cassation, du 18 juin 1817 ; Sirey, 18. I. 298.

Ces principes sont tellement absolus, et tiennent de si près à l'ordre public, que les tribunaux saisis d'une cause dont ils ne doivent point connaître, doivent d'office se déclarer incompétens, art. 170 et 424 du Code de proc. S'ils ne le font pas, et s'ils jugent, leur décision est radicalement nulle. — La partie condamnée est recevable à proposer cette nullité, bien qu'elle n'ait pas proposé le déclinatoire; arrêt de la Cour de cassation, sections réunies, en date du 16 pluviôse an XI. — Il y a plus ; cette partie serait recevable à demander la cassation d'un jugement en dernier ressort, qui, sur sa propre poursuite, aurait été rendu dans la forme criminelle, tandis que, d'après la nature de l'affaire, il devait l'être dans la forme civile. Cour de cassation du 23 juillet 1807.

344. *Secondement* : un acte est nul, s'il a été fait par celui qui n'avait point le pouvoir de le faire, *suprà* n. 165 et suiv. ; il n'est pas nécessaire que le législateur ait prononcé la nullité, ainsi il

a été jugé, et nous devons tenir pour certain :

1° Qu'un mariage qui aurait été célébré par un officier de l'état civil incompétent, serait nul, bien qu'il n'existe pas de texte de loi qui prononce cette nullité. Arrêt de cassation du 2 déc. 1807.

2° Qu'un exploit signifié par un huissier, hors de son ressort, était nul, bien qu'aucun texte de loi ne portât cette nullité. Arrêt de cassation du 17 juillet 1811 ; Dalloz, t. 14, p. 372.

3° Que la signification d'un jugement de défaut, par un huissier qui n'est commis ni par jugement, ni par ordonnance, est radicalement nulle, bien que la loi ne prononce pas cette nullité. Arrêt de la Cour d'Agen, du 6 fév. 1806, Sirey, 1814. 2. 193.

Nous aurions désiré que le législateur eût annulé la signification d'un jugement de défaut, lorsque l'huissier commis aurait été le même qui avait fait les premiers actes. N'est-il pas évident, en effet, que si le législateur a voulu que tout jugement de défaut ne pût être signifié que par un huissier spécialement commis, c'est par le motif que, soit à raison de la collusion de l'huissier avec le demandeur, soit pour une autre cause, le défendeur a pu ne pas recevoir la copie, et qu'il importe de s'assurer que le jugement de défaut lui sera connu. Or, quelle garantie promet à la justice la commission donnée à l'huissier qui a fait les premiers actes? Comment penser que s'il a été assez corrompu pour supprimer la copie de l'exploit introductif d'instance, il mettra plus d'exactitude à remettre la copie du jugement ? N'est-il pas à craindre qu'ayant commencé la fraude, il voudra la finir?

La commission donnée en pareil cas à un huissier, nous paraît une inconséquence des plus graves ; elle est en opposition avec les motifs de la loi ; elle supprime entièrement la garantie que le législateur avait voulu accorder à un défendeur condamné par défaut ; et nous sommes à concevoir comment l'usage a pu introduire un abus aussi dan-

6.

gereux. — Puissent les magistrats en arrêter les funestes effets !

Ce conseil ne peut jamais être dangereux; souvent il peut être utile.

Nous devons faire observer, à raison de l'arrêt de la Cour d'Agen, ci-dessus rapporté, que la nullité qu'il consacre étant basée sur ce que le défaut de commission, à l'huissier, ne donne pas à la justice une garantie suffisante de la signification du jugement de défaut, cette nullité serait sans griefs, et devrait par cela même ne pas être accueillie, si la partie condamnée reconnaissait avoir reçu la copie. Arrêt de cassation, du 7 déc. 1813; Sirey, 1814, p. 137.

4° Que le défaut de pouvoir du juge qui aurait concouru à un arrêt, emportait nullité, bien que la loi ne l'ait pas formellement prononcée. Arrêt de cassation, du 4 juin 1822; Sirey, 1822 p. 254 et 274.

5° Qu'un jugement arbitral est attaquable par voie de nullité, s'il juge hors des termes du compromis (article 1028 Code de proc.), bien que les parties aient qualifié les arbitres, d'amiables compositeurs, et qu'ils les aient dispensés de toute formalité, qu'elles aient renoncé à l'appel, au recours en cassation, et qu'elles aient déclaré que la décision serait regardée comme transaction souscrite par elles : ce serait sans fondement qu'on prétendrait que l'amiable composition est une transaction; que dès-lors elle ne peut être attaquée que comme on attaque les transactions. Arrêt de cassation, du 23 juin 1819. Dalloz, t. 2, p. 464; Sirey, 1820, p. 35.

345. Les conséquences que nous venons de tirer de la règle 3 ci-dessus, sont si importantes, et nous pouvons dire tellement absolues, que toutes les formalités requises par le législateur, comme les conditions des pouvoirs du tribunal, du juge, du fonctionnaire, ou comme la preuve que l'acte a été fait ou signifié par un fonctionnaire ayant qualité suffisante, ne peuvent être suppléées, et que leur omission produit la nullité des actes faits au mépris de ces formalités, bien que la loi ne la pro-

nonce pas formellement. V. l'arrêt du 4 déc. 1818 ; Sirey, 1819, p. 177; suprà n° 170.

346. *Troisièmement* : Toutes conventions ou actes, qui contiendraient une dérogation aux lois qui règlent l'état des personnes, sont nuls de plein droit, comme contraires à l'ordre public. Articles 6, 900, 1133 Code civil, 1004 Code de proc.

L'état des personnes consiste dans leur condition sociale ; elles sont enfans légitimes, ou enfans naturels, enfans adultérins ou incestueux ; elles sont mineures, ou majeures, interdites ou non interdites, mariées ou non mariées, françaises ou étrangères.

L'état des personnes tient à l'ordre public ; la loi ne permet pas qu'on puisse faire le sacrifice des droits qui le constituent; et tout ce qui se fait directement ou indirectement au mépris de ces droits, est nul.

On doit donc déclarer radicalement nuls :

1° L'acte par lequel un individu se serait soumis à l'esclavage, ou même l'acte qui tendrait seulement à lui imposer des services perpétuels envers quelqu'un plus. Art. 686 du Code civil, *libertas omnibus rebus favorabilior est.* Leg. 122, ff. de reg. juris.

2° L'acte par lequel un individu se serait obligé à ne pas exercer ses droits politiques ; ou même l'acte par lequel il aurait vendu son vote dans une élection.

3° La convention par laquelle un individu aurait consenti à être frappé d'interdiction.

4° La stipulation volontaire de deux époux pour être séparés de corps et de biens. Article 307 du Code civ.

5° La renonciation que ferait un père à l'autorité que la loi lui donne sur ses enfans.

6° La convention par lequelle un individu consentirait à se donner un état, une qualité, qui devraient le frapper d'incapacité; comme si, par exemple, il consentait à se reconnaître enfant adultérin de quelqu'un.

7º La convention par laquelle un époux renoncerait à la puissance maritale. On a considéré comme constituant une renonciation de ce genre, et annulé par ce motif, toute autorisation générale consentie par un mari à sa femme, suprà nº 68.

Une pareille autorisation ne vaut que pour l'administration des biens de la femme. Mais est-elle suffisante pour que celle-ci puisse toucher tous ses capitaux et fournir quittance, céder ou accepter la cession de créance, etc., etc. ?

Cette question n'est pas sans difficultés. En général on considère la perception des capitaux comme un acte d'administration ; le père administrateur des biens de ses enfans, le tuteur administrateur des biens de son pupille, n'ont pas le pouvoir d'aliéner, et cependant ils ont qualité pour poursuivre la rentrée des capitaux, et en fournir quittance. Le curateur administrateur d'une succession vacante a le même droit: Comment la femme ne l'aurait-elle pas ?

Cela paraîtrait extraordinaire, et cependant cela nous paraît douteux. Il y avait nécessité dans le cas de la minorité, et de la succession vacante, de donder à quelqu'un le pouvoir de toucher les capitaux, et d'en fournir quittance ; s'agissant d'un mineur ou d'un absent, le défaut de qualité pour poursuivre la rentrée d'une créance pouvait la faire perdre, il fallait une activité qui est très-souvent nécessaire pour la conservation de la créance.

Mais relativement à la femme mariée, il n'y a pas de raison de l'affranchir, dans ce cas, de la puissance maritale ; elle peut elle-même veiller à ses affaires, tenir de son mari, ou à son défaut, de la justice, les autorisations nécessaires, et rien ne nous paraît exiger que pour elle, le pouvoir d'administrer comprenne le droit exorbitant d'aliéner indirectement toute une fortune mobilière. La loi nous paraît au contraire s'y opposer : elle ne veut pas que la femme puisse aliéner ses biens sans l'autorisation de son mari, art. 227 du Code civil ; elle ne veut pas que cette autorisation puisse être donnée par le mari d'une manière générale et absolue, art. 223 et 1538 du même Code. Donc elle prohibe toute autorisation qui, sans spécialité, donnerait à la femme la faculté indirecte *d'aliéner* toute sa fortune mobilière. Donc elle ne peut vouloir que dans le droit d'administrer se trouve compris le pouvoir de toucher les capitaux de la femme, de les céder. Entendue autrement, la loi serait éludée, et la puissance maritale anéantie dans une infinité de circonstances.

Que les notaires se pénètrent bien des doutes que nous venons de leur exposer ; nous n'hésitons pas à penser que la question ci-dessus est une des plus graves dans l'exercice de leur profession, et que la prudence doit les porter à ne pas accueillir les autorisations dont le résultat serait d'affranchir une femme de la puissance maritale. Les circonstances dans lesquelles l'autorisation a été donnée, et la forme de cette autorisation, peuvent beaucoup les fixer pour savoir s'ils doivent y voir ou ne pas y voir une contravention aux articles 223 et 1538 Code civil. Dans le moindre doute, ils doivent refuser à la femme le pouvoir de toucher les capitaux ; car, en bien des circonstances, percevoir, c'est aliéner, etc. Reconnaitre un pareil droit à la femme mariée, c'est violer la loi, et compromettre sa propre responsabilité.

347. 4º *Règle*. Si, au contraire, une loi intéresse principalement les particuliers, son inobservation ne produit la nullité de l'acte ou de la convention, faits contre son vœu, qu'autant que cette nullité a été formellement écrite dans la loi, ou que, par suite de la contravention, l'acte se trouve vicié dans son essence. *Infrà, règle* 8.

348. 5º *Règle*. Lorsque le législateur refuse à quelqu'un une qualité pour agir, pour exercer un droit, tous les actes faits par cet individu, et tenant à l'exercice de ce droit, sont nuls, bien que le législateur n'en ait point formellement prononcé la nullité, art. 174, 175, 180, 182, etc., Code civil. Observez

néanmoins que lorsque la qualité n'est pas exprimée dans un acte, et que la loi ne l'exigeait pas à peine de nullité, s'il arrive que la partie qui l'a consenti ne pouvait pas le faire régulièrement, en une qualité, tandis que sous une autre qualité, elle pouvait le faire valablement, on doit penser qu'elle l'a fait en la qualité qui valide l'acte, et non en celle qui le rendrait nul. Arg. de l'art. 1157 du Code civil, et d'un arrêt de cassation, du 20 juillet 1814; Sirey, 1815, p. 32.

349. 6e *Règle.* Les conditions requises par la loi, comme étant nécessaires à l'acquisition ou à la conservation d'un droit, doivent être observées à peine de nullités, quelles que soient les expressions que le législateur a employées. Art. 135, 204, 892, 1311, 1683, 965, etc., Code civil; art. 48, 160, 162, 369, 453, Code de proc.; et arrêt de cassation, du 18 juin 1815; Sirey, 1815, p. 214. Arrêt de la Cour de Riom, du 26 mai 1818; Dalloz, t. 24., p. 307; Sirey, 1820, p. 6.

Aussi tient-on pour certain que la loi n'est jamais comminatoire, lorsqu'elle fixe un délai pour intenter une action; pour acquérir, exercer ou conserver un droit; et bien que le législateur ne s'en soit point formellement exprimé, l'inaction gardée pendant le temps donné, élève une fin de non recevoir, qui annule, dans son essence, l'acte fait tardivement. Art. 1029 Code de proc. Arg. des art. 957, 1316, etc., du Code civil. — Par exemple, le défaut d'acte d'exécution d'un jugement de séparation de biens, dans le délai de quinzaine, entraîne la nullité de ce jugement, art. 1444 C. civ. *et de l'instance qui l'a précédé;* arrêt de cassation, du 11 juin 1823; Dalloz, t. 19, p. 488; Sirey, 1823, p. 317.

Par exemple encore, une décision arbitrale est nulle, si elle a été rendue après l'expiration du délai convenu par les parties dans le compromis. Art. 1028 du Code de procédure civile.

350. Au contraire, la loi est le plus souvent comminatoire dans la fixation des autres délais, en général; tels sont, par exemple, les délais de pure instruction, art. 77, 78, 96, 97, 98, 103, 198, 225, 307, 321 etc., du Code de proc.; tels sont encore les délais que les juges accordent aux parties ou à d'autres, pour faire certaines opérations, ou certaines justifications, sans ajouter, *à peine de nullité* ou *de déchéance,* etc.; tels sont les délais accordés aux notaires pour faire enregistrer leur actes, etc., etc.

351. 7e *Règle.* Généralement toute injonction ou toute défense qui sont faites par le législateur, sous la menace d'une peine autre que la peine de nullité, par exemple, sous peine d'une amende, *sont présumées* ne pas autoriser l'annulation des actes faits en contravention à la loi; car il n'est pas vraisemblable que le législateur ait voulu que cette contravention produisît deux peines. *Leg.* 41, *ff de pœnis.*

Mais remarquez, qu'au lieu que quelques auteurs, notamment Merlin, Répertoire, V° Nullité, ont regardé comme certain que la prononciation d'une peine, excluait toute idée de la nullité de l'acte qui entraînait la première peine; nous ne présentons cette règle que comme établissant une présomption. Cette présomption n'est même ni assez générale, ni assez absolue, pour qu'on ne doive y apporter des exceptions nombreuses. Ces exceptions ont lieu surtout dans les cas, où suivant la règle 8 ci-après, on a la preuve que l'injonction ou la défense tiennent à la substance de l'acte où de la convention auxquels elle se rapportent. Alors, on peut cumuler les deux peines; la Cour de cassation a jugé, par arrêt du 5 juin 1823, Dalloz, t, 8, p. II; Sirey vol. 23, p. 362, que la peine d'une amende de 500 francs, prononcée contre le greffier, qui avait omis de signer au procès-verbal de Cour d'assises, pouvait être cumulée avec la peine de nullité. — La loi du 25 ventôse an XI, sur le notariat, renferme plusieurs dispositions, dont l'inobservation, quoique punie d'une amende, n'en est pas moins une cause de nullité.

352. 8e *Règle.* Toutes les injonctions, les défenses, formalités, ou conditions, qui tiennent à la substance d'un acte

ou d'une convention, sont faites ou prescrites, à peine de nullité, bien que le législateur n'ait point formellement prononcé cette peine. *Certum enim est corruere actum ex defectú formæ substantialis et statutoriæ*, leg. cùm hi 1° §, si prætor ff. de transact.

Au contraire, si l'injonction, la défense, la formalité, ou la condition, ne sont, de leur nature, qu'accidentelles, leur inobservation n'est une cause de nullité, qu'autant que le législateur s'est prononcé à cet égard.

353. La première partie de cette règle semble être en opposition avec les dispositions de l'art. 1030 du Code de procédure, qui veut *qu'aucun exploit, ni acte de procédure ne puissent être déclarés nuls, si la nullité n'est pas formellement prononcée par la loi;* mais la vérité est que l'esprit qui a dicté cet article, n'a nullement voulu contrarier la règle dont nous venons de parler. La raison et le droit ne permettent pas d'abord de supposer que le législateur ait pu vouloir valider un acte vicié dans son essence, et qui, par cela même ne pouvait point remplir son objet, et la jurisprudence des arrêts et des auteurs a été unanime sur les modifications que recevait dans ce sens l'art. 1030. Lepage, dans ses Questions de droit, pag. 647, n'hésite pas à dire que cet article ne reçoit pas d'application au cas où l'exploit, ou l'acte de procédure, que l'on prétendrait nul, serait infecté de vices qui seraient de nature à le détruire dans sa substance. — MM. Demiau Crousilliac, Beriat de Saint-Prix, Carré, partagent la même opinion. Et nous pouvons dire, sans crainte d'être démenti, que la règle ci-dessus n'est pas contestée.

354. Mais qu'entend-on par formalités ou conditions essentielles ou constitutives? qu'entend-on par formalités seulement accidentelles?

Les conditions ou formalités essentielles sont celles qui donnent *l'être* à un acte, à une convention; ce sont celles, sans lesquelles un acte ne peut atteindre le but auquel il est destiné.

Les formalités ou conditions accidentelles sont celles qui ne sont prescrites que pour rendre l'acte plus sûr et plus authentique. Ces formalités et conditions sont exigées pour que cet acte parvienne plus exactement au but que le législateur s'était proposé, et leur omission n'empêche cependant pas que la volonté de ce dernier ne soit suivie : *accidentia non mutare propriam rei formam plus quàm manifestum est.* Julius Clarus, liber 4, § testamentum quæst. 18, n° 17 addit.

355. Cette distinction entre les conditions et formalités essentielles, et les formalités ou conditions seulement accidentelles est, suivant nous, le moyen le plus raisonnable et en même temps le plus efficace pour interpréter la loi et apprécier les conséquences d'une infraction à ses dispositions. Elle réduit la solution de toutes les questions basées sur l'omission d'une formalité à l'examen de ce fait : L'acte produit en justice a-t-il rempli son objet, malgré l'omission qu'il renferme? cet acte offre-t-il toutes les garanties que le législateur avait voulu qu'il assurât, lorsqu'il avait déterminé sa forme?

Dans le cas de l'affirmative, n'est-il pas convenable et juste de maintenir l'acte? la raison ne nous dit-elle pas que cet acte ayant rempli son objet d'une manière certaine, les omissions qu'il renferme sont accidentelles et sans importance, et qu'elles ne produisent qu'une simple imperfection qu'il faut bien se garder de confondre avec la nullité? Le décider autrement ne serait-ce pas accueillir une nullité sans griefs, et reconnaître un effet sans cause? Il est évident que si; nous allons le prouver par quelques exemples.

356. Premier Exemple — Les Jurisconsultes et les Cours du royaume ont décidé d'une manière bien contradictoire les diverses questions qui se rattachent à la forme des jugemens, et aux conditions de leur validité; cette controverse vient de ce que l'on n'a pas assez souvent appliqué la doctrine des substantielles, et qu'on ne s'est pas assez

souvent demandé : *Le jugement, malgré l'omission qui s'y trouve, a-t-il rempli son objet ?* Pour résoudre les doutes qui peuvent s'élever sur ce point, on n'a qu'à faire application de la règle 8 ci-dessus :

L'art. 141 Code de proc. est ainsi conçu : « La rédaction des jugemens » contiendra les noms des juges, du » procureur du roi, s'il a été entendu, » ainsi que des avoués, les noms, pro- » fessions et demeures des parties, leurs » conclusions, l'exposition sommaire » des points de fait et de droit, les mo- » tifs et le dispositif du jugement. »

On a demandé si toutes ces formalités devaient être observées à peine de nullité ? Quelques jurisconsultes ont soutenu l'affirmative d'abord, sur le fondement que toutes ces formalités étaient essentielles pour que le jugement remplit son objet, et ensuite, parce que les expressions de l'art. 141 sont les mêmes que celles contenues dans l'art. 15 du tit. 5 de la loi du 24 août 1790, article qui, suivant la loi du 4 germinal an II, devait être observé à peine de nullité; arrêt de cass. du 22 mai 1816, Sirey. vol. 16, 1-280. — Cette opinion a été modifiée; on a fait observer que l'ar. 141 ne portant point la peine de nullité, il était indispensable de recourir à l'interprétation. On a fait remarquer que, si plusieurs des formalités et conditions qui s'y trouvaient renfermées étaient essentielles à l'ordre public, il en était d'autres dont l'inobservation n'empêchait pas que le jugement pût remplir son objet. — Nous avons étudié avec soin les opinions des auteurs et la jurisprudence des diverses Cours du royaume, et après les avoir expliquées et modifiées par l'application des principes généraux qui règlent la matière des nullités, nous en avons tiré les conséquences ci-après :

357. Le jugement peut être défini : la décision d'un tribunal compétent et légalement composé sur une contestation ou sur une demande qui lui est soumise. — C'est un acte d'autorité publique qui règle les droits de chacune des parties, et qui, lorsqu'il est rendu en dernier ressort et dans la forme légale, crée une présomption de justice et de vérité, contre laquelle aucune preuve n'est admise : *res judicata pro veritate habetur*, art. 1352 Code civil.

Mais cette autorité n'a lieu qu'à l'égard de ce qui fait l'objet du jugement. Il faut que la chose demandée soit la même, que la demande soit fondée sur la même cause, que la demande soit entre les mêmes parties, et formée par elles et contr'elles en la même qualité, art. 1351 Code civil. De là résulte la nécessité d'insérer dans le jugement quelques-unes des formalités prescrites par l'art. 141, et sans lesquelles il est évident qu'il ne remplirait pas son objet; ainsi il est absolument nécessaire, et sous peine de nullité, que le jugement contienne :

1° L'indication parfaite des parties entre lesquelles le jugement est intervenu. La loi dit bien leurs noms, professions et demeures, mais il est évident qu'il n'y a d'essentiel que l'indication ; le reste n'est que pour la rendre plus parfaite, et le but de la loi est rempli, si les parties sont suffisamment indiquées ;

2° Les conclusions des parties ; afin qu'on puisse se convaincre que le jugement s'y est conformé, que les juges ont fait droit à tous les chefs de demandes, et qu'ils ne les ont pas dépassées ; arrêt de la Cour de Toulouse, 24 janv. 1825. Jurispr. du 19e s. 1825, 2. 414 ;

3° L'exposition du point de fait; bien que cette énonciation soit propre à la partie, art. 142 Code de proc., elle est une partie essentielle du jugement. Nous devons dire cependant que quelquefois le fait est d'une nature tellement simple, qu'il résulte suffisamment des conclusions des parties et des motifs du jugement : aussi le but de la loi est-il suffisamment rempli, si le jugement énonce le fait d'une manière quelconque ; arrêt de cass. du 23 avril 1829. Jurispr. du 19e s. 1829, I. 521 ;

4° L'exposé du point de droit, c'est-à-dire, les questions que les juges ont entendu examiner et juger ; il suffit que celles-ci s'évincent sans équivoque de la lecture du jugement. La Cour de cassation a jugé avec raison, le 30 juillet 1816, Sirey, vol. 1817, pag. 68, qu'un arrêt pouvait être régulier quant à l'indication du point de droit, quoiqu'il y fut dit seulement : *il y a lieu à vérifier si le jugement dont est appel est juridique.*

Il est évident que si un jugement était dépourvu d'une des énonciations que nous venons de rapporter, il ne pourrait point remplir son objet et avoir l'autorité de la chose jugée, puisqu'il ne serait pas certain entre quelles parties il était intervenu, sur quelle demande les juges avaient eu à statuer, et quel était le point de droit qu'ils avaient à juger.

358. Un jugement, avons-nous dit, est un acte de l'autorité publique, pourvu toutefois qu'il soit rendu par des juges compétens ; c'est la conséquence de ce que nous avons dit, suprà, n° 168 et 357, il doit porter en lui-même la preuve que les magistrats qui l'ont rendu en avaient reçu le pouvoir, aussi doit-il à peine de nullité, contenir :

5° Les noms des juges qui l'ont rendu. Nous ne pensons pas qu'il soit absolument nécessaire de faire connaître nominativement le procureur du roi qui a porté la parole. Les fonctions du ministère public étant dévolues en quelque sorte à un être moral, qui se trouve représenté par chacun des membres du parquet, il suffit que le jugement fournisse la preuve que M. le procureur du roi occupait le parquet.

Nous devons ajouter que s'il s'agissait d'une cause dans laquelle les conclusions du ministère public étaient indispensables, comme quand il s'agit d'une affaire qui intéresse un mineur, un interdit, une femme mariée, le jugement doit, à peine de nullité, énoncer les conclusions du procureur du roi. Il est partie dans le procès, et ses conclusions doivent être tout aussi expresses que celles des parties elles-mêmes.

Arrêt de cass. 3 mai 1814.—La simple énonciation de la présence du procureur du roi ne suffirait pas pour établir qu'il eût porté la parole et pris des conclusions. Arrêt de cass. du 16 juillet 1806.

359. Nous ne pensons pas non plus qu'un jugement fût nul, par le motif qu'il ne contiendrait pas les noms des avoués, si d'ailleurs il n'était pas douteux que chacune des parties avait eu le sien. Par exemple, si, y ayant eu constitution d'avoué régulière, le jugement portait *que les parties étaient assistées de leurs avoués respectifs, etc. etc.*

360. Enfin, il est absolument nécessaire que les jugemens renferment :

6° Les motifs qui ont déterminé les magistrats ; art. 7 de la loi du 20 avril 1810. Observez même qu'un jugement n'est régulièrement motivé qu'autant qu'on y trouve la raison déterminante sur chaque point décidé. Ce serait donc en vain qu'on voudrait considérer une pétition de principes comme un motif suffisant. Si, par exemple, il était question de savoir si une formalité judiciaire avait été observée, il ne suffirait pas que le jugement portât : *Attendu que cette formalité a été observée,* ou *attendu que la demande n'est point faite dans la forme légale.* Voir arrêts du 28 juin 1819 ; Sirey, 1820, p. 72, et du 17 avril 1822 ; Dalloz, t. 17, p. 254 et 258. — Il n'est pas absolument nécessaire d'insérer les motifs du jugement interlocutoire, qui ordonne, avant dire droit, une expertise ; la nature d'un pareil jugement prouve suffisamment que les juges ne sont pas suffisamment éclairés, et que c'est là le motif de leur jugement ;

7° Le dispositif du jugement. — De toutes les énonciations, c'est la plus essentielle, puisqu'on ne peut concevoir de jugement sans elle ;

8° La date du jour où le jugement a été rendu ; l'art. 141 n'en parle pas, mais il est évident qu'un jugement qui ne serait pas daté, serait radicalement nul comme vicié dans sa substance ;

9° Enfin, dans le cas où la loi ordonne qu'un jugement sera rendu sur le rapport d'un juge, la mention de ce rapport est une énonciation essentielle; arrêt de cass. du 4 fruct. an XI; du 23 déc. 1809; Sirey, 1810, p. 138.

361. Toutes les énonciations ci-dessus ne sont requises à peine de nullité, que parce qu'elles sont nécessaires pour que le jugement puisse produire l'effet auquel il est destiné. Au reste, il n'est pas absolument nécessaire qu'elles soient explicites; il est des cas où elles sont suppléées par des équipollens; ainsi la Cour de cassation a jugé:

1° Qu'il n'y avait pas nullité d'un jugement, parce qu'il ne ferait pas connaître les noms des juges qui ont assisté à l'audience où une enquête a eu lieu, alors qu'on ne rapporte pas la preuve qu'ils ne soient pas les mêmes que ceux qui ont pris part au jugement définitif, et que, d'ailleurs, le fait contraire pourrait être induit de ce dernier jugement. Arrêt de cass. du 4 mai 1829;

2° Qu'il suffisait qu'un arrêt désignât *le premier président* au nombre des juges qui l'avaient rendu, et que ce magistrat eut signé l'arrêt pour que le vœu de la loi fût rempli, encore bien que cet arrêt n'énonçât pas le nom du premier président. Arrêt de cass. du 3 juin 1829; Jurispr. du 19ᵐᵉ siècle, 1829, 1. 125.

3° Que lorsqu'un arrêt déclaratif de partage avait été suivi d'un premier arrêt qui vide le partage, et d'un second arrêt qui prononce sur les autres points en litige, il suffisait qu'il fût énoncé dans le troisième arrêt qu'il avait été rendu par les mêmes juges qui avaient concouru à l'arrêt déclaratif du partage, pour qu'il ne pût pas être annulé, en ce qu'il ne contiendrait pas les noms des magistrats qui y ont concouru. Cour de cassation, 19 mai 1828. Jurisp. du 19ᶜ siècle 1828,1. 440. — Voir *infrà*, ch. 7.

362. Second Exemple. — L'art. 2148 du Code civil détermine la forme des bordereaux d'inscription; il n'attache formellement la peine de nullité à l'omission d'aucune des formalités qu'il renferme; il n'est pas douteux cependant que la plupart de ces dernières tiennent à l'essence de l'inscription hypothécaire, et qu'elles ne doivent dès lors être observées *à peine de nullité.*

Dès la promulgation du Code civil, on crut devoir être très-difficile dans l'accomplissement des formalités hypothécaires, la moindre omission était considérée comme une cause de nullité; il en résulta que les créanciers se trouvèrent exposés à des procès les plus rigoureux pour la conservation de leur rang d'hypothèque, sur les biens de leurs débiteurs.

Plus tard, on a senti tout ce qu'une pareille rigueur avait d'injuste et de contraire aux vrais principes : on s'est demandé quel était l'objet des bordereaux d'inscription, et par suite quelles étaient les formalités indispensables, pour que cet objet fût rempli? On a reconnu que la volonté du législateur avait été de proscrire les hypothèques occultes, de faire connaître à tous les intéressés les charges qui grevaient les biens de celui avec qui ils seraient dans l'intention de contracter, et de faire connaître d'une manière exacte les biens soumis à l'hypothèque. — Cela posé, il a été reconnu que le bordereau d'inscription remplissait parfaitement son objet, s'il indiquait suffisamment :

1° Quel était le créancier : peu importerait qu'il y eût erreur sur les prénoms, sur le domicile, si d'ailleurs on ne pouvait se méprendre sur la désignation ;

2° L'élection de domicile, faite par le créancier, dans un lieu quelconque, de l'arrondissement du bureau ;

3° Quel était le débiteur : peu importerait même qu'il y eût reu fusse désignation, si d'ailleurs l'identité est parfaitement établie par le bordereau ;

4° La date et la nature du titre. — Encore a-t-il été jugé plusieurs fois, qu'il suffisait que le titre de la créance et sa date fussent énoncés implicitement par une indication présupposant le titre. Arrêt de cassation du 2 août 1820; Dalloz, t. 27, p. 327; Sirey, 1821,

p. 35. En d'autres termes, qu'une inscription n'était pas nulle, si l'erreur dans la date ou la nature du titre était telle qu'il ne pouvait en résulter aucun préjudice au créancier postérieur ;

5° Le montant de la créance. — Nous devons même faire observer que l'inscription ne serait pas nulle, s'il y avait erreur dans l'énonciation de ce capital ; s'il était plus considérable que dans le titre, les créanciers postérieurs auraient le droit de le faire réduire. S'il était moindre, il devrait être maintenu à ce taux, tant pis pour le créancier qui aurait fait erreur dans son inscription : *Error semper nocet erranti.*

Quid juris, si la créance pour laquelle on veut prendre inscription est indéterminée ? le créancier doit l'évaluer à une somme fixe, art. 2148, et arrêt de cassation du 21 août 1810 ; Dalloz, t. 17, p. 207. Mais alors le débiteur peut demander la réduction de l'hypothèque, conformément aux articles 2163 et 2164 Code civil ;

6° Les biens soumis à l'hypothèque (à moins qu'il s'agisse des hypothèques légales ou judiciaires). La désignation des biens est une des conditions les plus substantielles de l'hypothèque, la loi n'ayant soumis ces désignations à aucune formalité ni condition particulière, il en résulte que l'inscription doit être validée, si les biens sont assez bien désignés, pour qu'on ne puisse se méprendre sur leur situation et sur leur nature.

363. Lorsque toutes ces conditions se trouvent dans un bordereau, le but de la loi est rempli, et l'on doit considérer comme accidentelles toutes les autres formalités ou indications qui avaient pour objet de rendre ce bordereau plus sûr et plus explicatif : voilà pourquoi la jurisprudence a consacré ce principe, que l'erreur, dans l'observation d'une formalité, était toujours accidentelle, et n'entraînait pas la nullité de l'inscription hypothécaire, si elle n'avait pas nui. Arrêt de cassation des 17 août 1813 et 26 juillet 1825 ; Dalloz, t. 17, p. 323; Jurisp. du 19ᵉ siècle 1826, 1. 92,

et généralement, toutes les fois que le but de la loi avait été rempli, sinon littéralement, au moins virtuellement. Grenier, des Hypoth. vol. 1ᵉʳ, n. 70.

364. Troisième Exemple. — Les art. 1 et 4 du Code de procédure civile déterminent la forme des citations devant les juges de paix, et ils ne prononcent pas la peine de nullité. Cependant, il est bien certain que ces citations ayant un but, il est essentiel que ce but soit rempli. Lors donc qu'il s'agit de savoir si une citation doit être annulée ou maintenue, l'on doit se rappeler quel est son objet, ce qu'elle doit contenir pour que l'on y retrouve les indications que le législateur a cru indispensable de donner à un défendeur. Or, la recherche est facile ; toute citation doit faire connaître à la partie citée, la personne qui lui fait la demande, l'objet de cette demande, le juge qui doit en connaître, le jour, le lieu et l'heure de la comparution, la date de l'exploit, etc. Si une citation donne ces indications, elle est valable ; les omissions qui souvent s'y rencontrent ne sont que des imperfections sans objet, du moment qu'elle n'empêchent pas que les intentions du législateur soient remplies.

365. Ces trois exemples suffiront pour faire connaître la différence qui existe entre les formalités et conditions essentielles à un acte, et les formalités seulement accidentelles. Ils suffiront, surtout, pour faire connaître combien l'esprit général de la jurisprudence est dirigé dans le sens favorable à la validité des actes. Que doivent rechercher, en effet, les magistrats chargés de faire exécuter la loi ? ils doivent avant tout se demander si les parties ont obéi au législateur dans ce qui était essentiel, dans ce que l'on devait considérer comme l'objet unique de sa volonté ; c'est-à-dire, si toutes les garanties ont été conservées ; si la fraude n'a pas été employée d'une part ; si l'erreur n'a pas été possible de l'autre. Du moment que l'acte qui leur est soumis prouve suffisamment qu'aucun préjudice n'a pu exister, cet acte ne peut être frappé

de nullité ; outre que ce serait une injustice, ce serait un effet sans cause. — Voir ci-après, chap. 7.

366. *Neuvième Règle*. — L'erreur dans une indication substantielle ne peut point être assimilée au défaut d'indication même ; elle n'est pas une cause de nullité de l'acte, si elle n'est point assez grave pour empêcher que celui-ci puisse remplir son objet. Spécialement une erreur de copiste ne suffit pas pour faire annuler un acte de procédure.

Cette règle est trop juste pour être contestée, et la jurisprudence des arrêts l'a souvent consacrée ; nous nous bornerons à rapporter l'espèce suivante :

Un sieur Dauxert avait été assigné, à la requête du sieur Lechevalier, en paiement de deux lettres de change qui lui avaient été transmises par la voie de l'endossement.

Dans la copie de l'exploit d'ajournement, l'huissier avait mal énoncé le nom du requérant : il avait écrit *Lechalier*, au lieu de *Lechevalier*. — Toutefois, il intervint un jugement de défaut sur cette assignation, qui condamna Dauxert au paiement des deux lettres de change. Sur l'opposition, Dauxert excipa de la nullité de l'assignation, en se fondant sur l'art 61 du Code de procédure civile, qui exige, entr'autres indications, que l'exploit d'ajournement contienne le nom du demandeur. Jugement qui repousse le moyen de nullité, par le motif que les copies des titres, données en tête de l'exploit (les lettres de change, les endossemens et le protêt), ne permettaient pas à Dauxert d'ignorer le véritable nom de celui qui l'assignait.

Pourvoi en cassation pour violation de l'art. 61 du Code de procédure.

Arrêt. — Attendu que le jugement attaqué reconnaît et déclare, d'après les pièces produites, que c'est par une erreur de copiste, que le nom de *Lechalier* a été écrit dans l'exploit, au lieu de Lechevalier ; d'où il suit que le tribunal a pu, sans violer aucune loi, juger que le nom de *Lechevalier* était

indiqué dans les pièces transcrites en tête de l'assignation de manière à ne point permettre au sieur Dauxert d'ignorer le nom de celui qui l'ajournait, Rejette, etc., etc. Arrêt du 23 avril 1834.

367. Nous aurions pu indiquer plusieurs autres règles d'interprétations que les anciens docteurs ont retracées dans leurs écrits. Mais après en avoir vérifié un grand nombre, nous nous sommes convaincus qu'elles étaient plus subtiles qu'exactes, et qu'il n'était pas convenable de les rappeler dans cet ouvrage.

368. Quant à celles que nous avons indiquées dans les numéros précédens, tout nous en a démontré la justesse et l'utilité. Sans doute elles ne suffiront pas pour résoudre toutes les difficultés qui pourront se présenter, car il n'est pas de règle, quelqu'absolue qu'elle soit, qui ne reçoive des modifications ; mais appliquées avec discernement, et après examen, elles faciliteront, le plus souvent, le magistrat et le jurisconsulte dans la recherche d'une volonté que le législateur n'a pas suffisamment fait connaître. Que si, enfin, il s'élève, des doutes sur le sens de la loi, si le juge ne trouve pas dans l'application de ces règles, des moyens de se déterminer à annuler l'acte, ou à le maintenir, il doit préférer l'interprétation favorable à l'acte.

C'est dans ce sens que la jurisprudence s'est prononcée, et cette opinion est d'autant plus imposante, qu'elle est le fruit de l'expérience et d'une longue controverse. Qui ne connaît, en effet, combien, dans l'origine, les Cours du royaume et la Cour de cassation elle-même s'étaient montrées sévères en matière de nullités, avec quelle facilité elles annulaient, pour vices de formes, les testamens, les bordereaux, les actes de procédure. La plus légère omission était jugée substantielle, et les procès de ce genre se multipliaient avec une déplorable facilité. Un pareil abus ne pouvait se conserver long-temps, la justice devait naturellement triompher de la subtilité des écoles, aussi a-t-elle fait repousser généralement un système aussi contraire à ses vues que favorable aux plaideurs de mauvaise foi ; les Cours du royaume ont refusé de reconnaître des nullités inutiles, et adoptant l'opinion des anciens docteurs, elles ont accueilli toute interprétation favorable aux actes : *Et hæc quidem interpretatio per quàm actus sustinetur, dicitur regina aliarum interpretationum.*

369. Après avoir ainsi posé les règles générales de l'interprétation des lois, qui se rapportent à la validité des actes et des conventions, nous avons cru devoir examiner, dans les quatre chapitres suivans, quelques règles exceptionnelles et importantes, dont les effets modifient quelquefois les principes généraux que nous venons de développer.

CHAPITRE IV.

De l'Erreur commune.

370. C'est une maxime répandue dans toutes les lois, que tout ce qui a été fait de bonne foi, et sur le fondement d'une erreur publique, a la même force que si la vérité même et la règle en étaient le principe ; et cela pour ne pas porter le trouble dans un grand nombre de familles, dont l'état et la fortune pourraient être renversés ; Cochin, tom. 3, consult. 52. C'est le cas de la maxime : *Error communis facit jus.*

371. Cette maxime fondée sur des raisons d'ordre public, fut sanctionnée par les dispositions des lois romaines, notamment par la loi 3, ff. de offic. prætor. Cette loi suppose qu'un esclave fugitif a rempli les fonctions de préteur, par suite de l'erreur généralement partagée sur sa qualité, et elle valide les actes qu'il a faits : *Quid dicemus? quæ edixit, quæ decrevit, nulliùs fore momenti? anfore propter utilitatem eorum qui apud eum egerunt vel lege, vel quo alio jure? et veriùs puto nihil eorum reprobari : hoc enim humaniùs est.*

372. Elle a été également reconnue vraie et d'ordre public par l'ancienne jurisprudence française ; voir Henrys, vol. 1, 2, chap. 4 et 8. — Arrêts du Parlement de Paris des 14 octobre 1593, 1604 et 1608, rapportés par Louet et son commentateur Brodeau. — Leprêtre, Cent. 4, chap. 4. — Arrêts du Parlement de Toulouse, rapportés par Catelan.

373. Enfin, elle a été admise par la nouvelle jurisprudence : un avis du Conseil d'état, en date du 2 juin 1807, la consacre de la manière la plus générale. On y lit : « que de tout temps et » dans toutes les législations, l'erreur » commune et la bonne foi ont suffi » pour couvrir, dans les actes et même » dans les jugemens, des irrégularités » que les parties n'avaient pu ni pré- » voir ni empêcher. »

374. Cette erreur se rapporte assez généralement à la qualité ou à la compétence d'un fonctionnaire, à la qualité civile d'une partie contractante, ou d'un témoin, enfin au véritable sens d'une disposition législative. Examinons-en le caractère sous ces trois rapports.

375. *Premièrement*, L'erreur commune et la bonne foi suffisent pour valider les actes faits par un fonctionnaire

en qui on reconnaissait généralement un pouvoir qui n'avait pu lui être conféré, ou une compétence qu'il n'avait pas.

Par exemple : Un individu privé de l'exercice de ses droits civils, trouve le moyen de se faire nommer notaire, il est admis au serment, et fait toutes sortes d'actes et de transactions. Plus tard., l'autorité est informée de la fraude, et prononce l'interdiction de ce fonctionnaire audacieux : faudra-t-il, en prononçant son interdiction, annuler tous les actes qu'il aura passés ? Faudra-t-il remettre en question, toutes les transactions auxquelles il aura conféré l'authenticité ? Nous ne craignons pas de dire qu'une décision affirmative serait une atteinte à l'ordre public et à la paix des familles.

Par exemple encore : un notaire passe des actes loin de sa résidence ; généralement on pense qu'il a le doit d'instrumenter dans les lieux où ces actes ont été passés. Sera-t-il juste et raisonnable d'annuler tous ces actes lorsqu'on prononcera son incompétence ? Evidemment non : l'erreur commune, la bonne foi, l'ordre public, ont de tous les temps été opposés à une pareille décision.

M. Grenier ne partage pas cette opinion ; voici ce qu'il dit, en son Traité des donations, vol. 1er, n. 57 : «Autrefois » on pensait assez généralement d'après « la maxime : *Error communis facit » jus*, que tous les actes, même ceux » de rigueur, tels que les testamens, » étaient valables, quoiqu'ils eussent » été passés par un notaire hors de son » ressort, s'il avait la possession d'y in- » strumenter comme notaire, etc., etc. » Ce qui pouvait alors justifier cette ju- » risprudence. c'est qu'il régnait un » véritable désordre sur la fixation des » arrondissemens dans lesquels chaque » notaire devait seulement instrumen- » ter. Il y avait, à ce sujet, des régle- » mens ; mais outre qu'ils étaient sans » uniformité, ils étaient généralement » mal exécutés. Le public ne devait pas » être victime d'une incertitude et d'une » confusion que le gouvernement avait

» tolérées. Mais il ne peut être question » de cette jurisprudence, sous la légis- » lation actuelle. Les arrondissemens des » notaires sont fixés d'une manière pré- » cise par l'art 5 de la loi relative au no- » tariat, et l'art. 6 dit, qu'il est défendu » à tout notaire d'instrumenter hors de » son ressort, à peine de suspension de » ses fonctions pendant trois mois, de » destitution en cas de récidive, et de » tous dommages-intérêts. Mais ce n'est » pas tout; en combinant cet article avec » l'art. 68 de la même loi, il en résulte » que l'acte serait nul. »

Cette manière de raisonner n'est point exacte. Sans doute, aujourd'hui, les résidences des notaires sont bien plus faciles à connaître qu'autrefois, et nous devons à la loi de ventôse des disposi- tions nouvelles, de beaucoup préféra- bles à celles de l'ancienne jurispruden- ce ; mais il n'en résulte pas que l'erreur sur ce point soit impossible, et si l'er- reur est possible, elle peut devenir gé- nérale. Or, dès le moment qu'elle a pris ce caractère, elle valide tous les actes passés pendant sa durée, elle place, en quelque sorte, ces actes sous l'égide de la bonne foi et de l'ordre public. Nous pensons même que l'argument que M. Grenier tire de la difficulté de se tromper, fortifie l'opinion contraire à la sienne, car, si malgré la facilité que l'on avait de se fixer, on s'est généra- lement trompé, l'erreur n'en est que plus imposante, et par cela même plus respectable. Nous ajouterons enfin que lorsque la maxime : *Error communis facit jus* s'est établie, on n'a pas exa- miné si l'erreur avait été plus ou moins facile, on n'a pas recherché la cause de la fausse opinion qui a pu se répandre. on a seulement voulu maintenir les ef- fets de cette erreur, toutes les fois qu'il est certain qu'elle a existé. La règle ci- dessus a été de tout temps générale, et nulle part on ne trouve dans nos lois des dispositions dérogatoires. M. Grenier ne dit rien qui puisse en affaiblir l'au- torité ; comme autrefois donc, elle re- pose sur l'ordre public et sur la néces- sité de ne pas remettre en question les transactions faites de bonne foi et exécutées de même.

376. Par les mêmes motifs, on doit valider les jugemens rendus par un individu qui avait été nommé à une place de judicature, dont un vice ignoré le rendait incapable, *leg.* 3, *ff. de offi. præt.*

377. Il est important de remarquer que l'erreur commune ne valide les actes faits dans *l'exercice d'une fonction publique,* qu'autant que l'auteur de ces actes avait un titre coloré, c'est-à-dire un titre qui pouvait donner au moins les apparences de sa qualité et de sa compétence. « Ainsi, dit M. Merlin, Répertoire de jurisprudence, V° Témoin instrumentaire, § 2, n° 3, 26°. » Toute une ville aura beau croire que tel homme qui exerce des fonctions publiques, en a été légalement investi : s'il n'y a pas été nommé par l'autorité compétente, ni sa possession, ni l'erreur commune ne valideront les actes qu'il aura faits, en sa qualité apocryphe. Seulement, si un individu a été promu par l'autorité compétente à un emploi, dont un vice ignoré le rendait incapable, l'erreur commune dont son titre coloré sera tout à la fois la source et l'excuse, suffira pour valider les actes auxquels il a prêté son ministère. »

M. Henrion de Pansey, des Biens communaux, liv. 2, chap. 18, § 12, p. 366, dit aussi « S'il se trouvait un homme assez audacieux pour usurper l'exercice du pouvoir judiciaire, vainement le public abusé reconnaîtrait-il en lui la qualité de juge ; rien ne pourrait couvrir l'illégalité de ses actes ; l'exécution même de ses prétendus jugemens fût-elle volontaire, ne leur conférerait pas l'autorité de la chose jugée, et la voie pour en demander l'annulation serait ouverte dans tous les temps. »

378. *Secondement :* L'erreur commune peut se rapporter aux qualités civiles, à la capacité d'un individu.—Dans ce cas, les actes faits par cet individu en

une qualité qu'il n'avait pas, ou dans la supposition d'une capacité dont il était privé, peuvent être validés et considérés comme faits par une personne capable ; c'est aussi une nécessité d'ordre public. La loi 3, *ff. d. Senatus-cons. Maced.,* nous fournit un exemple remarquable de cette proposition.—Elle dispose que ce Sénatus consulte, qui rend les fils de famille incapables d'emprunter, ne reçoit pas son application, si le fils passait pour père de famille, et agissait publiquement comme tel : *Quia publice paterfamilias plurisque videbatur, sic agebat, sic contrahebat, sic muneribus fungebatur., cessabit senatus-consultum.*

On peut encore citer pour exemple le cas où un tuteur ou curateur, nommés d'une manière illégale, passerait néanmoins à tous les yeux pour avoir cette qualité d'une manière valable ; il est certain qu'ils ont jusqu'à infirmation, qualité légitime pour administrer la personne et les biens du mineur. L'erreur commune valide tous les actes auxquels ils concourent, et qu'ils ont consentis dans les justes bornes que la loi a imposées à leur pouvoir. La Cour de cassation a été bien plus loin, elle a validé les actes faits par un tuteur, dont la nomination était mal faite, sans s'occuper même du point de savoir s'il y avait eu erreur commune. Sirey, 1806, p. 416. — et 1824, p. 251.

Par exemple encore : lorsqu'une femme mariée est réputée célibataire, qu'elle est dans l'usage d'exercer toutes ses actions, et de consentir tous actes en cette qualité et sans autorisation, lorsque les circonstances qui ont dérobé aux yeux du public son véritable état, sont de telle nature que l'erreur commune est excusable, nul doute que les actes qu'elle a souscrits ne soient valables, et que ce ne soit le cas de les maintenir. Les individus qui ont contracté avec elle n'ayant pas eu de moyens de s'informer de son état, ayant eu surtout des raisons de ne pas la croire mariée, n'ont aucun reproche à se faire, et l'erreur, généralement répandue dans le pays, que cette femme n'était point mariée, remplace l'autorisation de son mari, et rend inattaquables les engagemens qu'elle a contractés. — Arg. de la loi *Barbarius Philip. ff. de offic. prætor.* — La Cour de cassation l'a jugé ainsi dans l'espèce suivante :

Un sieur Sainson Taxis se maria à Paris en 1777 avec la veuve du prince de Beaufremont. Ce mariage fut fait avec les solennités nécessaires pour n'être pas clandestin ; il n'en resta pas moins secret pour la société. La veuve du prince de Baufremont conserva son nom, son rang, ses avantages. Le sieur Sainson Taxis ne parut chez elle que comme son ami.

Toutefois, quoique secret, le mariage a conféré au sieur Sainson Taxis, la faculté de recueillir des dons considérables de la part de son épouse, décédée en nivôse de l'an 8.

Après ce premier succès, le sieur Sainson Taxis a voulu que sa qualité de mari eût l'effet d'annuler les actes de son épouse auxquels il n'avait pas consenti ; notamment quelques aliénations faites en l'an III. — Les acquéreurs ont répondu qu'ils n'avaient pas été obligés de reconnaître l'état des deux époux, qui avaient affecté d'en faire un secret pour le public. — En conséquence la Cour de Besançon a maintenu ces ventes. —Le sieur Sainson Taxis s'est pourvu en cassation. — Arrêt de la Cour, sur les conclusions de M. Daniels, attendu que, d'après les circonstances particulières dont il lui appartenait exclusivement d'apprécier le mérite, la Cour d'appel a décidé, en fait, que si le public avait ignoré le mariage du demandeur avec la dame veuve Baufremont, c'était à lui seul à se reprocher d'avoir induit ce même public dans une erreur invincible à cet égard, d'où il suit que l'arrêt attaqué a dû en conclure comme il l'a fait, que les actes par elle souscrits, en sadite qualité de veuve Baufremont, devaient être confirmés, nonobstant le défaut de la part du demandeur, et qu'en conséquence, cet

arrêt n'a violé aucune loi ; Rejette ; 30 août 1806, Sirey, 9-1-43.

Il en serait de même, dans le cas où une femme mariée et les personnes qui ont contracté avec elle ont eu de justes motifs de croire que le mari était mort, qu'ainsi cette femme avait capacité pour s'engager ; comme si, par exemple, il avait été vu parmi les morts à la suite d'un combat, que le bruit de sa mort se fût généralement répandu, et qu'il eût resté plusieurs années sans reparaître. Nul doute que les actes que la femme aurait faits dans l'intervalle, ne doivent être maintenus ; l'erreur commune, la juste cause qui l'avait fait naître, et la bonne foi suffisent pour donner à la femme une capacité qu'elle n'avait réellement pas. Cette décision était généralement accueillie par les anciens docteurs ; voir Cujas et autres interprètes, *ad leg. Barbarius Philip. ff. de off. prætor.* Elle n'est contrariée par aucune des dispositions de la loi nouvelle.

379. Suivant les mêmes principes, *et à fortiori*, le témoin qui passe dans le public pour réunir toutes les qualités prescrites par l'art. 9 de la loi du 25 ventôse an XI, bien qu'il soit privé de l'une d'elles, n'annule pas, par sa signature, l'acte dans lequel il a figuré, si d'ailleurs il est généralement considéré comme capable, et si, par l'effet d'une erreur commune, il est admis à faire toute espèce d'actes, et à les signer en qualité de témoin. Un homme, par exemple, peut avoir été privé de ses droits civils, par l'effet d'un jugement prononcé contre lui ; il change de pays et vient s'établir dans une province éloignée où l'on ne le connaît pas, et là, il exerce ses droits civils dans toute leur intégrité ; il est admis comme témoin dans les actes. Nul doute que l'erreur commune qui s'établit sur son compte, et que la bonne foi de ceux qui l'emploient ne donnent à sa signature et à son témoignage la même autorité que s'il avait réellement l'exercice de tous ses droits civils.

Quelques auteurs, reconnaissant que

cette opinion était vraie en thèse générale, ont prétendu qu'elle ne devait pas être suivie dans les testamens ; ils ont soutenu que de pareils actes étant solennels, et par cela même, placés bien au-dessus des actes ordinaires, se trouvaient viciés dans leur forme constitutive, et étaient par cela même nuls, si parmi les témoins, il y en avait qui n'eussent qu'une capacité putative ; quelques arrêts ont même adopté cette opinion.

Néanmoins, l'opinion contraire a prévalu. Quelle peut être la raison de distinguer le témoin qui signe le testament, de celui qui signe un acte ordinaire ? Pourquoi la bonne foi et l'erreur commune qui suffisent pour habiliter le témoin qui signe les actes de cette dernière espèce, seraient-elles impuissantes pour donner la même capacité au même témoin qui signe un acte de la première espèce ? Cette distinction n'a jamais existé dans la jurisprudence ; aucune disposition de loi ne l'autorise, et les principes de justice qui doivent toujours exercer de l'influence dans la solution des questions douteuses, veulent que le testament jouisse de la même faveur que les autres actes. — C'était ainsi que le pensaient les anciens jurisconsultes qui étaient bien plus rigoureux que nous sur la forme de testament. Voici ce que dit notamment Julius Clarus, § tastament, quæst. 55, n. 10, « *In hoc etiam proposito nota unum, quod superioribus diebus contingit in prasticâ, quod si aliquis aliùs inhabilis adhibeatur in testamento, puto, quin sit infamis vel servus, qui tamen non reputabatur communi opinione pro servo, neque pro infami, valet testamentum.* »

Cette opinion est consacrée par la jurisprudence.

En 1811, le sieur Facker fit un testament par lequel il laisse un legs considérable à l'un de ses frères. — Le testateur étant mort, ses autres frères et ses neveux demandèrent la nullité de son testament, sur le motif que l'un des témoins instrumentaires, Joseph Isselé, était Badois d'origine, et n'avait pas été naturalisé Français : ce qui constituait une incapacité qui devait entraîner la nullité du testament, aux termes de l'article 980 du Code civil.

Jugement du tribunal civil de Schelestadt, qui déclare le testament valable, par le motif que le témoin Joseph Isselé avait toujours été regardé comme Français.

Appel, de la part des héritiers légitimes. Arrêt interlocutoire qui ordonne une enquête pour vérifier depuis quelle époque Joseph Isselé demeurait en France.

13 juillet 1819, Arrêt définitif de la Cour royale de Colmar qui confirme le jugement de première instance. Attendu, qu'en fait, il résulte de l'enquête que Joseph Isselé, l'un des témoins au testament attaqué, est venu en France en 1785 pour y travailler de sa profession de charron, que depuis il est resté, sans interruption, dans la province de l'Alsace ; que déjà, avant la révolution, il a travaillé dans la commune où il s'est marié depuis ; qu'il a voté, comme citoyen Français, aux assemblées primaires ; qu'il a été incorporé dans la garde nationale ; enfin, qu'il a été assimilé aux citoyens Français, participant aux bénéfices et charges depuis que les lois en ont accordé le privilège aux étrangers qui ont manifesté le désir de se fixer en France, et que depuis, il a été constamment considéré et imposé comme Français, desquels faits résultent deux conséquences nécessaires : la première que l'intention constante d'Isselé a été de devenir Français ; la seconde *que l'opinion commune lui décernait cette qualité.* Attendu, en second lieu et en droit, qu'il suffisait que le sieur Isselé eut été domicilié pendant une année en France, depuis sa majorité, puisque l'art. 4 de l'acte constitutionnel de 1793 conférait le titre de citoyen Français à tout étranger âgé de 21 ans accomplis, domicilié en France depuis un an.

Pourvoi en cassation de la part des héritiers Facker, pour fausse application de l'art. 4 de l'acte de 1793. Les demandeurs ont établi que cet acte n'avait pas été promulgué.

Arrêt de la Cour; attendu que l'arrêt attaqué constate en fait que Joseph Isselé, domicilié en France en 1785, s'y est marié, a voté comme citoyen Français-aux assemblées primaires, a été incorporé dans la garde nationale, et qu'il a été constamment assimilé aux citoyens Français participant aux bénéfices et charges à ce titre, et que *l'opinion commune* lui décernait cette qualité; qu'à ce titre, et sans qu'il soit besoin d'examiner l'influence de l'acte de 1793, invoqué par l'arrêt attaqué, la *jouissance constante de la qualité de Français et l'opinion commune déclarée constante suffisent pour justifier l'admission du témoin Isselé, en qualité de témoin à l'acte dont il s'agit.* — Rejette, etc., etc., Sirey 22-1-1.

380. Enfin ces principes ont été adoptés même en matière criminelle. La nommée Connore, condamnée à 20 ans de réclusion par le tribunal criminel de la Marne, se pourvoit en cassation, sur le motif que le chef du jury était en faillite, et n'avait pu par conséquent remplir les fonctions de juré. Son pourvoi fut rejeté, non seulement à raison de ce que le fait de la faillite n'était pas suffisamment établi, mais parce que ce fait supposé exact, étant généralement ignoré, la nullité qui en résultait était couverte. « Considérant, porte l'arrêt, que le citoyen R..., chef du Jury, est en possession de son état de citoyen, puisqu'il a été porté et conservé sur la liste des jurés par les autorités administratives, que cette possession d'état repose sur la foi publique, et ne permet plus d'attaquer après leur consommation les actes auxquels le juré a concouru. — Cet arrêt est du 17 nivose an X.

381. *Troisièmement.* Enfin, l'erreur commune se rapporte au sens d'une loi. Par exemple : Une loi est promulguée, ses dispositions n'étant point parfaitement claires, on leur donne généralement une fausse application. Les transactions se font de bonne foi dans le sens de cette interprétation, bientôt elles se multiplient de manière à faire considérer comme la vérité, l'erreur qui s'est glissée dans la jurisprudence. Nul doute que l'ordre public et la sécurité des familles n'exigent le maintien de pareilles transactions.

C'est ainsi que, par une fausse interprétation de l'art. 2148 Code civil, l'on avait généralement pensé qu'il n'était pas nécessaire de mentionner dans les bordereaux d'inscription l'époque de l'exigibilité de la créance; le législateur crut nécessaire de porter une loi pour déterminer le véritable sens de l'article ci-dessus : ce fut la loi du 14 septembre 1807, dont l'objet fut d'accorder six mois pour rectifier les bordereaux d'inscription qui ne renfermaient point cette indication « toutefois, disait » l'orateur du gouvernement, dans l'ex- » posé des motifs, l'erreur commune, » partagée par les agens même de l'ad- » ministration, réclame le secours de » la puissance publique, et un délai » pour rectifier les inscriptions défec- » tueuses. »

382. Conformément aux mêmes principes, la Cour de cassation a jugé, arrêt du 13 germinal an XII, Sirey, vol 4, p. 677, que l'héritier qui avait reconnu dans un parent du défunt la qualité de successible, ne pouvait pas revenir contre cette reconnaissance, sous le prétexte qu'elle était le fruit d'une erreur résultant de la fausse jurisprudence du temps.

383. Les principes que nous venons d'émettre sur l'erreur de droit, pourraient paraître en opposition avec ce que nous avons dit, *suprà*, n. 196, que l'erreur de droit comme l'erreur de fait, était une juste cause de la nullité des conventions, quand elle en avait été le motif déterminant. Cette contradiction n'existe cependant pas; ce que nous avons dit au n° précité s'applique à l'erreur particulière, dans laquelle est tombé celui qui a contracté; comme l'erreur n'était point invincible, celui qui en profite n'a aucun titre, aucun

motif plausible pour conserver le profit qu'il a fait au préjudice de celui qui s'est trompé ; au lieu que les principes dont nous venons de nous occuper, s'appliquent au cas où l'erreur est générale ; et par cela même considérée comme invincible. Celui qui, dans ce cas, profite de l'erreur, est protégé non-seulement par sa bonne foi, mais encore parce que l'attaque qu'on dirigerait contre lui blesserait une masse d'intérêts qui sont le résultat de l'erreur commune et de l'opinion générale, et porterait le trouble dans les familles.

384. L'erreur commune produit toujours des effets contraires au droit rigoureux. Elle est exceptionnelle des règles ordinaires, et par cela même, on ne doit la reconnaître que dans les cas rares, où des raisons d'ordre public en font une espèce de nécessité. Par la même raison, on ne doit pas en accueillir la preuve avec trop de facilité ; il faut qu'elle résulte de plusieurs actes, de décisions unanimes, ou d'une opinion générale ; il faut que chacun pensant la même chose sur l'objet auquel elle s'applique, l'erreur puisse être considérée comme invincible. La moindre incertitude doit porter le juge à se déterminer pour l'application pure et simple de la loi.

CHAPITRE V.

De la Règle : *Multa fieri prohibentur quæ si facta fuerint obtinent firmitatem.*

385. Cette règle n'est jamais, pour le juge, qu'une règle d'interprétation ; il n'a point, en général, à examiner les conséquences de la volonté du législateur, et lorsqu'elle est certaine, il n'a pas le droit de juger du mérite qu'elle a, du danger et des inconvéniens qu'il peut y avoir à la suivre ; son devoir est de s'y conformer telle qu'elle est, et d'en faire l'unique guide de ses décisions, *suprà* n. 327; aussi n'y a-t-il que le législateur qui puisse maintenir l'acte qu'il avait d'abord prohibé comme contraire à l'ordre public, et n'y a-t-il que lui qui puisse dire : *Multa fieri prohibentur quæ si facta fuerint obtinent firmitatem.*

386. Cependant, ce droit exclusif qu'a le législateur de valider l'acte qui, lorsqu'il a été passé, était contraire à sa volonté, n'est pas exercé par lui-même; il l'a délégué aux magistrats chargés d'appliquer la loi ; il leur a permis d'en user comme règle d'interprétation, et dans le cas seulement où son langage pourrait être douteux.

Si donc le législateur, en faisant une injonction ou une défense, les a jugées assez essentielles pour qu'il dût d'avance annuler l'acte fait contre son vœu, le juge ne peut se dispenser de prononcer la nullité. « La loi a parlé, disait l'illustre chancelier d'Aguesseau ; il ne reste au juge que la gloire d'obéir ; et il commettrait un excès de pouvoir des plus répréhensibles, si, sous le prétexte qu'il est plus contraire à l'ordre public d'annuler l'acte que de le maintenir, il se refusait à appliquer la peine de nullité portée par la loi. Si le juge avait un pouvoir aussi étendu, il y a dans nos codes bien peu de dispositions annula-

SOLON.

trices qui ne pussent être éludées, sous le prétexte qu'il y aurait des inconvéniens à en faire l'application. »

387. L'usage de la règle ci-dessus appartient donc seulement au juge comme règle d'interprétation. Elle se réduit à ce point, que le silence gardé par le législateur sur l'effet d'une contravention à une loi quelconque, joint à cette circonstance que l'annulation des actes faits contre la disposition de cette loi, serait plus contraire à l'ordre public que leur existence ne saurait l'être, doit faire penser au juge, que le législateur lui a laissé le soin de valider l'acte (quelqu'absolue qu'ait été la prohibition et la disposition de la loi à laquelle on a contrevenu), si effectivement les circonstances sont tellement changées qu'il y ait des raisons puissantes pour prononcer cette validité.

Cette règle reçoit bien rarement son application et nous pensons qu'en général elle a été faite pour les actes de naissance, les actes de décès et les contrats de mariage; ainsi :

1° On tient pour constant que quelqu'essentielles que soient les dispositions de la loi qui déterminent la forme et les conditions des actes de naissance et de décès des citoyens, ces actes ne doivent point être annulés, si, malgré leur irrégularité, l'objet de la loi se trouve rempli. On sent, en effet, que s'agissant d'aussi puissans intérêts, il y aurait toujours plus d'inconvéniens à annuler, sans un motif grave, un acte de naissance ou un acte de décès, qu'à les maintenir ;

2° Il est de principe que toutes les fois qu'il s'agit d'un mariage fait en contravention à la loi, et qu'il n'existe pas d'empêchement dirimant et absolu à ce mariage, il y a plus d'inconvénient à en prononcer la nullité qu'à le laisser exister : *Matrimonia*, disait le chancelier d'Aguesseau, *contrahenda prohibentur, contracta non dissolvuntur.*

Nous nous bornerons à rapporter un exemple pris dans l'art. 228 du Code civil. Cet article défend à la femme de contracter un nouveau mariage avant les dix mois qui doivent suivre la dissolution du mariage précédent. Cette prohibition est d'ordre public ; elle a pour objet d'empêcher la confusion de part. : *confusionem partûs.* Mais si nonobstant cette prohibition, une veuve se remariait avant cette époque, et qu'un officier de l'état civil eût la faiblesse d'y consentir, ce second mariage devrait-il être annulé? Il est certain que non : car, quelle que soit l'inconvenance d'un pareil mariage, on doit le maintenir quand il est parfait ; le décider autrement serait s'exposer à des conséquences plus graves ; ce serait frapper des époux, vivant bien entr'eux, et des enfans toujours innocens; ce serait enfin porter à l'ordre public une atteinte plus essentielle que si on fermait les yeux sur l'inobservation de l'article précité.

388. Dans ce cas et autres analogues, on doit valider l'acte ou le contrat, et appliquer la règle : *Multa fieri prohibentur quæ si facta fuerint obtinent firmitatem.* On doit en faire autant toutes les fois qu'il est évident que l'ordre public aurait plus à souffrir de l'annulation d'un acte que de sa conservation. Ce serait, en effet, aller contre la raison et contre la volonté du législateur, de rechercher un bien qui causerait certainement un mal plus considérable.

CHAPITRE VI.

De la Désuétude.

389. Les lois ne sont pas toujours abrogées par la volonté expresse des législateurs ; elles peuvent l'être aussi par la désuétude, c'est-à-dire, lorsque, pendant un long temps, on s'est généralement et tacitement accordé à ne pas les exécuter. « C'est très-heureusement, disait le pair de France Lanjuinais, qu'il y a dans la nature des choses, une force conservatrice qui lutte sans cesse, souvent avec succès, contre les lois vicieuses ; la violence peut en assurer l'exécution partielle, temporaire, apparente, mais avec le temps la raison, la justice éternelle, l'opinion, finissent par détruire ces sortes de lois, etc. »

390. Les anciens jurisconsultes n'étaient pas bien d'accord sur la question de savoir si les lois pouvaient être abrogées par un usage contraire, ou en d'autres termes, si elles étaient susceptibles de tomber en désuétude. Les deux opinions opposées paraissaient également fondées sur les dispositions de la loi romaine, dont nous avons cru utile de reproduire les termes.

On lit dans le § 1er de la loi 32 ff. *de leg.* — Que les lois peuvent être abrogées, non-seulement par la volonté du législateur, mais encore par la volonté du peuple : *Rectissime etiam illud receptum est leges non solùm suffragio legislatoris, sed etiam tacito consensu omnium per consuetudinem abrogentur.*

Au contraire, la loi 2 Cod., *tit. quæ sit longua consuetudo,* dispose que l'autorité de la coutume et d'un long usage, quoique bien respectable, ne saurait jamais l'emporter ni sur la raison, ni sur la loi : *Consuetudinis ususque longœvi, non vilis autoritas est : verùm non usquè adeò sui valitura momento, ut aut rationem vincat, aut legem.*

391. Il suffit de lire ces deux dispositions pour demeurer convaincus qu'elles sont en opposition formelle ; néanmoins, les auteurs les plus accrédités cherchèrent à les concilier; et nous pensons que Pothier ne laisse rien à désirer sur ce point. Il dit : « *Non potest consuetudo vincere rationem seu legem naturalem, quæ naturâ suâ immutabilis est. Nec etiam arbitrariam legem vincet nisi ità demùm, si præsumi possit accessisse tacitus legislatoris consensus, ità conciliatur hæc lex in quâ consuetudo dicitur legem vincere non posse, cùm lege 32, § 1 de legibus, in quâ per desuetudinem abrogantur leges ; scilicet suffragio legislatoris et tacito omnium consensû.* — Vid. Pandect. lib. 1, tit. 3, sect. 2, numb. 30, à la note.

392. Voet aux Pandectes, tit. des lois, conciliait, d'une autre manière, les deux lois ci-dessus. Voici comment il s'exprime à cet égard : « Tout ce qui vient d'être dit sur l'usage abrogatoire d'une loi antérieure, doit être entendu d'un usage raisonnable établi *dans un état démocratique, où le pouvoir de faire les lois réside entre les mains du peuple.* Que s'il paraissait que cet usage fut fondé, non sur la raison, mais sur l'erreur, comme un pareil usage ne saurait avoir force de loi, ni recevoir extension à des cas semblables, *leg.* 39, ff. *de leg.,* il ne saurait non plus l'emporter sur la loi, *leg.* 2 Cod., *quæ sit longua consuetudo.* »

« Dans les états monarchiques, le peuple ne pourrait, sur l'effet d'un usage contraire, quelqu'ancien qu'il fût, anéantir des lois revêtues de la sanction du prince, à moins qu'il n'apparût du consentement tacite ou de la volonté du prince ; car, le peuple lui ayant transféré le pouvoir de faire les lois, et la raison naturelle voulant que celui-là seul puisse dégager qui a le pouvoir d'engager, et que celui-là qui a la faculté de vouloir, ait par suite celle de ne pas vouloir, *leg.* 4, *ff. de reg. juris*, comment se pourrait-il que celui qui est dépourvu du droit de faire les lois, eût cependant celui de s'en affranchir malgré la volonté du législateur ? »

Cette opinion ne fut pas approuvée par les jurisconsultes, ainsi que l'atteste Merlin en son Répertoire, V° Usage, § 2, n° 3, car dans les monarchies, comme dans les états démocratiques, la loi est toujours l'expression formelle ou présumée de la volonté générale; elle en est l'expression formelle dans les états où le peuple vote lui-même directement ; elle en est l'expression présumée dans les états où elle est votée par les délégués électifs ou héréditaires du peuple. Ainsi dans les uns comme dans les autres, c'est, à proprement parler, le peuple qui fait les lois; il peut donc les abroger dans les uns comme dans les autres. Voir les *Maximes du droit public français*, vol. 2, pag. 351. Cochin, vol. 3, consult. 52 ; et Merlin, loc. cit. et v° Appel, sect. 1, § 5.

393. Nos lois nouvelles n'ont rien de contraire à des principes aussi généralement admis, et, comme autrefois, elles sont susceptibles d'être abrogées par un usage contraire. Nous devons même dire que si ce genre d'abrogation a été toujours considéré comme tenant à la paix des familles et à l'ordre public, il a dû acquérir plus d'importance dans les nombreuses révolutions que nous avons eues à subir depuis 89. Combien de lois, en effet, ont été faites avec légèreté, et repoussées par l'opinion publique ! Combien de lois n'ont dû qu'à des circonstances passagères une vie aussi courte que la cause qui les avait produites ! et nos bulletins ne sont-ils pas remplis de dispositions législatives qui ont cessé d'exister sans aucune abrogation formelle ?

394. La jurisprudence a aussi condamné sur ce point les anciens principes. Elle renferme une infinité d'arrêts rendus, soit pour reconnaître le mode d'abrogation qui fait l'objet du présent chapitre, soit pour en déterminer la nature et les conditions. Nous les avons étudiés et comparés, et nous avons cru trouver dans leurs diverses dispositions la sanction de la règle suivante : « *L'abrogation d'une loi par le non usage repose, d'un côté, sur le concours tacite et général du peuple qui refuse de l'exécuter, et d'un autre côté, sur la volonté du législateur et de l'autorité qui tolèrent cette non-exécution.* Or, pour que cette règle puisse recevoir son application, il faut :

395. 1° Que les faits sur lesquels on veut faire reposer la désuétude, comme ayant abrogé la loi, soient multipliés ; il serait déraisonnable que l'on voulût induire un consentement unanime de quelques actes ou faits isolés, qui, par cela même qu'ils seraient en petit nombre, auraient pu être ignorés du public.

396. 2° Qu'ils soient conformes ; s'ils ne l'étaient pas, ils prouveraient plutôt le dissentiment qu'un accord unanime. Le non usage ne serait pas suffisamment établi.

397. 3° Qu'ils soient publics. L'opinion publique n'a pu se former sur un fait, une disposition qui n'auraient été connus que de quelques habitans ; *Heineccius, ad Pand.*, *lib.* 1, *tit.* 4, § 104. Au reste, il n'est pas précisément nécessaire qu'il ait été rendu des jugemens contradictoires. La désuétude peut résulter d'actes extra-judiciaires, de transactions et actes en général. *Voet, ad Pand. de leg.*, n° 30.

398. 4° Qu'ils puissent être, en quelque sorte, attribués à la généralité des habitans. : *Tacito omnium consensu*, etc., etc. C'est pourquoi il faut distinguer avec soin la désuétude *générale*,

et la désuétude *locale.* Il n'y a que la première qui puisse abroger une loi générale; la seconde n'est jamais suffisante. Il a été jugé avec raison, que dans l'arrondissement particulier où une loi générale était tombée en désuétude, l'arrêt qui se conformait à cet usage, et violait la loi, devait être cassé. Au contraire, il a été jugé que l'arrêt qui méconnaissait cet usage local pour se conformer au texte de la loi, devait être maintenu. Arrêts de cassation, 9 et 12 vend. an XI, 11 pluv. an X, 25 brum. an VI; therm. an XII, et flor. an XIII.

399. 5° Il est nécessaire que les actes ou les faits invoqués pour établir la désuétude, aient été tacitement approuvés par l'autorité; car, si elle les avait condamnés, si même ils étaient de nature à ce qu'on ne puisse pas supposer que le législateur ait voulu les tolérer, la loi conserverait toute sa force.

Quid, si la loi était prohibitive de tout usage contraire; si, par exemple, le législateur avait déclaré que la loi serait observée, nonobstant tout usage qui tendrait à l'abroger? Dunod pense que dans ce cas, elle empêcherait l'usage de naître et de se former. Nous ne saurions partager cette opinion : sans doute l'abrogation serait beaucoup plus difficile à s'opérer, il faudrait beaucoup plus de temps, et un plus grand nombre d'actes contraires; mais du moment que ces actes seraient multipliés, qu'ils se renouvelleraient journellement avec les caractères ci-dessus, ils abrogeraient la loi, malgré la défense qui se trouverait comprise dans ses dispositions. Une pareille défense est, en quelque sorte, un excès dans le mandat que le législateur a reçu du peuple; il avait le pouvoir de faire la loi, mais il n'avait pas le pouvoir de la faire perpétuelle, et le peuple a toujours le droit de ne pas approuver une loi injuste ou même inutile, et de l'abroger par le non usage.

400. Il ne suffit pas à une partie d'alléguer la désuétude, elle doit la prouver. Cette preuve se faisait autrefois par turbes; chaque turbe était composée de dix témoins non suspects, qui ne for-

maient tous ensemble qu'un avis; et chaque enquête devait être composée au moins de deux turbes. Ce mode fut supprimé par l'ordonnance de 1667; on y substitua des actes de notoriété, que délivraient sur requête les Parlemens, et même quelquefois les tribunaux inférieurs. Ces sortes de certificats, émanés d'une seule Cour souveraine, ne pourraient plus obtenir cet effet aujourd'hui, qu'il est reconnu que l'usage local ne peut abroger une loi générale, *suprà* n° 398, à moins qu'on ne supposât une masse de certificats délivrés par toutes les Cours du royaume, ce qui serait extrêmement difficile.

401. Nos lois ne disent rien sur le genre de preuves que les tribunaux doivent admettre pour établir la désuétude, et par cela même, ceux-ci n'ont nullement besoin de recourir aux moyens exigés par l'ancienne jurisprudence; l'existence de quelques arrêts, l'opinion même des auteurs peuvent déterminer l'opinion des juges, pourvu que ces arrêts et ces opinions soient conformes.

402. Jusqu'ici nous avons supposé que la loi était abrogée par des actes conformes et multipliés, et faits en opposition à ses dispositions; nous devons prévoir le cas où cette loi, étant ancienne, n'aurait point été exécutée, sans que cependant l'usage eût rien consacré de contraire à ses injonctions ou à ses défenses.

On tenait autrefois pour certain, que dans cette hypothèse la loi n'était point abrogée : *Cum de consuetudine civitatis, vel provinciæ confidere quis videtur, primùm illud explorandum arbitror an etiam contradicto aliquando judicio consuetudo firmata sit,* leg. 34, ff. de leg.—D'Argentrée, Cout. de Bret., § 323, glos. 1, n° 7.

Cette opinion nous paraît exacte; nous ne pouvons pas concevoir d'abrogation sans une espèce d'opposition émanée du peuple. Il faut un usage contraire, et ce n'est que dans les actes et les faits qui l'établissent, que l'on trouve cette protestation qui seule peut abroger la loi. Dans les circonstances partielles, le silence est sans expression et sans force, et la loi conserve toute son autorité; la simple dénégation d'un fait, disait Voet aux *Pand.* , *de leg.* , n° 35, les déclarations que feraient des témoins ou des auteurs qui n'ont jamais vu ni su que telle loi ait reçu d'application, ne suffiraient pas pour justifier que la loi est tombée en désuétude.—Ce fut pour faire cesser tous les doutes sur ce point, que la loi du 21 septembre 1792 ordonna que les lois non abrogées fussent provisoirement exécutées.

403. L'abrogation, résultant d'un usage contraire, ne peut jamais affaiblir les lois que le législateur n'a point faites.—Il est certain, par exemple, que les lois naturelles ne peuvent point tomber en désuétude. « Les lois immuables, dit Domat, Traité des lois, chap. 11, s'appellent ainsi, parce qu'elles sont naturelles et tellement justes, toujours et partout, qu'aucune autorité ne peut les changer, ni les abolir, » — Il est également certain que les lois qui font partie du droit des gens, ne peuvent pas non plus être abrogées par un usage contraire, ces lois étant communes à toutes les nations; il ne peut dépendre de l'une d'elles d'abroger des dispositions qu'elle n'a point faites : *nihil enim tàm naturale est, quàm eodem genere quodque dissolvere, quo colligatum est,* leg. 35, ff. de reg. juris.

Enfin, il est également reconnu que les lois qui constituent le droit public des nations, ne peuvent point être abrogées par un usage contraire. Ces lois forment notre organisation sociale ; on ne pourrait leur porter la moindre atteinte, sans jeter l'inquiétude dans la nation, sans l'exposer à des déchiremens, à des révolutions. « Les constitutions, disait M. Dupin dans sa réplique pour M. de Pradt, sont les colonnes sur lesquelles s'appuient les gouvernemens; on ne peut les ébranler sans qu'aussitôt l'édifice entier menace ruine. » — M. de Chateaubriand avait exprimé la même idée d'une manière d'autant plus remarquable, que les évé-

nemens l'ont entièrement confirmée. « La Charte, disait-il, est plus forte que nous : Quiconque voudra la détruire, sera détruit par elle. »

404. Moyennant ces exceptions, toutes les lois sont sujettes à tomber en désuétude; d'Agusseau, lett. du 26 octobre 1736; mais surtout les lois *de circonstance*, celles dont Bacon a dit dans ses aphorismes : *Quæ manifestò temporis leges fuere, atquè ex occasionibus reipublicæ tunc invalescentibus notæ.* Ces lois sont abrogées avec d'autant plus de facilité, que nées à l'occasion de circonstances qui durent peu, elles ne sont censées faites que pour le temps où elles pourront être nécessaires; elles doivent périr avec les circonstances qui les avaient fait porter, avec la cause qui les avait produites.

405. Lorsqu'une loi est tombée en désuétude, elle perd sa force et son autorité, *Aristote, lib.* 2, *cap.* 6, *de legibus.* Elle est réputée n'avoir jamais été faite, *mantica de ambig. et tac. convent,* lib. 5, tit. 13, n° 40 et 41. La partie de ses dispositions qui était prescrite à peine de nullité, n'oblige pas plus que la loi même; l'usage justifie l'omission des formalités qu'elle exigeait, et il est bien certain qu'on ne peut plus tirer un moyen de cassation d'une loi qui a été tacitement abrogée par un usage contraire; d'Aguesseau, *loc. cit.*

406. L'usage, avons-nous dit, abroge la loi, mais il ne faut pas croire qu'il puisse acquérir l'autorité de la loi, et ajouter à celle-ci une ou plusieurs dispositions, que par exemple il puisse ajouter à celle-ci une peine de nullité qu'elle ne porterait pas, et qui ne serait pas dans son esprit. Un arrêt et un jugement ne pourraient point être cassés, par cela seul qu'ils auraient été rendus contrairement à un usage; et si, par une fausse interprétation et par suite d'une erreur commune, on avait accueilli de pareilles nullités, cela n'engagerait pas les tribunaux; ils pourraient juger contrairement à leurs précédens jugemens; ils le devraient

niéme, suivant ce que nous avons dit, au troisième chapitre, qu'ils ne peuvent prononcer de nullités qu'autant que la loi les y autorise.

CHAPITRE VII.

Des Nullités sans griefs.

407. Les lois ayant principalement pour objet l'ordre public et la conservation des intérêts particuliers , leurs dispositions n'ont et ne peuvent jamais avoir de l'importance , qu'autant que de leur inobservation doit résulter un dommage quelconque ; l'absence de tout préjudice enlève à une contravention toute sa gravité , et ce serait méconnaître la volonté du législateur et les règles de l'équité, que de faire résulter de cette contravention la nullité d'un acte ou d'une convention; aussi a-t-on toujours tenu pour certain qu'il *n'existait point de nullité sans grief.*

Cette maxime est née du besoin de proscrire ces procès scandaleux , par lesquels un débiteur retardataire , un plaideur de mauvaise foi , se flattant de se soustraire, au moins pour quelque temps, à une obligation qu'ils ont légitimement contractée, se plaignent d'une omission ou d'une contravention qui ne leur ont cependant enlevé aucune des garanties que le législateur avait voulu leur donner, et qui en un mot ne leur ont porté aucun préjudice.

« Je ne conçois pas bien, disait le chancelier d'Aguesseau , vol. 8 , pag. 316, ce que vous voulez dire quand vous remarquez que dans l'écrou du nommé......, il n'est pas fait mention de la qualité; d'où vous concluez que tout le procès est nul, parce que l'écrou en est la base et le fondement; il faudrait savoir premièrement ce que c'est que cette qualité dont on a omis de faire mention; et je ne conçois pas que cette omision telle qu'elle soit, puisse être d'une si grande conséquence, *n'y ayant point d'erreur et de doute sur la personne.*

408. Elle était généralement admise dans l'ancienne jurisprudence, et il n'existe dans nos lois aucune disposition qui puisse faire supposer qu'elle n'ait point passé dans la législation moderne ; la jurisprudence de la Cour de cassation et des Cours royales l'ont consacrée dans une infinité de circonstances, et les auteurs ne l'ont pas révoquée en doute. Voici quelques exemples dans lesquels cette règle reçoit son application.

409. L'art. 608 du Code de proc. est ainsi conçu : « Celui qui se prétendra propriétaire d'effets saisis pourra s'opposer à la vente, par exploit signifié au gardien, et dénoncé au saisissant et au saisi, contenant assignation libellée, et l'énonciation des preuves de propriété, à peine de nullité. » On suppose qu'en assignant le saisissant et le saisi, on ait seulement signifié au gardien l'opposition à la vente sans lui donner l'assignation, cette omission entraînerait la nullité de la procédure? L'affirmative semblerait devoir résulter de la généralité des expressions dont s'est servi le législateur dans l'article précité; cependant on a considéré que

cette omission n'occasionnait aucun préjudice à personne, et l'on pense généralement qu'elle ne doit point entraîner la nullité de la revendication. (Carré, art. 608 du Code de proc.)

410. Par suite de la même règle, il a été jugé que l'exploit qui ne renfermait pas le nom de l'huissier, mais seulement sa signature, ne devait pas être annulé, bien que l'art. 61 du Code de proc. prescrive cette énonciation à peine de nullité; car, dit la Cour de Toulouse, dans un arrêt du 11 juillet 1821, si le législateur a voulu, par cette formalité , que la partie assignée pût, à la simple lecture de l'exploit, apprendre d'une manière non équivoque quel était l'huissier porteur de l'acte, pour s'assurer s'il avait le droit d'instrumenter dans le ressort , son intention est remplie, quoique l'huissier ait omis son nom après l'énonciatiou de sa demeure et de son immatricule , si d'ailleurs il a apposé sa signature au bas.

411. La Cour de cassation s'est prononcée dans le même sens ; voici dans quelle espèce : une saisie immobilière avait été faite en vertu d'un jugement contradictoire en dernier ressort : la saisie n'indiquait pas la profession du saisissant, et se trouvait ainsi frappée de nullité par les art. 61, 675,677, 717 du Code de procédure civile. Cette nullité ayant été proposée, les juges refusèrent de l'accueillir, par le motif que le saisi n'avait pu méconnaître la profession du saisissant, avec lequel il avait été jugé contradictoirement lors de la condamnation obtenue contre le saisi, condamnation en vertu de laquelle la saisie immobilière se poursuivait; qu'ainsi la nullité était sans griefs (jugement du tribunal de Castres , du 23 octobre 1811) ; sur l'appel, la Cour de Toulouse rendit un arrêt confirmatif de ce jugement, le 23 décembre 1811. La Cour de cassation jugea de même le 19 août 1814; Dalloz, t. 24, p. 175 —Le saisi s'étant pourvu en cassation contre cet arrêt, le pourvoi fut rejeté, à cause qu'il était constant en fait, que le saisi avait été désigné au procès-verbal de saisie de la même manière qu'il l'avait été dans tous les actes de procédure , pour parvenir au jugement dont la saisie a été l'exécution; en sorte que le demandeur avait la connaissance la plus précise de la personne du saisissant, etc.

411. Il a été également jugé qu'un exploit de signification ne devait pas être annulé, par cela seul que l'huissier avait omis la date de l'année , si d'ailleurs la partie avait pu connaître cette date, au moyen des actes signifiés et des énonciations renfermées dans l'exploit.—Arrêt de cassation du 8 nivôse an XI; Dalloz, t. 14, p. 540; Sirey, vol. 3, p. 553.

412. Par la même raison, le défaut de date dans un acte notarié ordinaire ne serait point une cause de nullité, si par la date de l'acte qui le précède, par la date de l'acte qui le suit, et par des énonciations incontestables, cette date ne pouvait pas être douteuse.

On peut voir un arrêt de la Cour de cassation du 22 février 1819; Dalloz, t. 24, p. 355; Sirey , 1819, p. 103.— Deux arrêts de la Cour de Bourges ; Sirey, 1822, p. 157.

413. La maxime qu'il n'est point de nullité sans grief, a pour objet de repousser une action dont le mobile est la chicane ou la malice; elle est la conséquence de cette règle de justice qu'il ne faut jamais se montrer indulgent pour la méchanceté des hommes: *Maliciis hominum non est indulgendum.* Elle est dès-lors d'ordre public.—C'est par ce motif qu'il a été jugé :

1° Que l'exception prise de défaut de grief ne peut point être couverte, que l'on est admis à l'opposer en tout état de cause, même en appel.— Arrêt de cassation , du 4 avril 1810 ; Sirey, 1810, p. 218 ;

2° Que cette exception doit être accueillie d'office par les tribunaux, si les parties ne la proposent pas, même dans le cas où elles font défaut: aucune considération ne pouvant porter le juge à annuler une procédure, ou un acte, pour cause d'une omission sans importance qui n'a pu porter aucun préjudice à la partie qui s'en plaint. *

414. On pensait autrefois que la maxime qu'il n'est point de nullité sans griefs ne pouvait être opposée à celui qui, bien qu'il n'en eut point ressenti un préjudice particulier, proposait une nullité prononcée dans l'intérêt public : on disait qu'en cette matière, le demandeur en nullité avait toujours un intérêt suffisant comme membre de la société, à faire annuler un acte immoral, illicite, dont l'existence tendrait à compromettre la tranquillité de cette société elle-même.

Cette opinion était juste sous la législation romaine, parce qu'alors on ne connaissait pas l'institution d'un corps de magistrature, chargé d'exercer les actions qui se rapportent à l'ordre public; chaque citoyen avait le droit d'intenter les actions de ce genre, actions que par ce motif la loi appelait : *populaires*, leg 2, § 3, *de popul. act.* — Aujourd'hui, de même que sous l'ancienne jurisprudence française, il ne peut en être ainsi : les actions populaires n'existent plus (Serres aux inst., pag. 378.) Nous avons des magistrats spécialement chargés de faire respecter les lois et de veiller à la conservation de l'ordre public ; dépositaires des plaintes des citoyens, ce n'est que par leur organe que ceux-ci peuvent dénoncer à la justice l'existence d'un acte contraire au bon ordre; si ces derniers s'adressaient directement aux tribunaux, pour demander la nullité d'un pareil acte, ils devraient être repoussés par cela seul que la contravention à la loi ne leur a apporté aucun préjudice, et qu'ils ne peuvent pas proposer une nullité sans grief. — L'intérêt de la société exige qu'on prévienne ces actions odieuses qui, sous le prétexte du bien public, ne seraient que l'effet de la méchanceté et de la haine, et qui se multiplieraient en raison de la grande facilité qu'il y aurait à les proposer.

415. Enfin, on ne doit pas perdre de vue que la règle, *qu'il n'est point de nullité sans grief*, n'est qu'une règle d'interprétation, et qu'il n'est possible de l'appliquer que dans les cas où la volonté du législateur peut être douteuse. Si la loi est claire, précise, exempte d'équivoque, le juge ne peut se dispenser de prononcer la nullité, il n'a point à rechercher le plus ou moins d'intérêt que les parties ont à la proposer, *suprà* n° 327. Seulement dans ce cas la maxime ci-dessus doit faire accueillir les équipollens et les inductions, *suprà* n°s 361 et 366.

———

CHAPITRE VIII.

Par quelles voies doit-on faire déclarer les Nullités.

———

416. Lorsqu'un acte ou une convention sont nuls ou annulables, la partie à qui appartient le droit de proposer la nullité, doit agir par voie d'action principale. Cette action est une action ordinaire, dont l'exercice doit subir la forme et les délais des actions en général. — Cette partie peut aussi proposer la nullité par exception, toutes les fois qu'elle est poursuivie en vertu d'un acte nul ou annulable. — Mais toujours il est nécessaire qu'elle obtienne jugement, car les nullités ne produisent pas leurs effets de plein droit (*suprà* n° 16),

les actes sont présumés valables jusqu'à ce que la nullité en ait été déclarée par jugement; arrêt de cassation , du 27 août 1818; Sirey, 1818, 1. 405.—Il n'y a exception que lorsque la loi, portant une nullité, ajoute *qu'il ne sera pas besoin qu'elle soit prononcée.* Voir les art. 366 et 692 Code de procéd; ou encore lorsqu'un acte est tellement informe qu'il doit n'être considéré que comme un simple projet; comme si, par exemple, une partie opposait un acte notarié qui ne serait signé ni par les parties, ni par les notaires. Arrêt du 6 mai 1813.

417. Quant aux jugemens, ils ne peuvent pas être attaqués par voie d action principale en nullité, ni par exception. La partie qui veut les faire annuler, doit nécessairement recourir aux voies ordinaires que la loi prescrit pour les attaquer. Arrêt de la Cour de cassation du 7 octobre 1812; et il est de principe que les nullités des jugemens ne peuvent plus être proposées, dès que par l'expiration des délais fixés pour les attaquer, ils ont acquis l'autorité de la chose jugée.

418. Les voies légales pour faire annuler les jugemens sont, 1° l'opposition simple, lorsque le jugement a été rendu par défaut; 2° l'appel; 3° la tierce opposition; 4° la requête civile; 5° la cassation.— On peut ajouter à ces moyens directs de faire réformer un jugement, la prise à partie et le désaveu.

419. L'ordre des juridictions a été calculé sur le plus grand intérêt des plaideurs, et sur des raisons d'intérêt général, aussi n'est-il permis à personne de le méconnaître, et de franchir les divers degrés dont il se compose; il est reconnu qu'on ne peut user à la fois de deux des moyens ci-dessus, pour faire rétracter un jugement, et qu'on ne peut recourir à celui que la loi indique en dernier lieu, qu'après avoir successivement employé tous ceux qu'elle indique en premier ordre.

420. Le Code de procédure indiquant avec exactitude les voies ordinaires et extraordinaires pour faire réformer les jugemens, il est facile de faire l'ap-

plication des dispositions qu'il renferme à cet égard. Nous avons, néanmoins, pensé qu'il était convenable de dire un mot sur deux circonstances importantes qui se présentent souvent dans la pratique.

421. Nous avons dit que le recours de cassation et la requête civile étaient deux moyens que la loi donnait pour faire réformer les jugemens. L'un et l'autre ont pour objet de dénoncer une contravention à la loi; mais comme il n'est pas permis d'employer l'un ou l'autre indistinctement, on a élevé des doutes sérieux sur leur application. Plusieurs arrêts contradictoires ont été rendus, et ce n'a été que depuis quelque temps que la jurisprudence a été fixée sur ce point. Elle a consacré :

1° Que la violation des formes prescrites à peine de nullité, lorsqu'elle provient du fait des juges, donne lieu à la cassation ; arrêt du 19 déc. 1831 ; Jurisp. du 19ᵉ siècle , 1832, 1. 216 ;

2° Que la violation des formes ou nullités provenant du fait des parties, *lorsqu'elles ont été proposées.* donne également lieu à cassation. Arrêt du 19 juillet 1809 ; Sirey , vol. 14-1-160;

3° Enfin, que la violation des formes prescrites à peine de nullité ne donne lieu à requête civile , qu'autant qu'elle provient du fait des parties, et que celles-ci ne les ont pas proposées, lors du 1ᵉʳ arrêt. Arg. des deux arrêts ci-dessus.

422. Nous avons dit également que la tierce-opposition était un moyen de faire annuller les jugemens. La tierce-opposition est une voie extraordinaire par laquelle on attaque un jugement rendu dans une affaire, et lors duquel on n'a pas été appelé.

La nécessité de ne pas confondre les moyens de recours que la loi donne pour faire réformer les jugemens et arrêts, a donné naissance à une question du plus grand intérêt; c'est celle de savoir si pour écarter l'exception de la chose jugée, tirée mal à propos d'un jugement dans lequel on n'a pas été partie, il est absolument nécessaire de former tierce-opposition à ce jugement?

La jurisprudence des arrêts et des auteurs ont adopté la négative de cette question ; rien ne s'oppose donc à ce que celui à qui on oppose un jugement dans lequel il n'a pas été partie, puisse dire : « Ce jugement m'est étranger ; il est à mon égard comme s'il n'existait pas.—Cette décision est la conséquence de l'art. 1351, qui dispose que l'autorité de la chose jugée n'a lieu qu'à l'égard des parties qui y ont figuré. Elle n'est pas d'ailleurs contrariée par l'art. 474 du Code de proc. qui porte qu'une partie *peut* former tierce-opposition, etc., etc. Cet article, en effet, n'établit qu'une faculté dont il est loisible de ne pas user, toutes les fois qu'on a un moyen plus simple et moins coûteux. Arrêts de cassation, rapportés au Recueil de questions de droit de Merlin, V° *Chose jugée*, § 2.— Carré, art. 474;—Beriat de Saint Prix, même article. M. Pigeau pense même qu'il n'y a pas lieu de recourir à la tierce-opposition, quand le jugement ou l'arrêt ont été exécutés, car, dit-il, on conçoit bien une opposition à quelque chose qui est à faire, mais on ne peut concevoir l'opposition à une chose déjà faite. Cette distinction n'est pas dans la loi, cependant elle nous paraît raisonnable, et dans tous les cas, elle nous donne à penser que lorsqu'on a exécuté contre moi un jugement, lors duquel je n'avais pas été appelé, je puis agir par action directe contre l'injuste détenteur de mon héritage, sans qu'il puisse exiger que j'agisse par la voie de la tierce-opposition.

423. Il résulte de ce que nous avons établi au n° 418, qu'un tribunal ne peut jamais annuler le jugement par lui rendu; il n'y a pas, en effet, de règle plus triviale que celle qui défend à un juge de se réformer lui-même : *Judex posteà quàm semel sententiam dixit judex esse desinit*, leg. 55, ff. de re judicatâ. Toutefois il n'y a pas violation de cette règle, par cela seul qu'un tribunal aurait rectifié un jugement bien rendu, mais qui contiendrait une énonciation erronée, et de laquelle résul-

terait une nullité; la partie qui serait intéressée à faire relever cette erreur, pourrait agir directement devant le tribunal qui l'aurait commise, pourvu que les choses fussent entières, c'est-à-dire tant que les juges n'auraient point été dépouillés par un appel.—Voir les arrêts rapportés ou indiqués, Jurispr. du 19° siècle, 1. 413. Arg. de l'art 541 du Code de proc.

424. Il n'y a pas non plus violation de la règle ci-dessus, par cela seul que les juges auraient annulé un jugement interlocutoire ou de pure instruction qu'ils auraient précédemment rendu. Il est de principe que de tels jugemens ne lient pas les juges; et que ceux-ci peuvent n'y avoir aucun égard; par rapport à leur annulation, on ne peut appliquer les règles que nous avons posées pour les jugemens définitifs. Pothier en donne la raison dans ses Pandectes : *Hæc præcipua inter sententiam definitivam, et interlocutionem observanda est differentia : nimirùm interlocutio est pronuntiatio judicis, quod ad litis progressum spectat : quum igitur judex qui eum pronuntiavit, pergat esse judex , eam meliùs consultus mutare potest. Contrà sententia definitiva est ea, qua per condemnationem aut absolutionem causa finitur : undè quum ea judicis officium finiatur retractari ab eo non potest.* »

425. L'action principale en nullité, est ouverte contre les jugemens des arbitres volontaires, art. 1028 du Code de proc.—En est-il de même dans le cas où il s'agit d'arbitrage forcé ?

Oui, si les parties ont donné pouvoir aux arbitres de juger comme amiables compositeurs, jugeant sans règles de droit ni de forme, et sans appel ni cassation. Arrêt du 16 juillet 1817, et 6 avril 1818; Dalloz, t. 2. p. 279.

Non, si ce pouvoir n'a pas été donné. Arrêt de cassation, du 26 mai 1813, et 7 mai 1828.—Dalloz, t. 2, p. 479; Jurispr. du 19° siècle, 1828, 1. 300. On lit dans le premier de ces deux arrêts : « Attendu que les arbitres ont prononcé sur des différens relatifs à une société de commerce, que dès-lors ils ne peuvent être considérés comme arbitres volontaires, puisqu'il n'était pas au pouvoir des parties de se soustraire à leur juridiction, que ces arbitres, comme tous ceux auxquels on est forcé par la loi de recourir, ont le caractère de juges, et donnent à leurs décisions rendues soit en premier, soit en dernier ressort, l'autorité du jugement ou arrêt contre lequel la voie de nullité ne peut pas être admise. »

CHAPITRE IX.

Quels sont ceux qui ont qualité pour se prévaloir des Nullités.

426. Nous avons vu au chapitre précédent, qu'il n'y avait point de nullité sans grief. Les motifs de cette règle nous conduisent à cette conséquence, que tout individu, à qui une convention n'a occasionné aucun tort, ne saurait être recevable à proposer ni à opposer la nullité qui en résulte. — La nullité est, d'ailleurs, suivant les anciens interprètes, un remède de droit : *Remedium juris*, que le législateur donne à celui à qui la contravention a fait mal. Or ce serait en abuser et méconnaître la volonté de la loi, que d'accorder ce remède à celui qui n'a point eu à en souffrir.

Comme aussi on doit reconnaître, qu'*en général* tout individu à qui la violation de la loi a porté préjudice, a le droit de se plaindre ; nous disons *en général*, parce qu'il arrive souvent que celui qui a souffert des suites d'une contravention, et qui par cela même devrait avoir qualité de se prévaloir de la nullité attachée à cette contravention, en est cependant empêché par des raisons d'ordre public, par des motifs de convenance. Ces deux propositions résultent de l'ancienne règle: *De nullitate dicere et excipere potest omnis qui ex ea senserit se gravatum*

quia est remedium juris et solùm quærendum est quis ab eo prohibeatur. Vantius, de nullitatibus, chap. 3, numéro Ier.

427. Cette règle mérite toute l'attention des jurisconsultes ; elle est frappante par sa justesse et par l'étendue de ses conséquences, et l'on ne doit jamais la perdre de vue dans les questions qui peuvent se rattacher au présent chapitre. Elle nous paraît justifier la présomption raisonnable et légale, que *celui qui a eu à souffrir de l'inobservation d'une disposition de la loi, a qualité pour se prévaloir de la nullité qui s'y trouve attachée.* Le juge n'a point à rechercher si le législateur a expressément donné ce droit à cette partie ; il doit se borner à voir s'il a entendu le lui ôter; *Et solùm quærendum est quis ab eo prohibeatur.* Si cette intention n'est point positive, l'intérêt de la partie forme son droit et sa qualité, et le juge ne peut se refuser d'accueillir sa demande : *De nullitate dicere et excipere potest omnis qui ex eâ senserit se gravatum.*

428. Ce qui, du reste, donne à cette présomption un caractère de vérité incontestable, c'est ce que nous avons dit, suprà n° 24, que le droit de proposer ou opposer, exclusivement à d'autres, la nullité d'un acte ou d'une convention, était un véritable privilége. Lors donc que le législateur prononce une nullité, sans dire par qui elle pourra être proposée ou opposée, il est censé avoir reconnu que tout intéressé aurait ce droit; le silence qu'il a gardé est exclusif de tout privilége, car il ne peut y avoir dans la condition et les droits des citoyens, d'autre inégalité que celle que la loi crée elle-même d'une manière certaine.

429. Le juge doit d'autant mieux s'attacher à cette règle, il doit d'autant plus éviter de reconnaitre à une partie un droit privilégié, hors des cas déterminés par la loi, c'est que la convention ou l'acte annulable dans l'intérêt de quelqu'un, ne sont pas véritablement nuls; relativement aux autres parties et autres intéressés, ils sont valables et produisent leur effet tout comme s'ils ne renfermaient ni omission, ni contravention. Nous avons dit, en effet, *suprà* n° 10, que quand un acte était nul ou rescindable en faveur d'une ou de plusieurs parties, on devait entendre la nullité en ce sens, qu'elle était facultative à la partie pour laquelle elle avait été établie, et qu'il dépendait d'elle que l'acte fût annulé ou maintenu : *Quando actus nullus est favore intelligitur si ipse velit.*

430. Cette théorie servira à résoudre une infinité de questions importantes et encore controversées; appliquée avec soin, et par des esprits judicieux, elle simplifiera la proposition que nous avons mise en tête du présent chapitre, et dissipera le plus grand nombre de difficultés dont se trouve hérissée la partie de notre droit qui se rattache à cette même proposition. Nous allons nous-mêmes en faire l'application à plusieurs espèces.

431. Les nullités d'ordre public absolues, avons-nous dit, sont l'effet de la contravention aux lois qui intéressent la masse des citoyens : or, comme l'exercice des actions qui se rattachent à un intérêt aussi général, est confié à des magistrats spécialement chargés de ce

soin par les dispositions de la loi, il est certain qu'un simple particulier serait sans qualité pour proposer une nullité de cette espèce.

Il en serait autrement si l'acte nul lui portait préjudice. Alors, il pourrait proposer la nullité, non parce qu'elle serait contraire à l'ordre public, mais seulement parce que l'acte nul lui ferait ressentir un tort particulier; il en userait comme d'un remède au mal que la contravention lui aurait fait; arrêt de cassation, du 17 mai 1810, rapporté par Merlin, en ses Questions de droit, V° Nantissement; voir surtout, *infra* n° 481; et dans ce cas, son intérêt formant la base de son action, le juge ne pourrait le repousser qu'autant que le législateur se serait prononcé dans ce sens.

432. Lorsqu'il s'agit d'une nullité de forme, et qu'elle est le résultat d'une omission qui frappe de *non esse* l'acte qui la renferme, cet acte n'existant pas, ne peut être obligatoire pour personne. Tous ceux qui ont intérêt, ont par cela même le droit d'exciper de la nullité. Cela a lieu, par exemple, dans tous les contrats et actes solennels.

433. Ce n'est pas par rapport à ces nullités qu'il existe de grandes difficultés. Les doutes ne peuvent s'élever que dans les cas où il s'agit d'une nullité relative, c'est-à-dire d'une nullité qui n'a pas été portée pour tous les intéressés, et qui, à la différence des nullités de *non esse* (qui sont en quelque sorte la punition infligée à ceux qui ont méconnu la loi), ne sont considérés que comme un moyen de réparer un préjudice éprouvé. La difficulté consiste précisément à savoir quels sont ceux que le législateur a eu en vue, quels sont ceux auxquels il a entendu accorder cette réparation.

434. Il est un grand nombre de dispositions dans lesquelles le législateur, en créant une nullité, en a déterminé l'application et les effets à l'égard des parties ayant un intérêt différent. Alors la conduite du juge est facile; il doit suivre la loi. Par exemple, il n'y a pas de difficulté pour décider quelles

sont les parties contractantes qui ont le droit de se prévaloir d'une nullité résultant de l'incapacité des mineurs, de l'interdit, ou de la femme mariée; il est certain que le législateur n'ayant porté cette nullité qu'en faveur du mineur, de l'interdit, de la femme mariée et du mari, ceux-ci ont seuls qualité pour se faire restituer contre leurs engagemens, ou pour les faire annuler dans les cas prévus par la loi.—Art. 225, 1124, 1125 du Code civil.

Ce droit accordé par la loi à un incapable, est basé sur des motifs puissans d'ordre public; il est extrèmement favorable, et personne, pas même ceux qui ont traité avec eux, ne peut s'en plaindre. En effet, en traitant avec des mineurs, des interdits, des femmes mariées, on s'expose à une condition résolutoire, qui dépend uniquement de leur volonté, on s'expose au préjudice qui doit résulter de cette résolution. Or, *volenti non fit injuria.*

En plaidant avec eux, on a également ment consenti à l'inégalité des chances; en effet, on devait veiller à ce que les formalités et les conditions nécessaires pour assurer, par rapport à l'incapable, l'entier effet du jugement à intervenir fussent observées; c'est une maxime triviale au barreau, que *chacun est fondé à demander que la cause soit mise en état, et à exiger que la partie adverse prenne les mesures nécessaires pour assurer, quant à elle, l'entière exécution de la décision* qui va être portée; en ne le faisant pas, on s'expose volontairement à la perte qu'on éprouve par l'effet de la nullité du jugement rendu contre un incapable qui n'avait pas été suffisamment habilité.

435. Il est également certain aujourd'hui que la nullité résultant de l'incapacité des communes, n'est une nullité absolue que dans le cas où il s'agirait de l'aliénation de leurs droits immobiliers; dans tous les autres cas, elle n'est que relative et établie en leur faveur : ce serait vainement que les parties capables qui ont traité ou plaidé avec elles

voudraient se prévaloir de la nullité que la loi attache à cette incapacité.

Cette opinion a été long-temps contestée; la Cour de cassation avait elle-même plusieurs fois jugé que, d'après les art. 54 et 56 de la loi du 14 décembre 1789, les lois des 20 août 1791 et 24 avril 1793, la nullité résultant de l'incapacité des communes était absolue, et qu'elle pouvait être invoquée même par le particulier qui avait perdu son procès contre elles, sans avoir opposé le défaut d'autorisation. (Arrêt du 16 mai 1810; Dalloz, t. 5, p. 15; Sirey, vol. 11, p. 121.)

Les décisions de la Cour de cassation, dit M. Favard de Langlade, en son Répertoire de législation, V° Nullité, étaient fondées sur ce que l'incapacité des communes de plaider et d'acquérir des domaines nationaux sans autorisation, sont d'ordre public; et comme l'on ne peut, par des conventions particulières, déroger aux lois qui touchent cette matière, on ne le pouvait pas non plus par l'acquiescement, qui n'est qu'une convention expresse ou tacite; mais cette opinion que ce savant magistrat parait avoir adoptée, a été proscrite par la Cour de cassation elle-même, qui a cru convenable et juste d'abandonner sa première jurisprudence; on peut s'en convaincre par les termes et les espèces de deux arrêts, l'un du 8 mai, l'autre du 22 mai 1827; Jurisp. du 19 siècle, 1827, 1.405. Voici l'espèce du dernier de ces arrêts.

Une forêt avait été achetée en l'an IX par plusieurs habitans de la commune de Durmenach; la commune a prétendu, plus tard, que cette acquisition avait été faite pour son compte, et en vertu du mandat qu'elle en avait donné aux acquéreurs; elle a demandé, en conséquence, à être mise en possession de la forêt. Les acquéreurs, au nombre desquels se trouvait le sieur Niefergold, ont défendu à cette demande, en soutenant, 1° qu'il n'y avait pas eu de mandat de la part de la commune; qu'elle n'en rapportait pas la preuve, et que d'ailleurs, dans le contrat d'acquisition, les acquéreurs avaient stipulé en leur nom, et nullement au nom de la commune; 2° que la commune n'avait pas été autorisée pour acquérir, et que ce défaut d'autorisation emportait nullité de tous les actes dans lesquels elle aurait figuré pour cet objet.

Jugement du tribunal, et le 29 juin 1815, arrêt de la Cour de Colmar, qui écarte les deux exceptions proposées par le sieur Niefergold et consorts, et accueille les prétentions de la commune. La Cour considéra que la preuve de l'existence du mandat résultait suffisamment dans l'espèce, des circonstances et des pièces produites; en second lieu, que la nullité prise de défaut d'autorisation, ne pouvait être opposée à la commune; que cette autorisation ne deviendrait d'ailleurs nécessaire que lorsqu'il aurait été statué sur les droits de la commune, et qu'il y aurait lieu pour elle de se mettre en possession.

Pourvoi en cassation par le sieur Niefergold et consorts : 1° Pour violation des articles 1341 et 1995 du Code civil, sur la preuve du mandat; 2° pour violation des lois des 20 août 1791, et 24 avril 1793, relatives à l'autorisation des communes pour acquérir.

« La Cour, sur le premier et sur le deuxième moyen, attendu que les principes qui ne permettent pas aux communes d'acquérir sans autorisation, ne sont établis qu'en leur faveur, parce qu'elles sont réputées en état de minorité; mais que la nullité purement relative dans l'espèce, ne peut être relevée par ceux qui ont contracté avec elles, ou en leur nom, rejette, etc. »

436. La jurisprudence va même plus loin, et pour assurer d'autant mieux la règle que la nullité résultant de l'incapacité des communes, n'est proposable que par la commune même, elle consacre que les membres isolés de cette commune n'ont pas qualité pour se prévaloir individuellement, *ut singuli*, de cette nullité.—Arg. d'un arrêt du Conseil du 27 novembre 1814. — Arrêt de cassation du 16 juillet 1822; Dalloz, t. 5, p. 9; Sirey, 1823, p. 73.—Et autres ar-

rêts rapportés dans le même volume. Le maire seul, et à son défaut l'adjoint, peuvent agir dans l'intérêt de la commune. Loi des 9 vendém. an V et 28 pluv. an VIII.

437. Si donc un communier, qui, en cette qualité de communier, a joui d'un droit de pacage, de passage ou autre sur un fonds communal qui aurait été affermé d'une manière irrégulière, voulait se prévaloir de la nullité de l'acte de ferme pour s'opposer à la prise de possession de fermier, il serait sans qualité et sans action.

438. Un autre exemple important de nullité relative, est pris dans l'art. 2148 du Code civil. Cet article détermine la forme des bordereaux d'inscription hypothécaire. Nous avons vu, *suprà* n° 302, que plusieurs des énonciations qu'ils doivent renfermer tiennent à leur essence, c'est-à-dire qu'elles sont indispensables pour qu'ils remplissent leur objet. Or, cet objet étant uniquement d'assurer aux créanciers un rang hypothécaire, un privilége sur les créanciers inscrits tardivement, et d'avertir les tiers acquéreurs des charges qui grèvent les immeubles par eux acquis, il en résulte que ce n'est qu'en leur faveur que le législateur a prononcé la nullité des inscriptions irrégulièrement prises. Le débiteur qui a consenti l'hypothèque est sans qualité pour se prévaloir d'une pareille nullité, car pour lui, elle est sans grief; en s'obligeant personnellement, il s'est obligé sur tous ses biens mobiliers ou immobiliers présens et à venir (Art. 2092 du Code civil). Or, comme cette obligation suffit pour que le créancier puisse faire exproprier ses biens, arrêt de cassation., du 27 juin 1827; Jurisp. du 19° siècle, 1827, 1. 509; l'hypothèque et l'inscription n'ont point un objet essentiel entre le créancier et son débiteur; celui-ci obtînt-il la nullité de l'inscription n'en serait pas moins obligé sur tous ses biens présens et à venir; d'où il suit qu'il est sans qualité et sans intérêt pour la proposer. — Le défaut d'intérêt est une circonstance qui doit toujours faire repousser une

demande en nullité. — (Arrêt de cassation du 8 mai 1827; Jurisp. du 19ᵉ siècle, 1828, 1. 495. *Suprà*, n. 426.

439. Un autre exemple de nullité relative important, est pris de l'article 692 du Code de proc., qui annule la vente de l'immeuble faite par le saisi après la dénonciation de la saisie. On avait prétendu que la nullité d'une pareille vente était tellement absolue et d'ordre public, que le débiteur et l'acquéreur lui-même étaient admis à l'invoquer; c'était aller beaucoup trop loin, et il a été jugé avec raison qu'ils étaient non-recevables; que si l'article 692 prononçait une pareille nullité, c'était uniquement dans l'intérêt des créanciers inscrits et du saisissant, que dès-lors l'acquéreur ne pouvait invoquer une nullité qui n'avait pas été créée en sa faveur. Arrêt de cassation, 5 déc. 1827; Jurispr. du 19ᵉ siècle, 1828, 1. 240.

440. Il est inutile de pousser plus loin l'examen des dispositions de la loi, qui fournissent des exemples de nullités relatives, il doit suffire que nous ayons posé les règles générales, pour qu'on puisse en faire l'application aux différentes espèces qui peuvent se présenter.

441. Nous avons dit qu'il ne pouvait y avoir lieu à distinguer en faveur de qui était établi le droit de demander la nullité ou la rescision d'un acte ou d'une convention, qu'autant qu'il s'agit d'un acte ou d'une convention qui ne sont pas nuls de *non esse*, de ceux dont on dit qu'ils produisent une action susceptible d'être repoussée par une exception; s'il s'agissait d'un contrat ou d'une convention nuls *de non existence*, toute partie ayant intérêt à proposer la nullité, serait recevable à le faire; le juge ne pourrait, sous aucun prétexte, se refuser à reconnaître le défaut de lien réciproque, et à prononcer une pareille nullité.

Cette observation est surtout importante, lorsqu'il s'agit d'un acte fait par un individu qui ne pouvait le faire que sous certaines conditions; souvent l'inobservation de ces conditions ne produit pas seulement l'annulabilité,

mais bien une nullité de non existence. Aussi, lorsque nous avons dit que celui qui avait traité avec une femme mariée non autorisée, un interdit, un mineur, était sans qualité pour se prévaloir du vice résultant de cette incapacité, nous avons supposé qu'il s'agissait d'un de ces contrats qui liaient le majeur capable, qui avait contracté avec eux, et contre lequel ils n'avaient eux-mêmes qu'une action à laquelle ils pouvaient renoncer; mais si un acte, quoique fait par eux, est nul de *non esse*, la nullité est absolue quoiqu'elle prenne sa source dans leur incapacité, et n'en peut pas moins être proposée ou opposée par toute partie intéressée.

Par exemple, il a été jugé que l'acceptation d'une donation par une femme mariée, était absolument nulle, même vis-à-vis du donateur, si la femme n'avait pas été autorisée par son mari ou par la justice. Arrêt de la Cour de Toulouse, du 27 juillet 1830; Jurispr. du 19ᵉ siècle, 1830, 1. 242.

Autre exemple.—L'art. 1554 du Code civil dispose que les immeubles constitués en dot ne peuvent être aliénés ou hypothéqués pendant le mariage, ni par le mari, ni par la femme, ni par les deux conjointement. Et l'art. 1560 du même Code dispose que si la femme ou le mari, ou tous les deux conjointement, aliénent le fonds dotal, la femme ou ses héritiers pourront faire révoquer l'aliénation *après la dissolution du mariage*, sans qu'on puisse leur opposer aucune prescription pendant sa durée.... Le mari lui-même pourra faire révoquer l'aliénation pendant le mariage, en demeurant néanmoins sujet aux dommages-intérêts de l'acheteur, s'il n'a pas déclaré dans le contrat que le bien vendu était dotal.

On suppose que le mari ait vendu, comme lui appartenant en propre, le bien dotal de son épouse, et on a demandé si même dans ce cas, la nullité résultant d'une pareille vente ne devrait appartenir qu'au mari, à la femme et à leurs héritiers, ou si, au contraire, l'acquéreur n'aurait pas qualité pour s'en prévaloir, conformément à l'article 1599 qui déclare nulle la vente de la chose d'autrui.

Il nous paraît que l'acquéreur est fondé à demander la nullité de son acquisition.

Il y a, en effet, une grande différence entre traiter avec un individu qui est incapable à raison de sa personne, ou traiter avec un individu capable de contracter, mais qui dispose d'une chose qui ne lui appartient pas, et dont il n'a pas le droit de disposer.

Au premier cas, l'individu connaît ou est censé connaître l'état de l'incapable : *Nemo censetur ignorasse conditionem ejus cum quo contrahit.* Il sait qu'en traitant avec lui il se lie irrévocablement, tandis que l'incapable ne peut s'obliger envers lui de la même manière. Il peut ne pas traiter utilement ; s'il le fait, c'est parce qu'il consent à se soumettre à la chance défavorable qu'il va courir ; si dans la suite il en ressent quelque préjudice, il ne peut s'en plaindre à personne, car il a pu et dû prévoir ce qui lui arrive.

Au second cas, au contraire, l'acquéreur ne traite pas avec un incapable ; il a cru que l'époux qui lui consentait la vente, ne disposait que de sa chose propre ; il n'a eu aucune raison de croire qu'il acheterait un fonds dotal ; dès-lors la vente qui lui a été consentie, n'a pas été seulement annulable, comme si elle lui avait été consentie en contravention des art. 1554 et 1560 du Code civil, mais elle a été radicalement nulle aux termes de l'art. 1599 du Code civil, qui frappe de nullité la vente de la chose d'autrui. — Il peut dès-lors agir par voie de nullité, et il n'est aucun motif qui puisse le faire déclarer non-recevable ; il a été victime d'une erreur de fait ; on ne peut lui reprocher de s'être volontairement exposé à aucune chance défavorable, et il n'y a aucun rapport entre sa conduite en cette circonstance, et celle par laquelle il aurait contracté avec la femme même ou avec le mari, traitant

SOLON.

en sa qualité de maître des cas dotaux de son épouse. — Arrêt du Parlement de Toulouse, du 9 juillet 1704. — Arrêt du Parlement de Provence, du 9 déc. 1707. — Arrêts rapportés dans Merlin, V° Dot, § 9.

Vainement oppose-t-on un arrêt de cassation, du 11 déc. 1815, Dalloz, t. 28, p. 219 ; Sirey, t. 16, p. 161 ; il suffit d'en rapporter l'espèce pour prouver qu'il ne contrarie en rien l'opinion que nous venons d'émettre.

En l'année 1806, échange entre Maysonnial et Fressenon. — Celui-ci donne au premier, en échange des fonds qu'il en reçoit, un pré qu'il déclare lui appartenir. Cependant Fressenon s'était marié, sous l'empire des lois romaines, et le pré qu'il livrait était dotal.

En 1812, Maysonnial demande contre Fressenon la nullité de l'échange, sur le motif que Fressenon lui a donné en échange la chose d'autrui ; que d'ailleurs l'échange avait eu lieu sans aucune des formalités prescrites par le Code civil pour l'échange du fonds dotal. Il conclut à ce que Fressenon soit condamné comme stellionataire.

La femme Fressenon intervient dans l'instance, et produit un acte notarié, par lequel elle approuve et ratifie l'aliénation faite par son mari de l'immeuble dotal.

14 juin 1813, arrêt de la Cour de Riom, qui déclare qu'il n'y a pas stellionnat, sur le motif qu'il avait dépendu de Maysonnial de consulter les clauses du contrat de mariage de Fressenon, et leurs effets ; et, attendu que, d'après la ratification offerte par la femme Fressenon, Maysonnial n'a à craindre aucune éviction, confirme le jugement de première instance, qui avait débouté ledit Maysonnial de sa demande.

Pourvoi en cassation de la part de Maysonnial ; il articule pour moyens de cassation, la violation 1° des articles 1704, 1707, 1599 du Code civil, en ce que la Cour royale avait refusé de prononcer la nullité de l'échange, quoique Fressenon eut livré une chose qui ne lui

8.

appartenait pas; 2° de l'art. 1554 du même Code, qui déclare les immeubles dotaux inaliénables pendant le mariage, hors les cas déterminés.

La Cour considérant, 1° que l'art. 1704 porte: « si un des copermutans a déjà reçu la chose à lui donnée en échange, et qu'il prouve ensuite que l'autre contractant n'est pas propriétaire de cette chose, il ne peut pas être forcé à livrer celle qu'il a promise en contre-échange, mais seulement à rendre celle qu'il a reçue..... ; » qu'il est évident que Maysonnial ne peut exciper de cet article, puisqu'il a, depuis long-temps, livré le terrain qu'il avait promis en contre-échange, et que l'objet du procès n'est nullement de le forcer à livrer ce terrain; 2° que l'échange du fonds dotal est nul, s'il est fait sans l'accomplissement des formalités prescrites par la loi; mais que cette nullité n'est établie que dans l'intérêt de la femme et de ses héritiers; et qu'ainsi l'art. 1560, par une conséquence de l'art. 1125 du Code civil, ne permet qu'à la femme, à ses héritiers et au mari, de faire révoquer ces sortes d'aliénations; qu'ainsi il résulte également du texte et de l'esprit de la loi, que cette action en nullité n'est pas ouverte à celui qui a *volontairement* traité avec le mari ou la femme de l'échange d'un fonds dotal, rejette, etc., etc.

Nous ferons observer sur cet arrêt, 1° que la Cour de cassation n'avait pas à décider la question en thèse; et qu'elle a seulement rejeté le pourvoi contre l'arrêt parce qu'il jugeait en fait que Maysonnial avait connu ou était censé avoir connu le caractère de dotalité du fonds qui lui était livré en contre-échange; que ce n'est que par cette considération et autres analogues, qui, sans doute, ont été plaidées devant elle, que la Cour cassation a décidé avec juste raison, que l'action en nullité n'était pas ouverte à celui *qui a volontairement traité avec le mari ou la femme de l'échange du fonds dotal.*

2° Que cette connaissance qu'avait eu l'échangiste, suivant la Cour royale,

et de laquelle la Cour de cassation fait un des considérans de son arrêt, donnait à penser qu'elle eût jugé autrement, si la Cour royale n'avait pas dit que c'était en connaissance de cause que Maysonnial avait acquis l'immeuble dotal.

3° Qu'enfin, s'agissant d'un simple rejet, les circonstances du fait ont eu plus d'influence dans l'esprit de la Cour, que le besoin d'examiner et de juger en thèse la question que nous avons proposée.

442. Nous trouvons un troisième exemple, dans une espèce soumise à la Cour de cassation : il s'agissait de savoir quand et comment les collatéraux avaient qualité pour demander la nullité d'un mariage. La Cour jugea par arrêt du 22 juin 1819; Sirey, 1819, p. 438, que le principe que les collatéraux sont non-recevables à attaquer un mariage, lorsqu'ils n'ont point un intérêt né et actuel, s'appliquait au cas où la demande tendait à faire prononcer la nullité d'un mariage dont l'existence était reconnue, et non au cas où, dans l'absence de l'acte de célébration, on soutenait que le mariage n'avait pas eu lieu.

443. La nullité ayant pour objet, ainsi que nous l'avons dit, de réparer un tort, il n'est pas douteux que les héritiers de celui à qui la loi donnait le droit de s'en prévaloir ont, comme lui, qualité pour obtenir cette réparation ; si donc la personne qui pouvait demander l'annulation d'un acte ou la rescision d'une convention, est morte sans l'avoir fait, mais étant encore dans le délai, les héritiers ont qualité pour intenter l'action pendant le temps qui restait au défunt au moment de son décès, *leg.* 3, § 9; *leg.* 18, § 5, *ff. de minorib.* Les héritiers peuvent intenter cette action de la même manière que pouvait le faire leur auteur, suivant la règle qui veut que celui qui exerce un droit en sa qualité de représentant un tiers, en use comme celui-ci pourrait le faire lui-même : *Qui alterius jure utitur eodem jure uti debet.*

444. Cette règle n'est pas cependant

sans exception; il est plusieurs cas où l'action ne passe pas aux héritiers, *infrà* n° 464, et des circonstances aussi où, bien que transmissible aux héritiers, elle ne leur passe pas avec le même caractère, la même latitude. Ainsi, par exemple, si une femme a traité sans le consentement de son mari, celui-ci peut, pendant le mariage, demander la nullité de l'acte fait sans autorisation, lors même qu'il ne lui porterait aucun préjudice; le mépris que sa femme fait de son autorité, est une cause suffisante pour qu'il puisse former cette demande; ses héritiers, au contraire, ne pourraient, après la dissolution du mariage, proposer la nullité d'un pareil acte, qu'autant qu'ils auraient un intérêt pécuniaire : le motif qu'il aurait été porté atteinte aux prérogatives de mari, ne serait point suffisant pour leur donner le droit d'agir. Car, comment se plaindraient-ils d'une pareille atteinte, lorsque le mari y a été lui-même insensible, et a cru ne pas devoir s'en plaindre. Une pareille action serait évidemment sans grief, et les héritiers n'auraient ni intérêt ni qualité pour l'exercer.

445. Ainsi encore, dans tous les cas où un époux peut demander la nullité de son mariage, les collatéraux, ses héritiers, ne peuvent la demander qu'autant qu'ils ont un *intérêt né et actuel.* Arg. de l'art. 187 Code civil. Encore faut-il que ce soit, ou un intérêt pécuniaire, d'Aguesseau, vol. 2, p. 446, vol. 5, p. 68. — Pothier, Traité du contrat de mariage, n° 448. — Locré, sur l'article 187. — Proudhom, Cours de droit civil, vol. 1er, pag. 246, ou l'intérêt qu'ils auraient d'empêcher des enfans issus d'un mariage nul, de porter le nom de la famille; arrêt de cassation, 22 juin 1819; Sirey, 1819, p. 438.

446. Mais, généralement, il faut que le législateur ait modifié les effets d'une transmission pure et simple.

Dans le doute, on doit s'en tenir à la règle générale qui est que les actions en nullité et en rescision passent aux héritiers, et que ceux-ci peuvent et doivent les exercer ainsi, et de la ma-

nière que leur auteur aurait pu le faire.

447. L'action en nullité et en rescision est cessible; elle peut être transmise à titre gratuit ou à titre onéreux, sauf l'exception portée par l'art. 1167, Code civil. Celui à qui elles ont été cédées, peut les exercer de la même manière que le cédant aurait pu le faire lui-même : *Certum est jus petendæ in integrum restitutionis ut et cætera jura ferè omnia cedi posse.* Fachinœus, lib. 11, C. 11.

448. A cet égard, s'élève la question de savoir si le cessionnaire de tous droits et actions en général, a qualité pour exercer les actions en nullité ou en rescision, que le cédant était en droit d'exercer lui-même ?

On doit décider que *non*, toutes les fois que s'agissant de nullités ayant une cause purement personnelle, le cédant ne les a pas nommément cédées, comme sont celles prises de défaut d'autorisation maritale, de la minorité, et la plupart de celles dont il est question dans l'art. 3 de la sect. 1re, chap. 2, n. 119 et suivans; de pareilles actions sont le plus souvent abandonnées par des motifs de délicatesse, d'affection ou de convenance, de la part de la personne qui a le droit de les exercer; et si en vendant généralement tous ses droits et actions, elle n'a pas expressément cédé les actions de cette nature, il est à présumer que c'est parce qu'elle n'a pas eu l'intention de les comprendre dans la cession, et que les motifs qui l'avaient déterminée à ne pas agir elle-même, l'avaient déterminée aussi à ne pas vouloir transmettre l'exercice de leur action à un tiers. Mornac, *lib.* 18, *tit.* 5. *de rescind. vend.* et sur la loi 6 ff., *de integ. restit.*; Louet sur Brodeau, lett. C, som. 12, et lett. S, somm. 3, n. 8.— Enfin, arrêt de la Cour de Limoges, du 27 nov. 1811; Sirey, 1814, p. 103. Cet arrêt est ainsi conçu :

« Considérant que la cession faite par la dame Jagot au sieur Valière, de tous ses droits paternels et collatéraux, quoique faite sans aucune exception et avec toute la latitude usitée dans de pareils contrats, ne comprend pas néanmoins la cession nominative des actions rescindantes et rescisoires : que quelque controversée qu'ait été pendant long-temps la question de savoir si une cession générale et indéfinie de de tous droits et actions, sans aucune réserve, comprenait implicitement celle des actions rescindantes et rescisoires, l'opinion la plus saine, adoptée par les autorités les plus graves, et confirmée par la jurisprudence des arrêts, a toujours été, et paraît devoir être encore, qu'il n'est pas permis d'induire la cession des actions rescindantes et rescisoires des clauses d'une cession ordinaire, quelque générale qu'elle puisse être, et qu'il est nécessaire que cette espèce de cession particulière soit faite d'une manière spéciale et nominative ; qu'à défaut de ce, on doit toujours présumer que le cédant a voulu, par respect pour lui-même, que son engagement ou celui de ses auteurs fût exécuté ; que cette vérité est consacrée dans la loi 25, *si talis*, 31 *ff. de minoribus*, d'après laquelle un mandat ordinaire, quelque général qu'il puisse être, est déclaré insuffisant pour l'exercice des actions rescindantes et rescisoires, pour lesquelles cette loi exige un mandat exprès et nominatif ; qu'elle résulte encore de plusieurs autres lois romaines , d'après lesquelles la glose établit, pour l'exercice de ces sortes d'actions, la volonté expresse du mandant ou du cédant, *voluntatem expressam*, par cette raison décisive, que celui qui a passé un acte, quoique nul et invalide, peut avoir des raisons particulières de ne pas en demander la rescision, *propter suam existimationem pudori suo parcens.* »

440. Il en serait autrement, et l'on devrait considérer comme comprise dans une cession générale de droits et actions, les actions en nullité qui proviendraient d'une toute autre cause, que d'une cause personnelle au cédant, comme sont celles qui auraient pour objet un vice réel, une cause qui se rattacherait non à la personne, mais

à la chose ou à la convention. En pareil cas, le cédant n'ayant pas eu de motifs personnels pour ne pas comprendre de pareilles actions dans la vente générale de ses droits, il s'ensuit que la généralité des expressions dont il s'est servi, n'admet point de restriction, et que sa volonté doit être interprétée d'une manière aussi large que les expressions qu'il a employées. Par exemple, il n'est pas douteux que le cessionnaire devrait être admis à proposer une nullité qui frapperait la convention de *non esse* ; il pourrait aussi intenter l'action en rescision pour cause de lésion d'outre moitié. Il en serait de même de l'action en nullité prise de ce que les parties auraient erré sur ce qui faisait l'objet de la convention, etc.

450. Ces principes ont été consacrés dans une espèce qui, sans se rapporter à une action en nullité ou en rescision, offre cependant avec celle-ci une analogie frappante : nous voulons parler de l'action en résolution de vente pour défaut de paiement de prix. On a demandé si cette action pouvait être exercée par le cessionnaire de tous droits et actions du vendeur comme par le vendeur lui-même.

L'affirmative a été généralement accueillie, comme conséquence des principes que nons avons exposés dans les numéros précédens. Toulier , vol. 7 (édit. Tarlier, vol. 4), n. 166.—Arrêt de la Cour de Paris, du 16 fév. 1828, dont voici l'espèce :

En 1770, M. de Montmort vendit, à M. Fontaine, une petite maison à Fouchères pour 1550 livres. Il fut stipulé que cette somme ne serait payée qu'à la volonté du vendeur..... A la révolution, et lors de l'émigration des héritiers de M. de Montmort, cette créance, devenue la propriété de la nation, fut vendue sur publications, à M. Parizot, qui depuis l'a transportée à M. Damien, représenté par les sieurs Durieu, ses héritiers.

Quant à la maison, elle passa des enfans Fontaine à divers acquéreurs successifs : les sieurs Demussy, Ganne et Goffinat.

Le dernier acquéreur, le sieur Goffinat, avait fait transcrire son contrat; et après l'entier accomplissement des formalités hypothécaires, il avait payé le prix aux créanciers colloqués dans l'ordre, au nombre desquels ne s'était pas présenté M. Damien, possesseur de la créance de 1550 liv.—En 1826, celui-ci rompit le silence : il avait perdu son action à fin de paiement, par privilége sur l'immeuble; mais estimant qu'il avait toujours conservé son action en résolution de la vente à défaut de paiement du prix , il intenta cette action.

Un jugement du tribunal civil de Bar-sur-Seine, du 12 février 1827, le débouta de sa demande, par le motif que M. Damien n'avait droit qu'à une somme d'argent; qu'il ne lui avait été cédé qu'une simple créance, et aucun des droits immobiliers rescindans et rescisoires ; attendu, en outre, la libération complète des détenteurs de l'immeuble, tant par la purge par eux faite, que par la prescription de dix et vingt ans, existant en leur faveur. —Appel.

_ Devant la Cour, l'avocat de M. Damien établit, 1° que la cession d'une créance comprend nécessairement toutes les actions inhérentes à sa nature; qu'il est de la nature du contrat de vente d'être soumis à la résolution à défaut de paiement du prix; que cet effet essentiel, cette condition irritante, existait en faveur du cessionnaire comme du vendeur primitif qu'il représente ; *qu'il est aujourd'hui constant en jurisprudence*, que le droit de demander la résolution n'est pas un droit personnel propre au vendeur, mais un droit réel attaché au pacte , et profitant à tous ayant-cause de vendeur; qu'ainsi le rescindant comme le rescisoire appartiennent à M. Damien comme à M. de Montfort..... ; 2° que la purge, faite par les acquéreurs, a bien libéré l'immeuble de l'action privilégiée , à fin de paiement du prix, mais que cette

purge est sans influence relativement à l'action en résolution de la vente, action toute spéciale que la loi accorde en outre au vendeur, et qu'il ne faut pas confondre avec l'action en paiement du prix, sur l'immeuble transmis et conservé en la personne de l'acquéreur.

3° Enfin, que la prescription de 10 et de 20 ans, établie par l'art. 2265 Code civil, est sans application à l'espèce actuelle, où il s'agit, non de la revendication exercée par un ancien propriétaire injustement dépouillé de sa chose, mais de l'action en résolution du vendeur non payé, action réelle, régie uniquement par l'art. 2262.

Les intimés répondaient : Il y a une grande différence entre le vendeur, ses héritiers et représentans légaux, et un simple cessionnaire ayant cause de vendeur.

Le vendeur et ses héritiers sont saisis du double droit et de l'action à fin de paiement, par privilége, du prix et de l'action en résolution de la vente.

Mais cette dernière action, cette faculté rigoureuse et exhorbitante du droit commun , de dépouiller le détenteur de l'immeuble , ne sauraient appartenir à un cessionnaire, qui n'a droit qu'à une créance , qu'à une somme d'argent, sans une disposition bien expresse à cet égard. En effet , qu'a-t-on transmis à ce cessionnaire ? Le droit de recevoir un capital , de l'argent, une chose corporelle et purement mobilière; on n'a pas entendu lui vendre une chose immobilière, un immeuble : c'est cependant un immeuble qu'il demande, par l'action en résolution qu'il exerce aujourd'hui.

M. l'avocat-général repousse cette distinction, et développant les principes invoqués par l'appelant, il demande que la Cour en fasse l'application.

« La Cour, attendu en droit qu'il est de principe que si l'acheteur ne paie pas le prix de la vente, le vendeur peut demander la résolution du contrat; qu'une action résolutoire de cette nature peut toujours être exercée par le vendeur ou ses ayant droit; qu'elle suit l'immeuble en quelques mains qu'il passe, et ne peut s'éteindre que par la prescription de 30 ans, qui n'existe point dans l'espèce;

Que la prescription de dix ou vingt ans, établie par l'art. 2265 du Code civil, ne peut, d'ailleurs, être invoquée par les tiers détenteurs, puisqu'ils auraient connu la natnre et les charges de leur acquisition, et qu'en tout cas, ils auraient à s'imputer de ne pas s'être fait représenter le titre primitif; qu'ainsi ils doivent payer les ayant-cause du vendeur originaire, ou subir les effets de l'action résolutoire;

Infirme : au principal, déclare la vente de 1770 résolue, ensemble toutes les ventes successives; en conséquence, ordonne le délaisssement des biens par le tiers détonteur, si mieux il n'aime rembourser dans un an de ce jour la créance dont il s'agit.

451. Comme on l'a vu par l'exposé du fait, cet arrêt a été rendu dans une circonstance extrèmement favorable, puisqu'il s'agissait d'exproprier de tiers acquéreurs de bonne foi, en faveur d'un créancier au moins coupable d'avoir gardé un long silence; mais la Cour a dû ne pas s'écarter des principes, suivant lesquels celui qui vend ou cède une chose à quelqu'un, est censé lui vendre et lui transporter tous les droits et actions qui tendent à faire avoir cette chose. Pothier, Contrat de vente, n. 149.

452. Si le vendeur n'avait cédé qu'une partie du prix qui lui était dû, le cessionnaire n'en serait pas moins recevable dans sa demande en résolution de la vente pour cause de non-paiement du prix, bien que cette action ne fut point nominativement cédée; c'est la conséquence des principes que nous venons d'exposer. Seulement, il serait obligé de désintéresser son cédant; car la résolution pouvant nuire au créancier qui n'a été payé qu'en partie, celui-ci peut exercer ses droits pour ce qui lui reste dû, par préférence à celui dont il n'a reçu qu'un paiement partiel, art. 1252 Code civil.

453. Si c'est le cédant qui exerce l'action en résolution, il doit aussi désintéresser le cessionnaire; car celui-ci est l'ayant cause du premier, et il ne peut pas dépendre du cédant, que la cession qu'il a consentie et dont il a touché le prix, soit sans effet: *Nulla promissio potest consistere quæ ex voluntate promissoris statum capit*. Leg. 105, ff. § 1, de verb. oblig.

Voir un arrêt de la Cour d'Amiens, du 9 nov. 1825; Jurispr. du 19e siècle, 1825, 2. 189.

454. Le subrogé à tous les droits et actions, peut-il, comme le cessionnaire se prévaloir des actions en nullité et en rescision qui ne sont pas nominativement comprises dans la subrogation?

Pour résoudre cette question, il faut rappeler les diverses espèces de subrogations qui existent dans le droit, et ne pas les confondre.

La subrogation, en général, peut être définie une fiction de droit, par laquelle celui qui paie la dette d'un tiers, ou qui fournit au débiteur des deniers pour la payer, est mis au lieu et place du créancier, c'est-à-dire le substitue à tous ses droits, actions, priviléges ou hypothèques, tant contre le principal débiteur que contre la caution, pour les exercer comme le créancier aurait pu le faire lui-même.

On l'appelle une fiction de droit, parce qu'elle fait revivre, au profit d'une tierce personne, une dette éteinte par le paiement, et qu'elle la fait revivre avec tous ses accessoires.

455. Elle est conventionnelle ou légale.

La subrogation conventionnelle se forme de deux manières : *la première*, lorsque le créancier recevant son paiement d'une tierce personne, la subroge dans ses droits, actions, priviléges et hypothèques contre le débiteur. Cette subrogation doit être expresse et faite en même temps que le paiement, article 1250 du Code civil, et alors, cette subrogation est une véritable cession et transport de créance, elle opère les mêmes effets; voir ce que dit, à ce sujet, l'orateur du gouvernement, qui a exposé les motifs du titre des obligations, et spécialement les motifs de l'art. 1250. Garnier Deschenes, Traité du notariat, n° 266.—Toullier, Droit civil, tom. 7, (édit. Tarlier, tom. 4,) n° 166.

La seconde, lorsque le débiteur emprunte une somme, à l'effet de payer sa dette et de subroger le prêteur dans les droits du créancier; art. 1250 du Code civil. Cette espèce de subrogation se fait sans le concours et la volonté du créancier payé; ce n'est pas lui qui transmet ses droits et actions, c'est le débiteur qui consent que le bailleur de fonds en ait l'exercice, d'où suit qu'il y a une distinction à faire entre le transport d'une créance et cette espèce de subrogation; c'est que le premier laisse exister la créance cédée, tandis que la seconde l'éteint, et n'en laisse exister que les accessoires directs, c'est-à-dire le titre, l'hypothèque, et l'inscription qui lui assigne un rang; voir Renusson, Traité des subrogations.

Ce n'est qu'à cette espèce particulière que convient le nom de subrogation proprement dite, la première étant un véritable transport.

456. La subrogation légale est celle qui s'opère de plein droit, elle a lieu,

1° Au profit de celui qui, étant lui-même créancier, paie un autre créancier qui lui est préférable à raison de ses privilèges et hypothèques; au profit de l'acquéreur d'un immeuble qui emploie le prix de son acquisition au paiement des créanciers auxquels cet héritage était hypothéqué; 3° au profit de celui qui, étant tenu avec d'autres ou pour d'autres au paiement de la dette, avait intérêt de l'acquitter; 4° au profit de l'héritier bénéficiaire, qui a payé de ses deniers les dettes de la succession. Art. 1251 Code civil;

5° Au profit du légataire particulier d'un immeuble qui a acquitté la dette dont cet immeuble était grevé. Art. 874 Code civil.

6° Au profit de celui qui exerce le retrait successoral, art. 841 Code civil.

457. Ces diverses espèces de subrogations ainsi connues, la question proposée est d'une solution facile : il n'est pas douteux que la subrogation, qui s'opère par la volonté du créancier recevant son paiement d'une tierce personne, étant un véritable transport de créance, comprend les actions en nullité ou en rescision qui n'ont pas une cause personnelle au cédant; on doit, dans ce cas, donner au subrogé les mêmes droits, actions et qualités qu'au cessionnaire.

Quant à la subrogation conventionnelle, qui s'opère sans le concours du créancier, et à la subrogation légale, elles ne comprennent pas les actions en nullité et en rescision ; elles opèrent extinction de la créance, elles la dénaturent, et ce n'est que fictivement qu'elles rattachent à la créance nouvelle les mêmes accessoires et le même rang qu'avait la première, celle qui a été éteinte. Ainsi, par exemple, il n'est pas douteux que celui qui est subrogé aux droits du vendeur ne pourrait pas exercer l'action résolutoire au cas de non-paiement du prix, il est uniquement subrogé aux droits de poursuites ordinaires, et à l'utilité de l'inscription d'office.

458. C'est par les mêmes principes, et en distinguant les actions en nullité ou en rescision qui ont une cause personnelle, et celles qui ont une cause réelle, inhérente au contrat, que l'on doit décider, 1° si les actions rescisoires de la femme, à raison des actes qu'elle peut avoir faits avant son mariage, ou qui lui compètent d'ailleurs, sont comprises dans la constitution générale de tous ses biens ;

2° Si une procuration générale donne qualité pour exercer les actions en nullité ou en rescision.

Il est évident qu'il n'y a de compris dans la constitution générale des biens, que les actions que nous avons dit être comprises dans une cession générale. De même aussi que la procuration générale ne peut donner qualité que pour exercer les mêmes actions. *Leg.* 25., *si talis* 31, *ff. de minoribus* Arg. de l'art. 1988.

459. Les créanciers d'un individu peuvent demander la nullité des actes

faits en fraude de leurs droits. Art. 1167 du Code civil. L'action qui leur est don-, née, à cet égard, est connue dans le droit sous la dénomination , d'*action révocatoire*. — La première condition de cette action étant que l'acte soit fait en fraude, il est difficile de concevoir que la loi puisse donner le droit de l'exercer au créancier qui n'a eu cette qualité qu'après que l'acte a été passé. Aussi la règle générale est-elle que l'action révocatoire n'est donnée qu'au créancier dont le droit était né au moment où a été fait l'acte argué de fraude. Arrêt de la Cour de Paris, du 6 juin 1826 ; Jurispr. du 19° siècle , 1828, 1. 279.

Si cependant il était prouvé que l'acte attaqué n'avait été fait que pour rendre sans effet l'obligation qu'on était à même de consentir, si, par exemple , au moment de conférer l'hypothèque à un créancier qui me prête son argent de bonne foi, je consens et fais inscrire d'avance et frauduleusement une première hypothèque qui rend la seconde sans objet, nul doute que le second créancier, quoique n'ayant acquis son droit qu'après l'acte frauduleux destiné à lui faire perdre le gage de sa créance, serait recevable à demander la nullité de ce dernier acte ; dans cette hypothèse et autres analogues, les motifs de la loi existant dans toute leur force, celle-ci doit recevoir son application.

460. Remarquez encore que bien que les créanciers postérieurs à un acte ne puissent pas demander la nullité de cet acte comme ayant été fait en fraude de leurs droits, ils peuvent profiter de son annulation, si celle-ci est obtenue par d'autres créanciers ayant qualité. Il est même certain que si ceux-ci étaient chirographaires, ils pourraient être primés par les créanciers postérieurs dont les droits résulteraient d'un jugement conférant hypothèque sur tous les biens présens et à venir de leur débiteur. Ce serait la conséquence des principes sur le rang des hypothèques, et dès-lors les créanciers ainsi frustrés de l'effet de leurs poursuites, ne pour-

raient se plaindre d'un résultat qu'il ne leur était pas permis d'ignorer.

461. Enfin, si l'acte portant préjudice à des créanciers était purement simulé, s'il avait été consenti par les parties avec la volonté de ne pas y donner suite, nous n'hésitons pas à penser que tout créancier, même postérieur à cet acte, aurait qualité pour se prévaloir de la simulation : il n'aurait pas besoin dans ce cas, d'exercer l'action révocatoire, il n'aurait qu'à agir, aux termes de l'art. 1116 Code civil , pour et au nom de son débiteur qui a lui-même le droit de se prévaloir d'une simulation simple, suivant ce que nous avons dit. *suprà* , n° 246 et 247.

462. On a demandé si un créancier hypothécaire, qui aurait négligé de prendre inscription, et qui se trouverait exposé, par ce fait, à perdre sa créance, pourrait néanmoins attaquer, comme faite en fraude, la vente immobilière consentie par son débiteur. On a prétendu que la négligence du créancier devait le rendre non recevable dans son action ; pourquoi, en effet, dit-on , accorder une action extraordinaire et rigoureuse à celui qui avait une garantie entière et qui ne l'a perdue que parce qu'il n'a pas été vigilant ? Il a perdu, il est vrai, sa créance, mais c'est moins parce que son débiteur a fait un acte frauduleux , que parce qu'il a négligé lui-même les précautions qu'il pouvait et devait employer. — Il est évident que ce raisonnement est sans force. L'art. 1167 Code civil autorise tout créancier à exercer l'action révocatoire, et la généralité de ses expressions embrasse si bien tous les cas, qu'il ne fait que reproduire la disposition de la loi romaine : Ait prætor : *Quæ fraudationis causâ gesta erunt, etc., hæc verba generalia sunt, et continent in se omnem omninò in fraudem factam , vel alienanationem , vel quemcumque contractum; quodcumque igitur fraudis causâ factum est, videtur his verbis revocari , qualecumque fuerit. Nam lata ista verba patent, sive ergò rem alienavit , sive*

acceptilatione vel parta aliquem libera-vit , leg. I. ff. quæ in fraudem.

L'équité, d'ailleurs, ne permet pas de supposer que, quelque soit la négligence d'un créancier, son débiteur puisse, par un concert frauduleux avec un tiers, le priver de sa créance pour en profiter lui-même, ou pour en faire profiter celui qui n'y a aucun droit, et dans aucune disposition de la loi on ne trouve de motif qui puisse justifier une pareille décision.

463. Une deuxième condition de l'action révocatoire, c'est que les créanciers ne peuvent l'exercer qu'autant que les biens restant à leur débiteur seraient insuffisans pour la garantie de leur créance. Il est évident, en effet, que celui-là n'est pas censé avoir voulu faire un acte frauduleux envers ses créanciers, qui a gardé en son pouvoir de quoi les payer intégralement. Le débiteur contre lequel on poursuit l'effet de l'action révocatoire peut donc demander la discussion préalable des biens qui sont restés dans ses mains , *ut bona sua rite, ac recte discussa sint.* Mornac, tit. 15, cod. *quandò fiscus ,* leg. 4. et § 3 ; Inst. tit. *qui et ex quib. causis,* etc. etc. Au reste, cette discussion préalable étant un droit personnel au débiteur, il peut y renoncer soit expressément, soit en ne la proposant pas : les juges ne peuvent pas l'ordonner d'office. Arrêt de cassation du 22 mars 1809; Sirey, 1809, p. 208.

464. Les créanciers d'un individu ont encore reçu de la loi une faculté bien importante ; elle leur permet d'exercer tous les droits et actions de leur débiteur, à l'exception de ceux qui sont exclusivement attachés à la personne de ce dernier; art. 1166 Code civil. C'est la conséquence du principe : que quiconque s'est obligé personnellement, est tenu de remplir ses engagemens sur tous ses biens mobiliers et immobiliers , présents et à venir (art. 2092 du Code civil) , et par conséquent, sur ses actions qui font partie de ces mêmes biens. (Art. 529.)

465. Mais les créanciers ont-ils qualité pour exercer les actions en nullité et les actions en rescision appartenant à leurs débiteurs ?

L'affirmative n'est pas douteuse , si l'action a pour objet une nullité de non existence. Comme alors l'acte attaqué ne crée aucun lien, et ne produit aucune action , les créanciers ont qualité pour faire déclarer que leur débiteur n'est nullement obligé par cet acte, et qu'il n'a point cessé d'être propriétaire des choses ou droits qu'il avait voulu céder en le contractant. Il est même à remarquer que les créanciers n'ont pas besoin d'invoquer le nom de leur débiteur, car l'acte étant nul de nullité absolue, l'intérêt qu'ils ont à ce que cette nullité produise ses effets, est une cause suffisante pour leur donner qualité; c'est moins une action qu'ils exercent, qu'un acte conservatoire et de précaution qu'ils font pour éviter que le gage de leur créance ne soit diminué. Voir Cochin , plaidoyer 55. — Nous devons ajouter que le créancier n'aurait pas besoin , dans ce cas, d'intenter l'action principale , car l'acte étant tellement nul qu'il n'a point opéré transport de propriété , les choses qui avaient fait l'objet de ses dispositions sont restées au pouvoir du débiteur, et rien n'empêche les créanciers de poursuivre directement, et sur la tête de ce dernier, l'expropriation ou la saisie de ces mêmes choses. Vainement les tiers qui auraient intérêt à ce que l'acte nul eût son effet, voudraient-ils opposer au créancier poursuivant que les biens existans de son débiteur étaient suffisans pour le paiement de la créance; il n'aurait qu'à répondre : « l'acte que vous m'opposez est nul, de nullité absolue; les biens qui font l'objet de ses dispositions ne sont jamais sortis du patrimoine de mon débiteur, et dès lors , il ne peut être aucun obstacle aux poursuites que j'exerce. *Non præstat impedimentum quod de jure non sortitur effectum.* »

466. La question ci-dessus n'offre donc de difficulté que pour le cas où il s'agit d'un acte qui n'est frappé que de nullité relative, d'une nullité établie en faveur

do celui qui se trouve mon débiteur. Le doute vient de ce que l'action qui résulte de pareilles nullités, ayant , le, plus ordinairement, une cause personnelle à celui dans l'intérêt de qui elle est portée, et celui-ci gardant souvent le silence, par des motifs de délicatesse, ou parce que , malgré la nullité de l'acte dans la forme, il se croit obligé dans le for intérieur, il semble extraordinaire que ses créanciers puissent avoir le droit d'agir pour lui, et de proposer une action qu'il croit, en conscience , ne pas devoir exercer.

On ajoute que, sous la législation Romaine, qu'à juste titre nous suivons en beaucoup de circonstances, comme étant l'expression écrite de la justice et de la raison, les créanciers n'avaient pas. le droit de proposer les actions en nullité et en rescision appartenant à leurs débiteurs. Mais cette considération est sans importance, car si la loi Romaine ne voulait pas que le créancier pût exercer les actions en nullité ou en rescision que son débiteur avait le droit de proposer lui-même, c'était uniquement par suite de la règle du droit commun d'alors, que le créancier pouvait bien attaquer, comme fait en fraude, l'acte par lequel son débiteur diminuait son patrimoine, mais qu'il ne pouvait point demander la nullité d'un acte par lequel le débiteur se serait refusé à l'augmenter. L'action Paulienne était ainsi généralement entendue : *Quod autem cum possit aliquid quærere, non id agit ut acquirat, ad edictum non pertinet ; pertinet enim edictum ad diminuentes patrimonium , non ad eos qui id agunt ne locupletentur.* Leg. 6 ff. quæ in fraud,. et leg. 134 ff. de reg. juris.

Or, cette règle ne fut point admise, par la jurisprudence qui succéda au droit Romain ; les auteurs le plus accrédités trouvèrent plus juste et plus conforme aux vrais principes, de permettre aux créanciers non-seulement d'attaquer les actes par lesquels leur débiteur aurait diminué le gage qu'il leur avait donné, mais encore les actes qui auraient eu pour objet de renoncer à une

augmentation de patrimoine ; et une jurisprudence générale abrogea la disposition de la loi que nous venons de rapporter. *Recessimus*, disait Mornac , sur la loi 4 cod. tit. quandò fisc., *in eo à Romanâ jurisprudentiâ.* — Et l'opinion commune fut que les débiteurs ne pouvaient pas, au préjudice de leurs créanciers, omettre ou répudier les successions, hérédités, legs, non plus que leur légitime, supplément de légitime ou autres droits, et que s'ils le faisaient, les créanciers avaient la facilité d'accepter à leurs périls et risques, et de demander lesdits legs, successions ou légitimes, au lieu et place du débiteur qui y renonçait. *Serres , aux Instit. , lib. 4 , tit. 6, § 6.*

Cette innovation en produisit une autre, et on admit généralement que les créanciers pouvaient non-seulement poursuivre leurs débiteurs par des voies licites, pour s'en faire payer, mais encore poursuivre le droit et les actions de ce même débiteur, si celui-ci négligeait de le faire lui-même ; —Denizart, en son Dictionnaire, V° Créancier n. 2 : et plus spécialement encore, on tient pour certain que les créanciers avaient droit de réclamer, non-seulement comme le débiteur aurait pu le faire, contre les actes susceptibles de rescision pour lésion d'outre moitié, fraude, erreur de fait, mais encore d'exercer les droits auxquels il aurait renoncé. — Duparc Poullain , vol. 7 , pag. 190 , n° 147.

467. Nous devons cependant convenir que , généralement et par exception, on refusa au créancier le droit d'attaquer un engagement contracté par son débiteur, et qui, quoique annulable pour une des causes portées par la loi, était juste au fond, et était d'une nature telle que son annulation pouvait être considérée comme une atteinte à la foi promise. *Serres , aux Inst. loc. cit.*

Cette modification , quelque juste qu'elle fût, offrait de grandes difficultés dans la pratique. Comment savoir , en effet, d'une manière exacte si l'annulation d'un acte porterait atteinte à la foi

promise? Comment apprécier le caractère de l'erreur dans laquelle serait
tombé celui dont on demanderait à exercer les actions, la violence dont on aurait usé envers lui pour extorquer son
consentement, le dol et la nature des
manœuvres au moyen desquelles on aurait surpris et déterminé sa volonté ?
Comment était-il possible d'apprécier
des faits dont la connaissance est, le plus
souvent, personnelle à celui qui se trompe, ou qui est trompé ou violenté ?
Comment surtout faire cette preuve ,
lorsque celui qui serait seul à même de
faire connaître les faits de dol, de violence et d'erreur garde le silence , ou
même en conteste la vérité ? Les auteurs
du Code ont, sans doute, bien senti la
difficulté d'une pareille distinction, car
au lieu de séparer la nullité dont l'effet
serait d'aller contre la foi promise , de
celle qui n'aurait point cet effet, ils se
sont attachés à une règle dont l'application est beaucoup plus facile; ils ont
dit que les créanciers, pourraient exercer tous les droits et actions de leurs débiteurs , à l'exception de ceux qui sont
exclusivement attachés à la personne
de ceux-ci. (Art. 1166 Code civil.)

468. Il y a dans cette disposition une
règle générale d'après laquelle tous les
créanciers peuvent exercer les droits et
actions de leurs débiteurs , et une exception à cette règle pour les droits exclusivement attachés à la personne de
ces débiteurs. Pour juger la question
proposée, il faut donc examiner si les
actions en nullité ou en rescision, ou
quelques-unes d'entr'elles , rentrent
dans la règle générale établie par cet
article, ou si, au contraire, elles rentrent dans l'exception portée pour les
droits exclusivement attachés à la personne. Nous pensons, sans hésiter, que
de pareilles actions ne rentrent nullement dans l'exception ; que dès-lors
elles restent sous l'influence de la règle.
Nous allons le prouver.

On a toujours distingué en jurisprudence ,

Les droits réels ;

Les droits personnels ;

Et les droits exclusivement attachés
à la personne.

Les droits réels sont ceux qui se rapportent à la chose ou au fait de la convention.

Les droits personnels sont ceux qui
sont donnés en considération de la personne pour ou contre laquelle ils sont
donnés.

Les droits exclusivement attachés à la
personne sont ceux qui sont non-seulement accordés en considération de cette
personne , mais pour elle seule.

469. Il y a , entre les droits personnels et les droits exclusivement attachés
à la personne, cette différence que les
premiers , de même que les droits réels,
passent aux héritiers de ceux à qui ils
appartiennent. Tel est , par exemple,
le droit qu'a le mineur de demander la
nullité ou la rescision des engagemens
qu'il a souscrits en minorité; tandis que
les *seconds* s'éteignent avec la personne
qui était en droit de les exercer. *Non
potest dubitari quin pactum personale
debeat intelligi ità ut cum personâ finiatur.* Mantica de ambig. convent. lib. 4
tit. 33 n. 9, leg. 196 ff. de reg. juris.

470. Il y a encore , entre les droits
exclusivement attachés à la personne et
les droits personnels, cette différence
que, dans les *premiers* , la personne ,
est la cause immédiate du privilége,
tandis que dans le droit personnel , la
personne n'en est que la cause secondaire. Philippus Decius, en rapportant
la règle écrite dans la loi 196 ff. de reg.
juris ; *Quæ personæ sunt ad hæredem
non transeunt* , ajoute : *Ista regula intelligitur quandò privilegium conceditur intuitu personæ , ità quod persona
sit causa immediata privilegii , secùs si
persona non sit causa immediata privilegii.*

Par exemple, lorsque le législateur
donne à la femme une action pour faire
annuler les actes qu'elle a contractés
sans l'autorisation de son époux , ce
n'est pas seulement dans son intérêt que
cette action a été accordée, mais bien
par les raisons d'ordre public qui ont

fait établir et protéger la puissance maritale.

Par exemple encore, lorsque la loi donne au mineur ou à l'interdit une action pour faire annuler ou rescinder leurs engagemens, c'est moins pour leur donner un privilége que pour les défendre contre les dangers de leur faiblesse, de leur peu de raison et de leur inexpérience.

471. On peut citer pour exemple des droits exclusivement attachés à la personne,

1° Le droit d'usage, celui d'habitation (art. 631 Code civil); 2° le droit qu'a la femme de demander la séparation de biens (art. 1446 du Code civil); 3° le droit de demander des alimens, aux termes des art. 205 et 206 Code civil; 4° le droit de demander la révocation d'une donation pour cause d'ingratitude; 5° le droit de demander une réparation pour cause d'injures ou de diffamation, etc., etc.

Tous ces droits, et autres de la même nature, sont exclusivement attachés à la personne pour laquelle ils ont été portés; c'est un véritable privilège qu'elle ne peut céder ni abandonner, et dont elle ne peut pas non plus être dépouillée. Ces droits ne passent pas aux héritiers, aux ayant-cause de la personne pour laquelle la loi les a créés. Nous pensons même, en général, que c'est à ce défaut de transmission que l'on reconnaît l'action exclusivement attachée à une ou plusieurs personnes. S'agit-il d'une action qui peut être cédée soit par acte entre-vifs, soit par testament, soit par succession, il n'est pas douteux que cette action n'est point exclusivement personnelle, qu'elle rentre dans la régle générale écrite dans l'art. 1166 du Code civil, et qu'elle peut dès lors être exercée par les créanciers de celui à qui elle appartient. Observez néanmoins qu'il arrive souvent, que nonobstant qu'une action soit transmissible, elle ne peut pas être exercée par des créanciers, mais c'est alors par exception, et comme en fait d'exception on ne peut point raisonner

d'un cas à un autre, il faut s'en tenir à celles que le législateur a formellement prononcées. Le Code civil nous en fournit plusieurs exemples.

1° L'article 841 dispose que toute personne, même parente du défunt, qui n'est point son successible, et à laquelle un cohéritier aurait cédé son droit à la succession, peut être écartée du partage, soit par tous les cohéritiers, soit par un seul, en lui remboursant le prix de la cession.

2° L'article 857 dispose que le rapport n'est dû que par le cohéritier à son cohéritier, et qu'il n'est pas dû aux légataires ni aux créanciers de la succession.

3° L'article 921 dispose que la réduction des dispositions entre-vifs ne peut être demandée que par ceux au profit desquels la loi fait la réserve, par leurs héritiers ou ayant-cause : les donataires, les légataires, ni les créanciers du défunt, ne pourront demander cette réduction, ni en profiter.

4° L'article 1446 interdit aux créanciers d'un héritier de demander la séparation du patrimoine contre les créanciers de la succession.

Il suffit de lire ces articles pour demeurer convaincus que les droits qui s'y trouvent consacrés, sont transmissibles par voie de cession, ou d'aliénation, ou de succession; cependant ils ne peuvent être exercés par les créanciers. Des motifs de convenance, des raisons majeures ne permettaient point leur intervention dans les divers cas prévus par ces articles. Lors donc que le législateur les a éloignés, il ne s'est point occupé d'examiner si les droits ci-dessus étaient ou non transmissibles : il s'est déterminé par d'autres principes que ceux qui dominent l'application de l'article 1166; les magistrats et les jurisconsultes doivent donc se conformer à sa volonté sans rechercher si leurs décisions sont en opposition à ce dernier article.

472. Cela posé, la question qui nous occupe est d'une solution facile; il n'est pas douteux que les actions en nul-

lité ou en rescision ne soient transmissibles, qu'elles ne puissent dès-lors être proposées par les créanciers de la personne pour laquelle elles ont été portées. Pour qu'il en fût autrement, il faudrait que le législateur, en créant une nullité et une action pour la faire prononcer, en eût limité l'exercice, et qu'il l'eût refusée aux créanciers, comme il l'a fait pour les demandes en nullité des mariages, et pour les nullités de procédure.

473. Cette opinion nous paraît la conséquence nécessaire des principes que nous avons exposés dans les numéros précédens, et nous ne lui aurions pas donné du développement, si M. Toullier n'eût émis un avis opposé. Il cite l'opinion de Duparc-Poulain, qui dit, que « les créanciers ont droit de réclamer, non-seulement comme le débiteur aurait pu le faire lui-même, contre les actes susceptibles de rescision pour lésion d'outre moitié, fraude, erreur de fait, etc. ; mais d'exercer même les droits auxquels il a renoncé. » Après avoir rapporté ce passage vol. 7 (édit. Tarlier, vol. 4), liv. 3, tit. 5, chap. 5, n. 566, il ajoute : « Duparc-Poulain ne donne aucune preuve de cette assertion, qui cependant mériterait bien d'être prouvée; car la raison nous semble dire qu'elle est fausse, au moins par trop de généralité, surtout dans les principes du Code.

» J'ai souscrit devant un notaire une obligation de 10,000 fr. en faveur de Caïus, avec hypothèque sur le fonds Cornélien ; trois mois après, j'ai souscrit une autre obligation en faveur de Seïus, et j'ai en outre beaucoup de créanciers chirographaires. Le fonds Cornélien est saisi et vendu. Le prix se trouve insuffisant pour payer tous les créanciers. Seïus et les chirographaires prétendent faire rescinder l'obligation que j'ai consentie à Caïus, en alléguant qu'elle m'a été extorquée par violence, et que mon consentement n'a pas été libre. Caïus soutient que leur demande n'est pas recevable, parce que je me tais et que je suis le seul à savoir si

réellement ma volonté a été libre ou forcée. Il en conclut qu'une pareille exception ne peut être que personnelle. Il le prouve par les dispositions de l'art. 180 Code civil, qui porte que celui des deux contractans dont le consentement n'a pas été libre est seul recevable à attaquer le contrat. A la vérité, il s'agit des contrats de mariage; mais la raison qui a dicté cette disposition, cette raison qui est l'*ame de la loi*, s'applique également à tous les contrats, parce qu'en effet, celui qui a consenti peut seul dire si son consentement a été libre ou forcé ; s'il a cédé à l'impression de la crainte, ou à la détermination d'une volonté réfléchie. Il est donc dans la nature des choses que l'exception, fondée sur la violence, soit purement personnelle à celui qui l'a éprouvée ; car enfin supposons, dans l'espèce proposée, que je sois mis en cause par mes créanciers ; quelle que soit ma déclaration, tous mes biens leur seront distribués, soit aux uns soit aux autres. Je déclare que j'ai consenti librement l'obligation que j'ai souscrite en faveur de Caïus, et qu'elle est légitime. Quel juge oserait, contre mon témoignage, prononcer que ma volonté a été contrainte....... Ce que nous disons du moyen fondé sur la violence et la crainte, s'applique au moyen fondé sur l'erreur, que l'article 180 déclare également personnel à celui des époux qui a été induit en erreur. Car enfin, celui qui a contracté peut seul savoir s'il a ignoré tel ou tel fait déterminant, et même s'il n'eût pas contracté nonobstant la connaissance de ce fait.

» Il faut en dire autant des moyens de dol. Quels que soient les artifices employés pour me porter à consentir, je puis seul savoir si ce sont des artifices qui m'ont déterminé : *an causam dederint contractui.*

» Quant au moyen de lésoin, le vendeur peut seul savoir s'il n'a pas reçu de valeur supérieure à ce qui est exprimé dans le contrat, et en le faisant, il ne fraude ni ses créanciers postérieurs, puisqu'ils n'existaient pas au temps du contrat, ni ses créanciers antérieurs, parce que s'ils sont hypothécaires, ils ont le droit de surenchérir ; s'ils ne le sont pas, ils n'avaient pas le droit d'empêcher leur débiteur de vendre au comptant un héritage qui ne leur était point affecté, et d'en recevoir le prix en entier et même d'avance. C'est leur faute d'avoir suivi sa foi, et de n'avoir pas exigé de sûreté. »

Cette manière de raisonner nous paraît fausse et opposée aux règles les plus simples de la justice et de la loi. — Nous pensons que les raisons données par M. Toullier, prouvent elles-mêmes le peu de fondement de son opinion, et surtout qu'elles n'affaiblissent en rien les principes que nous avons pris pour base de la nôtre. — Une chose incontestable, c'est que l'article 1166 appelle les créanciers à exercer les droits de leurs débiteurs, autres que ceux qui sont exclusivement attachés à leurs personnes. — Une autre chose également certaine, c'est que les actions en nullité et en rescision, ne sont point exclusivement attachées à la personne pour laquelle elles ont été créées. Nous venons de voir, en effet, qu'elles passaient aux créanciers, qu'elles étaient cessibles, etc. — D'où la conséquence nécessaire, *en droit*, que les créanciers peuvent exercer ces actions au nom de leur débiteur. — M. Toullier ne prend pas la peine de réfuter cette conséquence ; il élude de la discuter ; il se borne à adopter l'opinion contraire, et à la faire résulter des dispositions de l'art. 180 Code civil, et de quelques circonstances prises dans la difficulté de prouver le dol, l'erreur, la lésion, etc. Mais d'abord, à quel propos citer l'art. 180 ? cet article prévoit le cas où un mariage a été contracté sans le consentement libre des époux ou de l'un d'eux ; et il veut que le mariage ne puisse être attaqué que par eux ou par celui des deux dont le consentement n'a pas été libre.

Quelle analogie peut-on trouver entre les nullités de mariage et les nullités de conventions en général ? N'est-il pas certain que les premières reposent sur des motifs tout à fait opposés à ceux qui ont fait porter les autres ? et que notamment il est de principe que les nullités de mariage doivent être restreintes autant que possibles, à cause qu'il y a toujours plus d'inconvéniens à annuler de pareils contrats qu'à les maintenir. *Suprà*, n° 387.

Cette différence ressort plus spécialement de l'art. 180 lui-même ; car, on sait que l'action en nullité, résultant de la violence exercée dans un contrat ordinaire dure dix ans (art. 1304 Code civil), tandis que dans les mariages la cohabitation des époux pendant six mois, depuis qu'ils ont acquis leur pleine liberté, les rend non recevables dans leur action. (Art. 181).

Enfin, ce qui ne permet pas de contester cette différence, c'est que le législateur s'est occupé, dans un chapitre séparé, de la nullité des mariages ; qu'il a traité séparément aussi des nullités des conventions et contrats en général, et qu'il les a soumises à des conditions et à des délais différens.

Dès-lors, on conçoit qu'il n'y a pas analogie nécessaire entre les diverses dispositions que le Code renferme sur les actions de ce genre ; qu'en interdisant aux créanciers le droit d'attaquer un mariage agréé par les époux, quoique tardivement, le législateur a cédé à des motifs d'ordre public, de tout temps appréciés ; mais qu'il était loin de sa pensée de vouloir exclure les créanciers du droit qui leur est donné par l'article 1166 pour les autres contrats en général.

En second lieu, M. Toullier fait reposer son opinion sur les circonstances du fait : il pense que celui qui s'est trompé, ou qui a été trompé peut seul dire quelle a été la cause déterminante de sa volonté, et que ses créanciers ne peuvent avoir cette connaissance personnelle. — Si M. Toullier avait voulu prétendre que les créanciers éprouveraient bien plus de difficultés à fournir la preuve de l'erreur, du dol, etc., que n'en éprouverait leur débiteur, son raisonnement serait juste. Mais vouloir que cette difficulté soit une cause d'exclusion, qu'elle produise un défaut de qualité, c'est ce que rien ne justifie. Sans doute celui qui aura été victime de la violence, de l'erreur, de dol, serait mieux que personne à même d'expliquer les voies de fait, les manœuvres employées pour déterminer sa volonté. Cependant les faits peuvent être connus par d'autres, ils peuvent être parvenus à la connaissance des créanciers de la victime. Or s'il en est ainsi, pourquoi ceux-ci ne pourrait-ils pas élever la voix pour demander la réparation du préjudice éprouvé par leurs débiteurs; l'art. 1166 ne leur donne-t-il pas ce droit d'une manière générale ? Que pourraient objecter les tiers qui ont usé de dol et de violence pour conserver les avantages qu'ils se sont procurés par une voie aussi illicite ? Ne pourrait-on pas toujours les repousser par l'application de cette règle fondamentale « *que la loi naturelle qui défend d'employer des moyens illicites pour arracher ou surprendre un consentement, défend aussi, sans contredit, de retirer aucun profit des promesses qui en seraient la suite.* Puffendorf, Droit de la nature, liv. 3 chap. 6, § XI et XII?

L'erreur dans laquelle nous paraît être tombé M. Toullier, ressort, d'une manière éclatante, de l'application qu'il fait à l'action pour cause de lésion, des principes par lui adoptés. Il prétend que le vendeur n'est pas à même de savoir s'il n'a pas reçu des valeurs suffisantes...... D'ailleurs, dit-il, « si le créancier a une hypothèque, il peut faire la surenchère » .... s'il ne le peut pas.... s'il n'est pas assez riche, devra-t-on l'en punir, en le déclarant déchu du droit juste et légal que tout individu doit avoir de se préserver d'une lésion énorme? Cette déchéance serait rigoureuse si elle était écrite dans la loi : elle ne peut pas dès-lors se supposer, du moment que le législateur ne la prononce pas. M. Toullier continue, et dit : « Si » le créancier n'était pas hypothécaire, » il n'avait pas le droit d'empêcher son

» débiteur de vendre, au comptant, un » héritage qui ne lui était point affecté, » d'en recevoir le prix, et même » d'avance ; c'est sa faute d'avoir suivi » sa foi et de n'avoir pas exigé de sûretés. » — Ce raisonnement serait fondé si la vente avait eu lieu sans lésion, mais la lésion existant, la vente ne peut plus être considérée comme étant dans les termes du droit commun, et le créancier a le droit d'intenter l'action en lésion au nom de son débiteur. «Celui-ci, dit M. Toullier, pouvait vendre, » cela est vrai, mais il ne l'a pas fait librement, en connaissance de cause ; il n'est pas irrévocablement lié par la vente qu'il a consentie, puisque celle-ci est rescindable pour cause de lésion. Or, s'il a ce droit, et on ne peut le contester, pourquoi son créancier ne l'aurait-il pas ? Pourquoi modifierait-on arbitrairement, au préjudice de celui-ci ; la règle générale portée par l'article 1166 du Code civil ? Il n'a pas d'hypothèque, il est vrai, mais il a des droits sur tous les biens de son débiteur (art. 2092 du Code civil), et l'action en rescision fait partie de ces mêmes biens. Ce dernier article, combiné avec l'art. 1166, lui donnent donc qualité, et l'acquéreur n'a aucune raison légitime pour conserver un profit illégitime.

474. Après avoir examiné quelques-une des causes les plus générales de l'action en nullité et de l'action en rescision , M. Toullier s'occupe du moyen fondé sur le défaut d'autorisation de la femme mariée ou sur la minorité, et il décide que les créanciers du mineur et de la femme mariée ne peuvent pas se prévaloir de leur incapacité, et demander en leur nom la nullité de leurs engagemens.

Nous ne saurions partager l'opinion de M. Toullier, relativement à ces deux espèces particulières. Et d'abord, relativement à l'action du mineur, elle rentre, suivant nous, dans la règle générale de l'art. 1166. En effet, nous avons dit, d'après Philippus Decius, qu'un droit n'était exclusivement attaché à la personne, qu'autant qu'il avait été accordé à cette personne, et uniquement par considération pour elle : *Quandò privilegium conceditur intuitu personæ, ità quod persona sit causa immediata privilegii ;* et qu'il n'était point transmissible. Or, il est positif que l'action en restitution accordée au mineur, ne lui a pas été accordée par cette considération qu'il était mineur, mais bien à cause qu'il était lésé : *Restitutio non spectatur principaliter personam minoris , sed deceptionem. seu lesionem.* Mornac, lib. 4, tit. 4 leg. 20 § ult. tit. de Minorib. 25 ann..

D'un autre côté, l'action en restitution est transmissible ; elle passe aux héritiers du mineur, avec le même caractère qu'elle avait de son vivant ; ils peuvent l'intenter comme il aurait pu le faire lui-même, et pendant tout le temps qui lui restait, à l'époque de son décès, avant que la prescription fut acquise. Leg. 3, § 9, leg. 18, § 5 *de minor.*

Mal à propos M. Toullier veut induire le contraire, des dispositions de l'art. 2012 du Code civil, qui dispose que le cautionnement ne peut exister que sur une obligation valable, mais qu'on peut néanmoins cautionner une obligation, encore qu'elle pût être annulée par une exception *purement personnelle à l'obligé ;* par exemple, dans le cas de minorité, etc. Cet article ne dit pas que l'action du mineur soit *exclusivement* attachée à sa personne, il se borne à dire que c'est une action *purement personnelle* , ce qui est bien différent, d'après ce que nous avons dit *suprà* n. 468. —D'un autre côté, il n'est pas douteux que le législateur, en parlant des exceptions purement personnelles, dans l'article 2012, n'a eu en vue que les exceptions accordées à un incapable , en opposition aux parties capables qui avaient contracté avec lui. Il n'a eu d'autre intention que de renouveler les anciens principes, suivant lesquels l'exception prise de la minorité ne devait pas profiter à la caution. On le décidait ainsi, non

que cette exception fut exclusivement attachée à la personne du mineur, mais bien parce que la caution était censée n'avoir été appelée qu'à cause que ce mineur ne pouvant valablement s'obliger, le créancier avait exigé une garantie. Dans ce cas, la caution a renoncé à se prévaloir de l'exception prise de la minorité. *Leg.* i. *Cod. de fidei. min.*

475. Passant à l'action en nullité résultant du défaut d'autorisation maritale, il est certain que la question proposée doit être résolue dans un sens différent, mais il n'en résulte aucune conséquence qui puisse affaiblir les principes ci-dessus. Il ne s'agit pas, en effet, d'examiner si cette action est transmissible, ou si elle ne l'est pas ; on n'a pas à rechercher si elle est ou non exclusivement attachée à la personne des époux ; la loi est formelle, elle dispose par l'art. 225 Code civil, que le défaut d'autorisation ne peut être opposé que par la femme, le mari ou leurs héritiers. Leurs créanciers ne le peuvent donc pas ; et leur défaut de qualité est pris, non dans la nature de l'action compétant à la femme, mais dans l'exclusion dont ils sont frappés. Peu importent les motifs : l'exclusion existe ; les tribunaux ne peuvent la méconnaître. Une disposition pareille n'existe pas pour les autres cas de nullité ; notamment elle n'existe pas pour les mineurs, et c'est mal à propos que M. Toullier voudrait rendre commune à toutes les actions en nullité qui seraient personnelles , la règle contenue dans l'art. 225, et qu'il voudrait trouver dans ce dernier article la preuve des principes qu'il a développés dans les numéros précédens.

Remarquez, au surplus, combien il y a de différence entre la cause de la nullité résultant du défaut d'autorisation de la femme mariée, et la cause de l'action accordée au mineur: La première est moins pour protéger la fortune de la femme, qu'un hommage rendu à la puissance maritale ; au contraire, la seconde n'a d'autre objet que de conserver la fortune du mineur. La première a pour objet de réparer l'atteinte portée à l'autorité du mari, elle a été accordée *principaliter intuitu personæ ;* la seconde n'a d'autre objet que la fortune du mineur ; elle n'est point accordée en considération de sa personne, *minor non restituitur tanquàm minor, sed tanquàm læsus.*

476. Malgré cette différence dans les dispositions de la loi, et surtout dans ses motifs, quelques jurisconsultés, frappés de la généralité des expressions de l'art. 1166, avaient voulu accorder aux créanciers de la femme le droit d'exercer, au lieu et place de celle-ci, l'action en nullité résultant de ce qu'elle n'avait point été autorisée par son mari ; mais l'opinion contraire a prévalu.—Voir un arrêt de la Cour d'Angers, qui nous paraît avoir consacré les vrais principes. Arrêt du 1er août 1810 ; Sirey 1814, p. 144. — Voir l'arrêt suivant de la Cour de Grenoble, du 2 août 1827.

Le 22 août 1815, Marianne Jacob, épouse du sieur Allard, souscrivit, sans l'autorisation de son mari, une obligation de la somme de mille francs, au profit d'Antoine Jacob, son frère. — Depuis lors, elle contracta plusieurs autres engagemens, en faveur de la veuve Mayouse. — Après le décès de son mari, et par acte du 20 mai 1821, Marianne Jacob déclara ratifier l'obligation du 22 août 1815, et renoncer à se prévaloir du défaut d'autorisation maritale.

Cependant un ordre s'étant ouvert pour la distribution du prix des biens de Marianne Jacob, vendus par expropriation forcée, la veuve Mayouse contesta la collocation qui était réclamée en premier ordre par Antoine Jacob ou ses héritiers : elle soutint que cette obligation était nulle pour avoir été consentie sans autorisation maritale.

Les héritiers Jacob répondirent que la nullité, fondée sur le défaut d'autorisation, ne pouvait, d'après l'art. 225 du Code civil, être opposée que par la femme, par le mari, ou par leurs héri-

tiers ; d'où résultait que la veuve Mayouse, créancière de la femme non autorisée, n'était pas recevable à se prévaloir de cette nullité.

La veuve Mayouse répliquait que d'après l'art. 1166, les créanciers pouvaient exercer tous les droits et actions de leur débiteur ; elle soutenait que cet article dérogeait à l'art. 225 Code civil, — 6 déc. 1826, jugement qui accueille ce système. — Appel. — La Cour, attendu que l'obligation consentie suivant un acte du 22 août 1815, par Marianne Jacob, femme libre de Claude Allard, l'a été sans l'autorisation de son mari ; que cette obligation est nulle, aux termes de l'art. 217 du Code civil ; mais cette nullité ne peut être opposée, suivant l'art. 225, que par la femme, son mari, ou leurs héritiers ; que la loi n'a pas mis dans cette catégorie les créanciers ; que cet article est limitatif, la nullité ne pouvant être opposée que par les personnes y dénommées ; que l'art. 1166 Code civil permet à la vérité aux créanciers d'exercer tous les droits et actions de leur débiteur ; mais, outre que le même article en exempte les droits exclusivement attachés à la personne, il ne déroge point à l'art. 225, qui est un article spécial ; qu'ainsi les actions contre les obligations de la femme, sont exceptées des dispositions générales dudit art. 1166, par l'art. 225, et même par l'art. 2012, qui porte que le cautionnement ne peut exister que sur une obligation valable, et qui ajoute : « On peut néanmoins cautionner une obligation, encore qu'elle pût être annulée par une exception purement personnelle à l'obligé, par exemple, dans le cas de minorité » ; qu'un autre exemple qui est identique, et qu'on peut ajouter, *dans le cas de la femme non autorisée ;* d'où il suit que l'exception de non autorisation du mineur et de la femme mariée, étant une exception qui leur est purement personnelle, ne peut être opposée par leurs créanciers, etc., etc. — (La Cour compare, mal à propos, l'action accordée au mineur, et celle accordée à la femme mariée; il n'y a point identité parfaite entre ces deux actions; nous l'avons prouvé).

477. Résumant les principes qui doivent servir de base à la solution des questions proposées , nous pensons que les créanciers ont toujours qualité pour poursuivre au nom de leur débiteur une action en nullité ou en rescision, que la loi accorde à celui-ci; c'est la conséquence des dispositions générales de l'art. 1166. — Il y a exception 1º dans les cas où *il serait prouvé* que l'action en nullité était exclusivement attachée à la personne du débiteur. Nous disons que ce n'est qu'autant qu'il serait prouvé , car s'il y avait le moindre doute , il faudrait s'en tenir à la règle générale. — 2º Dans les cas où s'agissant d'une action qui ne serait pas exclusivement personnelle, là loi aurait porté une exception certaine, comme dans le cas de l'art. 225. — Enfin , nous pensons qu'il n'y a d'exclusivement attaché à la personne d'un individu que les actions qu'il ne peut point céder ni transmettre, etc., etc.

478. Un créancier peut-il proposer une nullité de procédure que son débiteur ne propose pas lui-même, quoiqu'il en ait le droit? Nous pensons que non. Pour que le créancier eût ce droit, il faudrait qu'il intervînt, et il est de principe qu'on ne peut recevoir intervenant que celui qui a intérêt au fonds de la contestation, et qui, s'il n'était pas appelé, aurait le droit de former tierce opposition contre le jugement. Or, il n'est pas douteux que si le débiteur , négligeant de proposer la nullité de la procédure, ne fait que se défendre au fonds, et que le jugement soit rendu , le créancier n'a aucun droit de former tierce opposition, il serait même dérisoire qu'il pût être admis à se plaindre que son débiteur n'eût pas proposé cette nullité. Conformément à ces principes, il a été jugé qu'un créancier inscrit n'avait pas qualité pour se prévaloir de la nullité commise au préjudice de la partie saisie, et établie en faveur de celle-

ci. Arrêt de cassation, du 23 juillet 1817; Dalloz, t. 24, p. 125, Sirey, 1819, p. 6.

479. La caution peut-elle proposer ou opposer la nullité de l'acte, ou de la convention nuls ou annulables?

Oui, si l'obligation est atteinte d'un vice réel, d'un vice qui attaque sa substance, comme si , par exemple, elle est le résultat du dol, de l'erreur et de la violence, etc.

Non, si la nullité est purement personnelle au principal obligé. Arg. de l'art. 2012 du Code civil, *leg.* 7, § 1 ; *et leg.* 19 *ff. de exceptionibus.* — Voir encore le chap. ci-après , section 3.

480. Les actions en nullité ou en rescision qu'un individu a qualité pour faire valoir sont, comme les autres actions en général , une partie de son patrimoine; elles peuvent être exercées non-seulement par cet individu , mais encore par ses représentans légaux , c'est-à-dire, par tous ceux auxquels la conservation et l'accroissement de ce patrimoine est confié par la loi.

481. Ainsi , 1º le tuteur a qualité pour demander la nullité des actes consentis par le père du mineur, ou par un de ceux qu'il représente, et qui se trouveraient entachés d'un vice tel que l'acte dût en être annulé : seulement si l'action qu'il se propose d'intenter est immobilière, il doit se faire autoriser par le conseil de famille, art. 464 Code civil.

Il a aussi le droit de demander, au nom du mineur, la nullité ou la rescision des engagemens que celui-ci aurait souscrits en minorité; aucune disposition de la loi n'exigeant que l'exercice de l'action en nullité ou en rescision , prises de l'incapacité du mineur, soit suspendu jusqu'à sa majorité , le tuteur ne peut être forcé d'attendre jusqu'à cette époque. Il est même des circonstances où le moindre retard pourrait être préjudiciable aux intérêts du mineur , et serait, par ce motif, une faute lourde qui compromettrait la responsabitité du tuteur.

Celui-ci ne pourrait point être empêché d'agir , par cela seul , qu'il aurait garanti l'engagement souscrit par le mineur. Vainement lui opposerait-on la règle : *Eum quem de evictione tenet actio, eumdem agentem repellit exceptio.* Car ses intérêts n'étant point confondus avec ceux de son pupille, les obligations qu'il a consenties envers les tiers, ne doivent pas l'empêcher de remplir son devoir envers le mineur. En agissant ainsi, le tuteur est plus louable qu'il n'est à blâmer, car il est beau de le voir préférer les intérêts qui lui sont confiés, à ceux qui lui sont personnels. La règle ci-dessus n'est applicable qu'autant que celui dont l'action peut être repoussée par une action qui lui est personnelle, agit pour lui-même. Or, ici le tuteur n'agit pas pour lui, il agit dans l'intérêt de son pupille, et il serait injuste que la défense de celui-ci pût être paralysée par une cause qui lui est étrangère.

2° Le mari dont la femme s'est constituée tous ses biens, a seul qualité pour exercer les actions rescisoires et les actions en nullité qui appartenaient à la femme avant son mariage. Ces actions sont une espèce de biens, elles sont comprises par conséquent dans la constitution générale, et le mari est le maître de les exercer. Arg. des art. 1549 et 1562 du Code civil.

3° Le plus proche parent de l'absent ayant obtenu l'envoi en possession provisoire de ses biens, a seul qualité pour intenter l'action en nullité ou en rescision des engagemens souscrits par cet absent avant son départ. Arrêt du Parlement de Toulouse du 27 avril 1669, au rapport de M. Dolivier. — Catelan, liv. 2, chap. 58.

4° L'héritier bénéficiaire, le curateur à une succession vacante, ont aussi qualité pour proposer la nullité d'un engagement souscrit par le défunt; ce droit dérive de leur qualité d'administrateurs.

5° Par la même raison les syndics d'une faillite ont qualité pour poursuivre l'annulation ou la révocation des actes faits en fraude des créanciers. Pardessus, Droit commercial, (t. 3, édit. Tarlier) n° 1227. — Ils ont également qualité pour demander l'annulation ou rescision d'un acte qui, quoique n'étant pas fait en fraude des créanciers, serait vicieux et susceptible d'être attaqué pour une toute autre cause. Le saisi étant privé de l'administration de ses biens (art. 528 Code de commerce), n'a plus l'exercice de ses actions, et les syndics quoiqu'agissant dans l'intérêt de la masse des créanciers, sont en outre les représentans du failli pour tout ce qui concerne ses biens. Cela est si vrai, que le créancier d'une faillite à laquelle ont été nommés des syndics, est sans qualité pour attaquer en son nom personnel, même comme viciés de fraude, les actes faits par le failli. Une telle action n'appartient qu'à l'universalité des créanciers, et ceux-ci n'ont d'autres représentans que les syndics. Arrêt de cassation, du 9 avril 1829; Jurisp. du 19° siècle, 1829, 1. 189.

482. Nous avons dit *suprà* n° 414 et 431, qu'un simple particulier n'avait pas qualité pour demander de son chef la nullité d'un acte immoral, et principalement contraire à l'ordre public; que l'exercice de ces actions reposait sur la tête des magistrats chargés du ministère public. Les principes que nous avons établis (et desquels il résulte 1° que pour le simple particulier la nullité est sans grief, que tout au moins il n'a pas le droit de se plaindre; 2° qu'on doit toujours éviter d'accueillir une action dont les suites seraient plus contraires à l'ordre public que le maintien de l'acte contre lequel cette action était dirigée), nous ont donné à penser que les magistrats du parquet ne peuvent proposer une nullité que dans les cas spécifiés par la loi, ou dans les cas qui, n'étant point prévus par le législateur, créent néanmoins une incompatibilité entre l'existence de l'acte et l'ordre public.

Plusieurs jurisconsultes et plusieurs Cours royales avaient pensé et décidé que dans les matières qui intéressaient l'ordre public, les procureurs du roi pouvaient exercer d'office l'action en nullité ; entr'autres motifs , ils dédui-saient cette opinion de ce que l'art. 46 de la loi du 20 avril 1810, portait une disposition finale ainsi conçue : « Le » ministère public surveille l'exécution » des lois , des arrêts et des jugemens ; » *il poursuit d'office* cette exécution , » dans les dispositions qui intéressent » l'ordre public ». — Voir deux arrêts de la Cour de Bruxelles, Sirey, 1808, p. 273.

Mais l'opinion contraire a prévalu , comme résultant évidemment du même art. 46, qui dispose : qu'en matière ci-vile le ministère public agit d'office dans les cas spécifiés par la loi , et de l'art. 2, tit. 8 de la loi du 16 août 1790 ainsi conçu : « Au civil, les commissai-res du roi exercent leur ministère, non par voie d'action , mais seulement par celle de réquisition, dans les procès dont les juges auront été saisis. »

La Cour de cassation a plusieurs fois jugé en ce sens, notamment le 26 août 1807, Sirey, 1807, p. 437. — Par deux arrêts, l'un du 1er août 1820, l'autre du 5 mars 1821 ; Dalloz, t. 19, p. 279 et suiv. Dans l'espèce à juger, il s'agis-sait de savoir si le ministère public pouvait appeler d'un jugement qui avait déclaré un mariage nul; la Cour s'est prononcée pour la négative. — Voici l'espèce du dernier de ces arrêts.

Le 20 juillet 1813, mariage contracté entre Pierre Laborie et Perrette Cou-dère, devant l'officier de l'état civil de la commune de Saint-Denis, arron-dissement de Cahors, département du Lot.

Dans le courant de 1816, assigna-tion en annulation dudit mariage, don-née à la requête de Laborie à Perrette Coudère , devant le tribunal dudit ar-rondissement.

Celle-ci constitue avoué , par le mi-nistère duquel elle prend les mêmes conclusions que celles qu'avait prises Laborie.

Le 29 avril 1816, jugement qui ad-met Laborie à prouver , tant par titres que par témoins, que le mariage a été contracté clandestinement, et hors de la maison commune; que les parties n'ont pas vécu comme époux , et ne se sont pas fréquentés ; et que ce mariage n'a été béni par aucune cérémonie reli-gieuse.

Le 16 mai suivant, enquête contra-dictoire avec Perrette Coudère.

Le 27 du même mois, jugement dé-finitif ainsi conçu :

« M. le procureur du roi entendu ; atteidu que par jugement du 29 avril dernier, Laborie a été admis à prouver que son mariage avec Perrette Coudère a été célébré clandestinement et hors de la maison commune; que les par-ties n'ont point vécu comme époux, et ne se sont point fréquentées ; que ce mariage n'a été béni par aucune céré-monie religieuse ;

Attendu que dans l'enquête du 16 mai courant, Laborie a rempli ledit interlocutoire, et qu'il paraît que le consentement donné au mariage n'a pas été sérieux ;

Par ces motifs , le tribunal annule ledit mariage, et déclare les parties libres.

Le 10 février 1817, Laborie se re-marie ; il épouse Antoinette Bousquet sans opposition : la célébration a lieu dans la maison commune de Croissac : toutes les formalités voulues ont été observées.

Le lendemain 11 février 1817, noti-fication à Laborie et à Perrette Coudère, d'un acte portant que M. le procureur général de la Cour d'Agen est appelant d'office d'un jugement interlocutoire du 29 avril , et du jugement définitif du 27 mai 1816, rendu par le tribunal de l'arrondissement de Cahors. Par le même acte, il leur est donné assigna-tion devant ladite Cour, pour voir ré-former ces deux jugemens, et par suite, déclarer régulier et valable le mariage qu'ils ont contracté le 20 juillet 1813.

Devant la Cour, ils concluent l'un et l'autre à ce que l'appel de M. le pro-cureur général soit déclaré non-rece-vable et très-subsidiairement mal fondé.

Le 14 janvier 1818, arrêt qui, sans s'arrêter aux fins de non recevoir, faisant droit au contraire sur ledit appel, dit qu'il a été mal jugé; en conséquence, réformant, déclare régulier et valable le mariage célébré le 20 juillet 1813, entre ledit Laborie et la dite Coudère; ordonne qu'ils demeureront retenus dans les liens dudit mariage, et qu'au surplus le présent arrêt sera mentionné, en marge de l'acte de mariage susdit, sur les registres de l'état civil de la commune de Saint-Denis.

La Cour considéra, entr'autres motifs, « que l'action conférée au ministère public par les art. 184, 190, 191 Code civil, était une exception au principe consacré par l'art. 2, du tit. 8 de la loi des 16 et 24 août 1790, portant que le ministère public ne procède au civil que *par voie de réquisition.*

« Que le droit de faire réformer un acte vicieux renfermait implicitement, et donnait même, à plus forte raison, le droit de faire maintenir un acte régulier; qu'il était évident que le but du législateur, dans les art. 184, 190 et 191 du Code civil avait été d'assurer le maintien du bon ordre; et que partout où un motif si impérieux venait de se reproduire, il devait exercer la même influence, et agir avec la même efficacité, suivant l'axiome : *ubi eadem ratio, ibi idem jus esse debet ;* que, si l'action du ministère public, en pareil cas, n'était pas suffisamment autorisée par le texte de la loi, il ne faudrait pas moins décider qu'elle découle irrésistiblement de son esprit, parce qu'elle est commandée dans l'intérêt des mœurs et de l'honnêteté publique; que l'opinion contraire pourrait devenir la source des plus grands abus, parce qu'il ne serait peut-être pas rare de voir des époux légers et inconstans, s'affranchir de la prohibition de la loi, et faire accueillir des demandes en divorce, en donnant à leurs actions la couleur d'une demande en nullité de mariage. »

Laborie a demandé la cassation de cet arrêt pour violation de l'art. 2, du tit. 8 de la loi des 16 et 24 août 1790, et fausse application des art. 184, 190 et 191 du Code civil; à l'appui de sa

demande, il a dit, entr'autres raisonnemens :

Si M. le procureur général avait lui-même action principale, conformément à l'art. 191 du Code civil, pour demander d'office l'annulation de mon mariage avec Perrette Coudère, à cause du défaut de publicité, aucune loi ne lui permettait d'user de cette voie d'action, pour le faire maintenir, lorsqu'il a été annulé par un jugement. Toutes les fois que l'ordre public est intéressé, le ministère public n'a pas le droit d'action; ce droit ne lui est conféré que dans les cas spéciaux et limités. En lui donnant ce droit en certains cas de nullité des mariages, la loi n'a voulu qu'une chose, savoir : que les tribunaux fussent saisis. Elle ne suppose pas que les magistrats se laissent surprendre par la connivence des parties. D'ailleurs, le ministère public doit toujours être présent pour donner ses conclusions, et éclairer le tribunal par voie de réquisition.

Ces moyens ont été accueillis; et par arrêt du 5 mars 1821, au rapport de M. Ruperon; la Cour, vu l'art. 2, du tit. 8 de la loi des 16 et 24 août 1790, et les art. 184 et 191 Code civil :

Attendu qu'aux termes dudit art. 2, le ministère public ne peut agir, au civil, que par voie de réquisition, dans le procès dont les juges sont saisis;

Que de cet article découle le principe consacré par la jurisprudence, et, d'ailleurs, formellement exprimé dans l'art. 46 de la loi du 20 avril 1810, que le ministère public, pour pouvoir agir d'office en matière civile, a besoin d'y être spécialement autorisé par une loi précise;

Attendu que le ministère public peut demander la nullité d'un mariage pour contravention à certains articles du Code civil, parce qu'il y est spécialement autorisé, ainsi qu'on le voit aux articles 184 et 191 ;

Attendu qu'il ne peut pas agir d'office pour faire confirmer un mariage, lorsque les parties ont demandé et obtenu en justice la nullité de ce même mariage, pour contravention à quelques dispositions du Code civil ;

1° Parce que la loi ne lui en donne pas le droit ;

2° Parce qu'en matière d'attribution exceptionnelle et spéciale, on ne peut conclure d'un cas à un autre ;

3° Parce que l'extension de semblables attributions est un droit qui n'appartient qu'au législateur, et qui n'est pas au pouvoir des tribunaux ;

4° Et enfin, parce qu'il n'y a aucune analogie entre le cas où il s'agit de faire annuler un mariage scandaleusement formé au mépris de la loi, et celui où il s'agit de soutenir valide un mariage que les tribunaux ont annulé en connaissance de cause, sur la réclamation des parties, après avoir entendu le ministère public ; — que dans le premier cas, l'action du ministère public est nécessaire pour donner connaissance aux tribunaux d'un mariage que les parties ont intérêt à ne pas dénoncer, et que, dans le second, les tribunaux ont été saisis par les parties, et qu'ils ont prononcé ;

De tout quoi, il résulte que la Cour d'Agen en recevant l'appel interjeté par son procureur général, et en annulant par suite les jugemens du tribunal civil de Cahors, a violé l'art. 2, du tit. 8 de la loi des 16 et 24 août 1790, et faussement appliqué les art. 184 et 191 du Code civil, et commis un excès de pouvoir,

Par ces motifs, la Cour casse, etc., etc..

483. Les actions en nullité et les actions en rescision peuvent être exercées, avons-nous dit, par les héritiers. Or, comme dans les conventions et les contrats l'effet de l'annulation est général, en ce sens, que si elle profite ou si elle préjudicie à un des héritiers, elle doit profiter ou préjudicier à ses cohéritiers, il en résulte qu'un héritier ne peut agir seul, et que s'il veut proposer une action en nullité ou une action en rescision, il n'est recevable à agir qu'autant qu'il le fait concurremment avec ses cohéritiers, ou qu'il les a mis en cause pour que le jugement à intervenir leur

fût commun. Ainsi il a été jugé par la Cour de cassation que l'action en nullité d'une transaction et en résolution d'une vente pour défaut de paiement du prix, était indivisible en ce sens que, si l'un des héritiers du vendeur exerçait, seul, cette action pour sa part et portion, il devait être déclaré non recevable, quant à présent, et jusqu'à ce qu'il eût mis en cause ses cohéritiers. Voici l'espèce de cette affaire.

En 1792, vente par le général Dugommier, moyennant 600,000 fr. environ, d'une habitation située à la Guadeloupe, au sieur Bruedeau, qui, plus tard, la revendit à la dame Thomas.

Partie du prix de cette vente était encore due, lorsque le général Dugommier décéda.

Il laissait une fille, la dame Collet, et trois fils ; tous quatre acceptèrent la succession, mais sous bénéfice d'inventaire. La veuve du général Dugommier déclara renoncer à la communauté pour s'en tenir à ses reprises, qu'elle fit liquider, et dont elle poursuivit le paiement contre la dame Thomas.

Le 8 décembre 1807, transaction entre cette dame et la veuve du général Dugommier.

Le 21 du même mois, revente par la dame Thomas, de l'habitation en question, aux sieurs et dame Venture de Paradis, sous la condition de payer à la veuve Dugommier le prix convenu par la transaction.

Premier procès, du vivant de la veuve ; demande en rescision de la transaction pour défaut de paiement.

Avant que le procès fût jugé, la veuve Dugommier décède, laissant pour héritiers la dame Collet et un fils, le sieur Chevrigny Dugommier.

Cependant les sieur et dame Venture de Paradis ne payant pas le prix par eux dû, la dame Collet forma contr'eux, tant en son nom, que comme se portant fort pour son frère, le sieur Chevrigny Dugommier, deux demandes, l'une en rescision de la transaction, l'autre en résolution de la vente.

Mais un jugement du 19 août 1822,

confirmé par arrêt du 22 novembre suivant, décida qu'elle ne pouvait agir qu'en son nom personnel.

Restreignant, en conséquence, ses premières conclusions, elle suit sa double demande, mais seulement pour la part et portion dont elle est héritière.

19 juillet 1823, deux arrêts rendus par la Cour royale de la Guadeloupe, déclarent la dame Collet non recevable quant à présent, et jusqu'à ce qu'elle ait mis en cause son frère, attendu que soit la transaction, soit la vente, ne peuvent être annullées pour partie; que dès-lors le concours de tous les héritiers est nécessaire.

C'est contre ces arrêts que les sieur et dame Collet se sont pourvus. Ils ont dit: En principe, chaque héritier est saisi de sa part, en vertu de la règle : le mort saisit le vif. Il y a, tout à la fois et de plein droit, division des actions actives et passives; comment donc serait-il possible de subordonner l'action qui appartient à l'un des héritiers, à la condition que tous ses cohéritiers consentiront à se réunir à lui, etc., etc.

Les défendeurs ont fait défaut : le 6 mai 1829, arrêt ainsi conçu : Attendu que d'après les principes anciens, attestés par Pothier, et confirmés par les art. 1224, 1670 et 1685 du Code civil, la rescision d'une obligation ou la résolu-tion d'une vente ne peut être partielle; qu'en effet, celui qui a transigé, comme celui qui a acquis un immeuble, n'a ainsi traité que dans l'espoir que l'acte serait exécuté dans la totalité; que dès-lors la rescision d'une obligation ou la résolution d'une vente ne peut être demandée par l'un des héritiers seulement pour sa part et portion; Rejette le pourvoi, etc., etc.

484. Quelquefois la mise en cause n'est pas nécessaire; c'est lorsque la déclaration de nullité ne doit pas profiter à tous les héritiers, mais seulement à celui qui agit. Par exemple, il n'est pas douteux qu'un héritier institué par testament a qualité pour demander la nullité du testament qui révoque le sien; il et évident que la nullité du second testament redonne la vie au premier, et qu'ainsi les héritiers du sang n'ont rien à faire dans un litige qui ne doit, en aucun cas, leur profiter.

485. Nous ne rapporterons pas d'autres exemples pour justifier les règles que nous avons tracées au commencement du présent chapitre. Il suffit de les lire, et de s'en pénétrer, pour être à même de résoudre les difficultés qui peuvent se présenter sur cette matière importante. *Dans le doute*, nous ne saurions trop le répéter : *les nullités peuvent être proposées par tous ceux qui ont intérêt.*

CHAPITRE X.

Comment on est admis à prouver les contraventions à la loi, qui doivent entraîner la nullité des actes ou la rescision des conventions.

---

486. Les nullités en général sont odieuses; elles ne se présument pas : il faut que la partie qui les propose, en prouve la cause. Jusques là, les actes et conventions produites en justice sont réputées valables : *nullitas actus in du-*

bio non præsumitur, sed validus reputatur donec de contrario constet. Leg. quotiis et leg. ubi ff. de rebus dubiis.— VANTIUS, *de Nullitatibus.*

487. Comment se fait cette preuve.?

Elle est facile quand la nullité est prise d'une irrégularité dans la forme ; il est, en effet, de principe constant qu'aux yeux de la loi, tout ce qui n'est pas prouvé est censé ne pas exister; ainsi toutes les fois que le législateur a exigé que tel acte fut fait dans telle forme, il est indispensable que les formalités requises soient prouvées par l'acte même, pour la solennité et l'effet duquel elles ont été exigées ; sinon, elles sont censées n'avoir pas été observées : *nullitas per inspectionem actorum probatur, quia quod ibi non reperitur factum non præsumitur*, Toute autre preuve que celle qui résulte de l'inspection de l'acte ne peut être accueillie ; VANTIUS, *de Nullitatibus.*

Dans la donation, par exemple, le défaut d'acceptation, *en termes exprès,* et le défaut de mention de cette acceptation du donataire, rend la donation nulle ; et bien que la signature du donataire, ou même son simple concours dans l'acte pût et dût faire supposer cette acceptation, le défaut de mention expresse fait considérer l'acceptation comme n'ayant point eu lieu. Art. 932 du Code civil.

Il en est de même pour le testament; il faut qu'on puisse y lire la mention de l'accomplissement des formalités qui tiennent à sa forme constitutive ; à défaut de cette mention, le testament est nul, art. 972 et suivans du Code civil. On ne serait pas admis à prouver par témoins l'accomplissement des conditions auxquelles était subordonnée sa validité, telles, par exemple, que la dictée, la lecture, etc., etc.

Enfin, il en est de même dans tous les actes de procédure soumis à des formalités substantielles ; leur accomplissement ne peut être justifié que par la mention qui en est faite dans l'acte.

Dans tous ces cas et autres analogues, l'acte est nul par l'effet *de la présomp-*

tion légale, contre laquelle aucune preuve n'est admise, que les formalités prescrites n'ont pas été observées, et que l'objet pour lequel ces formalités avaient été requises, n'a point été rempli. (Art 1352 du Code civil.)

488. Comme aussi, les énonciations qui sont renfermées dans l'acte, et qui tiennent à sa substance, sont réputées vraies ; les formalités dont l'accomplissement est mentionné dans cet acte, sont présumées avoir été bien remplies; et le tout est censé avoir été fait ainsi, et de la manière rapportée dans l'acte. Remarquez toutefois qu'il y a, entre cette présomption et celle dont il est question dans le précédent numéro, une différence essentielle, la première étant *juris et de jure* produit cet effet, que l'acte ne portant pas en lui-même la preuve de l'accomplissement d'une formalité substantielle, on ne peut pas prouver que ces formalités ont été remplies.

La seconde au contraire, n'étant qu'une simple présomption de droit , peut être détruite par la voie de l'inscription de faux. Mais cette voie est la seule; les juges ne pourraient point, par exemple, admettre la preuve testimoniale pour établir qu'un notaire ou un huissier n'auraient pas accompli une formalité, rempli une condition, malgré que le contraire fût dit dans leur acte.

Ce point de droit est incontestable ; nous nous bornerons à rapporter le texte d'un arrêt de cassation, qui est d'autant plus décisif, qu'il fut provoqué et rendu dans l'intérêt de la loi seulement. Cet arrêt est du 10 décembre 1810; Dalloz, t. 21. p. 198; Sirey, 1811, p. 75.; on y lit : « Attendu que la Cour » d'appel de Poitiers en admettant les » héritiers de Marie Jacob à prouver » par témoins et sans inscription de » faux, qu'à l'époque de son testament » que les notaires avaient attesté avoir » été dicté et nommé mot à mot, *cette* » *femme avait la langue tellement épais-* » *se, qu'elle ne pouvait plus articuler* » *un seul mot qui pût être entendu,*

» cette Cour a violé les dispositions des » deux dernières lois de l'art. 13, sect. » 2, tit. Ier de la loi du 29 septembre » 1790, et l'art. 19 du 25 vent. an XI, qui » ne permettent pas que l'exécution » d'un acte notarié puisse être suspen- » due, ni qu'il puisse même être atta- » qué dans les énonciations que le no- » taire y a écrites relativement à sa » substance, aux dispositions qu'il con- » tient, et aux formes et solennités qu'il » énonce avoir été observées, si ce n'est » par l'inscription de faux admise et » jugée, etc., casse et annule, dans » l'intérêt de la loi seulement, l'arrêt » de la Cour d'appel de Poitiers, du 27 » mai 1809, en ce que cet arrêt a ad- » mis les héritiers de Marie Jacob à » prouver contrairement aux énoncia- » tions de cet acte, qu'à l'époque de » son testament, cette femme ne pou- » vait articuler un seul mot qui pût » être entendu. »

489. Quant aux nullités qui tiennent au fond, il est bien peu d'exemples qu'une partie puisse les prouver par l'acte lui-même, ou par d'autres écrits ayant *vim probandi*; aussi la preuve en est-elle difficile, et susceptible d'in- convéniens graves : il est résulté de ces inconvéniens que plusieurs Cours roya- les ont paru douter si on devait être admis à prouver la cause de ces nulli- tés, par témoins, ou par présomptions, dans les cas où il n'existerait pas un com- mencement de preuve par écrit.

Ces doutes se sont même fortifiés par plusieurs arrêts de cassation, dont on nous paraît n'avoir pas assez réfléchi les espèces et le but, notamment par un arrêt, du 29 oct. 1810; Dalloz, t. 21, p. 233; Sirey, 1811, p. 50. Cet arrêt est ainsi conçu : « Après plusieurs délibé- rés en la chambre du conseil; vu les art. 1341, 1347 et 1348 du Code civil; attendu que l'art. 1341 défend d'ad- mettre aucune preuve par témoins, contre et outre le contenu aux actes, et sur ce qui serait allégué avoir été dit avant, lors ou depuis les actes, encore qu'il s'agisse d'une somme ou valeur moindre de 150 francs; que cet article

ne reçoit d'exception, aux termes des art. 1347 et 1348, que lorsqu'il existe un commencement de preuve par écrit; ou lorsqu'il n'a pas été possible de se procurer une semblable preuve; — attendu que les parties ne se trouvaient ni dans l'une ni dans l'autre des excep- tions autorisées par les articles ci-des- sus, puisque l'arrêt dénoncé n'a point dit qu'il existât de commencement de preuve par écrit, et qu'il avait été pos- sible au défendeur de rapporter une preuve écrite des faits par lui articulés; d'où il suit que l'arrêt dénoncé, en ordonnant la preuve testimoniale de ce fait, a violé l'art. 1441 du Code ci- vil, et faussement appliqué les art. 1347 et 1348 du même Code; cas- se, etc., etc. »

Nous ferons plus tard connaître l'es- pèce de ce dernier arrêt, et l'on se convaincra qu'il ne contrarie point les principes que nous allons exposer.

490. Nous avons étudié les diverses décisions qui ont été rendues sur la matière, et nous nous sommes convain- cus que très-souvent on doit être ad- mis à prouver par témoins, ou par pré- somptions, les causes qui doivent rendre nuls un acte ou une convention, bien qu'il n'existe pas de commencement de preuve par écrit. Les règles sur ce point sont extrêmement importantes; nous devons leur donner un certain développement.

491. Avant le Code civil, les Juris- consultes n'étaient point d'accord sur la solution à donner à la question pro- posée. M. Merlin, V° Preuve, sect. 2, § 3, art. 1er, n. 18, s'était prononcé contre l'admission de la preuve testimoniale; il citait, à l'appui de son opinion, deux arrêts du Parlement de Rouen, de 1752 et 1756, qui avaient, en effet, rejeté cette preuve dans deux causes où se trouvaient articulés des faits infiniment graves.

Depuis le Code, la divergence n'a plus été aussi grande; les auteurs les plus recommandables se sont prononcés contre l'opinion adoptée par M. Mer- lin; et celui-ci, avec une franchise qu'on est à même de remarquer dans toutes ses opinions, a été le premier à la modifier. Voici ce qu'on lit, loco. cit. n. 23 : « Cependant il y a une distinction essentielle à faire : ou les faits de dol et de fraude qui sont articulés contre un acte, portent le caractère d'un faux proprement dit, ou ils peuvent être vrais, sans que la substance de l'acte en soit altérée; au premier cas, point de preuve testimoniale, si celui qui demande à y être admis ne prend la voie de l'inscription de faux.... Au second cas, la preuve peut être reçue, si les faits de dol sont assez graves et assez précis, pour qu'il en résulte une induction certaine que la partie qui les articule, n'a pas eu, en signant l'acte, la volonté que l'acte même lui suppose.

492. Cette dernière opinion est plus conforme aux dispositions du Code civil; et bien que M. Merlin ne l'ait examinée que dans le cas de dol et de fraude, nous allons prouver qu'il y a lieu de porter la même décision dans le cas de la violence, de l'erreur, etc.

L'art. 1351 dispose qu'aucune preuve par témoins n'est admise contre et outre le contenu aux actes, ainsi que sur ce qui serait allégué avoir été dit avant, lors ou depuis, etc., etc.

Si l'on recherche l'objet de cette disposition, il est évident que le législateur n'a voulu proscrire la preuve testimoniale que pour les promesses accessoires ou conditionnelles qui auraient pour objet d'augmenter ou de restreindre les droits ou les obligations des parties, et dont celles-ci voudraient demander l'exécution contre et outre le contenu de l'acte apparent qu'elles ont consenti. Mais bien certainement le législateur n'avait point alors l'intention de proscrire la preuve des faits et circonstances qui viciaient le consentement des parties. « Quand l'ordonnance, disait Danty, Traité de la preuve testimoniale, défend la preuve de ce qui ne se trouve pas rédigé par écrit dans l'acte, *elle n'a entendu parler que des conventions qui en font partie*, parce

qu'ayant été libre aux contractans de les y comprendre, s'ils ne l'ont pas fait, elle présume qu'ils les ont omises à dessein ; et elle ne veut pas qu'on les puisse suppléer malgré eux par une preuve testimoniale faite après coup.

Cette explication sert à interpréter les dispositions de l'art 1341 du Code civil, qui n'a fait que reproduire les termes de l'art. 2, tit. 20 de l'ordonnance de 1697, et le plus léger examen prouve qu'il n'est pas possible d'interpréter autrement la volonté du législateur.

En effet, l'art. 1109 Code civil dispose qu'il n'y a pas de consentement valable, s'il n'a été donné que par erreur, s'il a été extorqué par violence ou surpris par dol.—L'art. 1116 dit aussi que le dol est une cause de nullité de la convention, lorsque les manœuvres pratiquées par l'une des parties, sont telles, qu'il est évident que, sans ces manœuvres, l'autre partie n'aurait pas contracté.—Il ajoute que le dol ne se présume pas, et qu'il doit être prouvé. Cette dernière disposition s'applique évidemment à l'erreur, à la violence, à la lésion, et l'on peut dire aussi, par rapport à ces diverses causes de nullité, qu'elles ne se présument pas, et que la partie qui se plaint, doit prouver ce qu'elle avance.

Mais comment cette preuve doit-elle se faire ? Doit-elle être faite par écrit aux termes de l'art. 1341 ? Évidemment non ; ce serait rendre la preuve impossible, car on ne garde pas de preuve écrite de l'erreur qui nous cache la vérité, de la violence qui nous fait agir, du dol qui surprend notre volonté. Il faut donc croire que la loi permet de recourir à un autre genre de preuve, sans quoi elle se désarmerait elle-même, et les art. 1109 et 1116 ne renfermeraient qu'une fort belle théorie dont il serait impossible de faire usage dans la pratique.

Ce n'est donc pas dans l'art. 1341 qu'il faut chercher la solution de la question proposée; il faut se décider par d'autres principes. Or, voici ce qu'on lit dans l'art. 1348 : « Les règles écrites dans l'art. 1341 et suivans, reçoivent exception toutes les fois qu'il n'a pas été possible au créancier de se procurer une preuve littérale de l'obligation qui a été contractée envers lui. »

Cette disposition semble ne s'appliquer qu'aux *obligations* dont on n'a pas pu se procurer la preuve; mais si on cherche à connaître le motif qui a déterminé le législateur, on se convaincra que c'est parce que la loi n'a pas voulu, d'un côté, que celui qui n'a pas pu se procurer une preuve, fût puni de ne pas l'avoir fait; et d'un autre côté, de ce qu'il aurait été injuste qu'une partie pût s'affranchir d'une obligation légitimement contractée, par cela seul, que l'autre partie aurait été placée dans l'impossibilité d'exiger la preuve de cette obligation, ou du fait qui devait la produire. Or, ce motif, basé sur ce principe d'équité invariable, que personne ne peut être forcé à l'impossible, ni puni de ne pas l'avoir fait, s'applique à tous les cas; et dès-lors on peut dire en thèse *que celui qui n'a pu se procurer une preuve littérale, doit être admis à la preuve testimoniale.* Cette règle générale et absolue était admise par les auteurs; notamment par Pothier, en son Traité des obligations, n. 810, 811 et 812, et même elle résulte de l'art. 1341.

Cela posé, il nous reste à en faire l'application aux diverses espèces qui peuvent se présenter.

493. Et d'abord, peut-on être admis à prouver, par témoins, qu'une convention est l'effet du dol et de la fraude?

S'il s'agit d'un tiers qui demande la nullité d'un acte fait en fraude de ses droits, nul doute qu'il ne doive être admis à faire la preuve par témoins, bien qu'il n'existe pas de commencement de preuve par écrit. Arg. de l'art. 1353 du Code civil. Cette preuve peut même être faite par des présomptions (même article). L'art. 1341 n'en est nullement affaibli; car, comme dit M. Merlin, V° Preuve, sect. 2, § 3, art. Ier. « lorsque la simulation d'un acte est opposée par un tiers, il n'est pas dou-

teux que la preuve, par témoins, ne doive être reçue. L'existence d'un acte, quelqu'authentique qu'il soit, ne prouve rien autre chose contre ces tiers, si ce n'est qu'il a été passé; il n'en établit pas la sincérité. » —Outre que cela résulte de l'art. 1166 du Code civil, la Cour de cassation a décidé, en thèse, que les juges violaient la loi, s'il déclaraient en principe que la simulation ne pouvait résulter de présomptions et de preuves testimoniales. Arrêt du 16 juin 1816, Sirey, vol. 16-1-447; et spécialement elle a jugé, par ce même arrêt, que la simulation du prix dans un acte de vente, pouvait être prouvée par indices, présomptions, ou par témoins, alors même que l'acte portait que le prix avait été payé comptant.

494. S'il s'agit d'une partie qui se plaint du dol de l'autre partie avec laquelle il a contracté, il faut distinguer si cette partie a été induite en erreur, lors du contrat, et qu'elle n'ait donné son consentement que par suite des manœuvres pratiquées envers elle, de telle manière, qu'elle n'ait pu se prémunir contre ces manœuvres; ou si, au contraire, il a été en son pouvoir, lors du contrat, de s'y soustraire.

Au premier cas, il ne nous paraît pas douteux que la preuve testimoniale ne peut pas lui être refusée; c'est la conséquence du principe-ci dessus, car il est évident que dans cette hypothèse, la partie, ignorant les manœuvres frauduleuses dont elle était victime, *n'a pas pu se procurer une preuve écrite du dol*; que dès-lors elle se trouve dans le cas d'exception dont nous avons parlé dans le n. 492. Cela résulte encore des art. 1348, § 1, et 1353 Code civil. Enfin, ce point de droit a été consacré par plusieurs arrêts, notamment par un des arrêts de la Cour de cassation, du 20 fev. 1811, dont voici l'espèce.

Un sieur Operti avait vendu à un sieur Carmagnola plusieurs immeubles; quelque temps après, il demanda la nullité de cette vente, pour cause de dol et fraude, et en même temps, il articula des faits précis de dol. Carmagnola opposa pour toute défense que les faits de dol et de fraude ne pouvaient être prouvés par témoins, qu'autant qu'il existerait un commencement de preuve par écrit. Le tribunal de Turin ayant admis la preuve, son jugement fut confirmé. — Sur le pourvoi, la Cour de cassation, par arrêt du 20 février 1811 jugea que si, aux termes de l'art. 1341, du Code civil, on ne peut admettre la preuve testimoniale contre et outre le contenu en un acte, il est certain, aux termes des art. 1109, 1116, 1117 et 1353, que les actes peuvent être annulés pour cause de dol et de fraude ; que cette fraude et ce dol peuvent être constatés à l'aide de présomptions; et à plus forte raison, par la preuve testimoniale; qu'il suit de la combinaison de ces articles que (hors les cas de l'inscription de faux), on n'est pas recevable à prouver qu'une convention dont l'existence n'est pas prouvée par écrit, a eu lieu entre les parties, ni qu'une convention écrite n'a pas été formée, ou l'a été en d'autres termes que l'écrit l'annonce; mais qu'on est recevable à établir, soit par des présomptions, soit par la preuve vocale, que cette convention a été surprise par fraude ou dol, et qu'elle n'est, par conséquent, pas l'effet d'un consentement libre; qu'en ce cas la preuve ayant pour objet de constater des faits qui participent de la nature des délits, et dont il n'était pas possible de se procurer des preuves écrites, on ne peut, sous aucun prétexte, écarter celles qui résultent de la déposition des témoins ; Considérant, dans l'espèce, que c'est sur des faits de fraude et de dol ainsi précisés, que l'arrêt dénoncé a admis une preuve testimoniale; qu'ainsi il n'a pas violé l'art. 1341, et qu'il a fait une juste application des art. 1109, 1116, 1117 et 1353 du Code civil, rejette le pourvoi.

495. Au second cas, au contraire, si la partie a pu éviter la fraude, s'il a été en son pouvoir de se prémunir contre les manœuvres, elle ne doit pas être admise à prouver, par témoins, le dol dont elle se plaint, à moins qu'elle n'ait un commencement de preuve par écrit. Il est évident que dans ce cas, elle ne peut invoquer l'exception portée par l'art. 1348. — Cette proposition a été admise par plusieurs arrêts, notamment par l'arrêt suivant.

Cardé avait vendu aux frères Maria une maison, moyennant 16,600 fr., avec réserve de la faculté de réméré pendant deux ans, et était décédé sans avoir exercé cette faculté, dont le délai était expiré. Le tuteur de ses enfans voulut réparer cette omission, et offrit de prouver que le contrat de vente n'était que le voile d'un prêt usuraire ; que les frères Maria avaient usé de dol à l'égard de Cardé, en l'empêchant d'emprunter pour se libérer envers eux, et lui promettant de le recevoir à réméré, quand il aurait ses fonds. Les frères Maria, en niant ces faits, soutinrent que la preuve, par témoins, n'était point admissible.

Le 17 mars 1809, le tribunal de Turin admit la preuve; et l'ayant trouvée concluante, le 6 juin 1810, il déclara la vente nulle; ce qui fut réformé par arrêt de la Cour de la même ville, du 31 août suivant; mais seulement en ce que la vente avait été annulée. Ce même arrêt, *attendu que c'était par dol et fraude que les frères Maria avaient empêché Cardé de faire le rachat*, autorisa le tuteur à l'exercer dans trois mois.

La Cour de cassation, saisie du pourvoi contre cet arrêt, a prononcé ainsi, le 2 novembre 1812 : Attendu que l'arrêt a faussement appliqué, sous un vain prétexte de dol et de fraude, l'exception portée par l'art. 1348, rien n'étant plus facile au sieur Cardé que de se procurer la preuve littérale de la prétendue prorogation de la faculté de rachat qui a fait le fondement de la demande du tuteur; et qu'alors ce n'a pas été le dol des frères Maria, mais bien la faute et l'imprudence de Cardé de s'être fié à de prétendues promesses verbales qui n'auraient pu avoir quelque consistance légale, qu'autant qu'elles auraient été rédigées par écrit, casse, etc.

496. C'est par suite des mêmes principes que la Cour de cassation a rendu un autre arrêt, dont on a voulu souvent abuser, mais dont le sens et l'application se trouvent parfaitement expliqués par l'espèce sur laquelle il fut rendu.— Nous avons cru devoir le faire connaître dans son entier, à cause de son importance.

Le sieur Gaudry, percepteur des contributions dans le département de Marengo, avait contre le sieur Chiorando deux titres de créance; savoir, le premier, résultant d'un bon (18 germinal an XIII) de 7000 francs qu'il avait payé pour le compte de Chiorando, et dont celui-ci s'était engagé, par une écriture mise à la suite du bon, de lui tenir compte : l'autre, résultant d'une quittance de 7000 francs que Chiorando avait déclaré, le 18 germinal de l'an XIII, avoir bien et dûment reçus du sieur Gaudry.

Chiorando prétendit cependant ne devoir au sieur Gaudry qu'une somme de 7000 francs; et pour expliquer comment, malgré cela, Gaudry se trouvait avoir deux reconnaissances, chacune de pareille somme, il allégua différens faits dont il demanda de faire preuve par témoins, tous tendant à établir que la quittance du 18 germinal fut originairement souscrite pour être remise au sieur Gaudry en échange du bon qu'il avait pardevers lui, et que par un abus de confiance dont Gaudry s'était rendu coupable, il ne restitua point le *bon*, lorsque la quittance fut remise entre les mains d'un de ses commis, par un commis de Chiorando.

Le 30 août 1809, arrêt de la Cour d'appel de Gênes, qui admet Chiorando a prouver *par témoins*, que la quittance donnée au sieur Gaudry, l'avait été en paiement de la dette de 7000 francs que Chiorando s'était précédemment obligé de payer par le bon dont Gaudry se trouvait porteur,

« Attendu que, quel que soit le nombre, quelle que soit la force des présomptions dont le sieur Gaudry s'étaie pour écarter la demande du sieur Chiorando, ces présomptions ne sont pas de la nature de celles qui n'admettent point la preuve contraire; et il n'y a pas de raison pour ne pas suivre, dans l'espèce, le principe que la présomption cède au fait; que si, en thèse générale, la preuve testimoniale n'est pas admise contre et outre le contenu aux actes, ce principe ne doit recevoir son application qu'autant qu'il s'agit de prouver les choses dont la loi exige la rédaction par écrit; mais s'il s'agissait d'un fait qui ne peut être constaté par écrit, ce serait donner à la loi une extension arbitraire, que de vouloir en interdire la preuve par témoins; car, comme à la défense de la preuve testimoniale n'est que la conséquence de la disposition qui ordonne la preuve par écrit, la première ne peut être interdite qu'autant que la seconde est possible; mais si la preuve est impossible, la preuve testimoniale doit nécessairement être admise, puisque la défense de l'une n'est que le résultat de la possibilité de l'autre : d'ailleurs, quelque grand que puisse être le danger de la preuve testimoniale, il est facile de sentir que si elle était, dans tous les cas, interdite, au lieu de prévenir un mal incertain, et qui n'est pas sans remède, on ne ferait qu'en autoriser un plus grand, en donnant toutes les chances possibles à la mauvaise foi : tels sont certainement les motifs qui ont dicté les exceptions établies à l'art. 1341, Code Napoléon ; tels sont aussi les motifs qui ont toujours soumis à la preuve testimoniale les actions purement physiques, qui, presque toujours instantanées, presque toujours l'ouvrage d'un seul, ne peuvent être prouvées par écrit; telles sont enfin les maximes de la Cour suprême, qui a jugé plusieurs fois, et notamment dans ses arrêts des 24 thermidor, 2 et 18 fructidor an XIII, que les faits de dol, fraude ou violence allégués contre un acte, et qui en opèrent la nullité, peuvent être prouvés par témoins;

Considérant que si la quittance du 18 germinal est relative au bon du 14 du même mois ; s'il est vrai que la quittance n'a été donnée au sieur Gaudry que pour retirer le bon ; s'il est vrai enfin, que la restitution du bon n'a pas eu lieu, la réunion de ces deux circonstances place le sieur Chiorando dans le cas de l'exception à la règle générale, puisque les faits qu'il dit s'être passés entre son commis et celui du sieur Gaudry, n'étaient pas de nature à pouvoir être constatés par écrit. D'ailleurs, s'il est permis de détruire, par la preuve testimoniale, une obligation qui ne doit son existence qu'au dol, à la fraude et à la violence, pourquoi serait-il défendu d'écarter, par le même moyen, le bon du 11 germinal, que le sieur Chiorando prétend n'exister entre les mains du sieur Gaudry, que par les mêmes causes qui pourraient anéantir une obligation quelconque?.... »

Recours en cassation de la part du sieur Gaudry, pour violation de l'art. 1341, qui prohibe la preuve testimoniale contre et outre le contenu aux actes, et pour fausse application des art. 1347 et 1348, qui n'admettent d'exceptions à cette règle que dans les cas où il existe un commencement de preuve par écrit, et où il n'a pas été possible au créancier de se procurer une preuve littérale de l'obligation contractée envers lui.

Suivant le demandeur, le bon du 11 germinal, et la quittance du 8 du même mois, constataient deux dettes distinctes du sieur Chiorando ; et la preuve testimoniale admise par la Cour d'appel de Gênes, tendait à montrer qu'il n'y avait qu'une seule dette ; elle avait donc pour but de détruire la foi due, soit au bon, soit à la quittance ; dans les deux cas, elle devait anéantir un acte écrit ; elle devait donc être proscrite, d'après la maxime *contrà scriptum testimonium, non scriptum testimonium non fertur*, loi 1re au Code *de Testibus*, et la disposition précise de l'art. 1341.

Et vainement la Cour d'appel a-t-elle prétendu que, dans l'espèce, la règle de l'art. 1341 n'était point applicable,

parce qu'il s'agissait d'établir des faits de *dol*, de *fraude* et de *violence* de la part du sieur Gaudry ; faits qui peuvent être prouvés par témoins, d'après l'article 1348. — Car, d'une part, cette décision de la Cour d'appel offre une *fausse qualification* des faits qui ont eu lieu entre les parties ; tout se réduisait aux termes même de l'exposé du sieur Chiorando, à la remise *volontaire* et *parfaitement libre* au sieur Gaudry d'une quittance, en échange de laquelle il devait donner un bon qu'il aurait gardé devers lui, ce qui présentait bien un abus de *confiance*, mais nullement un *dol*, dans le sens de la loi Romaine et du Code Napoléon, qui définissent le dol, *omnis calliditas, machinatio ad fallendum, decipiendum se alterum adhibita*, Loi 1, § 2, au Digeste *de dolo malo*. — Cod. Nap., art. 1116. — D'autre part, les faits reprochés au sieur Gaudry, pussent-ils être qualifiés de dol, il ne s'ensuivrait pas nécessairement que la preuve testimoniale en fût recevable sous l'empire du Code Napoléon, tant parce qu'il n'existait aucun commencement de preuve écrite de ces faits, que parce que le sieur Chiorando aurait pu s'en procurer une preuve littérale, en demandant un récépissé de la quittance qu'il prétend n'avoir remise qu'en échange de deux circonstances, dont l'une au moins est nécessaire, d'après les art. 1347 et 1348, pour que la preuve de dol soit admissible contre et outre le contenu des actes.

Le sieur Chiorando prétendait qu'il s'agissait, tout au moins, d'un *abus de confiance*, dont s'était rendu coupable le sieur Gaudry ; qu'un pareil fait était bien constamment un *quasi-délit* ; que l'art. 1348, Code civil, excepte le cas du quasi-délit de la règle générale qui prohibe la preuve par témoins, contre et outre le contenu aux actes ; que cette exception n'avait été jamais contestée, et qu'au contraire, elle était admise par tous les auteurs ; tels que Pothier, Traité des obligations, part. 4, chap. 2, art. 3 ; Jousse, Commentaire sur l'ordonn. de

1667, tit, 20, art. 4; Carondas, en ses Réponses. liv. 7, chap. 187; et Mornac, sur la loi 6 au Code *de dolo malo.* — Que, d'ailleurs, la preuve ordonnée par la Cour d'appel ne tendait point à créer un contrat ou à prouver un paiement contre la teneur d'un acte écrit, seuls cas auxquels s'applique la prohibition de l'art. 1341, Code Napoléon, mais uniquement à établir que deux obligations distinctes en apparence n'en faisaient qu'une dans la réalité, et à montrer à cette fin que la remise d'un des tiers devait avoir lieu lors de l'envoi du second.

M. l'avocat-général Pons s'est fortement prononcé pour la cassation, et par les mêmes motifs que le demandeur.

ARRÊT. La Cour; — après plusieurs délibérés en la chambre du conseil; — vu les art. 1341, 1347 et 1348 du Code Napoléon ;

Et attendu que l'article 1341 défend d'admettre aucune preuve par témoins contre et outre le contenu aux actes, et sur ce qui serait allégué avoir été dit avant, lors, ou depuis les actes, encore qu'il s'agisse d'une somme ou valeur moindre de 150 fr. ;

Que cet article ne reçoit d'exception, aux termes des articles 1347 et 1348, que lorsqu'il existe un commencement de preuve par écrit, ou lorsqu'il n'a pas été possible de se procurer une semblable preuve ;

Attendu que les parties ne se trouvaient ni dans l'une ni dans l'autre des exceptions autorisées par les articles 1347 et 1348, puisque l'arrêt dénoncé n'a pas déclaré qu'il existât de commencement de preuve par écrit, et qu'il avait été possible au défendeur de rapporter une preuve écrite des faits par lui articulés ;

D'où il suit que l'arrêt dénoncé, en ordonnant la preuve testimoniale de ce fait, a violé l'art. 1441 du Code Napoléon, et faussement appliqué les articles 1347 et 1348 du même Code ; — Casse, etc. — Du 29 octobre 1810 ; Dalloz, t. 211, p. 233 ; Sirey, 811, p. 50.

497. Suivant les mêmes principes, une partie doit être admise à prouver les faits de violence par lesquels son consentement a été extorqué. *Leg.* 9, § 3, *ff. quod metûs causâ.*

La violence, en effet, est toujours un dol ; et l'on retrouve, dans les faits qui la constituent, ces manœuvres frauduleuses dont la loi fait une cause de rescision. Celui qui ne cède qu'à la violence, est évidemment dans l'impossibilité de se procurer une preuve écrite de faits qu'il ne peut point empêcher ; et plus que tout autre, il a droit de profiter de l'exception portée par l'art. 1348 du Code civ. Peu importerait que le notaire, rédacteur de l'acte, eût déclaré que les parties avaient contracté librement, volontairement, sans contrainte ; peu importe également que, suivant les dispositions de l'art. 1341 Code civil, l'acte authentique fasse foi de son contenu jusqu'à inscription de faux. On conçoit, en effet, que le notaire ne peut attester que les apparences ; il peut ignorer la contrainte exercée à l'égard d'une partie ; l'acte ne prouve rien contre cette contrainte. « Remarquez, dit M. Toullier, vol. 9, (édit. Tarlier, vol. 5) n° 173, que, dans le cas de violence, comme dans le cas du dol qui a été la cause du contrat, le demandeur n'attaque aucune des clauses de l'acte, il ne demande point à prouver contre et outre ce qui s'y trouve contenu ; il ne prétend pas que cet acte contienne rien de contraire à sa volonté du moment ; mais il soutient que sa volonté ne fut pas libre, et que son consentement a été forcé. »

498. L'application des principes ci-dessus n'est point aussi facile à faire dans le cas où une partie se plaint de s'être trompée, et demande à faire preuve de son erreur ; l'erreur ne se présumant pas, et devant, d'ailleurs, retomber sur celui qui s'est trompé, nous pensons que les tribunaux ne doivent pas facilement admettre la preuve testimoniale des faits par lesquels la partie demanderesse veut justifier son erreur. Mais doivent-ils refuser cette

preuve, s'il n'y a point de commencement de preuve par écrit? C'est ce que nous devons examiner.

Les anciens jurisconsultes distinguaient l'erreur de droit et l'erreur de fait ; et par rapport à l'erreur de fait , ils faisaient une distinction que nous avons cru utile de faire connaître. Ils distinguaient, dans cette erreur, le fait propre et le fait étranger. Suivant eux, personne n'étant présumé ignorer, ou ne pas se souvenir de son propre fait, et l'ignorance n'étant pas tolérable en ce cas, la preuve testimoniale n'est pas recevable contre un acte passé par un majeur, qui articulerait qu'il ne l'a passé que parce qu'il ne s'est pas souvenu de ce qu'il avait fait auparavant... Mais s'il s'agit du fait d'un autre , la présomption est qu'il l'a ignoré; ainsi cette ignorance est excusable, et la preuve par témoins est admissible. Par exemple, quand l'héritier du défunt paie un créancier de la succession , parce qu'il ignorait que ce créancier fut payé, il est restituable, et quoiqu'il ne rapporte pas la quittance de ce créancier, il peut prouver par témoins cette libération, pourvu qu'il paraisse manifestement qu'il ignorait que ce créancier eût été payé.

Cette distinction nous paraît en opposition aux principes du Code civil ; notamment elle est contraire à la disposition de l'art. 1348, qui établit une règle générale, suivant laquelle la preuve testimoniale doit être admise dans tous les cas où celui qui se plaint n'a pu se procurer une preuve écrite des faits sur lesquels repose sa plainte. Qu'importe donc que l'erreur se rapporte à un fait propre à cette partie, ou à un fait qui lui soit étranger ? Les juges doivent toujours rechercher s'il lui a été impossible de se procurer une preuve écrite , et généralement on peut dire, et l'on doit présumer que celui qui s'est trompé n'a pas pu avoir cette preuve. Pour qu'il y eût la possibilité, il faudrait supposer que les faits étaient connus, et alors il n'y aurait pas lieu à erreur, il n'y aurait

pas lieu à rescision. Que, *dans le fait*, les juges soient plus difficiles pour l'admission de la preuve par témoins , lorsqu'il s'agit d'un fait personnel à la partie qui se plaint, cela se conçoit : l'erreur étant très-difficile, en pareil cas, et étant même le plus souvent invraisemblable. Nous pensons qu'alors la preuve testimoniale ne doit être admise qu'avec la plus grande circonspection. Mais vouloir en faire une règle générale *en droit*, c'est ce que la justice et la loi ne sauraient autoriser, *suprà*, n. 207. Lorsque l'erreur a existé, il est évident qu'on n'a pas pu demander une preuve écrite des faits qu'on ne connaissait pas. La preuve par témoins est donc indispensable , et ne pas l'admettre , c'est rendre inutile et sans force l'art. 1109 Code civil.

499. Remarquez, toutefois, que si l'erreur était de telle nature qu'elle eût pu être facilement évitée , si elle était l'effet de la négligence, on ne pourrait point dire qu'il a y eu impossibilité de se procurer une preuve écrite, et l'on ne devrait point accueillir la demande qui serait faite, de la prouver par témoins.

500. Tels sont les principes qui nous ont paru résulter des dispositions de la loi , et spécialement de l'art. 1348. Cet article veut que la preuve testimoniale soit admissible toutes les fois qu'il n'a pas été possible de se procurer une preuve écrite, soit de l'obligation, soit du fait qui doit produire la nullité de cette obligation. Il ne dit pas quelle doit être la nature de cette impossibilité; si elle doit être absolue ou relative, physique ou morale. Il s'en rapporte donc aux magistrats du soin de discerner les circonstances desquelles on fait résulter cette impossibilité; peu en importe la cause et la nature; il suffit qu'elle ait existé d'une manière quelconque, pour que le juge doive venir au secours de celui qui est mal à propos obligé; c'est une matière de conscience dont l'appréciation appartient bien souvent aux tribunaux, et dont ils doivent bien prendre garde

d'abuser, dans le doute, ils doivent refuser la preuve, et respecter la foi due aux actes.

501. Ce n'est pas prouver contre le contenu en un acte, qué de prouver qu'un testateur n'était point sain d'esprit. Une pareille preuve est admissible, bien qu'il n'y ait pas de commencement de preuve par écrit, et lors même que la disposition présenterait un caractère sage et réfléchi. Cela résulte de l'art. 901 du Code civil, et d'une jurisprudence constante. On ne pourrait pas néanmoins être admis à prouver par témoins l'état de délire ou de transport du testateur, au moment même où le testament a été reçu par le notaire, si ce testament énonce que le testateur a lui-même dicté les dispositions et les a approuvées par la lecture. (Arrêt de cassation, du 17 juillet 1817; Dalloz, t. 9, p. 259; Sirey, 1818, p. 49.) Le demandeur ne pourrait agir que par la voie de l'inscription de faux.

502. L'ivresse, lorsqu'elle va jusqu'à perdre la raison, étant une véritable démence, on peut offrir de la prouver par témoins, si elle a été la cause déterminante d'une disposition à titre gratuit; cela résulte de l'art. 901. Mais si elle était alléguée comme étant la cause d'un contrat à titre onéreux, nous n'en admettrions la preuve qu'autant qu'il y aurait dol, de la part de la partie qui aurait traité avec celui que la boisson avait enivré, ou qu'il y aurait un commencement de preuve par écrit. Voir néanmoins l'arrêt de la Cour d'Angers, du 12 déc. 1823, *suprà*, n° 39. L'ivresse, lorsqu'elle est volontaire, n'est point suffisante pour établir cette impossibilité dont parle l'art. 1348.

503. Il arrive quelquefois que la preuve testimoniale n'est pas nécessaire pour prouver le dol, l'erreur ou la violence dont on a à se plaindre. Un concours de circonstances produit souvent ces présomptions graves, précises et concordantes, qui, à défaut de preuve écrite, font une preuve suffisante, dans tous les cas où la preuve testimoniale est admissible. (Art. 1353

Code civil.) La Cour de cassation l'a reconnu dans l'espèce suivante.

En 1813, le sieur Soulerat s'était rendu adjudicataire de divers pâturages. Un acte notarié, de 1814, porte qu'il céda les effets de son adjudication à un certain nombre d'habitans de Bagnères de Luchon; mais le sieur Soulerat a prétendu que cet acte de cession lui avait été extorqué par violence, et par suite, il en a demandé la nullité; il a fait valoir des présomptions graves à l'appui de ses allégations, et pour le cas où elles ne suffiraient pas, il a offert la preuve testimoniale. — Les habitans de Bagnères de Luchon répondaient qu'on ne pouvait pas, sur des présomptions et une preuve par témoins, détruire l'effet d'un acte authentique, sous prétexte de violence; que l'inscription de faux était la seule voie à prendre par le sieur Soulerat; qu'il n'en était pas de la violence exercée pour faire souscrire un contrat, comme du dol et de la fraude; que lorsqu'il s'agit de dol et de fraude, ces deux causes étant ignorées de la partie elle-même contre lesquelles elles sont employées, le sont, à plus forte raison, du notaire; d'où la conséquence, que l'acte passé devant le notaire ne peut pas attester et n'atteste pas, en effet, qu'il n'y a eu ni dol ni fraude, et, par suite, la nécessité d'admettre la partie qui se plaint à établir, par des présomptions graves et par témoins, que le dol et la fraude ont été mis en œuvre pour faire souscrire le contrat. La constatation de tels faits n'a rien de contraire à la constatation portée au contrat lui-même; mais il n'en est pas de même quand une partie, sans alléguer le dol et la fraude, prétend que son consentement a été arraché par violence, le notaire attestant que tel individu s'est présenté chez lui, et a consenti tel engagement, atteste, par cela même, qu'il y a eu consentement libre, et on doit tenir pour certain qu'il en a été ainsi jusqu'à inscription de faux; autrement on pourrait, sous prétexte de violence, et à l'aide de quelques prétendues présomptions ou d'une preuve testimoniale, que le législateur a voulu proscrire toutes les fois qu'il s'est agi d'une somme de plus de 150 francs, renverser les contrats les plus importans.

Le 27 août 1824, jugement qui écarte ces exceptions, et accueille la demande du sieur Soulerat; en conséquence, condamne les habitans de Bagnères de Luchon à délaisser à celui-ci les immeubles en litige, *avec restitution des fruits perçus pendant l'indue possession des habitans.*

Appel. — 7 juin 1826, arrêt confirmatif de la Cour de Toulouse, sur le motif que les faits constans au procès forment une masse d'indices et de présomptions qui prouvent suffisamment la violence, et dispensent de recourir à la preuve testimoniale.

Pourvoi en cassation de la part des habitans de Bagnères de Luchon; 1° et 2° pour fausse application de l'art. 1353, et violation des art. 1319 et 1341 Code civil, en ce que l'arrêt attaqué a annulé, sur des simples présomptions de violence, un contrat notarié, alors que des présomptions, quelle que soit leur gravité, ne peuvent, à moins d'inscription de faux, être admises que pour établir le dol et la fraude;

3° Violation du même article 1319, du Code civil, et des articles 1er et 19 de la loi du 25 ventose an XI, sur le notariat, en ce que l'arrêt attaqué a admis, comme présomptions de violence, des faits matériellement contraires à ceux constatés par l'acte notarié, qui formait l'objet de la discussion.

Arrêt. La Cour, — sur le premier moyen; etc. — sur le deuxième moyen, fondé sur une prétendue fausse application de l'art. 1353 du Code civil; attendu qu'aux termes de cet art. 1353, la preuve testimoniale et les présomptions de la nature de celles y énoncées, sont admissibles dans le cas où un acte est attaqué pour cause de dol et de fraude; que le dol n'est pas toujours accompagné de violence; mais que la violence exercée pour arracher un

consentement, a toujours le caractère du dol, et qu'ainsi, dans l'espèce, où des faits de violence étaient articulés en grand nombre, la Cour royale de Toulouse était autorisée à apprécier les faits de violence, d'après les présomptions abandonnées aux lumières et à la prudence des magistrats, et qu'elle n'a fait qu'une légitime application dudit art. 1353.

Sur le troisième moyen résultant d'une prétendue violation de l'art 1319 du Code civil, et des art. 1er et 19 de la loi du 25 ventose an XI, sur le notariat; attendu, en droit, que s'il est vrai que les faits matériels que le notaire atteste de *visu* et *auditu*, ne peuvent être démentis et attaqués que par la voie de l'inscription de faux, il est vrai aussi que, lorsqu'un acte authentique est attaqué, non comme faux, mais comme arraché par violence, et dénué du consentement réel des parties, les faits de violence et d'extorsion peuvent, comme tous ceux qui constituent des délits et quasi-délits être établis par la preuve testimoniale, par des présomptions graves, précises et concordantes, de nature à former la conviction des magistrats etc.; rejette, etc.

504. Les présomptions sur lesquelles on fait reposer la preuve de l'erreur, de la violence, s'affaiblissent par le silence que garde la partie intéressée après la cessation de la violence, ou la découverte de l'erreur : il est extrêmement utile, surtout dans le cas de la violence, d'agir bientôt; « mais, dit Argou, aux Inst. du droit Français, liv. 4, chap. 14, pag. 481 du 2e vol., si la crainte dure toujours, et qu'on ne soit pas en état d'attaquer celui qui a fait la violence ou les menaces, l'usage est de faire des protestations par-devant notaire, avant ou après l'acte que l'on a été contraint de passer; et si on ne peut pas les faire auparavant, il faut au moins les faire après, afin de marquer que ce qu'on a fait n'était pas volontaire; il est bon de les envelopper dans une feuille de papier, de les cacheter, de faire mettre la date

dessus par le notaire, et de les leur déposer en cet état, de crainte que les notaires ne refusent de les recevoir, quand elles sont faites contre des gens trop puissans dont ils ne veulent pas s'attirer la haine; ces protestations ne font point preuve par elles mêmes; mais elles sont très-utiles pour faciliter la permission d'informer quand il est temps de la demander, et ne laissent pas d'augmenter les soupçons quand elles se trouvent accompagnées d'autres présomptions. »

505. C'est un conseil très-utile, et toute partie intéressée doit d'autant plus sentir la nécessité de le suivre, qu'à défaut, le silence gardé pendant quelques jours depuis l'acte, affaiblit considérablement les présomptions, et tend du moins à les priver de cette concordance et de cette précision qui, seules, font leur autorité : nous avouerons même que si nous étions appelés à juger du mérite d'une offre en preuve testimoniale, ou d'une offre de preuve par présomptions, et qu'il n'y eût pas un commencement de preuve par écrit, nous ne l'accueillerions pas pour que la partie intéressée eût prolongé son silence, sans en expliquer les motifs par une protestation faite dans le sens que nous venons d'exprimer. Un pareil silence serait du plus grand poids pour nous faire croire à l'absence de toutes voies de fait, et à la légimité de l'engagement contracté : nous pourrions quelquefois nous tromper, mais nous serions excusables, et la partie qui aurait négligé de se plaindre, ne pourrait reprocher qu'à elle seule les fâcheuses impressions que sa conduite aurait faie sur notre esprit.

506. Le défaut de cause peut aussi être prouvé par témoins, s'il y a eu erreur de la part d'une partie contractante, ou dol et fraude de la part de l'autre. S'il n'y a que défaut de cause, la preuve par témoins ou par présomptions n'est admise qu'autant qu'il y a un commencement de preuve par écrit, car il est évident que la partie qui a contracté sans cause et sans erreur,

était libre de ne pas le faire, et pouvait se faire donner une preuve écrite d'une circonstance dont elle voulait se prévaloir dans la suite; ne l'ayant pas fait, elle rentre dans le droit commun; et n'étant pas dans le cas d'invoquer l'exception portée par l'art. 1348, elle doit subir l'application rigoureuse, mais nécessaire, des dispositions de l'art. 1341 Code civil.

507. La lésion ne se prouve pas par témoins; et comme elle constitue un dol réel, elle ne peut être établie que par l'examen de la propriété, ou des choses qui ont fait l'objet du contrat. (Art. 890 et suiv. ; art. 1675 , 1676, 1677 , Code civil.)

508. En matière de nullités, comme dans toutes les matières de droit, c'est le demandeur qui doit prouver les faits sur lesquels il fait reposer sa demande. Il n'en est dispensé que lorsque la loi établit en sa faveur la présomption de ces faits. — Cette présomption s'évince quelquefois de l'irrégularité de l'acte dans la *forme*, quelquefois aussi elle résulte de *la nature de la convention attaquée ;* et enfin, elle résulte souvent de la qualité civile des parties contractantes.

509. Il y a présomption légale, *par vice de forme*, d'un fait, d'une circonstance, qui doivent produire la nullité d'un acte, lorsque celui-ci étant assujetti à des formalités substantielles, ces formalités n'ont pas été observées. La présomption légale est, alors, que l'acte n'a point rempli son objet; il est nul , et la partie qui veut se prévaloir de la nullité, n'a qu'à le produire et à signaler les omissions qu'il renferme. Il n'a rien à prouver; il lui suffit de dire, avec d'Argentré, *hic tuus titulus reverà titulus non est.* Il est même à remarquer que l'autre partie ne pourrait pas offrir la preuve que, malgré ces omissions, l'acte a produit son effet. (Arg. de l'art. 1350, § 1, et de l'art. 1352.)

Cette présomption serait la même si l'original étant perdu, la copie authentique renfermait des omissions essentielles. Toutes les imperfections de celle-ci seraient présumées se trouver dans l'original.

510. Mais si l'original existe, quelle est la force des omissions qui se trouvent dans la copie? Il faut distinguer : s'il s'agit d'un exploit, il est de principe que la copie tient lieu d'original à la partie à laquelle en a été faite la délivrance, et que, par suite, l'irrégularité de celle-ci n'est point couverte par la régularité de l'exploit. (Arrêt de cassation, du 21 floréal an X). Il en serait autrement, si l'omission, renfermée dans la copie, pouvait être considérée comme une erreur de copiste (*suprà* n. 366). — S'il s'agit d'un acte notarié, ou d'un acte sous signature privée, synallagmatique, la régularité de l'original efface toutes les imperfections de la copie, et celle-ci ne prouve rien ; peu importerait donc qu'elle renfermât quelque omission substantielle, si l'original était valable.

511. La présomption légale des faits propres à produire la nullité d'un acte, se tire quelquefois de la nature de cet acte et des circonstances dans lesquelles il a été fait. — Par exemple, lorsqu'un transport, à titre gratuit, d'une propriété immobilière a été consenti par un failli, dans les dix jours qui ont précédé sa faillite, la fraude est présumée de plein droit, et l'acte est nul. (Art. 444 Code de com). Par exemple encore, la constitution de rente viagère est nulle, si elle a été créée sur la tête d'une personne atteinte de la maladie dont elle est décédée, dans les vingt jours de la date du contrat. (Art. 1975 Code civil.)

Quelques auteurs ont pensé que, lorsqu'un contrat était attaqué comme n'ayant point eu de cause, il y avait présomption que cette cause avait existé ; que, dès-lors, c'était au demandeur en nullité à prouver le contraire. Cette opinion a été combattue et il en est résulté une controverse savante qu'on peut lire dans les ouvrages de M. Toullier et de M. Duranton. Les longues recherches auxquelles se sont livrés ces deux auteurs recommandables, les argumens par lesquels ils ont voulu fortifier leur opinion, nous ont paru trop absolus, et par cela même, peu propres à résoudre la question avec cette exactitude que l'on doit toujours rechercher ; ils luttent comme deux athlètes vigoureux, égaux en force et en adresse, qui ne permettent pas de voir de quel côté doit se ranger la victoire. Trop faible pour nous placer entr'eux deux, nous engageons nos lecteurs à juger par eux-mêmes, et à nous permettre d'énoncer sommairement l'opinion particulière dont nous avons été pénétrés en examinant avec soin les dispositions de la loi, et les monumens de la jurisprudence.

Notre avis est donc que, pour décider à la charge de qui est la preuve, du défaut ou de l'existence de la cause d'une obligation, il faut distinguer trois hypothèses dans lesquelles les parties peuvent se trouver placées.

512. 1re *Hypothèse.* Lorsqu'une obligation renferme l'énonciation de la cause qui l'a produite, le créancier est dispensé de toute preuve par la représentation de son titre, celui-ci faisant foi de tout son contenu (art. 1319 du Code) ; l'invocation de la cause fait légalement présumer l'existence de cette cause ; et si le débiteur prétend que son obligation n'a point eu de cause, il doit le prouver.

La Cour de Nîmes avait annulé une obligation qui était dans ce cas, par le motif que le créancier n'en prouvait point la cause ; mais sur le pourvoi, son arrêt fut cassé, suivant arrêt du 9 janv. 1822, Sirey, 1822 ; Dalloz, t. 20, p. 326.

Cet arrêt est conçu dans les termes suivans :

Vu les art, 1131, 1132, 1133, 1134 du Code civil ;

Attendu que la cause de l'obligation du 15 pluviôse an VIII, est énoncée dans l'acte ; que le défendeur n'a point prouvé, et que la Cour royale n'a point jugé que cette cause fût fausse ou illicite ; que la loi n'exige pas que le porteur d'une semblable obligation prouve qu'il est créancier, ni comment il est devenu créancier de la somme dont celui qui l'a souscrite s'est reconnu débiteur envers lui ; qu'il suit de là , qu'en déclarant l'obligation du 15 pluviôse an VIII nulle, par le seul motif que le demandeur ne justifiant pas la cause de sa dette , et en subordonnant ainsi la validité des obligations à des conditions que la la loi n'exige pas , la Cour royale de Nîmes a commis un excès de pouvoir, et par suite , expressément violé les dispositions des art. 1131 et 1134 du Code civil ; par ces motifs , casse , etc.

513. 2° *Hypothèse*. Si la cause exprimée dans une obligation n'est pas réelle, et que le débiteur le prouve , le créancier est dans la nécessité de prouver que l'obligation avait une cause non exprimée ; faute par lui de faire cette preuve, l'obligation doit être annulée commé étant sans cause. Pothier, Traité des obligations , n. 8 ; arrêt de cassation , du 9 juin 1812 ; Dalloz , t. 20 , p. 329 ; Sirey , 1812 , p. 233.

514. 3° *Hypothèse*. Si la cause n'est pas exprimée dans l'acte, la convention n'en est pas moins valable (Art. 1132 du Code civil). Mais si le débiteur prétend que l'obligation est sans cause, le créancier doit prouver le contraire ; c'est la juste conséquence de ce qu'il n'a pas inséré dans l'acte la cause de son obligation. Ce défaut d'insertion ou fait supposer l'absence de cette cause, tout au moins , qu'elle n'était pas licite. *Leg.* 25 , § 4 , *ff.* *de probat ; leg.* 2 , § 3 , *de doli et metus except.* — Voir au Digeste , liv. 22, tit. 4, 1. 17. — Arrêts rapportés par Merlin , Quest. de droit. Vainement on oppose deux arrêts, l'un de la Cour d'Agen, Jur. du 19ᵉ s., 1832, 2. 575 ; l'autre, de la Cour de Bourges, ibid. 1825, 2. 355, car, il suffit de lire ces deux arrêts , pour être convaincu que , dans les deux espèces , la réalité de la cause était reconnue.

515. Quelquefois, avons-nous dit, la présomption légale des faits qui doivent produire la nullité ou la rescision d'une convention, se tire de l'état de la personne en faveur de laquelle l'action en nullité ou en rescision a été portée. Le

Code nous en fournit plusieurs exemples ; nous nous bornerons à examiner celui pris de la minorité.—Il est certain que le mineur est présumé lésé, par cela seul qu'il a fait un acte, placé, par la loi, hors des bornes de sa capacité; cette présomption est une présomption légale, résultat de l'incapacité du mineur.

Si donc celui - ci vient demander la rescision d'un engagement qu'il a consenti , il n'a rien à prouver , si ce n'est le fait de sa minorité , à l'époque où il a fait l'acte ; c'est à la partie qui a contracté avec lui , à établir qu'il n'a pas éprouvé de lésion , et que l'argent qu'on lui a compté a été utilement employé par lui.

Par exemple, le mineur qui emprunte une somme d'argent , et qui n'en fait pas emploi, est présumé lésé par cela seul ; c'est au majeur qui a traité avec lui , à prouver l'utilité de l'emploi , *et quidem minor vigenti quinque anni ex mutuo præsumitur læsus , nisi probetur pecuniam esse versam in ejus utilitatem,* leg. 1 et 2 cod. si adversus creditor. — Mathæus sur Guypape , quest. 142. — Mantica *de ambig. convent.* toni. 1, pag. 490, numb. 7. — Et art. 1312 du Code.

Le mineur est aussi présumé lésé , par cette seule circonstance , qu'il déclare faire quittance d'un capital quelconque ; c'est à celui qui le lui a compté à prouver qu'il en a fait un emploi utile. Denizart, V° Lésion , n. 17. — d'Aguesseau, tom. 3, pag. 91, plaidoyer, 30. — Arrêt du Parlement de Bordeaux, rapporté par Lapeyrère , lett. M. ; V° Mineur , n. 69.—Et art. 1312 du Code.

516. Cette présomption est tellement favorable que, dans le cas où le mineur commerçant hypothèque ses biens immeubles, ainsi que l'art. 6 du Code de commerce lui en donne le droit, c'est au créancier à prouver que les immeubles ont été hypothéqués par le mineur ; pour fait de son commerce. Et certes, disait un des orateurs qui prirent part, dans le conseil d'état, à la discussion sur l'art. 6 (procès-verbal du 4 novembre 1806), ce créancier aura soin de se ménager cette preuve, en pre-

nant les précautions nécessaires pour établir l'origine de sa créance.

517. Nous n'ajouterons rien à l'exposé des principes ci-dessus; ils sont la conséquence des dispositions de la loi en matière de preuve. Nous avons toujours, dans le doute, préféré le parti le plus juste; et si, quelquefois, nous avons refusé d'admettre une offre en preuve; si, par cela même, nous nous sommes exposés à laisser impunies la fraude et l'injustice, c'est en quelque sorte par force, et pour rendre hommage à des principes d'une rigueur inflexible, mais nécessaire. Nous avons trouvé notre justification dans cette règle impérative et absolue : *Dura lex , sed scripta*........

FIN DU TOME PREMIER DE L'ÉDITION DE PARIS.

CHAPITRE XI.

De l'Effet des Nullités et des rescisions.

---

1. Le caractère d'impuissance que le législateur attache aux actes et aux conventions faits au mépris des dispositions de la loi, est la juste punition de celui qui s'est rendu coupable de l'infraction. L'infraction n'est pas, cependant, toujours également grave; elle n'entraîne pas, dans tous les cas, les mêmes inconvéniens, les mêmes conséquences; la peine ne doit donc pas être aussi étendue, aussi rigoureuse. Cette vérité est incontestable : et néanmoins il n'est pas toujour facile d'en faire usage dans la pratique.

Combien de jurisconsultes, en effet, lorsqu'ils sont dans le cas de déterminer les effets d'une nullité, se bornent-ils à invoquer l'adage. : *Quod nullum est nullum producit effectum.* Ils semblent croire que toute la pensée du législateur est renfermée dans ce peu de mots, et par cela même ils repoussent toute interprétation qui tendrait à modifier l'inflexible rigueur de cet adage. Ils veulent *que ce qui est nul ne produise aucun effet.*

L'expérience a néanmoins introduit un grand nombre d'exceptions à cette règle : tous les jours on a vu des Cours royales qui lui refusaient une autorité exclusive et absolue. Malheureusement, la jurisprudence ne s'étant pas occupée de déterminer les causes, la nature et le nombre de ces exceptions, les Coúrs et les Tribunaux ont chacun consulté leurs convictions particulières, et n'ont rien fait pour fixer un point de jurisprudence si important.

2. Pénétré de la réalité de cette imperfection, nous avons cherché, sinon à la vaincre totalement, au moins à la corriger. Fidèle à nos principes, nous avons approfondi l'adage, *Quod nullum est nullum producit effectum*, et nous avons indiqué les moyens d'en régler le sens et l'application. Ces recherches font l'objet du présent chapitre et des deux qui suivent ; elles nous ont paru utiles pour résoudre une infinité de questions controversées. Nos lecteurs nous sauront gré des soins que nous nous sommes donnés ; ils nous pardonneront les détails dans lesquels nous allons entrer.

3. Les conventions existaient avant les lois civiles : la nécessité de leur exécution était généralement sentie : on la trouvait dans ce principe d'équité naturelle qui veut que chacun mette à

remplir ses engagemens, la même bonne foi qu'il désire de la part de ceux qui sont obligés envers lui : *Quid enim tam congruum est fidei humanæ quàm ea quæ inter homines placuerunt servare.* Cette première cause de nécessité était fortifiée par des raisons d'ordre public ; car tout le monde sentait qui si la foi donnée pouvait être trahie, le droit du plus fort deviendrait la suprème loi, la violence et la crainte prendraient la place de la justice, et que le corps social agité par des convulsions continuelles ne tarderait pas à se dissoudre. Aussi, nous le répétons, la conscience de l'homme et ses propres intérêts, ont dû lui faire respecter les conventions légitimement faites et ont dû le porter à désirer qu'elles fussent exécutées de bonne foi. D'Aguesseau, Inst. au Droit public, art. 3.

4. Cependant, il faut le dire, cette sanction naturelle que les conventions trouvaient dans le cœur de l'homme et dans l'intérêt bien entendu de sa propre conservation, n'était point suffisante ; car, si la loi naturelle soumet l'honnête homme, elle est souvent sans force auprès de l'homme de mauvaise foi, habitué à régler ses actions sur ses intérêts ; et souvent aussi, elle eût été sans autorité auprès du malheureux pressé par le besoin et qui trouverait sa ruine dans l'accomplissement d'une promesse.

Convenons d'ailleurs que, généralement, nous sommes de très-mauvais juges de nos obligations et de nos droits ; nous exigeons des autres beaucoup plus que nous ne croyons leur devoir : la moindre inexactitude de leur part nous fait crier à l'injustice, et nous nous félicitons de trouver un prétexte pour nous désister de nos promesses. Fort heureux encore, quand nous prenons la peine de colorer notre manquement de foi.

5. Il fallait donc une autre sanction qui, si elle n'était pas plus sacrée que celles dont nous venons de parler, fût au moins plus impérative pour tous. Or, cette sanction nouvelle a été placée dans la loi civile, dans cette loi qui, née de nos besoins et de nos vices, nous a donné une vie sociale et nous a assuré des droits, à condition que nous nous soumettrions à certains devoirs.

La loi civile, sous ce rapport, n'a fait que suivre les dispositions et en quelque sorte les volontés de la loi naturelle ; elle a réalisé ses vœux, et son unique objet a été, d'un côté, *de donner action et force aux conventions légalement contractées*, art. 1134 ; et de l'autre, *de donner les moyens de résister à l'exécution d'une promesse extorquée, surprise ou fondée sur une cause illicite.* (Art. 1109 Code civil.)

Que l'on remarque bien que c'est là le but de la loi civile, elle n'a voulu que consacrer les principes de l'équité naturelle ; elle n'a eu d'autre objet que d'ajouter à celle-ci ce qui lui manquait de force pour soumettre le malhonnête homme. Et nous savons tous que *généralement* on remplit les vues de la loi civile lorsque, dans les questions douteuses, on se détermine par les principes de l'équité naturelle. Nous disons généralement, parce que nous verrons que dans les matières purement civiles, les règles d'interprétation sont différentes.

6. La première condition que la loi civile a mis à la protection dont elle entoure les conventions, c'est que celles-ci fussent prouvées. Il ne pouvait pas suffire, qu'un individu alléguât l'existence d'une convention pour qu'il eût droit de la faire exécuter ; comme aussi, il ne suffirait pas que celui qui voudrait ne pas s'y soumettre prétendît qu'elle avait eu une cause illicite. Il eût été dangereux d'ajouter une entière confiance aux assertions de l'un, aux dénégations de l'autre. Il fallait que la convention ou que son injuste cause fussent prouvées : sans cela, l'équité naturelle serait bien insuffisante ; rarement elle conduirait à la découverte de la vérité, car tous les jours on n'a pas pour juges des Salomon, et pour plaideurs des femmes qui se disputent la possession d'un enfant.

7. Ces premières idées nous ont con-

duit à une observation extrêmement importante et que nous avons souvent rappelée dans le cours de cet ouvrage; c'est que l'on ne doit pas confondre les conditions essentielles pour la validité des conventions avec les conditions nécessaires pour les prouver ; en d'autres termes, il faut soigneusement distinguer la convention, de l'acte qui a pour objet d'en fournir la preuve.

La convention est l'ouvrage des parties; elle est parfaite, du moment qu'elles sont librement tombées d'accord sur ce qui en fait l'objet, et du moment qu'elle est parfaite, elle est favorable, elle doit être exécutée de bonne foi. (Art. 1134 Code civil.)

L'acte n'ajoute rien à sa perfection; il en est indépendant; il est en dehors de la faveur dont l'exécution de la convention est environnée, car il est inutile de rien ajouter à ce qui est parfait en soi; il n'est requis que pour prouver cette convention et en assurer, d'autant plus, les effets.

Si donc la convention est parfaite avant que l'acte intervienne, cet acte peut en être séparé sans que la première perde rien de sa perfection intrinsèque; par la même raison que si la convention n'est point valable au fonds, la régularité de l'acte dans sa forme ne lui ajoute rien : et celle, par exemple, qui est sans cause ou sur une cause illicite ne devient pas légitime par cela seul que l'acte destiné à la prouver est régulièrement fait.

En d'autres termes : *Il n'y a pas influence directe et nécessaire de l'acte sur la convention ou réciproquement de la convention sur l'acte.*

8. Cette règle reçoit exception dans les contrats qui sont admis par le droit civil, sous la condition que leur existence sera prouvée dans une forme solennelle, *et sine quâ non.* Il est évident que ces conventions, fussent-elles avouées, n'en seraient pas moins nulles, par cela seul que l'acte serait irrégulier dans sa forme. Nul doute que dans ce cas l'acte n'exerce une influence directe sur la convention ou la disposition,

en ce sens que si l'acte est vicieux dans sa forme, elles sont radicalement nulles.

9. Il est encore à remarquer que cette influence s'exerce quelquefois indirectement ; c'est, lorsque l'acte étant nul, il n'est pas possible de prouver les accords d'une toute autre manière, autorisée par la loi, *infrà*, n. 15. En pareil cas, la convention, quoique bien légitimement consentie, n'est pas exécutée parce que son existence n'est pas certaine.

10. La convention étant donc *quid diversum* de l'acte qui a pour objet de la prouver, et la cause de la nullité proposée pouvant se rattacher à ce qui en fait l'essence ou à la forme de l'acte, il en résulte que pour bien nous pénétrer de l'effet de cette nullité, dans les deux hypothèses, et de la véritable signification de l'adage : *Quod nullum est nullum producit effectum*, nous devons distinguer les effets de la nullité de l'acte, et les effets de la convention elle-même. Ce sera l'objet des deux sections suivantes; dans une troisième section nous ferons l'exposé de principes dont l'application se rapporte à la nullité des actes comme à la rescision des conventions; enfin, une quatrième section aura pour objet l'indication de quelques règles plus spécialement propres aux nullités de procédure.

SECTION PREMIÈRE.

Des effets de la nullité des Actes.

11. La nullité d'un acte est sa non-existence aux yeux de la loi. Il est pour non avenu; il ne remplit pas l'objet qu'il était destiné à produire. Ce qui veut dire qu'étant requis pour prouver la convention, il ne fait pas cette preuve. Il est bien certain, en effet, que la loi ne lui ayant imprimé une autorité suffisante pour faire preuve de son contenu, qu'autant qu'il serait régulier dans sa forme ; du moment que cette régularité n'existe pas, le privilége cesse et l'acte n'a plus la force probante.

Telle est la véritable et la seule signification de l'adage : *Quod nullum est nullum producit effectum*, quand il s'agit de s'en servir pour déterminer les effets de la nullité des actes.

12. On conçoit que le législateur, en ne reconnaissant pas à l'acte nul une existence légale, et en le privant du droit de faire foi en justice, n'a pas eu d'autre intention que d'ôter à cet acte le caractère qu'il avait voulu, lui-même, lui imprimer. C'est comme s'il avait dit : « Faites tel acte dans telle forme, et il « fera foi de son contenu. Mais si vous « me désobéissez, cet acte ne produira « pas l'effet que j'aurais voulu lui faire « produire, il sera sans existence à mes « yeux, *il ne prouvera pas la conven-* « *tion.* » Le législateur ne pouvait pas vouloir autre chose ; il ne pouvait pas faire que la convention à laquelle cet acte s'appliquait n'eût été parfaite entre les parties ; il ne pouvait pas enlever à cette convention ce qu'elle ne tenait pas de lui ; nous voulons parler de cette perfection intrinsèque qui a été la conséquence immédiate de la stipulation et de la promesse respective.

13. D'un autre côté, il a bien pu enlever à l'acte l'autorité qu'il avait voulu lui donner, à condition de sa régularité ; mais il n'a été ni dans sa volonté, ni dans sa puissance, de méconnaître son existence matérielle, les réflexions qu'elle peut suggérer, les présomptions qui en résultent ; ni de détruire les impressions que cet acte, quoiqu'imparfait, peut, suivant les circonstances, faire sur notre raison. Un pareil acte, disaient les anciens docteurs, ne prouve pas ce qui a été fait, mais ne résiste pas absolument, et toujours à l'assister et à le corroborer. *Non assistit nec corroborat quod actum est, sed non resistit absolutè et semper.*

14. Cette espèce d'assistance que l'acte nul donne à la convention, est quelquefois sans force ; car, le plus ordinairement, sa non-existence légale, réduit la convention au *non esse*, à cause de l'impossibilité dans laquelle les parties se trouvent d'en fournir autrement la preuve. Le législateur en ne reconnaissant pas alors l'existence de la convention, obéit à une *nécessité* qui blesse souvent ses généreuses inspirations, et que, par cela même, nous appelons une *nécessité défavorable.*

C'est une nécessité, car, entre deux parties, dont l'une demande l'exécution d'une convention, et dont l'autre nie l'existence de cette même convention, il fallait bien une raison de juger ; il était bien juste que celui qui l'alléguait, en fournît la preuve. Car c'est un principe de justice et de législation, que tout demandeur doit prouver l'objet de sa demande : *onus probandi incumbit illi qui agit.*

Mais cette *nécessité est défavorable*, car, la convention étant parfaite en elle-même, il est pénible de l'assujétir à certaines formes qui sont en dehors de sa substance, et dont l'observation ne doit rien ajouter à sa sincérité et à sa perfection. Il est certain que lorsqu'une convention a été légitimement contractée, l'assujétir à une forme particulière, c'est favoriser la mauvaise foi de celui qui ne craint pas de profiter d'une irrégularité dans la forme de son engagement, pour violer ses promesses. Or, il n'est personne qui ne soit convaincu qu'un pareil résultat ne soit contraire à l'équité naturelle.

15. Le législateur l'a si bien senti, qu'il a lutté autant que la justice pouvait le permettre contre un pareil résultat. Ainsi 1° il a décidé que l'acte notarié nul dans la forme, n'en vaudrait pas moins pour obliger les parties, comme un acte sous seing-privé, s'il était signé de toutes les parties ; art. 68 de la loi du 25 ventôse an II, sur le notariat ; encore la jurisprudence a-t-elle consacré que cet acte serait valable, bien que, contenant des conventions synallagmatiques, il n'eût point été fait double, triple, etc. etc. Arrêt de cassation, 8 mai 1817 ; Sirey. 1827, 453.

2° il a décidé qu'une lettre de change irrégulière dans sa forme, pouvait néanmoins valoir comme simple promesse. (Art. 112, Code de commerce.)

3º Il n'a pas voulu que l'acte fût la seule manière de prouver l'existence d'une convention; il a multiplié les voies par lesquelles les magistrats pourraient arriver à la découverte d'une vérité alléguée par une partie, et contestée par une autre. En un mot, il a voulu que les conventions pussent être prouvées de quatre manières différentes, savoir : par témoins, par présomptions, par l'aveu de la partie, et par le serment ; seulement, ce genre de preuve étant moins sûr que la preuve par écrit, il y a mis des conditions essentielles , dont l'objet indique de plus en plus le désir qu'il éprouvait de connaître toute la vérité. « Dans la vente et dans les autres con- » trats ordinaires, disait l'orateur chargé » d'exposer les motifs du contrat de » vente au corps législatif, l'écriture » n'est exigée que comme preuve » *tantum ad probationem* ; ainsi, une » vente ne sera point nulle par cela » seul qu'elle n'aura point été rédigée » par écrit; elle aura tout son effet, » s'il conste d'ailleurs de son existence. »

16. Lors donc que des magistrats ont à se prononcer sur le sort d'une convention, à l'appui de laquelle le demandeur produit un acte nul, avec offre subsidiaire de la prouver autrement; qu'au contraire l'autre partie en nie l'existence, et demande son relaxe, en se fondant sur la nullité de l'acte qu'on lui oppose, il n'est pas douteux que le premier devoir des magistrats est de reconnaître que l'acte nul ne produit point son objet, c'est-à-dire *qu'il ne suffit pas seul, pour prouver la sincérité de la convention.*—Mais d'un autre côté, pénétrés de la nécessité de ce principe d'équité naturelle, qui veut que les conventions légitimes soient exécutées de bonne foi; sachant que ce principe a porté le législateur à multiplier, autant que possible, les genres de preuve, ils doivent examiner si le demandeur est dans l'un des cas où la loi autorise les preuves du second ordre; et si cela est, ils doivent

s'empresser d'accueillir les conclusions subsidiaires quil a prises. Rien ne s'oppose à ce qu'ils prennent en considération l'acte nul, si sa contexture, si les circonstances qui l'ont précédé et suivi, si le peu d'importance de la contravention, sont de nature à devoir autoriser le recours à la preuve offerte. C'est la conséquence de ce que nous avons dit, que le *législateur, en prononçant la nullité d'un acte, avait voulu lui enlever le caractère qu'il avait voulu lui imprimer , c'est-à-dire la force probante ; mais qu'il n'avait pas été dans l'intention de détruire son existence matérielle , ni les impressions qu'il peut produire sur les esprits.*

17. Ces idées justes , et que nous pouvons dire fondamentales, nous serviront à résoudre plusieurs questions controversées, et sur la solution desquelles on aurait été depuis long-temps d'accord, si on s'était pénétré de l'exactitude des principes ci-dessus. Ces principes posés , nous allons en déduire les conséquences.

PREMIÈRE CONSÉQUENCE.

Un acte nul peut , suivant les circonstances , former un commencement de preuve par écrit.

18. Cette proposition long-temps combattue , est cependant d'une exactitude incontestable ; nous allons le prouver.

Nous avons dit que les conventions étaient parfaites ; dès le moment qu'elles avaient été librement consenties; que l'acte n'ajoutait rien à leur valeur intrinsèque , et qu'il était seulement destiné à les prouver; qu'en prononçant la nullité de cet acte, le législateur n'avait pas entendu que la convention cessât d'être parfaite (comme cela a lieu dans les contrats solennels), mais seulement, que cet acte qu'il avait prescrit pour que l'existence de la convention ne pût point être révoquée en doute, pour qu'elle produisît une action capable de solliciter et d'obtenir l'appui de l'autorité, ne produirait aucun de ces effets ; et serait censé, à cet égard, n'être pas intervenu; que c'était le sens de l'adage *quod nullum est, nullum producit effectum*, lorsque son application était nécessitée par suite de la nullité de l'acte. Il suit de là que l'acte annulé est réduit à un pur fait; qu'il n'est pas ce que le législateur avait voulu qu'il fût, mais qu'il a toujours ce que le législateur ne pouvait pas lui enlever, c'est-à-dire cette existence matérielle, qui suffit quelquefois pour faire impression. Un pareil acte vaut moins que s'il avait été fait dans la forme légale; mais il vaut plus que s'il n'avait pas réellement existé; en conservant une existence de *fait*, il acquiert cette force et cette autorité que son contexte et les circonstances qui l'ont accompagné ou suivi, ont pu lui donner sur notre raison.

Or, un commencement de preuve par écrit, est-il autre chose que cet acte, cet écrit, cette note, émanés d'une partie, et qui par leur nature, faisant impression sur nos esprits, nous rendent vraisemblable la convention contestée? Les mots: *commencement de preuve par écrit*, employés par le législateur, dans l'art. 1347 du Code civil, n'établissent-ils pas que le législateur avait en vue un acte ou note imparfaits, insuffisans par eux-mêmes, pour prouver les conventions; et néanmoins, ayant une force morale, qu'il n'était pas possible de méconnaître? cette pensée n'est-elle pas parfaitement expliquée par le législateur, dans la définition qu'il donne du commencement de preuve par écrit: « *on appelle ainsi*, dit-il, *un écrit émané du débiteur, et qui rend vraisemblable le fait allégué.* »

19. Cette disposition est générale; la définition embrasse tous les écrits *émanés* du débiteur, et la raison ne permet pas qu'on puisse en restreindre l'application. « Il était impossible, disait le » savant avocat-général Daniels, de dé- » terminer les règles générales et abso- » lues de vraisemblance, parce qu'elle » consiste dans un aperçu de l'esprit » résultant d'un ensemble de causes

» imperceptibles, il était donc néces- » saire que les juges fussent, à cet égard, » livrés à l'impulsion de leur con- » science. » Ce langage vrai et précis est devenu trivial en jurisprudence; il ne peut être sérieusement combattu. (Arrêt de cassation; Sirey, 1819, p. 160 et 195.) — On remarque même que, dans plusieurs circonstances, la Cour de cassation a reconnu que les juges étaient tellement arbitres dans l'application de l'art. 1347, que leur décision était à l'abri de toute censure.

Pourquoi donc soutiendrait-on qu'un acte nul ne peut point servir de commencement de preuve par écrit? Une simple note peut avoir cette autorité, et un acte nul, qui peut être passé devant notaire, en présence de témoins, ne l'aurait pas? Un pareil acte offre-t-il moins de garantie que la simple note dont nous venons de parler? N'avons nous pas établi que sa contexture, les circonstances qui s'y rattachent, peuvent être telles, que son existence matérielle produisait sur notre raison le même effet que s'il eût été parfait dans sa forme? Or, pourquoi cette impression serait-elle perdue pour la justice, quand elle est le résultat d'un tel acte, *émané* de celui qui nie son obligation? Le législateur ne l'a pas voulu, puisqu'il a permis que, dans tous les cas, une pareille impression, lorsqu'elle serait le résultat d'un pareil écrit, put être fortifiée par d'autres preuves.

20. Pour combattre l'effet de ces raisons, on dit:

L'art. 1347 Code civil ne permet de voir dans un acte un commencement de preuve par écrit, qu'autant qu'il réunit les trois conditions suivantes, savoir: 1° qu'il y ait un *écrit*; 2° qu'il soit *émané* de la personne à qui on l'oppose; 3° qu'il rende vraisemblable le fait allégué.

Or, dit-on, un acte notarié, par exemple, nul pour défaut de forme, peut bien présenter la première et la troisième de ces conditions, mais certainement s'il n'est pas signé de la personne de l'obligé, il sera bien impossible de prétendre que cet acte est émané de lui. L'acte, en ce cas, est l'ouvrage du notaire; la partie peut y être étrangère; elle peut n'y avoir pas consenti, et c'est même sur la présomption, que son consentement n'a pas été donné, que le législateur n'a pas voulu qu'elle fût obligée par un pareil acte.

Cette objection n'était point sans force, sous l'empire de l'ordonnance de 1667. Aucun de ses articles ne définissant le commencement de preuve par écrit, quelques jurisconsultes en avaient tiré la conséquence, qu'il fallait nécessairement que l'écrit qu'on demandait à fortifier sur la preuve testimoniale, fût l'ouvrage du débiteur ou de l'obligé. « Une écriture, dit Danty,
» Traité de la preuve, qui n'est point
» de la main de celui contre lequel on
» demande à faire la preuve, de quel-
» que manière qu'elle soit, et quoique
» faite par son ordre, ne doit pas suf-
» fire pour tenir lieu contre lui de com-
» mencement de preuve par écrit, à
» l'effet de faire admettre la preuve
» par témoins, ce serait donner lieu
» aux fraudes de ceux, qui n'ayant point
» de preuve par écrit, se ménageraient
» ainsi un commencement de preuve,
» à l'effet d'obtenir ensuite la preuve par
» témoins, d'une convention fausse et
» supposée, ce qui serait contre l'esprit
» de l'ordonnance de 1667. »

21. Les auteurs du code ont voulu éviter une opinion si contraire à l'équité et d'ailleurs si peu mesurée sur la faveur dont les conventions doivent être environnées; ils ont défini le commencement de preuve; et au lieu de dire que l'acte devait être *écrit* de la main du débiteur, ils se sont contentés de dire qu'il devait être *émané* du débiteur, ce qui est très-différent; car, il y a des actes qui ne sont pas de la main de celui à qui on les oppose et qui cependant émanent de lui. Il a fait plus; il a expliqué toute sa pensée, sur ce point, dans quelques dispositions du Code par lesquelles il a admis comme commencement de preuve, des titres, actes et documens qui n'étaient nullement *écrits*

par ceux à qui on les opposait. Parmi ces dispositions nous avons fait choix des suivantes.

Art. 324 code civil. Le commencemet de preuve par écrit résulte des titres de familles, des registres et papiers domestiques du père ou de la mère, des actes publics et même privés émanés, d'une partie engagée dans la contestation ou qui y aurait intérêt, si elle était vivante.

Art. 1335. Lorsque le titre original n'existe plus, les copies font foi d'après les distinctions suivantes 1°... 2° Les copies qui, sans l'autorité du magistrat, ou sans le consentement des parties, et depuis la délivrance des grosses ou premières expéditions, auront été tirées sur la minute de l'acte par le notaire qui l'a reçu, ou par l'un de ses successeurs, ou par officiers publics qui, en cette qualité, sont dépositaires des minutes, peuvent, au cas de perte de l'original, faire foi quand elles sont anciennes; elles sont considérées comme anciennes quand elles ont plus de 30 ans. Si elles ont moins de 30 ans, *elles ne peuvent servir que de commencement de preuve par écrit.*

3° Lorsque les copies tirées sur la minute d'un acte ne l'auront pas été par le notaire qui l'a reçu, ou par l'un de ses successeurs ou par officiers publics qui, en cette qualité, sont dépositaires des minutes, elles ne pourront servir, quelle que soit leur ancienneté, que de commencement de preuve par écrit.

Art. 1336. La transcription d'un acte sur les registres publics ne pourra servir que *de commencement de preuve par écrit*; et il faudra même pour cela : 1° Qu'il soit constant que toutes les minutes du notaire, de l'année dans laquelle l'acte paraît avoir été fait, soient perdues, ou que l'on prouve que la perte de la minute de cet acte a été faite par un accident particulier. 2° Qu'il existe un répertoire en règle du notaire, qui constate que l'acte a été fait à la même date.

Ces dispositions expliquent pourquoi le législateur s'est servi du mot *émané* dans l'article 1347 ; elles démontrent jusqu'à l'évidence l'exactitude de la proposition que nous avons énoncée.

22. On insiste, et abusant de l'adage *quod nullum est nullum producit effectum*, on dit : l'acte nul ne doit produire aucun effet et c'est lui en faire produire un, bien important, que d'en faire la base d'un recours à la preuve testimoniale. — Nous avons déjà répondu à cette objection, en prouvant que l'annulation d'un acte lui ôtait bien son effet légal, mais qu'elle lui laissait son existence matérielle et, par cela même, les caractères de vraisemblance qu'il pouvait offrir, et l'impression qu'il pouvait faire sur notre raison, qu'enfin l'adage ci-dessus ne voulait pas dire autre chose.

23. Concluons donc, avec conviction, qu'un acte nul *peut*, suivant les circonstances, être considéré comme un commencement de preuve par écrit, dans le sens de l'art. 1347 du code civil.

Nous disons qu'il *peut*, parceque rien n'oblige le juge à lui donner cette force, lorsque la nature de l'acte nul et l'importance de la contravention l'empêchent de faire impression sur les esprits, et de rendre vraisemblable l'obligation alléguée ; le magistrat est maître de sa décision, quelle qu'elle soit, elle est à l'abri de toute censure, ainsi que nous l'avons dit, *suprà*, n. 19.

24. Quelques auteurs ont reconnu qu'en thèse, la proposition ci-dessus pouvait être exacte, mais ils se sont efforcés d'en contester l'application dans quelques espèces particulières ; ces espèces se présentant souvent dans la pratique, nous avons cru devoir examiner les questions auxquelles elles ont donné lieu.

25. *Une première question* consiste à savoir si une promesse ou un billet nuls pour défaut de bon ou approuvé, exigé par l'article 1326 du code civil, peuvent servir de commencement de preuve par écrit ?

Cet article est ainsi conçu : « le billet ou la promesse sous seing-privé par lequel une seule partie s'engage envers l'autre à lui payer une somme d'argent ou une chose appréciable, doit être écrit en entier de la main de celui qui le souscrit, ou du moins il faut que, outre sa signature, il ait écrit de sa main un *bon* ou *un approuvé* portant en toutes lettres la somme ou la quantité de la chose, excepté dans le cas où l'acte émane de marchands, artisans, laboureurs, vignerons, gens de journée et de service. »

Par cette disposition, le législateur a eu pour objet de prévenir les surprises, les abus de confiance dont pourraient être victimes les personnes qui signent souvent des actes sans les lire, et sans en prendre connaissance, ou qui donnent leur signature en blanc.

26. On remarque qu'en reproduisant la disposition de la déclaration de 1733, le code y a fait un changement important ; car, au lieu que cet article portait qu'à *défaut de bon ou approuvé, le billet serait de nul effet et valeur, et que le paiement de ce qu'il contenait ne pourrait être ordonné en justice*, l'article 1326 se borne à dire que le *billet ou la promesse doit contenir*, etc., etc., sans dire quelles seront les conséquences de l'omission.

Ce changement mérite d'être noté : comme on le voit, l'ordonnance de 1733 n'abandonnait rien à la conscience du magistrat ; elle lui défendait de prononcer une condamnation contre le souscripteur d'un billet non revêtu du bon ou approuvé ; aujourd'hui, au contraire, le législateur est resté muet sur l'effet de la contravention ; il a pensé que les circonstances pourraient être de nature à modifier la décision à intervenir ; que le billet ou la promesse non revêtus du bon ou approuvé, pourraient ne pas être sans une certaine force, que spécialement ils pourraient servir de commencement de preuve par écrit, et faire admettre la preuve par témoins.

Et qu'on ne dise pas que ce changement a été plutôt dans les termes que dans le fond de la disposition, car outre que le changement dans les termes fait toujours présumer un changement dans les choses, *suprà* n° 323, la cour de cassation n'a pas voulu qu'il pût y avoir le plus léger doute sur ce point, et par son arrêt du 2 juin 1823, Dalloz, t. 21, p. 214; Sirey, 1823, 1-204, elle a dit « ce serait une grande erreur » de prétendre que l'article 1326 Code » civil a eu pour objet de reproduire » entièrement la déclaration de 1773 » et de vouloir expliquer l'un par l'au- » tre. »   Donc nous pouvons ajouter « ce serait une bien grande erreur de » prétendre que le paiement du billet » non revêtu de l'approuvé ne peut en » aucun cas être ordonné en justice. »

27. A la vérité, la disposition de l'article 1326 n'est pas inutile, elle repose sur des motifs puissans, on ne peut donc pas la méconnaître, et il n'est pas douteux que la contravention à cette disposition, ne doive porter sa peine ; nous sommes loin de dire le contraire, et nous voulons seulement qu'on ne soit pas plus sévère que le législateur. Or, voici quelle nous a paru être la pensée de celui-ci.

L'art 1326 est placé dans le Code, à la section qui traite de la preuve des conventions, par le moyen de l'acte sous seing-privé; il détermine la forme de cet acte, afin *qu'il fasse foi de son contenu, et qu'il ait contre ceux qui l'auront souscrit la même force que l'acte authentique.* (Arg. de l'art. 1322 Code civil.)

S'il est régulier, il produit cet effet : *s'il ne l'est pas*, il n'a pas par lui-même la force probante, il ne fait plus foi de son contenu ; il n'a pas un caractère légal, et il n'a d'autre autorité que celle que son existence matérielle et les circonstances peuvent lui donner. C'est la seule conséquence des dispositions de la loi et des principes de justice que nous avons exposés dans les n°s précédens ; c'est la seule pensée qu'on puisse supposer à cet égard, dans l'esprit du législateur.

28. La Cour de cassation avait jugé contrairement à cette opinion, par deux

arrêts des 3 nov. 1812 et 22 avril 1828; mais plus tard elle a changé sa jurisprudence. Dalloz, t. 21, p. 167. On en trouvera la preuve dans l'espèce suivante.

Le 6 mars 1812, la D^{elle} Feau souscrit au profit de la D^{elle} Dejean, sa domestique, un billet conçu en ces termes : « Je reconnais et déclare avoir reçu de Marie-Anne Dejean, la somme de 1,000 francs ; laquelle dite somme m'a été remise pour rester en mes mains en dépôt, et être remise à la première demande et réquisition de ladite Marie-Anne Dejean.—A Vesignan-l'Evêque, le 6 mars 1812; bon comme dessus signé Feau. »

Ces derniers mots seulement, bon comme dessus et la signature, étaient de la demoiselle Feau.

Cette dernière étant morte, Marie Dejean réclame à ses héritiers le remboursement de la somme de 1,000 fr. portée au billet du 6 mars 1812.

Ceux-ci répondent qu'aux termes de l'art. 1326 Code civil, ce billet est nul, sur le motif que n'étant point écrit en entier par la D^{elle} Feau, il n'est point revêtu d'un bon et approuvé, portant en toutes lettres le montant de la somme due.

Marie Dejean répond et dit, qu'en admettant la nullité du billet, il doit au moins valoir comme commencement de preuve par écrit; en conséquence elle demande à faire preuve par témoins qu'elle a déposé entre les mains de ladite D^{elle} Feau, ladite somme de 1,000 francs.

Les héritiers soutiennent que la nullité du billet est absolue ; que ce qui est nul ne peut produire aucun effet ; qu'ainsi le billet ne peut valoir comme commencement de preuve par écrit, et autoriser l'admission de la preuve testimoniale.

30 août 1820, intervint sur ces contestations un jugement de première instance de Beziers, ainsi conçu :

Le tribunal — considérant que le billet dont il s'agit, quelque nul qu'on le suppose, peut toujours servir de commencement de preuve par écrit, d'après la maxime : *ex actu etiam nullo oritur probatio facti.*

Que l'art. 1347 Code civil définit le commencement de preuve, tout écrit émané du débiteur et qui rend vraisemblable le fait allégué ; et qu'il est impossible de disconvenir que si le billet, dont il s'agit, ne prouve pas complètement que la D^{elle} Feau dût 1,000 francs à la D^{elle} Dejean, il rend au moins ce fait vraisemblable ;

Que l'art. 1326 Code civil ne prononce pas définitivement la nullité des billets où manque l'approbation en toutes lettres, et ne décide pas directement ni indirectement, qu'un billet auquel manque cette approbation ne puisse servir de commencement de preuve par écrit ;

Que les expressions générales qu'emploie l'art. 1347 Code civil, laissent au juge le soin d'apprécier, dans sa sagesse, quels sont les actes qui peuvent servir de commencement de preuve par écrit, etc.

Pourvoi en cassation, de la part des héritiers Feau, pour violation de l'art. 1326 Code civil, et fausse application de l'art. 1347 du même code, en ce que le jugement dénoncé avait décidé que le billet, nul pour défaut de bon ou approuvé, valait comme commencement de preuve par écrit..

Ces motifs de cassation furent discutés et approfondis ; et la cour, par arrêt du 2 juin 1823 ; Dalloz, t. 21, p. 214 ; Sirey, 1823, p. 294, rejeta le pourvoi : considérant, est-il dit dans cet arrêt, qu'il n'est point exact de présenter l'art. 1326 Code civil, comme la reproduction entière de la déclaration du 22 septembre 1733 ; que celle-ci déclarait de nul effet et valeur les billets sous seing-privé, non écrits par le signataire, à moins qu'ils ne continssent une approbation de sa main, en toutes lettres, de la somme exprimée au billet ; et elle défendait d'en ordonner le paiement en justice ; que l'art. 1326 n'a prononcé ni la nullité de semblables billets, ni la défense d'en ordonner le

paiement ; que si cet article porte que de semblables billets doivent être écrits en entier par le signataire, ou du moins, qu'outre la signature il ait écrit, de sa main, un bon ou approuvé portant en toutes lettres la somme énoncée auxdits billets, il en résulte seulement que ces billets écrits d'une main étrangère, et non revêtus de l'approbation exigée par l'art. 1326 ne font pas foi par eux-mêmes, et ne peuvent seuls autoriser une condamnation. Mais l'art. 1326 ne leur refuse pas le mérite de pouvoir faire un commencement de preuve par écrit, lorsque, comme le dit l'art. 1347, ils rendent vraisemblable le fait allégué, et qu'il ne s'élève d'ailleurs aucun soupçon de fraude. Ainsi, dans l'espèce où le commencement de preuve par écrit existait dans la signature du billet, dans les mots écrits par le signataire, *bon comme des us*, et où le tribunal de Beziers a reconnu que les circonstances de l'affaire faisaient vivement présumer la vérité de la dette, ledit tribunal a pu, sans contrevenir à aucun article du Code civil, admettre la défenderesse à prouver, par témoins, que Rose Feau avait, maintes fois, reconnu lui devoir une somme de 1000 francs, dont elle lui avait fait un acte de dépôt; par ces motifs, la Cour rejette...... Voir un autre arrêt du 4 février 1829. Jurispr. du 19e s. 1829, 1. 196, et d'autres arrêts dans le même volume.

29. Les auteurs ont examiné une *seconde question* : c'est celle de savoir, si un acte synallagmatique non fait double, et qui ne contient point la mention exigée à cet égard, peut servir de commencement de preuve par écrit, et autoriser l'admission de la preuve par témoins, pour établir la sincérité des accords qu'il renferme ?

Cette question doit être envisagée sous deux rapports différens. Il peut arriver, ou que la partie qui réclame l'exécution d'un pareil acte, offre la preuve que les deux originaux ont existé, bien que la mention n'en ait pas été faite; ou bien qu'elle offre de prouver que la convention a eu lieu telle qu'elle est écrite dans l'acte sous seing-privé qui est représenté, et qui n'est point revêtu de la formalité du fait double.

Au premier cas, l'offre en preuve n'est pas recevable, car il est de principe que lorsque le législateur détermine la forme d'un acte et les conditions de sa validité, les parties ne peuvent prouver que par l'acte même l'accomplissement des formalités prescrites, des conditions imposées; *nullitas per inspectionem actorum probatur quià quod ibi non reperitur factum non præsumitur;* *suprà* n° 487.

Au second cas, au contraire, la preuve doit être admise ; c'est la conséquence des principes que nous avons énoncés. N'est-il pas constant, en effet, que le législateur a exigé la condition du fait double afin que l'acte sous seing-privé synallagmatique fît preuve de la convention, *pour* et *contre* toutes les parties; pour qu'il eût, entre celles qui l'auraient souscrit, leurs héritiers et leurs ayant-cause, la même foi que l'acte authentique, art. 1322 du Code civil? N'est il pas constant dès-lors que la peine qui suit l'inobservation de cette formalité, ne peut être autre, que de priver l'acte non fait double de l'autorité que le législateur avait voulu lui donner, et par conséquent d'empêcher qu'il ne fasse foi de son contenu? Mais il n'en est pas moins vrai que son existence matérielle, le fait qui s'y trouve consigné, peuvent être de nature à faire impression sur les esprits; ils peuvent rendre vraisemblable l'existence de la convention ou de l'obligation; dès-lors, ils peuvent rentrer dans l'application de l'art. 1347 du Code civil; et servir de commencement de preuve par écrit.

30. Cette décision est contestée, et nous nous faisons un devoir de rapporter textuellement les objections que fait M. Favard de Langlade dans son Répertoire, V° Acte sous seing-privé.

« Nous décidons négativement (la » question de savoir si l'acte synallag- » matique, non fait double, ou n'en con- » tenant point la mention et qui n'a point » été exécuté peut servir de commen- » cement de preuve par écrit, propre à » faire admettre la preuve testimoniale). » Non pas par cette raison, toujours » mise en avant, et si souvent mal à pro- » pos, qu'un acte nul ne peut produire » aucun effet; *quod nullum est nullum* » *producit effectum*, car de ce que l'acte » est nul, il ne s'ensuit pas que la conven- » tion elle-même le soit aussi, dans les » cas où la loi n'a pas exigé pour sa » validité, qu'elle soit passée en forme » solennelle et authentique, ou du » moins d'après certaines règles spécia- » les : on a déja démontré cette vérité » de principes, et on le prouverait par » mille autres exemples, notamment » par celui des actes authentiques nuls » par défaut de forme, ou par l'incapa- » cité ou l'incompétence de l'officier » public, et qui valent cependant comme » écriture privée s'ils sont signés des » parties, (Code civil, art. 1318) et par » celui aussi tiré des lettres de change » et qui néanmoins valent comme sim- » ples promesses, à l'effet de produire » engagement et obligation. (Code de » commerce art. 112.) Mais nous rejetons » cet acte comme commencement de » preuve par écrit, parceque l'autre » partie n'en ayant pas un semblable, » ou étant censé ne l'avoir pas, quand » la mention du nombre des originaux » n'existe point sur celui qui est pro- » duit, elle n'avait pas le même moyen » de contraindre l'autre partie à l'exé- » cution de la convention ; en un mot » parce que la loi actuelle veut égalité » de position et de moyen de preuve » entre ceux qui forment des conven- » tions synallagmatiques; et que cette » égalité de position et de moyen » n'existe plus, dès que l'une d'elles » seulement a eu en sa possession un » écrit, à l'aide duquel elle peut faire » entendre des témoins sur le fait de » l'engagement, tandis que l'autre est » privée de cette ressource. *D'ailleurs* » *la preuve morale étant complète par* » *l'acte lui-même,* la preuve testimo- » niale ne serait plus qu'un vain simu- » lacre dont l'admission, quoique bien sû- » perflue pour opérer la conviction des

» juges, aurait pour effet de rendre
» exécutoire, à l'égard de l'une des
» parties, un engagement dont l'autre
» pouvait se jouer à son gré; qu'elle
» défère le serment, soit; l'autre par-
» tie pouvait le lui déférer; de sorte
» que l'égalité de position judiciaire
» (et la loi n'en exige pas d'autre) existe
» parfaitement sous ce rapport. »

31. Cette argumentation est loin
d'être concluante. Nous avons dit et
prouvé, et en cela notre opinion est
fortifiée par celle de M. Favard de
Langlade, que *la convention étant parfaite, l'acte n'ajoutait rien à sa forme
intrinsèque*, et que par la même raison,
son irrégularité n'empêchait pas que la
convention ne dût être maintenue, si
elle pouvait être prouvée d'une toute
autre manière; qu'il n'y avait exception que pour les contrats et actes
solennels.

Il faudrait donc, et c'est en ce sens
que M. Favard de Langlade paraît raisonner, que la mention du fait double
fût une formalité ou condition solennelle dont l'observation se lie essentiellement au fonds de la convention. Mais il
n'en est pas ainsi; car, outre que cette
assertion ne se trouve justifiée nulle
part, elle est formellement démentie
par l'art. 1325 Code civil, d'après lequel
le défaut de mention que les originaux
ont été faits doubles, triples, etc., etc.,
ne peut être opposé par celui qui a
exécuté de sa part la convention portée par l'acte. Or, il est de principe
certain que les conditions et formalités
solennelles ne peuvent point être suppléées, même par l'exécution des engagemens auxquels elles se rapportent; *infrà*
chap. 16, sect. 3e, de l'exécution volontaire: Arg. de l'art. 1339 du Code civil.
Il y a plus : M. Favard de Langlade
pense que la *preuve morale est complète par l'acte, quoique non fait double, etc. etc.* En cela, il va beaucoup
plus loin que nous n'oserions aller nous-
mêmes; nous nous sommes bornés à
soutenir qu'un pareil acte rend seulement vraisemblable l'existence de la
convention, et cette vraisemblance nous

paraissait suffisante pour que l'acte
rentrât dans l'esprit de l'art. 1347 du
Code civil; or comment serait-il possible que la preuve morale complète, ne
pût point faire admettre une preuve
que la loi a voulu qu'on admît dans le
cas d'une simple vraisemblance? Voici
la conséquence bizarre qui résulterait
de cette manière de raisonner :

D'après l'art. 1347 il suffit, pour faire
admettre la preuve testimoniale, que
le demandeur produise un écrit émané
du débiteur, qui rende *vraisemblable*
le fait allégué.

Cependant, dans l'espèce de la question, on refuserait le recours à une
pareille preuve, bien qu'il existât un
écrit émané du débiteur, qui non seulement rendrait vraisemblable le fait
allégué, mais qui même en fournirait
complètement *la preuve morale*. Ne serait-ce pas contrarier les motifs de l'article 1347? ne serait-ce pas violer ou-
vertement son texte, dont la généralité
exclut la distinction sans laquelle il
est impossible de justifier l'opinion de
M. Favard de Langlade?

32. Ce savant magistrat donne pour
motif de la décision qu'il porte, que « le
» législateur a voulu égalité de position
» et de moyen de preuve entre ceux
» qui forment des conventions synal-
» lagmatiques, et cette égalité n'existe
» plus, dès que l'une d'elles seulement
» a eu en sa possession un écrit, à l'aide
» duquel elle peut faire entendre des
» témoins sur le fait de l'engagement,
» tandis que l'autre est privée de cette
» ressource. »

Il est très-vrai que cette égalité doit
exister; que le législateur a dû donner
aux parties les moyens de la maintenir
entre elles, et que c'est pour cela qu'il
a prescrit le *fait double*. Mais l'inégalité qui surviendrait de la rédaction de
l'acte destiné à fournir la preuve de la
convention et à la faire exécuter, n'empêche pas que la convention ou l'obligation n'aient été parfaites; cette inégalité n'empêche pas que l'acte, quoique
nul, ne rende vraisemblable la convention : elle n'empêche pas même, sui-

vant M. Favard de Langlade, qu'il ne la prouve moralement.

Or, comment serait-il possible qu'il ne pût pas servir de commencement de preuve par écrit ? il faudrait que le législateur se fût formellement prononcé sur ce point, c'est-à-dire qu'il eût déclaré vouloir excepter des dispositions de l'art. 1347, l'acte synallagmatique qui ne contiendrait pas la sanction du fait double.

Cette disposition exceptionnelle n'existe pas; et nous pouvons ajouter qu'elle ne peut se supposer. Remarquons, en effet, que presque toujours l'écrit dont il est parlé dans l'art. 1347 et qui doit rendre vraisemblable la convention, produit l'inégalité dont parle M. Favard de Langlade; par exemple, un individu demande en justice l'exécution d'une vente; et comme il n'a pas d'acte, il offre de prouver par témoins la réalité de la convention; il se prévaut d'un écrit émané de son adversaire, pour se faire autoriser à faire cette preuve. N'est-il pas certain que, dans ce cas, le demandeur nanti de cet écrit est dans une position bien préférable à celle de l'autre partie, et que celle-ci, qui n'a point un pareil écrit ne pourrait pas faire admettre la preuve, s'il avait plu au demandeur de ne pas exiger, de son chef, l'exécution de la convention ? N'est-il pas certain cependant que malgré cette inégalité, le demandeur dans l'espèce ci-dessus doit être admis à la preuve? personne ne peut le contester; et cependant voici la conséquence forcée qui résulterait de l'opinion de M. Favard de Langlade : celui qui aurait une simple note émanée de son coobligé, pourrait, suivant l'art. 1347 du Code civil, prouver par témoins l'existence de la convention ; mais il n'aurait point ce droit, si, au lieu de cette note, il avait un acte sous seing-privé, qui renfermerait la convention en entier, et qui serait seulement dépourvu de la formalité du fait double. Par exemple, je poursuis l'exécution d'une vente que vous m'avez consentie; j'ai en mes mains une note émanée de vous, qui

rend vraisemblable l'existence de cette vente, telle que je l'allègue; il en résulte bien évidemment qu'il n'y a pas égalité de position entre vous et moi, puisque votre écrit me fournit les moyens de faire entendre des témoins, et que vous n'avez pas le même droit. Néanmoins, il est certain qu'aux termes de l'art. 1347 du Code civil, je serai admis à faire la preuve par témoins, par la raison que la note que j'ai en mains, forme le commencement de preuve par écrit.

Que si, au lieu d'une simple note, je vous oppose un acte sous seing-privé que j'ai passé avec vous, je serai non recevable, suivant M. Favard de Langlade, à prouver par témoins la vente que j'allègue, s'il ne contient pas la mention du fait double ; et cela, pour le motif qu'il n'y a pas égalité de position ; vainement dirai-je que cette égalité n'existait pas dans le cas de la simple note, et qu'elle n'existe presque jamais dans l'application de l'art. 1347 ; je ne devrai pas être écouté. Cette conséquence injuste et rigoureuse suffit pour prouver l'erreur dans laquelle s'est laissé entrainer le magistrat dont nous venons de faire connaître l'opinion.

33. Nous disons donc avec confiance, que le défaut de fait double, ou le défaut de mention ; ôtant seulement à l'acte son effet direct, rien ne l'empêche de servir de commencement de preuve par écrit.

34. C'est en appliquant les principes généraux dont nous avons démontré l'exactitude, qu'on doit décider, qu'un testament olographe, nul comme testament, peut valoir comme commencement de preuve par écrit, à l'égard des héritiers, pour constater un dépôt fait entre les mains du testateur. Arrêt de la Cour de Pau, 13 juill. 1822. Sirey, 1823, pag. 357. — Il est utile, au surplus, de rappeler que dans les contrats ou actes solennels, c'est-à-dire, dans ceux qui ont été introduits par le droit civil avec certaines formes substantielles, il faut distinguer ce qui se rapporte

spécialement à l'objet et à la disposition de ces actes ou contrats, et ce qui a trait à une reconnaissance particulière qui s'y trouverait renfermée. Les solennités de l'acte, ainsi que nous l'avons dit plusieurs fois, ne peuvent être suppléées, et leur accomplissement doit résulter du texte même de l'acte, tandis que les reconnaissances particulières qui y sont faites, n'étant pas assujéties à la même forme que les actes dans lesquels elles sont insérées, peuvent souvent être suffisantes pour former un commencement de preuve par écrit, qui autorise la preuve testimoniale.

35. Nous ne partageons pas néanmoins l'opinion de quelques auteurs qui, d'après Cochin, ont pensé que les reconnaissances dont nous venons de parler, devaient faire pleine foi, tout comme si elles étaient constatées par un acte ordinaire. Nous pensons que si, d'un côté, on doit présumer que la reconnaissance est sincère, on peut présumer aussi, que ce n'est qu'une libéralité indirecte placée par le donateur dans un contrat ou acte solennel, pour qu'elle eût le même sort que lui.

Or, dans le choc de ces deux présomptions contraires, tout ce que le juge peut faire, c'est de considérer l'acte nul comme un commencement de preuve par écrit, et d'admettre une preuve qui doit dissiper ses doutes et déterminer sa conviction.

36. Ce que nous venons de dire sur les effets d'un acte nul, n'est pas applicable au cas où l'acte nul serait un acte ou contrat solennel; il est certain, au contraire, que de pareils actes ou contrats ne peuvent jamais servir de commencement de preuve par écrit, à l'effet de suppléer par la déposition des témoins, les formalités qui leur manquent. La preuve de ces formalités ne peut se faire que par l'acte même. *Supra* n° 487 et 488.

37. Il est également certain que l'écrit, suffisant pour faire admettre la preuve testimoniale dans les cas où elle n'était point admissible, est sans au-

cune force pour autoriser l'admission de cette preuve en matière de testamens ; soit pour établir l'existence des dispositions qui ne s'y trouvent pas, soit pour interpréter celles qui s'y trouvent, et rechercher ainsi la volonté du testateur.

La Cour de cassation l'a ainsi jugé dans l'espèce suivante, par arrêt du 28 décembre 1818, Dalloz, t. 11. p. 55 ; Sirey, 1819, p. 182.

Par testament, en date du 5 avril 1813, le sieur Bruère, avoué, avait institué pour légataire universel le sieur Bruère son frère ; outre cette disposition, il avait fait quelques legs particuliers ; notamment, il avait légué sa bibliothèque au sieur Genty, son neveu, avec déclaration expresse que le legs était fait outre part.

Après le décès du testateur, la dame Bernier, sa sœur, et ses neveux et nièces, ont demandé le partage de sa succession contre le sieur Bruère, légataire universel.

Ils soutenaient que le testament devait être considéré comme non avenu, en ce que ses différentes dispositions étaient contradictoires; que d'une part, le legs universel fait au sieur Bruère, semblait lui attribuer la totalité de la succession, tandis que d'un autre côté, le legs fait au sieur Genty, avec clause de préciput, supposait qu'il devait prendre sa part héréditaire dans la succession, et que, par conséquent, le legs universel ne devait pas avoir son effet.

Au surplus, ils offraient de prouver par témoins que l'intention du testateur, en instituant son frère légataire universel, avait été seulement de le charger du soin de faire le partage de la succession entre tous les ayant-droit. Ils soutenaient que la preuve testimoniale était admissible, avec d'autant plus de raison, que la manière dont était rédigé le legs fait au sieur Genty, formait un véritable commencement de preuve par écrit; que d'ailleurs, les juges pouvaient admettre la preuve par témoins en matière de testament, comme en matière de contrats ; que telle était l'ancienne jurisprudence ; et que le Code civil ne contenait aucune prohibition à cet égard.

Louis Bruère, légataire universel, répondait que la disposition par laquelle il était institué, était sans ambiguité ; que d'ailleurs, en supposant que les différentes clauses du testament présentassent quelque doute, c'était au juge à les interpréter d'après ses propres lumières et sa conscience ; que la preuve testimoniale ne pouvait être admise pour constater la volonté du testateur, même au cas où il existe un commencement de preuve par écrit. Que les art. 1341 et 1347 du Code civil, placés aux titres des contrats, ne pouvaient s'appliquer aux testamens; qu'en outre, il résultait de la combinaison des différens articles du Code relatifs à la forme des testamens, que la volonté du testateur ne pouvait être valablement manifestée que par écrit et dans la forme désignée : que cette règle serait évidemment violée, si l'on permettait de prouver par témoins que le testateur avait fait telle ou telle disposition.

Le 12 août 1817, jugement qui admet la dame Bernier et consorts à faire preuve par témoins des faits par eux allégués.

Appel. — Le 23 avril 1818, arrêt confirmatif de la Cour d'Orléans.

Pourvoi en cassation de la part du sieur Bruère, pour contravention aux articles 893, 1001 et 1035 du Code civil, en ce que l'arrêt dénoncé a permis de prouver par témoins la volonté ou le changement de volonté du testateur; bien qu'aux termes de l'art. 1035, le changement de volonté ne puisse être valablement manifesté que par acte notarié ou par un second testament.

Le 28 déc. 1818, arrêt....., statuant au fond, vu les articles 893, 1001 et 1035 Code civil, portant, etc......; considérant que l'arrêt attaqué reconnaît formellement que le testament olographe de Bruère, avoué, est régulier dans la forme, et n'est pas attaqué sous ce rapport; qu'il n'a point été allégué qu'il ait été suggéré, ou surpris d'au-

cune manière, ou qu'il ait été révoqué conformément à la loi; que dès lors, ce testament doit être exécuté, s'il est reconnu susceptible d'exécution; que s'il s'y rencontre des dispositions, soit obscures ou ambiguës, soit contradictoires et inconciliables, il appartient aux tribunaux d'interpréter les premières, ou de déclarer les dernières nulles et non écrites ; mais que, soit qu'il y ait lieu à interprétation, soit qu'il faille déclarer nulles les dispositions qui se détruisent réciproquement, l'un et l'autre de ces deux cas est dans les attributions exclusives des juges, saisis de la contestation ; que c'est dans l'acte lui-même, d'après leur lumière et leur conscience, qu'ils doivent puiser les raisons de décider, et non dans la déposition des témoins, même sous le prétexte d'un commencement de preuve par écrit ; qu'en effet, depuis l'ordonnance de 1735, dont les principes ont passé dans le Code civil, la loi n'admet la preuve testimoniale, ni pour créer des dispositions qui ne sont pas écrites dans le testament, ni pour expliquer celles qui sont obscures, ni pour révoquer ou modifier celles qui sont rédigées dans les formes prescrites, ni, en un mot, pour rechercher la volonté du testateur ; qu'il suit de là, qu'en admettant, dans l'espèce, la preuve testimoniale, l'arrêt attaqué a fait une fausse application des lois qui autorisent l'admission de cette preuve, et violé les articles ci-dessus cités; par ces motifs, casse, etc. — La Cour de cassation a rendu un arrêt dans le même sens, en 1830, rapporté dans la Gazette des Tribunaux.

38. C'est par suite des mêmes principes qu'il a été jugé qu'un contrat d'assurance qui ne contenait pas la mention du double original, ne pouvait en aucun cas servir de commencement de preuve par écrit. Il résulte, en effet, des articles 332 et 348 Code de com., que l'écriture est de l'essence de ce contrat, et que le législateur l'a ainsi voulu, afin qu'il ne pût pas exister la moindre incertitude sur l'heure et les conditions de ce contrat. Voici ce que

dit à ce sujet Pothier, dans son Traité sur le contrat d'assurance, chap. 1ᵉʳ, sect. 2, n. 98. « On peut faire une troisième question sur cet article (art. 2 de l'ordonnance sur les assurances), qui est celle de savoir si la preuve testimoniale d'un contrat d'assurance maritime qui n'a pas été rédigé par écrit, peut être admise, lorsqu'il y a un commencement de preuve par écrit, de même qu'elle est admise en ce cas, par l'ordonnance de 1667, à l'égard de tous les autres contrats. J'aurais de la peine à l'admettre. L'ordonnance ayant fait une disposition particulière pour la forme dans laquelle doit être rédigé le contrat d'assurance maritime, elle l'a tirée de la thèse générale des autres contrats. C'est pourquoi, ce que l'ordonnance de 1667 permet à l'égard des autres contrats, ne peut s'appliquer à celui-ci. L'ordonnance de la marine ayant, par cet article, assujéti absolument le contrat d'assurance à être rédigé par écrit, en a exclu et interdit toute autre preuve. »

Merlin, en son Répert., aux mots *Police* et *Contrat d'assurances*, adopte l'opinion de Pothier, qui se trouve de plus consacrée par un arrêt de la Cour d'Aix, du 23 nov. 1813, Sirey, 1814, p. 209.

39. Il en est de même des sociétés anonymes, art. 40 du Code de commerce, des reconnaissances d'enfans naturels, art. 334. L'écriture étant solennelle, il ne peut jamais y avoir lieu à la remplacer par la preuve testimoniale.

40. C'est, enfin, par les mêmes motifs, qu'il a été jugé que le principe qui prohibait les contre-lettres faites hors de la présence et sans le consentement de toutes les parties qui ont assisté au contrat de mariage, s'opposait à ce que les tribunaux pussent y avoir égard, quelles que soient les présomptions graves, précises et concordantes, qui établissent le fait qu'atteste la contre-lettre. Arrêt de rejet, du 5 janvier 1831; Gazette des Tribunaux du 9 février 1831.

41. Nous ne dirons plus rien pour justifier les propositions ci-dessus, qu'un acte nul peut servir de commencement de preuve par écrit. — Mais nous l'avons dit, et nous ne saurions trop le répéter, ce n'est qu'une faculté qui appartient aux juges, et dont ils ne doivent faire usage qu'avec circonspection. Rien n'empêche qu'ils ne puissent déclarer *en fait* que cet acte ne leur paraît pas suffisant pour former un commencement de preuve par écrit, ce qui veut dire qu'il n'est pas suffisant pour rendre vraisemblable l'existence de la convention. L'art. 1347 du Code civil leur laisse une entière latitude. On lit dans un arrêt de cassation, du 22 avril 1818, Sirey, 1819, p. 195, « que *l'art. 1347 du Code civil n'impose aucunement aux juges l'obligation de considérer un acte dont l'effet est réprouvé par la loi, comme un commencement de preuve par écrit.*

42. Ce droit qu'a le juge de reconnaître que tel acte rend ou ne rend pas vraisemblable une convention alléguée, est un point de jurisprudence qui ne peut plus être contesté. Il explique pourquoi les Cours royales n'ont pas paru d'accord sur la proposition que nous venons de discuter. Au reste, que l'on examine les diverses espèces sur lesquelles les magistrats avaient à statuer, et l'on se convaincra qu'en général, ils ont jugé *en fait* et non en droit; qu'ainsi leurs décisions ne peuvent point tirer à conséquence.

II. CONSÉQUENCE.

43. Il résulte des principes généraux que nous avons établis sur la différence qu'il doit y avoir entre la nullité d'un acte et la nullité de la convention, qu'un acte nul peut néanmoins autoriser les juges à ordonner *d'office* que la partie qui se refuse à exécuter la convention, prêtera le serment sur le fait de savoir s'il n'est vrai que celle-ci a été consentie telle qu'elle est alléguée. — L'art. 1367 donnant au juge le droit d'imposer un serment de ce genre, dans

tous les cas où une demande ou une exception ne sont point suffisamment justifiées, il y a lieu de reconnaître ce droit, dans le cas où un acte nul lui est soumis. Cela résulte de ce que nous avons dit et prouvé, que *l'acte nul ne vaut pas autant que s'il eût été fait dans la forme légale ; mais qu'il vaut plus que s'il n'existait pas du tout.*

On lit à ce sujet dans Mailher de Chassat, Traité sur l'interprétation des lois : «Le droit canonique décide, dans » deux cas seulement, que le serment » peut rendre valable un contrat nul, » aux termes du droit civil (*cap.* 28 , » 10 *de jure jurando* ; *cap.* 2, *de part.* » *in* 6). On a cependant toujours con- » sidéré ces deux décisions comme rè- » gles applicables à toutes sortes de » cas, etc., etc. »

III. CONSÉQUENCE.

44. Un acte nul peut, suivant les circonstances, autoriser les juges à valider la convention, lorsqu'il existe des présomptions graves, précises et concordantes, et dans le cas où la loi admet la preuve testimoniale, art. 1353 du Code civil. C'est la conséquence de ce que nous avons établi que *l'acte nul pouvait servir de commencement de preuve par écrit,* qui pouvait faire admettre les parties à prouver par témoins, l'existence de la convention.

IV. CONSÉQUENCE.

45. De ce que nous avons établi que l'acte et la convention n'avaient point une influence nécessaire l'un sur l'autre, il résulte que l'illégalité d'un titre n'altère pas le droit, quand le droit a été formé et accompli sans besoin du titre. — On peut, d'ailleurs, ajouter qu'une chose utilement faite, ne peut jamais être viciée par une chose inutile. *Utile per inutile non vitiatur.*

La Cour de cassation l'a ainsi jugé, par arrêt du 28 mai 1822, Sirey, 1823, p. 92

Dans l'inventaire qui fut fait après le décès de M. le marquis de la Puente, on découvrit une lettre indiquant qu'il avait acheté vingt actions sur la ville de Paris.

Mais la propriété de ces vingt actions fut revendiquée par le sieur Jacquet, domestique du défunt, entre les mains duquel se trouvaient les bons représentatifs de ces actions. Il allégua les tenir de la libéralité du marquis de la Puente, qui les lui aurait donnés, de la main à la main, ainsi qu'à sa femme et à son enfant ; et il produisit un acte sous seing-privé, fait double le 18 juin 1818, après la tradition manuelle, par lequel le marquis de la Puente déclarait céder, léguer et donner à la famille Jacquet la propriété de ses vingt actions sur la ville de Paris, en se réservant toutefois la jouissance de ces mêmes actions durant sa vie.

Le baron Duert Kerch Werde a attaqué le don manuel fait aux époux Jacquet, et assigné ces derniers en restitution des vingt actions.

Jugement du tribunal de Versailles, qui rejette cette prétention, attendu que les époux Jacquet et leur fils avaient acquis la propriété des bons en question, 1° par la possession qu'ils en avaient eue d'après la maxime consacrée par l'art. 2279 du Code civil, qui porte : « *En fait de meubles, la possession vaut un titre* ; et 2° en vertu du don manuel qui leur avait été fait par leur maître.

Appel. — 10 février 1821, arrêt de la Cour de Paris, qui confirme le jugement de Versailles, par les motifs suivans :

« Que le don manuel d'objets mobiliers n'est point prohibé par la loi, et s'opère par la seule tradition ; qu'il résulte des pièces et documens de la cause, que M. le marquis de la Puente a donné manuellement aux mariés Jacquet les obligations dont il s'agit, qui sont des effets au porteur, et que ces derniers ont été saisis de la propriété de ces objets par la tradition réelle qui leur en a été faite, etc., etc. »

Pourvoi en cassation de la part du

baron Duert Kerch Werde , 1° pour violation de l'art. 2240 Code civil, portant que l'on ne peut se changer à soi-même la cause et le principe de sa possession, en ce que la Cour avait admis la famille Jacquet à invoquer un prétendu don manuel; tandis que dans le principe, la famille Jacquet avait fondé sa possession, uniquement sur l'acte sous seing-privé, du 18 juin 1818, bien que cet acte n'eût point été fait dans les formes voulues pour les donations entre-vifs; 2° pour contravention aux art. 893 et 931 Code civil, qui prescrivent certaines formalités substantielles pour les donations entre-vifs; en ce que la Cour royale avait validé un don qui n'avait été revêtu d'aucune de ces formalités.—La Cour; attendu qu'il est constant, en fait, que les vingt actions de la ville de Paris étaient en la possession des mariés Jacquet, par suite d'un don manuel que leur en avait fait le marquis de la Puente; et, en droit, qu'en fait de meubles, la possession vaut titre;

Attendu que l'acte du 18 juin 1818, loin d'être le titre par lequel le don manuel avait été opéré, n'est qu'un acte énonciatif et déclaratif de ce don préexistant et consommé; que, dès-lors, en maintenant les mariés Jacquet dans la possession des objets en question , l'arrêt n'a violé ni l'art. 2240 du Code civil., ni les art. 893 et 931 du même Code, rejette, etc.

V. CONSÉQUENCE.

46. Un acte nul peut fournir la preuve du fait qu'il renferme ; si bien que le jugement qui, en reconnaissant cette preuve, ne la fait résulter que de l'acte nul, n'est pas sujet à cassation ; c'est le cas de l'ancien adage; *Ex actû etiam nullo oritur probatio facti.* (Voir ce que nous avons dit, *suprà* n. 34, des reconnaissances qui se trouvent dans un contrat solennel.)

76. Ainsi, 1° un acte nul quoique contenant des conventions synallagmatiques et quoique non signé de l'une des parties, peut n'être pas absolument nul, et valoir comme écrit privé, lorsqu'il contient un fait reconnu par l'un des signataires ; comme , par exemple, qu'il a reçu une somme d'argent ou autre effet quelconque dont il est par conséquent débiteur ou détenteur , qu'il a eu, ou qu'il est en possession d'un immeuble appartenant à l'autre partie. Le signataire de l'acte est obligé de l'exécuter sous ce rapport. A la vérité, l'acte n'emporte jamais voie parée, mais il peut autoriser une condamnation en justice. D'Argentré, tit. des Oblig., Cout. de Bretag., 178.

48. A ce premier exemple, nous en ajouterons deux autres que nous trouvons dans les monumens de la jurisprudence française.

Pemier exemple : Il paraît que le cinq août 1748, par acte devant notaire , Anne Guerier , épouse de Clément Lecoulteux, constitua au profit de René Leportier , une rente annuelle et perpétuelle de 105 francs au capital de 2,400.

36 ans après, le 26 août 1784, Agathe Lecoulteux, épouse séparée, quant aux biens, de Charles Cressent, passa titre nouvel de cette rente, au profit de René Leportier, et hypothéqua à la sûreté du paiement, tous ses biens présens et à venir. Il est à remarquer que la dame Cressent ne procéda point dans l'acte comme revêtue de l'autorisation maritale, et qu'elle n'était pas non plus autorisée par la justice, à l'effet d'obliger sa personne et d'hypothéquer ses biens.

Parmi ceux qu'elle possédait alors, se trouvaient une maison et un jardin, situés à Picpus.

Le 17 floréal an XII, par acte notarié, la dame Cressent vendit cet immeuble à la dame Souchet sa fille, et au sieur Souchet, son gendre. Cette vente ne fut point transcrite.

Cet immeuble passa dans plusieurs mains par l'effet de divers titres et divers arrangemens de famille. Il est à remarquer que René Leportier n'ayant pas fait inscrire l'hypothèque qui lui avait été consentie dans l'acte du 26 août 1784, les héritiers Lecoulteux n'avaient point porté la rente dont ils étaient créanciers au nombre des charges de la succession d'Agathe Lecoulteux.

Le 26 août 1809, assignation par les héritiers ou représentans de René Leportier, aux fins d'obtenir contre les mariés Souchet et leurs héritiers, le paiement de la rente constituée en 1748 et renouvelée le 26 août 1784.

Jugement de défaut, le 7 nov. 1809, qui condamne les assignés, par le motif que *si l'acte du 27 août 1784, ne peut pas être considéré comme un titre nouvel, il suffit néanmoins pour constater que, jusqu'à cette époque, les arrérages de la rente dont il s'agit ont été payés, de manière que depuis 1784 le temps requis pour prescrire ne s'est pas accompli.*

Il y eut opposition; et le 13 fév. 1813, intervint jugement qui, après avoir statué sur d'autres questions qu'il est inutile de rappeler, maintint le jugement de défaut en ce qu'il avait déclaré la prescription interrompue.

Sur l'appel, le jugement fut confirmé par arrêt de la Cour de Paris, du 29 août 1814, Sirey, 1814, p. 241.

49. *Deuxième exemple* On a admis comme prouvant la complicité d'adultère, la déclaration faite par le prévenu, dans un acte de naissance, qu'il est le père de l'enfant issu de la femme adultère. — Peu importe que la déclaration soit nulle, elle n'en fournit pas moins la preuve du fait de l'adultère; la Cour de Paris l'a ainsi jugé, avec raison, par arrêt du 11 fév. 1829, Gazette des Tribunaux, 21, fév.

« Considérant, porte cet arrêt, que s'il est vrai en principe que l'art. 338 Code pénal n'admet comme preuve contre le complice de la femme, outre le flagrant délit, que celle des lettres ou autres pièces écrites par le prévenu, *il est impossible de ne pas considérer comme pièce écrite par le prévenu un acte authentique reçu par un officier de l'état civil, en présence de témoins, et*

signé par le prévenu après la lecture qui lui en a été faite. »

Voir encore un arrêt de la Cour d'Amiens, du 16 août 1825, Jurispr. du 19ᶜ s. 1827, 2. 17.

50. Ainsi, 2° un acte nul peut être une juste cause d'interruption de la prescription, toutes les fois qu'il s'agit d'une prescription pour laquelle la bonne foi est requise.

51. *Premier exemple. En droit*, la citation nulle pour défaut de forme, n'interrompt pas la prescription, article 2247 Code civil. Car, lorsque la loi attribue un effet quelconque à un acte dont elle a déterminé la forme, elle ne l'attribue qu'à condition que cette forme aura été observée.

Mais il peut arriver que cette citation, bien que nulle, renferme des énonciations desquelles il résulte évidemment que le possesseur aura été instruit des vices de sa possession; qu'il aura été mis à même de ne pas ignorer les droits d'un tiers à cette même possession, et qu'il n'aura plus pu conserver cette juste opinion qu'il devait avoir, que sa jouissance était légitime. N'est-il pas juste que, dans ce cas, les juges voient dans l'acte nul une cause suffisante pour déclarer la prescription interrompue? À la vérité, l'interruption n'aura pas lieu *en droit*, et par la force de l'acte, puisque celui-ci se trouve nul, et qu'il est sans existence légale ; mais le juge pourra la reconnaître *en fait*, en raison des énonciations que cet acte renferme, et qui prouvent invinciblement que le possesseur a été mis à même de connaître les vices de sa possession. Comme dans ce cas, le juge n'a qu'à se décider sur une question de fait, sur une question de bonne foi, il est arbitre souverain du procès; et nous ne connaissons pas d'autorité, qui, s'élevant au-dessus de sa raison et de sa conscience, puisse l'empêcher de voir dans les indications et les faits ramenés dans une citation nulle, la preuve que celui à qui elle a été faite, a été, dès ce moment, de mauvaise foi.

52. Il en serait autrement à l'égard

d'une prescription qui s'opère par le laps de temps, sans bonne foi. En pareil cas, la prescription a son origine dans la loi, elle ne peut être interrompue que pour des actes ayant une existence légale ; et, à leur égard, on doit tenir, sans exception, que la citation nulle pour défaut de forme, n'interrompt pas la prescription, art. 2247 Code civil.

53. *Deuxième exemple*. Depuis vingt ans, je possède une propriété immobilière vous appartenant : nous passons devant un notaire un acte, par lequel je reconnais avoir reçu de vous la somme de 1000 fr., montant du fermage pour l'année courante, de l'immeuble que vous possédez ; je vous en fournis quittance, ainsi que des fermages antérieurs. Il se trouve que cet acte est nul pour vice de forme ; cela n'empêchera pas que l'acte ne puisse valoir comme moyen d'interrompre la prescription, et d'empêcher même qu'elle ne puisse plus s'opérer à l'avenir, à cause que la possession est précaire, voir n° 57 ci-après. Une pareille décision est à l'abri de toute censure. (Arrêt du 1er juin 1824 ; Jurispr. du 19e s. 1832. I. 312.

54. Ainsi, 3° un acte nul peut être un obstacle à ce qu'une prescription commence à courir.

55. *Par exemple*, la prescription décennale, portée par l'art. 2265 du Code civil, ne peut commencer à courir qu'autant qu'il y a juste titre et bonne foi. — On demande si celui qui aurait un juste titre, c'est-à-dire, un titre translatif de propriété, et rédigé dans la forme légale, pourrait prescrire, par dix ans, la propriété qu'il a acquise, s'il avait eu connaissance, au moment du contrat, d'un titre quelconque qui transportât la propriété sur la tête d'un tout autre individu que son vendeur, bien que ce titre fût entaché de nullité ? Il n'est pas douteux que le juge peut voir, *dans la connaissance de ce titre, bien qu'irrégulier*, la preuve de la mauvaise foi. Vainement le possesseur voudrait-il se prévaloir de la nullité de l'acte dont il a eu connaissance ; car il n'était

pas le juge de la validité de cet acte, et il devait croire à la sincérité de ses clauses, et à leur exécution. Dès le moment qu'il a passé outre, il n'a plus été de bonne foi ; et il ne lui est plus permis d'invoquer la prescription dont il est question dans l'art. 2265 du Code civil.

56. *Autre exemple*. L'art. 2240 du Code civil est ainsi conçu : « On ne peut pas prescrire contre son titre, en ce sens, que l'on ne peut point se changer à soi-même la cause et le principe de sa possession. »

On suppose qu'un débiteur donne à son créancier une propriété immobilière en engagement de ce qu'il lui doit ; cet acte se trouve nul en la forme, et la possession du créancier se prolonge trente ans ; après ce laps de temps, le débiteur demande à rentrer dans son fonds : en payant sa dette, pourra-t-il être écarté par la prescription ? Non, sans doute. L'acte, quoique nul, explique et fait connaître l'origine de la possession ; il prouve qu'elle n'était que précaire ; il lui imprime une nature, et en quelque sorte, une couleur qu'il n'appartient pas au possesseur de faire disparaître, puisque l'art. 2240 est général, et qu'il ne veut pas que, dans aucun cas, un possesseur puisse changer la cause et le principe de sa possession.

VI. CONSÉQUENCE.

57. Un inventaire, quoique nul, n'en produit pas moins, en certains cas, son objet, lorsqu'étant requis comme une garantie, il y a eu bonne foi de la part de celui à qui la loi imposait l'obligation de le faire.

58. *Par exemple* : L'usufruitier ne peut entrer en jouissance qu'apres avoir fait dresser un inventaire des biens meubles sujets à l'usufruit : le tout en présence du propriétaire, ou lui dûment appelé. (Art. 600 Code civil.)

On suppose que l'usufruitier ait fait citer le propriétaire pour se trouver à l'inventaire et à la fixation de l'état des immeubles, que la citation soit nulle , mais que néanmoins il soit certain qu'elle lui ait été remise; que malgré cela, il ne se soit pas présenté et que l'usufruitier ait fait procéder , en son absence, à la description des effets compris dans l'usufruit; qu'il l'ait fait de bonne foi. On peut encore supposer, que le notaire rédacteur de l'inventaire, ait commis une ou plusieurs infractions à la loi, et que par suite ; l'inventaire soit nul; sera-t-il permis au propriétaire de dire que n'ayant pas été légalement appelé, ou que l'inventaire, n'ayant pas été fait régulièrement, est tout comme s'il n'avait pas été fait suivant la maxime : *Quod nullum est nullum producit effectum ?*

Ce serait beaucoup trop rigoureux , et nous ne doutons pas que la bonne foi de l'usufruitier ne produise cet effet, que l'inventaire est censé régulier ; la nullité de l'acte ne détruit pas *la description réelle , et, en quelque sorte matérielle des effets* , elle n'empêche pas qu'il n'y ait eu bonne foi, et que l'inventaire ne remplisse son objet. Ce qui du reste, doit nous le faire penser ainsi, c'est que le législateur , en prescrivant à l'usufruitier l'obligation de faire inventaire; ne dit pas quelle serait la peine de la contravention. Or quelle peut être la cause de cette réticence? ce ne peut être , que parce qu'il a voulu abandonner aux tribunaux l'appréciation de la conduite de l'usufruitier. Il a voulu qu'ils eussent à examiner si celui-ci avait agi de bonne foi, si l'inventaire, quoique nul, offrait une description exacte des objets compris dans l'usufruit; et par suite, donnait la garantie que rien n'avait été soustrait. Dira-t-on que l'usufruitier n'ayant pas fait un inventaire en règle, le propriétaire est en droit de demander la cessation de l'usufruit, ou même de réclamer plus d'objets qu'il n'y en avait de décrits? Une pareille conséquence serait une peine et une peine rigoureuse qui ne se trouve pas dans la loi et qui, dès-lors, ne peut pas être suppléée.

59. *Autre exemple* : L'héritier qui aurait fait faire un inventaire des meubles de la succession pour se réserver la faculté, que la loi lui donne, d'accepter sous bénéfice d'inventaire (Article 794 du Code civil), pourrait en cas de nullité de cet inventaire , être déclaré non déchu de la faculté qu'il a , de ne pas être héritier pur et simple , si d'ailleurs, il y a dans les circonstances , une garantie que cet héritier n'a profité d'aucun des effets de la succession, et qu'il en a fait faire une description exacte et de bonne foi. Une pareille question se réduit à une question de fait qui rentre dans le domaine du juge.

On le jugeait ainsi au parlement de Toulouse. Voir arrêt du 4 juin 1698. — On le juge de même aujourd'hui. V. arrêt de cassation , 18 fruct. an XII ; Sirey, t. 5, p. 61 ; et rapporté aussi par M. Merlin , en son Répertoire , V° Bénéfice d'inventaire. — Chabot de l'Allier, eu son Traité des successions, art. 794, n° 5, est d'un avis contraire. On peut prendre connaissance des raisons qu'il donne.

60. *Troisième exemple* : L'irrégularité dans la forme de l'inventaire fait par la femme commune , à la mort de son mari, n'était pas autrefois , un obstacle absolu à ce qu'elle pût renoncer à la continuation de la communauté; pourvu que cet inventaire fût fidèle et exact, et que les juges trouvassent dans son contexte des garanties suffisantes de la bonne foi de la veuve , et de la conservation des objets mobiliers dépendans de cette communauté.

Aujourd'hui la question ne peut point être agitée sous un point de vue général, à cause que, d'après le Code civil, le défaut d'inventaire , après la mort naturelle ou civile de l'un des époux, ne donne pas lieu à la continuation de la communauté, sauf les poursuites des parties intéressées, relativement à la consistance des biens et effets communs, consistance qui peut être établie tant par titres que par la commune renommée. (Art. 1442 du Code civil.)

Mais, suivant le même article, ce défaut d'inventaire, s'il y a des enfans mineurs, fera perdre à l'époux survivant la jouissance de leurs revenus ; de sorte que l'on peut agiter la question de savoir si l'irrégularité de l'inventaire est toujours et nécessairement une juste cause de cette perte de jouissance.

Nous pensons que non. Il nous semble que l'époux survivant qui, en présence du subrogé-tuteur, a fait procéder à cet inventaire d'une manière exacte et fidèle, ne peut point être frappé d'une déchéance aussi rigoureuse, par ce seul motif qu'une forme essentielle à l'acte n'aurait point été observée. On conçoit bien que le législateur ait voulu que le défaut d'inventaire portât sa peine ; car il y a toujours présomption de mauvaise foi dans une pareille omission ; et dans tous les cas, les juges doivent y voir une espèce de résistance aux volontés du législateur. Mais si celui que la loi oblige à faire faire un inventaire, s'en occupe dès l'ouverture de la succession ; s'il prend la marche usitée en pareil cas, faudrat-il le punir d'une omission que le notaire aurait faite ? Ne sera-t-il pas permis de voir dans les soins qu'il s'est donné, une preuve de sa bonne foi ; et sera-t-il juste et raisonnable de le punir comme si, résistant aux ordres du législateur, il avait totalement négligé de faire faire inventaire ? Certainement non. La présence du subrogé-tuteur, du notaire, de deux témoins, d'un commissaire-priseur, la description des objets, offrent au législateur et doivent offrir aux juges une garantie suffisante. Et il n'existe pas de raison de priver l'époux survivant des revenus de la communauté ; à ce cas ne peut s'appliquer la disposition de l'art. 1442, par laquelle le législateur a voulu punir le défaut absolu d'inventaire.

61. Dans les actes, autres que les solennels, c'est-à-dire, dans les actes qui ne reposent que sur le consentement, un acte nul peut prouver un changement de volonté ; et par cela même, rendre sans effet un acte antérieur.

62. *Par exemple*, le mandat peut être déclaré suffisamment révoqué par une procuration nulle ; car, quoique cette procuration n'ait point un caractère légal, il n'en est pas moins vrai qu'en fait, le mandant a eu la volonté de donner la gestion de l'affaire qui en faisait l'objet, à un autre qu'à celui, à qui il l'avait donnée par sa première procuration ; et cette volonté de donner ses pouvoirs à un autre, suppose celle de les ôter à son premier mandataire. Meuocchius, livre 2, Præsompt 36, n. 12. Arg. de l'art. 1038 Code civil.

63. On lit dans Pothier, en son Traité du mandat, chap. 4, § 5 :

« Un premier mandat est-il censé révoqué par une seconde procuration, bien que nulle *putá*, parce qu'elle a été donnée à une personne que le mandant croyait vivante, et qui était déjà morte, ou parce que celui à qui elle a été passée, n'a pas voulu l'accepter ? Je pense que la première procuration n'en doit pas moins être présumée révoquée ; car, quoique la seconde n'ait pas eu d'effet, il n'en est pas moins vrai que le mandant a eu la volonté de donner la gestion de l'affaire qui en faisait l'objet, à un autre qu'à celui à qui il l'avait donnée par sa première procuration ; et cette volonté de la donner à un autre, suppose celle de l'ôter à son premier mandataire. »

64. *Autre exemple.* Toute aliénation, même celle par vente avec faculté de rachat ou par échange, que fera le testateur, de toute, ou de partie de la chose légale, emportera la révocation du legs pour tout ce qui a été aliéné, encore que l'aliénation postérieure soit nulle, et que l'objet soit rentré dans la main du testateur, art. 1038 Code civil.

Par exemple, si la femme mariée vend ou donne, sans être autorisée de son mari, la chose qu'elle a léguée, cet acte, quoique nul, ne laisse pas d'être suffisant pour faire présumer le legs révoqué.

Cette disposition est conforme au droit Romain. *Leg.* 24, § 1, *ff. de adim. legat.*

VIII. CONSÉQUENCE.

65. Un acte nul peut être considéré comme un acte d'exécution, et par conséquent , comme une ratification d'un acte annulable.

66. Par exemple, un débiteur qui aurait fait des offres dont la nullité serait ensuite prononcée, ne serait pas fondé à prétendre qu'il ne doit rien ; l'acte d'offre, quoique nul , ne vaut pas moins comme aveu de la dette, et comme confirmation du titre qui l'établit , si bien , que ce débiteur pourrait être déclaré non recevable dans son action en nullité ou en rescision de ce titre, s'il la proposait plus tard.

Si la dette , à raison de laquelle les offres sont faites, n'éta t pas constatée, au moins en fait, par un titre ou acte antérieur , l'acte d'offre ne prouverait pas seul la dette, il vaudrait seulement comme commencement de preuve par écrit , suivant ce que nous avons dit *suprà* n° 18.

67. Tels sont les divers effets qui peuvent résulter, selon nous, d'un acte nul dans sa forme ; il était d'autant plus important de les connaître, que, comme nous venons de le voir, ils modifient la règle *quod nullum est nullum producit effectum.* Il nous reste à faire connaître le sens de cette même règle, quand on en fait l'application à une convention nulle , et nos lecteurs seront alors à même d'apprécier la distinction que nous avons fait entre la nullité d'une convention, et la nullité de l'acte qui était destiné à en fournir la preuve. — C'est l'objet de la section suivante.

Section II.

Des effets de la nullité ou rescision des conventions.

68. Par rapport aux conventions , la règle *quod nullum est nullum producit*

effectum, s'applique dans toute son étendue ; la régularité de l'acte destiné à la prouver , ne saurait détruire le vice dont elle est infectée ; et au lieu que la nullité de l'acte prive seulement celui-ci de son existence légale, la nullité de la convention la réduit au *non esse*; et il est vrai de dire que son exécution est aussi contraire à l'équité naturelle qu'à la loi civile. Il n'y a pas de différence entre les conventions rescindées et les conventions nulles ; l'effet est absolument le même. Voir l'Annotateur de Boutaric, pag. 200, n. 2. — De là , plusieurs conséquences dont nous avons fait les règles suivantes.

Première conséquence.

69. L'annulation d'une convention produit cet effet que les parties doivent être remises au même état où elles étaient au moment de cette convention, chacune d'elles doit reprendre les droits qu'elle avait alors, et abandonner ceux qu'on avait voulu lui transmettre. On conçoit que dès l'annulation de la convention , ce que chaque partie détient par suite de celle-ci, elle le détient sans titre. *Restitutio ità facienda est ut unusquisque integrum jus suum recipiat*, leg. 24, § restit. ff. de minoribus. Art. 1183 du Code civil. *Leg.* 10, § 19, 20 *et* 22, *ff. quæ in fraudem.* — *Leg.* 38, § 4, *ff. de usuris.* Argou, Inst. au Droit français, liv. 4, t. 2.

70. Si , par exemple, la convention annulée était une transaction ou un partage, chaque partie devrait rependre les droits et actions qui avaient été abandonnés ou qu'elles s'étaient cédés l'une à l'autre : *Cum in integrum pupilla restituta , rescindi transactionem vel divisionem placuit : tu quoque actionibus, quos pridem habuisti uteris.* Leg. 1 Cod. tit. si adversùs transact.

71. Si l'acte annulé était un acte de mariage , il serait considéré comme n'ayant point existé ; il n'y aurait point de communauté , les sommes données à la future épouse, on constituées par elle lors des conventions

civiles, n'auraient pas le caractère de dotalité, elles ne seraient que des simples créances que le mari serait sans qualité pour conserver ; les donations et conventions matrimoniales seraient pour non avenues ; sauf néanmoins la restitution des sommes que le mari aurait réellement reçues de la femme ou de ses parens. Roussaud de Lacombe, Jurispr. canoniq. v° *Empéchement*, pag. 283.—Mais la femme ou ses héritiers auraient ils l'hypothèque légale indépendante de l'inscription sur les biens du mari, pour assurer la restitution des sommes dont il vient d'être question ? Oui, si la femme a été de bonne foi (Arg. 201 du Code civil et *infrà* chap. 13. art. 2. Quant aux enfans, ils sont bâtards, si l'un des époux n'a pas été de bonne foi. *Infr. loc. cit.*

72. Par exemple encore, si l'obligation contenue dans l'acte était, pour l'une des parties, de faire certains travaux, moyennant une somme convenue, et qu'elle les eût faits, elle n'en serait pas moins sans titre pour réclamer ou pour conserver ce que l'autre partie lui aurait promis ou payé ; seulement, elle aurait droit à une indemnité préalable. Mais remarquez que cette indemnité lui serait due, non par suite de la convention qui est nulle, mais bien par application de la règle qui veut que nous ne puissions pas nous enrichir aux dépens d'autrui. *Nemo potest detrimento alterius locupletari.*

73. Cette obligation des parties de se rendre ce qu'elles avaient respectivement reçu, et de se replacer dans la même position où elles étaient avant de contracter, comprend non-seulement le principal, mais encore les accessoires, suivant la règle de droit qui veut que les accessoires appartiennent au maître de la chose à laquelle ils surviennent. Art. 547 Code civil *Accessoria sequuntur jus ac dominium rei principalis.*

Ainsi, par exemple, si Jean avait vendu son bien de Sainte-Raffine à Antoine, pour le prix de 10,000 fr., et que cette vente fût annulée, l'annulation produi-

rait cet effet ; que Jean reprendrait son bien avec restitution de fruits, depuis le jour de la vente, et qu'il serait tenu de rendre à Antoine la somme capitale de 10,000 francs avec les intérêts, depuis le même jour. Ce serait vainement que l'un ou l'autre voudraient faire compenser les fruits avec les intérêts ; car la vente étant nulle, Jean n'a pas plus le droit de garder les intérêts que le capital qu'il a reçu, tout comme Antoine n'a aucun droit sur le bien ni sur les produits. Dans tous les cas, le possesseur du bien est fondé à réclamer les frais de culture, ainsi que les dépenses qui auraient été faites par un autre, du consentement exprès ou tacite des intéressés. *Arbitrio judicis non priùs cogendus est rem restituere, quàm si impensas necessarias consequatur. idém que erit probandum, et si quis alius sumptus ex voluntate fidejussorum creditorumque fecerit.* Leg. 10 § 28 ff. quæ in fraudem.

74. Cette nécessité de remettre les parties au même état où elles étaient avant de contracter, tient tellement à l'annulation, elle est tellement la conséquence du jugement qui accueille la demande en nullité, que lorsqu'il s'agit d'une nullité relative, celui en faveur de qui elle avait été établie et qui l'avait proposée, ne peut plus y renoncer, après le jugement rendu. Il est à remarquer, en effet, que le privilége qui résulte d'une nullité relative, est épuisé par la demande et par le jugement qui y a fait droit ; que dès ce moment, l'égalité se rétablit entre les parties ; que leurs droits sont déterminés par le jugement, et que l'une, pas plus que l'autre, ne peut avoir le privilége de se soustraire à ses dispositions. Le jugement, d'ailleurs, est un acte de l'autorité publique qui, bien que n'ayant pu être provoqué que par une partie, appartient évidemment à tous, quand il a été rendu : et ce ne peut être que par la volonté de tous les intéressés, et par un nouvel accord, qu'il peut être modifié dans ses dispositions. On peut voir, sur ce sujet, un arrêt du Parle-

ment de Bordeaux, du 24 janv. 1524. — Boerius, *quæst.* 48. — Bouvot, t. 1, pag. 2. v° Mineur, quest. 1re — Charondas, en ses Réponses, liv. 6. chap. 8.

75. Malgré l'exactitude de la conséquence que nous venons d'examiner, il arrive quelquefois, que l'une des parties ne se trouve pas replacée dans la même position où elle était avant de contracter ; mais alors, elle ne peut imputer qu'à elle seule l'inégalité qui règne dans sa condition et celle de la partie avec laquelle elle a été en opposition ; elle l'a quelquefois mérité par son dol, elle s'y est souvent exposée par sa faute ou par son imprudence, et, dans tous les cas, elle ne peut se plaindre. *Nihil causæ est cur ei succurri opporteat qui se ipsum conjecit in aliquam necessitatem.* Faber, Cod. lib. 3, tit. 27, definit. 10, note 12.

76. *Premier exemple.* S'il s'agit d'un engagement souscrit par un mineur, par une femme mariée, sans l'autorisation de son mari, ou par un interdit, et qu'à raison de leur incapacité, ils se fassent restituer contre l'engagement qu'ils ont consenti, le remboursement de ce qui aurait été, en conséquence de ces engagemens, payé pendant le mariage, l'interdiction ou la minorité, ne peut être exigé d'eux, si on ne peut prouver que ce qui leur a été payé a tourné à leur profit ; art. 1312.

A défaut de cette preuve, la présomption légale est qu'ils n'ont pas reçu la somme dont ils n'ont pas profité (*suprà* n. 315.) Tant pis pour le majeur, qui, ne pouvant ignorer cette présomption de la loi, devait surveiller l'emploi des fonds qu'il comptait à l'incapable. *Curiosus esse debebat quo pecunia verteretur.* Leg. 3, § 9, ff. de in rem verso.

77. *Deuxième exemple.* Si une obligation est annulée pour cause de dol et fraude de l'une des parties, l'autre partie peut, suivant les circonstances obtenir des dommages-intérêts. Or, ces dommages diminuent, d'autant, la somme dont on doit lui faire la restitution, ou les droits qu'on doit lui rétrocéder. Cette partie n'est pas alors remise dans la

position où elle était avant de contracter, mais cette inégalité résulte de son *quasi délit* ; elle ne peut donc l'imputer qu'à elle seule.

78. *Troisième exemple.* Si la cause d'une obligation est illicite de la part de tous les contractans, comme si l'un d'eux a payé à l'autre une certaine somme pour qu'il commît un crime, il n'y a pas lieu à ordonner la restitution de la somme : celui qui a fait le paiement n'ayant pas moins blessé la délicatesse et la disposition de la loi, que celui qui l'a reçu, ne peut pas avoir d'action ; pas plus que celui-ci n'en aurait pour se la faire payer, si elle lui était encore due. *Ubi dantis et accipientis turpitudo versatur, non posse repetti dicimus.* Leg. 3, ff. de condit. ob turpem causam. En pareille circonstance, les deux parties étant aussi indignes l'une que l'autre de la protection des lois, la cause de celui qui possède est préférable. *In pari causá, melior est causa possidentis.* Leg. 8 *ob turpem vel injust. causam.* Tant pis pour celle qui perd, elle ne mérite pas le moindre intérêt.

Ces principes sont consacrés par le Code civil ; d'après l'art. 1965, le joueur qui n'a pas payé la somme qu'il a perdue au jeu, ne peut point être forcé à la payer ; la cause d'une pareille obligation étant illicite, la loi a dû refuser une action pour la faire exécuter. Mais si le joueur qui s'était obligé à payer une somme d'argent a acquitté sa dette, il ne peut pas se faire rembourser ce qu'il a payé, sous le prétexte que la cause de son obligation était illicite, car, ayant été dans son tort, aussi bien que l'autre partie, il ne mérite pas plus que celle-ci l'assistance de la justice ; c'est la disposition de l'art. 1967. — Observez néanmoins, que s'il y avait eu, de la part du gagnant, dol, supercherie ou escroquerie, la restitution devrait être ordonnée (même art.). Le motif en est que le dol et la fraude font exception à toutes les règles.

Si la cause de l'obligation ne blessait les lois ou les bonnes mœurs, que de la part d'un des contractans, comme si, par exemple, un individu s'obligeait envers un autre à lui payer une somme de 3,000 francs, à condition que celui-ci cesserait de menacer la vie du premier, la convention n'en serait pas moins nulle, mais il y aurait lieu à répétition de la somme payée. *Leg.* 4, § 2, *ff. de condict. ob turp. caus.*

79. *Quatrième exemple.* Il a été jugé, avec raison, que celui qui voulait acquérir les biens propres d'une femme mariée, était dans l'obligation de s'assurer, par l'inspection de son contrat de mariage, si ces biens étaient dotaux ou paraphernaux; et au premier cas, à quelles conditions l'aliénation en était permise. Arrêt de cass., 9 nov. 1826; Sirey, 1827, p. 14. S'il néglige cette précaution, et qu'il soit évincé avec perte du prix qu'il en a payé, il ne peut se plaindre, puisqu'il est la victime de sa propre imprudence. Il n'a d'autre recours que contre le mari, encore faut-il que celui-ci demande lui-même la révocation de la vente, et qu'il n'ait pas déclaré dans le contrat que le bien vendu était dotal. (Art. 1560 Code civ.).

80. *Cinquième exemple.* L'effet de la nullité ou rescision d'un partage est de remettre les parties au même état où elles étaient avant de le consentir; en d'autres termes, de remettre en communauté tous les biens et droits qui étaient entrés dans ce partage. *Et quidem quo fieri non possit, ut ex integro omnia dividantur, quasi nulla unquàm divisio facta fuisset.* Faber, liber 3, tit. 27. Cod. definit. 10. Il en résulte que chacun des copartageans doit reprendre le droit qu'il avait dans chacun des meubles ou des immeubles dépendans de la succession.

Cependant, un cohéritier qui a aliéné son lot, en tout ou en partie, n'en est pas moins recevable à intenter l'action en rescision pour dol, si l'aliénation qu'il a faite est antérieure à la découverte des manœuvres frauduleuses dont il a été fait usage; arg. de l'art. 892 du Code civil.

Cette aliénation étant irrévocable, il

en résulte que les cohéritiers de celui qui exerce l'action en rescision, ne sont pas replacés, par l'annulation du partage, dans le droit qu'ils avaient de faire entrer dans leur lot l'immeuble aliéné depuis, par leurs cohéritiers. — Cela est vrai; mais comme *ils sont coupables de dol,* ils ne peuvent se plaindre d'aucune des conséquences qui peuvent en résulter. D'ailleurs, ils n'éprouvent pas de préjudice, car ayant la faculté de faire entrer l'immeuble vendu dans le lot de celui de leurs cohéritiers qui en a consenti la vente, cela peut être un avantage pour eux, et sous ce rapport, on peut dire qu'il y a égalité de droits. *Cum res ampliùs non sit integra, constat satis id unum superesse, ut quod alienatum fuit imputatur in alienantis portionem.* Faber, Cod. liv. 3. tit. 27 defin. 10. — Nous verrons au chap. de la ratification, que l'aliénation d'une partie de son lot vaut renonciation à se prévaloir de toutes les nullités dont la cause était connue, ou était censée l'être.

81. *Cinquième exemple.* Celui qui achète et paie, le sachant bien, la chose qui est réclamée par autrui, et qui consent que le vendeur ne soit pas tenu de la garantie envers lui, n'a pas droit à la restitution de la somme payée : peu importe que la convention soit nulle, comme constituant vente de la chose d'autrui; car, de deux choses, l'une : ou bien l'éviction était douteuse et le danger incertain, et alors on doit présumer qu'il a eu l'intention de faire un contrat aléatoire; ou bien le danger d'éviction était imminent et sa conséquence certaine, et dans ce cas, il est censé avoir voulu faire une libéralité. (Chassenée, sur la Coutume de Bourg.) — *De justiciis et juridict.* § *si quis simplex etc. n.* 15, et dans tous les cas, on peut dire qu'il s'est exposé sciemment et volontairement, aux pertes qu'il éprouve.

82. La règle, que les parties doivent être remises au même état où elles étaient auparavant, reçoit une autre exception que celles que nous venons

de nous occuper : elle se présente dans le cas où une des choses qui faisaient l'objet de la convention nulle ou rescindée, a péri par cas fortuit. Cette circonstance ne fait pas obstacle à la résolution de l'acte, ni à ce que la partie dont la chose n'a point péri puisse la reprendre; tant pis pour celui à qui la chose qui n'existe plus devait être rendue, car, l'annulation d'une convention produisant cet effet, que les parties n'ont jamais cessé d'être propriétaires des choses qu'elles avaient voulu se céder réciproquement, si ces choses périssent, elles périssent pour leur propre compte, quoiqu'elles se trouvent en la possession de celui qui n'est point propriétaire; cette possession n'empêche pas l'effet de la maxime : *Res perit domino.*

83. Il en serait autrement, si la chose qui a péri par cas fortuit, n'eût point péri sans une imprudence, un faute lourde de celui qui la possédait. Nul doute qu'en pareil cas, ce dernier devrait payer l'estimation de la chose détruite. Nous disons l'estimation, parce qu'il est de principe que la dette d'un corps certain subsiste après l'extinction de la chose due, et qu'au moins, elle se convertit en l'obligation de rembourser la valeur estimative de cette même chose. Art. 1136 Code civil.

84. En décidant que la perte d'une des choses qui avaient fait l'objet de la convention, n'était point un obstacle à la résolution, et que c'était tant pis pour celui qui était censé avoir toujours été propriétaire de cette chose, nous avons supposé que les contractans avaient tous été de bonne foi; si l'un d'eux avait usé de dol et de fraude, il devrait être condamné à indemniser l'autre de la perte de la chose, à titre de dommages-intérêts. Nous pensons, néanmoins, qu'il serait juste de modifier ces dommages, dans le cas où il prouverait que la chose aurait également péri dans la possession de l'autre contractant. (Art. 1302 et 1326 Code civil).

85. Par suite de cette règle, l'ache-

teur d'un héritage, pour un prix moindre que les sept douzièmes de la valeur, étant débiteur de la restitution de cet héritage, ne se trouve pas libéré de cette obligation par la perte de la chose; il devient débiteur de l'obligation de la rendre, lorsque c'est par sa faute qu'elle a péri.

86. Une convention, une déclaration ou une disposition étant nulles, ne peuvent pas être plus nuisibles qu'utiles; elles ne peuvent pas être opposées à ceux qui n'auraient pas pu s'en prévaloir. *Vinnius aux inst. § 2 et § ult. de except.*

Cette règle, extrêmement importante, se trouve justifiée par un grand nombre d'exemples; nous nous bornerons à rapporter les suivans.

87. *Premier exemple.* Je vous vends ma maison, pour une somme de dix mille francs, cette vente se trouve nulle, par un motif quelconque; il est évident que, de même que je ne puis pas vous forcer à l'exécuter, je puis aussi vendre ma maison, avant le jugement qui prononce la résolution de la vente. C'est en ce sens qu'on a dit avec raison : *Non præstat impedimentum quod de jure non sortitur effectum.* Ranchinæus et son commentateur, V° *Dolus*, art. 2. — Cela n'empêcherait pas, cependant, qu'il ne fallût un jugement pour prononcer la nullité. Jusques là, le premier détenteur pourrait ne pas vouloir abandonner la possession de la chose qui faisait l'objet de l'acte nul. C'est la conséquence de ce que nous avons dit, que les nullités n'opéraient point leur effet de plein droit, *suprà*, n. 416.

88. *Deuxième exemple.* La reconnaissance ne pouvant avoir lieu au profit d'un enfant adultérin ou incestueux, art. 359 du Code civil, celui-ci ne peut se prévaloir d'une pareille reconnaissance, pour recueillir tout ou partie des biens délaissés par celui qui

en est l'auteur, art. 762 du Code civil; et par la même raison, si un individu donnait tout son bien à celui qu'il a reconnu pour être son fils, à une époque où ce fils ne pouvait être que le fruit de l'inceste ou de l'adultère, la disposition vaudrait, et les héritiers du sang ne pourraient pas plus se prévaloir de la reconnaissance ci-dessus, qu'il ne pourrait lui-même s'en servir pour réclamer une pension alimentaire.

Cela a été plusieurs fois jugé, et l'on trouve plusieurs arrêts, Sirey, 1818, 19, 24 et 28, et dans la Gazette des tribunaux, du 3 août 1827. Nous nous contenterons de rapporter l'espèce d'un arrêt de cassation, du 18 mars 1828, qui a reconnu, que le don fait por le père à la mère de l'enfant, ne devait pas être considéré comme fait à une personne interposée, et devait être maintenu en faveur de la mère. Voici l'espèce :

Le 16 août 1798, Anne Vigneau qui, précédemment, avait été au service des époux Cordelet, accouche d'un enfant mâle, lequel est inscrit sur les registres de l'état civil sous le nom de René, et dont le sieur Cordelet, alors devenu veuf, se déclare le père. Toutefois, il résultait de la date même de cet acte de naissance, que René, né cent cinquante-deux jours seulement après le décès de la dame Cordelet, avait été conçu pendant que le sieur Cordelet était encore dans les liens du mariage, et qu'ainsi, l'enfant était adultérin.

Plus tard, le sieur Cordelet a épousé Anne Vigneau, et dans l'acte civil de son mariage, il a de nouveau reconnu René pour son fils.

En 1811, Cordelet fait un testament par lequel il institue sa femme, Anne Vigneau, pour sa légataire universelle. — En 1818, il marie son fils René, et lui fait donation, comme à son fils naturel, et à titre d'alimens, conformément à l'art, 762. Code civil, de certains immeubles formant un revenu de 618 francs.

En 1823, décès de Cordelet.— Les

époux Lemerle, ses héritiers collatéraux, attaquent, tout à-la-fois, le testament et la donation.—Ils soutiennent la donation nulle ou excessive, comme faite par un père à son enfant adultérin, que la loi déclare incapable de recevoir autre chose que des alimens (Code civil, art. 662). Ils soutiennent, en outre, la nullité du testament, comme contenant une institution d'héritier en faveur d'une personne interposée, d'Anne Vigneau, pour faire arriver la libéralité à son fils, incapable (art. 911 du Code civil). Les époux Lemerle contestent enfin à René le droit de porter le nom de Cordelet.

13 Avril 1824, jugement du tribunal d'Angers qui, donnant effet à la reconnaissance de Cordelet, déclare René enfant naturel : en conséquence, réduit la donation immobilière à lui faite, dans son contrat de mariage, à une pension viagère et alimentaire de 350 francs, et quant au testament qui institue Anne Vigneau légataire universelle, déclare cette institution nulle, comme faite en faveur d'une personne interposée, et néanmoins, convertit la libéralité de Cordelet envers son épouse, en une pension viagère et alimentaire de 350 francs par an; fait, au surplus, défense à René de porter le nom de Cordelet.

Appel de la part de toutes les parties. —8 déc. 1824, arrêt de la Cour d'Angers qui, réformant, annule pour le tout la donation faite à René, et quant au testament, déclare valable, également pour le tout, l'institution universelle faite en faveur d'Anne Vigneau. Cet arrêt est ainsi conçu :

« Considérant que, conformément à « l'art. 10 de la loi du 12 brum. an II, à » l'art. 1er de la loi transitoire du 14 » floréal an XI, la cause doit être » jugée d'après les dispositions du Code » civil.....;

» Considérant que c'est par opposition » à l'art. 334 du Code civil, lequel permet de faire la reconnaissance d'un » enfant naturel par acte authentique, » quand elle n'aura pas été faite en son

» acte de naissance ; que le Code civil
» dispose, art. 335, que cette recon-
» naissance ne pourra avoir lieu pour les
» enfans adultérins ; que vainement ,
» contre des termes aussi prohibitifs, on
» oppose que dans l'espèce présente, il
» y a concours de volontés des père et
» mère, vérité et sincérité dans les faits
» que les actes avaient tout pouvoir
» d'attester ; que depuis lors, il y a eu
» possession d'état constante, notoire ,
» et que des tiers se sont mariés sur la
» foi de ces titres ; qu'il est constant ,
» d'après le texte de la loi , comme
» d'après son esprit , développé dans les
» discours des Orateurs du gouverne-
» ment et les procès-verbaux du Conseil
» d'état , qu'en proscrivant toutes les
» reconnaissances volontaires de filia-
» tion adultérine, qui ne sont, en réalité,
» que des recherches de paternité égale-
» ment interdites par l'art. 340, on a
» voulu empêcher, par respect pour la
» morale publique , la révélation du
» crime et de la débauche, et les débats
» scandaleux qu'elle traîne à sa suite ,
» et que, d'après le dernier état de la ju-
» risprudence, la loi ne doit se relâcher
» de son inflexibilité que dans les cas
» extraord'naires, *où la preuve d'adul-*
» *térinité est acquise à la justice par la*
» *force des choses et du jugement* ; que
» c'est à cette exception d'évidence
» irrésistible , que s'applique l'art. 762
» du même code ; d'où il suit que les
» reconnaissances des époux Cordelet
» étant volontaires, sont nulles; qu'elles
» communiquent nécessairement aux
» actes qui les ont suivis et accompagnés
» le principe de leur nullité, et que les
» uns et les autres sont sans effet pour
» constater légalement l'adultérinité
» dont il s'agit ; considérant qu'il en
» résulte dès-lors, cette conséquence ,
» que le nom étant une propriété que
» nul ne doit usurper, René ne peut
» exister civilement, ni paraître dans
» aucun acte avec celui de Cordelet;
» Considérant que les sieur et dame
» Lemerle, autorisés par l'art. 339 Code
» civil et par des droits successifs, qui,
» pour être éventuels, n'en sont pas

» moins légitimes, à débattre la ques-
» tion relative à l'état de René, ont
» également qualité pour débattre tous
» les actes qui s'y rapportent ; qu'à
» tort, la veuve Cordelet prétend ex-
» ciper de son titre de légataire uni-
» verselle, contre l'action dirigée par
» lesdits Lemerle contre la donation
» faite à René, par l'acte du 28 avril
» 1818, puisque ce titre de légataire
» n'a pas été sanctionné par la justice,
» et qu'au contraire, il est attaqué ;
» Considérant, relativement à ladite
» donation, que par la force du prin-
» cipe ci-dessus établi , René n'a pu
» être considéré comme le fils adultérin
» de Cordelet ; que, néanmoins, c'est
» une croyance intime qui a déter-
» miné René Cordelet dans son acte de
» libéralité, puisque, dans les termes
» dudit acte, il a qualifié cette libéralité
» d'alimens pour un fils naturel, con-
» formément à l'art. 762 Code civil;
» en sorte qu'il y a eu erreur, et con-
» séquemment absence de consente-
» ment, suivant la maxime : *qui errat*
» *non videtur consentire* ; qu'il y a eu
» aussi fausse cause , aux termes de
» l'art. 1131 Code civil, la donation
» étant soumise , comme tout autre
» contrat, à la disposition générale de
» l'art. 1109; qu'il n'a pu exister de pré-
» somption légale d'interposition d'Anne
» Vigneau, par rapport à René, puis-
» que celui-ci n'était frappé d'aucune
» incapacité légale par rapport à René
» Cordelet, ainsi qu'il est ci-dessus
» établi, considérant que ledit testa-
» ment, par la date à laquelle il a été
» fait, par les termes dans lesquels il a
» été conçu, doit faire présumer que le
» testateur, ayant l'entière liberté de
» disposer de ses biens, en a fait usage
» pour témoigner sa reconnaissance à
» sa veuve, après 23 ans d'union con-
» jugale, et qu'ainsi, ce legs doit re-
» voir son exécution.
» Par ces motifs, et sans s'arrêter
» aux fins de non-recevoir respective-
» ment opposées ; déclare bon et vala-
» ble le testament fait au profit d'Anne
» Vigneau, veuve Cordelet..... En ce

» qui touche l'appel de René dit Cor-
» delet, dit qu'il a été bien jugé par
» les premiers juges, en ce qu'ils ont
» annulé la donation à lui faite ; mal
» jugé, en ce qu'ils ont converti cette
» donation en une pension viagère et
» alimentaire, etc., etc. »

Pourvoi en cassation, par les époux
Lemerle.... 2° et 3° moyens; l'art. 335,
ont-ils dit, défend, il est vrai, la reconnaissance des enfans adultérins, et
l'art. 340 défend, en général, toute
recherche de paternité naturelle. Mais
lorsque, malgré la défense de la loi,
la paternité se trouve reconnue, et que
la qualité d'enfant adultérin se trouve
établie par des actes authentiques, il
n'est plus permis de changer l'état des
choses, de méconnaître la qualité de
père et d'enfant adultérin, et de se refuser aux conséquences qui en résultent; c'est donc faussement interpréter
les articles 335 et 340 du Code civil,
que d'y voir un empêchement absolu
à ce que la paternité ou la filiation reconnues adultérines ne produisent les
incapacités de donner ou de recevoir
que la loi y a attachées. — Tout l'effet
des art. 335 et 340 se borne, dans ce
cas, à empêcher que l'aveu du père,
dans des actes privés ou authentiques,
vaille comme reconnaissance formelle,
c'est-à-dire que cet aveu ait une force
intrinsèque, une existence légale, et
qu'il porte sa preuve avec lui, comme
les reconnaissances autorisées par la
loi. C'est un acte soumis à l'appréciation
des magistrats, qu'ils peuvent admettre
ou rejeter, dans leur sagesse, comme
toute autre preuve écrite, suivant
qu'il leur paraît convaincant ou non ;
mais ce n'est pas un acte sans valeur,
qu'ils doivent considérer comme non-
avenu, et repousser sans examen. Dans
l'espèce, il s'agissait d'une reconnaissance de paternité adultérine, consignée dans des actes authentiques, un
acte de naissance et un contrat de
mariage : aucune plus forte preuve de
l'adultérinité de l'enfant ne pouvait
donc être représentée aux juges; ils ne
pouvaient donc se refuser à reconnaître

cette qualité d'enfant adultérin dans
René, et les incapacités que la loi y a
attachées. Or, d'après l'art. 908 Code
civil, les enfans adultérins ne peuvent
rien recevoir par donation entre-vifs,
ou par testament, au-delà de ce qui
leur est accordé au titre des successions,
et l'art 762, sous ce titre, ne leur accorde que des alimens. D'un autre
côté, l'art. 911 déclare nulle toute disposition faite au profit d'un incapable,
sous le nom d'une personne interposée, et signalé comme personne interposée, la mère par rapport au fils. Le
legs universel fait, dans l'espèce, à
Anne Vigneau, devait donc, aux termes de cet art. être annulé, comme
fait par l'intermédiaire d'Anne Vigneau,
à son fils René, enfant adultérin et incapable.

Arrêt. — La Cour.... attendu, qu'en
décidant que la reconnaissance volontaire d'un enfant prétendu adultérin,
ne pouvait produire aucun effet, et
que l'état du défendeur demeurait incertain, malgré une pareille reconnaissance, et malgré les actes qui n'en étaient
que la conséquence, la Cour d'Angers
n'a pas contrevenu aux art. 335 et 340,
Code civil ; — Attendu, en second lieu,
que cette Cour, en décidant, par suite
de ce principe, que la veuve Cordelet
ne pouvait pas être considérée comme
personne interposée, relativement à
son legs universel, et que ce legs pouvait être considéré comme le résultat
de l'affection conjugale, après 23 ans
de mariage, n'a point violé les dispositions des art. 918, 911 et 1352 Code
civil, rejette, etc.

89. La Cour de cassation a fait l'application de la même doctrine, dans
une espèce bien défavorable à l'enfant
incestueux ou adultérin ; elle a jugé, le
1er août 1827; Jur. du 19° s., 1827, 1. 201,
qu'un enfant à qui un don était contesté, sous prétexte qu'il était reconnu
ou déclaré enfant adultérin par le titre
public même, qui lui conférait le don,
était recevable à demander que l'acte
fût divisé dans ses effets, qu'il eût effet
pour conférer la donation, et qu'il res-

tât sans effet en ce qui touchait la filiation adultérine.— Nous sommes obligés de convenir que cette décision nous paraît très-rigoureuse ; la Cour devait, ce nous semble, considérer que la disposition était nulle dans son entier, non par le motif que la filiation adultérine fût établie, mais bien parce que la disposition avait une cause immorale, illicite, ou au moins, qu'elle reposait sur une fausse cause, dont l'effet était d'annuler la disposition. (Art. 1131 Code civil).

90. *Troisième Exemple*. Un acte étant annulé, le juge ne peut pas prononcer une condamnation en dommages-intérêts contre une des parties, sous prétexte que celle-ci est la cause de la nullité. L'annulation est une peine ; et lorsqu'elle a été jugée suffisante par le législateur, il n'est pas permis aux juges d'y en ajouter une autre.

Il en serait autrement si la loi portait qu'outre la nullité, il y aurait lieu à des dommages-intérêts, comme dans la plupart des dispositions de la loi du 25 ventôse an XI, ou encore, si la réticence de l'une des parties avait le caractère du dol : *Vinnius § ult. de except.*, ou si, nonobstant la nullité de l'acte, il y avait, de la part de celui qui connaissait la nullité, une obligation personnelle ; comme si, par exemple, un individu avait vendu la chose d'autrui à un tiers de bonne foi, art. 1597 Code civil. En ce dernier cas, le vendeur est tenu des dommages-intérêts envers l'acheteur non par la force de l'acte qui, n'existant pas, ne peut être une cause de condamnation, mais par l'effet de l'obligation personnelle contractée par le vendeur. *Leg. 6 Cod. de evictionibus.* —*Leg evicta ff. eod. tit.* art. 1630 Code civil.

91. Nous disons que les dommages sont uniquement le résultat de l'obligation personnelle ; cela est si vrai, que si l'acquéreur connaissait que la chose à lui vendue appartînt à autrui, et que le vendeur ne se portât pas fort pour le véritable propriétaire, il n'y aurait pas lieu à des dommages ; art. 1599

Code civil. Par exemple, un tuteur qui a vendu les immeubles de son pupille à quelqu'un qui n'ignorait pas le droit du mineur à la propriété de ces immeubles, n'est pas responsable, car l'acquéreur ayant acheté contre la disposition de la loi, la faute est commune. (D'argentré, Cout. de Bretagne, art. 485. —Boniface, liv. 4, tit. 9, chap. 1er.) Il n'y aurait lieu à cette responsabilité, qu'autant que le tuteur se serait porté fort ; il serait, en ce cas, obligé par l'effet de son obligation personnelle, laquelle aux termes de la loi *evicta ff. de evict.* a pour objet la restitution du prix et les dommages-intérêts ; *Leg 9 Cod. de evict.* Catelan, liv. 5 chap. 7. Bouvot, 2, V° *Tuteur*, quest. 8. Bretonier, sur Henrys, quest. 7. Arrêt de la Cour de Limoges, du 1er juillet 1822, Sirey, p. 360.

92. La règle que nous venons d'examiner, et suivant laquelle la convention et l'acte nuls ne peuvent pas plus nous être utiles, qu'ils ne peuvent nous être opposés, reçoit quelques exceptions.

93. Ainsi, il y a exception, lorsqu'un acte, quoique nul, suppose un changement de volonté ; et que par lui, on modifie ou on révoque un acte, une disposition dont l'autorité et l'effet ne reposaient que sur la présomption que le disposant persévérait dans sa volonté première. C'est ainsi, par exemple, que l'aliénation, celle même par vente, avec faculté de rachat, ou par échange, que fait le testateur, de tout ou de partie de la chose léguée, emporte la révocation du legs pour tout ce qui a été aliéné, encore que l'aliénation postérieure soit nulle, et que l'objet soit resté dans les mains du testateur. Art. 1038 Code civil.

Cette règle a paru si juste, si conforme à la loi, qu'on a cru devoir l'appliquer dans tous les cas ; que même on en a fait un motif de décider, dans une espèce toute particulière, qui, suivant nous, doit faire exception. Nous voulons parler du cas où la donation nulle aurait été consentie au légataire lui-même. La Cour de Lyon, arrêt du 7 fév. 1827 , Jurispr. du 19ᵉ siècle , 1827, 2. 146 , a jugé, chambres réunies, que même dans ce cas , le legs était révoqué. — Une telle décision est contraire aux intentions présumées du législateur, elle est injuste, subtile et inadmissible.

En effet : l'art. 1038 repose uniquement sur la règle ci-dessus ; que l'aliénation , quoique nulle , témoigne d'un changement de volonté dans l'esprit du disposant; il est évident que celui qui veut aliéner , de son vivant, une propriété qui lui appartient , ne veut pas que cette propriété se trouve dans sa succession. Par la disposition qu'il en fait, il se préfère à ses héritiers, à ses légataires ; mais il préfère à ceux-ci la personne envers laquelle il veut disposer d'une manière irrévocable. Lorsqu'il donne , entre-vifs , à celui à qui il léguait pour le temps où il ne serait plus, il ne change pas ses affections , il ne se préfère pas au légataire; il ne préfère personne à celui-ci. La donation , bien loin de prouver un changement de volonté, prouve, au contraire , le désir qu'éprouve le donateur, que la chose qui faisait l'objet du legs appartienne au légataire. Il veut faire plus qu'il n'avait fait par le testament; il veut, en quelque sorte, mettre le légataire à l'abri d'un changement de volonté, il veut que son bienfait, ne puisse pas être enlevé par un caprice; qu'en un mot , il soit invariable. Il n'y a donc pas , dans une pareille espèce, la présomption qui domine la règle ci-dessus; on ne peut pas dire qu'en donnant on veuille déshériter celui à qui on donne ; on ne peut pas dire qu'on a cessé de préférer celui pour qui on veut faire plus qu'on n'avait fait. C'est, cependant, ce que l'arrêt ci-dessus a jugé; c'est, tout au moins, la conséquence qui résulte évidemment de son dispositif; et c'est pour cela aussi , que nous le considérons comme contraire à l'équité et à la loi.

94. Il y a encore exception, lorsqu'une partie, traitant de bonne foi, a fait une avance dont l'autre partie, aussi de bonne foi, n'a pas profité. Par exemple, celle des deux qui a payé les frais et loyaux coûts du contrat, ne peut pas en demander le remboursement, en tout ou en partie, à l'autre contractant. Tant pis pour celui qui les a payés ; l'acte lui est préjudiciable , quoiqu'il ne puisse pas lui être utile , mais la justice le veut ainsi. On conçoit, en effet, que la bonne foi de la partie qui n'a eu à payer aucun frais , la met à l'abri de toute poursuite, si , au contraire , l'une des parties avait été de mauvaise foi , elle devrait être condamnée à rembourser tous les frais; et ce , à titre de dommages-intérêts.

Des règles communes à la nullité des actes et à la nullité ou rescision des Conventions.

95. Nous examinerons, dans les deux paragraphes suivans, 1° quelles sont les nullités qui empêchent que l'acte ou la convention soient provisoirement exécutés; quelles sont , au contraire, celles qui ne sont point un obstacle à l'exécution provisoire; 2° dans quels cas la nullité frappe un acte en entier , ou seulement une partie de cet acte.

§ Iᵉʳ. *De l'exécution provisoire des titres.*

96. Lorsqu'un jugement prononce la nullité d'un titre, les parties sont remises au même état où elles se trouvaient avant de contracter. Alors, les titres annulables, rescindables , ou nuls de plein droit , perdent la différence qu'ils offraient dans l'origine ; le juge proclame pour eux tous, sans distinction , le *non esse*.

Mais avant le jugement , il est utile de les distinguer , et de calculer , sur l'espèce de nullité dont ils sont atteints, le degré de confiance qu'ils méritent , le degré d'autorité qu'ils doivent avoir.

97. Il faut distinguer , à cet égard, le titre nul de nullité absolue et celui

qui n'est atteint que d'une nullité relative. — Le titre, absolument nul, étant réduit à un pur fait par la loi qui prononce la nullité, ne produit aucune action, aucune exception; il n'est pas translatif de propriété; on ne peut avoir aucun égard à la possession qui l'a suivi, et les juges ne peuvent, en aucun cas, en ordonner l'exécution provisoire. Dunôd, *Des prescrip.* C'est, au surplus, la conséquence de l'art. 135 Code de procédure, qui veut que l'exécution provisoire, sans caution, ne puisse être ordonnée qu'autant qu'il s'agit d'une demande authentique, d'une promesse reconnue, ou d'une condamnation dont il n'y a pas eu d'appel.

98. Quant au titre entaché d'une nullité relative, il faut encore distinguer celui qui est nul de plein droit et celui qui est seulement annulable.—Le premier est, par rapport à celui en faveur duquel la nullité a été établie, comme s'il n'existait pas, il ne peut donc être exécuté provisoirement contre lui. — Mais si le titre n'est qu'annulable ou rescindable, il a toutes les apparences d'un titre légal, d'un titre authentique, d'une promesse reconnue, etc, etc., tel que l'exige l'art. 135. La présomption est pour lui : l'on doit le réputer valable, jusqu'au moment où le juge l'a annulé ou rescindé, et l'exécution provisoire doit en être ordonnée. D'Argentré; Cour de Bretagne, art. 283.

Encore, dans ce cas, si l'action en nullité du titre ne paraît pas avoir été légèrement formée, si les circonstances paraissent établir que le demandeur n'agit pas dans un esprit de chicane et de tracasserie, les magistrats *peuvent*, si la demande leur en est faite, ordonner le sequestre des biens ou des sommes qui font l'objet du titre ou de la disposition attaquée; l'art. 1961 leur donne ce droit. — Cette faculté, laissée aux juges, est quelquefois un devoir sacré : c'est lorsque, la demande en nullité paraissant sérieuse, le sequestre peut être le seul moyen d'assurer au demandeur la restitution, s'il y a lieu, des objets qu'il réclame. Les juges qui repousseraient légèrement une demande en sequestre, seraient d'autant plus coupables, que si les choses réclamées consistaient en sommes d'argent, l'injuste détenteur pourrait les faire disparaître, et se jouer ainsi de la décision à intervenir. Nous le répétons : dans de pareilles circonstances, l'art. 1961 ne crée pas une faculté; il impose un devoir.

99. Cette différence du titre nul de plein droit et du titre seulement rescindable, relativement à l'exécution provisoire, se fait quelquefois remarquer dans les questions de possession. On sait qu'il n'est pas permis à un juge de paix de cumuler le possessoire et le pétitoire (art. 25 Code de procéd.), et que, lorsqu'il statue sur le possessoire, il ne doit avoir aucun égard aux titres des propriété. Cependant, il arrive quelquefois qu'entre deux parties, les faits de possession sont incertains, que les preuves se balancent, alors le juge peut et doit prendre les titres de propriété en considération, et maintenir en possession celui dont la propriété lui parait mieux établie. « En pareil cas, dit » M. Henrion de Pansey (de la compé» tence des Juges de paix), ce n'est pas » le titre que le magistrat applique, » c'est un indicateur qu'il consulte. Ce » n'est pas le pétitoire qu'il juge, c'est » le possessoire qu'il éclaire; il ne con» trevient donc pas à la loi qui défend » de cumuler le pétitoire et le posses» soire. » Si donc une des parties produisait un titre nul de plein droit, un titre non translatif de propriété, il est évident que le juge de paix ne pourrait pas lui accorder l'exécution provisoire, il devrait le regarder comme n'existant pas.

La Cour de cassation l'a ainsi jugé dans l'espèce suivante. Par acte sous seing-privé, du 9 Brum. an IX, enregistré le 19, et passé devant notaire le 29, les dames Mascarany avaient vendu 3000 arpens de bois aux sieurs Usquin et Lefebvre. Le 6 frim. suivant, transcription de ce contrat au bureau des hypothèques.

Le 11 du même mois, un fondé de pouvoir des dames Mascarany avait vendu les mêmes bois au sieur Thomas.

Cette vente était sous seing-privé; et le sieur Thomas ne l'avait fait enregistrer que le 6 nivôse.

Ces deux actes avaient été passés à deux époques trop voisines, et à des distances trop éloignées, pour qu'il pût s'élever le moindre soupçon de fraude.

Quant aux faits de possession, les sieurs Usquin et Lefebvre avaient, dans les premiers jours de frim., nommé des gardes forestiers, et fait quelques actes de propriété.

Mais antérieurement, et dès la fin de brumaire, le sieur Thomas avait commencé l'exploitation de cette forêt.

Dans ces circonstances, et le 1er nivôse de la même année, les sieurs Usquin et Lefebvre firent assigner en complainte le sieur Thomas, devant le juge de paix du canton d'Auroux.

Le sieur Thomas déclara qu'il prenait cette action pour trouble, et se constitua demandeur en complainte reconventionnelle.

Les deux parties, comme l'on voit, étaient en possession; mais aucune n'avait la possession annale. Elles ne pouvaient donc justifier leur demande en complainte, qu'en joignant à leurs faits possessoires la possession de leur vendeur.

C'est, en effet, une des règles de cette matière, *qu'un acquéreur troublé dans sa jouissance, et qui, pour s'y faire maintenir, prend la voie de la complainte, peut se prévaloir de la possession de son vendeur.*

Rien de plus facile que l'application de cette règle, dans les circonstances ordinaires, où il ne s'agit que de prouver la possession du vendeur.

Mais il n'en est pas de même lorsque le demandeur en complainte et le défendeur ont acquis de la même personne; il ne suffit pas alors de prouver que le vendeur a joui pendant l'année qui a précédé le trouble; il faut encore

décider auquel des deux cette possession a été transmise; cependant, le problème n'est pas difficile à résoudre : sans doute, c'est à celui dont le contrat est translatif de propriété; car la propriété ne peut pas avoir été transférée à l'un et la possession à l'autre. En dernière analyse, la difficulté est donc subordonnée à l'efficacité des deux actes; mais pour les juger, il faut les voir. Dans cette espèce, le jugement de la complainte exige donc la production et l'examen des titres de propriété.

En conformité de ces règles, le juge de paix du canton d'Auroux, statuant sur l'espèce dont nous venons d'exposer les détails, a, le 10 prairial an XI, rendu le jugement qui suit :

« Considérant qu'il est constant, en fait, qu'aucune des parties n'a, de son chef, et ne peut avoir la possession annale des bois dont il s'agit, puisque leur droit ne remonte qu'au mois de brumaire dernier; qu'en droit, il est de principe que, dans la prescription et dans toutes actions, on doit réunir, compter et considérer la possession de l'auteur avec celle des successeurs ou acquéreurs; qu'aucune des parties n'ayant de possession annale de son chef, il faut nécessairement recourir à la possession de son auteur : ainsi, toute la question consiste à savoir laquelle des deux parties est en droit de s'attribuer cette possession et de revendiquer, en sa faveur, celle des dames Mascarany : que la solution de cette question rend nécessaire, et même indispensable, l'examen du titre des parties; non pas à l'effet de juger de leur validité au fond, ou de savoir lequel des deux doit avoir sur l'autre la préférence, relativement à la propriété, ce qui n'appartient pas à la justice de paix, mais seulement relativement à la possession. Que d'après cela, la vente faite aux sieurs Usquin et Lefebvre, le 9 brumaire an IX, est la première ; qu'elle a été enregistrée la première, et ce, le 19 du même mois; que par cette vente, les dames Mascarany ont infailliblement conféré tous leurs droits et, notamment, leur possession à leurs acquéreurs ; que cette vente a encore été fortifiée par la rédaction devant notaire , le 29 dudit mois, et par la transcription du 6 frimaire; mais qu'abstraction faite de ces deux faits, qui ont plus de rapport à la question de propriété, il n'a pas été au pouvoir, ni des dames Mascarany de transférer une possession qu'elles avaient transmise aux premiers, ni même du sieur Thomas de l'acquérir;

Que les sieurs Usquin et Lefebvre sont donc réellement les seuls qui aient acquis la possession, ou plutôt le droit de se prévaloir de celle des dames Mascarany; et qu'ainsi, peu importe que le sieur Thomas se soit le premier entremis dans le bois , et quelques jours avant les demandeurs; que cette entremise, loin de pouvoir lui donner quelques droits, ne peut plus être regardée que comme un trouble à la possession des demandeurs, et au moins, une erreur de sa part; que le sieur Thomas était, à vrai dire, sans titre de possession, lorsque les sieurs Usquin et Lefebvre se sont mis en jouissance, puisque la vente à lui faite n'a acquis de date certaine que le 6 nivôse an IX , date de son enregistrement; considérant, d'autre part, que, dans le doute ou dans la concurrence, il faudrait toujours, quant à la possession seulement, se déterminer pour celui qui a le titre le plus apparent.

Cette sentence ayant été confirmée per le tribunal d'appel, le sieur Thomas s'est pourvu en cassation , et sur les conclusions de M. le procureur général Merlin , son pourvoi a été rejeté , par arrêt du 12 fructidor an X.

100. Dans les numéros précédens, nous avons supposé qu'il existait des doutes sur le fait de la possession , et qu'aucune des parties n'avait la possession annale. — Si l'une d'elles pouvait invoquer une possession de ce genre, on ne pourrait lui opposer, sous aucun rapport, la nullité de son titre; celui-ci fût-il nul de plein droit, il n'aurait qu'à se prévaloir de sa possession , et dire : *Possideo quia possideo.* Le juge

de paix ne serait pas autorisé à demander la représentation du titre; et s'il s'oubliait jusqu'à l'ordonner, son jugement serait nul, comme renfermant la confusion du pétitoire et du possessoire, et comme étant, par cela même, contraire aux dispositions de l'art. 25 Code de procéd.

101. Si aucune des parties n'avait la possession annale , et que l'une d'elles eût un titre qui serait seulement annulable , le juge de paix devrait préférer cette partie. Il aurait droit de se faire présenter le titre , et d'en faire la base de sa décision au possessoire. Cela résulte de ce que nous avons dit dans les numéros précédens.

102. La différence du titre nul de plein droit et du titre seulement annulable , se fait encore remarquer par rapport à la prescription de dix et vingt ans. On sait , en effet , que pour cette prescription, il faut un juste titre, c'est-à-dire, un titre translatif de propriété, et qu'un acte nul de plein droit, de même qu'un titre nul pour défaut de forme , n'ont pas ce caractère , art. 2262, 2265 et 2267 du Code civil ; au lieu qu'il en est tout autrement, lorsque j'ai acquis, sans mauvaise foi, un titre qui a dû me faire croire que j'étais propriétaire légitime et incommutable. Par exemple, un homme , dont je ne connaissais pas le dérangement d'esprit, m'a vendu et livré une chose, sans me donner alors aucun signe de ce dérangement. Cette vente doit être annulée, par le motif qu'un fou ne peut pas contracter... Mais cette vente est pour moi, qui n'ai pas connu l'incapacité de mon vendeur, un juste fondement de croire que la chose m'a été bien vendue. Or cette opinion que j'ai , ayant un juste fondement, équivaut à un titre , pour donner ouverture à la prescription. Pothier , *des prescript.* n. 96, et *leg.* 2 § 16 ff. *pro empto.* Elle justifie , par conséquent, l'exécution provisoire. S'il y avait eu interdiction, l'acte serait nul de plein droit, et la possession inutile. (Art. 2252 Code civil).

§ II. *En quel cas la Nullité embrasse-t-elle un acte en entier, en quel cas n'est-elle que partielle ?*

103. Généralement, un acte qui contient divers chefs, peut être rescindé pour un des chefs, et néanmoins subsister pour le surplus, pourvu qu'ils soient indépendans les uns des autres ; peu importe que les stipulations diverses soient entre les mêmes parties. *Leg. penult.* Cod. *de transact. Leg.* 29. ff. de *Verb. oblig.* Il nous paraît raisonnable, en effet, de maintenir ce qui est juste et légal, alors qu'on peut le séparer de ce qui ne l'est pas. — C'est le principe qui prévaut dans la jurisprudence, et que nous admettons, comme règle d'interprétation, dans tous les cas douteux.

104. Cette règle reçoit exception, lorsqu'il est certain que l'acte ou le titre renferment plusieurs chefs, clauses, ou dispositions, qui tiennent les uns aux autres, et que, par cela même, on peut considérer comme la condition les uns des autres.— Voyons dans quels cas cette indivisibilité existe.

105. Un acte ou une convention sont indivisibles par leur nature, par la volonté des parties, ou par la disposition de la loi.

106. *Par leur nature* : un titre ou une disposition sont indivisibles, lorsqu'ils ont pour objet une chose qui, dans sa livraison, ou un fait qui, dans l'exécution, ne sont pas susceptibles de division, soit matérielle, soit intellectuelle. Art. 1217 Code civil. Un pareil titre, s'il est annulé, n'a de force pour aucune de ses dispositions : il y a plus, il n'existe pour aucune des parties contractantes.

Ainsi, quoique la vente faite par un majeur, de ses droits, soit valable ; si, conjointement avec un mineur, il a aliéné une servitude rurale du fonds commun entr'eux, la nullité prononcée en faveur du second, profite au premier, parce que la servitude n'est pas susceptible de division réelle ni intellectuelle. Au lieu que, si la matière était divisible, le mineur ne releverait pas le majeur, et l'effet de la convention se diviserait. Arrêt du 3 mars 1574, rapporté par Louet, lett. M. n. 15. — Arrêts rapportés par Henrys, tom. 2, liv. 4, quest. 19. Arrêt de cassation, Sirey, 1814, pag. 201.

107. Un titre ou une disposition sont *indivisibles par la volonté des parties*, bien que la chose ou le fait, qui en sont l'objet, soient divisibles par leur nature, dans les circonstances ci-après.

108. 1° Lorsqu'elles ont donné un consentement unique, c'est-à-dire, lorsqu'elles ont confondu, dans une même stipulation, des choses ou des faits divisibles de leur nature : *Quod uno et indivisibili consensu celebratum est dividere non oportet.* Bartholus, num. 195 incip. Lancell.

Par exemple, plusieurs choses sont vendues pour un même prix : si je suis évincé d'une de ces choses, je puis faire résoudre le contrat pour le tout ; car, ayant voulu acheter le tout ensemble, si je suis évincé de partie de l'objet vendu, mon vendeur se trouve n'avoir pas exécuté sa convention, en ce qui le concernait. (1)

109. Cette règle n'est pas cependant sans exception. Si, par exemple, les divers objets vendus pour un seul prix n'avaient aucune relation de l'un à l'autre ; s'il était indubitable qu'aucune des parties n'avait intérêt à ce que les divers objets fussent vendus tous ensemble, le titre pourrait être divisé en ce sens, que la nullité de la vente, par rapport à un de ces objets, ne devrait pas entraîner la nullité du restant de l'acte ; sauf à diminuer le prix, suivant la valeur de l'objet pour lequel il y aurait eu action en éviction. Dans une

___

(1) *Venditio facta uno prœtio dicitur individua et ideò pro parte non potest consistere et si vitium est in aliquâ vel minimâ parte in solidum evanescit.* Mantica, de ambig. convent. liv. 4, tit. 19, n. 65. — Faber, lib. 4, tit. 11, defin. 2, n 3. — Arrêt du Parlement de Toulouse, du 3 septembre 1712, rapporté dans le Journal du Palais, t 4, p. 192.

pareille circonstance, l'intention des parties n'est pas présumée avoir été de rendre indivisible ce qui ne l'était pas par sa nature, et l'intérêt qu'elles ont à la division, doit porter les juges à maintenir l'acte, dans tout ce qui ne se rapporte pas à la clause ou à la disposition nulles.

110. On trouve une autre exception dans ce que nous avons dit, au n. 61, des actes qui contenaient changement de volonté.

111. 2° Un titre ou une disposition sont indivisibles par la volonté des parties, bien que la chose ou le fait, qui en sont l'objet, soient divisibles par leur nature, s'il est manifeste que la partie, ayant intérêt à l'exécution de la convention dans son entier, n'aurait traité qu'en considération de ce que l'exécution ne serait point partielle. (1)

Par exemple, j'achète à Thomas son fonds de commerce de quincaillerie, pour une somme de 3,000 fr., et par le même contrat, je lui achète, pour pareille somme de 3,000 francs, le magasin dans lequel ces objets de commerce sont placés ; ce qui, à raison de sa position, me donne l'espoir de conserver les nombreuses pratiques qui sont habituées à y venir. Un mois après le contrat, je suis évincé du magasin, et je suis obligé de transporter ailleurs mon commerce. Nul doute qu'en pareil cas, je ne puisse faire résoudre le contrat pour le tout, car l'achat de marchandises n'était pour moi que l'accessoire de l'acquisition du magasin, et était d'un intérêt bien peu important, en comparaison de l'avantage que j'espérais retirer d'un local achalandé, depuis long-temps, pour le genre de commerce dont j'entreprenais la continuation. Nul doute qu'en traitant, je n'aie entendu donner un consentement indivisible.

112. Par exemple encore, la nullité d'une disposition d'un jugement arbi-

tral, doit entraîner la nullité de toutes les autres dispositions ; Arrêt de la Cour de Bastia, du 22 mars 1831, Jurispr. du 19ᵉ siècle, 1832, 2. 579. — Il nous paraît manifeste que, lorsque des parties compromettent, sur plusieurs objets, la décision sur les uns, est la condition de la décision sur les autres. — C'est comme dans les transactions, il n'est pas douteux que toutes les dispositions sont liées entr'elles, et sont la condition les unes des autres. Si donc il y a nullité de l'une d'elles, la transaction reste anéantie dans son entier.

113. Le consentement est toujours censé avoir été donné sans condition d'indivisibilité dans les dispositions à cause de mort ; il ne serait pas, en effet, raisonnable de supposer que la partie qui les a faites ait voulu les faire dépendre l'un de l'autre. Par exemple, un legs universel, déclaré nul par l'incapacité du légataire, n'empêche pas l'exécution du testament, pour les autres legs, lorsqu'il n'y a point de vices dans la forme du testament. Arrêt du Parlement de Paris, des 4 janvier 1737 et 4 sept. 1749.

Par exemple encore, les dispositions inintelligibles sont réputées non écrites, mais les autres n'en sont pas moins valables. *Leg.* 2 *ff. de his quæ pro non script.* Art. 900 du Code civil.

114. Si l'exécution partielle ne blesse pas, d'une manière assez importante, l'intérêt des parties contractantes, et que la convention ou le contrat contiennent plusieurs faits, on doit supposer que les parties ont voulu que leurs accords fussent divisibles, de cela seul qu'elles ont traité séparément sur chacun d'eux, quoique dans le même acte. Ces stipulations particulières et successives sont présumées n'être intervenues que pour rendre les divers objets qu'elles concernent indépendans les uns des autres. Arg.

____

(1) *Interdum etsi in singula capita prætium constitutum sit, tamen una emptio est ; ut propter uniùs vitium omnes redhiberi possint vel debeant. Scilicèt quàm manifestum erit non nisi omnes quem empturum vel venditurum fuisse. Leg. 34 de ædil. edict. de contrah. empto.*

de la loi 34 *edil. ff. de contrah. empt.*

115. Un acte est indivisible par *la disposition de la loi*, lorsque le législateur a fait dépendre son existence du concours de certaines formalités, sans l'une desquelles ce titre n'offre plus les garanties qu'il devait offrir; ou; en d'autres termes, sans l'une desquelles l'acte ne produit point son objet. (1)

116. C'est ainsi qu'il a été jugé que la procédure d'un juge-commissaire, dans une enquête, était tellement indivisible; que si elle était commencée par un juge, elle ne pouvait être continuée par un autre, à peine de nullité de toute l'enquête, à moins que celui-ci ne fût nommé dans la forme légale. Graverol sur Laroche, liv. 6, tit. 49, Art. 4 et 13.

C'est ainsi encore qu'il a été jugé que la parenté d'un témoin avec un seul des légataires, viciait le testament dans son entier. Arrêt de la Cour d'appel de Riom, en date du 26 décembre 1809, rapporté par Sirey. — Cette décision est rigoureuse, et nous avons peine à croire qu'elle soit bien conforme à la loi et surtout à la justice. Cet exemple, d'ailleurs, ne rentre pas rigoureusement dans la règle que nous venons d'indiquer.

117. S'il y a, dans un acte, deux formes distinctes, qui ne soient pas la condition l'une de l'autre, et qui soient de nature à ne ne pouvoir exister l'une sans l'autre, la nullité de la première n'empêche pas que la seconde ne soit maintenue. (2)

118. Par exemple, si un testament olographe contenait plusieurs dispositions qui fussent, la plupart, écrites, datées et signées par le testateur, et que les autres ne fussent pas entièrement écrites par lui, les premières n'en

seront pas moins valables, car les dispositions sont autant de testamens, dont un peut être nul, sans que, pour cela, les autres perdent de leur force. Pothier, Traité des donat. testament. chap. 1er, art. 2, § 2.

119. Par exemple encore, bien qu'un acte, qualifié contrat de mariage, soit nul comme tel, en ce qu'il n'a été passé qu'après la célébration du mariage, il ne s'ensuit pas que les conventions particulières, contenues dans cet acte, doivent être annulées, si, d'ailleurs, elles réunissent les conditions voulues pour leur validité. Arrêt de cassation, 11 novembre 1828, Jurispr. du 19e siècle 1829, 1. 63.

120. Les principes que nous venons d'exposer recevront un nouveau degré de force, si nous en faisons l'application à quelques espèces plus spéciales. C'est dans ce but que nous allons examiner les questions suivantes.

Première Question.

121. Le défaut de désignation d'un ou de plusieurs des immeubles compris dans un procès-verbal de saisie, annule-t-il la saisie pour le tout, ou seulement pour ce qui concerne l'objet mal désigné. ?

Nous pensons que, généralement, la saisie ne doit être déclarée nulle que pour l'immeuble mal désigné; en d'autres termes, que la saisie doit être validée, pour tout ce qui ne se rapporte pas à ce dernier immeuble. Cette décision est juste, en ce qu'elle tend à modifier l'effet d'une nullité, à proscrire une rigueur inutile, et par cela même, elle ne peut qu'être conforme à la loi. Nous allons le prouver.

Une règle certaine est que « quicon-

---

(1) C'est le cas de la maxime : *Forma est de genere individuorum et quælibet mutatio in formâ mutat totam.* Leprêtre. Centurie 1re, chap. 45. Ou autrement : *Si forma est neglecta, nullo modo potest sustinere actus, quia ad destruendum quemlibet actum, defectus formæ etiam in minimâ parte sufficit.* Mentica *de ambig. convent. lib. 2, tit. 4, n° 34.*

(2) C'est le cas de la maxime : l'utile n'est pas vicié par l'inutile: *in omnibus dispositionibus utile per inutile non vitiatur, quoties aliqua separationis vel divisionis ratio iniri potest. Julius Clarus, lib. 4 § Emphit. quæst. 6, n. 24 addit.* Domat, des lois civiles part. 2, liv. 3, tit. 1, sect. 5.

» que s'est obligé personnellement est » tenu de remplir ses engagemens, sur » tous ses biens mobiliers ou immobi- » liers, présens et à venir. Art. 2092 » du Code civil. » —Il suit de cette règle, qu'un créancier peut poursuivre le remboursement de ce qui lui est dû sur tous ou partie de ces biens ; que rien ne l'oblige à exproprier la totalité; qu'en un mot, son droit est essentielle- ment divisible. Ainsi l'a jugé avec rai- son, la Cour de Bordeaux, le 21 mai 1826, Jurispr. du 19ᵉ siècle 1827, 2. 71. — Nous n'admettrions qu'une ex- ception ; c'est, si la saisie était faite sans utilité pour le créancier, et que, par exemple, elle portât sur des parties d'immeubles dont la vente devrait né- cessairement déprécier, d'une manière considérable, les biens restans. Le ca- -price seul ayant pu diriger une pareille procédure, on ne devrait pas la main- tenir, suivant l'ancienne règle : *mali- ciis hominum non indulgendum est.* Encore faudrait-il que le caprice et la méchanceté fussent bien évidens, et le préjudice bien manifeste; il n'y aurait pas de doute, par exemple, si le créancier n'avait fait saisir qu'une chambre, au milieu d'un appartement.

122. Si donc le créancier a pu, direc- tement, ne saisir qu'une partie des biens de son débiteur ; si on ne peut lui en faire un reproche, qu'autant qu'il se- rait établi qu'il a agi par caprice, ou dans le dessein de nuire, pourquoi lui ferait-on le reproche de n'avoir pas suf- fisamment désigné, dans le procès-ver- bal de saisie, un ou plusieurs immeu- bles ? Pourquoi lui reprocherait-on de séparer indirectement du procès-verbal de saisie, ce qu'il pouvait, spontané- ment et directement, ne pas y com- prendre. Le débiteur saisi n'a pas le droit de se plaindre que tous ses biens ne soient pas vendus à la fois, puisqu'en contractant, il s'était obligé sur tous ses biens en général, et sur chacun d'eux en particulier. Rien n'empêche donc que la saisie ne soit annulée, par rapport à l'objet mal désigné, et qu'elle ne soit maintenue pour tout le reste ;

c'est le cas, ou jamais, d'appliquer la règle : *Utile per inutile non vitiatur.*

Vainement dirait-on que le procès- verbal de saisie est indivisible ; que cela résulte des termes de l'art. 676 Code de procéd., lequel, après avoir déter- miné les diverses formalités prescrites pour la validité de la saisie, ajoute : *le tout* à peine de nullité : ce qui semble se rapporter à tout le procès-verbal et à chacune de ses parties. Cela est vrai, pour ce qui tient à la forme du procès- verbal : celui-ci doit être parfait dans son entier, suivant la règle : *Forma est de genere individuorum et quælibet mutatio in formâ mutat totum.* Mais il n'en est pas de même relativement aux objets qui sont compris dans le procès- verbal, et qui font l'objet de la saisie ; il est certain qu'à cet égard, le procès- verbal n'est point essentiellement indi- visible ; en effet :

Par sa nature, il est divisible, toutes les fois qu'elle a pour objet des choses qui sont susceptibles de division maté- rielle ou intellectuelle. (Art. 1217 Code civil.)

Par la disposition de la loi, le pro- cès-verbal est essentiellement divisible; puisque, s'il comprend un immeuble qui n'appartienne pas au débiteur, le véritable propriétaire peut en demander la distraction, sans que pour cela, la saisie en soit moins valable pour le sur- plus. (Art. 729 Code de procéd.)

Reste donc à examiner si l'indivisi- bilité du procès-verbal de saisie est le résultat de la volonté présumée du dé- biteur et du créancier. Il est impossible de supposer, dit-on, qu'un débiteur, en empruntant, ait voulu donner à son créancier le droit de morceler ses pro- priétés, de les faire vendre séparément; sans doute, il eût préféré ne pas em- prunter, que s'exposer à la ruine com- plète qui pourrait résulter pour lui d'un pareil morcellement.

Cela peut être vrai ; mais ce qui ne l'est pas moins, c'est que l'on doit pré- sumer aussi que le créancier qui a prêté son argent pour rendre service, n'a pu consentir que la fausse désignation d'un des objets saisis pût entraîner la nullité pour le tout ; il eût mieux aimé ne pas prêter son argent, que de s'exposer aux frais qui résulteraient, pour-lui, d'une pareille nullité. Il a consenti à s'exposer aux chances qui pouvaient résulter pour lui de l'inobservation des dispositions expresses de la loi, et certes, c'est bien assez de s'exposer aux suites d'une faute qui lui est presque toujours étrangère, sans aggraver sa position, en lui supposant une pensée qu'il ne pouvait avoir. Si donc, il y a présomption que le débiteur a voulu que le procès-verbal de saisie fût indivisible, il y a présomption que le créancier ne l'a pas voulu. Or, comme celui-ci n'avait nullement besoin de prêter, et qu'il l'a fait pour rendre service, l'on doit supposer que c'est lui qui a fait la loi ; cette présomption étant plus forte, elle détruit celle qui pourrait être invoquée dans l'intérêt du débiteur. *Cùm fortior præsumptio tollat aliam minorem.* Chassenée, § 4, fol. 304, n. 5, de la Cout. de Bourg.

Remarquez, d'ailleurs, que le danger que court le débiteur n'est qu'imaginaire, car, comme il est présent à toutes les opérations de la saisie, il peut demander que l'objet mal désigné dans le procès-verbal, le soit plus exactement, et que celui-ci soit rectifié ; il peut en un mot, demander que cet objet soit vendu avec le reste des immeubles saisis. Arg. de l'art. 2211 Code civil.

123. L'opinion ci-dessus a été contestée par plusieurs Cours : la Cour de Toulouse, notamment, avait consacré une décision contraire, par trois arrêts, sous différentes dates, rapportés dans le Journal des arrêts de cette cour, t. 4, p. 309, 310 et 311. Mais, plus tard, elle a changé sa jurisprudence, pour consacrer les principes que nous venons d'émettre. On peut voir, notamment, un arrêt du 5 mars 1823. On lit dans cet arrêt : « La Cour ne doit pas prononcer la nullité de tout le procès-verbal de saisie ...... bien que celui-ci ne compose qu'un seul acte, et qu'il y ait

telles omissions qui le vicieraient tout entier. Il n'existe pas, en effet, une telle liaison entre la saisie de chaque article en particulier, que l'erreur intervenue sur un article entraîne nécessairement la nullité de toute la saisie ; que, sous ce rapport, ce sont, pour ainsi dire, autant d'actes particuliers, et que l'un d'eux peut bien être déclaré nul, sans entraîner la nullité de tous les autres ; que cette manière d'expliquer les dispositions du Code de procéd., est la seule qu'on puisse admettre ; que l'opinion contraire donnerait naissance à des abus sans nombre, et n'est nullement justifiée par les expression de la loi. »

124. Enfin, la Cour de cassation a consacré les mêmes principes par son arrêt du 29 juillet 1828, Jurispr. du 19ᵉ siècle, 1828, I. 296; et cette décision est d'autant plus essentielle, que la Cour casse un arrêt de la Cour de Bordeaux, qui avait déclaré que le procès-verbal de saisie était indivisible, et qu'en même temps, voulant, en quelque sorte, fortifier la règle par une exception, elle indique un cas particulier, dans lequel il faudrait proclamer l'indivisibilité du procès-verbal.

«... Il suit de là, porte cet arrêt, qu'en
» annulant la saisie, quant à l'objet
» compris sous l'art. 9, l'arrêt aurait
» pu, par suite, l'annuler à l'égard
» des autres, *s'il* eût reconnu, en
» fait, qu'il ne forme avec eux qu'un
» tout, dont il ne pourra être distrait,
» sans en altérer la valeur ; mais que
» l'arrêt n'a pas reconnu, en fait,
» cette indivisibilité ; qu'il a seule-
» ment dit : tous les objets ayant été
» saisis en un seul procès-verbal, for-
» mant un tout indivisible, la saisie
» ne peut être scindée, circonstance
» qui, d'après ce qui précède, ne suffit
» point pour annuler la saisie pour le
» tout, etc., etc.

Deuxième question.

125. Un testament mystique, nul en cette forme, peut-il valoir comme testament olographe, lorsqu'il est écrit,

daté et signé de la main du testateur?

La négative a été soutenue par M. Grenier, en son Traité des donations t. 1, n° 276, et par Merlin, en ses Questions de droit, V° Testament, § 6. Il y a même cela de remarquable, que ce dernier auteur avait admis l'affirmative de la question, dans une première édition, et qu'il a cru devoir changer d'avis ; nous verrons si l'unique raison qu'il indique, comme ayant motivé sa rétractation, est fondée. — Nous devons ajouter que l'opinion de ces auteurs avait été admise par Ricard, en son Traité des donations.

126. Quelle que soit l'autorité des noms que nous venons de citer, nous n'en sommes pas moins convaincus que la question proposée doit être résolue affirmativement, et que toute autre solution est incompatible avec l'équité et avec les principes généraux sur les nullités. — Nous allons le prouver.

Les partisans de l'opinion contraire se fondent sur la conjecture de la volonté du testateur, qui n'est pas présumé avoir l'intention de disposer en une toute autre forme que celle qu'il a choisie ; d'où il résulte que, s'il a voulu disposer en la forme mystique et que cet acte soit nul, il n'a pas eu l'intention qu'il pût valoir comme testament olographe. Ricard, *loco cit.*, n° 1917.

Nous commençons par l'examen de cette objection parceque c'est principalement sur elle que les auteurs cités basent leur conviction, et nous déclarons avec franchise, que nous avons peine à concevoir comment des jurisconsultes aussi recommandables ont pu mettre dans leurs écrits une pareille raison ; nous ne concevons pas de pensée plus folle que celle qu'on attribue à un testateur, et par suite de laquelle on suppose qu'en disposant de son bien pour le temps où il ne sera plus, il tient plus particulièrement à la forme de son testament qu'à la disposition qu'il veut faire. Ou nous nous abusons bien étrangement, ou nous regarderions tous comme un insensé, celui qui en léguant sa fortune à sa compagne, à

son ami, à son parent, déclarerait formellement que si son testament ne valait pas dans la forme qu'il avait choisie, il changeait ses affections, il se dépouillait du sentiment de préférence qui l'avait déterminé, il voulait en un mot que son testament fût nul, et que la volonté de la loi fût plus forte que la sienne. La jurisprudence nous a fourni des exemples de dispositions bien singulières ; mais nous ne pensons pas qu'elle nous en fournisse de plus ridicule qu'une pareille disposition. Dèslors, comment attribuer à un testateur une pensée qui, si elle était formellement exprimée, serait une cause suffisante pour le faire mettre aux petites maisons ?

127. Cette présomption est donc contre la nature des choses ; disons mieux, elle était autrefois démentie par une clause qui tenait au style du testament, il s'en faisait bien peu qui ne continssent pas cette clause : « *voulant que la présente disposition vaille comme codicile, ou dans toute autre forme que faire se pourrait, etc.* » Aujourd'hui cette clause n'est plus usitée, mais l'esprit qui la dictait n'en existe pas moins, et tout testateur n'en est pas moins présumé vouloir que son testament vaille de quelque manière que ce soit. Cette volonté est dans la nature, on sent qu'un testateur n'a rien tant à cœur que l'exécution des dispositions qu'il a faites. Comme en les faisant il a obéi à ses propres inclinations et au sentiment de préférence qu'il ressentait pour ses légataires, on doit penser que sa plus grande peine serait que ceux-ci fussent déshérités au profit de ses héritiers du sang, de ceux qu'il avait voulu exclure de sa succession.

La forme qu'il donne à son testament l'occupe peu ; et s'il en adopte une, ce n'est que parce qu'il le faut, comme condition de la disposition qu'il veut faire. Cela est si vrai, que la plupart des testamens se font par des gens qui n'ont aucune idée sur les diverses espèces autorisées par la loi, et qui s'en rapportent aux notaires sur le mode qu'il leur convient mieux d'adopter. — Cela est si vrai encore, que la plupart des testateurs se bornent à faire connaître leurs intentions au notaire, et lui laissent le soin de les soumettre à une forme légale.

La présomption dont parle Ricard est donc contraire à la nature des choses, et l'on doit admettre une présomption diamétralement opposée ; c'est-à-dire, qu'on ne doit jamais présumer qu'en choisissant une manière de disposer, le testateur ait voulu s'y enchaîner tellement, que dans le cas où il n'en observerait pas exactement toutes les formes, il ait voulu que son testament ne pût pas valoir dans toute autre forme. (1)

128. Cette conjecture se trouve fortifiée par les dispositions de la loi romaine, qui comme raison écrite mérite de faire autorité. On lit dans la loi 3, ff. *de testam. milit : Nec credendum est quisquam genus testandi eligere ad impugnanda judicia sua.*

129. L'opinion de Ricard et des auteurs qui l'ont suivie, ne pouvant résulter de la conjecture de la volonté du testateur, et étant contraire à la présomption de cette volonté, voyons si l'on trouve dans la loi d'autres moyens de la justifier.

130. Nous n'entreprendrons pas de rapporter et examiner tous les textes de lois romaines, par lesquels Ricard cherche à justifier son opinion. M. Merlin a si bien démontré que ces lois ne décidaient pas la question, que nous n'avons rien de mieux à faire que de renvoyer nos lecteurs à l'ouvrage de ce savant magistrat, Quest. de droit, v° testament, § 6.

Dans l'ancienne jurisprudence l'opinion de Ricard n'était pas suivie. (2)

L'opinion de Ricard était plus spécialement en opposition formelle avec l'article 126 de l'ordonnance de 1629, ainsi conçu : « Les testamens appelés » olographes écrits, datés et signés de » la main du testateur, seront valables » par tout notre royaume, sans qu'il » soit besoin de plus grande solennité, » laquelle cependant, si elle est apportée, ne fera préjudice, non plus » que le défaut qui se pourrait rencon» trer esdites solennités si le testament » est olographe. »

131. Le Code civil ne renferme pas de disposition pareille, et c'est ce qui est cause que la question a pu être agitée de nouveau ; mais doit-on en conclure que ceux qui l'ont rédigé ont voulu faire revivre l'opinion de Ricard ? évidemment non.

Le Code, comme les anciennes lois, reconnaît plusieurs espèces de testamens ; il les soumet à une forme et à des conditions différentes, et cependant ils n'en expriment pas moins, chacun à leur manière, la volonté du testateur. Il n'y a, à cet égard, aucune différence, et la forme la plus simple, la plus facile, produit les mêmes effets que la forme la plus compliquée. Lors donc qu'un individu a fait ses dispositions, la première chose à examiner, c'est, si l'acte qu'il a fait ou fait faire, remplit les conditions nécessaires à un testament de l'une ou de l'autre espèce.

Par exemple, le testament olographe doit être écrit, daté et signé de la main du testateur ; et comme il n'est point assujéti à d'autres formes (art. 970 du Code civil), il en résulte que toute dis-

<hr>

(1) *An nemo præsumatur eligere modum quo sua dispositio subvertatur. Menochius de præsumpt.* præsumpt. 29. n. 61, pag. 267. — Julius Clarus, lib. 3. § testament. quæs. 4, n. 4 et n. 7, addit.

(2) V. Julius Clarus, *loco cit.* — *Faber, in codice,* lib. 6, tit. 5, *definit,* 27, n° 10 *et* 11.— *Dolive,* liv. 5, chap. 5, — *Lapeyrère, lett T.* n. 46. — *Henrys,* liv. 5, chap. 1er, quest. 2 et 3. et chap. iv, quest 67.— Voir aussi les arrêts rapportés dans le journal du Palais,

tom. 8, pag. 8, et arrêt du parlement de Toulouse, du 14 février 1701.— Suivant Julius Clarus, §.*testamentum, quest.* 55, aux addit., lettre J, pag. 88. on pensait qu'aucune disposition ne pouvait être viciée par l'accession d'une formalité dont on pouvait se passer, et qui avait été mal remplie : *nulla dispositio regulariter vitiatur, per interventum illius rei. quæ etiam si omninò abesset illam non vitiaretur.*

position qui réunit ces conditions est parfaite, et qu'elle témoigne d'une manière certaine, de la volonté du testateur. Si donc, il lui plait d'ajouter à cette première forme, d'autres formalités qui tiennent à l'essence d'une autre espèce de testament; si par exemple, il veut assujétir son testament olographe aux conditions et à la forme d'un testament mystique, il le peut ; mais c'est sans nécessité, puisque cette nouvelle forme est en dehors de la première, elle n'en altère ni la substance ni les effets, et elle n'exprime pas mieux qu'elle, la volonté du testateur.

Cela posé, il nous paraît évident que si, après avoir fait un testament olographe parfait, un individu croit devoir le soumettre aux formalités surabondantes du testament mystique, et que l'acte de suscription soit irrégulier et nul, cette nullité est sans conséquence. L'acte de suscription est censé ne pas exister, il est comme s'il n'avait pas été fait, il ne peut pas plus nuire, qu'il ne peut être utile, *suprà* n° 86 ; et alors il ne reste que le testament olographe parfait en soi, prouvant la volonté du testateur, et pouvant très-bien se passer d'une forme qui n'avait eu d'autre objet que de mieux en assurer le secret et l'exécution. Cela résulte de l'art. 970 du Code, qui veut que l'on considère comme testament régulier, celui qui est écrit, daté et signé de la main du testateur, cela est d'ailleurs conforme au principe général.

132. Cela nous paraît tellement conforme à la justice, que nous l'admettons d'une manière générale, et que nous ne l'avons vu contrariée par aucun texte de loi, elle nous aurait paru suffisante pour résoudre la question proposée, si comme nous l'avons déjà dit, M. Merlin qui avait adopté notre opinion, ne l'avait abandonnée depuis, et n'avait basé sa rétractation sur une disposition qui, suivant nous, ne change en rien les principes ci-dessus, cette disposition est celle de l'art. 979 Code civil. (Voir *Merlin*, Quest. de droit, v° *Testament*, § 6.)

Cet article est ainsi conçu : « En cas » que le testateur ne puisse parler, mais » qu'il puisse écrire, il pourra faire un » testament mystique ; à la charge que » le testament sera écrit, daté et signé » de sa main; qu'il le présentera aux » notaires et témoins, et qu'au haut de » l'acte de suscription, il écrira, en leur » présence, que le papier qu'il présente » est son testament; après quoi, le no-» taire écrira l'acte de suscription, dans » lequel il sera fait mention que le tes-» tateur a écrit ces mots en présence du » notaire et des témoins. »

133. M. Merlin, faisant une règle générale de cet article qui ne s'occupe que d'un cas spécial, en tire la conséquence que *la nullité de l'acte de suscription empêche le testament de valoir comme testament olographe.* — C'est-là une erreur évidente.

L'art. 979 Code civil n'est que la répétition de l'art. 8 de l'ordonnance de 1735, et celui-ci ne fit que consacrer, lui-même, une disposition généralement admise. Voir Pothier, des *Donations testamentaires*, chap. 1, art. 4, § 3. Son unique objet est, comme il l'était autrefois, de permettre au sourd-muet de cacher sa disposition, et de mieux en assurer l'effet sous la forme du testament mystique ; il a eu pour objet de suppléer, par l'écriture, à la formalité de la présentation, que le sourd-muet est dans l'impossibilité physique d'accomplir, (art. 976 Code civil) et de remplacer, par une formalité spéciale, la garantie que la loi trouvait dans cette présentation C'est-là le seul objet de l'art. 979; il est tout spécial, il est pour le sourd-muet, il ne tire pas à conséquence dans les cas ordinaires.

Cela est si vrai, que l'art. 8 de l'ordonnance de 1735 n'avait pas empêché que l'opinion de Ricard ne fût repoussée dans la pratique, ainsi que le prouve parfaitement M. Merlin, *loco citato ;* et nous n'avons vu aucun auteur qui ait tenté de justifier, par cet article, l'opinion que nous avons soutenue. Tant sans doute, on était porté à considérer ses dispositions comme spéciales pour le testament du sourd-muet.

Dès-lors, comment la disposition renouvelée par l'art. 979, aurait-elle aujourd'hui un effet qu'elle n'avait pas autrefois? Comment, de spéciale qu'elle était, deviendrait-elle générale? et comment Merlin, qui ne s'y était pas même arrêté en combattant l'opinion de Ricard, a-t-il pu en faire la base d'un changement d'opinion ? Tout son raisonnement ne doit-il pas disparaître devant ce peu de mots: « Puisque l'art. 8 » n'empêchait pas que l'opinion de Ricard fût repoussée dans l'usage, com- » ment l'art. 979 du Code civil, qui ne » fait que reproduire le premier, pro- » duirait-il aujourd'hui des effets dif- » férens; comment ses dispositions ex- » primeraient-elles plus qu'elles n'ex- « primaient autrefois? »

La raison ne peut le permettre ; et l'opinion de M. Merlin est incontestablement une erreur. — Voy. l'arrêt de cassation, du 6 juin 1815; Sirey, 1815, p. 388; Dalloz, t. 11, p. 43 , et un arrêt de la Cour de Caen , du 26 janv. 1826; Jurispr. du 19 siècle, 1826 , 2. 328.

134. Les principes que nous venons d'exposer, et qui n'ont d'autre objet que de prouver la justesse de la règle : *Utile per inutile non vitiatur*, serviront à résoudre la question de savoir si un testament par acte public, contenant révocation de dispositions antérieures , nul comme testament, peut valoir comme révocation notariée ?

La négative a été soutenue par plusieurs jurisconsultes; on peut voir, notamment, Furgole, Traité des testamens , chap. 12 , n. 10; Graverol sur Laroche , liv. 4 art. 4 , à la note. — Grenier , Traité des donations , t. 1er ; n° 342. — L'opinion de ces auteurs a été confirmée par plusieurs arrêts qui sont rapportés par Sirey. 1823, part. 2, pag. 14; Dalloz, t. 11. p. 162.—Enfin, une chose à remarquer, c'est que M. Grenier qui , dans sa première édition , avait soutenu l'affirmative, a cru devoir changer d'avis. Nous engageons

SOLON.

nos lecteurs à méditer les raisons de ce savant magistrat.

Nonobstant ces autorités graves, nous n'hésitons pas à nous prononcer pour l'affirmative de la question : elle seule nous a paru juste et fondée en droit.

Nous avons prouvé, *suprà* n. 61 , qu'un acte , quoique nul, pouvait produire son effet, lorsqu'il prouvait suffisamment un changement de volonté ; nous l'avons prouvé par l'art. 1038 du Code civil ; et, cet article joint aux principes que nous avons développés dans les numéros précédens, suffit pour justifier l'opinion que nous avons embrassée. Il n'est pas possible , en effet , de supposer que celui qui fait un second testament, par lequel il révoque formellement le premier , n'ait point le désir de changer de volonté.—Cette conséquence est si naturelle et si concluante, que l'on s'attache principalement à la renverser ; voici ce qu'on lit dans Grenier, *loc. cit.* « D'après l'ar- » ticle 1035 du Code civil , les testa- » mens ne peuvent être révoqués, en » tout ou en partie, que par un testa- » ment antérieur , ou par un acte de- » vant notaire, portant déclaration de » changement de volonté. — Ce sont » les deux seules formes de révocation » admises. S'agit-il d'un testament pos- » térieur ? la loi ne peut avoir entendu » parler que d'un testament valable en » sa forme; car, sans cela, il n'est » rien, etc. , etc...... Quand même le » testament , nul en sa forme, mais re- » vêtu de celles analogues à un acte » ordinaire devant notaire, contien- » drait la révocation expresse du » premier testament, ce testament ne » serait pas pour cela révoqué. L'acte » ne peut jamais être considéré que » comme un testament; il est indivi- » sible; et s'il est nul comme testament, » il est nul pour le tout. »

Nous concevons la force de cette argumentation , lorsque le second testament est nul, et qu'il ne contient pas la clause révocatoire. — Nous admettons la conséquence que M. Grenier en tire, quoiqu'elle soit rigoureuse dans

13.

certains cas, comme, par exemple, lorsqu'il existait une antipathie véritable et publique entre l'héritier institué par le premier testament et le testateur.

Mais lorsque le disposant ne se borne pas à faire un nouveau testament, lorsqu'il déclare formellement que son intention est de changer ses volontés antérieures, quand il révoque les précédentes dispositions qu'il avait faites, peut-on dire qu'il ne veut que faire un testament ? Ne voit-on pas deux actes , ou plutôt deux objets également important, que le testateur a en vue ; savoir : d'un côté, le désir de ne rien faire pour son premier héritier, de le punir , etc. ; et d'un autre côté, le désir de récompenser le second héritier, de lui témoigner un sentiment de préférence, et de faire passer sur sa tête les biens qu'il délaissera ?

Or, si le testateur a eu ces deux objets , il est impossible de ne pas lui supposer l'intention de valider, autant que possible, l'acte par lequel il avait cru les remplir; toute sa volonté ne sera pas suivie, mais elle le sera en partie; sa succession n'ira pas, il est vrai, à celui qu'il avait préféré, mais du moins, elle n'appartiendra pas à celui qu'il n'aimait plus, à celui à qui il avait voulu ôter son bienfait. A la vérité, il ne voulait pas laisser son bien à l'héritier du sang, mais il a à s'imputer de ne pas l'avoir exclu d'une manière légale. Sa volonté n'ayant point été suffisamment exprimée , celle de la loi domine seule , comme elle domine toujours, en cette matière, quand la volonté de l'homme se tait, lorsqu'elle s'exprime imparfaitement.

135. Cet argument est tellement puissant, qu'il n'y avait qu'un seul moyen de le combattre, c'est de prétendre que, lorsqu'un testateur faisait en même temps un testament et une révocation, sa volonté était indivisible. C'est aussi ce qu'on a soutenu. « Le « testateur, dit M. Grenier, *loc. cit.*, « n'est censé avoir voulu révoquer le » premier testament, que pour donner

» vigueur au second, qui ne peut en » avoir sous la forme testamentaire. »

Cette indivisibilité est contraire à la loi, et l'on voit par l'art. 1035 , que la question de révocation d'un premier testament n'est nullement subordonnée à la validité de l'acte duquel s'évince cette révocation; la manifestation d'un changement de volonté suffit, et l'on peut dire que, si l'art. 1035 ne s'applique pas à l'espèce de la question que nous examinons, il fournit au moins un argument puissant et décisif.

Mais cette indivisibilité que l'on suppose dans la volonté du testateur, est-elle raisonnable? Il est bien évident que non.

Nous l'avons dit, et nous ne saurions trop le répéter : l'homme qui change un premier testament est, en quelque sorte, dominé par deux sentimens distincts, l'un qui est un sentiment de haine, d'indifférence ou d'abandon pour celui qu'il déshérite ; l'autre qui consiste dans la préférence qu'il donne à l'héritier qu'il choisit; il n'enlève pas sa succession au premier, par ce seul motif qu'il veut que le second en profite ; au contraire, il ne choisit le second qu'après qu'il a cessé de préférer le premier , et qu'il a décidé de lui retirer les avantages qu'il lui faisait.

Pour prouver l'exactitude de ce raisonnement , il suffit de se placer dans l'hypothèse où la cause de la révocation d'un premier testament serait grave et publique, où elle aurait pour cause la haine existant entre l'héritier, premier institué, et le testateur; dira-t-on que celui-ci n'a voulu enlever sa succession à son ennemi, qu'à condition que l'héritier institué par son second testament en profiterait ? La raison et la loi peuvent-elles permettre que, sur un prétexte aussi faux, sur une supposition aussi absurde, on laisse la succession d'un défunt à celui qu'il détestait, à celui qu'il avait nommément, déshérité? La loi Romaine ne le permettait pas ; bien plus, elle voulait que de grandes inimitiés , survenues dans le testament, entre le testateur et le légataire, fissent présumer la révocation du legs. (1) — Suivant les lois nouvelles, l'existence de pareilles inimitiés n'emporte pas de plein droit la révocation d'un testament, mais toujours est-il qu'elles suffisent pour détruire la présomption invoquée par M. Grenier : « que le testateur n'est censé avoir » voulu révoquer son premier testa- » ment, que pour donner vigueur au » second. »

Il est bien vrai qu'il n'existe pas toujours de pareilles causes de révocation, mais il suffit qu'elles puissent exister, pour détruire cette prétendue indivisibilité de la volonté du testateur, et pour prouver qu'il n'est ni juste ni raisonnable de la lui supposer.

Ajoutons que cette présomption est démentie par les faits; car les testateurs ont très-souvent la précaution d'exprimer ce qu'on trouvait dans les anciens testamens; et qu'on trouve dans celui de J. J. Rousseau, du 27 juin 1737, « voulant que le présent soit mon der- » nier testament, et que, s'il ne peut » valoir comme testament, il vaille » comme donation à cause de mort, » *et par tous autres moyens qu'il pourra* » *mieux valoir.*

136. Il est inutile de pousser plus loin la démonstration des principes; nous devons nous borner à faire connaître l'opinion des auteurs et l'état de la jurisprudence.

Pothier, traité des disposit. test., chap. 6, sect. 2, § 1, s'exprime en ces termes : « quoiqu'un testament qui contient une clause de révocation du premier soit nul dans la forme, le premier ne laisse pas d'être révoqué par cette clause ; car la révocation du testament pouvant se faire *nuda voluntate*, quoique le second testament, qui contient la clause de révocation, ne soit pas revêtu des formalités nécessaires pour le rendre valable, il doit au moins être valable pour cette clause de révocation qui n'est point assujettie à ces formalités. » Cette opinion était conforme à celle de divers parlemens de France, dont les arrêts sur cette matière sont rapportés dans le journal du Palais, sous les dates des 2 juin 1672 et 26 janvier 1673.

137. L'opinion de Pothier est-elle contraire à la loi nouvelle? Nous disons que non. L'art. 1035 dispose que : « *les testamens* ne pourront être révoqués, en tout ou en partie, que par un testament postérieur ou par un acte devant notaire portant déclaration de changement de volonté. »

Ainsi, le législateur admet deux modes de révocation; le premier, est celui qui se fait par testament, le second est celui qui se fait par acte notarié. Le testateur a le choix, et l'un et l'autre de ces actes sont, pour le juge, une garantie suffisante du changement de volonté.

D'où la conséquence évidente et forcée, que tout acte qui contiendra la clause révocatoire, et qui renfermera les conditions nécessaires à la validité de l'un ou de l'autre de ces deux actes, se trouvera compris dans les dispositions de l'art. 1035, et vaudra révocation de dispositions antérieures ; la déclaration faite devant le notaire et les témoins se trouvant revêtue des formes et conditions prescrites par la loi de ventôse pour les actes en général, sera incontestable ; elle prouvera le changement qui s'est opéré dans la volonté du testateur. L'acte ne vaudra pas comme testament, puisqu'il ne réunira pas les caractères et la forme essentiels aux actes de cette nature, mais il vaudra comme révocation, puisqu'il réunira toutes les conditions d'une révocation notariée. Peu importe que le disposant voulût faire un testament et non pas seulement une révocation ; celle-ci était toujours dans sa pensée, et du moment qu'elle résulte de la

(1) *Quæritur an etiam inimicitiis interpositis fideicommissum adimi non debeatur? Etsi quidem capitales vel gravissimæ inimicitiæ intercessserint, ademptum videri quod relictum est : sin autem levis offensa, manet fideicommissum. Leg. 3. § 11, ff. de adim. leg.*

forme qu'il a adoptée, elle doit avoir son effet. En ce cas, le testament contient deux formes distinctes , indépendantes l'une de l'autre, et dont l'une peut valoir , malgré l'irrégularité de l'autre. C'est l'explication la plus naturelle; c'est celle qui fut donnée au conseil-d'état dans sa séance du 27 ventôse an II , au sujet de l'art. 1037.

Le citoyen Berlier fit observer que dans la section on ne trouvait pas de disposition sur un cas qui semblait cependant devoir être prévu , savoir : si un premier testament était révoqué par un acte postérieur, mais que cet acte fût nul, que deviendrait, en ce cas, le premier testament? Il rappela la controverse dont cette question avait été l'objet dans l'ancienne jurisprudence. Les uns soutenaient que , quoique le second testament ou l'acte révocatoire fût nul, il indiquait un changement de volonté, et qu'alors il fallait regarder la succession comme ouverte *ab intestat* ; que les autres, se fondant sur la maxime, que ce qui est nul ne produit aucun effet , soutenaient que le premier testament subsistait dans toute sa force ; il ajoute qu'il était du premier avis, mais qu'au surplus quelle que fût l'opinion du conseil, il importait de ne point laisser cette question indécise.

Le citoyen Tronchet , partageant cet avis , fit observer que le second acte , quoique nul , annonçait néanmoins de la part du testateur , un changement de volonté dont l'effet devait être d'anéantir le testament.

Le conseil-d'état , frappé de la justesse de cette observation, décida qu'elle serait l'objet d'une disposition particulière.

On n'y pensa plus dans la suite, et la disposition ne se retrouva pas dans le Code, mais cet oubli est sans importance; d'abord, parce que dans les matières douteuses , la volonté du législateur doit être la règle d'interprétation, et qu'ici , elle est bien clairement exprimée, dans les discussions au Conseil-d'état; et en second lieu , parcequ'elle s'évince , d'une manière positive quoi-

qu'implicite , des deux dispositions écrites dans les art. 1037 et 1038 Code civil.

Art. 1037. La révocation faite dans un testament postérieur, aura tout son effet, quoique ce nouvel acte reste sans exécution par l'incapacité de l'héritier institué ou du légataire, ou par leur refus de recueillir.

Art. 1038. Toute aliénation , celle même par vente avec faculté de rachat, ou par échange , que fera le testateur de tout ou de partie de la chose léguée, emportera la révocation du legs, pour tout ce qui a été aliéné, encore que l'aliénation postérieure soit nulle, et que l'objet soit rentré dans les mains du testateur.

Ces deux dispositions prouvent jusqu'à l'évidence que le Conseil-d'état persista dans l'opinion qu'il avait publiquement manifestée, et qu'il voulut qu'on tînt pour certain qu'un acte, nul comme testament, pouvait valoir comme révocation notariée, et qu'il devait être considéré comme prouvant suffisamment un changement de volonté.

138. La question que nous venons d'examiner devrait être résolue différemment, et la révocation devrait être considérée comme non avenue., si la seconde disposition était faite en faveur du même légataire ou héritier que la première ; il serait bien certain que, dans la pensée du testateur , le testament serait indivisible et ne pourrait point être scindé ; et en disposant en faveur du même individu dans ses deux testamens , il prouve assez clairement qu'il le préfère à ses héritiers du sang. Peu importe qu'il y ait eu changement dans les dispositions ; qu'il y ait eu un plus grand avantage dans l'une que dans l'autre ; il n'est pas moins vrai qu'il y a eu continuité d'affection et de préférence , et qu'il est impossible de supposer que le testateur ait voulu que si le second testament ne valait pas , le premier ne valût pas non plus , et que l'héritier du sang fût appelé. Cette supposition n'est point raisonnable ; elle est contraire aux sentimens que le tes-

tateur a manifestés ; elle doit être repoussée. Voir les arrêts rapportés par Sirey, 1823-2-14. Dalloz, t. 11, p. 162.

139. *Nec obstat* un arrêt de la Cour de cassation, du 25 avril 1825. Jurispr. du 19e s., 1825, 1. 375, qui a jugé que la donation d'une chose léguée emportait révocation du legs, encore que le légataire et le donataire fussent une même personne, et que, s'il arrivait que la donation fût nulle ou inefficace, par défaut d'acceptation, le legs ne restait pas moins révoqué, tellement qu'en ce cas, il n'y avait plus ni legs ni donation.

Je ferai observer sur cet arrêt 1° que, *rigore juris*, la question à juger rentrait dans l'application de l'art. 1038 Code civil, d'après lequel *toute aliénation*, et par conséquent, la donation, quoique nulle, valait révocation d'un testament antérieur.... Voir, néanmoins, le n. 93 ci-dessus.

2° Que s'agissant, dans l'espèce, d'une famille dépossédée dans l'intérêt d'une commune, la Cour de cassation a pu se déterminer par l'intérêt qu'inspirent toujours, dans de pareilles circonstances, les héritiers du sang.

SECTION IV.

Des règles particulières sur l'effet de la nullité des actes de procédure.

140. Le droit nous fournit bien peu de données positives sur l'effet de la nullité des actes de procédure, sur l'influence que doit exercer cette nullité sur les actes qui ont précédé ou qui ont suivi l'exploit illégalement fait. Nous devons dire qu'après avoir approfondi les dissertations contenues dans les livres, et suivi les discussions des audiences, nous nous sommes toujours retrouvés en face de la règle *quod nullum est nullum producit effectum*, modifiée par cette autre règle : *utile per inutile non vitiatur.* Le résultat de nos études et de notre expérience à cet égard, a été que si, quelquefois, l'application de la première était utile et convenable, dans les procédures, elle était le plus

souvent une arme tranchante, rigoureuse, et peu propre à satisfaire les besoins de la justice et à assurer le triomphe du droit. D'un autre côté nous avons éprouvé, au contraire, que la seconde règle était juste dans son application, et que son effet était toujours d'atténuer le mal produit par une inadvertance d'un officier ministériel, ou par la faute d'une partie. Par cela même, nous avons pensé qu'on devait, autant que possible, lui donner autorité, et reconnaître qu'il n'existait pas, en droit, une règle plus juste, ni dont l'application fût moins sujette à produire des inconvéniens.

Pour suppléer, autant que possible, au silence de notre législation sur les effets de la nullité d'un acte de procédure, nous avons recherché les diverses hypothèses dans lesquelles un plaideur pouvait se trouver, et sans avoir la prétention de tout prévoir, nous nous sommes assuré de l'exactitude des règles ci-après.

141. *Première Règle.* Généralement, l'effet d'une nullité de procédure s'arrête à l'acte nul ; il ne rejaillit pas sur les actes qui l'ont précédé ; il est séparé de ceux-ci par le temps, par la forme, et il serait déraisonnable que son imperfection pût enlever aux autres leur caractère de légalité.

142. *Deuxième Règle.* Si, cependant, l'acte nul était essentiel aux actes ou jugemens qui l'avaient précédé, et qu'il dût être fait dans un délai de rigueur, la nullité de cet acte devrait entraîner la nullité de ceux qui l'auraient précédé ; ceux-ci se trouveraient dans le cas d'un acte dont l'existence serait subordonnée à l'accomplissement d'une condition essentielle, et comme lui, ils périraient par le défaut d'accomplissement de cette condition.

Par exemple, il n'est pas douteux que si les actes d'exécution qui doivent être faits dans la quinzaine du jugement qui prononce une séparation de biens, sont nuls, ce jugement et toute la procédure ne soient frappés de nullité. *Suprà* n. 349.

143. *Troisième Règle*. Généralement, tous les actes de procédure qu'une partie a faits ou fait faire, en exécution ou par suite d'un acte nul, sont nuls comme lui.

144. *Quatrième Règle*. La nullité d'un acte de procédure ou d'une procédure entière, pour un vice de forme, ne donne pas lieu, entre parties, à des dommages-intérêts, c'est bien assez qu'une partie ait à supporter les frais d'une procédure annulée, sans aggraver sa peine. Ainsi, par exemple, il est constant que si une saisie est nulle pour défaut de forme, les juges prononcent la nullité avec dépens, mais sans dommages.

Que si, au contraire, la saisie était nulle au fond, si, par exemple, le saisissant n'était point créancier, il devrait être condamné aux dommages-intérêts envers le débiteur, lorsqu'il a souffert quelque dommage (Voir Pothier, introd. au tit. 20 de la Cout. d'Orléans , n° 104). Au reste, ce n'est point là une exception à la règle ci-dessus; car, dans ce dernier cas, le saisi ne se prévaut point de la nullité de la saisie, mais bien du préjudice qu'il a éprouvé; sa demande a une cause nouvelle basée sur ce principe de droit naturel, que tout fait quelconque de l'homme qui porte préjudice à autrui oblige celui qui en est l'auteur à le réparer.

145. *Cinquième Règle*. Comme c'est surtout en matière de procédure que les nullités sont odieuses, il faut tenir pour certain qu'à moins d'une volonté manifeste émanée du législateur, on doit restreindre les nullités et leurs effets ; que si un acte irrégulièrement fait , soit au commencement d'un procès, soit dans le cours d'une instance , peut être refait sans violation de dispositions essentielles de la loi, la nullité ne doit pas être étendue à d'autres actes. Voir *suprà* n. 330 et suivans.

146. *Sixième Règle*. Une nullité de procédure ne peut jamais être proposée par celui qui en est l'auteur, c'est-à-dire, par celui des faits duquel elle provient. Arrêts de cassation des 24 thermidor an VIII et 13 pluviôse an XI. — Merlin, Questions de droit; V° Fait du souverain.

147. Nous ne terminerons pas cette section sans émettre le vœu de voir modifier les formes de procédure; elles sont quelquefois si compliquées , que l'homme sans fortune et l'homme timide ont tout à craindre des ressources qu'elles offrent à ces hommes aguerris, que les difficultés et les chicanes ne font qu'animer. — Le commerce jouit des faveurs d'une justice prompte et expéditive ; c'est un privilége dont on doit être jaloux , et dont on ne peut suffisamment expliquer la cause. Nous ne voyons pas qu'il y eût le moindre inconvénient d'appliquer , dans une infinité de cas , aux matières civiles, cette manière de rendre la justice. Au reste cette nécessité est si universellement sentie, que nous devons tout espérer de la sollicitude du législateur et du bon esprit du siècle où nous vivons.

CHAPITRE XII.

De l'effet des Nullités à l'égard des tiers.

148. Après avoir traité de l'effet des nullités par rapport aux individus qui ont figuré dans les actes, et par rapport à leurs représentans, nous avons dû nous occuper de l'effet des nullités à l'égard des tiers. Nous avons démontré combien l'équité et le droit, bien entendu, commandaient des modifications aux règles ordinairement invoquées en cette matière ; et nous nous sommes surtout occupés à faire connaître les inconvéniens qu'il y aurait d'accueillir des règles absolues, dont l'application serait la loi générale des consciences. Dans cette partie de notre travail, comme dans tout le cours de notre ouvrage, nous avons moins cherché à être profond et subtil, qu'à indiquer les moyens d'être justes ; et l'on remarquera que si, d'un côté, nous avons repoussé l'exécution des conventions illicites et de celles dont l'existence n'était pas prouvée; d'un autre côté, nous avons franchi hardiment les obstacles que la chicane apportait à l'exécution des conventions légitimes. Enfin, dans tous les cas, nous avons cherché à expliquer le droit, et à en modifier la rigueur par les principes invariables de l'équité.

149. Mais les principes dont nous avons soutenu l'exactitude, vont recevoir ici de nouvelles modifications. L'équité qui a guidé nos convictions va, elle même, indiquer la différence qu'il y a entre les parties desquelles émanent l'acte nul, et les tiers qui y étaient étrangers.

On concevra que le législateur ait pu dire aux parties contractantes : « Si vous » traitez sans observer les formalités » prescrites par la loi, à peine de nul» lité, ou essentielles bien qu'implici» tes, à l'acte que vous consentez, vos » engagemens ne produiront aucun des » effets que vous vouliez leur faire pro» duire. » — On concevra aussi que si, malgré cet avertissement, les contractans enfreignent les dispositions de la loi, leurs engagemens doivent être annulés. Ils ne seront pas reçus à se plaindre des conséquences d'une peine qu'ils ont volontairement encourue, et qui n'est que le résultat de leur désobéissance.

Ce langage ne pouvait point être adressé au tiers qui, sur la vue d'un titre ayant toutes les apparences de la réalité, traite de bonne foi avec un injuste possesseur, et remplit à son égard toutes les formalités que la loi prescrit. Il eût été injuste d'évincer ce tiers dans toutes les circonstances, pour des causes qu'il n'a point connues, et que la loi ne l'avait pas mis à même de connaître. Une pareille éviction serait, le plus souvent, dangereuse ; sa possibilité, et l'écueil caché qui serait renfermé dans tous les actes, anéantiraient la confiance qui doit régner dans les conventions et dans leur stabilité ; et dès lors, les inconvéniens les plus graves seraient la conséquence de la loi qui autoriserait, d'une manière absolue, la maxime : la résolution du droit de celui qui donne entraine la résolution du droit de celui qui reçoit. *Reso-luto jure dantis resolvitur jus acci-pientis.*

C'est ce que nous nous sommes proposé d'examiner dans le présent chapitre.

150. L'aliénation, en général, étant l'acte par lequel on transmet à quel-qu'un les droits qu'on a sur une chose, il en résulte qu'on ne peut transmettre à autrui plus de droits à cette chose qu'on n'en a soi-même. *Nemo plus juris ad alium transferre potest quàm ipse habet. Leg.* 54, *ff. de reg. juris.* Art. 2182 du Code civil.

Par la même raison, celui qui n'a, sur un immeuble, qu'un droit suspendu par une condition, ou résoluble dans certains cas, ou sujet à rescision, ne peut consentir qu'une hypothèque sou-mise aux mêmes conditions ou à la même rescision. (Art. 2125 du Code civil.)

151. La généralité des expressions de ces deux règles semble ne pas permet-tre la moindre modification. Il paraît en résulter bien clairement que là res-cision ou la résolution d'une conven-tion opèrent leurs effets, non-seule-ment contre les parties contractantes, mais encore contre les tiers. En effet, si un individu ne peut vendre que les droits qu'il a sur une chose, il est bien naturel que l'acquéreur ne puisse être investi que de ces mêmes droits, et que, comme le dit l'art. 2125 du Code civil, son acquisition ne soit sujette à la même rescision, à la même résolution que le titre de son vendeur. — Toutefois, il ne faut pas croire que cette consé-quence soit générale; étendue à tous les cas, elle pourrait être d'une injustice extrême, et la justice qui la fait ad-mettre veut, elle-même, qu'on la mo-difie. Cela a lieu dans certaines cir-constances, où les besoins de la sûreté générale, (objet principal des lois) font une nécessité de sacrifier l'intérêt par-ticulier. Ces circonstances sont néces-sairement fort rares; elles font excep-tion aux principes généraux contenus dans les art. 2182 et 2125 du Code civil; elles ne doivent donc pas être trop mul-tipliées. Toute la théorie sur cette ma-tière nous a paru se réduire aux règles suivantes.

152. *Première Règle.* La nullité ou rescision d'un contrat produisent leurs effets, tant contre un tiers que contre les parties contractantes, toutes les fois que ce tiers n'a pas été de bonne foi, et toutes les fois qu'il a connu ou dû connaître la cause de l'éviction. En pa-reil cas, il a su qu'on ne lui conférait qu'un droit résoluble; il a, dès-lors, consenti à courir les chances de cette résolution; il ne peut se plaindre : c'est une règle triviale que : *Volenti non fit injuria.*

Cette proposition reçoit son applica-tion dans plusieurs hypothèses.

153. 1° Dans tous les cas où une do-nation ou disposition quelconques sont faites à un incapable par interposition de personnes, la fraude une fois prou-vée, la donation est annulée, tant à l'égard de la personne interposée qu'à l'égard du vrai donataire; et comme ces personnes ne peuvent être de bonne foi, elles sont obligées de restituer les fruits perçus, même avant la demande en nullité. *Leg.* 11 et 18, *ff. de his quæ ut indig. aufferuntur.*

154. 2° Dans le cas où, s'agissant d'une nullité de forme, cette nullité était apparente; en ce cas, le tiers ne peut pas soutenir qu'il n'a pas connu le vice du titre de son vendeur, car la seule inspection de ce titre a suffi pour en faire connaître la nullité.

Par exemple, la vente des biens im-meubles d'un mineur, faite sans obser-ver les formalités voulues par la loi, est nulle, soit à l'égard de l'acquéreur direct, soit à l'égard de tous ceux aux-quels il aurait transmis tout ou partie de ces biens. Arrêt du Parlement de Tou-louse, en date du 29 mars 1732, Journ. du Pal., tom. 5, p. 231.

Par exemple encore, si le vendeur qui n'a pour titre qu'une donation non acceptée, vend ou hypothèque l'im-meuble qui en fait l'objet, le tiers ac-quéreur ou créancier est incontestablement sujet à l'action en nullité compétant au donateur.

Vainement dans cette hypothèse le tiers prétendrait-il n'avoir pas vu le titre nul et n'avoir agi que par erreur de fait, il ne pourrait échapper aux effets de l'annulation du titre primitif dont il aurait pu et dû demander communication.

155. 3° Dans le cas où le titre n'étant pas nul par l'effet d'une nullité apparente et inhérente à l'acte, l'est cependant par l'effet d'une incapacité, rendue publique par l'accomplissement des formalités que la loi a jugées nécessaires, et qu'elle a prescrites pour produire cette publicité, c'est-à-dire, lorsque la connaissance de la nullité est considérée comme l'effet d'une présomption légale; cette incapacité est censée connue du tiers ; et il ne peut pas plus prétendre qu'il n'en a point eu connaissance, qu'il ne pourrait être admis à dire qu'il a ignoré les dispositions de la loi.

Par exemple, si celui qui a traité avec un interdit, cède tout ou partie des droits que celui-ci lui avait transmis, l'action en nullité intentée par l'interdit, dont l'interdiction a été levée, ou par ses héritiers, doit nécessairement rejaillir sur le tiers, car la nullité de l'acte primitif étant le résultat d'un jugement régulier, personne ne peut prétendre l'avoir ignoré. Les formalités d'ailleurs qui ont précédé, suivi ou accompagné l'interdiction, produisent cet effet, qu'elle est présumée avoir été connue de tout le monde.

156. 4° Dans le cas où s'agissant d'une nullité qui prend sa source dans un vice de l'obligation, de l'acte ou du titre, ce vice était de nature à pouvoir et à devoir être prévu.

Par exemple, l'action en rescision pour cause de lésion s'exerce contre le tiers, de la même manière que contre le premier acquéreur ; de sorte que la rescision prononcée opère la résolution des reventes et des hypothèques qui auraient été consenties par ce dernier.(1)

Par exemple encore, il a été jugé que la cassation d'un arrêt opérait nullité de tout ce qui avait été fait en exécution de l'arrêt cassé, de sorte que si un nouvel arrêt décidait le contraire du premier, les parties qui auraient acquis une propriété sur la foi de celui-ci, se trouvaient dépouillées par l'effet du second arrêt, et qu'elles étaient réputées n'avoir acquis que subordonnément à l'issue finale du procès sur lequel avait été rendu le premier. — Que ce serait vainement que les intéressés exciperaient de l'effet que les lois accordent au titre apparent, attendu qu'il n'y a dans ce cas, d'autre apparence que celle d'un arrêt cassable. Arrêt de cass., 26 juillet 1826; Jurisp. du 19e siècle, 1827, p. 100.—Qu'enfin, c'était dans ce sens que devait être entendue la disposition de l'art. 16 de la loi du 1er déc. 1795, qui déclare qu'en matière civile, la demande en cassation ne doit pas arrêter l'exécution du jugement, et que dans aucun cas, et sous aucun prétexte, il ne doit être accordé de surséance.

157. *Deuxième Règle.* L'annulation ou rescision d'un acte ou d'une convention produit ses effets contre un tiers, même de bonne foi, lorsque celui-ci ne détient son droit que par l'effet d'une disposition à titre gratuit, car entre deux individus dont l'un agit pour éviter de perdre, *de damno vitando*, et l'autre pour faire un bénéfice *de lucro captando*, on doit se décider en faveur du premier. *Interpretatio sumenda pro eo, qui de damno vitando tractat. Menoch., cons. 56, n° 39.*

« *Simili modo dicimus*, dit Pothier en ses Pandectes, lib. 42, tit. 8, n° 19, *et si cui donatum est, non esse quærendum, an sciente eo, cui donatum est, gestum sit; sed hoc tantum, an frau-*

(1) Balde, sur la loi 2 *Cod. de rescind.* Dumoulin, *in consuet.* Paris, § 2, *numb.* 45. *Fachinæus, controv. lib.* 12, *cap.* 23. — Loyseau, Traité du déguerpissem. 6-3, — et enfin, Arg. de l'art. 1681 du Code civil.

denìur creditores ? nec videtur injuria affici is qui ignoravit ; quum lucrum extorquatur, non damnum infligatur.

Domat, en ses lois civiles, liv. 2, tit. 10, sect. 1re, no 2, s'exprime dans le même sens. « toutes les dispositions, dit-il, que peuvent faire les débiteurs *à titre de libéralité,* au préjudice de leurs créanciers, peuvent être révoquées, soit que celui qui reçoit la libéralité ait connu le préjudice fait aux créanciers, soit qu'il l'ait ignoré ; car sa bonne foi n'empêche pas qu'il ne fût injuste qu'il profitât de leur perte. »

M. Grenier, dans son Traité des donations et testamens, part. 1re, chap. 2, sect. 2, no 93, se range du même avis. Prévoyant le cas où un débiteur aurait disposé, par donation, des biens lui appartenant, il fait observer que, quant aux créanciers hypothécaires, il ne s'élève point de difficulté, puisque en vertu de leur hypothèque, ils peuvent suivre les objets qui y sont affectés, en quelques mains qu'ils passent. — Quant aux créanciers chirographaires, ils ont, dit-il, la ressource de pouvoir attaquer la donation de nullité, comme faite en fraude de leur créance. Mais dans tous les cas, il est certain, ajoute-t-il, qu'avant d'être libéral, il faut être libéré : *Nemo liberalis nisi liberatus.* Un débiteur qui ferait de pareilles donations serait de mauvaise foi, et le donataire ne pourrait profiter d'une pareille donation, soit qu'il ignorât cette mauvaise foi, soit qu'il y participât. On sent que, si on pouvait user impunément d'un pareil moyen, il n'y a pas de créancier chirographaire qui ne fût exposé à devenir victime d'un concert de fraude ; et tout ce qui se fait en fraude du créancier est nul, ainsi que cela résulte de l'art. 1167 du Code civil.

Le même auteur ajoute : « Pothier, Introd. au tit. 15, sect. 4, no 65 de la Coutume d'Orléans, disait que, quand

la donation serait même à titre singulier, c'est-à-dire, d'un objet particulier, mais qui fît toute la fortune du donateur, ou d'une somme à prendre sur tous ses biens présens, et qui les absorberait, si les circonstances indiquaient qu'il y eût une fraude pratiquée au préjudice des créanciers, ceux-ci pourraient également faire annuler, à leur égard, la donation comme frauduleuse ; il ne manque pas d'observer que cela devrait avoir lieu, quoique le donataire ignorât la fraude, parce qu'en cela, le donataire diffère de l'acquéreur à titre onéreux, qui n'est sujet à cette action révocatoire que lorsqu'il a été *conscius fraudis.*

« On sent, ajoute M. Grenier, que d'après le principe de la publicité des hypothèques, établie par la législation actuelle, cette opinion serait susceptible de quelque difficulté, au moins pour la donation d'immeubles, qui aurait été transcrite et qui n'aurait point été frappée d'inscriptions hypothécaires. On peut dire, en effet, que l'on se cache ordinairement, lorsqu'on veut commettre une fraude ; et que la publicité donnée à la donation par la transcription, afin de provoquer des inscriptions hypothécaires, exclut tout idée de fraude ; etc., etc. »

Nous ne saurions partager les doutes que fait, sous ce dernier rapport, M. Grenier, puisqu'il est constant aujourd'hui que la transcription d'un acte de vente n'empêche pas qu'on ne puisse attaquer ce dernier, pour cause de dol et de fraude. Or, il y a parité parfaite dans le cas d'une donation ; transcrite ou non transcrite, elle peut être annulée pour le même motif. Cette identité parfaite s'évince non-seulement de l'art. 1167 du Code civil, mais encore de l'art. 444 du Code de commerce. (1). — Un autre arrêt de la Cour royale de Bordeaux, en date du 31 mai 1826, Jurispr. du 19e siècle, 1826, 2. 273,

______

(1) On peut lire, en outre, Delvincourt, Cours de droit civil, t. 2, p. 216, édit. de Brux. et Toullier, vol. 6, ne 352. Arrêt de la Cour royale de Bordeaux, du 13 février 1826 ; Jurispr. du 19e siècle, 1826, 2. 253.

a été beaucoup plus loin ; il a jugé qu'une donation, même par contrat de mariage, pouvait être annulée ou révoquée, sur la demande des créanciers, comme faite en fraude de leurs droits, s'il était établi qu'au moment de ce contrat, l'avoir du donateur était absorbé par ses dettes ; que peu importait que le donataire fût de bonne foi.

Cette décision nous paraît peu sûre ; nous doutons que la règle que nous examinons puisse s'appliquer aux contrats de mariage ; plus spécialement, nous ne pouvons croire qu'on puisse ranger au nombre des libéralités, révocables, comme étant faites au préjudice du droit des créanciers, les donations faites par un père à sa fille, dans un pareil contrat, lorsque le mari ignore la fraude. Il est bien vrai que la femme reçoit la dot à titre gratuit, et que, sous ce rapport, la Cour royale de Bordeaux aurait pu appliquer les principes ci-dessus ; mais par rapport au mari, la donation étant faite à la charge d'entretenir le ménage, constitue une véritable disposition à titre onéreux, et sous ce rapport, il n'a à craindre la résolution qu'autant qu'il serait de mauvaise foi. C'est ce que Pothier explique parfaitement, dans ses Pandectes, liv. 42, tit. 8, nº 20. —Ajoutons, d'ailleurs, que l'arrêt de la Cour royale de Bordeaux tend à créer des embarras ; qu'il menace la sécurité des familles, et qu'il tend à jeter le désordre dans un grand nombre de mariages, qui n'auraient pas eu lieu, sans la certitude qu'avaient les parties que leurs conventions matrimoniales recevraient une pleine exécution.

158. La bonne foi d'un donataire contre lequel on poursuit la nullité d'une donation, ne doit pas cependant être perdue de vue, et il est de principe que, dans ce cas, la résolution s'opère contre lui *prout ex nunc* et non pas *prout ex tunc*, et qu'il ne doit rendre la chose qu'il détenait que dans l'état où elle se trouve ; qu'en un mot, il ne doit supporter les effets de la nullité ou de la rescision, que jusqu'à concurrence de ce dont il est devenu plus riche ; car s'il ne doit pas faire un bénéfice, sa bonne foi ne permet pas, non plus, que la rescision puisse lui faire éprover la moindre perte. (1)

159. *Troisième Règle.* La résolution d'un acte ou convention ne peut avoir lieu au préjudice des tiers, lorsque ceux-ci détiennent leur droit de celui-là même qui intente l'action en nullité. Ce serait un moyen indirect de rompre des engagemens légitimement contractés. *Nulla promissio potest consistere quæ ex voluntate promissoris statum capit.* Leg. 108, § 1, ff. de verb. obl.

Cette proposition est la suite de l'interprétation donnée par les anciens docteurs à la maxime : *Resoluto jure dantis resolvitur jus accipientis.*

160. Pour expliquer cette maxime, ils distinguèrent deux cas. Le premier, si la résolution avait lieu pour une cause nécessaire et inhérente au contrat. *Ex causâ antiquâ necessariâ et inherentè contractui.*

Le second, si elle était consentie volontairement par les deux parties contractantes, comme, par exemple, lorsque deux parties qui avaient traité d'une vente demeuraient d'accord de la résoudre. *Cùm à perfectâ emptione ego et tu mutuo consensu potiùs quàm ex juris ratione discessissemus.*

Au premier cas, la résolution avait lieu même contre le tiers ; au second cas, il n'en était pas ainsi, par la raison déjà exprimée, qu'il ne peut pas dépendre d'un individu de s'affranchir directement ou indirectement des obligations qu'il a contractées. (2)

161. Si la convention ne pouvait être résolue que sur la demande de l'une des parties, et qu'après avoir cédé tout

---

(1) *In hos tamen, qui ignorantes ab eo, qui solvéndo non sit, liberalitatem acceperunt, hactenùs actio erit danda, quatenùs locuple-* *tiores facti sunt ; ultrà, non. Leg. 6 § 11 ff. quæ in fraudem, etc. etc.*

(2) *Contractûs enim resolutió quæ est vo-*

ou partie des droits qui lui avaient été transmis par l'acte résoluble, elle demandât la résolution, celle-ci devrait être considérée comme volontaire, elle n'aurait pas lieu au préjudice des tiers. C'eût été, en effet, fournir un moyen, à une partie de mauvaise foi, de se soustraire à l'exécution de ses promesses. Elle ne devrait être donc accueillie que sous la réserve du droit des tiers ; et comme l'action en résolution est le plus souvent indivisible, elle se résoudrait le plus souvent, aussi, en dommages-intérêts.

162. Il est encore à remarquer que le demandeur ne serait pas, en ce cas, recevable dans son action en nullité, si, lorsqu'il a aliéné une partie du droit lui provenant de l'acte nul ou annulable, il avait connu le vice de son acquisition et le droit qu'il avait de la faire annuler ; l'aliénation qu'il a faite est une exécution volontaire qui vaut ratification ; et qui rend non recevable à proposer la nullité. *Infrà*, chap. 16, sect. 3.

163. *Quatrième Règle.* Lorsqu'un acte n'est point nul, mais seulement annulable ou rescindable, pour une cause qui n'est point apparente, l'action en nullité et en rescision ne rejaillissent point sur les tiers qui ont traité de bonne foi, et qui ont rempli les formalités nécessaires pour avertir ceux qui auraient des droits à exercer sur la chose qui fait l'objet du traité ; ou, en d'autres termes, sur ceux qui ont observé les formalités que la loi indique.

Cette règle importante mérite toute l'attention des Jurisconsultes : elle semble contraire 1° à la disposition de la loi qui veut que ceux qui n'ont sur l'immeuble qu'un droit suspendu par une condition, ou résoluble dans certains cas, ou *sujet à rescision*, ne puissent consentir qu'une hypothèque sou-

mise aux mêmes conditions ou à la même rescision. Art. 2125 du Code civil.

2° A la décision de la Cour de cassation, d'après laquelle on ne doit modifier la règle portée par l'art. 2125, que dans les cas où le législateur a positivement porté une exception. Arrêt du 26 juillet 1826, Jurispr. du 19e siècle, 1827, 1. 100.

Cependant, si on considère combien la règle ci-dessus est juste, et combien elle se rattache à l'ordre public, on n'hésitera pas à l'admettre sans restriction. On reconnaîtra que l'art. 2125 du Code civil ne s'applique qu'au cas spécial d'une hypothèque consentie sur un bien dont le débiteur n'était pas irrévocablement propriétaire, et qu'il n'affaiblit pas les principes d'ordre et de justice sur lesquels nous faisons reposer la règle ci-dessus. Nous disons, au contraire, et nous allons prouver que l'exception confirme cette règle.

164. Tout le monde est d'accord de la nécessité où la société se trouve placée de valider l'acquisition faite par un de ses membres, sans fraude, et en observant toutes les formalités prescrites par la loi pour rendre son acquisition irrévocable. L'acquéreur traite alors sur la foi publique ; l'intérêt public exige qu'il ne soit pas trompé. Cette nécessité ancienne et fondamentale de tout état social a été rappelée par l'Orateur du gouvernement chargé de faire connaître les motifs du titre des donations. M. Jaubert disait à la tribune « *Les tiers qui ont pris toutes* » *les précautions que la loi indique,* » *doivent être à l'abri de toute pour-* » *suite.* »

Ce principe n'est pas seulement juste ; nous ne saurions trop le redire, il est d'ordre public, et rien n'est plus essentiel que le besoin d'inspirer la confiance dans les conventions, et de donner la

---

luntaria non potest perimere jus quod medio tempore fuit alteri quæsitum, secùs si sit necessaria. Faber, loc. cit.— Pothier, Traité des hypothèques, chap. 3, § 3 ; et introd. au tit. des fiefs de la Coutume d'Orléans. — Maxime 5 de Dumoulin, quest. 18 , 19 . 20 du droit de commise au tit. des fiefs.

certitude de leur exécution. — *Ce besoin sert de type à toutes les formalités intrinsèques et extrinsèques qui donnent publicité et saisine ; ne pas les reconnaître ce serait porter atteinte à la foi publique.* Arrêt de la Cour de Caen, du 19 mars 1823, Sirey, 1823 part. 2 , page 153.

165. Pour assurer l'entier effet de ce principe , et d'un autre côté , pour qu'on n'en abusât pas , le législateur a pris soin d'indiquer les moyens et les formalités nécessaires pour affranchir un immeuble de toutes les charges et hypothèques qui peuvent le grever : l'aquéreur est mis à même de connaître les hypothèques légales , judiciaires ou conventionnelles , qui peuvent être un obstacle au paiement ; il peut obliger les créanciers inscrits à s'entendre entr'eux , ou à défaut, il peut provoquer un ordre judiciaire. Ces formalités une fois remplies , il peut se libérer valablement, et on conçoit que , comme il n'a rien négligé de ce que le législateur l'obligeait de faire , la sécurité la plus parfaite doit être le prix de son exactitude et de sa prudence.

Par quel renversement d'idées et de principes pourrait-on arriver au point que cette confiance aurait été trompeuse , que la sécurité de l'acquéreur ne serait qu'imparfaite ? Oserait-on prétendre qu'il y avait dans la loi un danger certain, un piège invisible qu'il ne serait pas possible à l'homme le plus sage d'éviter ? Comment serait-il possible que celui qui aurait mis au grand jour son acquisition et qui aurait pris les moyens légaux pour connaître les droits des tiers, pour mettre ceux-ci à même de les exercer, aurait à craindre une action en nullité ou en recision ? Comment, surtout, serait-il possible de les soumettre à cette crainte , pendant les dix ans qui sont le terme de durée ordinaire des actions en nullité (Art. 1304 du Code civil). S'il en était ainsi , les transactions seraient impossibles , la confiance publique serait anéantie , et la loi frappée d'impuissance. Hâtons-nous donc de le répéter :

une pareille injustice ne peut être dans la loi , et , sans aucun doute , le citoyen Jaubert proclamait une vérité incontestable, quand il disait à la tribune législative. *«Les tiers qui ont pris toutes les précautions que la loi leur indiquait, doivent être à l'abri de toute poursuite.»*

166. D'autres raisons , également puissantes, justifient la justesse de cette dernière proposition. En effet , celui qui était en droit d'intenter l'action en nullité ou en rescision connaissait , le plus ordinairement, ou était censé connaître, la cause de son action et le droit qu'il avait de s'en prévaloir. En gardant le silence pendant le temps nécessaire pour les formalités voulues par la loi pour purger les hypothèques, en ne profitant pas des avertissemens qu'il reçoit par l'accomplissement de ces formalités , il est censé vouloir renoncer à son action, et ratifier l'acte annulable ; c'est le cas de la ratification tacite qui fait l'objet du § 3, sect. 3, chap. 16 ci-après.

167. A la vérité , il arrive quelquefois que celui qui était en droit de proposer la nullité de son engagement , ignore la cause de cette nullité ; et dans ce cas , il ne serait pas raisonnable de le déclarer non recevable, sous le prétexte qu'il aurait ratifié par son silence. Il est certain qu'on ne pourrait lui rien imputer : toutefois , les motifs d'ordre public dont nous avons parlé , militent pour l'aquéreur de bonne foi qui a observé les formalités prescrites par le législateur. Vainement objecterait-on que c'est dépouiller celui à qui appartient l'action en nullité d'un droit pour la perte duquel il n'a fait aucune imprudence , ni donné aucun consentement ; nous répondrions qu'en pareille circonstance , il se trouve soumis à ce principe de sûreté générale qui nous condamne souvent à perdre une partie de nos droits , afin de mieux conserver notre liberté et nos autres droits en général.

On peut d'ailleurs soutenir , jusqu'à un certain point, que celui qui ne propose pas, parce qu'il l'ignore, la nullité qu'il était en droit d'invoquer, ne garde le silence sur l'engagement qu'il a consenti ; que parcequ'il le croit bon ; que c'est, dès-lors ; par erreur qu'il n'agit pas. Or, comme, dans le doute, l'erreur doit nuire à celui qui se trompe, on doit préférer à celui-ci le tiers acquéreur de bonne foi, dont le droit fait obstacle à la résolution.

168. Jusqu'ici nous avons supposé que le tiers était acquéreur par un acte susceptible de transcription, qu'il avait fait transcrire, et qu'il avait ainsi averti par la publicité les tiers qui pouvaient avoir droit. — *Quid juris* si l'acte qui confère le droit au tiers de bonne foi, est un acte non susceptible de transcription, si c'est un simple acte dans lequel il n'y ait eu d'autre formalité que celle de l'enregistrement ? — Nous pensons que, bien qu'il n'y ait pas absolument les mêmes motifs, cependant il faut porter la même décision ; car dans ce cas, comme dans le précédent, l'acte qui a engagé le tiers à traiter, avait les apparences de la légalité. C'était à la partie intéressée à détruire cette apparence, à s'en expliquer de suite : si elle ne l'a point fait, tant pis pour elle ; elle ne peut faire retomber sur le tiers de bonne foi les suites de son silence, et si elle a ignoré la cause de la nullité, ce ne peut être que par sa faute, ou par la faute de celui qu'elle représente ; et dans tous les cas, par une erreur de fait : or, dans l'un et l'autre cas, elle n'est point recevable à se plaindre de son erreur et à en demander réparation au tiers qui a traité sans fraude, et sans même se douter qu'il eût le plus petit danger à courir. Au contraire, celui-ci se trouve placé sous l'influence, et en quelque sorte, sous la protection des principes d'ordre public dont nous avons naguère fait ressortir la nécessité.

169. On trouve la justification de notre opinion, s'il en était besoin, dans l'exercice de l'action révocatoire, c'est-à-dire de l'action donnée aux créanciers pour attaquer les actes faits par leurs débiteurs, en fraude de leurs droits. — Il est constant que cette action n'a lieu contre celui qui a traité à titre onéreux avec le débiteur, qu'autant qu'il était avec ce dernier dans le secret de la fraude ; s'il ignorait cette circonstance, l'acte est inattaquable à l'égard de ce tiers, bien que, par l'effet de la disposition qu'il renferme, le créancier se trouve avoir perdu l'unique gage de sa créance ; il doit, dans ce cas, s'imputer d'avoir suivi la foi de son débiteur. Voici comment s'exprimait, sur cette question, la loi romaine. *Leg. 9, ff. quæ in fraud.*

Is qui à debitore cujus bona possessa sunt sciens rem emit, iterùm alio bonâ fide ementi vendidit, quæsitum est an secundus emptor conveniri potest? Verior est Sabini sententia. bonâ fide emptorem non teneri : quia dolus ei duntaxat nocere debeat, qui eum admisit. Quemadmodùm diximus non teneri eum si ab ipso debitore ignorans emerit. Is autem, qui dolo malo emit, bonâ fide autem ementi vendidit, in solidum prætium rei quod accepit tenebitur.

170. Cette décision infiniment juste est passée dans notre jurisprudence, et c'est ainsi que les commentateurs modernes ont interprété l'art. 1167 du Code civil. Voyez l'opinion de Toullier sur l'action révocatoire, celle de Delvincourt, en son Cours de droit civil, t. 5, p. 216, édition de Bruxelles.

171. Au surplus, revenant sur l'examen de la question, en thèse, la solution que nous lui avons donnée est fortifiée par l'opinion des auteurs et par la Cour de cassation. Voici ce que dit à cet égard M. Delvincourt: « L'ac-
» tion en nullité ou en rescision ne se
» donne point contre le tiers de bonne
» foi, sauf le cas où la cause de rescision
» résulte évidemment de l'acte, *putà*
» dans le cas de lésion, art. 1681 du
» Code civil ; autrement il n'y aurait
» aucune sécurité dans les transactions.
» Quand j'achète de celui qui a acquis
» du véritable propriétaire, comment
» pourrai-je savoir que celui-ci a été
» trompé, et que l'on a employé des manœuvres frauduleuses pour le déter-
» miner à vendre. »

172. Enfin la Cour de cassation a jugé, conformément à l'opinion de cet auteur, dans l'espèce suivante.

Le sieur Fontenelle avait acquis un immeuble du sieur Blancot, pour le prix de 5650 fr.; la vente avait été précédée d'annonces par affiches publiques.

Peu de temps après, il y eut contre lui action d'éviction, de la part des enfans Lerebours, lesquels prétendaient que Fontenelle avait acquis à *non domino*, attendu que leur père était, dans le fait, seul propriétaire de l'immeuble vendu.

Alos Fontenelle exhibe le titre de propriété du sieur Blancot. — En effet, par acte authentique, Lerebours avait vendu l'immeuble litigieux au sieur Blancot, moyennant un capital de 900 francs et une rente viagère de 50 francs.

Comment se pouvait-il donc que les enfans Lerebours prétendissent qu'il avait acquis à *non domino*.

Voici le fait justificatif de cette assertion. Lerebours ayant voulu avantager un de ses enfans, imagina de simuler une vente en faveur d'un ami, sous condition que les objets vendus en apparence, seraient en réalité remis par cet ami à l'enfant que le père voulait avantager. L'ami, choisi par Lerebours, fut le sieur Blancot; celui-ci fit une contre-lettre au profit de l'enfant avantagé.

Après la mort de Lerebours, et lorsque Blancot eut abusé du fidéi-commis, la contre-lettre fut produite : par-là, tous les enfans apprirent qu'il y avait eu donation déguisée à leur préjudice. Ils demandèrent la nullité de la vente simulée par Lerebours au sieur Blancot ; et cette attaque ne pouvait souffrir aucune difficulté. — Mais ils demandèrent par suite la nullité de la vente faite par Blancot à Fontenelle ; et c'est sur ce point qu'il y a eu litige sérieux, les enfans Lerebours soutenant toujours que Blancot n'ayant réellement aucun droit sur l'immeuble, il n'avait pu le transmettre à Fontenelle.

L'acquéreur Fontenelle soutenait que les règles générales sur la perfection de la vente, rigoureusement applicable aux parties contractantes, ne sont pas susceptibles de la même rigueur, quand il s'agit des tiers : que l'intérêt public et la faveur des transactions sociales exigent qu'il soit tenu compte de la bonne foi des tiers acquéreurs ; il argumentait, d'ailleurs, de sa possession pendant plusieurs années, ainsi que d'une licitation faite de l'immeuble en litige.

Jugement du tribunal de Caen et arrêt de la Cour d'appel, du 11 décembre 1809, qui rejettent l'action en éviction : « attendu, relativement à la revente, que ce projet de fraude qui a pu être concerté entre Lerebours et Blancot, ainsi que les divers élémens dont on le fait sortir, sont hors du contrat authentique sur la foi duquel Fontenelle a acquis ; qu'ils n'ont pu, dès-lors, en altérer le caractère, absolument détaché de toutes les circonstances intrinsèques, ni détruire respectivement au tiers acquéreur la propriété réellement transmise à Blancot, propriété qui n'est échappée à ses héritiers que par l'effet d'une contre-lettre qui n'a été connue que depuis la seconde vente, d'où il résulté qu'on ne peut soutenir raisonnablement que Fontenelle aurait acquis à *non domino*, quand il acquérait à la vue d'un titre public, et que rien ne lui annonçait pouvoir jamais être rescindé par aucun vice procédant ni de sa nature, ni de la capacité de son vendeur ;

Que l'acquisition de Fontenelle a même eu lieu sur des affiches publiques, plus d'un an après celle de Blancot ; et sans aucune réclamation ni opposition de la part des enfans du premier vendeur, lesquels ne pourraient imputer qu'à leur silence le préjudice dont ils se plaignent aujourd'hui; qu'il serait, d'ailleurs, naturel que ces derniers héritiers de leur père supportassent quelques pertes résultant des ventes dont il s'agit, s'ils ne pouvaient s'en venger sur les représentans Blancot et leur propre sœur, plutôt que Fontenelle, qui est absolument étranger au premier vendeur, et qu'ils voudraient pourtant dépouiller de son acquisition, après plusieurs années de possession paisible *animo domini*, et différentes dépenses et améliorations faites sur le fonds.

Les enfans Lerebours se sont pourvus en cassation, pour violation de l'art. 2182, etc., etc.

Le 18 déc. 1810, arrêt de rejet.— Par le motif qu'en validant la vente faite par Marin Blancot à Edouard Fontenelle, la Cour de Caen a fait un acte de justice par lequel elle n'a violé ni l'art. 1599, ni l'art. 2182 du Code civil : qu'en effet, au moment où Blancot a fait cette vente à Fontenelle, le contrat de vente qui l'avait rendu propriétaire de la chose vendue n'était attaqué par personne ; d'où il suit qu'il ne vendait pas la chose d'autrui ; que de son côté, Fontenelle avait toute raison de croire qu'il n'achetait pas *à non domino*, puisqu'il traitait à la vue d'un contrat authentique passé depuis plus d'un an, personne ne réclamant, et pour les biens dont la vente était annoncée par des affiches publiques ; Dalloz, t. 28, p. 63.

Voir un autre arrêt du 14 décembre 1826, Jurisp. du 19ᵉ siècle, 1827, I, 60, et les décisions rapportées par Paillet, sur l'article 1599 du Code civil.

173. *Cinquième Règle*. L'action en nullité ou en rescision préjudicie aux tiers lorsque ceux-ci sont de mauvaise foi. Le tiers n'est de bonne foi qu'autant qu'il possède comme propriétaire, en vertu d'un titre translatif de propriété dont il ignore les vices. Il cesse d'être de bonne foi, du moment où ces vices lui sont connus. Art. 549 et 550 du Code civil.—On conçoit facilement l'exactitude de cette règle. Le tiers qui achète, le sachant bien, une chose qui n'appartient pas au vendeur, s'expose velontairement à l'action en nullité ; il y a plus : si la cause de celle-ci est non - seulement illégale, mais injuste, il se rend complice d'une mauvaise action, puisqu'il se prête à en assurer les résultats. Il se place en dehors des principes d'ordre que nous avons invoqués en faveur des tiers de bonne foi, il se soumet aux mêmes chances que celui qu'il représente ; il doit être enveloppé dans les mêmes poursuites ; dans tous les cas, on peut lui opposer la règle : *Damnum quod quis suâ culpâ sentit, non intelligitur sentire.*

174. Ce que nous avons à dire encore sur l'effet des nullités, par rapport aux tiers de bonne foi, se rattache au chapitre suivant, dans lequel nous nous sommes occupés de l'effet de la bonne foi en général.

CHAPITRE XIII.

Des effets de la bonne foi, soit par rapport aux parties contractantes, soit par rapport aux tiers.

---

175. Comme nous venons de le dire, la loi répute de bonne foi celui qui possède, comme propriétaire, en vertu d'un titre translatif de propriété dont

il ignore les vices; il cesse d'être de bonne foi, du moment que ces vices lui sont connus; art. 549 et 550 du Code civil. — Dans tous les cas, la bonne foi est toujours présumée; c'est à celui qui allègue la mauvaise foi à la prouver, art. 2268 du Code civil; et les élémens de cette preuve sont abandonnés à la sagesse des tribunaux.

176. En général, on répute *vices* de possession : 1° la violence, 2° la clandestinité, qui consiste dans l'acquisition d'une chose par des voies clandestines; 3° la connaissance qu'a le possesseur des moyens illicites par lesquels celui qu'il représente est devenu propriétaire de la chose qui fait l'objet de la possession.

177. On doit tenir pour certain que la bonne foi n'est jamais, par elle seule, une cause suffisante de l'acquisition d'un droit sur une chose; il est indispensable qu'elle se joigne à l'existence d'un titre translatif de propriété, et qu'elle soit accompagnée de quelque autre circonstance grave, reconnue par la loi ou la jurisprudence comme devant valider le titre. Il faut, dans tous les cas, qu'on puisse reprocher au véritable propriétaire son apathie ou sa conduite; c'est ce qu'exprimait succinctement l'ancienne règle : *Bona fides tertii possessoris non excludit jus spoliati, si nihil spoliato imputari possit. Faber*, lib. 8, tit. 3, definit. 26. — C'est, d'ailleurs, ce qui résulte incontestablement de l'art. 2265 du C. civ., suivant lequel il faut que le possesseur ait pour lui un juste titre, la bonne foi, et qu'en outre, le véritable propriétaire garde le silence pendant dix ou vingt ans, suivant qu'il habite ou qu'il n'habite pas dans le ressort de la Cour dans l'étendue de laquelle l'immeuble est situé.

178. Lors donc que l'on se trouve à même de résoudre une question dans laquelle une des parties veut se prévaloir de sa bonne foi, pour valider un titre nul, elle a tout à prouver : le principe est contr'elle; c'est à elle à produire les motifs graves qui la placent dans un cas d'exception; et il est évident

SOLON.

que, toutes les fois que de pareilles questions se rapportent uniquement à des intérêts particuliers, le doute doit se résoudre en faveur de celui qui a titre valable. Ce n'est que lorsque l'ordre public se trouve intéressé à la question, qu'il peut, dans des cas déterminés, faire pencher la balance en faveur de celui qui possède. Nous allons le voir dans les paragraphes suivans. Nous examinerons, dans le premier, les effets de la bonne foi dans la pétition d'hérédité; dans le deuxième, les effets de la bonne foi dans le mariage; et dans le troisième, les effets de la bonne foi, par rapport à la restitution des fruits perçus et des réparations faites depuis la passation de l'acte nul.

§ 1er. *Des effets de la bonne foi dans la pétition d'hérédité.*

179. Il est certain aujourd'hui que la qualité d'héritier putatif jointe à la bonne foi de celui qui traite avec lui, légitime certains actes qu'il n'était pas cependant en droit de consentir.

Par exemple, les débiteurs d'une succession qui ont payé de bonne foi, entre les mains de l'héritier putatif, sont valablement libérés, et n'ont pas à craindre des poursuites à cet égard, de la part de l'héritier véritable, s'il se représente (art. 1240 Code civil). Ce dernier doit se reprocher de ne pas s'être fait connaître, et d'avoir occasionné l'erreur qui a entraîné le débiteur de la succession. Celui-ci a cru et dû croire que le possesseur de l'hérédité en était le maître, suivant l'ancienne règle : *possessor pro domino habetur.* — L'article 1240 n'a fait en cela que consacrer l'opinion des jurisconsultes les plus savans, voir *Faber. cod.*, lib. 6, tit. 36, définit. 15.

Par exemple encore, les jugemens qui ont été rendus contre l'héritier apparent, et qui sont passés en force de chose jugée ne perdent rien de leur autorité par l'apparition subséquente du véritable héritier : il est obligé de les respecter, car comme le dit Cochin, tom. 4,

14.

page 326, « ce n'est pas au créancier à » aller rechercher des héritiers qui n'a- » gissent pas, et dont le droit peut être » incertain. »

180. Mais ici s'élève la question de savoir si la bonne foi des tiers qui ont acquis de l'héritier putatif des biens dépendans de l'hérédité, suffit pour valider et faire maintenir les ventes, et faire repousser l'action du véritable héritier qui revendique les biens vendus. — Cette question grave a été savamment discutée par Toullier, addit, et par Merlin, en ses Questions de droit; v° hé- ritier, § 3. — Ces deux auteurs sont d'accord sur ce point : que la bonne foi des tiers qui ont acquis de l'héritier ap- parent, une ou plusieurs propriétés, ne suffit pas pour rendre cette acquisition irrévocable. Seulement ils se divisent dans l'application de la règle dont ils reconnaissent, en commun, l'exactitu- de. M. Toullier pense que dans tous les cas, le véritable héritier est en droit de faire résoudre les aliénations faites par l'héritier apparent, et c'est pour cela qu'il attaque avec force un arrêt de cassation du 5 août 1815, qui juge que « celui qui a acquis d'un héritier appa- » rent, doit être maintenu toutes les fois » qu'il est reconnu qu'il a fait son acquisi- » tion de bonne foi. » Mais M. Merlin, en admettant l'opinion de M. Toullier, en thèse générale, la soumet à certaines mo- difications importantes. Nous ne rappor- terons pas les diverses modifications, ni les distinctions dont ce magistrat trouve la source dans les divers textes de lois romaines, il nous suffira d'engager nos lecteurs à prendre connaissance des ar- gumens de ces deux savans antago- nistes.

Pour nous, fidèles à suivre la mar- che que nous nous sommes tracée, nous nous sommes peu occupés à commen- ter les anciennes règles, et à concilier quelques textes inconciliables des lois romaines ; notre unique but a été de résoudre la question par les principes de l'équité, de l'ordre public et de la loi.

181. Un principe certain, également fondé en équité et en droit, c'est que l'on ne peut pas céder à un autre plus de droits qu'on n'a soi-même, (article 2182 du Code civil), d'où suit que la vente de la chose d'autrui est nulle ; (art. 1599 même Code).

182. Un autre principe également certain, c'est que la bonne foi de l'ac- quéreur, même lorsqu'elle est appuyée par un juste titre, ne suffit pas pour dépouiller un véritable propriétaire ; nous avons vu au n° 177, que l'art. 2265 du Code civil exigeait de plus une possession continuée pendant un délai de dix ou vingt ans. — Tous ces articles de loi sont un hommage au principe sacré de la propriété; ils sont une conséquence de cette règle de jus- tice : *id quod nostrum est sine facto nostro ad alium transferri non potest*, leg. 11, ff. de reg. juris.

183. La bonne foi du vendeur n'au- rait pas plus d'effet. Pour vendre, il faut être propriétaire, et si on ne l'est pas, peu importe qu'on ait la convic- tion de son droit, on n'opère pas mu- tation de propriété. — Nous ne pensons donc pas qu'on doive attacher la moin- dre importance à la distinction faite par M. Merlin, du cas où ce serait l'hé- ritier putatif, ou le tiers acquéreur qui seraient de bonne foi. — Il y voit une différence que nous trouvons peu rai- sonnable. Les principes ci-dessus nous paraissent avoir la même influence dans un cas que dans l'autre; et nous pen- sons que, dans tous les cas possibles, la bonne foi, soit de l'acquéreur, soit du vendeur, soit même de tous les deux, est sans force pour valider, par elle seule, un titre nul.

184. Cependant, que deviendront les tiers qui, sur la foi d'une possession publique, entière et non contestée, qui, à la vue d'actes réitérés, et non équivoques de propriété, auront cru à la réalité des droits d'un héritier appa- rent; les tiers qui, confians dans ce qui se passe sous leurs yeux, et sans avoir aucun moyen de s'éclairer, ni même de douter, auront traité avec cet héri- tier? Conviendra-t-il de les laisser ex-

posés à l'action en revendication du propriétaire véritable, deux, trois, quatre ans après leur acquisition, et de compter pour rien leur bonne foi et l'opinion générale qui, en la fortifiant, lui donnait tous les caractères d'un véritable droit? En tolérant une pareille éviction, n'aurait-on pas à craindre de porter atteinte à la confiance publique, de paralyser les transactions, et de laisser incertaines et invendables, dans les mains d'un héritier, les propriétés qui se trouvent dans une succession?

Ces considérations puissantes nous portent à penser qu'il est tel cas où les tiers acquéreurs de bonne foi se trouvent protégés par des considérations d'ordre public, où leur intérêt fait partie de l'intérêt général, et qu'il y a dèslors nécessité de les affranchir de l'application des principes ordinaires. Ces cas sont rares; nous allons les indiquer.

185. Ainsi que nous l'avons dit, la bonne foi d'un possesseur, même de celui qui a pour lui un juste titre, ne suffit pas pour le mettre à l'abri de l'action en revendication exercée par le véritable propriétaire; il faut dix ans de possession, ou quelqu'autre motif grave, qui intéresse, en quelque sorte, l'ordre public au succès de son exception. — Or, ce motif existe toutes les fois que le silence du véritable héritier a été si profond, que personne n'a pu se douter de sa qualité, et que d'un autre côté, l'héritier putatif a fait des actes de propriété si peu équivoques, qu'une opinion générale, une *erreur commune*, a dû s'établir sur la qualité et les droits du détenteur de l'hérédité. Le tiers-acquéreur peut dire : « J'ai fait » ce que tout le monde a fait, ou tout » au moins, ce que tout le monde aurait fait comme moi, j'ai traité avec » un héritier que chacun réputait tel, » j'ai agi avec prudence, avec bonne » foi, et mon erreur est une erreur commune, qui devient mon droit. *Error » communis facit jus.* »

Ce langage nous paraît fondé; le titre apparent, la bonne foi et l'erreur commune rendraient l'éviction injuste et illégale, et de tous les cas où une pareille erreur peut valider un titre nul, il n'en est pas de plus juste que celui dont nous nous occupons; c'est bien dans ce cas, surtout, qu'on peut dire avec Cochin, *suprà* n. 370, *qu'il ne faut pas porter le trouble dans un grand nombre de familles dont l'état et la fortune pourraient être renversés.*

Un individu, par exemple, s'empare de la succession de son parent; il en administre toutes les affaires; il en exerce tous les droits; chacun traite avec lui comme s'il était le véritable propriétaire; on ignore qu'il existe un autre parent plus rapproché du défunt, et généralement, on s'accorde à penser que le droit du détenteur est conforme à sa possession. Par suite de cette erreur commune, de cette opinion générale, ce dernier vend tout ou partie des biens dépendans de la succession, il en touche le montant, et cependant, après qu'il a fait toute sorte d'actes de propriétaire, le véritable héritier se présente; il revendique la succession, et se prévaut du droit qu'il a d'intenter son action pendant trente ans.

Bien évidemment, il est fondé à réclamer à l'égard de l'héritier putatif. Celui-ci s'étant, mal-à-propos, immiscé dans une succession qui ne lui appartenait pas, n'a aucune raison pour repousser sa demande, si ce n'est pour les fruits, s'il a été de bonne foi; *infrà* § III du présent chapitre.

A l'égard des tiers, il en est tout autrement : ils invoquent leurs titres, leur bonne foi, et l'erreur commune qui les a engagés à traiter. Ils peuvent se prévaloir des principes ordinaires sur les conséquences d'une pareille erreur, et ils sont fondés à soutenir que si cette erreur suffit pour habiliter un incapable, même celui dont l'incapacité est d'ordre public, *suprà* n. 378, à plus forte raison elle est suffisante pour rendre inattaquable un titre translatif de propriété, fortifié par la bonne foi de l'acquéreur. Ils peuvent se prévaloir de cet usage constant et général, qui donne aux actes, fruits d'une erreur commune, la même autorité que s'ils avaient été valablement consentis et régulièrement faits. Avis du Conseil d'état, du 2 juin, rapporté *suprà* n. 373.

186. Remarquez, d'ailleurs, que la force de cette erreur, reposant, surtout, sur ce que la partie intéressée à l'empêcher et à éclairer le public, garde le silence, et occasionne, par cela seul, les actes faits au mépris de son droit, il y a une raison de plus de décider dans l'espèce dont nous nous occupons.

En effet, pour recueillir une succession, il faut deux choses : être appelé par la loi, ou par la volonté des hommes, et manifester l'intention d'accepter ou de répudier cette succession. Cette seconde condition est le plus souvent remplie tacitement ; elle l'est suffisamment par la prise de possession des biens délaissés. Cette manifestation de l'héritier n'est point, comme sous le droit Romain, d'une absolue nécessité pour la saisine, *leg* 54, *ff. de acq. vel omitt. hæred.* ; mais l'héritier n'est pas absolument dispensé de la remplir. Il doit manifester son acceptation et craindre que son silence ne puisse s'interpréter contre lui. S'il laisse un autre héritier prendre sa place, il est complice de l'erreur du tiers ; il y a plus, il en est la cause première, il ne peut donc s'en plaindre plus tard ; et il doit être non recevable dans ses poursuites pour faire annuler des actes qu'il pouvait et devait empêcher.

Mais, dit-on, il est possible qu'il ait ignoré l'ouverture de la succession, et alors, ce serait très injustement qu'on lui reprocherait d'avoir gardé le silence, et d'avoir occasionné l'erreur commune, par suite de laquelle ses biens ont été vendus. Cela est vrai, et cependant l'ignorance de son droit ne peut être un obstacle à l'erreur commune ; celle-ci n'en est pas moins le résultat des actes et de la conduite de l'héritier putatif. Le véritable héritier a moins à se reprocher, mais sa position, purement privée, ne peut point balancer les raisons d'ordre public sur lesquelles

repose l'erreur dont nous parlons ; et qui, par cela même, militent en faveur du tiers acquéreur. Aussi, dans ce cas comme dans l'autre, ce tiers ne peut point être évincé. D'ailleurs, il est toujours à présumer que celui à qui préjudicie l'erreur commune est en faute ; ainsi, par exemple, le mari dont la femme se fait passer pour célibataire et agit comme si elle était tout-à-fait en dehors de la puissance maritale, est censé ratifier tous les actes que fait sa femme ; son silence est confirmatif, et justifie l'erreur commune.

Par exemple encore, lorsqu'un individu exerce sans droit, des fonctions publiques, que l'autorité ferme les yeux sur un excès de pouvoir si répréhensible, il n'est pas douteux que, bien que celle-ci ignore cet abus, l'erreur commune ne s'en établit pas moins, par suite de cette présomption, qu'elle est censée approuver les écarts de ce citoyen audacieux, et par cette raison, qu'il serait injuste qu'elle voulût punir ce qu'elle avait toléré.

Dès-lors, pourquoi n'admettrait-on pas que chacun est censé connaître son droit à la succession d'un parent décédé, ou tout au moins, qu'on est répréhensible de ne pas avoir surveillé ou fait surveiller le sort des parens dont on était légalement appelé à recueillir l'hérédité. D'ailleurs, on ne saurait trop le redire, l'erreur commune fait le droit, et elle le fait moins par des motifs pris dans l'adhésion des intéressés, que par des raisons d'ordre public et d'intérêt général.

187. L'erreur commune nous paraît être la seule considération qui puisse valider le titre du tiers acquéreur, mais aussi, elle nous paraît décisive et propre à concilier toutes les divergences qui ont existé sur la question proposée. Nous devons faire observer, toutefois, qu'il ne suffirait pas qu'un individu se mît en possession d'une hérédité, pour qu'il pût, de suite, aliéner irrévocablement les biens qui en dépendent ; il faut plus que la possession et la bonne foi, il faut encore

cette multiplicité d'actes, cette manière d'agir large et générale sans lesquelles l'erreur commune ne peut pas s'établir; il faut que l'erreur ne soit pas légèrement accréditée, et qu'elle puisse, en quelque sorte, être considérée comme invincible. Dans le moindre doute, la force est pour le titre; la possession et la bonne foi ne peuvent ni le détruire ni même l'affaiblir.

La Cour de cassation a consacré ces principes, et bien que dans l'espèce qu'elle avait à juger, on ne parle pas de l'erreur commune, il est bien certain qu'en lisant les faits, on y retrouve tous les caractères d'une pareille erreur. Voici, du reste, ce qui a donné lieu à cet arrêt important.

En l'an XIII, le sieur Fameçon est décédé, ne laissant que des héritiers collatéraux. Les frères et sœurs Rogier, parens du défunt, furent les seuls qui se présentèrent alors pour recueillir les biens dévolus à la ligne maternelle; en conséquence, et le 24 messidor an XIII, il fut fait un partage de la succession entre les parens de l'une et de l'autre ligne.

Par suite, l'un des sieurs Rogier vendit aux sieurs Richard et Louvet une pièce de terre tombée dans son lot.

En 1808, les sieurs Duguey et consorts, héritiers plus proches dans la ligne maternelle, assignèrent les frères et sœurs Rogier devant le tribunal civil d'Argenton, pour les faire condamner à leur abandonner les biens qu'ils avaient recueillis dans la succession.

Les frères et sœurs Rogier, convaincus, sans doute, de la légitimité de la réclamation exercée contr'eux, ne se présentèrent pas pour la contester; en conséquence, un jugement par défaut leur ordonna de délaisser les biens avec restitution de fruits, du jour de la demande. Ce jugement ne fut point attaqué.

Mais il fallait faire exécuter ce jugement contre les sieurs Richard et Louvet, acquéreurs de la pièce de terre vendue par le sieur Rogier. Ils furent assignés en délaissement par le sieur de Prépetit, devenu cessionnaire des droits des sieurs Duguey et consorts.

Les acquéreurs soutenaient qu'ayant acquis de bonne foi, *d'un individu qui passait pour le véritable propriétaire*, et qui possédait publiquement les biens en cette qualité, la vente qui leur avait été faite ne pouvait être attaquée; ils invoquèrent, à cet égard, une jurisprudence bien constante, qui maintient tous les actes, et même les aliénations faites par l'héritier apparent.

Le sieur de Prépetit répondit que le sieur Rogier, n'étant pas propriétaire de l'immeuble, n'avait pu l'aliéner; que la vente de la chose d'autrui était nulle, aux termes de l'art. 1599 du Code civil; que la bonne foi des acquéreurs ne pouvait leur servir de titre ni d'excuse, qu'elle ne pouvait leur donner que le droit de conserver les fruits qu'ils avaient perçus, et celui de prescrire par dix et vingt ans, et que c'étaient les seuls avantages attribués par le Code civil à la bonne foi du possesseur.

Le tribunal de Falaise, par deux jugemens des 25 février et 19 mars 1813, accueillit la prétention du sieur de Prépetit, et condamna les acquéreurs au délaissement. Dans ses motifs, le tribunal reconnut que la jurisprudence invoquée par les demandeurs, existait avant le Code civil; mais il pensa que cette jurisprudence n'était plus en harmonie avec les dispositions du même code, et qu'elle était abrogée.

Mais, sur l'appel, arrêt de la Cour de Caen, qui infirme les deux jugemens: attendu que, suivant l'ancienne jurisprudence, attestée par les auteurs normands, et puisée dans l'arrêt Malandin du 19 juin 1739, celui qui a acquis, d'un héritier apparent, des biens dépendans d'une succession dont cet héritier a été ensuite exclus par un parent plus proche, était maintenu dans son acquisition, lorsqu'il l'avait faite de bonne foi, *parce que le nouvel héritier devait s'imputer de ne s'être pas présenté plus tôt, et qu'à l'égard du tiers, il devait prendre les choses dans l'état où il les trouvait;* que, en reconnaissant la vérité de ce principe, les premiers juges ont pourtant décidé qu'il avait été aboli par le Code civil ; que pour établir cette dérogation à l'ancienne jurisprudence, on s'est prévalu des art. 724, 729, 789, 780, 2265 et 1599 du Code civil; qu'en les examinant, on n'y trouve que des principes généraux établis par le législateur pour les cas ordinaires;mais qui né portent aucune atteinte à l'ancienne jurisprudence ; que si les héritiers plus proches, représentés aujourd'hui par leur cessionnaire, se fussent présentés plus tôt, ils auraient pu invoquer ces articles avec avantage ; que l'inventaire a été fait dans les trois mois ; que les quarante jours pour délibérer se sont écoulés ; que le sieur Rogier s'était présenté comme héritier ; qu'il avait fait tous les actes qui appartiennent à cette qualité, en partageant les biens avec les héritiers de la ligne paternelle , en acquittant les droits de mutation , en jouissant des biens échus à la ligne maternelle, en faisant des coupes de bois et des ventes, sans que les héritiers plus proches soient venus réclamer la succession , sans même qu'ils aient manifesté, par des actes quelconques, l'intention de faire valoir leurs droits dans la suite; que, de ces faits, il résulte que le sieur Rogier a pris la saisine légale de la succession; qu'aux yeux de la loi , il est réputé avoir été le véritable héritier; qu'on ne peut pas donc dire qu'il a vendu la chose d'autrui; et qu'il avait, au contraire, l'exercice de tous les droits attachés à la propriété.

Pourvoi en cassation , de la part du sieur Prépetit, pour fausse application de l'art. 549 du Code civil, et pour contravention aux articles 724 et 1599 du même code.

Le 3 août 1815..... la Cour « attendu que l'arrêt dénoncé est fondé sur une ancienne jurisprudence conforme au droit commun, et soutenu par les motifs les plus puissans d'ordre et d'intérêt publics; qu'elle se concilie avec les articles, prétendus violés, 546, 724 et

1599 du Code civil, qui n'ont statué qu'en règle générale, rejette le pourvoi , etc. , etc. Dalloz , t. 26, p. 148.

188. Hors le cas de l'*erreur commune,* la pétition d'hérédité s'exerce tant contre les tiers que contre l'héritier putatif. Le véritable héritier n'a rien perdu de son droit, et son action entraîne la résolution de tous les actes d'aliénation qui ont pu être faits par le propriétaire apparent. — La bonne foi des tiers-acquéreurs ni la bonne foi de l'héritier putatif ne modifient nullement le droit de propriété ; le législateur s'en est expliqué d'une manière précise.

En effet, la bonne foi du tiers acquéreur est inutile, puisque ce n'est que par la prescription que la propriété est irrévocable. (Art. 2265 du Code civil.)

Quant à la bonne foi de l'héritier putatif, elle est pour nous d'une bien moindre importance que celle du tiers , puisque le législateur a dit positivement que cette bonne foi ne lui donnerait droit qu'aux fruits (art. 138 du Code civil) ; et que conformément à cette règle, qui existait avant le Code civil , on condamne cet héritier à rendre au véritable héritier qui se représente , non-seulement les immeubles, mais encore les capitaux mal employés, ou dissipés dans de folles dépenses.

Pothier, dans son Traité de la propriété ; n° 429 , après avoir rapporté les maximes du droit romain , sur la pétition d'hérédité, fait observer qu'elles pouvaient être utiles en théorie.

« Mais, ajoute-t-il, il est très-difficile
» d'en faire l'application dans la pra-
» tique , n'étant guère possible de con-
» naître si le possesseur de bonne foi,
» qui a reçu des sommes d'argent des
» débiteurs de la succession et du prix
» de la vente des effets de cette succes-
» sion et qui les a employées, s'en
» trouve plus riche ou non., au mo-
» ment de la demande en pétition d'hé-
» rédité, il faudrait pour cela entrer
» dans le secret des affaires des parti-
» culiers; ce qui ne doit pas être per-

» mis. Il a fallu dans notre pratique » française, s’attacher à une autre rè-» gle sur cette matière, qui est que » personne ne devant être présumé » dissiper ce qui fait le fonds d’un bien » qu’il croit lui appartenir, le posses-» seur des biens d’une succession est » censé avoir profité de tout ce qui lui » est parvenu des biens de cette suc-» cession, et qui en compose le fonds » mobilier, et en profite encore au » temps de la pétition d’hérédité, à » moins qu’il ne fasse apparoir du con-» traire.

» C’est pourquoi, lorsque le posses-» seur de bonne foi a été condamné de » rendre les biens de la succession au » demandeur, il doit lui donner compte » de toutes les sommes qu’il a reçues, » soit des débiteurs de la succession, » soit du prix de la vente des effets de » ladite succession, et généralement » de tout ce qui lui est parvenu. »

189. Cette opinion de Pothier, toute rigoureuse qu’elle est dans certains cas, était cependant généralement suivie dans l’ancienne jurisprudence ; elle doit l’être encore aujourd’hui, puisque les art. 138, 549 et 2265 du Code civil établissent d’une manière certaine que la bonne foi d’un possesseur ne lui donne jamais droit qu’aux fruits et produits de la chose qu’il possède.

190. Les bornes que nous nous sommes imposées dans notre travail, ne nous permettent pas de pousser plus loin nos observations et nos recherches sur les effets de la bonne foi, relativement à la pétition d’hérédité. Nous engageons nos lecteurs à prendre connaissance de la savante controverse qui existe entre MM. Merlin et Toullier, *loc. cit.*

§ II. *De la bonne foi dans les mariages, et de ses effets.*

191. Le mariage qui a été déclaré nul, produit néanmoins les effets civils, tant à l’égard des époux qu’à l’égard des enfans, lorsqu’il a été contracté de bonne foi. Si la bonne foi n’existe que de la part de l’un des deux époux, le mariage ne produit les effets civils qu’en faveur de cet époux et des enfans issus du mariage. (Art. 202 du Code civil.)

« En cette matière, disait M. le procureur-général de la Cour de cassation à l’occasion d’un arrêt rendu par » cette cour, le 15 janvier 1816; Dalloz, » t. 16, p. 148 ; Sirey, 1816, p. 81, la » bonne foi fut toujours une cir-» constance décisive que les tribunaux » saisissaient avidement, et qui n’a-» vait pas moins d’influence sur la rai-» son que sur le cœur des magistrats, » parceque la vraie justice cherche plus » souvent l’innocence que le crime, le » mariage que le concubinage, la lé-» gitimité que la bâtardise. Il est tou-» jours heureux de trouver une famille » de plus dans l’état ; la bonne foi sau-» vait tout : elle couvrait la nullité du » mariage ; elle était une exception à » toutes les règles, et c’est dans de pa-» reils motifs que sont basées les dispo-» sitions des art. 201 et 202. »

192. Il résulte de ces deux articles que, nonobstant la nullité du mariage, l’épouse de bonne foi pourra répéter sa dot, et exercer toutes ses reprises matrimoniales, ses droits à la communauté ; elle aura le droit de succéder aux enfans issus de son mariage ; en un mot, l’épouse ou les époux de bonne foi auront les mêmes droits que si leur mariage eut été légitime. *Bona fides tantùmdem præstat possidenti, quantùm veritas quoties lex non est impedimentum.* Leg. 136 ff. de reg. jur.

193. De leur côté, les enfans auront les mêmes droits que si le mariage de leurs père et mère n’eût pas été nul ; ils recueilleront leur succession, même de celui qui était de mauvaise foi. Roussaud de Lacombe, Jurisprudence civile, Vᵒ Enfant n. 12. Pothier, Traité du contrat de mariage, n. 439. — Cette dernière solution ayant été contestée, nous devons dire quelques mots pour la justifier.

Nous avons dit que les enfans issus d’un mariage putatif, avaient les mêmes droits que s'ils eussent été le fruit d'un mariage légalement contracté : dès-lors, ils ont, comme dans ce dernier cas, *une existence civile ;* or, il en est de cette existence, comme de l'existence naturelle, et de même qu'on ne peut pas, en même temps, vivre et ne vivre pas, on ne peut pas, non plus, ne jouir qu'en partie de la vie civile. C'est, du reste, une maxime établie par les arrêts, et par la doctrine des auteurs que *l'état des hommes ne peut pas se diviser,* et *que, surtout, la légitimité des enfans est indivisible* (1).

194. De là, les conséquences que si la mauvaise foi du père suffit pour que les enfans soient bâtards, et pour les faire exclure de la succession, la bonne foi de la mère les relève d'un pareil résultat, et plus favorable aux enfans, elle les fait participer aux successions paternelle et maternelle ; Leprêtre, cent. 1re, chap. I. Les admettre à une succession et non pas à l'autre, ce serait les reconnaître, en partie légitimes et en partie bâtards ; ce serait diviser leur état, et prononcer contr'eux une déchéance sévère, que la mère et les enfans n'ont point méritée.

195. Dans les mariages, la bonne foi s'entend de l'ignorance où étaient les époux, ou l'un d'eux, du motif qui s'opposait à leur union. C'est la juste opinion qu'ils avaient que leur mariage ne blessait nullement les dispositions de la loi, et qu'il pouvait se faire.

L'ignorance de droit, comme l'ignorance de fait, peut créer cette juste opinion qui donne la bonne foi. Les art. 201 et 202 du Code civil s'expriment d'une manière générale, il n'est pas permis de faire des distinctions; et l'on tient pour certain que la présomption, suivant laquelle chacun est censé connaître le droit, n'est pas un obstacle légal à la bonne foi des époux ; arrêt de la Cour royale de Paris, du

9 messidor, an XIII ; Sirey, 1805 ; 2-291 ; Dalloz, t. 19, p. 284.

196. Les art. 201 et 202 ayant été placés au titre des mariages, quelques jurisconsultes en ont tiré la conséquence qu'ils étaient sans influence sur le mariage du mort civilement marié avec une femme de bonne foi ; suivant eux, le sort particulier de ces mariages et des enfans qui en étaient issus, se trouvaient réglés par l'article 25 du Code civil. Or, comme d'après cet article, la mort civile emporte incapacité absolue de contracter mariage, la bonne foi ne peut rien changer aux conséquences d'une pareille prohibition, et, dans tous les cas, les enfans qui en naissent sont bâtards, et ne peuvent point succéder à leur père et à leur mère. Cette manière de raisonner est, dit-on, fortifiée par cette considération, que les enfans du mort civilement ne peuvent jamais lui succéder, puisque, dès que la mort civile a été encourue, ses biens lui sont enlevés, pour devenir la propr'été de ses héritiers ou du fisc, suivant que la confiscation a lieu ou n'a pas lieu. Richer, de la mort civile, p. 241 et 244, *in fine.* Pothier, du Contrat de mariage, n° 440. Enfin, les mêmes auteurs ont soutenu qu'en cette matière, la bonne foi était presque impossible, à raison de la publicité qui s'attache au sort d'un individu frappé de mort civile.

Nonobstant ces raisons, nous pensons que l'opinion contraire doit prévaloir ; il nous sera facile de le prouver. — Il est d'abord certain que l'opinion de Richer et de Pothier n'était point suivie dans la pratique ; les monumens de l'ancienne jurisprudence en font foi ; et l'on trouve cette vérité consignée dans un arrêt de cassation, du 15 janvier 1816, Dalloz, t. 16, p. 148; Sirey, 1816, p. 81 à 91. On y lit que « dans le cas de la mort civile, comme » dans tous les autres cas, on était d'ac-

___

(1) Lebrun, Traité des successions, liv. 1er. chap. 2, sect 3, n° 22 et 23. — Richer, Traité de la mort civile, pag, 241. — Arrêt de la Cour de cassation, du 15 janvier 1816. Dalloz t. 16. p. 148. Sirey, 1818, part. 1re. pag 81.

» cord, 1° de faire pour les enfans tout
» ce qu'il était possible de faire; 2° que,
» notamment, il fallait sauver les enfans
» par la bonne foi de l'un des deux
» conjoints, et les rendre habiles à
» succéder, comme si le mariage eût été
» valide.

En supposant, d'ailleurs, que la
question ne fût pas clairement résolue
dans l'ancienne jurisprudence, elle ne
nous paraît pas douteuse aujourd'hui.
Les art. 201 et 202 ne font aucune
distinction ; ils s'appliquent à tous les
cas où le mariage a été contracté de
bonne foi, au moins par l'un des conjoints. Le législateur n'a point dit quels
seraient les enfans et les époux qui
pourraient profiter de la faveur de ces
articles, parce qu'il a voulu que tous
pussent en profiter. Sa pensée avait été
trop juste et trop généreuse, pour qu'il
eût à craindre de la voir réduire dans
ses effets ; et *tous* les époux et leurs
enfans ont été admis à recueillir les
effets de leur bonne foi et de leur
malheur.

Qu'importe que le législateur se soit
occupé, en particulier, de la nullité du
mariage du mort civilement; il n'en résulte pas que la femme qui aura été trompée, que les enfans qui seront le fruit de
cette erreur, appartiennent à une classe
à part, et doivent être plus maltraités
que ceux qui ont été trompés d'une
autre manière. Les déchéances et les
peines sont de droit étroit, et nous ne
trouvons dans la loi aucun texte ni
aucune raison qui puissent autoriser
celle qu'on veut faire prononcer contre
l'épouse et les enfans du mort civilement.

Disons mieux : s'il était dans l'esprit
de la loi de faire des préférences, elles
seraient toutes dues à la malheureuse
trompée dans une pareille circonstance.
D'abord, parce que celui qui se trouve
ainsi frappé d'une peine aussi grande,
quitte, le plus ordinairement, sa patrie,
pour aller dens un pays où il puisse
changer facilement son nom ; s'il veut
se marier, ses vœux s'adressent à une
étrangère qui ignore ce qu'il est, ce

qu'il a été, et qui n'a aucun moyen de
s'instruire des faits qu'il lui importerait tant de connaître. La bonne foi de
celle-ci est donc plus vraisemblable,
son erreur plus naturelle, et son sort
plus intéressant et plus à plaindre.

Aussi, hâtons-nous de dire que la jurisprudence a consacré l'opinion que nous
venons d'émettre ; on en trouve la
preuve, notamment, dans l'arrêt d'Or-
say, rendu par la Cour de cassation,
le 15 janvier 1816, et rapporté aux
numéros précédens. Cet arrêt a jugé
1° que la maxime : *chacun doit s'enqué-*
rir de la capacité de celui avec qui il
contracte, ne s'appliquait pas rigoureusement aux nationaux, dans leurs
rapports avec les étrangers ; 2° que la
bonne foi de l'un des époux a de tout
temps constitué la légitimité des enfans
nés dans le mariage putatif, *sous quel-*
que motif qu'ait été fondée la nullité
du mariage.

197. Il n'en est pas de la bonne foi
requise dans le mariage, comme de la
bonne foi nécessaire pour l'acquisition
des fruits. Celle-ci ne produit son effet
qu'autant qu'elle dure, tandis que,
dans le mariage, il suffit qu'elle ait existé
au commencement; il faut, dit l'art. 201,
que le mariage ait été *contracté de*
bonne foi. La connaissance acquise par
l'époux de bonne foi, du vice de son
contrat, après qu'il l'aurait signé, ne
le priverait pas de la faveur de la loi.
On a pensé, avec raison, que cet époux,
uni par un lien illicite, n'en serait pas
moins retenu par lui ; que sa qualité
d'époux et de père agirait bien plus
puissamment sur son cœur que toute
autre considération. On a pensé que le
forcer à rompre violemment des liens
que l'habitude et la cohabitation avaient
pu lui rendre chers, c'était exiger trop
de la faiblesse humaine ; c'était mettre
en opposition son intérêt et sa conscience; c'était outrager la loi naturelle
pour rendre hommage à la loi civile.
— Il en serait autrement si, après le
mariage contracté de bonne foi, les
époux acquéraient la preuve que leur
mariage était adultérin ou incestueux :

la morale ne permet pas de supposer que les effets de la bonne foi continuent néanmoins d'exister. — Nous devons faire remarquer aussi que les effets civils du mariage nul, même contracté de bonne foi, cessent de plein droit par le jugement qui déclare le mariage nul, et qui condamne les époux à se séparer.

198. La bonne foi des deux époux, ou de l'un d'eux, peut bien conférer le droit d'enfant légitime à celui qui a été conçu pendant le mariage, mais nous ne pensons pas que cette bonne foi puisse avoir assez d'autorité pour que le mariage opère la légitimation des enfans nés avant le mariage. La cohabitation à laquelle ces derniers enfans doivent le jour est illicite ; elle blesse autant la morale que la loi, et le vice qui s'y attache ne peut être purgé que par un mariage fait légalement et entre personnes capables de le contracter. C'est bien assez que la loi ait égard à sa bonne foi, sans exiger qu'elle couvre du voile de l'oubli une circonstance de sa vie, dans laquelle il était impossible que sa conscience fût pure. Les art. 201 et 202 renferment une exception qu'il ne faut pas étendre à des cas où la raison de la loi cesse. « La loi récompense » l'innocence, disait d'Aguesseau, vol. » 4, pág. 281, telle qu'elle se trouve » dans celui qui contracte de bonne » foi, et par erreur, un mariage dé- » fendu, mais que la loi récompense » qui a voulu mal faire, parce qu'elle » a voulu faire un moindre mal, c'est » ce qui ne peut pas même être écou- » té. » Pothier, du contrat de mariage, n° 441.

199. Comment se prouve la bonne foi des époux, ou de l'un d'eux ? Est-ce à celui qui l'allègue à la prouver ? Est-ce au contraire aux adversaires à fournir la preuve de la mauvaise foi ?

En thèse, la question n'est pas douteuse, la bonne foi se présume toujours, art. 2268 du Code civil ; c'est à celui qui veut empêcher ses effets, à prouver qu'elle n'a pas existé ; mais cette solution est-elle bien exacte lors-

que les époux ont violé les dispositions de la loi, qui avaient pour objet de donner à leur mariage une utile publicité ? Celui qui leur reproche d'avoir fait un acte nul, de nullité radicale, devra-t-il être obligé de prouver qu'ils ont agi en connaissance de cause ? Ne devra-t-on pas considérer, au contraire, la bonne foi des époux comme une exception à une action qui est fondée en droit, et par cela même, ne doit-on pas les obliger de fournir la preuve de leur exception ? C'est là que consiste la difficulté.

Après avoir examiné avec soin les principes de la matière, nous sommes demeurés convaincus qu'il ne pouvait pas en être de même de la bonne foi requise dans le mariage, et de la bonne foi dont l'art. 2268 du Code civil fait une présomption légale. Dans ce dernier cas l'erreur est facile, le possesseur peut avoir été prudent et n'avoir rien à se reprocher. La bonne foi dans le mariage est beaucoup plus difficile à acquérir, la loi étant très-précise et ayant indiqué le moyen de se connaître, les époux sont presque toujours en faute, et leur erreur ne vient le plus souvent que de l'inobservation de la loi. — De cette différence, nous concluons que ce serait une erreur de dire avec la Cour royale de Paris, dans son arrêt du 7 fructidor an 13, Sirey, 1805, p. 216, « que la bonne foi des » époux est toujours présumée, et que » c'est à ceux qui prétendent qu'ils » n'étaient pas de bonne foi, à en faire » la preuve. »

200. D'un autre côté, nous ne pensons pas non plus, que les époux soient toujours présumés de mauvaise foi. Cette présomption étant rigoureuse, on ne pourrait l'admettre qu'autant qu'elle serait créée par la loi ; or, nulle part on ne trouve dans nos Codes une disposition qui modifie sur ce point l'art. 2268.

201. Il nous paraît donc qu'en cette matière, le juge n'est lié par aucune présomption légale, du moins d'une manière absolue ; que dès-lors les cir-

constances dans lesquelles le mariage a lieu, le pays où il a été contracté, l'âge de l'époux abusé, son éducation, et en quelque sorte sa faiblesse et sa crédulité, sont autant de motifs qui doivent porter la conviction dans l'ame du juge; chaque partie administre sa preuve, et il se prononce pour le parti le plus juste; sa décision, quelle qu'elle soit, ne peut donner matière à cassation. La seule chose qu'on peut dire, c'est qu'en général, les époux sont en présomption de mauvaise foi, et que c'est à eux à détruire cette présomption, lorsqu'ils allèguent une ignorance de droit, ou lorsqu'ils n'ont pas rempli les formalités prescrites, pour donner au mariage toute la publicité requise par la loi; et qu'au contraire ils sont en présomption de bonne foi, dans tous les cas où ils se prévalent d'une ignorance de fait. Voir Serre, aux instit., liv. 1er, tit. 10, § 12, *si adversùs*, etc. Encore nous le répétons, cette règle n'est point absolue, et les circonstances dont nous avons parlé, suffisent tous les jours pour la modifier. Par exemple, il a été jugé, que des juges d'appel avaient pu sans encourir la cassation de leurs jugemens, ranger dans la classe d'enfans légitimes, celui qui était né d'un mariage contracté avant le Code, entre un homme libre et une femme déjà mariée, dont le mari était erronément supposé mort, encore qu'il ne se fût pas écoulé un an entre la célébration du mariage et la disparition du mari; encore que la prétendue mort de celui-ci n'eut été constatée ni par un acte de décès ni par aucun acte judiciaire; et encore que la célébration du mariage n'eut point été précédée des publications prescrites par les lois. Arrêt du 21 mars 1810, Sirey, 1810, p. 324.

202. Lorsque la bonne foi des époux ou de l'un d'eux est reconnue, le mariage produit tous ses effets civils; les enfans sont légitimes et succèdent à leur père et à leur mère, l'époux de bonne foi profite des gains de survie, l'épouse trompée a une hypothèque légale indépendante de l'inscription pour la garantie de sa dot et de ses reprises matrimoniales. L'époux de bonne foi peut demander des alimens pour lui et pour ses enfans, s'ils sont dans le besoin, même après que le mariage a été déclaré nul; en un mot, celui-ci produit les mêmes droits pour l'époux de bonne foi, et les mêmes obligations de la part de l'autre époux, que s'il eût été fait suivant le vœu de la loi. C'est une fiction qui ressemble en tout point à la réalité.

§ III. *Des effets de la bonne foi, par rapport à la restitution des fruits, et encore, par rapport aux constructions, réparations et améliorations faites sur les immeubles dont la restitution est ordonnée.*

203. L'effet le plus ordinaire et le plus juste de la bonne foi d'un possesseur, c'est qu'il fait les fruits siens, et qu'il n'est jamais obligé qu'à rendre la chose (Art. 549 et 550 Code civil). C'est la récompense de ses soins et de son travail, c'est pour que le propriétaire qui a négligé sa chose ne vienne pas lui ravir le prix de ses sueurs.

204. Ce droit aux fruits de la chose possédée, n'est, au surplus, qu'une faveur, une exception que la loi accorde au possesseur de bonne foi, et dont il peut ne pas vouloir profiter s'il y a intérêt. Cela a lieu, par exemple, lorsque, dans un acte de vente, l'acquéreur a payé un prix dont l'intérêt est supérieur aux produits de la chose qui fait l'objet de cet acte, rien ne l'empêche de préférer la restitution du prix qu'il a payé et les intérêts, moyennant son offre de restituer au véritable propriétaire la chose et les produits. Dans ce cas et autres identiques, le possesseur a l'option, ou de garder les produits ou de demander le remboursement du capital qu'il avait donné et les intérêts; mais il doit opter, car dans aucun cas, il ne peut cumuler les produits d'une chose et les intérêts du prix de cette même chose.

205. En optant pour les produits du bien, le possesseur de la chose s'interdit de réclamer au véritable propriétaire les réparations et améliorations qui, suivant la loi, sont à la charge de l'usufruitier. De pareilles dépenses ont été de tout temps considérées, en droit, comme charges de la possession.

206. Nous avons dit plusieurs fois que le possesseur était de bonne foi, quand il possédait comme propriétaire, en vertu d'un titre translatif de propriété dont il ignorait les vices, et qu'il cessait d'être de bonne foi, du moment où ces vices lui étaient connus. Cette règle, toute exacte qu'elle est relativement aux produits de la chose, serait un guide très-infidèle pour régler certains comptes entre les parties ; la raison et la loi nous indiquent, en effet, plusieurs catégories qui doivent être appréciées par les juges. — Il nous a paru, notamment, que l'on devait distinguer trois hypothèses.

207. Ou le possesseur ignorait absolument le vice en vertu duquel il possédait, et alors il était de bonne foi, dans toute l'acception des mots ; — ou bien il connaissait le vice de sa possession, et alors il faut distinguer s'il n'avait à se reprocher que la connaissance d'une nullité de droit, d'une nullité qui n'avait rien d'odieux dans sa cause ; — ou s'il avait à se reprocher plus que cette connaissance de fait ; en d'autres termes, si la cause de sa possession était odieuse, s'il avait usurpé la chose par de mauvais moyens.

Par exemple, j'achète sciemment à un mineur, et dans la vue de lui être utile, une propriété immobilière lui appartenant : je n'observe pas les formalités prescrites par la loi pour la validité des ventes de cette espèce : il est certain qu'aux termes de l'art. 550 du Code civil, je suis de mauvaise foi, en ce sens que je ne m'approprie pas les fruits et produits de l'immeuble qui m'a été vendu. Cependant, on est obligé de convenir que je ne puis pas être comparé à celui qui a extorqué un consentement par la violence, ou qui l'a

surpris par des manœuvres criminelles.

Au premier cas, j'ai cru et pu croire que le mineur, devenu majeur, ratifierait l'acte de vente qu'il m'avait consenti, et dont le prix avait tourné à son profit ; et je suis si peu de mauvaise foi dans le for intérieur, que le motif qui me faisait agir était honorable, puisqu'il consistait à sauver la fortune du mineur, ou tout au moins, à faire sa condition meilleure. — Au second cas, il en est autrement ; les moyens que j'ai employés, le profit illicite que j'ai voulu me procurer, constituent la mauvaise foi la plus manifeste, et me laissent sans excuse.

Par exemple encore, Pierre vend à Antoine son domaine de Cabarieu, pour la somme de 60,000 francs : l'acte qui a pour objet de régler les conventions de la vente, se trouve nul pour un vice de forme, ou par suite d'une omission qui n'attaque la délicatesse d'aucun des deux contractans. Il est bien certain qu'il y a une grande différence entre cette espèce et celle, par exemple, où profitant d'une erreur de la part de celui qui m'a vendu j'aurais obtenu de lui ce même domaine pour un prix hors de toute proportion. —Bien que, dans la première hypothèse, les parties aient connu ou dû connaître le vice de leur acte, elles ont bien pu ne pas être de mauvaise foi ; elles ont pu croire que, malgré le vice de forme, leur acte n'en serait pas moins maintenu et exécuté par l'effet de leur commune intention. La confiance qu'elles ont eu dans la délicatesse l'une de l'autre, fait plutôt leur éloge qu'elle ne les constitue en mauvaise foi ; et certes, il serait injuste et absurde qu'au décès de l'une d'elles, ses héritiers voulussent se prévaloir de l'apparence du vice de forme, pour traiter l'autre partie avec toute la rigueur que la loi commande contre le possesseur de mauvaise foi.

208. Ces différentes hypothèses doivent être distinguées avec soin lorsqu'il s'agit du compte que les parties se doivent, relativement aux détériorations et aux améliorations survenues sur les choses dont la possession avait suivi

l'acte nul. Nous allons faire connaître les différences qui en résultent en droit.

209. Les parties, qui, par l'effet de l'annulation de l'engagement qu'elles avaient contracté, sont remises au même état où elles se trouvaient avant le contrat, ne se doivent aucun compte des dégradations qui ne proviendraient pas d'une faute lourde, équipollente au dol, si leur possession reposait sur un juste titre et sur l'ignorance où elles étaient du vice dont ce titre pouvait être infecté; elles pensaient que les choses dont elles jouissaient leur appartenaient d'une manière irrévocable; et dès-lors, elles ont pu se croire autorisées à commettre quelque faute dans l'administration des biens qu'elles croyaient être leur propriété. Elles doivent être considérées comme ayant négligé leurs propres affaires; or, dans ce cas, personne n'a le droit de leur rien reprocher. *Qui quasi rem suam neglexit nulli querelæ subjectus est.* Leg. 31, § 3, ff. de petit. hæredit. —Néanmoins, les parties se devraient compte des dégradations dont elles auraient profité; par exemple, si l'une d'elles avait vendu des bois de haute futaie sur l'héritage qu'elle détenait; c'est le cas de la règle: *Nemini licet locupletari detrimento alterius.*

210. Si la cause de la nullité était prise d'un vice de forme, si elle n'était point odieuse, et si le contrat était de nature à pouvoir être ratifié, le possesseur a pu croire qu'il le serait, et que, dès-lors, sa possession serait définitive; il ne peut être traité aussi sévèrement par rapport aux dégradations, que celui dont le titre provenait d'une cause immorale. Nous pensons que le possesseur ne peut être tenu que des obligations du *negotiorum gestor.* A la vérité, on ne peut pas dire qu'il ait cette qualité, mais les mêmes motifs qui ont fait traiter avec faveur le *negotiorum gestor,* militent pour le possesseur. Or, dans le silence de la loi, l'identité produit le même résultat. —L'équité le veut ainsi, et lorsque le législateur se tait, l'équité doit faire la loi. *Ubi eadem ratio, ibi idem jus dicendum.*

Le possesseur n'est donc tenu, en ce cas, comme le *negotiorum gestor,* que d'apporter de la bonne foi; il n'est pas tenu des fautes qu'il aurait commises dans sa gestion, par imprudence ou par impéritie, et par cela même, il ne répond des dégradations que de la même manière que le possesseur de bonne foi. Pothier, du Contrat *negotiorum gestor;* n° 211.

211. Si la cause de la nullité était odieuse, le possesseur doit compte des dégradations qu'il a faites ou laissé faire, lors même qu'il n'en aurait pas profité. La raison en est que tout possesseur de mauvaise foi contracte, par la connaissance qu'il a du vice de sa possession, l'obligation de rendre la chose à ceux qui y ont droit, présentement, s'il les connaît, ou aussitôt qu'il les découvrira. Or, l'obligation de rendre une chose qui ne nous appartient pas et que nous possédons par un mauvais moyen, renferme l'obligation accessoire de la rendre en bon état et de ne pas la détériorer.

212. Nous n'entendons pas parler ici des détériorations qui arrivent naturellement et par l'effet de l'usage, ni de celles qui arrivent par l'effet d'une force majeure. Au premier cas, la chose cède à l'influence du temps qui détruit tout ce qui se trouve dans la possession des hommes; au second cas, la chose ayant péri par une fatalité qui l'aurait également entraînée si elle s'était trouvée au pouvoir du véritable possesseur, celui-ci ne peut se plaindre contre le possesseur de mauvaise foi. Toutefois, il en serait autrement si la perte arrivée par cas fortuit, pouvait être indirectement attribuée à cet injuste possesseur; si, par exemple, la violence des eaux avait emporté un moulin, faute d'avoir entretenu la digue et les chaussées en bon état. Argou, aux Instit. vol. 2 pag. 500.

213. Les incapables qui, par l'effet d'un engagement qu'ils ont souscrit avec un individu capable, se trouvent

posséder une chose ou un immeuble qu'ils sont obligés de rendre, par l'effet de la rescision de leur engagement, ne peuvent pas être tenus des dégradations qu'ils auraient commises par leur négligence, par leur faute même (pourvu qu'il n'y ait pas eu délit ou quasi-délit de leur part). Les condamner à payer les dégradations, serait méconnaître la loi qui veille à la conservation de leur fortune : par cela même, les juges ne doivent pas prononcer une pareille condamnation, lors même qu'il en résulterait quelque préjudice pour la partie capable qui a contracté avec eux ; car ayant connu la personne avec qui elle contractait, elle ne doit imputer qu'à elle seule le préjudice qu'elle ressent. — Il faudrait excepter le cas où la femme mariée, l'interdit ou le mineur auraient tiré quelque profit des dégradations qu'ils auraient commises ou laissé commettre (Arg. de l'art. 1312 du Code civil). Comme si, par exemple, ils avaient enlevé et placé dans leur maison un chambranle de marbre qu'ils auraient enlevé dans l'immeuble par eux acquis.

214. Quant aux réparations faites sur les immeubles que les parties ou l'une d'elles doivent rendre, par suite de l'annulation de leur engagement, elles peuvent être une juste cause d'indemnité (Papon, tit. de restit. art. 15). Néanmoins, l'obligation de payer cette indemnité n'est pas toujours la même ; elle est plus ou moins étendue, suivant la nature des réparations, et selon la bonne ou la mauvaise foi de celui qui les a faites.

215. Si les réparations étaient nécessaires, le remboursement doit en être fait suivant la règle qui veut que je ne puisse réclamer une chose qu'à la charge par moi de rembourser ce qu'un autre a dépensé pour la conserver. Il y a seulement cette différence entre le possesseur de bonne foi et le possesseur de mauvaise foi, que le premier doit obtenir récompense pour tout ce qu'il a dépensé, devant raisonnablement le faire, lors même que la chose n'aurait augmenté que d'une très-faible partie, en considération de la dépense ; tandis que le second n'a droit à ce remboursement que jusqu'à concurrence de l'augmentation de valeur que la chose en a ressentie.

216. *Si les dépenses étaient utiles sans être nécessaires*, et que celui qui les a faites fût de bonne foi, elles doivent lui être tenues en compte, lors même que la chose n'aurait point augmenté de valeur, car ayant agi de bonne foi et dans l'intérêt de la chose, il n'est point juste qu'il soit en perte.

217. Si le possesseur était de mauvaise foi, et que les dépenses qu'il a faites n'eussent point augmenté la valeur de la chose, bien qu'elles fussent utiles, l'autre partie ne lui en doit pas compte ; sachant qu'il dépensait pour l'utilité d'une chose qui ne lui appartenait pas, ou qu'il ne possédait que par l'effet d'un titre annulable ou rescindable, il s'exposait volontairement à perdre ; il ne pouvait, dès-lors, être admis à réclamer une indemnité. *Damnum quod quis culpâ suâ sentit non videtur sentire. Leg.* 203, *ff. de reg. juris.*

Nous devons faire observer que, lorsque les dépenses ont été faites par celui qui a fait les fruits siens, il s'opère une compensation jusqu'à due concurrence des fruits qu'il a perçus (1).

218. S'il s'agit de dépenses seulement voluptuaires ; le possesseur de bonne foi peut en exiger le paiement jusqu'à concurrence de l'excédent de valeur que la chose en a ressenti. Mais si ces dépenses n'ont point augmenté la valeur de la chose, le possesseur n'a droit à aucune indemnité. On ne doit pas dis-

---

(1) *Observandum superest sumptuum in rem factorum quos possessori esse diximus, non petitionem sed retentionem duntaxat concedi etiam si bonæ fidei sit, et quidem ejus* duntaxat quòd ultrà quantitatem fructuum expendit, retentionem habere. Pothier, *in leg.*- 48, ff. *de rei vendic.*

tinguer, à cet égard, le possesseur de bonne foi, du possesseur de mauvaise foi ; car celui qui rentre dans la possession de sa propriété, ne peut point être raisonnablement condamné à payer des réparations qui n'étaient d'aucune utilité, et qui n'ont produit aucune augmentation de valeur. — Il y a cependant cette différence entre le possesseur de bonne foi et le possesseur dont la jouissance à une cause odieuse, que le premier peut enlever à volonté et reprendre en nature tous les embellissemens qui peuvent être enlevés sans nuire à la chose, au lieu que le second est obligé d'abandonner celle-ci dans l'état où elle se trouve. La connaissance qu'il avait de l'injustice de son droit, l'expose à perdre tous les frais qu'il a faits à l'occasion de cette chose.

219. Par rapport aux constructions ou plantations faites par le possesseur de bonne foi, celui qui revendique la chose ne peut demander la suppression de celles qu'il a faites ou fait faire. La loi lui donne seulement le choix ou de rembourser la valeur des matériaux et du prix de la main-d'œuvre, ou de rembourser une somme égale à celle dont le fonds a augmenté de valeur. Art. 555 du Code civil.

S'il était de mauvaise foi, ou même s'il avait seulement connaissance du vice de son titre, il n'aurait droit qu'à enlever les matériaux ; il ne pourrait exiger le remboursement de ces constructions ou plantations, car ce serait un moyen indirect d'éluder les dispositions de la loi ; ainsi on doit juger aujourd'hui, comme on le jugeait autrefois, que si un acquéreur de biens de mineurs, sans l'observation des formalités requises pour de pareilles ventes, a fait des constructions sur ces biens, le mineur, devenu majeur, qui veut rentrer dans sa propriété, n'est point obligé de rembourser le prix desdites

constructions. Arrêt du parlement de Toulouse, du 18 juin 1712.

220. Dans tous les cas, le propriétaire qui préférerait conserver les plantations ou constructions, devrait rembourser la valeur des matériaux et le prix de la main-d'œuvre, sans égard à la plus ou moins grande augmentation de valeur que le fonds a pu recevoir. (Arg. de l'art. 555 du Code civil.)

122. Outre les voies ordinaires de poursuites, la partie qui a droit à la restitution d'une somme ou au remboursement des impenses et améliorations qu'elle a faites sur la chose dont on veut l'évincer, est en droit de rester en possession jusqu'au moment où elle a été indemnisée, *si elle a agi de bonne foi* (1).

222. Cette règle était admise par l'ancienne jurisprudence. On lit dans l'art. 9, tit. 27 de l'ordonnance du mois d'avril 1667 : « Celui qui aura » été condamné de laisser la possession » d'un héritage, en lui remboursant » quelques sommes, espèces, impenses » et améliorations, dans un seul délai, » qui lui sera donné par l'arrêt ou jugement ; sinon, l'autre partie sera » mise en possession des lieux ; *en* » *donnant caution de le payer, après* » *qu'elles auront été liquidées.* »

223. *Si le possesseur est de mauvaise foi*, et que néanmoins il eût droit à une indemnité, suivant ce que nous avons dit dans les numéros précédens, il n'est pas fondé à retenir la chose jusqu'à ce qu'il aura été totalement désintéressé ; l'équité ne voulant pas que, directement ni indirectement, il ait pu se donner un titre pour se maintenir dans une injuste possession. *Arg. du § 30 aux Inst. de rerum div.*

Il en serait de même si le possesseur, sans être précisément de mauvaise foi, avait eu connaissance de la cause d'éviction à laquelle il était soumis. —

(1) *Leg.* 16. *Cod. de rei vendit.* — Bartole, en rapportant cette décision, en a fait la règle, suivante : *Possessor victus habet retentionem rerum hereditariarum propter expensas per* *eum factas et pecuniam solutam, si ei nulla imputari possit culpa.* — Sur la loi, 17, ff. de petit. hæred.

L'équité ne lui permet pas de se plaindre , puisqu'il pouvait et devait prévoir l'éviction à laquelle il s'exposait ; il ne peut pas se faire un titre pour retenir , le moins du monde , une chose qui ne lui appartenait pas et qu'il savait très-bien ne pas lui appartenir. — Voir les lois Romaines citées par Leprêtre , centurie , 2, chap. 93.

224. La Cour de cassation l'a ainsi jugé , contrairement à l'opinion de M. Tarrible , Répert. de Merlin ; au mot Privilège de créance , sect. 4 , § 3 , n° 2. — Cet arrêt est du 29 juillet 1819. Dalloz , t. 17 , p. 421.

Dans l'espèce , un tiers détenteur , poursuivi hypothécairement , avait consenti au délaissement par hypothèque , mais il demandait que les réparations et constructions qu'il avait faites , dans les circonstances même les plus favorables , fussent estimées par experts , que le montant en fût prélevé , et que , *jusqu'au moment* où il en serait payé , il fût *maintenu dans la possession des immeubles*. Le créancier contesta la demande en remboursement préalable , et de plus , il soutint que le montant de la plus value, devait être déterminé par la différence du prix de l'acquisition d'avec celui de la revente de l'immeuble , qui devait avoir lieu ; en sorte que toute expertise devenait inutile. Ces conclusions furent adoptées par le jugement de première instance. Le dispositif de ce jugement renferme les motifs principaux , d'après lesquels la demande en remboursement préalable fut repoussée. « Considérant , y est-il dit , que les motifs qui viennent d'être déduits repoussent *la demande en remboursement préalable* du montant des impenses , sur le produit de la vente, formée par le sieur Aguerre (tiers détenteur) que , d'ailleurs , la prétention manifestée à cet égard par le sieur Aguerre , *est contraire à l'essence de l'action hypothécaire* ; attendu que , quoiqu'il soit juste que la valeur des impenses soit payée , *il est plus souverainement juste* que l'ancien créancier trouve son remboursement sur le gage de sa créance , suivant la valeur du bien , déterminée par le contrat de vente : que si , dans la concurrence des intérêts respectifs , quelqu'un doit faire des pertes , ce doit être plutôt le tiers détenteur que le créancier hypothécaire , puisque le premier doit s'imputer la faute de s'être exposé , par sa négligence , à se procurer les renseignemens que la loi lui fournissait sur l'état de la fortune du vendeur. »

Ce jugement fut confirmé par arrêt de la Cour royale de Pau. — Le pourvoi contre cet arrêt fut rejeté.

225. Nous n'approfondirons pas davantage les principes indiqués dans les numéros précédens. Les effets de la bonne et de la mauvaise foi des parties contractantes ou des tiers qui les représentent , sont si multipliés , si divers , qu'il y aurait à écrire des volumes , si l'on voulait traiter dignement la matière. Nous l'avons bien senti , mais nous avons dû voir aussi que cette partie de notre travail n'était que très-accessoire, et qu'il ne convenait pas de nous laisser entraîner par elle , au-delà des limites que nous avons dû nous tracer. C'est par ce motif , que nous l'avons plutôt indiquée qu'approfondie , et que nous nous hâtons de revenir à ce qui fait l'objet plus spécial de notre ouvrage.

CHAPITRE XIV.

De la responsabilité des Fonctionnaires, à raison des Nullités commises par eux dans les actes.

226. La responsabilité des fonctionnaires se lie naturellement à la matière que nous traitons; elle prend sa source dans cette règle d'équité qui veut que chacun soit responsable du dommage qu'il a causé, non-seulement par son fait mais encore par son imprudence ou par sa négligence (art. 1383 du Code civil).

L'étendue de cette responsabilité n'étant pas la même pour tous les fonctionnaires, nous avons divisé le présent chapitre en trois sections. La première a pour objet la responsabilité des notaires; dans la seconde, nous nous occuperons de la responsabilité des greffiers, des avoués et huissiers; enfin, dans la troisième, nous traiterons de la responsabilité des magistrats.

SECTION PREMIÈRE.

De la responsabilité des Notaires.

227. Est-il bien juste de condamner les notaires à indemniser les parties du préjudice qu'elles ont ressenti de la nullité de leurs actes, lorsqu'ils sont exempts de fraude?

On a dit, pour la négative, qu'ils étaient les mandataires des parties, qu'ils n'agissaient que pour elles et par elles; que dès-lors ils ne devaient répondre que de leur bonne foi. *Non ampliùs quàm bonam fidem præstare eum oportet qui procurat. Leg.* 10 *ff. mandat.* Tant pis pour la partie qui l'a employé; pourquoi faisait-elle choix d'un notaire ignorant? *Sibi imputare debet qui eos adhibuit. Leg.* 1, *ff. si mensor falsum.*

Mais pour l'affirmative, on a dit, et avec plus de fondement, que les notaires n'étaient point de véritables procureurs fondés, puisque, tandis que le mandat est essentiellement gratuit, leurs actes et leurs recherches étaient payés par les parties. *Mandatum, nisi gratuitum nullum est, nàm originem ex officio atque amicitiá trahit. Leg* 1re 4 *ff. mand.* — Que, dès-lors, ils restaient soumis aux conséquences de la règle : que chacun doit répondre du dommage qu'il a occasionné par sa faute ou par sa négligence.

Cette opinion a prévalu; on a posé en principe, que les notaires seraient responsables des nullités par eux commises dans leurs actes ; *Leg.* 6 *Cod. de magistrat, conveniend :* seulement, on n'a pas été d'accord sur l'étendue de la responsabilité, sur les cas auxquels elle devait être rigoureusement appliquée, et sur les circonstances, au contraire, où le notaire avait droit à cette indulgence qui doit toujours s'attacher à notre nature faillible et imparfaite. Rappelons sur ce point l'état de la jurisprudence antérieure à la loi du 25 ventôse an XI.

229. On pensait généralement, autrefois, que le notaire qui avait fait ce qu'on peut raisonnablement exiger d'un homme de bonne foi, était à l'abri de toute responsabilité. On pensait qu'il n'était tenu d'indemniser les parties du préjudice qu'il leur avait causé, que dans le cas de dol ou de négligence tellement grossière, qu'on pouvait la

SOLON.   15.

comparer au dol ; on suivait, à cet égard, la loi *adversùs* l *ff. si mensor falsum modum*, qui le décidait ainsi par rapport à l'arpenteur auquel le notaire était assimilé par la loi 7 *,ff.§4 ,ff. hoc tit.* (1)

230. On ne tarda pas à s'apercevoir que cette distinction, toute sage qu'elle était, était d'une application difficile dans la pratique; comment établir, en effet, que le notaire avait, dans un but criminel, inséré une nullité dans un de ses actes? Comment déterminer le caractère d'une faute lourde équipollente au dol, et la distinguer avec exactitude d'une faute excusable? Cela était presque impossible : aussi en résulta-t-il que, dans la crainte d'être trop rigoureux envers les notaires, on les affranchît de toute responsabilité, dans presque toutes les affaires; que dès-lors, pour éviter un abus on tomba dans un autre. — Les bons esprits furent frappés des dangers d'une jurisprudence si vague, d'une responsabilité si illusoire ; ils sentirent que la fortune des citoyens pouvait être comprise par le dol, l'impéritie ou la négligence des notaires; ils voulurent détruire ces abus, et ce fut dans cet objet que, par l'art. 3 de l'ordonnance du Roi, du 29 septembre 1722, il fut décidé que les notaires demeureraient responsables des dommages-intérêts que les parties pourraient souffrir par la nullité de leurs actes.

231. Cette disposition ne permit plus les distinctions que la jurisprudence avait admises; les notaires furent soumis à une responsabilité générale et rigoureuse dont on ne tarda pas à reconnaître les dangers. On acquit bientôt la preuve que, pour ne pas rendre illusoire la responsabilité de ces fonctionnaires, on exigeait une application qui tenait presque de l'infaillibilité, et qu'on rendait leur condition insupportable. Aussi l'usage modifia-t-il la rigueur de l'ordonnance; des observa-

tions sages et généreuses furent faites de toutes parts, et on les résuma dans un des articles de la Gazette des tribunaux d'alors. Voici ce qu'on lit au vol. 20, page 118 : « A partir de la déclara- » tion du 29 septembre 1732, il sem- » ble que les notaires doivent être sou- » mis envers les parties aux dommages- » intérêts qu'entraînent les nullités » qu'ils ont commises........ Cependant, » ils ne sont pas tenus indistinctement » de la nullité des actes qu'ils ont pas- » sés. On distingue le cas où elles ne pro- » cèdent que de leur impéritie, de celui » où il y a eu dol de leur part ou des » fautes équipollentes au dol, parce » que, dans le premier cas, étant libre » aux parties de choisir le notaire » qu'elles jugent à propos, elles doivent » s'imputer d'avoir mal placé leur con- » fiance, et la faute du notaire est en » quelque sorte la leur. Au lieu qu'au » second cas, chacun étant tenu de » son dol, les notaires doivent né- » cessairement indemniser les parties » du dommage qu'elles reçoivent du » leur. »

232. Par ces observations pleines de sens, on reconnut la nécessité de modifier l'ordonnance; l'usage la modifia, en effet, et les questions sur la responsabilité des notaires se trouvèrent abandonnées à la sagesse des tribunaux. Ceux-ci en usèrent avec autant de discernement qu'on peut en mettre dans des matières dont la loi ne détermine ni la nature, ni les limites, et les nombreuses décisions que rendirent les Parlemens attestent leurs efforts pour concilier la rigueur des principes et l'indulgence qu'il n'était pas possible de refuser aux notaires.

233. Telle était la jurisprudence, lorsque fut promulguée la loi du 25 vent. an XI, sur l'organisation du notariat : cette loi fut loin de mettre un terme aux abus et aux incertitudes de l'ancien état de choses; en effet, après avoir

____

(1) Voir les arrêts rapportés par Louet et Brodeau, lett. N, tit. 9. — Frrière, sur la Coutume de Paris: tit. 4 des testamens, § 3, n. 9, coll. 21.—Furgole, des Testamens, tit. 4, chap. 12, et surtout l'excellent ouvrage de Mr Massé, 3 v. gr. in-8o. Brux., H. Tarlier.

prescrit aux notaires la forme de leurs actes, les devoirs de leur état, les règles de leur compétence, elle s'exprime ainsi, art. 68 : « Tout acte fait en contraven-
» tion aux dispositions contenues aux
» art. 6, 8, 9, 10, 14, 20, 52, 64, 65,
» 66 et 67, est nul, s'il n'est pas revêtu
» de la signature de toutes les parties ;
» et lorsque l'acte sera revêtu de la si-
» gnature de toutes les parties con-
» tractantes, il ne vaudra que comme
» écrit sous seing-privé, sauf, dans les
» deux cas, *s'il y a lieu*, les domma-
» ges-intérêts contre le notaire contre-
» venant. »

Les mots *s'il y a lieu*, reproduisent les incertitudes de l'ancienne juris-prudence ; seulement, il paraît que les rédacteurs de la loi de ventôse ne voulurent pas que l'on renouvelât la distinction entre les diverses espèces de fautes. « Ces distinctions, disait
» M. Bigot de Préameneu, dans l'ex-
» posé des motifs de la loi sur le nota-
» riat, sont plus ingénieuses qu'u-
» tiles dans la pratique.... La théorie
» par laquelle on divise les fautes en
» plusieurs classes, sans pouvoir les
» déterminer, ne peut que répandre
» une fausse lueur, et devenir la ma-
» tière de contestations plus nom-
» breuses. »

D'un autre côté, la jurisprudence a suivi une marche plus ferme et plus positive que ne le faisait l'ancienne, et dans plusieurs cas, elle a résolu les doutes qui pouvaient s'élever sur des questions de responsabilité. L'étude particulière que nous en avons faite, nous a portés à examiner, dans autant de paragraphes, 1° dans quels cas les notaires ne sont point responsables ; 2° dans quels cas ils doivent être dé-clarés tels ; 3° enfin, dans quels cas la question de responsabilité des no-taires est tout-à-fait dans le domaine du juge.

§ 1er. *Dans quels cas les notaires ne doivent pas répondre des nullités par eux commises.*

234. 1° Le notaire n'est pas respon-sable dans le cas où la nullité de l'acte provient de l'omission d'une formalité sur la nécessité de laquelle la juris-prudence n'était pas fixée. Par exem-ple, le sens d'une loi n'est pas suffi-samment clair ; elle reçoit plusieurs interprétations ; le notaire en adopte une qui n'est pas la vraie ; il ne peut être tenu de la nullité qui en résulte ; car, comme il n'est pas législateur, il peut fort bien ne pas savoir quelle est, au milieu de plusieurs interpré-tations, celle qui doit être suivie. Arrêt de la Cour de Rouen, du 7 juin 1809, Dalloz, t. 21, p. 307 ; Sirey, 1809, p. 403. — Arrêt de la Cour de Douai, du 29 mai 1810 ; Sirey, 1811, p. 359 ; Dalloz, tom. 21, p. 83.

235. 2° Le notaire n'est pas, en gé-néral, responsable des omissions qui tiennent à la substance des stipula-tions ; à l'égard de ces omissions, le notaire est considéré comme simple rédacteur ; par exemple, il ne ré-pond pas du défaut d'acceptation d'une donation, du défaut de désignation des biens soumis à l'hypothèque ; la faute est personnelle à la partie.....

236. 3° Le notaire n'est pas respon-sable des omissions qu'il fait dans un acte, lorsque, nonobstant la nullité qui en résulte, la convention eût été nulle pour une toute autre cause. Par exemple, si s'agissant d'une vente, les parties ne se sont pas entendues sur la chose ou le prix, et que le notaire ait donné à cette vente une forme im-parfaite ; cette imperfection est insi-gnifiante, puisque l'acte eût-il été régulier, la convention n'en eût pas moins été nulle.

Remarquez, toutefois, que si la nullité de la convention était relative, celui qui avait seul qualité pour s'en prévaloir, pourrait exercer son recours contre le notaire. Il est évident, en effet, que ce n'est que par la faute de celui-ci que l'autre partie a été à même de se soustraire à son obligation.

237. 4° Si la nullité de l'acte provient d'un fait qui soit propre à la partie comme au notaire, celui-ci n'est pas

responsable. On conçoit combien une partie aurait mauvaise grâce de se plaindre des suites d'une faute à laquelle elle n'est point étrangère.

Par exemple, un notaire n'est pas responsable de la nullité résultant de ce qu'il aurait pris pour témoin un parent d'une des parties contractantes. Celles-ci étaient mieux à même que le notaire de connaître cette nullité, et si elles ont pu se tromper, pourquoi ce dernier ne serait-il pas excusable ? Voir un arrêt de la Cour de Trèves, du 18 novembre 1812 ; Sirey, 1813, p. 366. — Autre arrêt de la Cour de Riom, du 20 nov. 1818 ; Dalloz, t. 21, p. 86 ; Sirey, 1820, p. 1re. — Arrêt de la même Cour, du 28 juillet 1829. Jurisp., du 19e siècle, 1829, 2. 317.

238. La Cour de cassation vient de juger le contraire par arrêt du 14 janvier 1835. Jurisp. du 19e siècle, 1835, 1, 535 ; elle a décidé que le notaire était responsable de la nullité d'un testament prononcée pour cause d'incapacité d'un des témoins instrumentaires, soit que cette incapacité précédât la rédaction du testament, soit qu'elle résultât des dispositions du testateur. — Nous ferons observer sur cet arrêt 1° qu'il n'a fait que rejeter un pourvoi contre un arrêt de la Cour royale d'Orléans, qui avait jugé, *en fait*, que le notaire était responsable ; 2° qu'en jugeant que les notaires doivent s'assurer de la capacité des témoins appelés en cette qualité dans un testament, l'arrêt n'indique pas une seule disposition de laquelle résulte cette obligation ; 3° enfin, que cette décision est en opposition formelle à la loi de ventôse an XI.

Cette dernière proposition mérite d'autant plus examen, que la Cour, dans l'arrêt précité, n'a pas examiné la question sous ce rapport, et que ce n'est cependant que dans les dispositions de cette loi qu'on doit chercher la raison de décider.

L'art. 11 dispose : « Le nom, l'état » et la demeure des parties devront » être *connus* des notaires, ou bien ils » devront être assistés, dans l'acte, » par deux citoyens *connus* d'eux, » ayant les mêmes qualités que celles » requises pour être témoins testamen- » taires. »

L'art. 12 porte : « ...... Les actes doi- » vent également énoncer les noms des » témoins instrumentaires, leur de- » meure, le lieu, l'année, etc, etc. »

En rapprochant ces deux articles, on est frappé de la différence qui existe dans les termes qui s'y trouvent employés. Le premier veut que le notaire *connaisse* les parties, et que, s'il ne les connaît pas, il se fasse attester leur identité par deux témoins *connus* de lui. En ce cas, la loi ne soumet pas le notaire à la simple énonciation des noms, prénoms et domicile des témoins qu'il fait appeler, elle fait plus ; elle exige qu'il les connaisse particulièrement ; il faut qu'avant de les accueillir, il se rende juge de leur capacité, et qu'il acquière la conviction personnelle que ces témoins ont une capacité entière, et qu'ils sont en état de lui faire connaître, d'une manière exacte, les noms, professions et demeures des parties. Ce ne sont pas seulement des témoins *instrumentaires*, il faut que ce soient des témoins en quelque sorte judiciaires, qui puissent donner au notaire la certitude que les parties ne le trompent pas. Si ces témoins sont inconnus ou incapables, et que les parties aient pris de faux noms, le notaire est coupable ; il n'a pas fait ce que la loi voulait qu'il fît et qu'il lui était si facile de faire ; il est responsable de la nullité de son acte.

Au contraire, l'art. 12 qui parle des témoins instrumentaires, n'exige pas absolument que le notaire connaisse les témoins, il se borne à exiger que l'acte énonce leurs noms, profession, domicile. Il peut ne connaître leurs noms et domicile que par la déclaration qu'ils en font lorsqu'ils sont appelés devant lui. — L'art. 12 ne peut pas être autrement entendu, et c'est le seul moyen d'expliquer la différence qui existe dans ses termes et ceux de l'art. 11.

Cette différence n'est pas seulement dans les termes, elle est et ne peut être, toute, que dans la règle prise dans le numéro précédent, c'est que les témoins instrumentaires sont moins du choix du notaire que du choix des parties, et que s'il s'en trouve quelqu'un d'incapable, c'est plutôt la faute de celles-ci que du notaire. Elles ont dû prendre leurs renseignemens sur la capacité des témoins choisis; s'il y a quelque incapacité cachée, le notaire n'avait pas, plus que les parties, les moyens de la découvrir.—Les témoins sont surtout du choix des parties dans les testamens; on sait avec quelles précautions certains testateurs s'efforcent de cacher leurs dernières dispositions; ils amènent des témoins sur la discrétion desquels ils croient pouvoir compter; le notaire les connaît quelquefois à peine, mais il respecte le secret du testateur, et n'a garde de proposer ses témoins. Il est bien évident que, dans ce cas, le notaire est moins en faute que la partie; que, dès-lors, il ne répond nullement à cette dernière de la nullité résultant de l'incapacité d'un ou de plusieurs de ces témoins.—Toute autre décision nous paraît injuste, illégale, et, par cela même, inadmissible.

239. La seule exception que nous admettions aux principes ci-dessus, est pour le cas où le notaire connaissait particulièrement l'incapacité des témoins; par exemple, s'il employait son clerc, son domestique, son frère. On devrait voir dans un pareil fait la preuve de dol ou d'une impéritie, d'une faute tellement grave, qu'on pourrait la comparer au dol.—En d'autres termes, la règle ci-dessus n'a lieu qu'autant que la partie a été elle-même en faute, et qu'il dépendait d'elle, autant que du notaire, d'empêcher la nullité.

240. Cette règle reçoit encore son application au cas où la nullité serait le résultat de la minorité d'une des parties contractantes, ou de celle résultant de ce qu'une femme mariée, se disant célibataire, aurait pris des engagemens envers une autre partie. Le Parlement de Toulouse le jugeait ainsi, toutes les fois que le mineur s'était dit majeur et que la femme s'était dit célibataire. Mais nous pensons qu'il doit en être de même, bien que le mineur et la femme n'aient pas fait au notaire une pareille déclaration, et que l'acte ne fasse pas mention de cette circonstance; on sait, en effet, que chacun est censé connaître l'état et la capacité de la personne avec laquelle il contracte; que, dèslors, le notaire n'est pas plus en faute que la partie, quand l'un et l'autre sont dans l'erreur sur la capacité de l'autre partie.

241. C'est par la même raison qu'il a été décidé 1° que les notaires n'étaient point responsables des fautes qu'ils auraient faites sur le fonds du droit; qu'ainsi, les erreurs les plus graves commises dans un partage, dans la liquidation d'une communauté, dans la fixation dés reprises, ne pouvaient entraîner leur responsabilité. Arrêt de la Cour de Riom; du 28 juillet 1829, Jurispr. du 19ᵉ siéc., 1829, 2. 317.—2° Qu'ils n'étaient point responsables des suites d'une omission que la partie avait elle-même sollicitée. Arrêt de la cour de Caen du 15 janvier 1813, — 3° Que, dans le cas même où la responsabilité a le plus ordinairement lieu, le notaire pouvait être excusé, par cette circonstance, que les parties contractantes avaient été assistées d'un conseil. Arrêt de la Cour de Riom, du 20 novembre 1818. Dalloz, t. 21, p. 80. — 4° Que, dans le cas de l'impéritie du notaire, celui-ci n'était pas responsable, à cause que les parties doivent s'imputer d'avoir mal placé leur confiance, Roussaud de Lacombe, V° Notaire; Ferrière, en son Parfait notaire; t. 1, p. 78. — Cette dernière décision nous paraît inadmissible; l'impéritie est un tort de plus, au lieu d'être une excuse, et le notaire ignorant n'a pas à se plaindre qu'on le laisse soumis aux mêmes règles de responsabilité que le notaire capable.

242. 5° Les notaires ne sont pas responsables d'avoir dit qu'une partie

était saine d'esprit , si elle avait toutes les apparences d'une personne raisonnable. Vedel, sur Catelan, liv. 2, chap. 67. L'erreur du notaire ne tient nullement à l'exercice de sa profession; il est excusable d'avoir cru aux apparences.

243. 6° Quelques auteurs ont pensé que les notaires ne devaient point être déclarés responsables des nullités par eux commises dans les tetamens ; Louet et Brodeau, lettre N, n. 9 ; Furgole, des Testamens, t. 4, chap. 12. Voici la raison qu'en donne Garnier-Deschênes, dans son Traité élémentaire du Notariat, pag. 439, n. 592 : « Il n'en est pas de » même des actes synallagmatiques et » conventionnels, des actes à titre gra- » tuit ; dans les premiers , les parties » éprouvent un préjudice, une perte, » à cause de quelque chose qu'elles » ont fourni ou qu'elles ont fait; » dans les seconds, au contraire, il ne » s'agit que d'un manque à gagner, » sans aucune valeur fournie. » M. Grenier , en son Traité des donations et testamens , est du même avis. Enfin, pour fortifier cette opinion, on dit que la loi du 25 ventôse , qui consacre la responsabilité des notaires, ne s'applique qu'aux actes en général , et non aux testamens ni aux donations , puisque cette loi n'avait nullement pour objet de régler la forme et les conditions de ce genre de contrats.

Cette opinion est inadmissible ; et s'il était vrai que la loi du 25 ventôse an XI n'eût point pour objet les donations et les testamens, la responsabilité des notaires , à raison des nullités par eux commises dans un acte de cette espèce, n'en résulterait pas moins de la règle générale écrite dans l'art. 1383 du Code civil, suivant laquelle chacun doit réparer le dommage qu'il a causé par son fait , sa négligence, ou son imprudence ; aussi les Cours du royaume ont-elles repoussé l'opinion de M. Garnier-Deschênes. Voir, notamment , arrêts de cassation du 11 frimaire an VII , et autres , rapportés par Dalloz, t. 21, p. 313 ; Sirey , 1823 , p. 185.

Toutefois , il est bon de faire observer que la considération que fait valoir M. Garnier-Deschênes n'est pas sans importance ; celui qui perd est plus à plaindre que celui qui néglige de faire un gain , et les juges doivent puiser dans la nature du contrat, des motifs d'indulgence, et ne condamer le notaire qu'autant qu'il y a faute grave, équipollente au dol. L'incertitude qui a régné, de tout temps, sur la question de savoir si les notaires sont responsables des nullités par eux commises dans les testamens , doit faire résoudre en leur faveur tous les cas douteux ; c'est le seul moyen de concilier les opinions diverses. — Au reste , c'est au testateur à faire choix d'un notaire intelligent, ou tout au moins, à soumettre ses dispositions à un conseil capable de le guider dans l'observation des formes. Si le testateur ne le fait pas , il participe, en quelque sorte, à la nullité de son testament , et ses héritiers seraient non-recevables à poursuivre le notaire , pour le faire condamner à des dommages-intérêts. Le moindre doute , nous le répétons , doit être résolu en faveur de ce dernier.

§ II. *Dans quels cas il y a lieu à rendre les Notaires responsables des nullités par eux commises.*

244. 1° Le notaire est sans excuse, lorsqu'il a commis une nullité sciemment, et pour frauder une partie en faveur de l'autre ; sa conduite , alors, est un véritable dol , qui le rend passible de dommages-intérêts , calculés sur la perte éprouvée par la partie trompée. Remarquez même que sa qualité de fonctionnaire public lui imposant des obligations plus sévères , des devoirs plus rigoureux , il commet un dol bien plus facilement que les parties contractantes ; ainsi , généralement , on pense qu'il y a dol de la part du notaire , toutes les fois qu'il commet une nullité sciemment ; par exemple , on pense que , bien que les notaires ne soient pas responsables de la nullité résultant de l'incapacité d'un témoin in-

strumentaire, si un notaire a reçu pour témoin, dans un acte, un de ses parens, il ne commet pas seulement une faute, il se rend coupable d'une espèce de dol, il répond, par suite, de la nullité qui en résulte. Voir les arrêts rapportés dans la jurisprudence civile de Roussaud de Lacombe, V° Notaire § 6, et *suprà* n° 239.

245. 2° Le notaire est responsable des nullités qu'il eût évitées, s'il eût suivi les précautions spéciales que la loi lui indiquait, et dont elle lui faisait un devoir. Telle est, par exemple, la nullité résultant de l'interdiction de l'une des parties contractantes, si, au mépris de l'art. 18 de la loi du 25 ventôse an XI, il n'a point exposé dans son étude un tableau des interdits ; car il est à présumer que, si ce tableau eut été exposé, le notaire ou les parties y auraient appris à connaître l'état de l'interdit.

Quid, si ayant exposé le tableau dont il s'agit, le notaire n'en a pas moins reçu un acte dans lequel figurait un interdit ?

Il faut distinguer *si le notaire a ignoré l'état de l'interdit*, ce qui peut fort bien arriver, quoiqu'il ait exposé le tableau en question, et alors il est excusable, à cause que son erreur a été partagée par la partie capable de s'engager. Voir arrêt rapporté par Garnier-Deschênes, Traité du notariat, pag. 128.

Si au contraire il l'a connu, son silence est un véritable dol. Arrêt du 17 janvier 1662, qui a décidé qu'un notaire ayant, sciemment, reçu un contrat de vente fait par un interdit, était subsidiairement tenu de la restitution des deniers payés à l'acquérenr.

246. 3° Le notaire est aussi responsable de la nullité résultant de la contravention à l'art. 11 de la loi du 25 ventôse an XI, qui veut que si les noms, l'état et la demeure des parties ne sont pas connus du notaire, il se les fasse attester, dans l'acte, par deux citoyens connus de lui, ayant les mêmes qualités que celles requises pour être témoins instrumentaires. — Arrêt de la Cour de Paris, du 19 mai 1806, rapporté

dans Dalloz, t. 12, p. 422 ; Sirey, 1817, t. 2, p. 1214. — Deux arrêts de la Cour de Toulouse, rapportés dans le Recueil des arrêts de cette Cour, t. 2 part. 1re p. 95 et 102. — Arrêt de cassation, du 17 mars 1828, Jurispr. du 19e siècle, 1828, 1. 363 ; Sirey, 1824, p. 267 ; Dalloz, t. 21, p. 312. Enfin, un autre arrêt de cette même Cour, en date du 17 mars 1828, Jurispr. du 19e siècle, 1828, 1. 363.

Si, cependant, il résultait des circonstances que le demandeur en dommages eût, lui-même, induit en erreur le notaire, même involontairement, comme, par exemple, s'il avait déclaré connaître la partie avec qui il contractait, ou s'il n'avait fait que soumettre à la rédaction du notaire, des conventions privées qui auraient été souscrites auparavant, le notaire serait excusable, et il devrait être affranchi de toute responsabilité.

247. On doit remarquer que le notaire n'est pas tenu de connaître ou de faire constater les prénoms des parties, comme il est tenu de connaître ou de faire constater leur nom, leur état et leur demeure ; ainsi, il n'est pas responsable, à l'égard des tiers, des fausses déclarations des parties, en ce qui touche leurs prénoms. C'est une conséquence de l'art. 11 de la loi de ventôse. La Cour de cassation l'a ainsi jugé, par arrêt rapporté dans Dalloz, t. 21, p. 89 ; Sirey, vol. 23, part. 1re, pag. 153.

248. 4° Le notaire est responsable de la nullité résultant d'une surcharge, d'une interligne : il y a faute par contravention, et non pas seulement par omission, et le notaire est inexcusable d'avoir surchargé son acte, d'y avoir fait des additions, etc.; ce n'est pas là une faute par inadvertance, un oubli, c'est une véritable faute, une faute d'autant plus grave, que si on ne la punissait pas sévèrement, un notaire pourrait ruiner, d'un trait de plume, l'homme le plus riche et le plus prudent. Aussi l'art. 16 de la loi du 25 ventôse proclame-t-il, sans équivoque, la responsabilité du notaire, à la diffé-

rence de la plupart des articles de cette même loi, dont l'inobservation ne rend les notaires responsables que suivant les circonstances. (Art. 68.)

249. 5° Il y a lieu à la responsabilité du notaire, lorsqu'il a instrumenté hors de son ressort, et que, par ce motif, l'acte qu'il a passé se trouve nul. L'art. 6 de la loi du 25 ventôse porte, en effet : «Il est défendu à tout notaire » d'instrumenter hors de son ressort, à » peine d'être suspendu de ses fonctions » pendant trois mois, d'être destitué, » en cas de récidive, et de tous dom- » mages-intérêts.»

250. 6° Enfin, dans tous les cas où la loi déclare formellement le notaire responsable. Voir les divers articles de la loi de ventôse an XI. — Art. 2063 du Code civil, etc.

251. M. Massé, dans son Parfait notaire, vol. Ier, page 45, édit. de Tarlier, admet comme une règle certaine et absolue que «les notaires doivent être » tenus des dommage-intérêts envers » les parties, quand la nullité de leurs » actes provient de ce qu'ils auraient » fait quelque chose de contraire aux » lois, en ce qui concerne les formalités » à remplir. »

Cette règle n'est juste et, par conséquent, n'est vraie qu'autant qu'on la réduit au cas que nous avons indiqué ci-dessus, n. 245. Etendue aux omissions de pure forme, elle est trop rigoureuse et d'ailleurs, contraire à la jurisprudence établie (voir notamment l'arrêt de cassation; Dalloz, t. 21, p. 313; Sirey, vol. 1823, p. 185). Qui ne voit, en effet, qu'une pareille opinion tend à soustraire à la sagesse des tribunaux ce que la nécessité et la loi leur ont abandonné (art. 68 de la loi de ventôse), et qu'il en résulte cette conséquence injuste et absurde, qu'il y a lieu de punir la plus petite omission, la plus légère erreur, comme la faute la plus grave. Une pareille conséquence, si elle était admise, rendrait la condition du notaire insupportable, et éloignerait tous les hommes instruits et probes, de fonctions aussi pénibles à remplir.

§ III. *En quels cas la responsabilité des notaires est-elle abandonnée à la sagesse des tribunaux.*

252. Dans tous les cas qui ne rentrent pas dans l'application des règles ci-dessus, et dans tous ceux où la loi ne s'est pas formellement exprimée sur la responsabilité des notaires, ceux-ci ne doivent être condamnés à réparer les dommages occassionnés par la nullité qu'ils ont commise, qu'autant que les circonstances sont graves, et que leur faute est une faute grossière. Les tribunaux jugent seuls de la nature de cette faute, des conséquences qu'elle doit avoir contre le notaire; et leur décision étant toute de fait, ne peut être critiquée par la Cour de cassation. C'est ce que cette Cour a jugé, par son arrêt du 14 mai 1822; Dalloz, t. 28, p. 313 : «Attendu, » est-il dit dans cet arrêt, que les mots » *s'il y a lieu*, qui se trouvent dans » l'art. 68 de la loi du 25 ventôse an XI, » laissent aux tribunaux *le pouvoir dis-* » *crétionnaire* de déclarer si ces dom- » mages-intérêts doivent être prononcés ou refusés, etc., etc.»

253. Ce pouvoir donné aux juges, doit les engager à beaucoup de circonspection ; il ne suffit pas que le notaire ait fait un acte nul, pour qu'ils doivent le condamner à garantir les parties des suites de la nullité, il faut que l'omission soit grave, que l'erreur soit grossière ; qu'en un mot, le notaire ait négligé ce que généralement on n'aurait pas négligé : *quia non intelligit quod omnes intelligunt.* — Il faut plus encore; il faut que les juges ne se bornent pas à apprécier l'omission, ils doivent puiser, quelquefois, leur conviction dans les circonstances. Par exemple, si un notaire avait agi avec trop de précipitation, si la crainte de voir échapper un acte important, lui avait fait négliger les précautions ordinaires et qu'il eût commis une nullité, sa responsabilité ne saurait être trop sévérement prononcée. Aucune considération ne pourrait le justifier d'avoir agi sans réflexion, si ce n'est dans le cas où la

partie elle-même aurait été la cause de cet empressement ; si , par exemple, elle avait attendu de contracter *in extremis* ; alors, mais alors seulement, la partie serait en faute, et le notaire excusable.

254. Les juges doivent encore distinguer, ce nous semble, la nullité qui résulte d'une simple omission, de celle qui résulterait d'une contravention active et patente : la première peut être le résultat d'une erreur et, comme l'erreur involontaire, elle doit être excusée *errare humanum est* ; la seconde, au contraire, met, en quelque sorte , le notaire en état de rébellion contre le législateur , et c'est une désobéissance formelle à la volonté de la loi. Enfin , pour mieux expliquer toute notre pensée, nous dirons : qu'un notaire est plus excusable de ne pas faire ce que la loi lui ordonne de faire, que de faire ce qu'elle lui défend d'une manière expresse. Toute-fois, disons-le, cette règle n'est point absolue, et bien qu'elle nous ait paru juste dans la plupart des cas, elle pourrait quelquefois n'être pas fondée. C'est aux juges qu'il appartient de la modifier par les circonstances et par les règles invariables de l'équité.

255. Pour en finir sur ce point, nous dirons que la controverse qui n'a cessé de régner, au sujet de la responsabilité des notaires, prouve au moins que, de tous les temps, cette responsabilité a été considérée comme rigoureuse ; c'est une véritable peine , c'est la punition d'une erreur plutôt que d'un délit, elle doit donc être restreinte dans de justes bornes, et dans le doute, elle doit être repoussée. *Odia restringenda....*

SECTION II.

De la responsabilité des Greffiers, Avoués et Huissiers.

256. Nous nous sommes occupés, dans une même section, des avoués , des greffiers et des huissiers parce que leur responsabilité prend sa source dans le même article de loi. L'art. 1031 du Code

de procédure civile s'applique , en effet, à tous *les officiers ministériels*. Merlin, en son Répert. , V° Nullité, § 5 , n° 5.

257. Il en était autrefois de cette responsabilité, comme de la responsabilité des notaires : on ne s'accordait ni sur sa nature ni sur son étendue , et même plusieurs docteurs affranchissaient les avoués, les huissiers de toute responsabilité. Voici ce que dit Dénizart. V° Nullité , n° 25. « Il semblerait qu'un » procureur et un huissier devraient » indemniser les parties des pertes » qu'ils leur font essuyer par la nul- » lité de leurs procédures, cependant » ils n'en sont garans qu'en certains » cas, c'est la partie, pour l'ordinaire, » qui supporte l'impéritie de l'officier, » telle est la jurisprudence des arrêts , » que lorsqu'ils sont actionnés à ce » sujet, ils opposent la maxime : *Mal* » *exploité. point de garant.* »

Bretonnier est encore plus favorable aux intérêts des procureurs ; il est d'avis qu'on doit les affranchir de toute responsabilité, à raison des défauts qui se trouvent dans leurs procédures , et même à raison de leur négligence ; titre 1er, liv. 2, chap. 27 de ses œuvres.

258. Serpillon pensait, au contraire, que si la nullité d'un exploit ou acte de procédure provenait de l'ignorance ou de la négligence du procureur , la partie aurait sa garantie contre lui ; elle pourrait le faire condamner à des dommages-intérêts. C'est , ajoute-t-il , une règle générale que *les procureurs sont garans de leurs fautes faites par ignorance ou par négligence.* — Cette divergence d'opinions jetait de l'hésitation et du doute sur la question de la responsabilité des procureurs ; toutefois l'avis de Serpillon était préféré ; il était, d'ailleurs, plus conforme aux principes.

259. Les auteurs étaient ainsi divisés , lorsque fut arrêtée la disposition de l'art. 1051 du Code de proc. : les rédacteurs crurent utile de fixer tous les doutes, et à cet effet, ils décidèrent par cet article que « les procédures et les actes nuls et frustratoires , et les

actes qui auraient donné lieu à une condamnation d'amende, seraient à la charge des officiers ministériels qui les auraient faits; lesquels, suivant l'exigence des cas, seraient en outre passibles des dommages-intérêts de la partie, et pourraient même être suspendus de leurs fonctions. »

260. Par cette disposition, le législateur a prévu deux cas : le premier a pour objet les actes et procédures nuls, et il condamne les officiers ministériels qui ont commis la nullité, à supporter seuls les frais de ces procédures. Sur ce point, plus d'incertitude; il ne dépend pas du juge d'affranchir l'officier ministériel de cette condamnation, car, aux termes de l'art. 1029 du Code de proc., aucune des nullités, *amendes*, etc., n'est comminatoire. Il n'y aurait exception, que si le législateur l'avait lui-même portée; comme cela a lieu, par exemple, dans l'art. 71 du même code, d'après lequel l'huissier peut être déclaré non-responsable de la nullité qu'il a commise dans un acte introductif d'instance. Bien que le motif de cette exception ne puisse pas être parfaitement expliqué, et quoique l'article 1031 semble, par sa généralité, modifier les dispositions antérieures, nous devons néanmoins la reconnaître, car, outre que les règles générales ne dérogent point aux règles spéciales, la responsabilité d'un fonctionnaire étant une véritable peine, il n'est pas permis de l'étendre au-delà des dispositions de la loi.

261. Le second cas, compris dans les dispositions de l'art. 1031, a pour objet les dommages-intérêts qui peuvent être dus à la partie; l'officier ministériel ne doit le supporter que suivant les circonstances; arrêt de cassation, du 21 septembre 1827. Jurispr. du 19e siècle, 1828, I. 177. — Les juges ne doivent pas même être trop rigoureux; la jurisprudence a admis que ce n'était que dans le cas d'une connivence coupable ou d'une faute lourde, équipollente au dol, que les dommages devaient être accordés à la partie. il serait

injuste de penser que parce que les officiers ministériels sont payés par les parties, ils doivent répondre, d'une manière absolue, de la nullité de leurs actes; les honoraires sont, en effet, bien insuffisans pour justifier une responsabilité aussi étendue, et tel acte qui leur est payé 2 ou 3 fr., pourrait, s'il était nul, occasionner leur ruine ; cette conséquence n'est ni juste, ni fondée sur la loi. On doit donc se montrer favorable aux officiers ministériels, dans tous les cas où leur conduite n'est point reprochable au fonds. C'est au législateur à modifier les formes, à restreindre les nullités, et alors l'avoué et l'huissier auront moins d'occasions de faire des fautes, et alors aussi, la jurisprudence pourra se montrer plus sévère envers eux.

262. Les rapports fréquens et forcés qui existent entre les avoués et les huissiers, mettent le juge dans le cas de ne pouvoir pas exactement préciser auquel des deux l'acte doit être attribué, et lequel des deux aussi, doit supporter les suites de la nullité dont cet acte se trouve frappé. Il nous paraît que la règle à suivre est bien simple : chacun de ces officiers ministériels n'est responsable que des actes qui, suivant le tarif et l'usage, sont censés de son fait; ainsi, par exemple, toute nullité qui se trouve dans un acte de procédure faisant partie d'une instance, doit être réparée par l'avoué constitué. Le fait même de la constitution le rend *dominus litis*, et, par conséquent, surveillant et responsable de la procédure. Il ne peut être affranchi de cette responsabilité, qu'autant qu'il serait certain que l'huissier aurait fait personnellement la faute, et que celle-ci était de nature à ne pouvoir être évitée par l'avoué : par exemple, si la nullité provenait d'une omission ou contravention relative au *parlant à*.....

Au contraire, tout acte extra-judiciaire, ou même tout acte introductif d'instance, sont censés être du fait de l'huissier, et, par cela même, sont placés sous sa responsabilité; mais les

suites de cette responsabilité deviennent communes à l'avoué, dès le moment que ces actes lui sont remis et
qu'il en fait le fondement d'une instance ; c'est à lui à surveiller exactement ces premiers documens confiés à
son zèle et à ses lumières.

263. Les études spéciales auxquelles
l'avoué est soumis par la loi, la supériorité de sa position sociale doivent le
rendre plus exact et plus instruit, et,
dans le doute, la responsabilité pèse
plutôt sur lui que sur l'huissier. C'est
ainsi qu'il a été jugé que lorsqu'un exploit d'appel avait été remis par un
avoué à un huissier, avec ordre de le
signifier, et que cet exploit se trouvait
nul pour avoir été signifié dans la huitaine du jugement, contrairement aux
dispositions de l'art. 449 du Code de
procédure civile, la responsabilité tombait sur l'avoué seul. Arrêt de la Cour
d'Aix, du 17 juin 1828, Jurispr. du
19ᵉ siècle, 1828, 2. 225.

SECTION III.

De la responsabilité des Juges.

264. L'art. 24 du tit. 15 de l'ordonnance de 1670 voulait que les juges dont
les procédures viendraient à être cassées, pour quelque nullité, fussent condamnés à les refaire à leurs dépens, et
à dédommager toutes les parties.—Cette
jurisprudence rigoureuse n'a point été
consacrée par nos lois : celles-ci ne déclarent les magistrats responsables, que
dans certains cas; comme, par exemple,
dans les art. 15 et 292 du Code de proc.
dans l'art. 2063 du Code civil, etc. Hors
les cas particuliers dans lesquels la loi
dispose que le juge doit être condamné
aux dommages, les plaideurs ne peuvent recourir contre lui que lorsqu'il y
a lieu à la prise à partie. (Arrêt de cassation, du 7 juin 1810, Sirey, 1810, p. 270.)

265. La jurisprudence nouvelle est
bien préférable à l'ancienne; la magistrature étant un des pouvoirs de l'état,
le bien qu'elle peut faire augmente en
raison du respect qu'on lui porte. Ce serait lui ôter sa dignité et le prestige
qui s'y rattache, que de lui demander
autre chose que le bien jugé et sa coopération franche et appliquée à l'administration de la justice. Autoriser contr'elle une action en dommages-intérêts,
pour la plus petite omission, c'est l'exposer à être tous les jours dans l'arène
où s'agitent les passions les plus viles et
les plus tracassières; c'est l'exposer à la
déconsidération, c'est frapper au cœur
cette grande et généreuse institution,
arbitre de notre honneur et de notre
fortune. Cela ne devait point être, et la
loi nouvelle a été juste et utile, quand
elle a limité à un très-petit nombre de
cas, la responsabilité des juges.

CHAPITRE XV.

Du cautionnement des obligations nulles et annulables.

266. Le cautionnement est un contrat par lequel on garantit l'exécution
d'un engagement pris par un autre.
Le cautionnement peut s'adjoindre
à toute sorte d'obligations. Generaliter
omnium obligationum fidejussorem accipi nemini dubium est. Leg. 8, § 6,
de fidejuss. et mand.—Seulement, il

faut que l'obligation qui en fait l'objet soit valable ; art. 2012 du Code civil ; car l'obligation de la caution n'étant que l'accessoire de celle du principal obligé, on ne peut concevoir de cautionnement, sans une obligation principale. *Cum fidejussoria obligatio sit veluti umbra in corpore.* D'Argentré, sur l'art. 464 de la Cout. de Bretagne.

267. Mais qu'entend-on par obligation valable, et comme telle, susceptible de cautionnement ?

Dans le langage ordinaire de la loi, l'obligation non valable est celle qui ne produit aucun lien, aucune action, aucune exception ; qui, en un mot, est dépourvue de toute existence légale, suivant ce que nous avons établi au n. 323. Il est bien certain que de pareils engagemens ne sont rien ; ils ne peuvent être, dès-lors, valablement cautionnés, et du moment que leur nullité est déclarée, le cautionnement n'existe plus ; il est, par rapport à l'obligation principale, comme l'ombre qui s'attache à un corps, il disparaît avec elle. *Cum fidejussoria obligatio sit veluti umbra in corpore.* Par exemple, si j'ai fait une promesse sous une condition impossible, cette promesse n'est pas susceptible de cautionnement. *Si sub impossibili conditione stipulatus sim, fidejussor adhiberi non potest.*

Prise sous un point de vue plus restreint, mais aussi exact, l'expression *non valable* s'applique non seulement aux obligations absolument dépourvues d'existence légale, mais encore à celles qui, quoique établies dans un intérêt privé, et annulables seulement sur la demande des intéressés, ont une cause ou un objet illicites ; comme, par exemple, les obligations consenties par erreur, surprises par dol, arrachées par la violence, etc, etc. Toutes ces obligations sont *non vala-*

bles, et par ce motif, elles ne peuvent être cautionnées ; de telle sorte que, lorsqu'elles sont annulées, l'annulation profite à la caution comme au principal obligé. (1)—On conçoit aisément les motifs de cette décision : le cautionnement de pareilles obligations aurait pour objet de consacrer une chose réprouvée par la loi ; il tendrait à paralyser les effets de l'action que le législateur a donnée pour se soustraire à une injustice ; et il assurerait indirectement à une partie de mauvaise foi les résultats de sa fraude, de sa violence, ou de sa désobéissance.

La raison et la loi ne veulent donc pas que le cautionnement puisse survivre à l'obligation principale, lorsque celle-ci est non valable. Peu importe qu'elle soit nulle de nullité absolue, ou qu'elle soit annulable ou rescindable pour quelque cause qui se rattache à l'obligation même ; dans l'un et l'autre cas, l'art. 2012 reçoit son application.

268. Cependant, il arrive quelquefois que le cautionnement subsiste dans toute sa force, bien que l'obligation principale n'existe plus ; cela a lieu dans tous les cas où l'action en rescision est fondée sur une cause purement personnelle au principal obligé (art. 2012 du Code civil). Il est certain qu'en pareille circonstance, l'obligation naturelle existant malgré que les parties ne se soient pas conformées à la loi civile, le cautionnement doit être maintenu ; on doit penser qu'il s'appliquait uniquement à l'obligation naturelle. Or, il est de principe ancien et positif, que les obligations naturelles peuvent être cautionnées. (2)

269. Mais qu'entend-on par les mots : *exceptions purement personnelles* au principal obligé ? Nous l'avons dit au n° 468 du tome 1er, ce sont celles que la loi donne en considération de la personne pour ou contre laquelle elles sont données, *intuitu personæ.* Nous n'avons

_____

(1) *Cum causa principalis non consistit, nec ea quæ sequuntur locum habent.* Leg. 138 ff. de reg. juris. — Puffendorf. du Droit de la nature et des gens, liv. 3, chap. 6, § 11.

(2) *Fidejussor accipi potest quotiès aliqua obligatio civilis vel naturalis est cui applicetur.* Leg. 16, § 3, ff. de fidejus. et mandat. — Heineccius, in Pandect. part. 7, § 35.

ici qu'à nous occuper de quelques exemples qui rentrent dans l'exception portée par l'art. 2012.

270. Le premier dont nous devons nous occuper est celui que cet article indique; c'est celui pris de la minorité. Le mineur est restituable contre les engagemens qu'il a souscrits en minorité, et pour lesquels il était déclaré incapable; son action pour se faire restituer, ou si l'on veut, l'exception dont il peut user envers les poursuites dirigées contre lui, par suite de son engagement et pour le faire exécuter, est une exception personnelle, une exception qui lui est accordée *intuitu personæ*, et en raison du préjudice auquel l'exposerait tous les jours la faiblesse de son âge. — Mais l'engagement qu'il prend n'est pas nul au fond, il n'est pas entaché dans sa substance, il renferme même, le plus souvent, une obligation naturelle, à l'exécution de laquelle le mineur peut se trouver obligé. Or cette obligation naturelle peut, suivant ce que nous avons dit aux numeros précédens, être l'objet d'un cautionnement; et lorsque ce cautionnement a lieu, son objet est de garantir les tiers contre les effets de l'exception purement civile que la loi donne au mineur. — C'est ainsi que l'art. 2012 doit être entendu, lorsqu'il dit que l'on peut cautionner l'obligation du mineur. Cela est si vrai, qui si, indépendamment de l'exception que la loi lui accorde, à raison de sa minorité, il avait une action particulière en nullité ou en rescision, et dont la cause seraitdans quelque vice réel de l'obligation, et que tout l'acte eût été l'objet d'un cautionnement, la caution

profiterait de l'annulation de l'engagement pour cette dernière cause, si le mineur s'en prévalait préférablement à l'action spéciale qu'il était en droit d'exercer. (1)

271. Cette loi ne s'occupe que du cas particulier où l'engagement souscrit par le mineur et cautionné par un tiers, est le résultat du dol et de la fraude; mais la jurisprudence en a fait une règle générale qui se trouve clairement exprimée dans le Traité du droit de justice, par Baquet, chap. 21, n° 133. (2)

272. Il est encore une autre circonstance où la caution du mineur est relevée de son engagement; c'est lorsque le mineur a été cautionné uniquement en une qualité contre laquelle il s'est fait restituer ensuite; par exemple, s'il a accepté une succession, sans que les formalités aient été remplies, et qu'il se soit fait ensuite restituer, les cautions qu'il a données comme héritier, pour les dettes de la succession, s'évanouissent. *Si pupillus se abstineat hæreditate; succurrendum est et fidejussoribus ab eo datis, si ex hæreditario contractu convenirentur.* Leg. 89, ff. de acquir. vel omit. bœredit. — La raison en est que le mineur ne pouvant être tenu, en aucune manière, des dettes de l'hérédité, qu'autant qu'il serait héritier, son engagement est non-valable, et ne peut dès lors être cautionné, suivant les termes de l'art. 2012 du C. civ. Il en serait différemment, si la qualité avait été expressément cautionnée.

273. Un second exemple d'obligations qui peuvent être valablement cautionnées, bien qu'elles soient annulables, est pris dans les engagemens con-

---

(1) *Si ea, quæ tibi vendidit possessiones interposito decreto præsidis, ætatis tantum modo, auxilio juvatur : non est dubium fidejussorem ex personâ suâ obnoxium esse contractui. Verum si dolo malo apparuerit contractum interpositum esse : manifestijuris est utrique personæ, tàm venditricis quàm fidejussoris consulendum esse, Leg. 2, Cod. de fidejuss. minor.*

(2) Voici ce qu'il dit à ce sujet : « la caution baillée par le mineur ne peut être relevée, ce qui se doit entendre : « *Quandò minor suâ facilitate deceptus fuit, et sic exceptio sive causa restitutionis, quæ minori competebat, personalis erat, sive jure speciali, ob minorem ætatem ei competebat;* non pas *quando minor dolò adversarii circumscriptus fuit; et tunc exceptio, sine causâ restitutionis realis erat et jure consensui concedebatur, et putà exceptio doli, metûs, vel deceptionis, ultrà dimidiùm justi prætii.* — Auquel cas *non solum minor sed et fidejussor ejus restituitur, quia etiam major restitueretur.* » Voir aussi Faber, Cod. lib. 2, tit. 13, definit. 1.

sentis par une femme mariée, en l'absence de son mari et sans son autorisation. L'action qui lui est donnée, de même que l'action donnée à son mari pour faire annuler ces engagemens, étant personnelle, ces engagemens ne sont point nuls; ils obligent les parties capables qui ont contracté avec la femme (art. 1125 du Code civil). Celle-ci est obligée naturellement et, par cela même, son obligation peut être cautionnée suivant ce que nous avons dit au n° 268 du présent volume.

Cette solution, toute juste qu'elle paraisse, n'était pas sans difficulté autrefois; elle était vivement contestée, et il ne sera pas hors de propos de dire un mot sur les motifs qui faisaient la controverse et sur ceux qui doivent la faire cesser.

274. Plusieurs jurisconsultes pensaient, d'après d'Argentré, sur l'art. 464 de la coutume de Bretagne, et d'après Pothier, dans son Traité sur les obligations, n° 396, que l'obligation ou l'engagement souscrit par la femme mariée, sans l'autorisation du mari, étaient nuls de nullité absolue; ils considéraient une pareille obligation comme nulle en elle-même, et par un vice qui lui était inhérent, et ils en tiraient la conséquence que personne ne pouvait la cautionner utilement.

« On ne doit pas comparer, disait Pothier, *loc. cit.*, la femme sous puissance de mari, au mineur. L'obligation du mineur n'est pas nulle; la voie de la restitution que la loi accorde contre son obligation, suppose une obligation; il y en a donc une, à laquelle les cautions peuvent accéder; mais l'obligation d'une femme sous puissance de mari, qui contracte sans être autorisée, est absolument nulle; il n'y a aucune obligation à laquelle la caution ait pu accéder. »

275. D'autres jurisconsultes, parmi lesquels Despeysses, part. 2, tit. 2, en son Commeüt. sur l'art. 372 de la Cout. de Normandie, soutenaient, au contraire, que de pareilles obligations, bien que nulles d'une manière absolue, pouvaient toujours être cautionnées, par la raison que la cause de la nullité était purement personnelle à la femme.

276. L'opinion de Despeysses doit d'autant mieux être admise, que, comme on le voit, il pensait que l'engagement contracté par la femme sans l'autorisation de son mari, était nul de plein droit; et que, cependant, la nullité ayant une cause personnelle, cet engagement pouvait être cautionné. Mais cette opinion est d'autant plus certaine, que l'unique raison sur laquelle Pothier et d'Argentré fondaient l'opinion contraire, et qui consistait à dire que la nullité résultant du défaut d'autorisation maritale était absolue, n'existe plus. (Art. 1125 du Code civil).

277. Comment se fait-il donc que M. Grenier, dans son Traité sur les hypothèques, vol. 1er, n° 55, ait cru devoir se ranger de l'avis de Pothier ? Il nous l'explique lui-même : il expose d'abord la controverse qui existait autrefois sur la question, et après avoir surtout fait connaître l'opinion de cet auteur, il ajoute, page 15 : « On déduit les mêmes principes (que ceux développés par Pothier) du Code civil, sur la nullité des obligations des femmes mariées, sans l'autorisation de leurs maris; ses dispositions sont conçues en termes prohibitifs, et l'on peut s'en expliquer, comme le faisait d'Argentré, relativement à celle de la Coutume de Bretagne. *Tales omnes enonciationes prohibitoriæ concipiuntur*, et *potentiam adimuni pro verbo* ne peut *et per verba* est de nulle value. Mais ce qui devient décisif, et ce qui corrobore, sous notre législation, cette ancienne doctrine, c'est la disposition de l'art. 217 du Code civil « la femme, même non commune ou séparée de biens, ne peut donner, aliéner, hypothéquer, acquérir à titre gratuit ou onéreux, sans le concours de son mari dans l'acte, ou son consentement par écrit. »

Arrêtons-nous là un moment. C'est une erreur manifeste de prétendre que, parce que l'art. 217 est conçu dans des termes prohibitifs, il ne fait que confirmer les principes développés par Pothier, par rapport à la nullité des engagemens consentis par la femme sans l'autorisation de son mari. On se rappelle ce que nous avons dit au n° 310 et suiv. , sur la nature des dispositions p ohibitives et sur l'inexactitude de la maxime : *Negativa præposita verba potest tollit potentiam juris et facti.* — D'ailleurs, il suffit de rapporter l'opinion de Pothier sur ce point, pour être convaincu que M. Grenier s'est trompé; voici ce qu'on lit au n° 34 de son Traité sur la puissance maritale :

« Par ces termes : *ne peut aucunement contracter*, la coutume déclare nuls » tous les contrats que la femme fait » sans autorisation , soit qu'ils lui » soient préjudiciables , soit même » qu'ils lui soient avantageux ; *elle* » *ne peut pas plus obliger les autres* » *envers elle, que s'obliger envers les* » *autres.* L'ordonnance de 1731 a » confirmé ces principes en déclarant » qu'une femme mariée ne pouvait » sans autorisation , accepter valable- » ment une donation qui lui était » faite. »

Que l'on compare cette opinion de Pothier aux termes précis de l'art. 1125, suivant lequel la femme oblige le tiers envers elle , et que l'on se demande comment il est possible de soutenir *que l'on déduit l'opinion de Pothier des dispositions du Code civil sur la nullité des obligations des femmes mariées , sans l'autorisation de leur mari.* C'est évidemment une erreur à laquelle M. Grenier s'est laissé entraîner.

Ce Jurisconsulte donne , à l'appui de son système , une autre raison plus spécieuse ; voici ce qu'il dit : « Je » crois avoir dit avec vérité que la » nécessité de l'autorisation du mari » est établie, non pas seulement dans » l'intérêt de la femme , mais encore » dans des vues morales ; en sorte que » ce n'est pas à elle qu'on peut appli-

» quer la restriction faite par l'article » 2012 , relativement à *l'exception* » *purement personnelle.* Il sera tou- » jours contre la décence , contre la » dignité du mariage, qu'une femme » s'oblige sans l'autorisation de son » mari , sous un cautionnement. »

Nous reconnaissons, avec M. Grenier, que la nécessité de l'autorisation maritale est fondée sur des vues morales. Mais il y a loin de là , à la conséquence que l'action donnée à la femme et à son mari cesse d'être une exception purement personnelle. La moralité de la disposition ne change pas la nature de l'exception. Sans doute, il est moral que la femme ne puisse pas être obligée sans le consentement de son mari, mais la question morale est bien secondaire, puisque le mari peut approuver l'engagement de sa femme, et que celle-ci peut l'approuver elle-même, après la dissolution du mariage; et certes, une pareille ratification ne serait pas permise, si *les vues morales* dont parle M. Grenier ; dominaient tant soit peu dans la nullité des engagemens de la femme. La seule chose qui domine dans cette nullité, c'est l'intérêt du mari, c'est sa puissance dans la communauté conjugale, et le droit qu'il a de la faire respecter : les moyens que la loi lui donne sont donc personnels et rien que personnels. Qu'importe que 'on intérêt se trouve appuyé sur des vues morales, il ne perd pas son caractère, il marche toujours en première ligne, et il a cela de commun avec tous les intérêts qui se croisent dans la société, et dont l'opposition et les combats continuels se rapportent tous, plus ou moins, à l'intérêt général (t. 1er n. 3). N'est-il pas vrai aussi que la morale ne permet pas qu'on puisse profiter de la faiblesse d'esprit ni d'un âge trop tendre, pour s'enrichir aux dépens d'autrui; et cependant l'action donnée à l'interdit et au mineur leur est personnelle, et cependant leurs engagemens peuvent être cautionnés; c'est incontestable.—Donc le second argument de M. Grenier n'est point fondé;—donc nous devons admettre que l'art. 1125 a modifié l'opinion de Pothier sur la nature de la nullité résultant de l'incapacité de la femme, et que l'action résultant de cette nullité étant purement personnelle, l'engagement de cette femme peut être cautionné.

278. S'il était besoin d'invoquer des autorités à l'appui de principes qui nous paraissent si incontestables, nous pourrions en indiquer un grand nombre. Nous nous contenterons de rapporter l'espèce d'un arrêt de la Cour de cassation, qui ne laisse aucun doute sur la question.

La femme Formigier, mariée sous le régime dotal, consent, avec l'autorisation de son mari, au profit du sieur Grimaud, des ventes, échanges et obligations portant sur ses biens dotaux. Ces ventes et échanges sont faits, soit avant le Code civil, soit au mois de prairial an III, postérieurement à la promulgation du titre du Contrat de mariage.

Les enfans de la dame Formigier et les époux Mouville, se rendent solidairement garans et responsables de ces différens actes.

En 1819, les époux Mouville demandent la nullité des ventes consenties par la dame Formigier; ils se fondent sur les dispositions du droit romain et sur l'art. 1554 du Code civil. — Ils demandent aussi la nullité du cautionnement par eux consenti, d'après la règle que l'accessoire suit le sort du principal, suivant la disposition de l'art. 2012.

Ils reconnaissent à la vérité que, d'après le second alinéa de cet article, lorsque la nullité de l'obligation principale dérive d'une exception personnelle à l'obligé le cautionnement est valable; mais ils soutiennent que la nullité de l'aliénation du fonds dotal n'est pas fondée sur une exception personnelle à la femme; qu'au contraire, la prohibition d'aliéner a, pour tout but, la conservation des biens dans les familles, et que l'ordre public est intéressé à ce que la dot des femmes soit conservée, etc.

14 juin 1822, jugement du tribunal de Barbezieux, qui rejette la nullité de

la vente et du cautionnement, par les motifs suivans :

« Attendu que le cautionnement, pour être valable, doit se rapporter à une obligation valable elle-même, ou dont la nullité soit seulement relative, c'est-à-dire, résultant d'une exception personnelle à l'obligé; — attendu que la vente des biens dotaux, suivant l'ancienne jurisprudence et l'opinion de jurisconsultes recommandables, tels que Dunod, d'Argentré, Duperrier, etc., etc., était nulle, seulement dans l'intérêt de la femme; que cette nullité n'étant que relative, une pareille vente donnait lieu à un cautionnement valide; et que les tiers qui en avaient garanti l'exécution étaient obligés.

Attendu, que si un tel cautionnement était valide en général, il devait l'être pour les enfans de la femme dont les biens avaient été aliénés, comme pour toutes autres personnes; aucune loi n'ayant défendu aux enfans de cautionner leurs père et mère;

Attendu que les demandeurs étant devenus, par l'effet dudit cautionnement, garans de l'aliénation et des obligations consenties par leur mère, on peut, avec raison, leur opposer la maxime de droit : *quem de evictione tenet actio, eundem agentem repellit exceptio*, d'où résulte contre lesdits demandeurs une fin de non-recevoir que le tribunal doit accueillir; — Déclare les époux Mouville non-recevables.

Appel. — 27 juillet 1822, arrêt confirmatif de la Cour de Bordeaux.

Pourvoi en cassation, et le 3 août 1825, arrêt qui, attendu qu'il ne s'agit que d'une nullité relative, inhérente à la qualité de femme mariée, et ainsi susceptible de cautionnement, rejette, etc., etc. Jurispr. du 19e s., 1826, 1.119.

279. Enfin, la loi elle même a reconnu le cautionnement des aliénations faites, en certains cas, par la femme. Il résulte, en effet, de l'art. 1560 du Code civil, que si le mari et la femme avaient, conjointement, vendu le fonds dotal, sans déclarer son origine, le

mari avait qualité pour demander la nullité de cette vente , mais qu'il demeurait sujet aux dommages-intérêts de l'acheteur. Cette obligation est une espèce de cautionnement de la vente, et qui, s'il ne participe pas de le nature du cautionnement ordinaire , en a toutes les conséquences. On peut voir un arrêt de cassation , du 11 juillet 1826. Jurispr. du 19ᵉ s., 1827; 1. 287.

Dans l'espèce de cet arrêt, une femme mariée sous le régime dotal et ayant obtenu contre son mari un jugement en séparation de biens , avait vendu deux immeubles qui lui avaient été constitués en dot. Cette vente avait eu lieu en 1809, en présence du mari et avec son consentement exprès : cette femme ni son mari ne réclamèrent pas, jusqu'en 1823 , époque du décès de celui-ci. — Mais alors, la femme demanda la nullité de la vente qu'elle avait consentie : elle se fondait sur ce que les immeubles qui en fesaient l'objet étaient dotaux , et sur ce qu'elle n'en avait point touché le prix. — L'acquéreur soutint que la venderesse ayant laissé passer plus de dix ans , depuis la date des ventes attaquées, sans former son action en nullité , elle n'y était plus recevable, aux termes de l'art. 1304 du Code civil , qui fixe à dix ans la durée des actions de cette espèce, et de l'art. 1561 du même code qui dit que la prescription court contre la femme, même à l'égard des biens dotaux , à partir de la séparation des biens.

26 juillet 1824, jugement qui déclare prescrite l'action en nullité. — Appel, — et le 24 mars 1825 , arrêt qui infirme : attendu..... « que si les ventes » dont l'annulation est demandée ont » été consenties par la femme, il est » établi , dans les contrats, qu'elles ne » l'ont été qu'avec l'autorisation de son » mari ; qu'il est de principe que l'au- » torisation donnée en pareil cas par le » mari , *le rend responsable*, d'où ré- » sulte la conséquence que l'action in- » tentée par la femme, pendant le ma- » riage , aurait nécessairement réfléchi » contre son mari , et qu'alors, on ne

» pouvait lui opposer aucune prescrip- » tion. »

Pourvoi, et le 11 juillet 1826, arrêt de rejet , basé sur ce qu'il est établi , par l'arrêt attaqué, 1° que les biens vendus étaient dotaux ; 2° que la vente avait été faite avec l'autorisation du mari ; 3° enfin, qu'il n'était pas établi que la femme eût profité du prix de la vente, etc. Jurisp. du 19ᵉ s., 1827, 1. 287; 1829, 2. 273.

Il résulte de cet arrêt que si la femme avait demandé la nullité de la vente , avant la mort de son mari , celui-ci était garant de cette vente , par cela seul qu'il avait autorisé sa femme. (Voir l'art. 1560 du Code civil.)

280. Un troisième exemple d'obligations annulables qui peuvent être cautionnées , est pris dans l'engagement contracté par l'interdit pour cause de prodigalité. Comme son incapacité ne produit qu'une action faite pour lui et dans son intérêt seul , elle rentre dans le cas des actions purement personnelles, son engagement produit toujours une obligation naturelle, qui est susceptible d'être cautionnée.

281. Au contraire , nous ne pensons pas qu'on puisse cautionner l'obligation contractée par l'interdit pour cause de démence, quoique la nullité qui frappe une pareille obligation ne soit que relative. La raison en est que, dans ce cas, l'interdit étant en démence, n'a pu consentir , et qu'il ne peut exister de contrat sans le consentement des deux parties. Ici l'action donnée à l'interdit est basée sur un vice réel de l'obligation , sur l'impossibilité de son existence , et non pas seulement sur des causes prises dans la personne de l'interdit. — Celui-ci ne pouvant manifester sa volonté, n'est pas même obligé naturellement ; or, comme il n'y a de sa part ni obligation naturelle ni obligation civile , le cautionnement ne peut exister. *Suprà*, n° 37.

282. On peut cependant stipuler au nom de l'interdit pour cause de démence, et se porter fort pour lui et ses héritiers, art. 1120 du Code civil ; dans ce

cas ce n'est pas le cautionnement d'une obligation non valable, c'est une obligation principale tendant à faire ratifier et à faire exécuter un acte, c'est une obligation personnelle à celui qui se porte fort.

283. Je peux aussi m'obliger solidairement avec un interdit , et la nullité de son obligation, ne la laisse pas moins exister à mon égard, lors même qu'il serait certain que je lui aurais laissé prendre l'argent; car , pour que je sois l'emprunteur d'une somme, il n'est pas nécessaire que je l'aie reçue ; il suffit que vous l'ayez comptée à quelqu'un même incapable, sur mon indication , et de mon consentement. Art 1208 du Code civil.

284. Il est inutile de rapporter d'autres exemples d'obligations annulables, et susceptibles cependant d'être cautionnées. Nous pensons que, sauf l'exemple de l'interdit dont nous avons parlé dans les trois numéros précédens , on peut cautionner tous les actes et engagemens auxquels on peut appliquer la règle énoncée au n° 10, t. 1er, *quandò actus nullus est, favore alicujus intelligitur, si ipse velit , esse nullus.* Le privilége qu'on a de demander la nullité d'un engagement obligatoire pour les autres , est un *droit personnel* qui rentre incontestablement dans l'exception portée par l'art. 2012 du Code civil.

285. Lorsqu'il y a lieu de juger de l'effet d'un cautionnement ayant pour objet une obligation annulable , l'on doit seulement examiner s'il a eu lieu en connaissance de cause , et s'il est intervenu spécialement pour garantir l'obligation contractée par un incapable ou un acte irrégulièrement fait. S'il était établi que la caution ne croyait cautionner qu'un engagement ordinaire, que notamment elle ignorait l'incapacité ou le vice particulier auxquels on veut faire rapporter son obligation , celle-ci serait nulle, comme étant faite

par erreur.—Vinnius, *tit. de fidejuss.*, n° 4 , — *Nec obstat* la règle de droit contenue en la loi 19, *ff. de reg. juris.* qui dispose que *qui cum alio contrahit, vel est, vel esse debet non ignarus conditionis ejus.* — Cette règle, en effet , a été de tout temps modifiée par les circonstances; *illa regula procedit nisi ignorantia esset multum probabilis et justa, quia tunc excusatur,* Philip. Decius , *de regulis juris., reg.* 19. — On conçoit, en effet, que la caution du mineur, par exemple , ne puisse pas ignorer quand elle traite avec lui , ou pour lui, qu'il ne peut pas s'obliger; ou que si elle l'ignore , elle ne doive également être victime de son erreur , *quia jus non ignorare censetur;* tandis qu'il n'y a rien de surprenant que par erreur de fait ou par le dol du mineur , de la femme mariée , la caution ignore leur qualité : or, comme dans ce cas, il y a eu erreur de fait, il est juste et conforme aux principes de droit, que la caution se fasse relever de son erreur , si elle peut la prouver.

286. Dans tous les cas où le cautionnement est nul, comme s'appliquant à une obligation non valable , la caution n'est pas obligée d'attendre que la nullité de cette obligation soit prononcée, pour se dégager elle-même de son obligation. Rien n'empêche donc que la caution ne puisse opposer au créancier toutes les exceptions qui appartiennent au débiteur principal , et qui sont inhérentes à la dette ; que notamment elle ne puisse exciper de la nullité de l'obligation principale (art. 2036 du Code civil); rien ne s'oppose non plus à ce qu'elle puisse agir directement par voie de nullité de son cautionnement. Cette nullité est , en ce cas , un droit personnel à la caution , et qui lui est conféré par l'art. 2012 ; personne n'est fondé à lui contester l'exercice de ce droit. N°s 426 et suivans.

CHAPITRE XVI.

De la Ratification.

287. La défectuosité des actes et les vices des conventions se couvrent par la ratification.

288. La ratification, en général, peut être définie le consentement que nous donnons, pour approuver ce qu'un autre a fait en notre nom, sans ordre et sans mandat de notre part, ou pour confirmer ce que nous avons fait nous-mêmes, ou ce qui a été fait par ceux que nous représentons, et qui, à raison de quelque défectuosité dans la forme, ou de quelque vice au fonds, se trouve susceptible d'être annulé ou rescindé.

289. Ce qui fait qu'en droit on reconnaît deux espèces de ratification.

La première ; celle par laquelle nous approuvons ce qu'un autre a fait en notre nom, sans notre ordre et sans notre mandat.

La deuxième ; celle par laquelle nous renonçons à nous prévaloir des imperfections des conventions ou des actes consentis par nous ou par ceux que nous représentons.

290. La première de ces deux espèces de ratifications est régie par les art. 1998 et suiv. — Elle est soumise à des règles qui n'ont aucun rapport avec celles qui régissent la ratification des actes nuls. Arrêt de cassation, 26 déc. 1815 ; Dalloz, t. 19, p. 115 ; Sirey, 1816, p. 243. Il n'entre pas dans notre sujet d'en examiner les conditions et le caractère.

291. Nous ne devons nous occuper ici que de la deuxième espèce de ratification, c'est-à-dire de celle qui a pour objet de couvrir les vices des conventions et l'irrégularité des actes dans leur forme. — Cette partie est la plus essentielle et la plus attachante de l'ouvrage que nous livrons au public ; remplie de difficultés graves, elle n'est éclairée que par un petit nombre d'articles de lois, dont le laconisme laisse livrées à la controverse, les questions les plus intéressantes et les plus usuelles. Jusqu'ici, les auteurs ont fait peu d'efforts pour poser les règles qui doivent régir cette matière, pour en déduire les conséquences, et pour soumettre la ratification aux principes ordinaires du droit et de l'équité. Il est résulté de ce silence et de ce défaut de soin, que la jurisprudence, incertaine dans sa marche, a consacré les décisions les plus contradictoires, et que la science n'a presque rien fait pour diriger l'étude des jurisconsultes. Serons-nous plus heureux que ceux qui nous ont précédé ? nous n'hésitons pas à dire : oui, parce que nous avons été plus appliqués. — Notre but n'a pas été de prévoir et de discuter les diverses questions qui se sont présentées ou qui sont à même de s'élever dans la pratique ; on sait déjà, nous l'avons suffisamment dit, que l'examen des questions était pour nous d'un intérêt très-secondaire, s'il n'était point presque nul. Nous nous sommes principalement attachés à réunir et coordonner les règles fondamentales de la ratification, à en faire une espèce de corps de droit, dans lequel les jurisconsultes pourraient puiser les moyens d'éclairer et de résoudre les

questions proposées. Ces règles , nous les avons puisées partout, et nous avons accueilli toutes celles que notre raison nous a présentées comme pouvant être d'un effet utile. Puissions-nous avoir réussi dans notre travail ! C'est la plus belle récompense que nous ambitionnons.

292. Pour exposer avec ordre les idées qui nous ont dirigé, et classer de la manière la plus convenable les principes dont nous avons reconnu le fondement, nous avons divisé le présent chapitre en trois sections. Dans la première, on retrouvera tous les caractères et les conditions de la ratification en général ; dans la seconde, nous ferons l'exposé de la forme et des conditions spéciales de la ratification expresse ; enfin , la troisième aura pour objet la ratification tacite.

SECTION PREMIÈRE.

De la Ratification des actes et des conventions en général, ou des règles communes à la ratification expresse et à la ratification tacite.

293. Plusieurs conditions essentielles se réunissent pour déterminer le caractère de la ratification des actes et des conventions. Nous les avons réunies dans la présente section ; mais comme elles tiennent à des causes différentes, nous avons cru devoir examiner , en autant de paragraphes , 1° ce qu'on doit entendre par ratifier un acte ou une convention ; 2° quelles personnes ont qualité pour consentir cette ratification , et quelles sont les causes qui peuvent rendre sans effet le consentement qu'elles donnent ; 3° quels sont les actes et les conventions susceptibles d'être confirmés ou ratifiés ; 4° enfin , quels sont les effets de la ratification.

§ 1er. 294. Confirmer un acte ou le ratifier , c'est lui donner une force qu'il n'aurait pas eu par lui seul. (Paroles du tribun Jaubert au Corps législatif). Néanmoins , la ratification ne confère pas aux parties un droit nouveau , un droit plus étendu que celui qui résulte de l'acte ratifié ; elle n'a d'autre objet que d'ajouter à celui-ci la force qu'il n'aurait point eue par lui-même. *Confirmatio robur addit confirmato , sed non extendit ;* et c'est dans ce sens , que Dumoulin disait avec raison : *Qui confirmat nihil dat.* Comment. sur la Coutume de Paris , tit. 1er § 8, glos. 4 , n° 88.

295. Si donc l'acte qualifié acte confirmatif , était conçu de manière à donner au premier acte un effet différent de celui qu'il était primitivement destiné à produire , ce ne serait pas un acte confirmatif , mais bien une nouvelle convention , indépendante de la première , et qui étant régie par d'autres règles , produirait des effets différens.

La source du droit des parties est uniquement dans le premier acte ; mais c'est par l'acte confirmatif , que ce droit devient irrévocable ; le premier , le fait naître ; le second , lui donne la force et l'action. Il en résulte que l'acte ratifié et l'acte de ratification sont deux actes corrélatifs , deux faits liés l'un à l'autre , et qui , par leur ensemble , forment le titre. Il n'est pas possible de les séparer ; car , sans le premier, le second est sans objet et ne peut se concevoir ; et sans le second , le premier manque de force. De là plusieurs conséquences.

296. 1° Un commandement en saisie immobilière , basé sur une obligation annulable , mais ratifiée postérieurement , serait radicalement nul , s'il ne renfermait la copie de l'acte ratifié et de l'acte de ratification ; l'art. 673 du Code de proc. exigeant impérieusement qu'il soit donné copie entière du titre du débiteur , il est évident que le créancier ne peut se dispenser de donner copie des deux actes dont l'ensemble forme seul le titre ; donner seulement copie de l'un ou de l'autre , ce n'est pas donner copie entière du titre, ce n'est point se conformer aux dispositions de la loi.

297. 2°. Lorsque la ratification d'un acte conférant hypothèque est nécessaire, il est indispensable que, dans le bordereau, le créancier fasse mention de l'acte de ratification : en effet, l'acte primitif étant insuffisant, ne peut exister sans le concours de la ratification ; c'est la réunion de ces deux actes qui forme le corps de l'engagement et de l'hypothèque ; et dès-lors, il est évident que l'inscription qui doit énoncer le titre conférant hypothèque, qui n'ajoute rien à celle-ci quand elle est nulle, et qui ne lui donne une efficacité que quand elle est valablement constituée, doit énoncer les deux actes sur lesquels l'hypothèque repose. — N'en énoncer qu'un, ce n'est pas faire connaître le titre ; c'est n'en indiquer que la moitié ; c'est méconnaître les dispositions de l'article 2148.

Si donc, après une inscription prise en conséquence d'une hypothèque nulle à raison de l'incapacité du débiteur qui l'aurait consentie, le même débiteur étant devenu capable de contracter, donnait une nouvelle hypothèque à une autre personne : cette nouvelle hypothèque étant inscrite, pourrait avoir tout son effet. Les tiers ne peuvent être liés régulièrement que par la connaissance de la ratification réunie à celle de l'obligation. D'après la publicité de l'hypothèque, qui fait la base de notre législation, les particuliers qui sont dans le cas de prêter ou d'acquérir, doivent avoir des aperçus justes sur les hypothèques qui peuvent avoir été créées précédemment par ceux qui veulent emprunter ou vendre ; et ils ne peuvent se décider sur l'existence ou la non-existence, ou, ce qui revient au même, sur la validité ou l'invalidité de l'hypothèque, que d'après la connaissance qui a dû en être donnée par l'inscription : ils ne pourraient donc pas être arrêtés par la connaissance que celle-

ci leur donnerait d'une hypothèque nulle. Ce n'est donc que lorsque la ratification a lieu, le débiteur étant devenu capable avant tout engagement nouveau, et que l'inscription est prise en vertu de l'acte primitif et de la ratification, toujours avant tout engagement nouveau de la part du débiteur qui serait inscrit, que le créancier n'a plus à craindre des variations ultérieures de la part du débiteur ; mais les hypothèques légales qui auraient frappé sur le débiteur, entre l'acte primitif et la ratification, resteraient. (Grenier, des hypoth., part. 1re, chap. 1, sect. 1re, § 3, n° 46.) Voir néanmoins le § 4 de la présente section.

298. La nécessité de ne pas séparer l'acte primitif de l'acte de confirmation, se fait surtout sentir dans la pratique ; et nous aurons occasion de voir que si on peut les séparer, ce n'est que dans le cas où le second acte, quoique qualifié d'acte confirmatif, n'a point du tout ce caractère, et où il constitue à lui seul un nouvel acte, totalement étranger au premier, et dont la nature et les effets sont déterminés par sa forme et par son objet.

299. Les jurisconsultes anciens distinguaient deux espèces d'actes confirmatifs.

Le premier était connu sous la désignation de confirmation dans la forme commune, *in formâ communi*, et le second sous la désignation de confirmation dans la forme spéciale, qui était celle qui avait lieu après connaissance de cause : *confirmatio in formâ speciali*, ou *ex certâ scientiâ*.

300. Dans le premier, on n'exprimait ni la disposition du premier titre, ni les imperfections qu'il renfermait ; l'intention de celui qui confirmait n'était pas de faire une nouvelle concession ; il n'intervenait que dans la supposition que le premier titre était valable. (1).

301. Dans le second au contraire, ce-

<hr>

(1) *Nihil novi juris confert, nec invalidum validat; non enim fit ad finem disponendi, sed solùm ad finem approbandi confirmabile tale quale est, et in quantùm est verum, validum et efficax.* Dumoulin. des fiefs, § 8; *glos. in verb.* Dénombrement, n°s 8 et 9.

lui qui ratifiait entrait dans l'examen de la validité ou de l'invalidité du titre primitif, il agissait en pleine connaissance, et l'on présumait toujours que son intention avait été non seulement d'approuver le passé, mais de disposer pour l'avenir; c'est par rapport à ce genre de ratification que l'on disait : *etiam si confirmatum sit nullum et invalidum, valideretur per confirmationem potestatur et vitium confirmati.*

302. Cette distinction ainsi que d'autres que faisaient sur cette matière les anciens docteurs, ne sont plus d'aucune utilité aujourd'hui. — La confirmation n'est autre chose dans notre droit, qu'un acte de ratification, c'est-à-dire qu'un acte ayant pour objet d'emporter la renonciation aux moyens et exceptions que l'on pouvait proposer contre l'acte confirmé ou ratifié. — C'est ce qu'exprimait le citoyen Bigot Préameneu, dans son exposé des motifs du tit. 3, liv. 3. (1)

303. Une chose à remarquer dans la pratique, c'est qu'il faut bien distinguer la ratification ou confirmation de l'acte, et celle de la convention. Nous avons dit et nous ne saurions trop le répéter, que l'on devait distinguer avec soin les contrats ou conventions, et les actes qui les renferment et qui ne sont faits que pour les prouver; qu'il pouvait arriver que les actes fussent nuls dans la forme, bien que les conventions qu'ils renfermaient eussent été bien légitimement consenties; et que d'un autre côté, les actes pourraient avoir été régulièrement faits, bien que les conventions qu'il renfermaient fussent susceptibles d'être annulées à défaut de l'une des conditions essentielles à leur validité. Art. 1108 Code civil; n° 7, p. 151.

304. Cette disposition est d'autant plus importante, qu'il peut arriver qu'une partie renonce à se prévaloir des vices de forme, dont l'usage est le

plus souvent réprouvé par la délicatesse, sans pour cela vouloir renoncer à opposer les vices de l'obligation au fonds. — Tandis qu'on ne peut ratifier ou confirmer la convention au fond, sans renoncer implicitement à faire valoir les vices de forme renfermés dans l'acte. On conçoit, en effet, que ratifier la convention, c'est en reconnaître l'existence, et qu'au moyen de cette reconnaissance, il n'est plus nécessaire de recourir à l'acte pour la prouver; au lieu que reconnaître que l'acte a été régulièrement fait, ce n'est pas reconnaître que la convention ait été valablement consentie. Combien d'actes en effet ne voit-on pas, dont la forme ne laisse rien à désirer, et qui cependant sont le fruit du dol et de la fraude; combien n'en voit-on pas dans lesquels l'excès de soin et de précautions décèlent le vice caché qu'ils renferment *plus artis plus fraudis.*

305. La ratification *de l'acte* ou la renonciation à opposer les vices de forme se présume beaucoup plus facilement que la ratification *de la convention* au fond. — Les vices de forme étant, le plus souvent, des moyens de chicane et de mauvaise foi, les nullités qui en résultent sont, par cela même, peu favorables, et de même que l'on doit leur donner le moins d'effet possible, on doit aussi présumer facilement que celui qui pouvait s'en prévaloir a voulu y renoncer.

Au contraire, on présume difficilement la renonciation à se prévaloir des vices de la convention au fond; car comme il est surtout essentiel que les conventions soient consenties avec toutes les conditions qui tiennent à leur essence, l'absence de l'une des conditions produit un moyen de nullité qui doit être favorablement accueilli, et auquel on ne suppose pas facilement que les parties aient voulu renoncer. C'est en effet dans la convention, et dans la convention seule, qu'est le droit des parties contractantes, et sans elle, aucun lien ne peut les obliger, quelle que soit la régularité de l'acte

<hr>

(1) Voy. les discussions sur les Codes, dans le grand ouvrage de Mʳ Locré, imprimé à Bruxelles par H. Tarlier.

par lequel on a cherché à masquer son imperfection.

306. En parlant de l'acte ratifié, nous avons dit : *Le premier acte*, et nous avons ainsi donné à entendre, que l'acte confirmatif doit toujours et nécessairement être précédé de l'acte ou des engagemens à ratifier; nous revenons sur ce point, afin d'examiner la question de savoir s'il est possible que des parties renoncent d'avance à proposer la nullité d'un acte, d'une décision arbitrale, d'un jugement; nous avouons que nous n'aurions pas songé à discuter une pareille question, si nous ne l'avions trouvée dans les recueils de la jurisprudence, et si on n'avait pas pu la présenter encore comme douteuse, en torturant quelques dispositions de la loi. — Vantius, dont l'opinion avait une certaine autorité, semblait admettre la possibilité d'une pareille ratification (1)

Quelques jurisconsultes modernes ont pensé qu'il existait des cas où cette opinion pouvait être admise, notamment ont-ils dit, dans le cas de l'arbitrage volontaire. — Voici leur raisonnement : L'art. 1009 du Code de procédure civile dispose que les parties peuvent convenir que leurs arbitres seront dispensés de suivre les formes et les délais ordinaires. D'un autre côté, l'art. 1010 autorise les parties à renoncer à l'appel de la sentence arbitrale; n'est ce pas déclarer inattaquable cette même sentence, quelle que soit d'ailleurs l'irrégularité dont elle est infectée ? N'est-ce pas renoncer d'avance à la nullité de cette sentence? L'affirmative, dit-on, n'est pas douteuse, et à l'appui on invoque l'autorité de la Cour de cassation, qui, par son arrêt du 31 déc. 1816; Dalloz, t. 2, p. 463; Sirey, 1818, p. 38, a jugé que les parties qui avaient renoncé à s'opposer à l'ordonnance *d'exæquatur* ne pouvaient point proposer

la nullité résultant de ce que le tiers arbitre avait prononcé seul, sans avoir conféré avec les deux autres arbitres.

Cette opinion est évidemment erronée, et l'arrêt précité est loin de la consacrer. Les nullités reposent en général sur des causes graves d'intérêt privé, ou sur l'intérêt public; ces causes ont paru suffisantes pour donner à une partie qui aurait eu à en souffrir, le moyen de réparer le tort qu'elle en avait ressenti. — La loi a attaché une telle importance à l'action qu'elle accordait en ce cas, qu'elle n'a pas voulu que cette action pût être atteinte par une ratification générale, et qu'elle a exigé la mention expresse du motif de la nullité (art. 1338 du Code civil). Or, si cette mention est essentielle, si elle doit nécessairement se trouver dans une ratification postérieure à la nullité, ne serait-il pas absurde que les parties pussent se soustraire à cette obligation, en faisant une ratification générale anticipée, qui ne reposerait sur aucune base solide, et qui le plus ordinairement, n'aurait et ne pourrait avoir d'autre prétexte que de faire renoncer aux garanties établies par la loi pour assurer l'effet de la volonté, la disposition des biens, et pour éviter les surprises, les erreurs, les abus, les excès de pouvoir, etc. etc.; une pareille renonciation répugne à la raison, à la justice, on ne peut l'admettre sous aucun prétexte.

Quant à l'exemple pris de l'arbitrage volontaire, distinguons; nul doute que les parties ne puissent renoncer aux formes ordinaires, spécialement requises pour ce mode de jugement; mais une pareille renonciation n'est pas une ratification; elle produit, au contraire, cet effet, *qu'il n'y aura pas nullité*; ce n'est que dans ce sens que cette renonciation est admise; c'est comme si les parties avaient dit : L'o-

---

(1) Voici comment il s'exprimait tit. qualiter sententiæ, nᵒ 18 de son traité *de nullatibus* : « *possunt nihilhominùs partes ipsæ per pactum seu stipulationem se obligare non excipere de nullitate ac de parendo hujus modi actibus et sententiis : quæ et si forent nullæ nihil hominùs inter partes in vim pacti et stipulationis exæquentur quia licet non valerent sententiæ, valeret tamen pactum et conventio hujus modi.* »

mission de telle formalité produirait une nullité de la sentence arbitrale ; eh bien ! nous ne le voulons pas. Mais, croit-on qu'une pareille renonciation, fût-elle générale, autorisât les arbitres à prononcer, par exemple, sur choses non demandées, ou encore, à juger après l'expiration du compromis, ou enfin à porter une décision qui n'aurait aucun des caractères d'un jugement arbital ? une pareille opinion n'est pas soutenable. — Et certes, la Cour de cassation était bien loin, dans l'espèce ci-dessus indiquée, de vouloir la consacrer. Il suffit de lire l'espèce de cet arrêt, pour être convaincu que la nullité proposée contre la décision arbitrale, n'attaquait nullement l'essence de celle-ci, qu'elle reposait uniquement sur un vice de forme très-accidentel et que les parties avaient consenti à ne pas considérer comme devant produire la nullité de la décision à intervenir.

Au reste, la même Cour ayant eu à s'occuper d'une cause où les parties avaient renoncé à se pourvoir contre une sentence arbitrale, par aucune des voies de droit, et avaient déclaré que cette sentence serait, au besoin, regardée comme transaction, a décidé que, quelque générale que fût cette renonciation, elle ne pouvait pas avoir pour effet d'interdire la voie de l'appel. « Il faut toujours, porte cet arrêt, que l'on puisse examiner si les arbitres de quelque pouvoir qu'ils aient été revêtus, ont réellement rempli la mission qui leur avait été conférée, et si l'acte qui est présenté comme jugement arbitral en a le caractère, » Arrêt du 23 juin 1829. — C'est en vain qu'on voudrait se prévaloir de ce que les parties auraient renoncé à l'appel ; car, outre qu'il est absurde de supposer que cette renonciation ait eu pour objet, de la part des parties, de se soumettre à la violation de tous les principes, au mépris des conditions essentielles aux pouvoirs des arbitres, l'appel d'une sentence arbitrale est autre chose que l'action en nullité contre cette sentence (Art. 1828 Code de proc). Cela est si vrai, que la Cour de cassation a jugé que la partie qui avait été déclarée non-recevable dans son appel contre une sentence arbitrale, pouvait encore attaquer le jugement arbitral pour cause de nullité. Arrêt du 28 mai 1828. — De tout ce dessus, non concluons que l'opinion de Vantius ne peut être suivie, ou plutôt, que cet auteur ne voulait dire autre chose, sinon que les parties pouvaient renoncer d'avance aux nullités d'une sentence arbitrale prises d'un pur vice de forme.

§ II. *De ceux qui ont qualité pour ratifier un acte ou une obligation, et des vices qui peuvent se rencontrer dans le consentement qu'ils donnent.*

307. La ratification d'une convention ou d'un acte annulables doit émaner de celui qui, à raison de son incapacité, n'était point valablement obligé, ou de celui qui, par l'effet de l'omission de quelque formalité, ou par suite de quelque contravention à la loi, avait le droit de se faire restituer contre son engagement. Nous avons dit, en effet, que dans le cas d'une incapacité relative, l'acte était valable pour tous, excepté pour l'incapable (Arg. de l'article 1125 Code civil). Dès-lors, du moment qu'il renonce au privilége qu'il avait, la condition de toutes les parties devient la même, et la convention ou l'acte deviennent inattaquables pour tous. — Si celui qui avait qualité pour proposer une nullité, vient à décéder, la ratification ne peut être que l'ouvrage de son héritier ou de son représentant légal.

308. Le droit qu'a un individu d'attaquer une convention ou un acte dont les stipulations sont obligatoires pour les autres parties contractantes, est un droit qui ne laisse pas d'être quelquefois bien important ; la ratification, ou, en d'autres termes, l'acte par lequel on le dépouille de ce droit est une aliénation véritable, et comme telle, elle ne peut être valablement consentie que par celui qui peut aliéner. Nous devons même faire observer que l'on ne doit pas exi-

ger que celui qui ratifie ait une capacité générale; il suffit, au contraire, qu'au moment où il ratifie, il soit capable de faire les actes de la nature de celui qui fait l'objet de la ratification. On en trouve un exemple dans le cas où un mineur émancipé ratifie un engagement qu'il avait pris, et qui, bien que renfermé dans les bornes de sa capacité, était attaquable pour vice de forme. Il n'est pas douteux que, quoique le mineur émancipé n'ait point une capacité entière, le droit qu'il a de faire l'acte annulable, lui donne la capacité de le ratifier.

309. Il suit de là, que les mêmes causes qui, suivant les règles tracées au chap. 2., sect. 1re, art. 2 et 3 de cet ouvrage, produisent l'action en nullité ou en rescision, empêchent aussi, tant qu'elles durent, que la ratification produise aucun effet. Il est certain qu'en pareil cas, l'acte confirmatif est aussi imparfait que l'acte annulable, (1) et les motifs qui rendaient le premier acte sans autorité, affaiblissent l'acte du ratification.

Par exemple, un mineur qui aurait pris un engagement dépassant les bornes de sa capacité, ne peut renoncer à l'action en restitution, que lorsqu'il est devenu capable de consentir les engagemens à la classe desquels appartient l'acte rescindable. Peu importerait qu'avant cette époque, il eût déclaré qu'il approuvait et ratifiait son engagement, car. comme celui-ci, son approbation serait entachée du vice résultant de sa minorité.

Il en serait de même à l'égard de l'obligation contractée par une femme mariée, sans l'autorisation de son mari, dans le cas où cette autorisation était nécessaire. Il est certain que, tant que dure le mariage, la femme ne peut ratifier, seule, son obligation : placée sous la puissance maritale, elle ne peut s'en affranchir dans aucun cas, et toute ratification qu'elle voudrait faire, se-

rait nulle comme l'obligation primitive; elle porterait atteinte à la puissance que le mari tient de la loi.

On en trouve un autre exemple dans le cas où un individu aurait vendu une propriété immobilière, pour un prix tellement modique, que la vente se trouverait dans le cas d'être rescindée pour cause de lésion de plus des sept douzièmes : on suppose que l'acquéreur eût mis pour condition à son contrat, que le prix de son acquisition ne serait payable que six mois après la transcription, et que ce paiement étant fait, à cette époque, l'acquéreur voulût s'en prévaloir, comme d'une ratification tacite résultant de l'exécution volontaire. Sans contredit, cette prétention ne serait pas soutenable : la quittance serait infectée par les mêmes causes qui ont fait admettre l'action en rescision pour cause de lésion, le vendeur serait censé avoir obéi, en recevant le prix de la vente, à la même nécessité qui l'avait forcé à vendre, et la quittance ne serait pas un obstacle à ce qu'il pût demander la rescision de son contrat, pour cause de lésion d'outre moitié. *Infrà* sect. 3, § 1 du présent chap.

310. La ratification a pour objet d'ajouter à l'acte primitif ce qui lui manquait pour devenir inattaquable. Il semblerait donc juste et fondé en droit de décider que le consentement donné postérieurement par celui dont le concours était nécessaire pour la validité de l'acte primitif, est suffisant pour opérer la ratification. Par la même raison aussi, il semblerait juste de décider que la renonciation à se prévaloir d'une nullité, faite par celui en faveur duquel cette nullité a été créée, ajoute à l'acte imparfait ce qui lui manquait de force, et met celui-ci à l'abri de toute poursuite. Nous avons souvent répété, en effet, que dans le cas d'une nullité relative, l'acte ou la convention étaient obligatoires pour toutes parties, à l'exception de celle au préjudice de qui la loi avait été violée dans l'acte ou dans la stipulation de la

(1) *Laborat eodem vitio quo primus contractus.* Leg. 2, § suiv. de minorib. ff. Domat, des Rescisions lib. 2, tit. 6, sect. 1re, n. 9

convention. D'où suit, que si cette partie a renoncé à son action, si elle a consenti de se soumettre à un engagement dont il lui était permis de se dégager, celui-ci devient obligatoire pour tous. Cette conséquence est vraie, elle repose sur les principes que nous avons exposés au chap. 9, et nous n'aurions pas pris la peine de lui donner quelque développement, si son application n'était pas quelquefois difficile parce qu'elle est mal comprise.

311. Il est bien incontestable que l'engagement annulable du chef d'une des parties contractantes ou de ses représentans, est confirmé par l'approbation que cette partie donne postérieurement à l'acte. Pour cela, il faut que l'approbation fasse entièrement disparaître la cause de la nullité ; le plus petit doute enlève à la ratification son effet. La justesse de cette dernière observation se fait sentir, surtout, dans le cas où celui dont le défaut de concours a produit la nullité de l'acte, devait consentir à celui-ci, non dans son propre intérêt, mais pour habiliter un incapable; en pareil cas, on ne doit pas douter que l'approbation donnée postérieurement, par celui qui devait assister l'incapable dans l'intérêt de celui-ci, est inefficace. L'acte n'en reste pas moins rescindable au profit de celui dont le consentement était insuffisant. Par quel moyen, en effet, voudrait-on prouver que cette approbation suffit pour couvrir la nullité ? Nous l'avons dit et nous ne saurions trop le répéter : la ratification est une aliénation qui ne peut appartenir qu'à celui qui a qualité pour aliéner ; c'est le désistement d'un droit incontestable, d'une action accordée à un incapable illégalement engagé, et dont il ne peut pas être privé. Personnellement, il ne peut l'abandonner, tant que dure son incapacité, et encore moins, s'il est possible, on ne peut y renoncer pour lui, car, en donnant à un tiers un rôle de surveillance et de protection, la loi n'a point entendu lui donner le pouvoir de sacrifier les droits de celui dont elle avait fait l'objet de sa sollicitude. Posons quelques exemples dans chacune des hypothèses ci-dessus.

312. L'approbation donnée postérieurement par le mari à l'obligation consentie par sa femme sans son autorisation est-elle une ratification, et rend-elle cette obligation inattaquable ?

Nul doute que cette approbation ne soit de sa part, et par rapport à lui, une véritable ratification, et ne le rende irrecevable dans l'action en nullité qu'il a personnellement le droit d'intenter. Cette approbation remplace quant à lui le défaut d'autorisation. On doit en effet, remarquer que la loi n'exige nulle part que l'autorisation soit donnée par le même acte que le consentement de la femme, et ce serait créer une nullité que de faire de cette simultanéité une condition essentielle à la validité de l'autorisation. Le législateur n'ayant pas dit quand et comment l'autorisation du mari doit être donnée, on doit en tirer la conséquence qu'elle peut l'être avant comme après l'acte consenti par la femme. C'est ainsi qu'on le pensait dans beaucoup de parlemens ; voir Leprêtre, cent. 2, chap. 16; et c'est ainsi que la cour de cassation le décide encore ; voir arrêt du 12 germinal an 12, bull. offic., et du 22 mars 1831; Jurispr. du 19ᵉ siècle. 1831, 1. 119.

C'est par le même motif, qu'il a été jugé qu'un mari qui avait constamment autorisé sa femme à percevoir les fermages d'un bail par elle consenti sans son autorisation, était non-recevable à attaquer ce bail, sous le pretexte qu'il avait été consenti sans son consentement. (Arrêt de Colmar, 28 nov. 1816; Sirey, 1817, p. 147.

313. Mais la difficulté n'est pas dans cette hypothèse particulière ; elle est toute dans la question de savoir si l'approbation du mari, donnée postérieurement à l'acte consenti par la femme, sans son autorisation, couvre cette nullité non-seulement par rapport à lui, ainsi que nous venons de le voir, mais encore par rapport à sa femme ?

La raison de douter vient des art. 225 et 227 du Code civil, suivant lesquels la femme qui a pris un engagement sans le consentement de son mari, n'est point légalement obligée, et peut dès-lors se faire restituer contre son obligation. Il semble d'après ces articles, que dès le moment que la femme s'oblige, au mépris de l'autorité maritale, elle a un droit égal à celui de son mari, et indépendant du fait et de la volonté de celui-ci, que comme lui et autant que lui, elle est saisie par la volonté de la loi, du droit de demander la nullité de l'engagement par elle consenti; que ce droit ne peut lui être enlevé sans son fait personnel, sans une nouvelle adhésion de sa part à l'acte ratifié par son mari, *id quòd nostrum est sine facto nostro ad alium transferri non potest.*

Cet argument n'est pas sans quelque apparence de fondement; cependant il n'est point exact. En effet, la femme étant naturellement capable de contracter, son incapacité repose sur des motifs tous contraires à celle du mineur et de l'interdit; et au lieu que la loi donne une action à ceux-ci pour obtenir la réparation du préjudice qu'ils sont censés avoir éprouvé, elle autorise la femme à se faire restituer, non par le motif qu'elle soit présumée avoir éprouvé une lésion, mais bien parce qu'elle a agi au mépris de la puissance maritale. L'action en nullité n'est donc accordée à la femme et au mari que dans l'intérêt de celui-ci. C'est une espèce de suprématie que la loi lui donne sur les actions et la volonté de sa femme, et dont l'objet est qu'elle ne puisse pas aliéner, par des engagemens onéreux, tous ou partie des biens qu'elle a apportés dans la communauté conjugale. Il est bien vrai que la femme a le droit de se soustraire à l'exécution de son engagement, mais c'est moins pour elle et dans son intérêt, que pour punir le tiers qui a contracté avec elle, et qui s'est, en quelque sorte, rendu complice du mépris qu'elle fesait de son mari.

Si donc le mari, après avoir pris connaissance de l'obligation de sa femme, croit devoir lui donner une pleine adhésion; s'il trouve qu'elle ait fait sa condition meilleure, que tout au moins, l'acte qu'elle a consenti ne soit pas hostile et de nature à porter atteinte à son autorité, nous ne voyons pas pourquoi cet acte ne serait pas ratifié; il nous paraît, au contraire, que l'acte n'étant nul précisément que parce qu'il supposait une atteinte à la puissance maritale, si cette atteinte n'a point eu lieu, si le mari déclare approuver la conduite de sa femme, la nullité disparait, et l'acte a toute sa force.

Que pourrait dire la femme pour s'opposer aux effets de la ratification faite par son mari? Dirait-elle qu'elle n'a point agi librement, qu'elle a été trompée, qu'on a abusé de sa faiblesse? On lui répondrait avec fondement, que ce n'est point par cette considération que la loi lui donnait l'action en nullité, et ses plaintes ne seraient pas recevables, sous ce rapport. Dirait-elle qu'ayant méconnu les droits de son mari, elle veut réparer ses torts en provoquant la nullité de son engagement? On répondrait que c'est mal-à-propos qu'elle veut se prévaloir d'un tort qui ne la regarde pas et qui, d'ailleurs, se trouve réparé par la volonté de celui qui était seul fondé à s'en plaindre. Enfin, et dans tous les cas, on lui dirait que vouloir faire annuler son engagement au mépris de la ratification de son mari, ce n'est pas réparer ses torts, c'est, au contraire, méconnaître une seconde fois l'autorité maritale.

314. C'est ainsi que le décidaient les anciens jurisconsultes. (Voir Ferrière, en son Commentaire sur l'art. 234 de la Coutume de Paris); et c'est ainsi, par conséquent, qu'on doit le décider aujourd'hui, puisque les art. 225 et 227 du Code civil n'ajoutent rien à la forme ni aux conditions de l'autorisation maritale, et que, dans aucun de ces deux articles, on ne lit que cette autorisation doive être donnée soit avant, soit en même temps que l'acte;

nulle part on ne voit que le législateur l'ait assujettie à aucune condition. — Rien ne nous paraît donc s'opposer à ce qu'elle soit donnée postérieurement. Nous devons faire observer, d'ailleurs, que le Code admet cette adhésion postérieure dans une espèce qui, sans être absolument semblable à celle qui nous occupe, n'en a pas moins avec elle une grande analogie. La voici :

On sait qu'un individu ne peut contracter mariage sans le consentement de ses ascendans, ou sans avoir préalablement pris leur conseil, par des actes respectueux (art. 148 et 151 du Code civil); et qu'à défaut de cette condition, le mariage peut être annulé sur la demande de l'ascendant dont on n'a point requis le consentement, ou de celui qui devait le requérir. — Eh bien ! dans le cas où un pareil mariage a lieu, l'art. 183 du Code civil défend à l'époux d'attaquer son mariage, du moment que ses ascendans l'ont approuvé expressément ou tacitement ; et cependant, si on compare ce cas particulier avec le cas où il s'agit de l'adhésion du mari aux actes consentis par sa femme, on remarque qu'au lieu que l'autorisation maritale n'a été requise que dans l'intérêt du mari, le consentement des ascendans est requis, tout au moins, dans l'intérêt de l'époux.

Nous n'avons pas besoin d'ajouter que l'approbation donnée par le mari à l'engagement souscrit par la femme serait inutile, si elle paraissait entachée de dol et de fraude. Arrêt du 12 février 1828; Jurispr. du 19ᵉ siècle, 1828. 1. 356.

315. Ce premier exemple justifie ce que nous avons énoncé, que l'adhésion postérieure donnée à un acte par celui dans l'intérêt de qui cet acte était annulable, en couvre la nullité ; l'exemple suivant justifie ce que nous avons également dit, que cette adhésion était inutile, lorsqu'elle émanait de celui dont le consentement était requis, non dans son intérêt, mais uniquement dans l'intérêt de celui qu'il devait assister.

316. On suppose que, s'agissant d'un

engagement souscrit par le mineur, sans l'autorisation de son tuteur, on ait à juger du mérite de l'adhésion que le tuteur aurait donnée postérieurement à cet engagement : celui-ci serait-il ratifié ? La négative n'est pas douteuse : en effet, le tuteur n'a aucun intérêt dans les affaires personnelles du mineur, il est le surveillant de ses intérêts, et rien de plus ; et lorsque la loi le charge de représenter son pupille dans les actes, c'est uniquement dans l'intérêt de celui-ci, c'est pour l'aider de ses conseils, c'est pour éviter qu'il ne soit trompé. (1)

Il en résulte que l'action en restitution que la loi donne contre les engagemens souscrits par le mineur, n'appartient qu'à celui-ci et à ses héritiers, le tuteur ne peut point exercer cette action, par le motif que le mineur aurait méconnu son autorité; cette action ne lui appartient pas, il ne peut donc y renoncer. L'approbation qu'il donnerait plus tard à l'engagement souscrit par le mineur sans son concours, serait inutile ou contraire aux intérêts de ce dernier ; en effet, si le contrat est avantageux à celui-ci, l'exécution peut être poursuivie par lui, quoique son tuteur ne l'ait pas assisté, et l'autre partie qui a contracté avec lui ne peut point s'y opposer (art. 1125 du Code civil). Tandis que si son engagement lui porte préjudice, l'approbation du tuteur, s'il fallait lui donner quelque effet, n'en aurait d'autre que de priver le mineur du droit qu'il avait de se faire restituer contre un pareil engagement. Disons-le donc : dans l'un et l'autre cas, l'autorisation donnée par le tuteur postérieurement à l'acte consenti par le mineur, ne peut en opérer la ratification.

317. Il en est de même 1º de l'approbation que donnerait un conseil judiciaire à un acte fait antérieurement, hors de sa présence et sans son autorisation, par celui aux enga-

____

(1) *Tutor in ipso negotio præsens debet autor fieri*; Inst. tit. de auth. tut. § 2 et leg. 9 ff. de auth. et cons. tut.

gemens duquel il avait été chargé de concourir.

318. 2° De l'approbation donnée par un maire à un acte fait sans sa participation, par quelqu'un qui aurait agi au nom de la commune.

319. Jusqu'ici nous nous sommes occupés de l'approbation donnée par le mari, le tuteur, le maire, etc., aux actes faits par la femme, le pupille, la commune. Disons un mot sur l'effet de l'intervention des mêmes, dans une procédure commencée, sans leur consentement, par leur femme, pupille, etc, etc.

Dans les procédures, il faut se déterminer par d'autres principes. Tant que, dans une instance, le jugement n'est pas rendu, le mineur, la femme mariée, peuvent être habilités; jusques là l'absence du mari ou du tuteur ne constitue pas un vice irrémédiable, et il leur est loisible d'intervenir, pour déclarer que c'est de leur consentement que l'incapable poursuit jugement.

320. Par exemple, la Cour de cassation, par son arrêt du 5 avril 1812, Sirey, 1813, p. 8, a jugé que l'irrégularité résultant de ce que le mari n'avait pas été appelé en même temps que la femme, était plutôt une insuffisance qu'une nullité radicale dans l'assignation, si elle est introductive d'instance; en sorte que si, avant le délai donné à la femme pour comparaître, son mari était assigné par acte séparé pour l'autoriser, l'autorisation donnée à la femme pourrait ne pas être annulée.

321. Cet arrêt suppose que le mari a été appelé avant l'expiration du délai donné à la femme pour comparaître, d'où on pourrait induire la nécessité d'appeler le mari dans le délai porté par l'assignation : ce serait une erreur de le penser ainsi. La Cour n'avait pas à s'occuper de cette question, et il n'y a dans le Code aucune disposition qui s'oppose à ce que le mari soit assigné après ce délai, pourvu qu'il soit appelé en temps utile

avant le jugement. Par cette dernière assignation, la procédure se trouve régularisée, et la femme, pas plus que le mari, ne seraient fondés à se plaindre d'une irrégularité qui a été couverte assez à temps pour leur éviter toute espèce de dommage, et pour leur ôter tout sujet de plainte.

322. Par les mêmes motifs, la Cour de cassation a jugé que si une commune plaidait sans l'assistance de son maire, l'intervention de ce magistrat couvrait la nullité : une pareille intervention étant une ratification des actes antérieurs, la procédure est régularisée, elle peut être utilement suivie. Arrêt du 21 juin 1815, Sirey, 1815, pag. 304.

323. En suivant les mêmes principes, nous n'hésitons pas à soutenir que si le mineur avait intenté une action sans l'autorisation de son tuteur, celui-ci peut plus tard intervenir pour déclarer qu'il autorise son pupille, et régulariser ainsi la procédure. — Tout comme aussi, si on a intenté un procès à un mineur, et qu'on n'ait point assigné le tuteur, on peut l'actionner plus tard, par acte séparé, pourvu qu'il ait le délai de la loi avant le jugement.

324. Il est inutile d'observer que nous ne parlons ici que des actes de procédure; car si, dans l'ajournement, ou dans un acte signifié depuis dans le cours de l'instance, la femme, le mineur, la commune, avaient donné quelque consentement, ou pris un engagemen excédant les bornes de leur capacité, l'intervention du tuteur, du mari ou du maire, n'aurait point pour objet de ratifier ces engagemens; l'effet d'une pareille intervention serait déterminé par ce que nous avons dit aux numéros précédens.

325. Après avoir ainsi expliqué les effets de l'approbation donnée à un acte par celui qui devait y concourir, il nous reste à expliquer en quels cas cette approbation est sans effet, pour n'avoir pas été donnée en temps utile; en d'au-

tres termes, nous devons expliquer ce qu'on entend par la règle que Mornac a tirée de la loi 16, § 1, *ff. de pign.* « Il faut, dit-il, *ut duo extrema sint habilia.* » C'est-à-dire qu'il faut qu'au moment où l'acte se fait, il y eût moyen de le consentir valablement, et que les choses fussent entières lorsque se fait la ratification. Si l'une ou l'autre de ces conditions manquait, la ratification serait sans objet. Un exemple suffira pour faire connaître l'exactitude de cette règle.

On suppose que la ratification du mari intervînt après que la femme autorisée par justice aurait demandé la nullité de son engagement : il n'est pas douteux que cette ratification serait inutile, car le mari ne peut pas obliger sa femme malgré elle, ni la priver du droit qu'elle a personnellement de demander la nullité de son engagement. Sans doute, nous avons vu que, tant qu'elle ne disait rien, l'approbation de son mari ratifiait l'acte, par le motif que son silence était lui-même une approbation, et qu'alors les deux consentemens étant réunis, l'engagement se trouvait fait avec toutes les conditions de sa validité ; mais du moment que la femme a déclaré qu'elle ne voulait pas s'en tenir à son engagement, qu'elle avait été surprise, son mari ne peut pas la priver du droit qu'elle a de faire accueillir ses plaintes, il ne peut pas l'obliger malgré elle, et cependant, *ex non obligatâ faceret obligatum* ; ce qui ne serait ni juste ni légal.

Vainement dirait-on que l'approbation du mari étant la seule chose qui manquait à l'acte, si cette approbation intervenait, l'acte recevrait son complément. Cette argumentation est vraie tant que la femme garde le silence et qu'elle n'exerce pas le droit que la loi lui donne de faire annuler son engagement ; car, comme la loi ne l'oblige pas à agir, ce dernier est valable par rapport à elle, tant qu'elle ne se plaint pas ; et jusque là, la présomption est que l'engagement ne renferme d'autres griefs que le tort fait à la puissance du mari ; alors on dit avec raison, que celui-ci intervenant plus tard, il ne manque plus rien à l'acte ; mais si la femme elle-même a agi, si elle a demandé la nullité de son engagement, il est évident que, par cela même, elle ne veut plus être engagée, son acte se trouve dépourvu du consentement de son mari et du sien. Il n'est plus approuvé ni par l'un ni par l'autre, et il serait injuste que le mari pût fermer la bouche à la femme, pour la priver d'une action que la loi lui donne personnellement, dont, il est vrai, elle n'était pas forcée de se prévaloir, mais dont aussi elle ne peut pas être privée malgré elle, quand elle a témoigné le désir de l'exercer.

326. La ratification du mari n'est pas censée, non plus, intervenir en temps utile, quand elle n'a lieu qu'après la mort de la femme. Une pareille ratification rend bien le mari non-recevable à demander lui-même la nullité de l'engagement, mais ne préjudicie en rien à l'action que l'art. 225 du Code civil donne aux héritiers de la femme. Il est évident, en effet, que la mort de celle-ci ayant dissous le mariage, le mari ne peut plus user d'une prérogative dont il ne jouissait qu'en qualité de mari, et qui a dû cesser avec la cause qui l'avait produite : jamais on n'a soutenu, par exemple, que le mari pût user de cet avantage sur les héritiers de la femme. Ceux-ci sont appelés par la loi a demander, si bon leur semble, la nullité des engagemens souscrits par leur parente, sous le concours ou l'autorisation de son mari ; c'est un droit personnel dont ils ne peuvent être privés que par leur propre fait. Mornac, *loc. cit.*

327. La ratification est également inutile, quand elle a pour objet un acte ou un engagement qui ne pouvaient être faits que dans un délai de rigueur, et qu'elle n'a lieu qu'après l'expiration de ce délai ; elle est tardive, et bien que l'acte primitif ait eu lieu dans le délai, elle ne peut avoir pour objet de relever de la déchéance encourue. Lorsque le législateur a exigé qu'un acte fût

fait dans un délai donné, il a entendu parler d'un acte valable, d'un acte fait par une partie ayant capacité, car, autant vaut ne pas faire cet acte, que de le faire de telle manière qu'il n'a point d'existence légale, c'est-à-dire s'il est dépourvu de ses condition essentielles.

Nous trouvons l'application de ces principes dans cet arrêt de cassation, du 14 juin 1824, rapporté par Sirey, 1824, p. 321.

Le 23 déc. 1820, un sieur Delavesvre vend une maison au sieur Grasset : parmi les créanciers inscrits sur cet immeuble figurait la dame Assire Deschamps; elle fit signifier au sieur Grasset, acquéreur, un acte de réquisition de mise aux enchères. Il est à remarquer qu'elle n'avait point autorisation spéciale de son mari pour surenchérir; qu'elle n'avait qu'une procuration générale, antérieure de quatre ans à la surenchère; que l'autorisation spéciale ne lui fut délivrée qu'après l'expiration du délai pour surenchérir; et que la dame Assire Deschamps était séparée de biens d'avec son mari.

Le sieur Grasset a demandé la nullité de la surenchère, en se fondant sur le défaut d'autorisation spéciale.

Jugement qui annule la surenchère. Appel de la dame Assire Deschamps.

12 décembre 1821, arrêt de la Cour de Dijon, qui confirme, par les motifs, suivans : « Considérant qu'il résulte des dispositions du Code civil, que toute femme séparée de biens ne peut faire, sans autorisation spéciale, un acte qui excède la simple administration ; considérant qu'il est d'accord, entre les parties, que la procuration dont était munie la femme Deschamps, lors de la réquisition de mise aux enchères, et dont elle n'a pas même donné copie à l'acquéreur, était une procuration générale ;

» Considérant que la mise aux enchères ne peut être assimilée à un acte de simple administration ; d'abord, parce qu'elle a pour effet d'anéantir le contrat intervenu entre le vendeur et l'acquéreur, de manière que celui-ci ne pourrait redevenir propriétaire, qu'au moyen d'une enchère qui surpasserait celle que les créanciers seraient, dans ce cas, autorisés à faire ; ensuite, parce que, aux termes de l'art. 2185 du Code civil, le créancier requérant doit se soumettre à porter le prix de l'immeuble à un dixième au-dessus de celui stipulé dans le contrat; d'où il résulte que le créancier s'oblige à devenir lui-même acquéreur, si son enchère du dixième n'est pas couverte ; ainsi, il est beaucoup plus vrai d'assimiler cette réquisition de mise aux enchères à une véritable enchère faite dans une vente judiciaire, et personne ne prétendra qu'une femme puisse se livrer à un semblable acte, sans une autorisation spéciale.... ;

» Considérant que l'art. 2185 du Code civil, en fixant à quarante jours le délai dans lequel un créancier peut requérir la mise aux enchères, est conçu en termes précis et inusités, qui montrent que l'intention du législateur fut de n'accorder qu'un délai de rigueur ; considérant que cette intention est encore plus clairement exprimée dans l'art. 2186 du Code civil, puisqu'il décide que, faute par le créancier d'avoir requis la mise aux enchères dans le délai et la forme prescrits, la valeur de l'immeuble demeure fixée au prix porté dans l'acte de vente ; d'où il résulte que, passé ce délai de quarante jours, cet acte est désormais irrévocablement consommé, et devient inattaquable par la voie de la surenchère ; que le législateur a dû nécessairement l'ordonner de la sorte; car, si le défaut d'autorisation préalable pouvait être couvert par une autorisation donnée après les quarante jours, ce ne serait plus un délai de rigueur qui aurait été donné, mais bien un délai indéterminé; on sent, en effet, suffisamment, qu'un mari, par mauvaise volonté ou par tout autre motif, pourrait retarder de s'expliquer sur cette autorisation, laisser ainsi la propriété indécise, et par conséquent, nuire aux intérêts de l'acquéreur, et même à ceux des autres créanciers , dont il retarderait le paiement au gré de son caprice. Vainement objecterait-on qu'*une femme qui ne peut pas acquérir sans autorisation , fait cependant un acte valable , si après cet acte , elle rapporte* une ratification de son mari ; il y a une énorme différence entre ce qui est un acte de droit naturel et une surenchère , qui est un acte du droit civil , dont il a réglé les formalités , et qui sont toutes de rigueur ; par la raison même que c'est un acte exorbitant du droit commun. »

Pourvoi en cassation , de la part de la dame Assiré Deschamps , pour violation de l'art. 2185 , et fausse application des art. 215 et 217 du Code civ.

Le 14 juin 1842, rejet du pourvoi, etc.

328. Il en serait de même , s'il s'agissait d'un acte d'appel ou d'un recours en cassation, que la femme aurait fait , sans autorisation , dans le délai de la loi, et pour lequel elle n'aurait été autorisée par son mari , qu'après le délai ; il est hors de doute que l'appel et le pourvoi étant faits irrégulièrement , l'intervention postérieure du mari ne relèverait pas la femme de la déchéance par elle encourue. Nous disons seulement après le délai , parce que , tant que ce délai n'est point expiré , le défaut d'autorisation n'est qu'une insuffisance qui peut être réparée par un exploit séparé. — Ce point de droit est consacré par la Cour de cassation, notamment par les arrêts des 7 octobre 1811, 25 mars 1812 et 14 juillet 1819, rapportés par Sirey, 1819, p. 407.

329. Il n'en est pas absolument de même de l'autorisation des communes et de l'autorisation maritale ; cette dernière autorisation repose sur d'autres motifs que celle exigée pour les communes : elle est requise dans l'intérêt du mari principalement , tandis que la seconde ne l'est pas dans l'intérêt du maire , et que la présence de celui-ci n'ayant été exigée que dans l'intérêt des communes , il serait injuste qu'il ne pût pas , en tout état de cause , régulariser, par sa présence, une procédure mal-à-propos commencée sans

lui. Aussi , la Cour de cassation a-t-elle décidé que l'intervention du maire dans l'instance, couvrait la nullité résultant de ce qu'un pourvoi avait été formé , et l'arrêt d'admission , signifié par les habitans d'une commune , en nom collectif. Arrêt du 21 juin 1815 , Dalloz , t. 5, p. 75. Sirey 1815, p. 304. — Voici les termes de l'arrêt: « Attendu que le maire de C... avait couvert, par son intervention dans l'instance en cassation , l'irrégularité de la procédure instruite en cette Cour, sous le nom collectif des habitans de cette commune, laquelle intervention avait rempli *suffisamment* le dispositif et le vœu de l'art. 1er de la loi du 29 vendém. an V et de l'art. 10 de celle du 28 pluviôse an VIII.

330. C'est encore par suite et en exécution de la règle de Mornac , qu'il a été jugé que lorsque la femme autorisée par justice à engager ses biens dotaux , pour tirer son mari de prison , avait contracté à cet égard un engagement qui se trouverait irrégulier, elle ne pouvait plus le régulariser par un acte ultérieur, si déjà son mari était en liberté. (Arrêt de cassation , du 2 mai 1833 ; Jur. du 19e siècle, 1833. 1. 359.

331. La ratification ne produit son effet qu'autant qu'elle est consentie par celui qui a qualité actuelle pour attaquer l'acte ou la convention auxquels elle se rapporte. Par exemple , on est d'accord que le consentement donné par des héritiers pour valider l'acte fait par leur auteur vivant , est inutile , puisqu'ils n'ont pas le droit d'attaquer cet acte , et qu'il est même possible qu'ils n'aient jamais ce droit ; ce qui aura lieu , par exemple , s'ils sont exclus de l'hérédité , ou s'ils décèdent avant leur auteur. — Une pareille approbation ou ratification aurait d'ailleurs rarement cette liberté entière, sans laquelle il ne peut exister de consentement valable ; elle serait , le plus souvent , l'effet d'une déférence aveugle , ou de la crainte d'une disposition plus défavorable, *ne pejus auctor faciat.* — Voici l'espèce d'un arrêt qui , sans être dans le cas d'une nullité pro-

prement dite , justifiera suffisamment les principes que nous venons d'indiquer.

François Leprêtre avait trois enfans. Le 3 novembre 1811 , il fit donation à Pierre, l'un d'eux, de quelques immeubles, qui furent déclarés former le tiers de ses biens , à la charge par le donataire de lui servir annuellement une rente viagère de 533 fr. 34 cent.

Le même jour , François Leprêtre vendit au même tous ses biens moyennant une rente perpétuelle de 1066 fr. 66 cent. — *Ces deux actes furent formellement approuvés par les deux autres enfans de François Leprêtre*, *les 17 février et 6 mars* 1812; il fut même reconnu alors que les immeubles donnés à Pierre Leprêtre par son père, et qui avaient été dits former le tiers des biens de celui-ci, ne formaient réellement qu'un quart de ses biens.

Dans cet état , François Leprêtre décède ; ses trois enfans font procéder à l'inventaire de son mobilier ; ils trouvent parmi les papiers du défunt une expédition de la vente consentie à Pierre, l'un d'eux , moyénnant la rente perpétuelle de 1066 fr. 66 cent. ; sur laquelle rente , est-il dit dans l'inventaire, les requérans déclarent que le défunt a transporté à M. Levavasseur de Rouen , une portion de 400 fr. ; de sorte que la succession n'est plus créancière que de 666 fr. 66 c. de rente. — Peu de temps après cet inventaire, Nicolas Leprêtre et l'épouse Deshayes assignent Pierre Leprêtre leur frère, devant le tribunal de Rouen , en partage de la succession du père commun, avec déclaration qu'ils entendent faire entrer dans ce partage les biens qui avaient été l'objet de la donation du 3 novembre 1811, et de la vente du même jour, sur le motif que ces actes doivent être annulés comme contenant un avantage indirect prohibé par la loi. — Pierre Leprêtre répond que ni la donation ni la vente que lui avaient consenties son père n'étaient susceptibles d'annulation ; que seulement la donation pourrait être réduite si les choses

excédaient la quotité disponible ; mais que l'acte de vente devait continuer de recevoir sa pleine et entière exécution, notamment , parce que ses adversaires étaient non-recevables à quereller cette aliénation, attendu qu'ils l'avaient formellement approuvée par l'acte du 17 février 1812.

3 déc. 1823 , jugement du tribunal de Rouen , en ces termes : Attendu que l'art. 1340 du Code civil indique clairement que la confirmation ou ratification d'une donation , par les héritiers du donateur , doit. avoir été faite après le décès de ce dernier , pour être irrévocable : que s'il en était autrement , les donateurs auraient un moyen presque sûr de faire des donations prohibées par la loi ; qu'ainsi , l'on ne peut opposer à Nicolas Leprêtre et aux époux Deshayes , les approbations par eux données le 17 février 1812 aux actes de donation et de vente en date du 3 nov. 1811 ; qu'on ne peut davantage opposer à Nicolas Leprêtre et aux époux Deshayes , le silence qu'ils ont gardé sur ces actes au moment de l'inventaire ; etc., etc. ; *appel.* — 14 février 1825 , arrêt confirmatif de la Cour de Rouen , par les motifs énoncés au jugement de première instance , et considérant , en outre , que l'acte de ratification, du 17 fév. 1812 , sur lequel l'appelant a principalement insisté , *a été fait du vivant du père , en sa présence , et sous l'influence de son autorité;* d'où il suit qu'il ne peut être envisagé que comme le résultat d'une crainte révérentielle , et ne peut empêcher les enfans de réclamer les droits que la loi leur attribue , comme si ledit acte n'eût jamais existé , etc.

Pourvoi en cassation , de la part de Pierre Leprêtre , pour fausse application de l'art. 1340 du Code civil, en ce que, l'arrêt attaqué a refusé de déclarer Nicolas Leprêtre et l'épouse Deshayes non-recevables dans leur demande en nullité de la vente faite à son profit par le père commun. — Cette fin de non-recevoir résultait,

17.

d'sait-il, de l'art. 918, ainsi conçu :
« La valeur en pleine propriété des
biens aliénés, soit à charge de rente
viagère, soit à fonds perdu ou avec
réserve d'usufruit, à l'un des successibles en ligne directe, sera imputée
sur la portion disponible, et l'excédant,
s'il y en a, sera rapporté à la masse.
Cette imputation et ce rapport ne
pourront être demandés par ceux des
autres successibles en ligne directe
qui auraient consenti à ces aliénations, etc.

Sur ce pourvoi :

La Cour — sur le moyen tiré de la
violation de l'art. 918 du Code civil
et de la fausse application de l'art. 1340
du même code ; attendu qu'il ne s'a-
gissait point, dans la cause, d'actes
auxquels fût applicable la disposition
spéciale de l'art. 918 ; qu'en se fixant
à celle générale de l'art. 1340 qui
comprend toute donation, même celle
déguisée sous la forme de contrat à
titre onéreux, et en rejetant, par
suite, la fin de non-recevoir opposée
par Leprêtre fils aîné, contre la demande de ses frère et sœur, sur le
motif qu'il n'existait aucune confirmation au approbation des actes en
quest on, après le décès du père commun des parties, la Cour royale de
Rouen n'a violé aucune loi, ni faussement appliqué l'art. 1340 du Code
civil, rejette, etc.

332. Les magistrats qui remplissent
les fonctions de ministère public ne
peuvent couvrir, par un acquiescement exprès, les nullités qu'ils ont
seuls qualité de provoquer, suivant
les dispositions de la loi ; car, comme
ces nullités sont de droit public, ce
serait une renonciation que le législateur ne saurait autoriser, et qui
serait contraire aux dispositions de
l'art. 6 du Code civil, d'après lequel
on ne peut déroger, par des conventions particulières, aux lois qui intéressent l'ordre public et les bonnes
mœurs. La seule faculté qu'aient sur
ce point les magistrats, c'est de fermer les yeux sur certaines infractions,

dont la réparation pourrait être plus
nuisible qu'utile ; c'est de laisser exister certains actes dont l'annulation
serait sujette à plus d'inconvéniens
que leur conservation n'en saurait
produire. C'est le cas de la règle :
*Multa fieri prohibentur quæ si facta
fuerint obtinent firmitatem*, n° 385
du tome premier.

333. En conformité de ces principes, la Cour de cassation a jugé,
par son arrêt du 2 mars 1827, qu'un
procureur général près d'une Cour
royale, s'étant pourvu contre un arrêt de cette cour qui avait condamné
un individu à la peine d'emprisonne-
ment, n'avait pas le droit de se désister. La Cour a considéré que l'action
publique appartenait à la société, et
non au fonctionnaire public chargé
par la loi de l'exercer. Cet arrêt est
rapporté dans la Gazette des tribunaux, du 3 mars 1827.

§ III. *Quels actes peuvent être confirmés ou ratifiés.*

334. On ne peut confirmer ou ratifier que ce qui a réellement existé,
quoique manquant de force. Il n'y a
donc de susceptibles de ratification
que les actes qui existent, tant qu'ils
ne sont pas attaqués, et qui produisent une action, bien que celle-ci
puisse être repoussée par une exception. En d'autres termes, on ne peut
ratifier que les actes *contre lesquels
la loi admet l'action en nullité ou en
rescision* (art. 1338 du C. civil) et
qui, suivant l'art. 1304, ne dure que
dix ans. Un acte frappé d'une nullité de non-existence, une convention viciée dans une de ses conditions
essentielles, un contrat solennel qui
n'est pas fait en forme, ne produisant point d'action, ne peuvent être
ratifiés, ils doivent être refaits : *Quod
nullum est non potest confirmari.* —
L'examen de cette proposition fait l'objet du présent paragraphe.

335. Nous devons dire d'abord que
cette proposit on est fondée sur la nature

des choses ; elle est le résultat nécessaire de la définition et de la nature de
la ratification ; car, comment concèvoir
un acte qui aurait pour objet d'ajouter
de la force à une chose qui en est totalement dépourvue. La ratification ne
suppose-t-elle pas un rapport intime et
forcé entre ses dispositions et celle d'un
premier acte qui, s'il ne suffit pas pour
former le droit, en est au moins le
germe et la première condition ? Ne
faut-il pas qu'il y ait un acte non totalement dépourvu de force, et un autre
acte qui lui sert de complément, et
qui sont l'un à l'autre comme deux
faits corrélatifs, comme deux conditions dépendant l'une de l'autre ? Si
cette corrélation n'existe pas, si les
deux actes ne sont pas tellement liés,
que l'un puisse exister sans l'autre,
n'est-il pas certain qu'il n'y a, ni ne
peut y avoir de ratification, et que
celui qui vaut seul n'est ni ratifié,
puisqu'il n'en avait pas besoin, ni
confirmatif, puisqu'il n'emprunte rien
à l'autre, directement ni indirectement ?

336. Cela est si raisonnable et si
positif, que les législateurs ont tous
expliqué, dans ce sens, les dispositions
de l'art. 1338. Le citoyen Jaubert
disait, dans son rapport au Tribunat,
sur le chap. 4 du titre des obligations :
« *Une idée simple et vraie, c'est que
» l'on ne peut confirmer ni ratifier, en
» aucune manière, de prétendues con-
» ventions dont la loi n'a jamais reconnu
» l'existence.*» — Les citoyens Favard
de Langlade et Mouricault, dans le
discours qu'ils prononcèrent, l'un au
Corps-législatif, l'autre au Tribunat,
s'expliquèrent dans le même sens. —
Enfin, tous les doutes furent résolus
par les observations qui eurent lieu au
Tribunat, lors de la discussion qui fut
ouverte sur un premier projet sur
l'art. 1338.

Cet article avait été d'abord conçu
en ces termes : « Dans la confirmation
ou ratification *d'un acte radicalement
nul*, on doit, pour qu'elle soit valable,
trouver la substance de l'acte nul, la
mention de la nullité et l'intention de
la réparer.»

Sur les mots «*acte radicalement nul,*»
le Tribunat fit les observations suivantes : « Rien n'est plus vague que ces
mots. Cette expression serait une source
d'arbitraire et d'incertitude ; dès-lors,
elle ne peut point trouver place dans le
Code. Il faut une disposition conçue de
manière que la ligne de démarcation
soit bien clairement tracée entre les
nullités irréparables et celles qu'on peut
réparer. C'est l'unique moyen de prévenir les inconvéniens ; que l'on consulte la nouvelle rédaction proposée
sur l'art. 25 (sup.); elle porte : « Les
engagemens contractés par les impu-
bères, ne sont obligatoires en aucun
cas, ni pour aucune des parties. » De
cette disposition, parfaitement conforme à l'esprit de celle dont elle a
pris la place, il résulte que la nullité
dont la loi frappe l'acte que l'impubère
a souscrit, est absolue et irréparable.
Un tel acte est considéré, par la loi,
comme n'ayant jamais existé, non-
seulement par rapport à l'impubère,
mais aussi par rapport à la personne
qui a contracté avec lui, quoique
celle-ci fût capable de s'engager. Nul
doute que les engagemens contractés
pour cause illicite ne doivent être
rangés dans la même classe : le caractère de réprobation dont ils sont mar-
qués, ne peut jamais être effacé. En
un mot, ces deux espèces d'engagemens
sont entachés d'un vice intrinsèque qui
ne permet pas qu'ils puissent jamais être
validés, etc.»

337. Cependant Toullier, au tom. 8,
(édit. Tarlier, t. 4) n° 518, conteste
l'exactitude de cette proposition. « Ce
» n'est, dit-il, qu'une dispute de mots
» à laquelle il faut bien prendre gar-
» de ; car, qu'entend-on par une con-
» vention qui n'existe pas aux yeux de
» la loi ? C'est celle, sans doute, dont
» la nullité est telle qu'elle n'a besoin
» d'être proposée ni par voie d'action,
» ni par voie d'exception ; en un mot,
» c'est une convention qui n'existe
» pas. Par exemple, Caïus, se disant agir

» pour moi, vend ma maison pour
» 30,000 fr., sans mandat, sans ordre de
» ma part : il est évident que cette con-
» vention est nulle; elle n'existe pas
» aux yeux de la loi. Si le prétendu
» acquéreur agit contre moi pour me
» contraindre à recevoir le prix et à
» lui livrer ma maison, je n'ai pas be-
» soin de me présenter pour la nullité
» du contrat. Si je laisse défaut, le
» juge né pourra pas me condamner
» sur la représentation du contrat,
» parce que la loi n'en reconnaît pas
» l'existence. —Cependant, il est cer-
» tain que ce contrat peut être ratifié;
» il peut l'être expressément ou tacite-
» ment; art. 1998 du Code civil. Cette
» ratification a même un effet rétroac-
» tif à mon égard *mandato æquipara-*
» *tur ;* elle se reporte au temps du con-
» trat ratifié; ce n'est qu'au préjudice
» des tiers que la ratification n'a point
» d'effet rétroactif. —Que signifie donc
» conclut M. Toullier, cette proposition
» *qu'on ne peut , en aucune manière ,*
» *confirmer de prétendues conventions*
» *dont la loi n'a jamais reconnu l'exis-*
» *tence ? »*

M. Toullier nous parait être tombé dans une véritable confusion, il a confondu l'acte nul et l'acte imparfait, qui sont cependant deux choses bien distinctes.

L'acte nul est celui qui n'a pas d'existence légale , qui ne produit point d'action.

L'acte imparfait, au contraire, n'est point nul , il lui manque encore quelque chose, mais la condition qui lui manque peut y être ajoutée, et alors il devient parfait. La loi ne se prononce pas d'abord, comme dans l'acte nul, sur sa non-existence, car il peut se faire qu'il sera régularisé par l'accomplissement de la formalité ou de la condition qui lui manquent. Dans l'acte imparfait, la loi n'est pas totalement remplie, mais elle n'est point violée; c'est, en quelque sorte , un commencement d'acte auquel la loi ne résiste pas, et qui seulement est soumis à une condition qui doit en être la fin et la per-

fection. Il n'y a donc aucun rapport entre un acte nul de non-existence et un acte seulement imparfait.

338. La loi nous fournit plusieurs exemples d'actes imparfaits ; il nous suffira d'en citer quelques-uns , pour fair sentir l'exactitude de la différence que nous venons d'établir. Par exemple, toute donation est nulle si elle n'est point acceptée (art. 932 du Code civ.), mais comme l'acceptation peut être faite par acte séparé , il en résulte que le défaut d'acceptation n'est qu'une imperfection qui peut être réparée tant que les choses sont entières. Ce serait mal-à-propos qu'on prétendrait que la donation est nulle tant qu'elle n'est pas acceptée ; car , s'il est vrai que l'effet du contrat soit suspendu jusqu'au moment où a lieu l'acceptation , il est également vrai que celle-ci ne fait que réaliser, en quelque sorte , la condition résolutoire qui tenait l'acte en suspens. Cette acceptation est si peu une ratification de la donation , que, suivant l'art. 1339 , celle-ci n'est point susceptible d'être ratifiée.

339. Un autre exemple d'obligation imparfaite est pris dans l'engagement consenti par un individu pour un tiers dont il se dit mandataire ; cet engagement n'est pas nul , la loi n'en méconnaît pas , d'hors et déjà, l'existence ; car , il est possible que le mandat ait existé , ou que , dans tous les cas , celui au nom duquel on a agi ne désavoue pas l'œuvre de celui qui s'est dit son mandataire. Cet engagement est imparfait , il est dépourvu du consentement d'une partie intéressée , mais il n'est frappé de nullité qu'autant qu'il est certain que ce consentement n'interviendra pas.

340. Ces exemples suffisent pour prouver la confusion faite par M. Toullier , et comme le second de ces exemples est précisément celui dans lequel il paraît confondre l'acte nul et l'acte imparfait , nous devons suivre ce savant professeur dans le raisonnement qu'il fait , et examiner si réellement la loi ne reconnaît pas l'existence de la

vente que Caïus, se disant mon madataire, a fait de ma maison, s'il est vrai que cette vente soit radicalement nulle, ainsi que le dit M. Toullier. Nous disons que cette vente est seulement imparfaite : il est possible, en effet, que j'aie donné à Caïus le pouvoir qu'il allègue, et dans ce cas, la vente est parfaite, elle lie toutes les parties. A la vérité, si je n'ai pas donné ce pouvoir, la vente n'aura aucun effet, mais tout cela dépend de ma volonté, et de la manifestation que j'en ferai; on conçoit que jusque-là, la loi n'a pu condamner d'avance une convention seulement imparfaite et qui était si peu viciée dans son essence, que je puis l'approuver soit à l'inçu de l'acquéreur, soit à sa connaissance, et nonobstant son opposition. (Arrêt de Riom, du 12 janv. 1827, Jurispr. du 19e s., 1828, 2. 79.

341. M. Toullier insiste et dit : « Si » on veut prétendre que les conditions » prescrites par l'art. 1338 pour la con» firmation expresse, ne sont pas appli» cables à la confirmation des contrats » de la nature de ceux dont nous venons » de parler, cela est très-vrai, mais » qu'importe, puisqu'ils sont suscep» tibles d'être ratifiés, puisqu'ils peu» vent l'être tacitement, suivant l'art. » 1998 du Code civil. »

En faisant une pareille concession, M. Toullier affaiblit beaucoup sa première argumentation, puisqu'il est certain que la ratification des actes nuls n'a point de rapport avec la ratification des actes faits par un soi-disant mandataire (arrêt de cassation, du 26 décembre 1815), et que, si une difficulté s'élève au sujet de la ratification des actes nuls, il faut en rechercher la solution, non dans l'art. 1998, qui n'est point applicable, mais bien dans l'art. 1338 et dans les motifs qui l'ont fait porter. Lors donc que M. Toullier s'élève contre la proposition que nous avons soutenue, *qu'on ne pouvait point ratifier un acte dont la loi n'avait jamais reconnu l'existence*, il devrait justifier son opinion par les principes relatifs à la ratification des actes nuls, et ne pas chercher des

raisons de décider dans la ratification du mandat, puisque cette ratification n'a, ainsi que nous l'avons dit plusieurs fois, aucun rapport avec la première; et si nous le voyons recourir à des dispositions qui ne sont point celles de la matière, nous devons penser que c'est un aveu de sa part, que l'art. 1338 fortifie d'une manière incontestable la proposition qu'il s'efforce de combattre. Nous allons indiquer, dans les numéros ci-après, la différence remarquable qui résulte de l'opinion que nous venons d'émettre; il est nécessaire de la rappeler : « *Une idée simple et vraie, c'est que l'on ne peut, en aucune manière, confirmer ni ratifier de prétendues conventions dont la loi n'a jamais reconnu l'existence.* »

Cette proposition une fois établie, il ne nous reste plus qu'à en déduire des conséquences importantes.

342. *Premièrement.* Les conventions ou engagemens qui ont pour objet des choses qui ne sont point dans le commerce, ne peuvent point être confirmés — Paroles du cit. Mouricault, dans son discours au Tribunat.

343. *Secondement.* La nullité résultant de l'incompétence à raison de la matière, ne peut pas être couverte par la ratification. — Arrêté des consuls du 5 fructidor an IX. — Arg. de l'art. 173 du Code de proc.; arrêt de cassation du 24 mai 1811; Dalloz, t. 14, p. 280; Sirey, 1812. 72; autre arrêt du 7 janvier 1818. — Il en serait autrement s'il ne s'agissait que d'une incompétence *ratione personæ*; arrêt de cassation du 7 mai 1829, Jurispr. du 19e s., 1829, 1. 179.

344. *Troisièmement.* Les nullités en matière criminelle ne peuvent se couvrir, et quelles que soient les renonciations faites, on peut toujours s'en prévaloir en temps utile.

« Le juge criminel, dit Papon, pour la forme du procès, ne doit avoir égard à ce que les parties consentent par devant lui, comme s'ils n'accordent que pour les suspicions, ou bien pour doute de compétence, autre avec le dit juge assiste

,à la perfection dudit procès comme adjoint , car cela n'est permis , et serait ledit procès nul ; et ainsi fut jugé par arrêt du Parlement de Bourgogne , le jeudi 26 février 1550. — Voir en outre Daguesseau, vol. 8., lett. 229, p. 349.— Les arrêts de la Cour de cass. ; Dalloz , t. 7, 356 ; Sirey, 1823, p: 377, 378 et 425.

345. *Quatrièmement*. Les nullités de droit public , c'est à-dire celles qui ont pour cause principale et première, l'intérêt de tous, ne se couvrent point par le consentement des parties directement intéressées à l'acte ; en pareil cas, la loi résiste continuellement et par elle-même, à l'acte qu'elle défend ; elle le réduit à un pur fait , qui ne peut être ni confirmé ni ratifié ; Dunod, des Prescriptions , pag. 47. *Privatorum conventio juri publico non deroget*, leg. 45, ff. de reg. juris. (Art. 6 du Code civil.)

346. Cependant l'intérêt public , qui s'oppose à ce que les nullités de droit public soient couvertes par le consentement des parties , a fait établir un terme, après lequel ces nullités ne peuvent plus être proposées. Ainsi ,

347. 1° Les conventions nulles de droit public peuvent être confirmées expressément ou tacitement , lorsque les choses en sont venues au point où la convention pourrait prendre naissance ; par exemple , la nullité des conventions faites sur une succession future prend sa source dans le respect dû aux bonnes mœurs, à l'ordre public , *leg.* 32, *Cod. de pactis* , et le partage anticipé d'une succession, ou toute autre stipulation sur cette succession , sont donc nuls. (Art. 1130 du Code civil.) Mais du moment que la succession est ouverte , la ratification expresse ou tacite de ce partage ou de cette stipulation , en couvre la nullité. (Arrêt de Rouen , du 30 déc. 1823; Jurispr. du 19° siècle, 1825 , 2. 25.

348. 2°. Un jugement définitif rendu en premier ressort, acquiert l'autorité de la chose jugée, bien qu'il fût frappé d'une nullité de droit public , lorsqu'on n'en a point appelé dans un délai utile.

Art. 444 du Code de proc. — Mais en ce cas, la nullité n'est couverte que par rapport aux parties; le procureur-général près la Cour de cassation peut et doit dénoncer la nullité, et provoquer l'annulation du jugement dans l'intérêt de la loi. Art. 88 de la loi du 27 ventôse an VIII. — Les parties ne profitent pas de la cassation.

349. 3° Les nullités de droit public peuvent être couvertes par la ratification , toutes les fois que l'obligation qu'elles viciaient est maintenue, dégagée de la cause qui produisait cette nullité. Par exemple, le débiteur d'une rente féodale pourrait valablement la confirmer et se soumettre à la payer à l'avenir , en la dépouillant de tout caractère féodal. La Cour de cassation l'a implicitement jugé par arrêt du 25 oct. 1808 ; Dalloz, t. 16. p. 75; Sirey, 1811, p. 323, en validant une transaction de cette espèce; et plus tard elle l'a décidé formellement, par arrêts du 15 février 1815; Sirey, 1815, p. 183 ; et du 26 juillet 1823 ; Sirey, 1823, p. 378.

Par exemple , un acte qui contiendrait approbation ou ratification d'une substitution fidéi-commissaire prohibée par la loi, serait nulle , tandis que la ratification d'une pareille substitution, pour produire son effet comme legs ou disposition pure et simple , est valable.

350. *Cinquièmement*. Les contrats sans cause , ou sur fausse cause, ou sur cause illicite, étant essentiellement nuls (art. 1108 et 1131 du Code civil), ils n'ont pas d'existence légale , ils ne peuvent être ratifiés , ainsi que l'atteste le tribun Mouricault, dans son rapport sur le titre des contrats et obligations. — M. Toullier conteste l'exactitude de cette conséquence, comme il a contesté le principe *suprà* n. 337 du présent volume.

« Soutenir , dit-il, t. 6, (édit. Tarlier, tom. 3), n. 180, qu'un contrat
» sans cause, de même que les autres
» conventions radicalement nulles, ne
» peut être confirmé ou ratifié; parce
» qu'il ne confère aucun droit, et que
» ces conventions n'autorisent pas une

» action en nullité, c'est dire, en d'au-
» tres termes, que la nullité radicale
» des actes ne donne pas lieu à l'action
» en nullité, ou qu'il n'est pas besoin
» de les attaquer par voie de nullité,
» parce qu'ils sont radicalement nuls ;
» ce qui est aussi contraire à la raison
» qu'aux dispositions du Code. Comment
» donc le débiteur pourra-t-il agir pour
» faire rejeter une obligation sans cau-
» se, pour faire dire qu'elle ne peut
» avoir aucun effet, si ce n'est par une
» action en nullité ? Il nous paraît cer-
» tain qu'une convention sans cause
» ou sur une fausse cause, peut être
» ratifiée, de même que toute autre
» convention radicalement nulle, et
» par conséquent, que l'exécution vo-
» lontaire de l'obligation sans cause,
» laquelle n'est autre chose qu'une ra-
» tification tacite et une renonciation
» à opposer le vice de cette convention,
» pourvu que la fausseté de la cause
» fût connue au moment de l'exécution
» volontaire. »

Nous reconnaissons avec M. Toullier qu'un contrat sans cause n'est pas tellement nul de plein droit, qu'il ne doive être attaqué devant les tribunaux, et qu'il ne soit nécessaire de faire rendre un jugement sur la nullité : cela tient à ce que nous avons dit au n. 416 t. 1er, que les nullités ne produisaient pas leur effet de plein droit ; nous avouons d'ailleurs, que dans les contrats sans cause il y a une apparence à détruire, un fait à établir. Mais d'un autre côté, on est obligé de convenir que si les tribunaux doivent être saisis de la nullité qui résulte du défaut de cause, ce n'est pas pour décider si un contrat peut exister sans cause, puisque la loi établit formellement que non (art. 1131 du Code civil), mais seulement pour examiner le point de fait, et pour reconnaître la réalité ou le défaut de cause. Dès-lors, quelle conséquence raisonnable peut-on tirer de ce raisonnement, pour prouver que le contrat sans cause peut être ratifié ? Cela empêche-t-il qu'un pareil contrat soit vicié dans son essence ; qu'il ne soit contraire à tous les principes du droit et de l'équité sur les obligations ? Cela fait-il qu'il ne soit dépourvu de toute existence légale, et qu'il puisse être comparé, sous aucun rapport, à ces actes qui ont un principe de vie, un commencement d'action que la ratification développe ? Le contrat sans cause est essentiellement nul ; il ne crée pas le lien de droit ; la nullité est absolue ; elle forme un droit commun à tous les intéressés, et certainement on n'en trouve aucun qu'on puisse comprendre plus à propos dans la classe de ceux auxquels le législateur faisait allusion, quand il disait : *Une idée simple et vraie, c'est que l'on ne peut, en aucune manière, confirmer ni ratifier de pretendues conventions dont la loi n'a jamais reconnu l'existence.*

351. A la vérité, la ratification, ou plutôt la déclaration faite par les parties qu'elles renoncent à se prévaloir du défaut de cause, et qu'elles consentent que leur contrat produise tout son effet, rend celui-ci exécutoire, mais ce n'est pas pour cela une ratification, ainsi que voudrait le faire entendre M. Toullier, *loc. cit.* — Cette renonciation à se prévaloir du défaut de cause, est un nouvel acte, un nouveau contrat qui, s'il se réfère au premier, ne s'y réfère, en quelque sorte, que comme à une indication, que comme à un fait antérieur, mais qui n'en prend ni le caractère, ni la forme, ni les conséquences. Nous allons le prouver par l'exemple que M. Toullier nous propose lui-même. « J'ai acheté de vous,
» dit-il, une maison située à Paris ; nous
» apprenons que la veille du contrat,
» la maison a été incendiée ; le contrat
» n'avait point de cause (puisque la
» vente se trouvait sans objet), je puis
» me dispenser de vous en payer le
» prix ; l'emplacement et les matériaux
» vous resteront. Si malgré cette nou-
» velle, je vous paie le prix volontai-
» rement, je ne puis plus le répéter. »

Cela est très-vrai ; mais bien certainement ce n'est pas par le motif allégué par M. Toullier, « *que cette exécution est une véritable ratification ;* » car, à qui persuadera-t-on qu'une pareille exécution puisse donner le caractère de la vente à une convention dans laquelle il n'y a pas de chose vendue ? Comment la somme que j'ai consenti à payer, peut-elle être l'équivalent, le prix d'une chose qui n'existe pas ? Cela ne peut se concevoir; et cela n'est pas. « Si, me trouvant avec vous à Paris, » dit Pothier, Traité de la vente, n° 4, » je vous vends une maison que j'ai à » Orléans; dans l'ignorance où nous » sommes, l'un et l'autre, que cette » maison a été incendiée, pour le total » ou pour la plus grande partie, *le* » *contrat sera nul*, parce que la maison » qui en faisait partie n'existait pas; » la place, et ce qui restait de cette » maison n'étaient pas tant les choses » qui faisaient l'objet de notre contrat, » que la maison même. » *Leg.* 57, *ff. de cont. empt.*

Nous convenons bien que le paiement fait par l'acquéreur du prix de son acquisition, après qu'il a eu connaissance que la maison avait été incendiée, le rend non-recevable à se faire restituer ce prix; nous convenons également que l'adhésion donnée par l'acquéreur à cette vente sans objet et par conséquent, sans cause, est une espèce d'engagement; mais nous disons, contrairement à M. Toullier, qu'il ne participe en rien de la ratification. — Nous avons dit et prouvé que l'acte confirmatif prenait essentiellement sa nature dans l'acte annulable; nous avons cité, à l'appui, la règle : *Confirmatio robur addit confirmato, sed non extendit.* Nous nous sommes basés, en outre, sur l'opinion de Dumoulin, suivant laquelle : *qui confirmat nihil dat.* Or, que l'on suive attentivement l'exemple fourni par M. Toullier, et l'on se convaincra qu'il n'y a que l'acte postérieur qui ait un caractère légal; que le premier n'est pas

seulement un acte imparfait, un acte annulable, un acte dépourvu d'une partie de sa force, mais bien une convention sans objet, un engagement sans cause et sans existence légale; qu'en d'autres termes, c'est une convention qui, au lieu d'être validée par le second acte, est remplacée par celui-ci; que c'est, en quelque sorte, la substitution d'un contrat licite à un contrat impossible et sans aucun caractère légal.

Mais quel est ce nouveau contrat ? La raison et la loi répondent : que celui qui paie ce qu'il ne doit pas, et sachant bien qu'il ne le doit pas, veut exercer une libéralité envers celui à qui il fait le paiement (1). Un pareil paiement rentre encore dans la définition qu'on trouve, de la donation, dans les lois romaines : *Est liberalitas in accipientem, nullo jure cogente, collata.*

352. C'est si bien une libéralité, que pour que toute répétition soit interdite à celui qui a payé, il est nécessaire que celui qui a reçu sache bien qu'il n'était point en droit d'exiger le paiement; s'il ignorait cette circonstance, il n'a pas voulu recevoir une libéralité, il a cru ne recevoir que son dû, et peut-être sa délicatesse l'eût-elle empêché de recevoir une somme à laquelle il n'avait aucun droit. Dans ce cas, le paiement ne produit aucun lien, aucun contrat; il ne vaut pas comme contrat à titre onéreux, puisque, nous venons de le voir dans les numéros précédens, il n'y a pas de chose vendue, et que, par conséquent, il ne peut pas y avoir de prix : il ne vaut pas non plus comme contrat à titre gratuit, puisque celui à qui était conférée la libéralité, l'ignorait; que dès-lors, il n'y a pas eu cette acceptation qui est de l'essence de la donation. *Leg. absenti ff. de donat.* (2)

353. Un pareil paiement sera si bien une donation, qu'il sera réductible aux

---

(1) *Si quis indebitum per erorem solvit, per hanc actionem condicere potest : sed sciens se non debere solvit, cessat;* Leg. 1, § 1 de condict. indeb. ; ou encore : *Cujus per errorem dati repetitio est, ejus consulto dati donatio est.* Leg. 53 ff. de reg. juris.

(1) Mantica, t. 2, tit. 2, n. 11, Philipp. Decius, de reg. juris 53 ; Danty, sur la Preuve, page 300, art. 932 du Code civil.

termes de l'art. 920 du C. civ., rapportable aux termes de l'art. 842, révocable dans le cas des art. 955 et 960. Ces conséquences sont incontestables, car la jurisprudence a établi que, quoique les articles cités paraissent ne s'appliquer qu'aux donations proprement dites, ils recevaient application aux avantages indirects : cela résulte de l'art. 843 et de la règle, tant de fois consacrée par les arrêts, que, lorsqu'il s'agissait d'assigner à une convention son véritable caractère, de l'annuler ou de la maintenir; et dans ce dernier cas, de déterminer les effets qu'elle doit produire, on doit moins s'en tenir aux apparences, qu'à la disposition réelle que les parties ont été dans l'intention de faire, n. 250 1ʳᵉ série.

354. Les principes au moyen desquels nous avons combattu l'opinion de M. Toullier, ont été consacrés par un arrêt de la Cour de cassation, dont voici l'espèce.

Le 13 floréal an II., la dame de B... et sa fille souscrivirent une promesse de 6,000 livres tournois, au profit du sieur C*** rentier, demeurant à Paris : la cause de cette promesse, *exprimée dans l'acte*, fut que C*** avait payé à l'acquit des dames B*** les contributions qu'elles devaient pour les années 1791 et 1792.

Plus tard, les dames de B*** mère et fille, consentirent deux actes notariés, dont le résultat fut d'assurer à C*** une rente perpétuelle de 400 francs; il fut dit que c'était pour salaires et déboursés dus à C***, ainsi que pour récompense des bons offices par lui précédemment rendus aux dames de B***.

C*** a prétendu que les arrérages de cette rente lui avaient été servis.

Dans le courant de l'année 1808, une instance fut introduite devant le tribunal civil de Fontainebleau, soit relativement à la reconnaissance du 13 floréal, soit relativement au contrat de constitution de rente.

Les dames de B. . . . soutinrent que jamais C. . . . . ne leur avait fourni les causes des contrats dont il demandait le paiement; que par conséquent ces contrats étaient nuls, aux termes de l'art. 1131 du Code civil, comme étant sans cause, ou sur une fausse cause.

Quant à la reconnaissance du 13 floréal an II, les défenderesses observaient que la cause exprimée de cette obligation était un prétendu paiement de contributions, fait en leur acquit pour les années 1791 et 1792, par le sieur C. . . . .; or, elles produisaient des quittances du receveur des contributions, constatant que ce n'était point par C. . . . ni de ses deniers, que le paiement avait été fait. . . . . .; donc disaient-elles, la cause exprimée en la reconnaissance, était fausse, donc la reconnaissance était nulle.

Même raison pour la constitution de rente.

De la part de C. . . . . ., on répondait quant à l'acte du 13 floréal an II, qu'à la vérité, la cause qui y était énoncée était fausse; mais il ajoutait que cette obligation n'en avait pas moins une cause réelle, et il expliquait cette cause.

Quant au contrat de constitution de rente, C. . . . . se retranchait principalement, dans l'exécution qu'il prétendait que lui avaient donné librement les dames de B. . . . . .; il tirait de cette exécution une fin de non-recevoir contre toute demande ou exception de nullité.

26 juillet 1809, jugement civil de Fontainebleau, qui annule l'obligation du 13 floréal an II; et qui, tout en convenant que l'acte constitutif de rente était entaché de dol et de violence, le confirme, attendu l'exécution que lui avaient librement donnée les dames de B. . . . . .

Appel de la part de toutes les parties, et le 3 août 1811, arrêt qui confirme le jugement pour ce qui touche le contrat du 13 floréal an II; et qui l'annule en ce qu'il avait admis une fin de non-recevoir contre les dames de B. . . . , résultant de ce qu'elles avaient exécuté l'acte constitutif de rente, et qui consacre au contraire, que cet acte étant sans cause, n'a pu être ratifié.

Sur le pourvoi de la part de C. . . . . .,

la cour de cassation, reconnaît le bien jugé de la cour de Paris.

355. *Sixièmement.* On ne peut réparer par aucun acte confirmatif les actes ou contrats solennels; il faut qu'ils soient refaits dans la forme légale. Vantius en donne une très-bonne raison dans son Traité des nullités, page 246, *acta substantialia judicii à partium voluntate non pendeant sed à lege. Illa quæ proptereà dedictarum partium consensu omitti vel si nulla fuerint, ratificari non possint, quòd actus nullus ex facto à potestate meâ non dependente à me ratificari, nec nullitas suppleri potest.*

Que doit-on entendre par acte ou contrat solennel? Pour répondre à cette question, il faut rappeler la distinction que les lois établissent entre les formalités voulues seulement *probationis causâ*, et celles qui sont requises *solemnitatis causâ.* Une formalité est prescrite *probationis causâ*, quand son seul but est de prouver l'existence du fait. Elle est au contraire établie *solemnitatis causâ*, quand elle n'est pas seulement exigée pour prouver le fait, mais parce que le législateur, à raison de l'importance de l'acte, a voulu l'entourer d'une plus grande solennité, soit pour en rendre la suppression ou la supposition plus difficiles, soit pour tout autre motif. — La conséquence dont nous nous occupons forme précisément la différence essentielle entre les formalités exigées *probationis causâ*, et celles exigées *solemnitatis causâ*, c'est que les premières peuvent être suppléées, pourvu que la preuve qui résulte de l'acte supplétif soit aussi parfaite que celle qui résulterait de la formalité même; tandis qu'au contraire, les secondes n'ayant pas été prescrites dans le seul but de prouver le fait, l'acte auquel il manquerait une seule de ces formalités n'en serait pas moins nul, quand même il n'y aurait aucun doute sur la sincérité de son contenu. Cette nullité attaquerait l'acte dans son principe, elle ne pourrait être couverte ni par la ratification ni par le

laps de temps; *omnis actus legitimus,* dit Cujas, *in leg. 77, ff. de reg. juris, momento temporis perficitur.*

356. Cette décision a été formellement consacrée pour les donations. Il est certain que le donateur ne peut réparer par aucun acte confirmatif, les vices d'une donation entre-vifs nulle en la forme; il faut qu'elle soit refaite en la forme légale, (art. 1339 du Code civil). Mais son action en nullité est-elle couverte par l'exécution qu'il a volontairement donnée à la donation ? M. Toullier, a soutenu l'affirmative vol 8 (édition Tarlier, t. 4, n° 526. Nous sommes d'un avis contraire ; nous pensons que la donation nulle en la forme n'étant pas seulement un acte imparfait, mais bien un acte absolument nul, un acte dépourvu d'existence légale, ses vices ne peuvent être réparés *par aucun acte confirmatif*, suivant la disposition de l'art. 1339 du Code civil; ces expressions étant précises et générales, elles renversent le système soutenu par M. Toullier, puisque, dans leur sens grammatical comme d'après les motifs qui ont dû les faire porter, elle doivent comprendre la ratification tacite comme la ratification expresse, et exiger dès-lors, que dans tous les cas, aux termes du même article, *cet acte soit refait dans la forme légale.* Comment supposer en, effet, que le législateur ait toléré la ratification tacite, lorsqu'il a proscrit la ratification expresse ? Comment admettre qu'il ait voulu faire produire un effet des plus importans à une volonté seulement présumée, lorsqu'il est positif que cette volonté, si elle eut été exprimée d'une manière formelle, eût été sans effet. Une pareille supposition n'est pas raisonnable, et par cela même on doit croire que si le législateur avait eu des motifs pour l'admettre, il n'aurait pas manqué d'expliquer toute sa pensée dans l'art. 1339. S'il n'a rien dit de spécial sur ce point, ce ne peut être et cela n'est réellement que parceque voulant que la donation nulle *fût refaite dans la forme légale*, il réprouvait d'avance et d'une manière générale,

tout acte qui aurait pour objet d'éviter qu'elle ne fût refaite, il ne voulait
pas que sa nullité pût être réparée par
aucun acte confirmatif.

Au reste, la volonté du législateur
ressort toute entière de l'article 1340
du Code civil; on y lit que : « l'exécu-
» tion volontaire d'une donation par les
» héritiers ou ayant cause du donateur
» *après son décès*, emporte leur renon-
» ciation à opposer, soit les vices de for-
» me soit toute autre exception.» — Il est
certain que cette disposition est exceptionnelle, elle porte une dérogation à la
loi générale écrite dans l'art. 1339, elle
prévoit le seul cas où l'exécution volontaire peut valider une donation nulle
en la forme. La loi ne la reconnaît que
dans la personne des héritiers du donateur, encore faut-il que ce soit après le
décès de celui-ci. Cette circonstance particulière est une exception à la règle,
et par cela même elle explique et confirme celle-ci. — Il faut, disons-nous,
que l'exécution ait eu lieu après le décès
du donateur, sans cela elle serait inefficace, soit parceque jusqu'à cette époque les héritiers étaient sans droit, *suprà* n° 331 du présent vol.; soit parce
que cette exécution pourrait ne pas être
volontaire et prendre uniquement sa
source dans la crainte qu'éprouveraient
les héritiers que leur auteur ne leur portât un plus grand préjudice, s'ils refusaient, *ne pejus faciat*. Arrêt de la Cour
de Bruxelles, du 9 juin 1807. Arrêt de
Cassation du 9 nov. 1814, Dalloz, t. 21, p.
184. Arrêt du parlement de Paris, du 3
avril 1543, rapporté par Charondas, sur
l'art. 200 de la Coutume de Paris.

Si donc, à la suite de l'art. 1339 ou
dans l'art. 1340, on ne retrouve pas exprimée, l'opinion de M. Toullier, ce ne
peut être que parce que le législateur
ne voulait point lui donner autorité,
et parce que son intention était bien que
dans tous les cas, excepté dans le cas
particulier prévu par l'art. 1340, la donation nulle ne pût être validée par
aucun acte confirmatif, et qu'il fût indispensable de la refaire dans la forme
légale. — Nonobstant ces raisons qui

nous paraissent concluantes, l'opinion de
Toullier ayant été soutenue par d'autres
jurisconsultes, on l'a présentée à juger à
la Cour suprême, qui l'a proscrite de la
manière la plus formelle; voici dans
quelle espèce.

Vingt-trois juin 1815, par acte sous
seing-privé, le sieur Champigny et la
demoiselle Chauveau se font respectivement la promesse de s'épouser à la première réquisition, avec convention que
le refusant paierait à l'autre 10,000 fr.

Le sieur Champigny fit signifier des
actes de respect à son père, celui-ci
forma opposition, et la fit accueillir par
la Cour royale d'Orléans; le motif pris
de ce que les actes respectueux avaient
été irrégulièrement faits.

23 février 1816, le sieur Champigny
fit donation à la demoiselle Chauveau,
de la nue propriété des immeubles qui
lui étaient échus dans le partage fait
avec ses frères et sœurs, de la succession de leur mère, il ne s'en réserva que
l'usufruit.

L'acte de donation fut signé par le
donateur, par les témoins et la donataire; mais la mention des signatures
ne fut point faite dans l'acte; elle fut
acceptée par la demoiselle Chauveau.

Plus tard, le sieur Champigny recom-
mence ses sommations respectueuses,
on provoque son interdiction; il reçoit
un conseil judiciaire.

23 juillet 1817, décès du sieur Champigny, laissant un testament par lequel
il lègue à la demoiselle Chauveau la
somme de 10,000 fr.

Les héritiers Champigny ont alors
demandé la nullité 1° de l'obligation
contenue dans la promesse de mariage,
2° de la donation du 21 février 1816,
3° du testament du 18 juillet 1817. —
Cette demande fut basée sur des motifs
différens.....

La nullité de la donation fut basée
sur ce qu'elle ne contenait pas la mention de la signature des parties, des
témoins et du notaire, ce qui constituait une contravention aux art. 14 et
68 de la loi du 25 ventôse an XI.

La demoiselle Chauveau prétendit

que cette nullité était couverte par l'exécution volontaire donnée, par le donateur à la donation qu'il avait faite.

18 février 1819, jugement rendu par le tribunal civil de Chinon, dans lequel on lit.......

« En ce qui touche la donation entre-vifs des 23 février 1816 : considérant, qu'il est de forme absolue pour une donation entre-vifs, d'être notariée, et que l'acte du 23 février 1816, en perdant, par la contravention du notaire aux art. 14 et 68 de la loi du 25 ventôse an XI, le caractère d'acte notarié, se trouve frappée d'une nullité radicale ;

» Qu'à la vérité, on invoque, pour couvrir cette nullité, une fin de non-recevoir résultant de l'exécution volontaire de la donation, exécution qu'on prétend induire des actes des 10 et 20 octobre 1816 ;

» Mais considérant, dans le droit, que l'art. 1339 du Code civil porte que le donateur ne peut réparer par aucun acte confirmatif, les vices d'une donation nulle dans la forme, qu'elle doit être refaite dans la forme légale ; que la loi prohibe au donateur ce moyen principal de couvrir la nullité ; qu'il lui défend, à plus forte raison, l'exécution volontaire, souvent susceptible de discussion, toujours moins claire et moins positive que l'acte confirmatif ;

» Que vainement voudrait-on induire du silence de l'art. 1339 du Code civil sur l'exécution volontaire, que le législateur n'a entendu défendre au donateur que l'acte confirmatif et non l'exécution volontaire ; qu'il résulte clairement des expressions mêmes de l'art. 1338, que le législateur n'a regardé l'exécution volontaire que comme un moyen subsidiaire et supplétif, applicable seulement aux contrats ordinaires ;

» Que quant aux donations que les lois ont toujours entouré de plus de formes et de difficultés que les obligations ordinaires, le législateur ayant prohibé, par l'art. 1339, le moyen

principal (l'acte confirmatif), a jugé inutile de défendre en termes exprès le moyen subsidiaire qui se trouve aussi compris tacitement dans la prohibition, surtout d'après l'expression énergique et absolue : *Il faut que la donation soit refaite en la forme légale ;*

» Considérant, d'ailleurs, que l'art. 1340 qui permet, *expressis verbis,* l'exécution volontaire aux héritiers du donateur pour couvrir les nullités, prouve encore d'une manière évidente que le principe de l'art. 1338 n'est pas généralement applicable aux donations ; qu'autrement, et s'il fût entré dans la pensée du législateur de rendre ce principe général pour tous les contrats, il eût été inutile de le répéter dans l'art. 1340, après l'avoir soutenu dans l'art. précédent ; ce qui ne peut être : d'où il suit nécessairement que le silence de l'art. 1339 sur l'exécution volontaire interdit ce moyen au donateur ; que l'ordonnance de 1731 qui a servi de base à la loi nouvelle était conforme à ces principes.

« Que si le législateur eût voulu innover à une disposition aussi importante, il s'en serait exprimé d'une manière claire, positive, et non par le silence ; que, prouvant sa répugnance pour les donations, par la prohibition portée en l'art. 1339, il n'est pas supposable qu'il eût voulu permettre l'exécution volontaire, qui est un moyen toujours facile, et qui rendrait inutiles et illusoires toutes les précautions et formalités dont il persiste à vouloir entourer les donations.—Appel. 12 août 1819, arrêt confirmatif de la Cour d'Orléans. Et sur le pourvoi, arrêt du 6 juin 1821, qui rejette.

357. *Nec obstat* un arrêt de cassation, du 26 janvier 1826, Jurispr. du 19e siècle, 1827, 1. 139, qui a jugé que celui qui avait fait une donation nulle en la forme et qui l'avait exécutée, ne pouvait attaquer l'acte d'exécution, si l'exécution comme la donation, n'avaient été, elles-mêmes, que l'accomplissement d'une obligation naturelle.

Dans une pareille circonstance, il s'agit moins d'une donation que d'un contrat ordinaire ; celui qui s'oblige ne donne pas, il ne fait que remplir une obligation dont il est naturellement tenu. Ce n'est pas, dès-lors, le cas d'invoquer l'application des art. 1339 et 1340, mais bien des principes ordinaires, suivant lesquels 1° une obligation peut être la cause d'un engagement qui produise des effets civils et d'après lesquels il n'y a pas lieu de revenir contre les engagemens qu'on a souscrits pour satisfaire à une pareille obligation ; 2° l'illégalité d'un titre n'altère pas le droit, quand le droit a été formé et accompli sans besoin du titre. *Suprà*, n° 45. — Ce n'est qu'en ce sens que l'arrêt a été rendu.

358. Il en est des testamens comme des donations ; les vices de forme qu'ils contiennent ne peuvent être réparés par aucun acte confirmatif ; il faut qu'ils soient refaits dans la forme légale. C'est la conséquence des principes que nous venons d'exposer. (1)

359. Mais, par la même raison, la confirmation ou ratification, ou exécution volontaire d'un testament par les héritiers naturels du testateur, après son décès, emportent leur renonciation à opposer soit les vices de forme, soit toute autre exception dont la cause est connue de celui qui exécute, ou qui, du moins, est présumée connue, suivant les principes ramenés dans la sect. 3 ci-après. Voir arrêt de cassation du 5 fév. 1829 Jurispr. du 19° siècle, 1829, 1. 198.

Cet arrêt a mis fin à la controverse des auteurs sur la question proposée ; il ne s'arrête pas à l'argument pris dans les art. 1339 et 1340, et qui consistait à prétendre que ces articles ne s'appliquaient qu'aux donations, et que, dès-lors, ce n'était que pour ce genre de contrats que le dernier article permettait l'exécution volontaire de la part des héritiers, après le décès du donateur. L'arrêt a jugé avec raison que, sauf l'exception particulière au cas de la donation, l'exécution volontaire suffisait toujours pour couvrir la nullité d'un acte. Nous ferons même observer que, dans l'arrêt, il ne s'agissait pas d'une exécution volontaire effectuée, mais seulement d'une demande en exécution. *V. infrà* sect. 3 du présent chap.

360. La règle ci-dessus et les conséquences que nous en avons déduites, n'empêchent pas que, quelquefois, des actes n'ayant aucune existence légale, n'obtiennent leur entier effet, par suite du second acte intervenu entre les parties qui avaient figuré dans l'acte primitif ; mais ce n'est point par l'effet d'une ratification, et par suite du droit que les parties se seraient conféré par le premier acte. Leur droit prend uniquement son origine et son autorité dans le second ; celui-ci est indépendant du premier ; il ne lui emprunte rien ; car, comme il n'a aucune existence légale, il est comme s'il n'avait pas été fait. Nous nous sommes expliqués à cet égard plusieurs fois. Voici, au surplus, comment les anciens auteurs expliquent les principes de la matière. « Si la disposition, dit Ricard, » Traité des donations, n. 1619 et suiv., » contenue dans un acte nul, était confirmée particulièrement et en termes » exprès, par un autre subséquent qui » se trouverait valable en la forme, n'y » ayant pas de difficulté en ce cas que » la disposition devrait avoir son effet, » *mais ce ne serait pas le second acte* » *qui ferait subsister le premier, lequel* » *étant nul doit demeurer inutile*, et » la disposition, en ce cas, prend toute » sa force du dernier acte ; ce qui ne » peut avoir lieu quand les dispositions » n'y sont point particulièrement ré- » pétées, et que le testateur s'est sim- » plement contenté de déclarer, en ter- » mes généraux, dans un second acte,

____

(1) Voyez Ricard, Traité des donations, part. 1re, chap. 5, sect. 9, n. 1619.—Répert. de jurisprudence, V° Nullité, n. 12, et V° Legs, sect. 2, § 1. — Grenier, Traité des donations, tom 1er.

» qu'il entendait que les dispositions
» qu'il avait faites par un premier ,
» aient son effet, parce que , pour lors,
» ces dispositions ne peuvent valoir en
» vertu du dernier acte, attendu qu'el-
» les n'y sont pas exprimées , et qu'on
» ne peut dire en conséquence qu'elles
» soient revêtues des formalités qui sont
» nécessaires pour les rendre valables. »

361. Cette opinion de Ricard , conforme à ce que nous avons dit *loc. cit.*, sert à expliquer quelques décisions de la Cour d'appel et même de la Cour de cassation , et dans lesquels on lit quelques expressions (ouvrage du rédacteur), et qui pourraient prêter à la controverse, si on ne devait, avant tout , se pénétrer de ce qui entrait spécialement dans le litige auquel l'arrêt a mis fin. Cette opinion justifie notamment un arrêt de la Cour de cassation, qui a décidé que , bien qu'une donation ne pût point être confirmée, elle pouvait néanmoins produire son effet par suite de l'obligation nouvelle consentie par le donateur. — Voici l'espèce de cet arrêt.

Le 21 thermidor an V, la dame d'Arquiou fait à sa fille , la dame Guy, une donation de 12,000 francs exigibles seulement à la mort de la donatrice, qui devait en payer les intérêts. Cette donation ne fut acceptée que par le sieur Guy , au nom et comme exerçant les droits de son épouse absente.

Le 17 nivôse an VI , cession de la somme de 12,000 fr. objet de la donation , de la part des sieur et dame Guy, au sieur Jalurot.

La donatrice, la dame d'Arquiou, intervint dans l'acte par un mandataire , elle s'obligea de payer à la dame Guy, la somme de 12,000 fr. avec les intérêts , et si le besoin est, de payer au cessionnaire le montant de ladite obligation, tant en principal qu'intérêts , conformément à l'acte de donation.

Cependant la dame d'Arquiou exécute son obligation, et paie les intérêts de la somme de 12,000 fr. au cessionnaire.

En 1817, celui-ci cède sa créance au sieur Guérin.

La dame d'Arquiou ayant interrompu le paiement des intérêts, le sieur Guérin a formé des saisies-arrêts à son préjudice. La dame d'Arquiou de son côté , a demandé la nullité de la donation faite à sa fille, pour défaut d'acceptation de la part de cette dernière, et par suite, a conclu à la main-levée desdites saisies-arrêts.

Vingt-un janvier 1819, jugement qui décide qu'aux termes de l'ordonnance de 1731, la donation est nulle pour défaut d'acceptation , et qui ordonne la main-levée des saisies.

Vingt-quatre janvier 1821 , arrêt de la Cour royale de Bourges, qui déclare nulle la donation, pour défaut d'acceptation ; mais qui ordonne que l'acte du 17 nivôse an VIII sera exécuté suivant sa forme et teneur , et que les poursuites seront continuées.

Ce second chef de l'arrêt est motivé en ces termes : considérant que lors de la cession de la créance au sieur Jalurot, aux droits duquel est le sieur Guérin, un fondé de pouvoirs de la dame d'Arquiou a accepté ce transport, et s'est obligé en conséquence , et en tant que de besoin , à payer au cessionnaire le montant de l'obligation en principal et intérêts aux époques fixées par l'acte constitutif; que la procuration donnée par elle était parfaitement conforme aux engagemens consentis par son mandataire , et que depuis, elle - même a continué de reconnaitre son nouveau créancier, soit en lui payant les intérêts , soit en lui demandant des délais quand elle en a eu besoin;

Que la substitution d'un nouveau créancier à l'ancien , a opéré novation de l'ancienne dette , et que les termes dans lesquels l'acte est conçu , ne permettent d'y voir qu'une obligation personnelle de la dame d'Arquiou , pour les 12,000 fr. dont elle se reconnaît débitrice envers son nouveau créancier.

Pourvoi en cassation de la part de la dame d'Arquiou , 1° pour violation de l'art. 1339 du Code civil, en ce que la donation de 1797 étant nulle en la forme, n'avait pu être ratifiée ni par l'engagement personnel de la donatrice dans l'acte de cession, ni par le paiement d'intérêts, faits postérieurement au cessionnaire de la dame Guy.

Arrêt. — La Cour, sur le premier moyen, résultant d'une violation de l'art. 1339 du Code civil, attendu que loin d'avoir violé l'article cité et les principes en résultant, sur la validité ou la nullité des ratifications des actes, la Cour royale de Bourges a rendu hommage à ces principes, et statué qu'il n'y avait aucune ratification de la demanderesse de l'acte du 21 thermidor an V......

Sur le 3° et dernier moyen, résultant d'une prétendue violation de l'art. 1131 du Code civil; attendu que la Cour royale de Bourges a jugé que l'obligation personnelle de la demanderesse ne prend pas sa source dans la donation ;

Attendu que, soit que la cause ne soit pas exprimée en la convention, soit même que la cause exprimée soit fausse, la validité d'une obligation résulte de l'existence d'une cause honnête et légitime, existence suffisamment reconnue par l'arrêt attaqué, qui a, ainsi, sainement appliqué les principes résultant des art. 1131 et 1132 du Code civil, rejette.

Du 23 mai 1822; Sirey, 1823, p. 255.

362. Ce que nous avons dit dans le présent paragraphe, prouve avec certitude que M. Toullier n'a point traité avec son exactitude ordinaire les principes sur la ratification des actes nuls et sur la nature des actes qui étaient susceptibles de ratification, et nous conduit à démontrer une nouvelle erreur dans laquelle est tombé ce savant jurisconsulte : il pense et s'efforce de démontrer, vol. 8, n° 517, *qu'il n'y a pas de nullité fondée sur l'intérêt privé qui ne puisse être réparée par la ratification expresse.*

Si M. Toullier eut voulu établir, par ce langage, qu'une partie pouvait toujours renoncer à l'avantage résul-

tant pour elle d'une nullité créée dans son intérêt, son opinion eût été vraie, et fondée sur la règle : *Unicuique licet juri in suam favorem renuntiare ;* mais soutenir qu'une pareille renonciation est toujours une ratification, c'est une erreur ; car nous l'avons dit, et nous ne saurions trop le répéter : Ce qui est nul ne peut être confirmé, *quod nullum est non potest confirmari.* A la vérité, il peut être refait par les parties, mais alors, la renonciation faite à la nullité dont on pouvait se prévaloir est le résultat d'une disposition nouvelle qui n'emprunte rien à l'acte primitif, et qui n'a pas le moindre rapport avec la ratification proprement dite ; ce nouvel acte doit porter avec lui sa forme légale et la cause qui l'a fait consentir ; il n'est nullement lié au premier, et s'il se re.ère à ses dispositions, ce ne peut être que comme liaison de fait et d'énonciation, mais nullement comme liaison de droit.

Tout ce qu'on peut dire, c'est qu'il n'y a pas de nullité fondée sur l'intérêt privé, qui ne puisse être réparée, *soit* par la ratification, s'il ne s'agit pas d'une obligation dépourvue d'existence légale, *soit* par une disposition nouvelle parfaite en sa forme, dans le cas où la première obligation est dépourvue de cette existence. — Mais il y a cette différence qu'au premier cas, l'acte originaire et l'acte confirmatif ne font qu'un tout indivisible; et qu'au second cas, le titre est tout dans le second acte. Les erreurs que nous avons signalées viennent toutes de ce que M. Toullier n'a pas donné assez d'autorité à cette différence.

363. Il est inutile de rien ajouter à ce que nous avons dit dans les précédens numéros, et nous le répétons avec confiance : on ne peut ratifier en aucune manière les actes qui n'ont point d'existence légale, il faut les refaire. Au contraire, tous les actes qui ne sont pas nuls de plein droit, mais qui sont annulables sur la demande d'une ou de plusieurs des parties, peu-

vent être ratifiés, si la loi ne s'y oppose pas. —Dans le doute si un acte est ou non susceptible de ratification, on doit préférer l'opinion qui tend à donner effet à l'intention où étaient les parties de ratifier. Les nullités étant odieuses, on doit toujours accueillir , dans le doute, le moyen qui doit en diminuer le nombre et les effets.

§ IV. *De l'effet de la Ratification.*

364. La confirmation, ratification ou exécution volontaire, dans les formes et à l'époque déterminée par la loi, emportent la renonciation aux moyens et exceptions que l'on pourrait opposer contre cet acte. Art. 1338 du Code civ.

365. Une pareille ratification a; par rapport aux parties contractantes, un effet rétroactif au jour de l'acte; car, quoiqu'il soit vrai que cet acte n'a été parfait que du jour où la renonciation à se prévaloir de la nullité est intervenue; néanmoins, par une fiction de la loi, l'acte est censé avoir été parfait dès son origine. (1) —Un vendeur, par exemple, n'aura aucun droit aux produits de l'immeuble vendu par l'acte ratifié, et l'acquéreur, de son côté, devra l'intérêt du prix depuis le jour où la vente a été consentie.

366. Il en est autrement par rapport aux tiers : l'art. 1338 du Code civil s'oppose à ce que la ratification rétroagisse contr'eux; il ne veut pas qu'une partie puisse, à son gré, enlever à un tiers de bonne foi des droits qu'elle lui a transmis, ou qu'il a acquis d'une toute autre manière légale. Le législateur, en consacrant ce principe de toute justice, n'a fait que renouveler une opinion généralement admise, et lui confirmer l'autorité que la jurisprudence lui accordait déjà. (2)

367. Les auteurs ne s'étant pas tous accordés sur le sens de la règle : que

la ratification ne rétroagit pas contre les tiers , nous avons cherché à concilier leurs opinions ; or , voici ce qui nous a paru certain. Il ne suffit pas que, postérieurement à l'acte annulable et avant l'acte confirmatif , un tiers ait acquis un droit qui lui donne intérêt à ce que le premier acte soit annulé ; il ne suffit pas qu'il ait intérêt à ce que le premier acte reste nul , il faut que sa prétention soit légitime , et que la ratification puisse être , en quelque sorte, considérée comme faite pour le frauder. Si cette ratification était juste et raisonnable , si elle n'avait d'autre objet que de fortifier des droits licites, si elle se rapportait à des intérêts que le tiers avait cru ou dû croire légitimement créés , il nous paraît qu'elle devrait avoir son effet au jour du contrat ratifié. Ne serait-il pas , en effet, injuste d'autoriser un tiers à empêcher l'exécution d'une convention qui pouvait être valablement consentie à l'époque où elle l'avait été ; d'un acte qui n'était annulable que par suite d'une omission ou d'une contravention d'intérêt purement privé , et que la délicatesse faisait un devoir aux parties intéressées de compter pour rien ? La raison ne dit-elle pas que les faits doivent entrer pour beaucoup , en cette matière, dans la solution des questions ; et n'est-ce pas ce que les législateurs ont voulu dire, lorsqu'ils ont fait les observations suivantes , sur un premier projet, communiqué au Tribunat, de l'art. 1338 du Code civil : « Dans le » cas, disait le citoyen Tronchet , où il » s'agit de nullités susceptibles d'être » couvertes , la faculté de les couvrir » ne doit jamais nuire aux tiers ; si » quelqu'autre que les parties contrac- » tantes est lésé par l'effet de la ratifi- » cation ou confirmation, il réclamera, » et *dans le cas où la réclamation serait*

---

(1) *Ratihabitio expressa vel tacita ad initium retrovenit. Leg.* 16 ff. de pign. et hipoth. D'Aguesseau, plaidoy. 33, tom. 3, p. 145 de l'édit, in 4º.

(2) « *Actus medius*, dit Barthole, *in Leg.* 16,

» § 1 , *tit. de rat. hab., interveniens impedit* » *ratihabitionem trahi retrò in prejudicium.* » *tertii cui jus, intermedio tempore , quœsi-* » *tum est.*

»*fondée*, la justice y fera droit. » Si donc la réclamation du tiers ne peut pas être fondée légèrement, et s'il faut *qu'elle soit fondée*, les juges doivent distinguer diverses hypothèses dans lesquelles ces tiers peuvent se trouver; et ils méconnaîtraient le vœu de la loi, si, parce que l'art. 1338 s'exprime d'une manière générale, ils admettaient la réclamation des tiers par cette seule considération qu'ils auraient intérêt.— Pour mieux faire apprécier le fondement des observations ci-dessus, il nous suffira d'indiquer quelques-unes des hypothèses dans lesquelles les tiers peuvent être intéressés dans les suites d'une ratification.

368. *Première hypothèse.* Antoine cède à Joseph une somme de 1000 francs, avec intérêts à prendre sur Dominique; cette cession est annulable pour un motif quelconque, et néanmoins, elle est signifiée à ce dernier avec défense de se libérer en d'autres mains qu'en celles du cessionnaire. Quelques mois après, Joseph obtient d'Antoine la ratification de la cession : nul doute que, par rapport à Dominique, cette ratification ne doive avoir un effet rétroactif, de telle sorte que si, nonobstant la signification qui lui a été faite, et sur la connaissance qu'il a acquise que la cession était annulable, il a payé à Antoine tout ou partie de la somme cédée avant que celui-ci eut ratifié, il sera obligé de payer une seconde fois. Il est en faute d'avoir méconnu la signification qui avait dessaisi Antoine (article 1690 du Code civil); car, comme la cession n'était point annulable sur sa demande, il devait la regarder comme valable, et dans aucun cas, il ne lui était permis de se rendre juge de sa validité. Vainement dirait-il que la ratification n'a point lieu au préjudice du tiers; on lui répondrait que s'il est vrai qu'une pareille rétroactivité ne puisse pas avoir lieu contre un tiers de bonne foi qui n'avait rien à se reprocher, il en est autrement quand il a agi contre ses devoirs, notamment quand il a méconnu les droits de celui

qui avait pour lui un acte seulement annulable. On dirait avec raison à ce tiers : « Vous seul êtes en faute, vous » avez été complice de la fraude du » cédant; tout au moins, vous l'avez » favorisée par votre négligence, vous » devez en supporter les suites. Vous ne » pouvez vous prévaloir de l'art. 1338 » dont les dispositions, en ce qui con- » cerne la rétroactivité, ne sont appli- » cables qu'au tiers de bonne foi, et » qui, d'ailleurs, ne s'est pas exposé » par sa propre faute aux conséquences » d'une ratification antérieure.»

369. *Deuxième hypothèse.* Mevius vend à Titius sa maison de campagne de Tivoli; mais il ne consent cette vente que par suite de la violence dont il a été l'objet; plus tard, considérant son engagement comme nul, il hypothèque ce même immeuble à la sûreté d'un emprunt qu'il fait à Sempronius : cet emprunt ainsi contracté, il garde le silence pendant dix ans, depuis la cessation de la violence, et dès-lors, la nullité se trouve couverte, aux termes de l'art. 1304 du Code civil. Ce silence, ainsi prolongé, étant une véritable ratification, suivant ce que nous établirons au chap. 17, produit son effet du jour de l'acte ratifié, et l'hypothèque de Sempronius devient sans effet. Ce dernier ne pourra pas dire que la ratification ne peut pas s'opérer à son préjudice, on lui répondrait : « Quand l'im- » meuble vous a été hypothéqué, sa » propriété était transportée à un autre; » il est bien vrai que ce transport avait » été fait d'une manière incertaine et, » en quelque sorte, sous une condition » résolutoire, mais cette condition ne » s'étant pas réalisée, la propriété est » censée avoir été transportée, dès » l'origine, d'une manière irrévocable. » Donc vous avez accepté cette hypo- » thèque, vous avez couru la chance » que vous connaissiez, et vous y êtes » soumis. Si l'emprunteur vous l'a laissé » ignorer, il vous a fait dupe, il doit » vous dédommager, mais Titius n'ayant » pas trempé dans la fraude, son ac- » quisition est irrévocable, elle est

18.

» censée n'avoir jamais été nulle ni » annulable.

370. *Troisième hypothèse.* Un mineur a contracté un engagement qui excède les bornes de sa capacité : devenu majeur, il contracte d'autres engagemens contradictoires avec le premier; plus tard, il ratifie le premier; cette ratification préjudiciera-t-elle aux obligations intermédiaires?

Pour résoudre cette question, il nous paraît qu'il faut distinguer, si l'engagement ratifié est nul de plein droit, ou s'il est seulement annulable ou rescindable au profit du mineur (n. 69 et suiv. du tom. 1er).

Au premier cas, la ratification n'a point d'effet rétroactif, car l'engagement n'ayant pas lié le mineur, il n'était point un obstacle à ce que celui-ci pût aliéner sa chose: si , parvenu à sa majorité, il a consenti cette aliénation, il n'a fait qu'user de son droit, et celle-ci est valable : ce serait inutilement qu'il voudrait la rendre sans objet , en ratifiant un premier engagement qui ne le liait pas. (1)

371. On en trouve un exemple dans le cas où un mineur a vendu ou hypothéqué un immeuble lui appartenant, sans observer les formalités spécialement requises par la loi. L'observation de ces formalités est de toute rigueur , ainsi que nous l'avons établi *supra* n. 76 du tom. 1er ; leur inobservation empêche que l'acte soit translatif de propriété, et elle le frappe d'une nullité de plein droit au profit du mineur. Il n'est pas douteux , dès-lors , que si , à vingt-un ans, le mineur vend ou hypothèque ce bien à quelqu'un plus , cette hypothèque ou cette vente sont valables, et que, s'il ratifie la première aliénation, la ratification ne peut point préjudicier aux droits intermédiaires.

372. Il en est de ce cas comme des engagemens contractés par une femme mariée, sans l'autorisation de son mari;

ces engagemens étant nuls de plein droit la ratification n'a point d'effet au préjudice des tiers. (2)

373. Ceux qui ont traité avec le mineur sans observer les formalités spécialement requises par la loi, de même que ceux qui ont fait un acte avec une femme mariée, sans l'autorisation de son mari, ne peuvent se plaindre que leurs droits se trouvent primés par d'autres titres postérieurs en date, car ils n'avaient pu ignorer l'incapacité du mineur , de la femme mariée, ils connaissaient , dès-lors , la nullité de droit qui en était la conséquence, et ils devaient, par conséquent, savoir que le titre qui leur était conféré n'était pas un obstacle à ce que l'incapable pût conférer à des tiers les droits qui se trouvaient compris dans le premier titre , suivant la règle : *Non præstat impedimentum quod de jure non sortitur effectum.* Ranchinæus et son Commentateur, V° *dolus,* art. 2 , *suprà* n° 87.

374. Si l'engagement du mineur est seulement rescindable, et que, parvenu à sa majorité, il le ratifie, la ratification a un effet rétroactif, même au préjudice des tiers, car l'acte n'étant point nul de plein droit , il est censé n'avoir jamais été annulable. Il est obligatoire pour tous *quandò actus est nullus , favore alicujus intelligitur si ipse velit esse nullus.* Vainement les tiers diraient-ils que le mineur avait été lésé par le premier acte; on leur répondrait avec avantage : « Que vous importe la lésion qui pou- » vait exister dans un engagement qui » était consenti avant le vôtre; vous » avez pris votre débiteur et sa fortune » dans l'état où ils étaient au moment » où vous avez contracté avec lui ; vous » avez connu ou dû connaître sa posi- » tion, et le droit qui vous a été conféré » ne peut rétroagir au point de vous » donner qualité pour attaquer un en · » gagement qui peut être naturellement » obligatoire et qui comprenait des cho-

---

(1) *Nulla promissio potest consistere quæ ex voluntate promissoris statum capit.* Leg. 108, § I, ff. de verb. oblig.

(2) Denizart, V° Ratification, n. 5 : Mornac, sur la loi, 16 ff. de pign. ; Grenier, Traité des hyp., t. 1, u. 434.

» ses que vous avez dû considérer comme
» sorties de la main de votre débiteur,
» avant qu'il s'obligeât envers vous. De
» quel droit prétendriez-vous qu'il a
» été lésé, lorsqu'il s'est cru obligé de
» dire qu'il ne l'a pas été, et lorsqu'il
» est possible que sa délicatesse fût in-
» téressée à l'exécutiou de l'acte.

N'est-il pas possible, d'ailleurs, que
le premier engagement fût inattaquable, bien que les apparences fissent
présumer la lésion? N'est-il pas possible
que cet engagement ait eu pour objet
une somme réellement comptée au mineur? et dans ce cas, la justice et la loi
peuvent-elles permettre qu'un tiers
ayant un titre postérieur, puisse attaquer un pareil engagement? Nous sou-
tenons que non : un exemple suffira
pour justifier cette manière de voir.

Ou suppose qu'un mineur ait livré en
nantissement son mobilier, pour la garantie d'une somme d'argent qui lui
a été réellement prêtée. — Il n'est pas
douteux que cet engagement est obligatoire pour tous, si le mineur a utilement employé l'argent qui lui a été délivré. On suppose que ce mineur étant
parvenu à sa majorité, un autre de ses
créanciers fasse saisir le mobilier compris dans le contrat de nantissement,
sous le prétexte que l'emploi de la somme
prêtée ne se trouve pas légalement constaté. Pense-t-on que le mineur n'a pas
le droit de ratifier son premier acte et
de déclarer qu'il a bien utilement employé son argent? Ce serait une erreur :
en effet, l'aveu fait par le mineur dans
l'acte confirmatif, que son emprunt était
légitime, qu'il avait utilement employé
l'argent qui lui avait été compté, détruit le vice du premier acte, et prouve
qu'il était inattaquable même par le
mineur, puisque celui-ci ne peut exciper de sa minorité qu'autant qu'il a été
lésé. Il en résulte que l'acte portant cet
aveu n'est point, à proprement parler,
une ratification, puisque celle-ci suppose un vice préexistant, et que dans
l'espèce, ce vice n'existait pas. Qu'importe que l'emploi fait par le mineur ne
fût pas constaté par acte, si réellement cet

emploi a eu lieu, si le mineur, devenu
majeur, le reconnaît. Lui sera-t-il défendu d'être honnête homme, de rendre hommage à la vérité? cela n'est pas soutenable. Il faut reconnaître que le mineur
étant naturellement obligé ou, tout au
moins, pouvant l'être, il ne peut pas
appartenir à un tiers de s'opposer à
l'exécution d'une pareille obligation;
c'est bien assez qu'on donne à ce tiers
le droit d'attaquer les actes qui ont été
faits en fraude de ses droits, sans lui
donner la faculté exorbitante de faire
annuler une ratification qui n'était nullement frauduleuse, et qui aurait pour
objet l'accomplissement d'un devoir.

375. Mais si avant cette ratification,
les créanciers du mineur, agissant en
son nom, demandent de le faire restituer contre son premier engagement,
ils devraient être reçus dans leur action. Le mineur n'ayant point renoncé
à celle-ci, quoiqu'il en eût le droit, ses
créanciers peuvent agir comme il aurait pu le faire lui-même; c'est ce que
nous avons prouvé au n. 474 et suiv.
du tom. 1er; son silence laisse les choses entières et, par cela même, produit,
relativement au premier acte, une iu-
certitude de lésion ou de fraude qu'il
appartient aux créanciers de faire résoudre. Du moment que les créanciers
ont proposé l'action en rescision, le
mineur ne peut plus ratifier, car étant
en procès *par ses créanciers*, il ne peut
se mettre en opposition avec le rôle
qu'on lui fait jouer; en d'autres termes, il ne peut approuver un acte
dont il poursuit au nom d'un autre la
nullité. Le premier créancier est à
plaindre, mais il subit les conséquences
auxquelles il s'est exposé en traitant
avec un mineur, et, dès lors, il ne doit
pas être écouté. *Suprà* n. 76.

376. La distinction que nous avons
faite entre les engagemens du mineur
qui sont nuls de plein droit, et ceux
qui ne sont que rescindables, afin de
déterminer les effets de la ratification,
nous ont porté à penser que l'on ne devait pas confondre l'obligation consentie par le mineur et l'hypothèque qu'il

aurait fournie sur ses biens, pour en assurer l'entière exécution. — L'examen auquel nous nous sommes livrés, nous a déterminés à penser que l'obligation n'étant point nulle de plein droit, pouvait être ratifiée par le mineur devenu majeur, et que la ratification devait rétroagir même contre les tiers intéressés à la rescision du premier acte ; mais qu'au contraire, l'hypothèque étant une aliénation pour laquelle le mineur était absolument incapable, celui-ci ne pouvait pas la ratifier au point de lui assurer sa date, au préjudice des aliénations qu'il aurait consenties immédiatement après sa majorité, ou des hypothèques qu'on aurait prises contre lui . par jugement ou autrement (1).

On ne serait pas fondé à prétendre que l'hypothèque n'étant que l'accessoire de l'obligation, si celle-ci est reconnue légitime et non annulable, il doit en être de même de la première, suivant la règle : *Accessoria sequuntur jus ac dominium rei principalis.*—Tout au plus, cette objection pourrait être fondée dans le cas où il s'agirait de juger une discussion existant entre le mineur devenu majeur et son créancier : il nous paraît juste qu'alors le mineur ne pût pas séparer l'hypothèque de l'obligation, qu'il ne pût pas, notamment, en demander la nullité sans rembourser la somme qu'il aurait empruntée et utilement employée. Il serait non recevable dans son action ; tant qu'il n'aurait pas fait le remboursement, et le créancier puiserait un moyen péremptoire de défense dans l'action même donnée au mineur et dont la nature répugne à ce qu'il puisse s'enrichir aux dépens d'autrui. N. 284.

Mais s'il s'agit d'une discussion entre deux créanciers, l'objection est sans force ; n'arrive-t-il pas, tous les jours, qu'à leur égard, l'hypothèque éprouve un sort différent que l'obligation dont elle avait pour objet d'assurer les effets ? Celle-ci, quoique très-légitime, n'empêche pas que l'hypothèque soit nulle par un motif quelconque, ou même qu'étant faite suivant le vœu de la loi, elle ne perde son rang et son utilité par suite d'une omission faite dans les bordereaux d'inscription. — Combien de fois, en effet, ne voit-on pas dans un procès-verbal d'ordre, un créancier fondé en titre, qui, parce que son inscription est nulle, se voit primer par un créancier postérieur, mais qui a sur lui l'avantage d'une inscription régulièrement faite.

Donc ce serait une erreur de prétendre que l'hypothèque est tellement l'accessoire d'une obligation, qu'elles doivent, dans tous les cas, avoir le même sort. — Cette conséquence serait plus particulièrement fausse dans le cas de la minorité, à cause de la distinction que nous avons faite entre les engagemens nuls de droit et ceux qui étaient spécialement rescindables, et plus spécialement encore, à raison de la disposition de l'art. 484 du Code civil, qui défend, d'une manière absolue, au mineur, d'aliéner ses biens et de les hypothéquer, et qui, cependant, maintient les obligations qu'il aurait contractées, *sauf réduction* au cas d'excès.

377. La ratification expresse ou tacite faite en faveur d'une des parties qui ont souscrit l'acte annulable, ne produit pas son effet à l'égard des autres parties ; les conventions doivent se renfermer dans leur objet ; elles n'ont d'effet qu'entre les parties contractantes ; elles ne nuisent point aux tiers, et elles ne leur profitent point. Art. 1165 du Code civil.

Ainsi, la Cour de cassation a jugé que l'action en nullité compétant à plusieurs mineurs dont les biens ont été vendus sans observer les formalités voulues par la loi, ne présente aucun

---

(1) C'est ce que la loi Romaine décidait dans une espèce analogue. *Si minor viginti quinque annis emit prædia, ut quoad prætium solveret, essent pignori obligata vendi-* *tori, non puto pignus valere ; nam ubi dominium quæsitum est minori, cœpit non posse obligari. Leg.* l, § 4. *ff. de reb. qui sub tut.*

caractère d'indivisibilité dans son objet; qu'en conséquence, elle pouvait être prescrite à l'égard des uns, bien que conservée à l'égard des autres. Arrêt du 5 déc. 1826; Jurispr. du 19e siècle, 1827, 1. 311.

378. Toutefois, la ratification d'un acte fait en faveur d'une partie, profite à tous ceux qui, si l'acte n'était pas maintenu, auraient le recours contre la partie en faveur de laquelle la ratification a eu lieu. C'est ainsi que la loi 10 ff. *de rebus eorum*, etc., etc., dispose que si un tuteur a vendu un immeuble de son pupille sans observer les formalités requises, et qu'en rendant compte de son administration, il ait porté en recette le prix de la vente, l'approbation pure et simple de ce compte rend le mineur non-recevable à actionner, plus tard, le tiers acquéreur de l'immeuble, bien que cet acquéreur n'ait point été partie dans le compte. Arrêt de la Cour de Metz, du 28 nov. 1817. Dalloz, t. 19, p. 413; Sirey, 1819, p. 142.

379. La règle, que la ratification ne profite qu'à la partie en faveur de laquelle elle a été faite, reçoit une application facile dans le cas où la ratification est expresse; il est bien difficile de douter, dans ce cas, de la personne en faveur de laquelle les parties veulent que l'acte soit exécuté; mais dans la ratification tacite, la volonté du ratifiant semble manifestée d'une manière beaucoup plus générale, et il est bien rare qu'on puisse restreindre les conséquences qui en résultent; il est sourtout bien rare de pouvoir prouver que l'exécution n'a eu d'autre objet que de couvrir la nullité en faveur d'une seule partie.— Les juges sont maîtres en cette matière; le pouvoir qui leur est donné de caractériser les faits desquels s'évince l'exécution vo-

lontaire, leur laissent aussi le pouvoir de restreindre les apparences générale de ces faits et de reconnaître qu'ils ont eu lieu en faveur d'une seule partie.— Seulement, en suivant les principes que nous avons expliqués dans le chapitre sur l'interprétation des lois, et dans plusieurs autres endroits de notre ouvrage, ils doivent distinguer : si la ratification se rapporte à un vice de forme, elle doit être facilement présumée avoir eu lieu en faveur de tous les intéressés; au contraire, s'agit-il d'une cause de rescision ou d'une nullité, comme la ratification ne se présume pas facilement, on ne présume pas non plus facilement, que celui qui a des motifs pour y renoncer en faveur d'une des parties, ait voulu en faire profiter les autres intéressés.

380. La ratification d'une des clauses d'un acte, équivaut en général à la ratification de l'acte dans son entier. Il est, en effet, reconnu que tous les pactes d'un même contrat sont censés corrélatifs et accordés les uns en considération des autres; ils sont présumés être les uns dans les autres, par manière de condition, comme si les parties avaient dit expressément : Je ferai ceci, si vous faites cela. (1)

Ainsi, celui qui, pendant sa minorité, et sans y être autorisé par la justice, a reçu des immeubles en paiement des sommes qui lui sont dues, et qui, devenu majeur, aliène une partie de ces immeubles, ratifie la dation en paiement pour le tout, car le mineur, devenu majeur, s'étant mis, par son fait, dans l'impossibilité de remettre les choses au même état où elles étaient lors de la dation en paiement, est, par cela même, non recevable à se faire restituer pour le surplus. *Suprà* n. 69 et suiv.

381. La règle ci-dessus n'est pas

(1) *Unius ejusdemque contractus capita singula alia aliis inesse videntur per modum conditionis quasi expressum esset, hœc ità faciam si et alter faciat quœ promisit.* Grotius, *jure belli et pacis liber* 3, *cap.* 19, *n.* 14,

leg. 38, *ff. de fidei commis. libert.* Domat, part. 1re, liv. 4, tit. 6, sect 2, n. 23. — Répertoire de jurisprudence, Vo Acte sous seing privé, § 2. Arrêt de la Cour de Bruxelles, 22 avril 1812. Dalloz, t. 21. p. 136.

sans exception ; notamment, on tient pour certain dans les testamens, que chaque legs fait une disposition particulière et indépendante ; et il n'est pas douteux que le paiement fait à un légataire par l'héritier du sang, pourrait ne pas être considéré comme exécution volontaire du testament , et comme renonciation à se prévaloir des moyens de nullité.

382. Par la même raison aussi, si dans un contrat ordinaire on trouvait réunies plusieurs clauses qui n'auraient point une corrélation entière, qui, par exemple, se rapporteraient à plusieurs parties dont les intérêts ne seraient pas essentiellement liés, l'approbation donnée par une ou plusieurs de ces clauses en faveur d'une partie, n'équivaudrait pas nécessairement à une renonciation générale aux moyens de nullité qu'on peut avoir contre les autres clauses, et à l'égard des autres parties.—Par exemple, suivant ce que nous venons de dire du bail en paiement, on suppose que ce bail ait été fait séparément et distinctement, quoique par un même acte , et chaque immeuble pour un prix particulier : en ce cas, la vente d'un de ces objets n'établit qu'une ratification partielle. Voir un arrêt du 7 fructidor an XIII, Sirey, 6, 2, 406.

383. La corrélation qui existe, en général, entre les diverses clauses d'une convention, n'existe pas entre les divers chefs des jugemens ; ceux-ci sont totalement distincts les uns des autres ; ils sont *tot capita tot sensus*, à moins que par leur nature, il existe entr'eux un enchaînement nécessaire. Un jugement qui renferme plusieurs chefs est donc divisible aux yeux de la loi, et dès-lors on peut en approuver une disposition, sans que, pour cela, on soit censé approuver les autres.(1)— Cette décision résulte de l'art. 482 du Code de procéd. qui dispose que s'il

n'y a ouverture à la requête civile que contre un chef du jugement, il sera seul rétracté, à moins que les autres n'en soient dépendans ; cette décision a été d'ailleurs consacrée par plusieurs arrêts. —Il a été jugé :

384. 1° Que lorsqu'un jugement avait des dispositions favorables et d'autres qui ne l'étaient pas, on ne devait pas considérer l'exécution des dispositions favorables comme un acquiescement à tout son contenu. Arrêt de cassation, du 9 nivôse an XII.

385. 2° Que lorsque deux instances distinctes étaient terminées par un seul et même jugement, l'exécution sans réserve, par une partie, du chef du jugement qui lui était favorable, n'emportait pas l'acquiescement de l'autre chef qui l'a. condamnée.

386. 3° Que lorsque le chef acquiescé du jugement, et celui dont on faisait appel, étaient essentiellement liés, l'acquiescement donné à l'un, rendait non-recevable à demander la réformation des autres : arrêt de la Cour de Toulouse, du 7 mars 1825, Jurisp. du 19° siècle, 1826 , 2. 65.

Tel est , par exemple, un jugement d'ordre ou de collocation entre des créanciers divisés d'intérêt et dont les titres sont différens, un jugement sur reddition d'un compte composé de divers articles formant chacun une question séparée. (Paroles du tribun Abbisson , dans son rapport sur le titre de la Requête civile). Tel est encore le jugement rendu sur des difficultés relatives à la consistance d'une succesion ; les juges décident d'abord que certains biens sont la propriété de l'un des héritiers , à la charge, néanmoins par lui de prêter serment, et ensuite qu'une somme répétée par celui-ci ne doit pas lui être allouée ; les deux dispositions se lient de telle sorte, que si le cohéritier prête le serment à lui déféré, sans aucune réserve, il acquiesce , par cela même , à la seconde disposition du jugement, et se rend dès-lors non-recevable à l'attaquer par l'appel. — Arrêt susdit ; Jurispr. du 19° s., 1806 , 2. 65.

(1) D'Argentré , sur la Cout. de Bretagne , art. 453 , Glos. 2. — Boniface, tom. 1er, liv. 7, tit. 6 , chap. 1er.

387. Après avoir ainsi examiné le caractère, les effets de la ratification en général, nous devons nous occuper des différentes espèces de ratifications, et des règles particulières à chacune d'elles.

SECTION II.

De la Ratification expresse.

La ratification expresse proprement dite, et la ratification par transaction n'ayant pas le même caractère, et étant régies l'une par l'art. 1338, et l'autre par l'art. 2054 du Code civil, nous avons cru utile de nous en occuper séparément, et nous avons divisé cette section en deux paragraphes.

§ 1er. *De la ratification expresse.*

388. La confirmation ou ratification expresse a lieu lorsqu'on renonce verbalement ou par écrit à se prévaloir d'une nullité. Elle se rapporte ainsi que nous l'avons dit *suprà*, n° 304, t. 2, aux nullités dans la forme et aux nullités au fond. Ainsi que nous l'avons dit encore, la renonciation aux nullités dans la forme se présume facilement ; et par cela même, les juges doivent être beaucoup moins rigoureux dans l'appréciation des actes, desquels on veut faire résulter cette renonciation. La raison et la loi étant les ennemies des moyens de forme, le juge qui ne doit être que leur organe, doit repousser tous les moyens de ce genre qui ne sont point justes et, par conséquent, ceux auxquels il est vraisemblable qu'on a voulu renoncer.

Quant à la ratification des obligations, le législateur a été moins facile : il a voulu qu'on y retrouvât certaines mentions dont l'effet serait de prouver que la partie à laquelle on voudrait opposer la ratification avait agi en connaissance, et dont l'omission produirait cet effet, que la ratification n'ajouterait rien à l'obligation même, et qu'elle laisserait subsister les vices,

les nullités dont cette obligation serait infectée. Arrêt de cass. du 26 déc. 1815, Dalloz, t. 19, p. 115 ; Sirey, 1816, p. 243.—En conséquence, suivant l'article 1338 du Code civil, l'acte confirmatif ou de ratification d'une obligation contre laquelle la loi admet l'action en nullité ou la rescision, n'est valable que lorsqu'on y trouve les mentions ci-après :

389. 1° *La substance de cette obligation*, c'est-à-dire, les dispositions qui la caractérisent ; par exemple, s'il s'agit d'une vente, l'acte confirmatif doit désigner la chose vendue, et en faire connaître le prix, la date de l'acte, etc., etc., afin qu'il ne soit pas possible de douter de l'obligation que les parties ont été dans l'intention de ratifier ; au reste, cette condition n'est assujettie à aucune solennité, il suffit que l'objet du législateur soit rempli d'une manière quelconque, et nous adoptons l'opinion des auteurs des Pandectes françaises, qui ont dit sur l'art. 1338 du Code civil, que si la ratification était écrite à la suite ou au dos de l'acte ratifié, il serait inutile d'y exprimer la substance de l'acte, puisqu'en ce cas il ne serait pas permis de douter de l'acte auquel elle s'appliquerait.

390. L'acte confirmatif doit contenir, 2° la mention du motif de l'action en nullité ou en rescision. C'est pour prévenir les surprises qu'une partie pourrait faire à l'autre, et pour éviter les erreurs qui pourraient résulter d'une ratification générale. — Il serait arrivé souvent qu'une partie en demandant une ratification en général et sous un prétexte frivole, aurait fait renoncer à une nullité inconnue, et cependant ayant une cause illicite et grave.

391. Si l'obligation renferme deux causes différentes de nullité ou de rescision, est-il toujours et nécessairement exigé qu'il soit fait mention des deux motifs ; et à défaut de la mention de l'un d'eux, l'obligation n'est-elle validée que par rapport à l'autre ?

L'affirmative paraît résulter de l'art. 1338, car si on exige la mention du motif de la nullité, c'est dire que la ratification ne vaudra renonciation qu'au moyen de nullité mentionné, et la présomption légale est que les parties ne connaissaient point l'autre motif.

C'est ainsi que le décidait la loi première, au Code *si major factus etc.* : voici l'espèce de cette loi :

L'immeuble d'un mineur a été vendu sans observer les formalités voulues par la loi, à peine de nullité : parvenu à sa majorité, le mineur a ratifié la vente; il meurt, laissant un fils qui s'apercevant qu'outre le vice de nullité qui avait été mentionné dans la ratification consentie par son père; il y avait lésion d'outre moitié dans le prix de la vente, a demandé la rescision pour cause de lésion. L'empereur Gordius décide qu'il le peut, s'il est constant que le père, en ratifiant la vente nulle, n'avait pas connu le vice de la lésion. (1)

Cette décision est trop raisonnable pour ne pas devoir être suivie aujourd'hui, en observant même qu'au lieu qu'il résulte de la loi Romaine que le demandeur en lésion devrait prouver que son père était tombé dans l'erreur, *inconsultò errore lapsum*, aujourd'hui le demandeur ne serait point tenu de faire cette preuve, par la raison que, n'ayant point mentionné dans l'acte confirmatif le motif pris de la rescision, la présomption légale qui résulte de l'art. 1338 du Code civil, est que s'il n'en a pas parlé, c'est parce qu'il n'en avait pas connaissance.

392. Nous pensons, néanmoins, que bien qu'il n'y ait de renonciation, et par conséquent de confirmation expresse, que sous le rapport de la nullité mentionnée dans l'acte confirmatif, la nullité résultant d'une autre cause peut aussi se trouver couverte par une des circonstances qui, suivant ce que nous dirons dans les deux sections ci-après, produisent une ratification tacite. Autre chose est la ratification expresse, autre chose est la ratification tacite; l'une et l'autre sont assujetties à des règles différentes, et rien n'empêche que les vices d'un même engagement puissent être couverts, l'un par la ratification expresse; l'autre par la ratification tacite. De sorte que celui qui a voulu se procurer la ratification expresse d'un engagement qui lui a été consenti, et qui n'a exigé que la renonciation à un ou à plusieurs des moyens de nullité, soit qu'il connût les autres moyens qui pouvaient se trouver dans son engagement, soit qu'il ne les connût pas, peut trouver dans les circonstances de l'acte qu'on lui fournit, une renonciation tacite aux moyens de nullité qui n'ont pas été formellement exprimés.

Par exemple, cédant aux violences qu'a exercées contre moi Mevius, je lui ai vendu ma maison de campagne de Saint-Martial, pour un prix tellement modique, que la lésion peut être facilement prouvée : devenu libre de mes actions, j'intente contre Mevius l'action en rescision pour cause de lésion dans la vente que je lui ai consentie. Sur l'instance, nous nous rapprochons, et par un motif quelconque, je déclare que je renonce à mon action en lésion et que je ratifie la vente. — Nul doute que suivant l'art. 1338 du Code civil, le moyen pris de la violence n'étant pas énoncé, ne se trouvera pas expressement couvert. Mais faut-il dire aussi qu'il ne l'est pas tacitement et que je puis en faire la base d'une nouvelle action ? Non, sans doute. Au moment où j'ai renoncé à la lésion, il ne m'était pas permis d'ignorer la violence dont j'avais été l'objet, je pouvais et devais m'en plaindre, au lieu de ratifier, d'une

---

(1) Cùm proponas curatorem patris tui non interpositi præsidis decreto prædium rusticum hæredi creditoris, seu tutori ejus destinasse venundare, eamque venditionem deceptam patrem tuum ratam habuisse, si minore prætio distractum est prædium, et inconsultò errore lapsum patrem tuum, perperàm veditioni consensum dedisse constiterit, non abs re erit, superfluum pretii, in compensationem deduci, etc,

manière quelconque, la vente qui en avait été la suite. Cette ratification prouve, sinon que la violence n'a pas eu lieu, au moins que j'ai entendu ne pas m'en faire un moyen de nullité; c'est une exécution volontaire de la vente; ce qui, à défaut de ratification expresse, me rend non-recevable dans mon action.

On peut même faire résulter de là, la règle générale, que lorsque l'obligation est viciée pour une cause quelconque, et que l'acte destiné à la prouver est entaché de nullité, la ratification expresse de l'obligation ou, en d'autres termes, la renonciation aux moyens du fond vaut de droit renonciation aux moyens de forme, car la convention étant prouvée par la ratification expresse, il n'est plus possible de se prévaloir d'une omission de forme, dont le seul objet était de rendre cette preuve certaine, n. 204.

Cette règle résulte 1° de ce que l'art. 1338 ne parle que des obligations et du vice dont elles sont infectées, et non des nullités dans la forme de l'acte; 2° des principes suivant lesquels, l'obligation étant prouvée, l'irrégularité de l'acte est inutile. *Suprà*, n. 7 et 8.

393. L'acte confirmatif doit enfin contenir 3° la preuve de l'intention où sont les parties de réparer le vice sur lequel l'action en nullité ou l'action en rescision sont fondées. Art. 1338 du Code civil.

Cette troisième condition est, en quelque sorte, l'ame de la ratification expresse; c'est elle qui assure l'existence de la convention, et qui, d'imparfaite qu'était celle-ci, la rend inattaquable; le moindre doute raisonnable sur l'intention des parties, rend l'acte confirmatif sans effet. (1).

394. La troisième condition que nous examinons diffère des deux premières, en ce que celles-ci n'ayant d'autre objet que de prouver que celui qui a ratifié a agi avec connaissance de cause, si cette preuve peut résulter d'autres écrits insuffisans, chacun par eux-mêmes, mais formant un corps de preuve en les réunissant à l'acte confirmatif, le but de la loi est rempli et cet acte ne peut être attaqué avec succès; au lieu que la troisième doit résulter clairement de l'acte confirmatif, et le juge ne peut la supposer. Toullier, en son Droit civil, tom. 8, n° 499. (Edit. Tarlier, tom. 4.)

395. Telles sont les conditions requises pour la validité de l'acte confirmatif ou ratification expresse. Peu importe, au surplus, quels que soient les termes et la forme employés par les parties; la loi ne veut connaître que leur intention et leur intention éclairée; les mots ne sont, à cet égard, rien pour elle; elle ne prescrit rien de sacramentel. Arrêt de la Cour de cassation, du 3 floréal an XIII.

396. Il est donc indifférent que l'acte confirmatif ait été passé par-devant notaire ou qu'il ait été fait sous signature privée; qu'il ait été fait dans la forme d'une simple déclaration ou que les parties l'aient soumis à la formalité du double original que l'art. 1325 du Code civil exige pour les actes synallagmatiques.

397. Peu importe également que la partie au profit de laquelle la ratification se fait, stipule dans l'acte confirmatif ou en accepte postérieurement l'effet; car, comme le disaient les anciens docteurs, la ratification dépend seulement de la volonté de celui qui ratifie (2).

On trouve le motif de cette décision

(1) C'est l'opinion de Dumoulin, sur la Coutume de Paris, tit. 1er des fiefs. § 8, glos. 3, *in verb*. Dénombrement, num. 87; il dit qu'une simple confirmation ne valide pas un acte qui; de soi-même, était nul, si elle n'a été faite à dessein de couvrir cette nullité. « *Quia*, dit-il, *hujus modi confirmatio nihil dat et nihil novi juris confert, nec invalidum validat, non enim fit ad finem disponendi sed solùm ad finem approbandi, confirmandi tale quale est et in quantum est verum et validum, si tale est, et non aliter.*»

(2) *Ratificatio fieri potest absente parte et absenti prodesse quia solùm dependet à volun-*

dans la loi 1re au Cod. *si major factus*, etc., le mineur qui ratifie le contrat, même en l'absence de la personne avec laquelle il a traité, ne fait que joindre un consentement que sa majorité rend obligatoire pour lui-même, au consentement donné précédemment par l'autre contractant ; en sorte que, dès ce moment, il existe un concours de deux volontés ; le dernier consentement ne forme pas un nouveau contrat, mais il se rapporte au contrat primitif, et le consolide irrévocablement. Merlin, en ses Quest. de droit, V° Mineur § 3. — Voir, d'ailleurs, un arrêt de la Cour de Riom, du 12 janvier 1827, Juripr. du 19e siècle, 1829, 2. 79.

398. Abusant de ce que la ratification expresse n'est point assujettie à une forme spéciale, quelques jurisconsultes ont pensé que cet acte, même imparfait, pourrait servir de commencement de preuve par écrit, à l'effet de prouver par témoins que la partie connaissait le vice de son engagement et qu'elle avait eu l'intention d'y renoncer. Cette opinion ne nous paraît pas fondée : il est bien vrai que le législateur n'a point assujetti l'acte confirmatif à des formalités essentielles, mais il l'a assujetti à des conditions qui tiennent à son essence même ; et sans l'accomplissement desquelles il *n'ajoute rien à l'engagement primitif*. Arrêt de la Cour de cassation, du 26 déc. 1815 ; Dalloz, t. 19, p. 105 ; Sirey, 1816, p. 143. Ces conditions sont telles, qu'elles doivent nécessairement être *contenues* dans l'acte confirmatif (1338) ou ressortir, d'une manière non équivoque, de son texte ou des circonstances qui l'ont environnée et dont la preuve est établie. S'il en est autrement, l'acte confirmatif est sans effet, et la preuve testimoniale ne doit point être autorisée. Ne serait-il pas ridicule, en effet, d'offrir de prou-

ver que la ratification a été expresse, lorsqu'il serait certain que l'intention de la partie ne ressortirait pas d'une manière certaine des expressions de l'acte : autoriser la preuve testimoniale, en ce cas, ce serait détruire l'économie de la loi et dispenser, en quelque sorte, de l'accomplissement de ses préceptes ; — Disons-le donc : il ne peut y avoir de confirmation expresse qu'autant que l'acte confirmatif n'est privé d'aucune des trois conditions prescrites par l'art. 1338.

Si quelquefois il arrive qu'un acte nul se trouve confirmé par un acte qui ne renferme cependant pas les conditions de la confirmation expresse, ce n'est pas que ce dernier acte soit une véritable ratification, mais seulement parce qu'il a été précédé ou accompagné de circonstances qui ont produit la ratification tacite, suivant les règles ci-après, et comme rien n'empêche, qu'à défaut de confirmation expresse, on ne recoure à la ratification tacite, l'engagement doit être maintenu.

Par exemple, l'exécution donnée à un acte confirmatif imparfait ne couvre pas son imperfection, elle ne lui ajoute rien, elle est viciée de la même manière que lui : *laborat eodem vitio*. — Mais cela n'empêche pas que si cette exécution volontaire de l'acte confirmatif s'étend aux effets du premier engagement, celui-ci ne se trouve ratifié, par l'effet de la ratification tacite résultant de l'exécution volontaire ; on n'a pas à s'occuper alors de l'acte confirmatif.

§ II. *De la Ratification expresse par transaction.*

399. La transaction a bien pour objet la ratification d'un acte nul, aussi pouvons-nous la considérer comme une espèce de ratification expresse ; mais comme elle est d'une nature toute autre que celle dont parle l'art. 1338 du Code civil, nous avons dû nous en occuper séparément.

400. La transaction est un contrat

tate ratificantis licet ratificans ipse obligetur. Mennocchius, lib. 2, præsumpt. 45, n 10.

par lequel les parties terminent une contestation née ou à naitre , art. 2044 du Code civil. C'est un contrat aléatoire, qui a pour objet de terminer ou de prévenir un procès *dont l'issue était douteuse*. Ces derniers mots caractérisent une des principales différences de la transaction avec l'acte confirmatif : celui-ci consiste dans la renonciation à une action en nullité ou en rescision dont l'objet étant exactement déterminé par la loi, ne saurait être douteux ; l'autre consiste dans l'abandon d'un droit incertain. Dans les transactions, il y a sacrifices et avantages réciproques ; dans l'acte confirmatif, il n'y a de sacrifice que de la part de celui qui ratifie. — Dans la transaction, les parties agissent dans leurs intérêts ou leur satisfaction respectifs ; dans l'acte confirmatif, au contraire, c'est principalement dans l'intérêt de celui contre lequel était donnée l'action en nullité ou en rescision, que l'acte intervient.

401. Il résulte de la différence de ces deux actes, que l'interprétation des clauses qu'ils renferment repose sur des bases différentes , la transaction doit être interprétée d'une manière bien plus large que la ratification expresse, et si celle-ci ne renferme , par exemple, de renonciation qu'aux moyens de nullité qui s'y trouvent mentionnés , la transaction peut anéantir les moyens de nullité qui ne se trouvent point exprimés dans ses termes. — Cette différence essentielle ayant été contestée, nous devons en justifier l'exactitude.

402. Suivant l'art. 2052 du Code civil, les transactions ne peuvent pas être attaquées pour cause d'erreur de droit. — Les dispositions de cet article portent une règle générale, dont la conséquence naturelle et incontestable est que la transaction sur un acte quelconque, et pour quel motif que ce soit, ne peut point être attaquée par le motif qu'on n'aurait pas mentionné la cause de la nullité sur laquelle on transigeait, si cette cause était de telle nature, que

les parties ne l'aient ignoré que par suite d'une erreur de droit.

Mais cette règle est-elle tellement absolue, qu'elle ne reçoive aucune exception ? n'est-elle pas , notamment, modifiée par l'art. 2054 du Code civil , qui dispose « qu'il y a lieu à rescision » contre une transaction , lorsqu'elle a » été faite en vertu d'un titre nul : à » moins que les parties *n'aient expressément traité sur la nullité ?* »

Ces deux articles paraissent inconciliables ; car, au lieu que le premier suppose que la transaction peut entraîner la renonciation à des nullités dont la cause ne s'y trouve pas expressément mentionnée, le second semble supposer, au contraire, que dans les transactions, comme dans l'acte confirmatif, il ne peut y avoir de ratification que par rapport à la nullité dont la cause se trouvait mentionnée dans la transaction ; c'était même dans ce sens que plusieurs jurisconsultes expliquaient la disposition de l'art. 2054 combinée avec l'art. 2052. — Mais l'importance de cette contradiction entre deux textes précis, a fait examiner avec soin leur but , leurs effets , et la manière de les concilier; et la jurisprudence a adopté les explications contenues dans un arrêt de cassation , du 25 mars 1807; Dalloz, t. 27, p. 239 ; Sirey, 1807 , 199. Voici l'espèce sur laquelle il a été rendu.

Le 15 janvier 1759, Jean-Jacques Rigot de Montjoux avait institué , par son testament, sa femme pour son héritière, à la charge de rendre l'hérédité à son fils aîné ; mais il n'avait pas fait d'institution particulière en faveur de ce fils aîné. — Le testament, sous ce rapport, était donc nul, pour vice de prétention. (Novelle 115.)

Cependant, on soutenait la validité du testament, en disant que le fils aîné était plus que fidéi-commissaire ; qu'il était réellement fiduciaire, c'est-à-dire, directement institué.

Dès-lors, la question se réduisait à savoir s'il y avait fiducie, ou fidéicommis.

Telle fut la contestation, dans son

origine, mais devant la Cour de cassation, il a été inutile d'examiner la question de fiducie, parce que dans la cause existait une circonstance de toute autre nature, *qui a produit un effet décisif*. — Il a été soutenu et jugé que le testament devait être exécuté, sinon comme valide, au moins comme ratifié.

La principale question a donc été une question de ratification ou d'effet d'une transaction.

Relativement à cette question, il faut savoir que les parties, discordantes d'abord sur la composition de l'hoirie, finirent par se rapprocher ; que le 28 fructidor an XII, il y eut entre les héritiers Montjoux un traité par lequel ils réglèrent la composition de la succession et leurs portions respectives, en reconnaissant la qualité et les droits de l'héritier institué.

Mais il est à observer qu'on ne traita point sur le vice de prétérition ou sur la nullité du testament, car on le supposait valide.

Lorsque les héritiers se furent aperçus du vice de prétérition, ils demandèrent la nullité du testament ; ils prétendirent ne l'avoir pas ratifié par le traité du 28 fructidor an XII.

Il est écrit dans la loi, disaient-ils, que les transactions se renferment dans leur objet, art. 2048 du Code civil ; qu'elles ne règlent que les différens qui s'y trouvent compris (art. 2049); qu'il y a lieu à l'action en rescision contre une transaction, lorsqu'elle a été faite en exécution d'un titre nul, à moins que les parties n'aient expressément traité sur la nullité. (art. 2054).

L'institué répondait qu'en principe général, il suffit d'avoir exécuté volontairement un testament, pour qu'il ne soit plus permis de le quereller; il citait l'art. 1340 du Code civil.

Comment concilier cette antinomie apparente ? Par arrêt du 29 août, la Cour de Grenoble décida que l'art. 2054 était seulement applicable aux actes onéreux, et que l'art. 1340 s'appliquait aux donations et aux testamens ; d'où la conséquence que, dans l'espèce, on

n'était pas recevable à quereller le testament exécuté par acte du 28 fructidor an XII.

Pourvoi en cassation, pour fausse application de l'art. 1340 du Code civil, et contravention aux art. 2048, 2049 et 2054.

Le demandeur observait que la distinction établie par la Cour d'appel était destituée de tout fondement ; d'abord, parce qu'il était contre toutes les règles de décider qu'un acte gratuit était plus difficile à faire annuler qu'un acte onéreux; ensuite, parce que les dispositions des art. 2048, 2049 et 2054 sont générales et ne comportent aucune distinction ; finalement, parce que l'art. 1340 n'est lui-même que la répétition de l'art. 1338, lequel embrasse les actes onéreux comme les actes gratuits.

Il soutenait, d'ailleurs, que suivant le vœu de l'art. 2054, la transaction pouvait être rescindée lorsqu'elle avait été faite en exécution d'un titre nul, et que cet article faisait une exception à l'art. 2052.

M. Daniels, Subs. du P. G., a partagé l'opinion du demandeur sur les motifs de l'arrêt, relativement à la distinction établie entre les actes gratuits et les actes onéreux, mais il en a justifié le dispositif, en donnant à l'art. 2054 du Code civil un sens modifié par l'art. 2052 ; c'est-à-dire, qu'il a pensé que la transaction en exécution d'un titre nul n'était pas susceptible de rescision, si l'erreur avait été une erreur de droit ; — et il a pensé que l'erreur sur le vice qui infectait le testament était une erreur de droit.

Voici, au surplus, comment il s'exprime : « Lorsque je transige, et que » les clauses renfermées dans la tran- » saction emportent, par leur nature, » l'exécution du titre nul, il se peut » bien que je sois recevable à demander » la rescision de cette transaction; mais » ce serait une erreur bien grave que » de soutenir que cette demande est » fondée dans tous les cas possibles, à » moins que les parties n'aient expres- » sément traité sur la nullité.

» De deux choses l'une : ou la nul-
» lité du titre m'était connue à l'épo-
» que de la transaction, ou je l'ignorais
» absolument. Dans le premier cas , il
» est bien constant que la transaction
» emporte une renonciation tacite aux
» moyens de nullité que j'aurais pu
» proposer avant la transaction, qu'elle
» renferme une exécution libre et vo-
» lontaire de l'acte, et que cette exécu-
» tion doit avoir le même effet que lui
» attache l'art. 1338 du Code civil.

» Dans le second, et si à l'époque de
» la transaction j'ignorais la nullité du
» titre, je n'en ignorais pas au moins
» l'existence , puisque l'art. 2054 sup-
» pose une transaction faite en exécu-
» tion du titre. J'étais donc en erreur
» sur les effets que pouvait produire ce
» titre ; ce qui était une erreur de droit,
» qui ne doit pas empêcher l'effet de la
» transaction. — On ne peut soutenir
» qu'aux termes de l'article précité , il
» ne soit permis, sous prétexte de nul-
» lité du titre, d'attaquer la transaction
» que j'ai conclue la veille. L'art. 2054
» doit être pris dans un sens dans le-
» quel il s'accorde avec l'art. 2052 ; or,
» cet article déclare que les transac-
» tions ne peuvent être attaquées pour
» cause d'erreur de droit : l'art. 2054
» suppose , par conséquent , que celui
» qui demande la rescision d'une tran-
» saction a ignoré la nullité du titre par
» une erreur de fait ; c'est alors que sa
» demande est fondée , à moins qu'il
» n'ait expressément transigé sur la
» nullité.

» Tel est le véritable sens de l'art.
» 2054 : il y a lieu à l'action en rescision
» contre une transaction , lorsque par
» suite d'une erreur de fait , elle a été
» conclue en exécution d'un titre nul.
» C'est ainsi qu'il doit être expliqué :
» pris dans un autre sens , il serait
» en opposition avec l'art. 2052 ; il
» établirait une jurisprudence qu'il se-
» rait difficile de concilier avec les no-
» tions les plus élémentaires ; il renver-
» serait tous les principes.

» C'est aussi dans ce sens seulement
» que le droit Romain admet la de-

» mande en rescision d'une transaction
» faite en exécution d'un titre nul ; il
» faut que les parties aient ignoré la
» nullité du titre par une erreur de fait,
» et que les parties n'aient point tran-
» sigé sur la nullité.

» Ainsi , par exemple , lorsque l'hé-
» ritier *ab intestat* transige sur la suc-
» cession avec l'héritier testamentaire,
» et qu'il ignore que, par un acte pos-
» térieur , le testateur a révoqué son
» testament, ou lorsque l'héritier d'un
» débiteur transige sur le montant de
» sa dette avec l'héritier du créancier,
» et qu'il ignore que le défunt lui a fait
» remise de la dette , il y a nullité ou
» révocation du titre en exécution du-
» quel on transige ; l'héritier ignore
» cette nullité par une ignorance ou
» erreur de fait , la transaction n'a
» été qu'une suite de l'ignorance de
» cette vérité ; il y a donc lieu d'ap-
» pliquer le principe établi par l'art.
» 2054, par le même motif sur lequel
» est fondée la loi pénult. au Cod. *de
» transact.* et telle est aussi la doc-
» trine de Domat, liv. 12, tit. 13, sect.
» 2. Dans notre espèce, les demandeurs
» étaient bien instruits de l'existence
» et de la teneur du testament de leur
» père, et si la prétendue nullité de cet
» acte leur était inconnue au moment
» de la transaction, leur erreur n'était
» qu'une erreur de droit ; néanmoins,
» ils ont transigé en exécution de ce
» testament , ils en ont , par consé-
» quent , ratifié les dispositions ; la
» Cour d'appel a donc fait une juste
» application des principes , en les
» déclarant non-recevables dans la de-
» mande par laquelle ils attaquaient la
» validité de ce testament.

» Dira-t-on que toute erreur déter-
» minante suffit pour faire annuler une
» transaction, n'importe quel soit l'ob-
» jet par rapport auquel on était dans
» l'erreur, et qu'on peut demander la
» rescision d'une transaction , non seu-
» lement lorsque , par une erreur de
» fait, elle a eu lieu en exécution d'un
» titre nul, mais encore toutes les fois
» qu'il y a eu erreur déterminante. —

» Je pense qu'il serait difficile d'établir » un pareil système.

» La règle générale est que ni l'er-» reur de fait, ni l'erreur de droit ne » font obstacle à la validité de la tran-» saction. *Quod transactionis nomine* » *datur, licet res nulla media fuerit,* » *non repetitur*, dit la loi 95 , § 1 , ff. *de* » *condict, indebit;* tel est aussi le sens » de la loi 2 au Cod. *de transact.;* c'est » par le même principe qu'on doit ex-» pliquer la loi 19 au Code *de transact.* » *Sub prætextu instrumenti post reperti* » *transactionem bonâ fide finitam res-* » *cindi, jura non patiuntur.*

» Et la raison en est bien simple ; » lorsqu'on transige au lieu d'attendre » la décision des tribunaux, on s'expose » volontairement à toutes ces sortes » d'erreurs.

» Cependant, lorsque les parties sont » en erreur par rapport à la validité du » titre en exécution duquel elles pas-» sent la transaction , il y a lieu à une » distinction : Si c'est une erreur de » fait , la transaction est nulle , si c'est » une erreur de droit, il est bien con-» stant qu'elle ne peut être un motif » suffisant pour faire annuler la tran-» saction. Ainsi , dans l'espèce de la loi » 2, au code de transaction, il y avait » erreur de droit, relativement à la » successibilité de l'une des parties , et » cependant la transaction a été décla-» rée valide; mais je pense que les art. » 2052 et 2054 du Code civil doivent » être expliqués d'après ces principes. »Conclusions au rejet du pourvoi, etc.»

La Cour : attendu, qu'aux termes de l'art. 2052 du Code civil , les transac-tions ont , entre les parties, l'autorité de la chose jugée en dernier ressort, et qu'elles ne peuvent être attaquées pour cause d'erreur de droit ou pour cause de lésion ; que l'erreur, qui, suivant le demandeur en cassation, vicierait les transactions passées entr'eux et Claude-Esprit-Rigot de Montjoux, le 28 fruc-tidor an XII, serait une erreur de droit; que par conséquent, ils étaient non-recevables et mal fondés à en demander la nullité ; qu'en rejetant cette deman-

de , et en jugeant en conformité de l'article précité , l'arrêt attaqué a fait une juste application du Code civil ; et que ce motif suffisait pour le justifier , rejette, etc.

403. Il suit de là , que si l'erreur de fait comme l'erreur de droit est une cause de nullité dans les conventions ordinaires, comme nous l'avons prou-vé *suprà*, n. 196 , t. 1er, il n'en est pas de même dans les transactions : l'erreur de fait, seule, est une cause de res-cision ; l'erreur de droit n'est point un obstacle à leur validité.

404. Lorsque les parties ont transigé généralement sur toutes les affaires qu'elles pouvaient avoir ensemble, les nullités se trouvent couvertes, bien que non indiquées dans la transaction, à moins toutefois, que ces nullités se trouvassent dans des titres postérieure-ment découverts et retenus par le fait de l'une des parties , art. 2057 du Code civil , leg. 19 et 29 au Cod. de transact.

SECTION III.

De la ratification tacite.

405. La ratification tacite résulte de faits ou actes qui supposent néces-sairement, de la part de celui dont ils émanent, l'intention de renoncer aux moyens qu'il a pour faire annuler son engagement , et qui lui font attribuer le désir bien manifeste d'exécuter , dans tout son contenu, ce même en-gagement.

406. Les faits et actes qui peuvent ca-ractériser la ratification tacite d'un acte ou d'une convention, peuvent varier à l'infini ; il n'est pas possible d'en dé-terminer, d'une manière exacte, la nature et les conditions dans toutes les hypothèses ; ce que nous pouvons toutefois assurer, c'est que la ratifi-cation tacite d'un acte ou d'une con-vention qui se reproduit le plus sou-vent dans l'usage , est celle qui résulte de l'exécution volontaire donnée à l'acte annulable ; nous allons nous en occuper dans un paragraphe particu-

lier ; nous nous occuperons dans un second paragraphe de déterminer quelques autres causes de ratification tacite.

§ I⁰ʳ. *De la Ratification tacite qui résulte de l'exécution donnée volontairement à l'acte ou à la convention annulables.*

407. A défaut d'acte de confirmation ou de ratification expresse, il suffit que l'obligation ait été exécutée volontairement après l'époque à laquelle elle pouvait être valablement confirmée ou ratifiée. Art. 1338 du Code civil.

408. Une pareille exécution est aussi concluante que la ratification expresse : *tacitum quod facto demonstratur, quidem dicitur esse tacitum quia verbis non est expressum sed expressum dicitur quià facto magis quàm verbis voluntas declaratur.* Celui, en effet, qui exécute volontairement une convention qui l'obligeait à faire ou à délivrer une chose, ne peut manifester d'une manière plus certaine l'intention de faire ce à quoi il est obligé. Les écrits peuvent être infidèles, les paroles peuvent être trompeuses ; mais les actes d'exécution ne le sont point, car il est impossible de supposer que celui qui exécute volontairement l'obligation qu'il a souscrite, ne veuille point s'y soumettre.

409. Il a été prétendu qu'avant le Code civil, la simple exécution d'un titre nul n'emportait point ratification tacite et n'empêchait pas d'intenter ultérieurement une action en nullité ou en rescision (Biret , en son Traité des nullités, tom. 1ᵉʳ pag. 357, etc. ; arrêt qu'il cite, rendu par la Cour de Turin, le 26 mai 1826). Cette assertion est erronée : il est bien vrai que la jurisprudence antérieure au Code civil ne renfermait pas de texte de loi aussi général et aussi précis que l'art. 1338 du Code civil, mais on connaissait une infinité de décisions qui admettaient l'exécution volontaire comme un moyen de

ratification d'un engagement ou titre annulable. — Voir dans le Répert. de jurisprudence, Vᵒ Acte sous seing-privé, § 2, pag. 93 2ᵐᵉ colonne. — Notamment :

1° On tenait pour certain qu'un mineur, devenu majeur, qui payait une dette dont il aurait pu se faire relever. ratifiait cette dette. Mornac, *ad Leg.* 1ʳᵉ *ff. si major factus, in fine.* —Domat , liv. 2, tit. 7.

2° Que lorsqu'un legs avait été irrégulièrement fait, il devenait inattaquable, si l'héritier payait le légataire après avoir pris connaissance du testament.

3° Que l'exécution volontaire d'un titre nul produisait le même effet que la prescription à l'effet de confirmer ce titre. *Tantum enim*, disait Faber , au C. definit. 7 pag. 291, *operatur observatio sola quantum accedens prescriptio operari posset ad contractum confirmandum.*

410. La ratification tacite résultant de l'exécution volontaire est , comme la ratification expresse , l'abandon qu'une partie fait de son droit ; elle ne produit donc son effet qu'autant qu'elle suppose, chez cette partie, l'intention libre et éclairée de renoncer aux imperfections dont elle pourrait se prévaloir. *Omnia quæ animi destinatione agenda sunt, non nisi verâ et certâ scientiâ perfici possunt.* — De là, plusieurs conséquences que nous allons examiner.

411. *Premièrement*, l'exécution ne peut produire l'effet de couvrir l'irrégularité d'un titre, qu'autant que celui qui a exécuté connaissait ou était censé connaître cette irrégularité. — C'est la conséquence de l'art. 1338 du Code civil, qui exige que l'exécution soit *volontaire.* Or, peut-on dire qu'il y a exécution volontaire d'une convention, lorsqu'on ignore le vice dont elle est infectée ? N'est-il pas plus exact de penser que celui qui exécute un acte qu'il croit inattaquable , obéit moins à sa volonté qu'à la volonté de la loi à laquelle il se croit soumis ? C'est ainsi que

la Cour de cassation l'a reconnu, par son arrêt du 11 déc. 1827. Jurisp. du 19° s. 1827. 1. 166.

Cette proposition résulte encore de l'art. 1338, qui dispose que l'exécution n'a d'effet qu'autant qu'elle a lieu après l'époque à laquelle l'obligation pouvait être confirmée ou ratifiée. Or, cette époque ne peut être arrivée que lorsque la partie en faveur delaquelle la nullité a été portée par la loi, en a connu la cause. Jusque-là, elle ne peut faire la mention expresse de la nullité qu'elle ignore ; donc jusque-là aussi, elle ne peut point faire valablement la confirmation expresse de son obligation, puisque cette confirmation n'est valablement faite que lorsqu'elle contient la mention ci-dessus. — On peut voir un arrêt de cassation, du 27 août 1812, rapporté dans le Rép. de jurisprudence, V° Ratification, n° 9. — Arrêt de la même Cour, en date du 9 nov. 1814 ; Dalloz, t. 21, p. 184 ; Merlin. Rép., V° Testament, sect. 2, § 5. — Voir, en outre, ce que dit M. Merlin en son Répertoire, V° Transaction, § 5. n° 4 bis. Arrêt de cassation, du 5 déc. 1826 ; Jurispr. du 19° siècle, 1827, 1, 70.

412. M. Delvincourt, dans son Commentaire sur le Code civil, p. 6, conteste l'exactitude de la proposition que nous venons de justifier ; il pense que la seule exécution vaut ratification, sans qu'il soit nécesaire ni même permis aux tribunaux d'admettre aucune preuve. « On veut, dit-il, que celui qui ratifie expressément connaisse le moyen de rescision qui pouvait être employé. *Secùs*, quand il exécute ; 1° simple fait de l'exécution suffit : la raison de différence est que l'exécution coûte toujours quelque chose à celui qui exécute ; il est obligé pour cela de diminuer son patrimoine : on présume, en conséquence, qu'il ne s'y porte qu'en connaissance de cause ; mais une simple ratification ne coûte rien pour le moment, on peut penser qu'il l'a faite avec beaucoup de légèreté » — M. Delvincourt se trompe : il raisonne comme si l'art. 1338 disait qu'à défaut de ratification expresse,

l'exécution de l'acte suffit. Il n'a aucun égard au mot *volontaire*, et cependant c'est cette expression qui détermine le caractère de l'exécution. Au lieu que M. Delvincourt ne voit dans l'exécution qu'un fait matériel, produisant son effet indépendamment de la volonté de celui qui en est l'auteur, l'art. 1338 et la raison, avant lui, n'y voient qu'un acte de volonté, une manifestation d'intention tellement peu douteuse, qu'elle doit remplacer une déclaration expresse, un acte formel. A défaut de cette volonté, le fait matériel n'est rien ; il ne peut tirer à conséquence, il n'est point *volontaire*, tout au moins, il est le résultat d'une erreur. Arrêt du 11 déc. 1827; Jurispr. du 19° siècle, 1827, I. 166.

413. Mais en quel cas l'exécution sera-t-elle censée avoir été faite en connaissance de cause ? Sera-ce la partie à laquelle on suppose les faits d'exécution, qui devra prouver son erreur, sera-ce au contraire à l'autre partie à prouver que l'exécution a été faite volontairement, c'est-à-dire avec connaissance du moyen de nullité ?

Cette question est difficile ; elle a divisé deux jurisconsultes du plus grand mérite.

M. Merlin, en son Répertoire de jurisprudence, V° Testament, section 2, § 5, pense que celui qui veut opposer l'exception prise de l'exécution volontaire, doit fournir la preuve que celui qui a exécuté connaissait le vice de l'acte ou de l'obligation ; *autrement*, dit-il, *et à défaut de cette preuve, elle est censée ne l'exécuter que parce qu'elle en ignore le vice.*

M. Toullier, au contraire, en son Droit civil, t. 8, n° 519, pense que l'opinion de M. Merlin est inconciliable avec les dispositions de l'art. 1338, qui porte *qu'à défaut d'acte de confirmation ou de ratification, il suffit que l'obligation soit exécutée volontairement.* Or, dit cet auteur, si l'exécution volontaire suffit, celui au profit de qui le contrat est ratifié par l'exécution, n'a donc à prouver autre chose ; il n'est pas tenu de prouver que le ratifiant connaissait le vice du contrat quand il l'a volontairement exécuté, c'est au contraire à ce dernier, à prouver qu'il ne le connaissait pas, s'il croit pouvoir le faire.

Aucune de ces deux opinions ne nous paraît fondée, elles sont beaucoup trop absolues, et leur admission dans la pratique produirait, le plus souvent, des conséquences injustes et contraires aux vues des législateurs. Comment est il possible d'admettre, soit pour, soit contre celui qui exécute un acte nul, une présomption générale qui domine toutes les hypothèses, qui s'applique aux nullités apparentes comme aux nullités cachées — Nous le déclarons, ces deux opinions sont inadmissibles et contraires à la loi; nous allons le prouver.

414. Nous avons établi que la ratification expresse et la ratification tacite ne pouvaient jamais avoir lieu que par la volonté libre et éclairée de celui qui ratifiait; nous en avons tiré la conséquence que l'exécution volontaire ne remplaçait la ratification expresse qu'autant que, comme celle-ci, elle avait lieu en connaissance de cause. Nous avons dit qu'entendre autrement la disposition de la loi serait absurde et contraire à tous les principes, notamment à cette règle de droit et de raison, qu'on n'est jamais censé renoncer à un droit qu'on ne sait pas avoir.

D'un autre côté, l'exécution d'un acte ou d'une obligation, ne constitue en elle-même qu'un fait sans expression et sans importance, si on n'y rattache une intention de la part de celui qui exécute; l'exécution peut, en effet, intervenir dans une infinité de circonstances, et par des motifs tous différens. Notamment on peut exécuter un acte ou parce qu'on veut réellement en couvrir les vices, ou parce qu'on le croit régulier et parfaitement en règle.

Or, comme dans toutes les circonstances possibles, ces deux causes d'exécution peuvent se rencontrer, il est certain que le fait d'exécution en lui-même n'est rien, il ne prouve rien; il

n'est, en quelque sorte, caractérisé que par la nature de la nullité, par son plus ou moins d'apparence, par la gravité ou le peu d'importance de la cause qui l'a produite, et par les circonstances dans lesquelles s'est trouvée la partie à laquelle on oppose les faits d'exécution. Il sera bien rare que ces circonstances et la nature de la nullité ne fassent pas dominer la cause qui a dû déterminer les actes d'exécution; il sera bien rare que les juges n'y retrouvent pas une preuve, ou tout au moins une présomption suffisante que la partie qui a consenti ces actes, voulait renoncer au droit qu'elle avait de proposer la nullité, ou bien qu'elle n'agissait que dans l'ignorance où elle était de son droit, c'est-à-dire dans l'ignorance de la cause de cette même nullité.

Lors donc qu'il s'agira de déterminer l'effet de l'exécution d'un acte ou d'une convention annulables, on devra, avant tout, distinguer si le vice de cet acte ou de cette obligation était apparent ou de nature à ne pouvoir être ignoré de la partie contre laquelle on veut se prévaloir des faits d'exécution, ou bien si ce vice était caché et de nature à pouvoir être ignoré de cette même partie.

415. Si le vice était *apparent*, il y a présomption légale que la partie qui a exécuté l'acte, connaissait les moyens qu'elle avait de le faire annuler; car, comme chacun est censé connaître le droit, personne ne peut prétendre avoir ignoré l'imperfection apparente, et en quelque sorte matérielle, d'un acte qu'il avait dans les mains, où qu'il était censé y avoir, par la facilité qu'il avait de se le procurer. En pareil cas, il est à présumer que l'exécution a été volontaire, c'est-à-dire qu'elle a été faite dans l'intention de couvrir la nullité, et nous pensons même que celui qui a exécuté ne devrait pas être admis à prouver qu'il ignorait que l'omission renfermée dans l'acte fût une cause de nullité. C'est la conséquence de l'art. 1352 du Code civil, suivant lequel aucune

preuve n'est admise contre une présomption légale. — Il devrait en être tout autrement si celui qui a exécuté l'acte nul pouvait prouver qu'il n'a ignoré la nullité, et qu'il n'a fait des actes d'exécution que par suite d'une erreur de fait, que, par exemple, l'acte nul n'avait pas pu être sous ses yeux. Mornac, sur la loi 1re *Cod.*, *si major fact. ratum habuerit.*

416. Si la nullité était cachée, rien ne prouve que l'exécution ait été volontaire, qu'elle ait eu lieu dans le but de ratifier l'acte ou la convention nuls. Le caractère de la nullité, et cette présomption de la loi, que personne ne doit être présumé avoir voulu renoncer au droit établi en sa faveur, doivent porter à penser que l'exécution n'a pas été volontaire, qu'elle n'est intervenue que dans la croyance où étaient les parties que l'acte était inattaquable ; c'est là une présomption qui résulte de la nature des choses, et qui ne peut être combattue que par la preuve du contraire. Naturellement, cette preuve est à la charge de celui qui veut se prévaloir de l'exécution ; il est demandeur, il allégue une exécution volontaire, il doit prouver non pas seulement le fait matériel de cette exécution, mais encore l'intention qui l'a déterminée ; il peut prouver par des présomptions.

417. Cette distinction nous paraît conforme aux principes ; elle concilie l'opinion de MM. Merlin et Toullier, et la jurisprudence l'a, de tout temps, consacrée ; nous allons le prouver par l'examen des deux règles ci-après qui n'en sont que le développement.

418. *Première Règle.* Si la nullité est apparente, l'exécution est toujours volontaire, et entraîne nécessairement la ratification, sans qu'il soit permis à ce-

lui qui a exécuté de prouver qu'il ne connaissait pas la nullité de l'acte, lorsqu'il l'a exécuté.

419. La loi 10 *de reb. eor. qui sub tut.*, prévoit le cas où un immeuble, appartenant à un pupille ou à un mineur, a été vendu sans les formalités voulues pour de pareilles aliénations ; le pupille ou le mineur parvenu à sa majorité, a exercé contre son tuteur ou curateur l'action en reddition du compte tutélaire. Par le résultat du compte, le prix du bien vendu a été payé au pupille ou mineur par son tuteur ou curateur : cela fait, le pupille ou le mineur se propose d'attaquer l'acquéreur : le pourra-t-il? Non, dit la loi, toute action lui est interdite. *Illicitè per senatûs-consultum pupilli vel adolescentis prædio venundato, si eo nomine apud judicem tutelæ, vel utilis actionis, estimatio facta est, ea que soluta : vendicatio prædii ex æquitate inhibetur.*

Le jurisconsulte Romain ne résout pas la question en point de droit, il semble n'éloigner le mineur que par des motifs d'équité, *ex æquitate inhibetur.* Cependant le véritable motif de refus est que le mineur, en recevant le prix de la vente de ses biens, a nécessairement connu la nullité de cette vente, puisqu'elle était apparente et qu'il a voulu la ratifier. C'est ce que l'on trouve dans le savant commentaire de Voet, liv. 27, tit. 9, n. 14 (1).

Voici l'espèce d'un arrêt de cass. du 5 fév. 1829.

Testament de Perrin, portant don préciputaire du tiers des biens du testateur au profit de la dame Bornier, l'une de ses filles. — Signification de ce testament à la dame Faure, autre fille de Perrin, qui déjà en avait elle-même levé une expédition ; — action en partage par la dame Faure. Plusieurs difficultés s'élèvent entre les parties : toute-

---

(1) Sed non silentio, dit-il, prætermittendum alienationes illas,quæ, initio inspecto,ipso jure nullæ erant tanquàm contrà senatûs-consultum factæ, subindè ex post facto confirmari posse, præsertìm si minor jàm major factus alienationem ratam habuerit ; sivé expressè, sive tacitè, dùm adversùs tutorem aut curatorem, instituit ad æstimationem seu præ tium quod illicitè distractum est.

Voir arrêt de la Cour de cassation, du 4 germinal an IX, rapporté dans le recueil des Questions de Merlin, Vo Mineur, § 3, —Arfois, la validité du testament de Perrin n'est pas encore mise en doute. — Sur ces difficultés, jugement. — Appel. — Arrêt confirmatif. — Les parties reviennent devant les premiers juges, et là, la dame Faure et son mari demandent la nullité du testament de Perrin, sur le le motif 1° que parmi les témoins de ce testament, figurait un sieur Guillot, qui était clerc du notaire instrumentaire, à l'époque même du testament; 2° que ce même Guillot s'était signé sur le testament, non du nom de Guillot, mais bien du nom de Buissières. — La dame Bornier répond que les sieur et dame Faure ont consenti à l'exécution du testament, et que, par suite, ils sont non-recevables à le quereller de nullité : que d'ailleurs, les vices reprochés à ce testament sont ou sans fondement ou sans importance.

Jugement qui déclare les sieur et dame Faure non-recevables dans leur demande en nullité, attendu qu'ils ont déjà consenti à l'exécution du testament, *après l'avoir bien connu antérieurement*, et d'ailleurs, au fond, rejette les moyens de nullité. — Appel. — 7 avril 1827, arrêt confirmatif de la Cour de Grenoble, tant sur la fin de non-recevoir que sur le texte.

Pourvoi en cassation, par les sieur et dame Faure, pour violation de l'art. 1338 et fausse application de l'art. 1340 du Code civil, sur le caractère et les effets de la ratification des actes nuls ou de la renonciation à opposer la nullité de ces actes, en ce que l'arrêt attaqué a déclaré les demandeurs non-recevables dans les conclusions en nullité du testament de Perrin, sous prétexte qu'ils auraient consenti à l'exécution du testament.

Arrêt; attendu, en droit, que l'exécution d'un testament, *antérieurement bien connu* en la forme et au fond, s'oppose à ce que ceux qui l'ont exécuté puissent en contester, ensuite, la validité;

Et attendu qu'il a été constaté en fait que, postérieurement à la connaissance parfaite, en la forme et au fond, du testament dont il s'agit au procès, les époux Faure, par une suite uniforme et bien suivie d'actes judiciaires, l'ont volontairement exécuté, et que ce n'est qu'après cette exécution volontaire, qu'ils ont excipé de la nullité de ce testament; — que, dans ces circonstances, en les déclarant non-recevables dans cette exception, l'arrêt attaqué n'a violé aucune loi, etc.; Rejette, etc., etc.

420. *Deuxième Règle.* Si la cause de nullité est occulte, l'exécution donnée à l'acte est présumée n'être intervenue que dans l'idée où l'on était que l'acte était régulier. Cette exécution ne vaut donc pas renonciation à la nullité, à moins que la partie qui veut se prévaloir de l'exécution ne prouve que celui qui a exécuté connaissait le vice de l'obligation.

Cette règle se justifie par les anciens et les nouveaux textes de loi, notamment par la loi 1re au Cod, *si major factus*, etc.; (1)

Ricard, en son Traité des donations et testamens, adopte la distinction que nous avons faite; il cite même à l'appui plusieurs autorités.

Le Code civil ne contient aucune disposition qui contrarie les anciens principes sur ce point; dès-lors, nous devons croire qu'il les a adoptés; c'est du reste, ce que la Cour de cassation sem-

rêt de la Cour de Colmar, du 29 mai 1823, Dalloz, t. 20. p. 11; Sirey, 1823 part. 2, p. 451. — Jurispr. du 19e siecle 1829. 1. 198.

(1) Elle est ainsi conçue : « Cum proponas curatorem patris non interposito præsidis decreto prædium rusticum hæredi creditoris seu tutoris ejus destinasse venundare, eamque conditionem deceptum patrem tuum ratam habuisse, si minore prætio distractum est prædium et incunsultò errore lapsum patrem tuum perperàm venditioni consensum dedisse constiterit abs re erit superfluum prætii in compensationem deduci, quod præsidis provisione fieri convenit cujus solerstiæ congruum est. si diversa pars bonam fidem non amplectatur, in arbitrio ejus ponerc an velit possessionem cum fructibus restituere, itâ ut funœbris pecunia cum competentibus usuris, restituatur,

ble avoir voulu consacrer implicitement. Par arrêt du 13 mars 1816, Sirey, 1816, p. 425, elle a jugé que l'incapacité du testateur, telle que celle d'un fils de famille, qui d'après le droit romain ne pouvait tester, était réputé une *nullité patente* ; de telle sorte, que l'exécution donnée à un tel testament par le père, en couvrait la nullité, et par ce motif, elle a rejeté le pourvoi contre un arrêt de la cour royale de Besançon, dont il est bon de reproduire la teneur.

Considérant, porte cet arrêt, que suivant les lois romaines, sainement entendues, l'héritier légitime qui a exécuté un testament nul, en recevant un legs qui y est porté en sa faveur, n'est plus recevable à en opposer la nullité; que telle est l'opinion des auteurs les plus accrédités, notamment de Cujas ; qui si quelques lois paraissent dire que l'on peut alléguer la nullité d'un testament après l'avoir exécuté, *elles ne parlent que d'une nullité de fait et cachée, qui était ignorée de l'héritier légitime au moment de l'exécution.* Elles n'ont aucun rapport aux nullités de droit, qui ne sont jamais cachées, puisque personne ne peut prétexter l'ignorance de la loi; que d'ailleurs, l'erreur de droit nuit toujours quand il s'agit de gagner, et que c'est gagner qu'acquérir une succession dont on est exclu par un testament qui produit son effet tant que la nullité n'en est pas prononcée; que le consentement donné à l'exécution peut toujours être causé par la connaissance de la volonté du défunt, et l'intention de s'y conformer; que cette connaissance et ce consentement produisent une obligation naturelle, contre l'exécution de laquelle on ne peut jamais se faire un prétexte d'erreur de droit; qu'au surplus, quand l'opposition apparente de quelques lois romaines sur cette question pourrait la faire considérer comme douteuse sous la législation ancienne, ce doute serait levé par les articles 1338 et 1340 du Code civil; que ce Code peut être appliqué à la cause sans lui donner un effet rétroactif, parce que dans les ques-

tions incertaines sur la législation ancienne, la jurisprudence nouvelle est considérée comme interprétant le véritable sens dans lequel la loi ancienne doit être entendue, et que les lois interprétatives sont applicables à toutes les causes régies par les lois interprétées ; que suivant ces articles, l'exécution volontaire d'une donation emporte la renonciation à opposer soit les vices de forme, soit toute autre exception, etc., etc., etc.

Concluons donc de ce dessus, que si la nullité était patente, l'exécution volontaire produirait la ratification de l'acte nul par l'effet de la présomption de la loi qui veut qu'on ne puisse pas se prévaloir d'une ignorance de droit ; et que celui à qui on oppose l'exécution ne peut pas être admis à prouver qu'il l'ignorait (article 1352 du Code civil); à moins qu'il ne pût établir qu'il a exécuté par suite d'une erreur de fait.

Et qu'au contraire, si la nullité était cachée, la présomption de fait étant, que celui qui a exécuté l'acte a ignoré son imperfection, c'est à l'autre partie à prouver que l'exécution a eu lieu en connaissance de cause.

421. 2ᵉ *Conséquence.* — L'exécution volontaire doit reposer sur des faits non équivoques : dans le doute, l'acte n'est point ratifié, *eo quod absurdum esset ex facto colligere consensum in ea quæ necessariam cum eo facto non habent connexionem,* Voet, tit. pro socio.

Les faits d'exécution varient à l'infini ; le juge doit mettre tous ses soins à bien les distinguer, il doit toujours y retrouver le désir, de la part de la partie qui exécute, de donner à l'acte tout son effet; si le fait de l'exécution peut être expliqué par un tout autre motif plausible, il n'y a pas ratification, le fait est équivoque, et laisse dans toute sa force la présomption que personne ne doit être facilement présumé avoir voulu renoncer à un droit qui lui appartenait.

C'est ainsi qu'un mineur qui a accepté la succession de son père, et qui parvenu à sa majorité, a forcé au paiement quelques débiteurs de cette succession, n'en est pas moins recevable à se faire restituer contre son acceptation. Le jurisconsulte Ulpien le décide ainsi dans la loi 3 *ff. de minoribus* (1)

Qui ne sont en effet, que si dans une pareille circonstance, le mineur devenu majeur a pu faire un acte d'exécution dans le but de maintenir l'adition d'hérédité qu'il avait été appelé à recueillir, lorsqu'il était mineur, il a pu n'agir aussi, que dans l'intérêt de l'hérédité, soit pour éviter que les débiteurs devinssent insolvables, soit pour se servir des sommes payées, à l'effet d'acquitter, jusqu'à due concurrence, les dettes du défunt. Sa volonté n'est dont pas bien indiquée par le fait qu'on lui impute, on n'y retrouve pas nécessairement l'intention d'accepter la succession : le fait est équivoque, il peut n'être qu'un acte d'administration; il n'élève donc pas de fin de non-recevoir contre la demande en restitution. —Toullier, en son Droit civil, t. 8, (édit. Tarlier tom. 4) n° 507.

Seulement, en pareil cas, il serait prudent de suivre le conseil que donne Domat, en ses lois civiles part. 1, liv. 4, tit. 6, sect. 2. n° 23 : « l'héritier, dit-» il, en recevant ainsi un paiement, pour-» voierait mieux à réserver la restitu-» tion, en fesant une protestation par » quelque acte ».

422. Il en serait autrement, et il serait non-recevable dans son action en restitution, si parvenu à sa majorité, il avait disposé d'une partie de biens vendus, lors même qu'il se serait fait autoriser à les vendre comme étant d'une conservation difficile et dispendieuse. La simple demande en autorisation faite sans protestation ni réserve, est un acte

d'héritier ; arrêt de la Cour royale de Lyon, du 5 avril 1813, et arrêt de la cour de cassation, du 27 octobre 1814 ; Dalloz, t. 26, p. 449 ; Sirey, 15, 1re, 293.

423. Les actes d'exécution sont, en général, ceux que la partie pouvait se dispenser de faire, sans se préjudicier. Si le fait qu'on lui oppose avait été en quelque sorte commandé par les circonstances, ou par sa position, l'exécution ne serait pas volontaire et n'entraînerait pas la ratification ; comme si, par exemple, un mineur qui a accepté une succession, continue après sa majorité à en gérer les affaires, cela n'emporte pas la ratification de son acceptation ; car, détenant l'hérédité, il a dû en continuer l'administration jusqu'au moment où d'autres héritiers la recueilleraient. S'il avait abondonné la possession de l'hérédité, ou s'il en avait abandonné les actions et les droits, il pourrait en être responsable envers ceux qui auraient le droit de la recueillir à son défaut ; or, sa conduite peut s'expliquer par la crainte qu'il avait de se compromettre. (2)

424. Les actes d'exécution ne sont donc utiles qu'autant qu'ils constituent des faits nouveaux séparés et indépendans de l'acte annulable : ceux qui n'auraient point ce caractère, ne seraient pas suffisans pour manifester la volonté de celui qui en serait l'auteur ; dans tous les cas, ils ne prouveraient pas une volonté libre et dégagée des causes de nullité qui infectaient le premier acte ; ils devraient plutôt être considérés comme la conséquence nécessaire de cet acte, que comme intervenus dans l'objet de couvrir les nullités qu'on peut lui reprocher. (3)

---

(1) *Scio autem*, dit-il, *illud aliquando incidisse minor viginti quinque annis miscuerat se paternæ hereditati, majorque factus exegerat aliquid à debitoribus paternis : mox desiderabat restitui in integrum, quo magis abstineret paterná hæreditate; contradicebatur ei quasi major factus comprobasset quod minori sibi placuit; putavimus tamen restituendum integrum. inito inspectio.*

(2) *Arg.* de la loi, 3., § 2., *ff. de minorib.* — *Faber*, *Cod. lib.* 5, *tit.* 29 *definit.* 1re, en avait fait la règle : *Quia quod ex precedentis obligationis necessitate fieri opportuerat, neque novam obligationem parere, nec proindè restitutionis beneficium excludere potuerat.* — Voet. de minor, n. 44. — Arrêt de cassation ; Sirey, 1801, pag, 475.

(3) *Id enim fit in consequentiam et executionem prioris contractus potiùs quàm ad ejus confirmationem Faber., lib.* 5, *tit.* 39, *definit.* 1. et 3 au *Cod.*

425. Voilà pourquoi on a toujours distingué les actes qui, étant com·mencés en minorité, recevaient leur perfection en majorité, de ceux qui sont parfaits du moment qu'on les fait, bien que leur exécution doive se continuer long-temps. Au premier cas, l'acte n'étant pas parfait en minorité, si le mineur, devenu majeur, l'exécute, cette exécution est une véritable ratification tacite ; elle lui donne une perfection qui lui manquait ; elle contient une manifestation de volonté qu'on peut considérer comme nouvelle, comme utile et dégagée du vice qui laissait incertain le sort de l'acte fait en minorité. On en trouve un exemple dans le cas où, s'agissant d'un bail consenti en minorité pour être exécuté en majorité, le mineur, devenu majeur, en exécute les conditions, librement et en connaissance de cause ; cette exécution est une ratification des moins équivoques ; elle rend le mineur non-recevable dans l'action en rescision qu'il voudrait intenter plus tard.

426. Au second cas, au contraire, c'est-à-dire s'il s'agit d'un acte rendu parfait en minorité, bien que les effets aient été continués en majorité ; il peut ne pas y avoir de ratification, et la continuation pure et simple des effets de cet acte peut bien ne pas constituer toujours *ces faits nouveaux et non équivoques*, sans lesquels on ne peut concevoir d'exécution volontaire ni, par conséquent, de ratification. Par exemple, on suppose qu'un bail est consenti en minorité, et que le mineur en paie le montant, que ce bail n'expire qu'en majorité, et que le fermier, devenu majeur, continue de jouir de son bail ; cette continuation simple d'un acte parfait en minorité, n'est point un acte d'exécution volontaire, elle ne constitue qu'un fait équivoque et, par cela même, sans conséquence. Voir deux arrêts du Parlement de Paris, des 12 déc. 1206 et 4 mars 1603. — Il en serait autrement, et il y aurait un fait d'exécution, si le

mineur, devenu majeur, payait tout ou partie du prix du bail.

427. Et en général, on peut dire qu'un fait nouveau qui ne peut avoir d'autre objet que de donner à l'acte·nul son entier effet, c'est lorsque celui qui avait qualité et intérêt à se prévaloir d'une nullité, paie ; étant capable, une somme qu'il s'était obligé de payer par un engagement imparfait. (1). C'est donc très-mal-à-propos que Faber, au Code *loco citato*, prétend qu'un pareil paiement n'est qu'une conséquence de l'acte imparfait. Si une pareille opinion était admise, on aurait peine à concevoir quels seraient les actes qui caractériseraient l'exécution dont par·e l'art. 1338 du Code civil ; aussi a-t-elle été de tout temps repoussée. Voir Domat, sur les lois civiles, part. Ire liv. 4 tit. 6 sect. 2 n. 23.

428. Il en est de même, lorsque celui qui avait qualité pour demander la nullité de l'acte, perçoit une somme qui lui était promise par cet acte. Par exemple, la Cour de cassation a jugé, par arrêt du 4 thermidor an IX, Sirey, 1801, 473, qu'un mineur dont le bien a été illégalement vendu ne pouvait plus attaquer la vente, lorsque, parvenu à sa majorité, il en avait reçu le prix. En ce cas, c'est *propter vim taciti pacti ex acceptatione resultantis*. Voir l'arrêt du 10 janv. 1821 ; Dalloz, t. 27, p. 382, Sirey, 1822, p. 144.

429. Un autre fait nouveau qui doit entraîner la ratification d'un acte nul, comme étant un acte d'exécution volontaire non équivoque, c'est lorsque la partie qui était en droit de se prévaloir de la nullité, dont il a ou est censé avoir connaissance, d'après les règles ci-dessus, fait quelque aliénation qui le met dans le cas de ne pouvoir pas, en obtenant l'annulation ou la rescision de l'acte nul, remettre sa partie adverse en possession de tout ou de partie de ce que celle-ci lui avait délivré par

(1) Voir la loi 30 ff de minor. Leg. 12 ff. de evictionibus,

l’acte annulable ou rescindable. On se rappelle, en effet, ce que nous avons dit, que la première conséquence des nullités était de remettre les parties au même état où elles se trouvaient avant de contracter (*suprà* n. 69, t. 2) : or, n’est-il pas raisonnable de penser que celui qui se met volontairement dans le cas de ne pouvoir pas réaliser la condition la plus naturelle de l’annulation de son engagement, ne veut pas que celui-ci soit nul ; n’est-il pas raisonnable de penser que celui-là veut que son engagement soit exécuté, qui en rend l’annulation impossible.

430. On en trouve un exemple dans l’art. 892 du Code civil, ainsi conçu : « Le cohéritier qui a aliéné son lot en » tout ou en partie, n’est plus recevable » à intenter l’action en rescision pour » dol ou violence, si l’aliénation qu’il » a faite est postérieure à la découverte » du dol ou à la cessation de la vio- » lence. »

Cette décision n’était point généralement admise avant le Code ; quelques auteurs pensaient que si un des cohéritiers avait aliéné un partie du lot qui lui était échu, il n’en était pas moins recevable à intenter l’action en nullité ou en rescision, si, dans un nouveau partage, il était possible de faire entrer dans le lot du vendeur la partie du patrimoine aliéné. Faber, defin. 10, tit. n. 9. — Aujourd’hui, l’art. 892 a dû être la conséquence des principes sur lesquels on a fait reposer l’exécution volontaire, et l’on a dû voir dans une pareille aliénation la ratification tacite de l’acte nul.

431. Bien que l’art. 892 paraisse ne s’appliquer qu’à la rescision résultant du dol et de la violence, la vérité est, cependant, qu’il a été dans l’intention du législateur d’en faire une règle générale, et de l’appliquer au cas de lésion, d’erreur, etc., etc. On peut voir les annotations de Rogron et de Chabot de l’Allier, sur l’art. 892 du Code civil, et l’arrêt de la Cour de Bourges, du 3 juillet 1822 ; Jurispr. du 19e siècle, 2, 405.

—Nous ne voyons pas de raison plausible qui ait pu autoriser la Cour de Bourges à rendre une décision contraire, le 25 avril 1826 ; Jurispr. du 19e siècle, 1827, 2. 41. — L’arrêt est ainsi conçu : « Considérant qu’à la vérité, l’aliénation faite par les héritiers des biens partagés, exclut l’action en rescision du partage pour cause de dol et de violence, si la vente en a été faite après la découverte du dol ou la cessation de la violence; mais qu’ici la rescision n’était pas demandée par ces motifs ; qu’elle l’est pour cause de lésion ; qu’aucune loi n’interdit cette poursuite après l’aliénation qu’un de ses cohéritiers a pu faire de sa part ; que la loi admet, en termes généraux, la demande en rescision contre les partages, et n’y a mis d’obstacle que dans une espèce, cas spécialement posé dans l’art. 892 du Code civil ; et que cette défense ne peut s’étendre du cas qu’elle exprime à celui dont elle ne parle pas. »

Cette décision est évidemment rendue contre les principes ; car, bien que l’art. 892 ne paraisse s’appliquer qu’à la rescision résultant du dol et de la violence, les mêmes motifs le rendent applicable à la rescision résultant de la lésion et de l’erreur, et ces motifs, nous les avons développés dans les numéros qui précèdent : c’est que le cohéritier qui a aliéné son lot ne peut pas n’avoir pas voulu renoncer à l’action en nullité ou en rescision qu’il avait contre le partage. Il ne peut y avoir d’équivoque à cet égard, et tous les doutes, s’il en existait, se trouvent résolus par l’art. 1338 du Code civil, qui s’exprime d’une manière générale, et qui doit faire considérer l’art. 892 plutôt comme un exemple d’acte d’exécution volontaire, et comme la consécration d’une règle qui devait être écrite plus tard de la manière la plus large et la plus générale. Arrêt de cassation, du 16 fév. 1830 ; Jurispr. du 19e siècle, 1830, p. 88.

On ne doit pas, d’ailleurs, perdre

de vue que la loi a abandonné à la sagesse des tribunaux l'appréciation des faits d'exécution ; quelles que soient , à cet égard , les décisions qu'ils rendent , ils n'ont pas à craindre de les voir casser. Arrêt de rejet du 22 fév. 1827 ; Jurispr. du 19e siècle , 1827., p. 138.

432. *Troisième Conséquence.* Le fait d'exécution doit être dégagé du vice qui infectait le contrat primitif , ainsi il ne peut produire la ratification pendant tout le temps que les parties sont, ou sont présumées légalement se trouver dans les mêmes circonstances , dans la même gêne ou la même ignorance qui avaient produit le vice de leur engagement.

Nous avons expliqué, *suprà* n. 309, t. 2, l'exactitude de cette proposition , mais nous avons dû en faire l'application spéciale à la ratification tacite , pour résoudre une difficulté importante , agitée par les auteurs, et qui a pour objet de savoir quand et comment l'exécution volontaire d'un acte contenant lésion d'outre moitié, vaut renonciation à l'action en nullité.

Toullier, en son Droit civil , t. 8 , (édit. Tarlier, t. 4) , n. 505 s'exprime en ces termes « un vendeur lésé de plus des sept douzièmes dans le prix d'un immeuble, ne peut plus demander la rescision du contrat , s'il l'a exécuté le lendemain, car il est certain que le lendemain du contrat il pouvait demander la rescision pour cause de lésion ; ce n'est que dans le contrat que l'art. 1674 lui défend d'y renoncer. »

C'est là évidemment une erreur qu'il importe de relever, et que M. Toullier a commise par suite de l'opinion qu'il a adoptée et que nous avons réfutée , *suprà*, n° 413 , que l'exécution volontaire d'un acte nul , suffit seul pour en couvrir la nullité.

N'onblions pas que le fait d'exécution n'est rien en lui-même, et qu'il ne remplace l'acte confirmatif, que lorsqu'il est de nature à faire supposer dans l'auteur de l'exécution, la volonté libre et éclairée de renoncer à la nullité dont

il était en droit de se prévaloir , et que du moment que l'on pourrait douter de cette volonté, l'exécution se réduirait à un pur fait qui n'ajouterait rien à la force de l'acte, et qui donnerait à penser que la partie qui a exécuté l'acte, ne l'a fait que parce qu'elle ignorait l'imperfection dont il était atteint , ou qu'elle se trouvait dans la même position, dans la même contrainte où elle était lors du premier acte.

Cela posé, est-il raisonnable de prétendre que l'exécution intervenue le lendemain ou quelques jours après , d'une vente qui renferme une lésion des sept douzièmes , soit une renonciation à l'action que l'on avait pour la faire rescinder ? Nous ne le pensons pas.

En effet, deux motifs également puissans , ont rendu nécessaire l'action en rescision , pour cause de lésion d'outre moitié ; le premier, que le vendeur a ignoré la valeur de son bien , et que le dommage qu'il éprouve étant considérable, il est présume avoir donné son consentement à la vente , sans connaissance de cause et par erreur ; le second c'est que, bien que connaissant la valeur de sa chose, mais pressé par le besoin d'argent, il a été obligé d'accepter le prix qui lui a été offert.

Or, que ce soit l'une ou l'autre de ces deux causes qui ait déterminé la vente, il est bien certain que l'exécution donnée à celle-ci est un fait absolument insignifiant, qui n'est que la conséquence de l'acte contenant lésion, *fit enim id in consequentiam prioris contractus potiùs quàm ad ejus confirmationem.* Car si la vente a été consentie par erreur, l'exécution intervenue, peu de temps après, ne prouve pas que le vendeur ait connu le préjudice qu'il a éprouvé, et ne prouve pas surtout , son désir de renoncer à l'action que la loi lui donnait pour s'en faire relever ; que si , au contraire, il a agi par suite du besoin d'argent qu'il ressentait , l'exécution de la vente ne peut pas non plus valoir renonciation à l'action en rescision ; la même urgence qui a fait vendre a forcé à exécuter la vente ;

dès-lors, c'est le besoin et non le désir d'abandonner son droit qui a déterminé sa volonté; on a senti, en effet, combien le rôle de l'usurier deviendrait facile, si le moindre acte de son vendeur était une renonciation au droit de se faire rendre justice, et d'obtenir la réparation d'une lésion énorme, et par cela même, on doit être convaincu que le législateur n'a pu vouloir se contenter d'une pareille renonciation.

Cela est si juste, et cela d'ailleurs est si vrai, que le législateur a voulu 1º que le vendeur fût recevable à intenter l'action en rescision, lors même qu'il y aurait expressément renoncé dans le contrat, et qu'il aurait déclaré donner la plus-value, art. 1674 du Code civil; 2º que cette action ne fût prescrite que par le laps de deux années (art. 1676 du Code civil). Ce délai lui a paru nécessaire pour que le vendeur pût connaître la lésion commise à son préjudice, et surtout pour qu'il eût les moyens de satisfaire aux remboursemens dont il était tenu envers l'acquéreur, au cas de rescision de la vente (art. 1681 du Code civil.)

Il nous paraît donc que si le délai de deux ans a été jugé nécessaire pour que le vendeur fût à même d'exercer utilement l'action en rescision; tant que ce délai n'est pas écoulé, il y a présomption que l'exécution de la vente n'a pas eu lieu en connaissance de cause, ou que, tout au moins, elle n'a été que la conséquence de cette vente; qu'on devait croire, en effet, que les besoins qui avaient forcé le vendeur à se défaire de sa chose, se fesaient ressentir lors de cette exécution, et le mettaient dans le cas de ne pouvoir rembourser les sommes qu'il avait reçues et les loyaux coûts. Une pareille exécution est donc au moins équivoque, et ne peut, dès-lors, équivaloir à la confirmation expresse de la vente, ni être invoquée comme ratification tacite.

Si l'opinion de M. Toullier était admise, si l'exécution donnée à l'acte de vente de la veille élevait une fin de non-recevoir, l'action en rescision n'aurait jamais lieu; les acquéreurs, en pareil cas, ne manqueraient jamais de se ménager, pour le lendemain ou quelques jours après, un acte d'exécution de la vente qui leur aurait été consentie; ainsi se trouveraient paralysées les vues du législateur. — Remarquons, d'ailleurs, que le prix ne se payant, le plus ordinairement, qu'après l'accomplissement des formalités hypothécaires, et toute quittance étant un acte d'exécution, il en résulterait qu'il n'y aurait jamais d'action en rescision pour cause de lésion; que tout au moins, elle serait toujours couverte sous le prétexte de la ratification tacite.

Cette conséquence suffit seule pour prouver le peu de fondement de l'opinion de M. Toullier.

433. Mais devons-nous accueillir l'opinion de quelques auteurs qui ont soutenu qu'à l'égard des actes rescindables pour cause de lésion, l'exécution volontaire ne rendait jamais irrecevable à intenter l'action en rescision, et qu'il fallait toujours que la lésion fut réparée? Nous ne le pensons pas.

M. Perrin, en son Traité des nullités, chap. 5, § 2, s'exprime en ces termes : « Quand l'art. 1338 du Code civil attribue à l'exécution volontaire la puissance d'emporter la renonciation aux moyens et exceptions que l'on pouvait opposer à l'acte, il faut l'entendre sainement et ne pas lui donner trop d'extension. L'exécution couvre bien la nullité, mais il en résulte seulement que l'acte originairement nul est, dès-lors, réputé régulier; qu'elle couvre encore certains vices, tels que la violence, l'erreur, la fraude, il n'en est pas moins sûr qu'elle ne ferme pas la porte à l'action en restitution du mineur et à l'action en rescision pour cause de lésion; en un mot, on n'admet pas de ratification tacite contre ces deux dernières actions. »

M. Perrin fait résulter cette décision de la loi 3, § 2 ff. *de minoribus*, et en second lieu, d'un arrêt de cassation, rendu dans l'affaire Bordenave, le 4 therm. an IX. — Il nous paraît mal interpréter et la loi Romaine et l'arrêt ; cela est facile à prouver.

Et d'abord, que porte la loi 3, § 2 ? Voici ses termes : « *Minor viginti quinque annis miscuerat se paternæ hœreditati ; majorque factus, exegerat aliquid à debitoribus paternis ; mox desiderabat restitui in integrum, quo magis abstineret paterná hœreditate : contradicebatur ei quasi major factus comprobasset, quòd minori sibi placuit : putavimus tamen restituendum in integrum, initio inspecto.* »

Il n'y a qu'à bien se pénétrer de l'esprit de cette disposition et de l'explication que tous les docteurs en donnent, pour demeurer convaincu que si, dans ses termes, le mineur devenu majeur est restituable contre l'acceptation qu'il a faite en minorité de l'hérédité de son père, bien qu'il ait touché des créances héréditaires, ce n'est point par le motif supposé par M. Perrin, que s'agissant de l'action en restitution, l'exécution volontaire n'avait pas ôté le droit de s'en prévaloir, mais bien par le motif que le fait d'exécution dont il s'agit dans l'espèce de la loi est équivoque, et peut être plutôt considéré comme la conséquence ou la suite de ce qui a été fait en minorité, que comme contenant la renonciation à l'action en rescision. Voir *suprà* n. 424, t. 2 ; voir, en outre, Pothier, en ses Pandectes, tit. *de minorib*. sect. 4, *numb*. 73.

Cela est si vrai, et c'est si mal à-propos que M. Perrin veut prouver par la loi ci-dessus que le droit Romain n'admettait pas de ratification tacite contre l'action en restitution accordée au mineur, et l'action en rescision pour cause de lésion qu'il met sur la même ligne, c'est que la loi 30 ff. *de minorib*. contient une disposition diamétralement opposée ; elle prévoit le cas où un fils émancipé n'ayant pas été envoyé en possession à raison du testament de son

père, et ayant formé sa demande en restitution, aurait, étant majeur, demandé un legs en vertu de ce testament, et elle décide qu'en ce cas, il serait censé avoir renoncé à l'attaquer, parce que, quoiqu'il fût en temps utile pour demander la possession des biens, s'étant conformé, de préférence, au jugement de son père, il devait être présumé avoir renoncé au bénéfice que lui accordait le prêteur. (1)

L'arrêt de cassation dans l'affaire Bordenave, invoqué par M. Perrin, consacre-t-il l'opinion adoptée par cet auteur ? évidemment non. La seule lecture prouve que la Cour a consacré l'opinion diamétralement opposée ; voici, en effet, ce qu'on lit dans ses considérans.

« Attendu que Marie Bordenave,
» héritière universelle, a ratifié la vente
» par la quittance qu'elle a donnée en
» majorité, de la portion du prix qui
» restait à payer à l'époque où elle est
» devenue majeure, la Cour rejet-
» te, etc. »

Reste la disposition de l'art. 1338 du Code civil, qui admet, dans tous les cas, et de la manière la plus générale, les effets de la ratification tacite résultant de l'exécution volontaire, qui ne reconnaît pas d'exception dans le cas particulier de la rescision pour cause de lésion, et qui, dès-lors, rend inadmissible l'opinion de M. Perrin.—Voir, néanmoins, M. Merlin en ses Questions de droit, V° Mineur, § 3 ; et Garnier-Deschênes, en son Traité du notariat, liv. 2, ch. 3, n° 663.

Disons le donc : l'opinion de MM. Toullier et Perrin, n'est ni juste ni fondée en droit, et l'on doit reconnaître qu'en général les faits d'exécution d'un acte de vente contenant lésion de plus des sept douzièmes sont équivoques ; qu'ils sont plutôt la conséquence de cet acte, qu'une démonstration de la volonté de

---

(1) *Si filius emancipatus contrà tabulas non acceptá possessione, post inchoatam restitutionis questionem, legatum ex testamento patris major viginti quinque annis petiisset ; liti renuntiare videtur : cum et si bonorum possessionis tempus largiretur, electo judicio defuncti, repudiatum beneficium prætoris existimaretur.*

la partie qui l'a faite pour renoncer au moyen qu'elle a de faire rescinder son engagement; que, dès-lors, ils ne caractérisent pas nécessairement la ratification tacite par exécution volontaire.

Mais comme les actes d'exécution consistent tous dans des faits dont les circonstances et la position respective des parties peuvent étendre ou modifier la portée, il peut arriver que ces faits soient si positifs et, en quelque sorte, si démonstratifs, que la ratification de l'acte doit en être la conséquence. Par exemple : j'ai fait un échange avec Pierre ; je lui ai abandonné un immeuble de peu de valeur, et j'ai reçu de lui, en contre-échange, la moitié d'une maison qu'il possède à Montauban, et au même instant, il me vend l'autre moitié à un prix si modique, quel acte, dans son ensemble, lui fait ressentir une lésion énorme. Nous ne doutons pas que, quoique en règle générale, l'action en rescision pour cause de lésion n'ait pas lieu en matière d'échange (suprà, n° 26 tom. 1er), elle ne doive être accueillie, néanmoins, toutes les fois qu'il est certain que les parties ont eu principalement en vue de faire une vente, ou bien un transport de propriété qui n'a que très-peu de rapports avec un contrat d'échange; que, par conséquent, elle ne doive être accueillie dans l'espèce que nous venons de rapporter ; le décider autrement serait donner un moyen trop facile pour éluder la loi.

Mais on suppose que, dans cette espèce, Pierre ait vendu, quelque temps après, l'immeuble que je lui ai abandonné, et que postérieurement, il demande la rescision de l'acte que nous avons fait ensemble; évidemment, je suis fondé à lui opposer une fin de non recevoir de l'exécution volontaire qu'il a donnée à ce même acte; en vendant à un tiers les droits que je lui avais transmis, il s'est mis dans le cas de ne pouvoir me replacer dans la position où nous étions avant de contracter. (Arg. de l'art. 892 du Code civil, et suprà, n° 80 , t. 2,)

434. Par tout ce qui précède, nous venons d'expliquer ce que l'on devait entendre par les mots contenus dans l'art. 1338 du Code civil : *Il suffit que l'obligation soit exécutée volontairement, après l'époque à laquelle l'obligation pouvait être valablement confirmée ou ratifiée.* — Il en résulte que la ratification tacite par l'exécution volontaire, ne peut pas valider un acte qui ne pouvait point être expressément confirmé. — Mais faut-il décider que la ratification tacite puisse intervenir dans tous les cas où les parties pouvaient ratifier expressément ? Nous ne le pensons pas, et la jurisprudence nous fournit plusieurs exemples qui justifient cette opinion.

Par exemple ; toute renonciation à un droit de réserve ne peut se faire que d'une manière expresse, donc l'exécution volontaire d'un testament contenant partage, et qui prive un des héritiers d'une portion de sa réserve, est inutile ; les tribunaux ne doivent la considérer que comme une conséquence du partage, ils ne peuvent y voir une renonciation certaine au droit réserve dont l'héritier est investi par la loi. Arrêt de cassation, du 27 oct. 1814, Dalloz, 26 , 449 ; Sirey , 1814 , p. 293,

Par exemple encore , lorsqu'un acte n'est licite qu'autant qu'on retranche à ses dispositions quelque clauses qui en fait précisément le vice, l'exécution volontaire de cet acte ne suffit pas pour faire ce retranchement; elle est tout-à-fait inutile. Voilà pourquoi la ratification d'une rente féodale serait valable, en supprimant tout signe de féodalité, tandis que la simple exécution donnée à un tel acte ne couvre pas cette nullité. Répertoire de jurisprudence de Merlin , V° nullité § 4, n° 3.

435. La transaction rescindable par le motif qu'elle aurait été faite sur un titre nul , et que les parties n'auraient point expressément traité sur la nullité, peut-elle être attaquée après l'époque à laquelle les parties l'ont volontairement exécutée? Il est aujourd'hui constant que non. La Cour de cassation a plu-

sieurs fois jugé que l'exécution volontaire donnée , en ce cas , à la transaction , rendait inapplicable l'art. 1338 , d'après lequel aucune action en rescision n'est admise contre un acte exécuté volontairement. Voir deux arrêts de la Cour de cassation , en date des 25 mars 1807 et 29 juin 1813 ; Dalloz 27 , 238.

436. L'exécution volontaire, lorsqu'elle a lieu ainsi que nous l'avons dit dans le présent paragraphe, est une véritable ratification, elle couvre toutes les nullités de la convention exécutée, lors même qu'en exécutant, la partie ferait des protestations et des réserves pour pouvoir l'attaquer dans la suite. On conçoit que ces réserves tombent devant une exécution contraire à laquelle on n'était point obligé , et que c'est le cas de la règle : *Facta potentiora sunt verbis , et actus protestationis contrarius tollit protestationem.* Arg. d'un arrêt de la Cour de Paris , du 11 mars 1813 , èt d'un autre du 12 mai 1818·, de Metz. Jurispr. du 19ᵉ siècle , 1814, p. 378; 1819 103. Dalloz, 1. 140, et 2. 344.

437. Il est à remarquer que l'exécution volontaire d'une acte contre lequel la loi a admis l'action en nullité ou en rescision , emporte ratification , bien qu'elle ne soit pas entière; il suffit de l'exécution partielle, parce qu'en effet, dès qu'elle est faite avec connaissance de cause et volontairement , elle suppose tout aussi bien la renonciation tacite à se prévaloir du vice de l'acte, et le consentement à ce qu'il soit exécuté , que si l'exécution était entière. Recueil de jurisprudence de Favard de Langlade, Vᵒ acte recog. et confirm., § 2 nᵒ 4.

§ II. *De la ratification tacite d'une obligation ou d'un acte par le silence, pendant le temps necessaire pour opérer la prescription.* — Voir le chapitre suivant.

§ III. *Des autres espéces de Ratification tacite.*

438. Ce n'est pas seulement par l'exécution volontaire que s'opère la ratification tacite d'une obligation , et si l'art. 1338 du Code civil ne s'occupe que de cette espèce particulière , c'est par le motif qu'elle se présente le plus habituellement dans l'usage. Il est donc permis aux juges de reconnaître tous les genres de ratification que la loi et l'usage paraissent avoir consacrés. (Voir ce que dit à ce sujet Favard de Langlade, dans son Répertoire de jurisprudence, Vᵒ acte recognitif et confirmatif, § 2, nᵒ 3,)

439. Pour cela on doit établir une différence essentielle entre les droits et les actions ordinaires , et les actions en nullité ou en rescision ; en général on ne doit pas présumer la renonciation à un droit , et la jurisprudence a reconnu que les juges ne pouvaient point , sans violer la loi , déclarer qu'il y a eu , de la part d'une partie, renonciation à un droit, en la faisant résulter non d'un acte quelconque, mais seulement de présomptions, dans le cas où la preuve testimoniale n'était pas admissible. (Voir un arrêt de cassation du 1ᵉʳ mai 1815.

Au contraire , la renonciation aux moyens de nullités qu'une partie est en droit de proposer contre un acte ou une obligation, peut se présumer : on en conçoit le motif ; en effet , bien qu'un acte ne soit pas revêtu des formalités voulues par la loi , ou qu'une obligation puisse être rescindée ou annulée , il n'existe pas moins une apparence de titre ; ce titre n'en produit pas moins une action susceptible d'être repoussée par exception , mais qui , tant que cette exception n'est pas proposée , obtient une entière autorité. Il en résulte que lorsque le créancier fait usage de son titre et que le débiteur, au lieu de se prévaloir de son exception , se conduit de manière à faire croire que son obligation est inattaquable , on doit penser que c'est par cette considération que son consentement a été bien donné, ou tout au moins , que pouvant faire annuler son engagement , il a préféré renoncer à l'action qué la loi lui donnait pour y parvenir.

440. Dans ce dernier cas, c'est-à-dire dans la ratification tacite, on doit rappeler une observation plusieurs fois faite dans notre ouvrage, c'est que l'on doit plus facilement présumer la renonciation à un moyen de forme, que la renonciation à un moyen au fonds. *La première est favorable*, puisqu'elle tend à faire disparaître un moyen le plus ordinairement employé par un esprit de chicane ou de méchanceté. *La seconde ne l'est pas*, puisque la renonciation à un droit donné par la justice et la loi, et qui n'est point en opposition avec la délicatesse, ne se présume pas facilement suivant la règle : *Nemo censetur renuntiare juri in suam favorem introducto. Suprà*, n. 305, § 2.

441. Une règle extrêmement importante, c'est que l'on ne peut jamais induire la preuve d'une ratification tacite, que d'un acte ou d'un fait incompatibles avec l'acte ou la convention annulables ou rescindables. C'est la première condition de cette espèce de ratification : *Quis videtur renuntiare juri sibi competenti per actum incompatibilem.* Mantica. *de ambig. convent.*, tit. 4, tit. 29, n. 19. — Remarquez même que si cette incompatibilité entre l'acte, ou le fait postérieurs et le désir d'intenter l'action en nullité est la première condition de la ratification tacite, ce n'en est pas la seule. Il faut souvent que la présomption en résultant soit fortifiée de quelqu'autre circonstance qui démontre le désir de ratifier ; cela a lieu surtout lorsqu'il s'agit de la renonciation d'un moyen de nullité, qui se rattache au fonds de l'obligation. Quelques exemples vont prouver ce que nous entendons par cette incompatibilité, par ces circonstances qui doivent l'accompaguer et, en quelque sorte, la fortifier et lui donner les forces d'un acte de ratification.

442. *Premier exemple.* Celui qui produit en justice un acte dont il pouvait demander l'annulation est censé

renoncer aux moyens de nullité qui lui compétaient : c'est le cas de la maxime que Dumoulin a tracée dans son Commentaire sur la coutume de Paris, 'Glose 8, v° dénombrement, n° 36. *Producens scripturam censetur, eo ipso, fateri omnia in eâ contentâ :* Une pareille production n'est pas une véritable exécution du titre, cependant elle est une manifestation suffisante du désir que l'on a de l'exécuter et de le faire exécuter.

443. *Deuxième exemple.* L'individu à qui on demande la somme qu'il doit, et qui se borne à demander un délai, reconnaît la sincérité de la dette, et renonce dès-lors à tout moyen de nullité ou de rescision qu'il pouvait avoir pour s'y soustraire ; il y a évidemment incompatibilité entre ne devoir pas et demander un délai pour le paiement : *Ad solutionem dilationem petentem acquievisse sententiæ manifestè probatur.* Leg. 5, Cod. de re judicatâ.

444. *Troisième exemple.* Le vendeur d'un immeuble qui, sur l'expropriation de ce même immeuble, poursuivie par les créanciers de l'acquéreur, intervient dans l'instance, sans demander la distraction, et se pourvoit dans l'ordre pour être colloqué sur le prix, est censé approuver la revente, et cette aprobation tacite le rend non-recevable à attaquer la vente par lui faite pour cause de lésion ou de dol et fraude, à moins que les moyens de dol ou de fraude aient été découverts postérieurement. Arg. d'un arrêt de cassation du 16 juilet 1818, Sirey, 1819, p. 27.

445. *Quatrième exemple.* Un tuteur qui assiste à la délibération et signe sans réclamation le procès-verbal par lequel le conseil de famille l'exclut de la tutèle, devient, par cela même, non-recevable à proposer des griefs contre la composition du conseil de famille. — Arg. de l'art. 447 et arrêt de la Cour de Bruxelles du 18 juillet 1810, Dalloz, t. 27, p. 326 ; Sirey, 1811, p. 433.

446. *Cinquième exemple.* La demande en exécution d'un titre annulable est, comme l'exécution volontaire, un moyen de ratifier ce titre ; vainement quelques auteurs ont voulu le contester ; (Perrin, en son Traité des nullités). Ce point n'est plus douteux aujourd'hui. Sans doute la demande en exécution d'un acte n'est pas l'exécution même de cet acte, et ce serait une erreur de prétendre qu'une pareille demande est rangée, par l'art. 1338 du Code civil, à côté de la ratification tacite résultant de l'exécution volontaire. — Mais elle vaut ratification suivant les principes que nous avons développés, et surtout suivant l'adage : *Quis videtur renunciare juris sibi competenti per acum incompatibilem.* La Cour de cassation l'a ainsi jugé dans l'espèce suivante.

Le 19 juillet 1808, le sieur Bonneau avait acquis deux immeubles aux sieur et dame Larode.

Le 18 avril 1809, le sieur Bonneau fit transcrire son contrat au bureau des hypothèques.

Le 23 mars 1818, les sieur et dame Dutet, créanciers de Larode, formèrent une saisie-opposition aux mains de Bonneau, sur le prix de son contrat.

Le 13 juin 1818, le sieur Bonneau fournit sa déclaration affirmative, et donna une connaissance entière des conditions de son contrat, du prix ou délégations des parties de ce prix, et des paiemens exécutés ;

Alors, les sieur et dame Dutet recoururent à l'action hypothécaire.

Le 23 du mois de juin, ils firent commandement aux sieur et dame Larode de les payer ; et le 27 dudit mois, ils reportèrent ce commandement au sieur Bonneau, et ils lui firent sommation de payer lui-même dans le mois, ou de délaisser ; faute de quoi, ils protestèrent de faire revendre, sur lui, lesdits héritages, le tout conformément à l'art. 2169 du Code civil.

Trois mois après, ils abandonnèrent leurs poursuites hypothécaires : le 5 octobre 1818, ils formèrent contre le sieur Bonneau une demande en nullité du contrat de vente du 14 juillet 1808, duquel contrat ils signifièrent copie ; et pour appuyer cette demande, ils alléguèrent de prétendus indices, de prétendues circonstances, qui, selon eux, prouvaient un concert frauduleux entre le sieur Bonneau et ses vendeurs, pour soustraire le gage des créanciers.

Mais le 26 déc. de la même année 1818, ils abandonnèrent, à leur tour, la demande en nullité, et ils revinrent aux poursuites hypothécaires ; ledit jour 26 décembre, ils signifièrent au sieur Bonneau un exploit dans lequel, après s'être plaint de ce que celui-ci, après avoir fait transcrire son contrat, n'avait pas purgé ; ils dirent qu'il leur importait, à eux créanciers hypothécaires, que ce contrat leur fût notifié : en conséquence, ils sommèrent le sieur Bonneau de leur notifier son contrat dans la huitaine ; faute de quoi, ils feraient procéder à la revente sur lui des héritages qu'il avait acquis.

Le sieur Bonneau déféra à cette sommation : le 13 janvier 1819, il fit notifier son contrat et l'état des inscriptions à tous les créanciers inscrits.

Aucune surenchère n'eut lieu, et après le délai de la loi, le sieur Bonneau fit ouvrir le procès-verbal d'ordre.

Alors les sieur et dame Dutet reprirent leur demande en nullité du contrat de vente.

Le sieur Bonneau prétendit que cette demande n'était pas recevable, parce que tant avant qu'après ladite demande, les sieur et dame Dutet avaient approuvé le contrat de vente et en avaient poursuivi l'exécution.

Cette fin de non-recevoir fut rejetée par arrêt de la Cour de Dijon du 26 avril 1820.

Le sieur Bonneau a demandé la cassation de cet arrêt, qui a été prononcée en ces termes, par arrêt du 10 février 1823.

« Ouï le rapport fait par M. le conseiller Gandou ; les observations de Rochèle avocat du demandeur ; celles d'O-

dillon-Barrot avocat de la défenderesse, et les conclusions de M. l'avocat
général Jourde.

» Considérant dans la forme que,
Jeanne-Marie Prévezot, femme Larode
ne justifie pas de l'autorisation, etc., etc.

» Et au principal, vu l'art. 1338 du
Code civil, considérant que l'arrêt attaqué n'a pas révoqué en doute les sommations faites par le sieur Dutet à Bonneau, d'exécuter son contrat d'acquit
du 19 juillet 1808, de le leur notifier,
et de payer ou de délaisser, faute de
quoi ils feraient procéder sur lui à la
revente du domaine qu'ils avaient acquis.

» Que ces sommations renfermaient
l'approbation du contrat, puisqu'elles
avaient pour objet d'en demander ou
d'en obtenir l'exécution ;

» Qu'il est évident que lors desdites
sommations, et notamment lors de celle
du 26 décembre 1818, postérieure de
plus de deux mois à leur demande en
nullité du contrat, les Dutet avaient
parfaite connaissance des moyens qu'ils
croyaient avoir contre ce contrat, puisqu'ils les avaient établis par leur demande en nullité, et qu'ils n'en ont
jamais allégué aucune autre.

» De tout quoi il suit qu'en annulant
le contrat, et en rejetant la fin de non-
recevoir résultant de l'approbation du
même contrat, la Cour royale de Dijon
a manifestement contrevenu à l'article
1338 du Code civil, par ces raisons et
sans qu'il soit besoin de s'occuper des
autres moyens, la Cour casse et annule, etc., etc. »

447. *Sixième exemple*. Ce n'est pas
seulement en comparaissant sur une
assignation nulle, sans en demander la
nullité, que la partie assignée couvre
les vices de cette assignation ; elle les
couvre en faisant d'après cette assignation, des actes qui supposent nécessairement qu'elle les regarde comme valables. Arrêt de cassation dn 14 janv.
1807. Dalloz, t. 14, p. 270.

448. *Septième exemple*. Un engagement vicié au fonds se trouve en même
temps nul dans sa forme : On suppose

que la partie confirme expressément
son obligation, et renonce aux moyens
qu'elle avait de le faire annuler au
fonds : eh bien, dans ce cas, la ratification entraine toujours renonciation
tacite aux moyens de forme. Il serait
déraisonnable, en effet, de penser que
celui qui reconnaît la justice de son
engagement voulût néanmoins se réserver un moyen pris dans la forme. On
serait fondé à lui dire que l'engagement
ayant été approuvé par lui, l'irrégularité de l'acte ne fait rien, puisque
n'ayant été requis que pour la preuve
de l'obligation, il devient sans objet
lorsque les parties intéressées avouent
l'existence de cette obligation : il est
certain que le consentement donné par
l'acte confirmatif est incompatible avec
l'intention de conserver les moyens dans
la forme. *Suprà*, t. 2, n. 304 et 392.

449. On pourrait citer une infinité
d'autres exemples de ratification tacite,
résultant de l'incompatibilité dont nous
venons de parler ; nous avons pensé
qu'ils n'ajouteraient rien à la démonstration de la règle ci-dessus, et que
celle-ci se trouvait suffisamment justifiée par ceux que nous venons de rapporter.

450. L'incompatibilité dont nous
venons de parler, comme pouvant
produire la ratification tacite, n'est
pas toujours prouvée par des actes ;
quelquefois elle résulte du silence
gardé par la partie qui pouvait se prévaloir alors de la nullité ; seulement il
faut que le silence soit gardé dans des
circonstances où cette partie aurait dû
le rompre, si son intention n'avait pas
été de ratifier l'acte nul ; ceci mérite
toute l'attention de nos lecteurs.

451. Le silence, en général, n'équivaut pas à renonciation ; il ne manifeste
pas toujours et nécessairement l'intention de celui à qui on l'oppose ; c'est,
disent les anciens interprètes du droit,
un milieu entre avouer et contester : (1)

____

(1) *Tacere est medium inter confiteri et
negare vel contradicere. Mennochius, de
Præsumpt., libr. 6. Præsumpt. 99 n, 2 et 3.*

en sorte que si d'un côté ou peut dire que celui qui se tait ne conteste pas, on doit d'un autre côté convenir qu'il n'avoue pas : *Qui tacet non utiquè fatetur, sed tamen verum est eum non negare. Leg.* 184, ff. *de reg. juris.*

452. Il faut donc qu'au silence de la partie se joigne quelque circonstance qui fasse, en quelque sorte, pencher la balance pour fixer les idées incertaines et contraires que fait naître le silence. « *Il faut*, dit l'auteur du droit » de la nature et des gens, liv. 3, » chap. 6, § 2, que les circonstances » soient telles que tout concoure à » faire supposer la renonciation, sans » qu'il y ait aucune conjecture vrai- » semblable qui tende à faire augurer » le contraire. »

453. On sent bien que nous ne parlons pas ici du cas où le législateur donne au silence, prolongé pendant un certain laps de temps, l'effet de produire la déchéance du droit qu'on aurait pu exercer et qu'on n'a point exercé pendant ce laps de temps. De pareilles déchéances ne sont pas, de la part de la partie qui garde le silence, de véritables renonciations aux nullités; car si d'un côté, la déchéance repose sur la présomption d'une pareille renonciation, d'un autre côté, elle repose sur des motifs d'ordre public, qui ne permettent pas de laisser les procédures et les droits trop long-temps incertains, et qui sollicitent de punir, par la déchéance, l'insouciance d'un individu. (Voir néanmoins chap. 17 ci-après.)

454. Nous ne parlons que des cas où le silence gardé dans certaines circonstances et sans qu'il soit prolongé, opère la renonciation aux moyens de nullité et de rescision. Ces cas sont rares, cependant ils se présentent dans les diverses hypothèses ci-après.

455. *Première hypothèse.* Le silence produit la ratification tacite d'un titre, lorsqu'il est gardé dans des circonstan-

ces telles qu'il a tous les caractères du dol. — Par exemple, si, comme notaire, je reçois la vente d'un immeuble que j'avais moi-même aliéné, et dont je pouvais faire annuler l'aliénation, si je laisse l'acquéreur payer le prix de son acquisition, que je ne signale pas mon action en nullité, il est évident que mon silence est frauduleux, et que le tiers de bonne foi dont j'ai passé l'acte, sera fondé à m'opposer mon silence, si plus tard je voulais faire rejaillir sur lui l'action en nullité, dont je lui ai laissé ignorer la cause. (Voir Pothier, Contrat du louage, n° 105.) Par exemple encore, un individu à qui j'ai vendu un immeuble, par un acte que je suis en droit de faire rescinder, vend ce même immeuble par un acte notarié, je suis appelé comme témoin dans cet acte, et je me tais sur le droit qui m'appartient pour faire annuler ma vente : n'est-il pas évident que mon silence doit être pris comme un consentement à cette revente, et par cela même, comme une renonciation à mon action en nullité ou en rescision : ou si, rigoureusement, on voulait prétendre que mon silence n'est pas une véritable ratification, il constituerait une réticence frauduleuse qui me ferait perdre mon action. C'est la conséquence des principes ci-dessus, et peut-être plus encore des principes contenus dans les règles qui suivent·

456. *Deuxième hypothèse.* La ratification tacite résulte encore du silence gardé par celui qui, ayant droit et intérêt de demander l'annulation d'un engagement ou d'un titre quelconque, le laisse exécuter en sa présence. (1)

Godefroi s'exprime dans des termes équivalens sur la loi 6 *Mandati* et la loi 60, *ff. de reg. juris : Patientia habetur pro mandato et consensu in his quæ utilia sunt ei qui patitur.*

457. *Troisième hypothèse.* La ratification tacite résulte souvent du si-

____

(1) *Ex præsentiá autem et taciturnitate cum de tacentis commodo agitur, consensus colligitur. Mennochius de Præsumpt. lib.* 2, *præsumpt.* 42, pag. 134, *et lib.* 6, *præsumpt.* 39, n. 10.

lence garde, sur une interpellation judiciaire.

Par exemple : Mévius est créancier de Titius pour une somme de 1,000 fr.; mais son titre est susceptible d'être rescindé : Mévius en poursuit néanmoins l'exécution, et voulant s'assurer le paiement de sa créance, il somme Titius de déclarer s'il ne lui doit pas la somme ci-dessus. Celui-ci garde le silence, ou bien il répond qu'il a remboursé cette somme à son créancier ; cette réponse une fois faite et les conclusions prises dans ce sens, Titius n'est plus recevable à demander la rescision de son engagement, son silence est pris pour aveu de la dette, et dès-lors pour ratification tacite. (Arg. de l'art. 330 Code de proc.

458. Il est inutile de donner d'autres exemples de ce genre de ratification tacite, ils sont rares, ainsi que nous l'avons dit ; les juges doivent peu les multiplier, et si quelque chose peut justifier une pareille ratification, c'est que généralement les nullités sont odieuses, que les priviléges sont exceptionnels du droit commun, et que l'on suppose bien plus facilement la renonciation à une nullité qu'à un droit d'une autre espèce. *Suprà*, n° 439.

459. On lit dans un arrêt de cassation du 3 vend. an X, que la nullité d'un titre fondamental de l'action ne peut être couverte par le silence des parties. M. Perrin, en son Traité des nullités, chap. 5, en a fait une règle générale qui nous paraît inexacte ; il est d'abord certain que, bien que textuellement rapportée dans les considérans de l'arrêt, elle ne résulte nullement de l'espèce que la Cour avait à juger. — Voici de quoi il s'agissait :

En l'an VIII, Marianne Coulon institue Lefebvre son héritier. Son testament se trouve nul. Ses héritiers naturels font apposer les scellés après son décès. Ils prétendent ensuite que les scellés ont été altérés. On emprisonne Lefebvre, et on lui fait signer une transaction. Cet homme, mis en liberté, combat la transaction et demande

l'exécution du testament. Les héritiers se bornent en première instance à soutenir la validité du traité ; mais sur l'appel ils allèguent la nullité du testament. On leur oppose qu'ils auraient dû la proposer devant les premiers juges, et le tribunal d'appel les condamne : « Attendu que la nullité du testament aurait dû être arguée *à limine litis.* » Ils se pourvoient en cassation, et le jugement est cassé par arrêt du 3 vendémiaire an X ; « attendu que la nullité du titre fondamental de l'action ne peut être couverte par le silence des parties. »

Que peut-on conclure de cette décision ? Rien autre chose sinon que l'on peut proposer en appel la nullité du titre fondamental de l'action, bien qu'en première instance on ait gardé le silence sur cette nullité. Nous n'avons rien dit de contraire à cette conséquence. Comme la partie qui a gardé le silence n'a pas été interpellée sur cette nullité, comme d'ailleurs ce silence n'a pas eu le caractère qu'il devait avoir pour faire supposer le désir de ratifier ; il est sans importance, suivant ce que nous avons dit aux numéros précédens, et c'est ce que la Cour a voulu décider, et ce qu'elle était bien fondée à faire.

Mais supposons que ce silence ne soit pas en quelque sorte seul, et qu'il soit accompagné de quelques-unes des circonstances qui peuvent lui donner un caractère prononcé ; supposons qu'il soit gardé dans des circonstances significatives, qu'il constitue une véritable incompatibilité avec le désir d'attaquer plus tard l'acte nul : eh bien, dans ce cas, il faudra se décider d'après les principes que nous avons développés : l'arrêt de cassation cité par M. Perrin, n'y fera point obstacle. Supposons, par exemple, que Lefebvre ait sommé les héritiers du sang, de déclarer s'il n'est vrai que lors de la transaction ils avaient le testament sous les yeux, qu'ils ont fait le partage du mobilier, qu'ils se sont permis telle ou telle chose. Croit-on que le silence des héritiers sur une pareille interpellation ne pourrait pas être pris pour ratification tacite ? ce serait une erreur , les juges pourraient lui donner cet effet , et leur jugement serait à l'abri de toute censure. — Arrêt du 22 fév. 1827 ; Jurispr. du 19ᵉ siècle, 1827 , 1. 138.

La Cour de cassation n'a donc jugé autre chose dans l'arrêt invoqué par M. Perrin, que ce que nous avons plusieurs fois dit, nous-même, c'est-à-dire que le silence ne suffit pas seul pour couvrir une nullité , et qu'il doit être précédé ou accompagné de quelque circonstance plus explicative et plus caractéristique. — La même Cour a fixé sa jurisprudence par plusieurs arrêts rendus dans l'hypothèse ci-après :

L'art. 733 du Code de procéd. exige que les nullités dont serait entaché un procès-verbal de saisie , soient proposées avant l'adjudication préparatoire. — Dans l'origine , on douta que cet article s'appliquât aux nullités du titre fondamental de l'action, et on prétendit qu'il n'avait été porté que par rapport aux nullités de procédure. Mais aujourd'hui tous les doutes ont été dissipés par trois arrêts indiqués dans Favard de Langlade , Répertoire de jurisprudence, Vº Saisie immobilière , § 2 , nº 3. — Voici dans quelle espèce un de ces arrêts a été rendu.

La Cour avait à juger la question de savoir si les moyens de nullité contre la procédure d'expropriation forcée , résultant du titre fondamental , pouvaient être proposés en appel , sans avoir été proposés en première instance avant l'adjudication.

La Cour royale avait jugé l'affirmative , sous prétexte que les articles 733 , 725 et 736 du Code de proc. ne parlent point de nullités de cette nature ; mais son arrêt a été cassé pour violation de ces articles , par arrêt du 29 nov. 1819. — Ouï le rapport de M. le conseiller Casscigne , les observations des avocats des parties et les

conclusions de M. l'avocat général Cahier ; vu les art. 733 , 735 , 736 du Code de procédure civile.

« Attendu qu'aux termes de ces articles, les moyens de nullité *contre la procédure* d'expropriation forcée , doivent être proposés en première instance avant l'adjudication , et que faute de ce , ils sont non-recevables en appel;

» Que cette disposition est absolue et embrasse tous les moyens de nullité contre la procédure , sans distinction d'origine et sans exception qu'elle comprend par conséquent ceux qui proviennent du titre fondemental comme ceux qui ont leur source dans la procédure elle-même ; que par suite, les uns comme les autres doivent être proposés en première instance avant l'adjudication, et ne peuvent autrement être reçus en appel;

» Que si ces articles dérogent en ce point à la règle générale , suivant laquelle les moyens du fond peuvent être proposés en tout état de cause , il a dû en être ainsi dans l'intérêt des adjudicataires qui contractent avec la justice , et dont la foi serait trompée si leurs adjudications pouvaient être annulées par des moyens qui n'auraient pas été proposés avant ces mêmes adjudications;

« Que d'ailleurs ces articles en établissant cette fin de non-recevoir , ne font que mettre la procédure d'expropriation à l'abri d'attaque; qu'ils n'enlèvent point au saisi la faculté de se pourvoir séparément par voie d'action principale en nullité du titre fondamental contre le créancier ou le poursuivant , s'il y a lieu, sans néanmoins que cette action puisse en aucun cas porter atteinte à l'expropriation;

« Qu'enfin si , par événement , cette action ne peut procurer au saisi la réparation du préjudice qu'il a pu souffrir pas l'expropriation , il ne peut l'imputer qu'à sa négligence et non aux adjudicataires qui ont contracté de bonne foi avec la justice;

» Et attendu qu'Esperou n'a proposé qu'en appel les moyens de nullité dont il s'agit; que, par suite, en recevant ces moyens, l'arrêt attaqué a violé formellement lesdits articles,

» La Cour casse et annule, etc., etc. »

460. Par suite des mêmes principes, si dans une instance en rescision, l'on garde le silence sur les conditions sous lesquelles le défendeur offre de résilier l'acte attaqué, on est censé par là ratifier cet acte, et renoncer à la demande tendante à le faire rescinder, Merlin en son Répertoire V° Succession future, § 3.

461. Nous n'indiquerons point d'autres exemples de principes que nous avons développés; les juges, nous l'avons dit, ont un grand pouvoir en cette matière, surtout lorsqu'il s'agit d'un acte nul dans la forme; leur décision est presque toujours en fait, et par cela même, inattaquable en Cour de cassation.

CHAPITRE XVII.

De la prescription des actions en nullité et en rescision.

462. La nullité des conventions et des actes est encore couverte par la prescription. Celui qui, pouvant agir pour faire annuler un engagement ou un acte dont les apparences sont contre lui, garde le silence, semble reconnaître la justice et la validité de ce titre, ou tout au moins, il donne à penser que son intention n'est pas d'en proposer la nullité. — Ce silence qui n'est qu'une simple présomption de fait, devient présomption de droit, lorsqu'il s'est écoulé un délai tel, que l'ordre public se trouve, en quelque sorte, intéressé à éteindre des actions de cette nature. Le laps de temps fortifie, de plus en plus, la présomption que le silence faisait naître, et enfin il doit y avoir un terme après lequel la partie est censée renoncer à son action en nullité. On sent que si toutes les actions personnelles, mobilières ou réelles, ont dû être soumises à la prescription, on devait, à plus forte raison, y soumettre l'action en nullité qui est, le plus souvent, odieuse, et qui, lorsqu'elle ne l'est pas dans l'origine, finirait par le devenir, si elle était exercée trop tard.

463. Avant le Code civil, cette prescription était acquise par trente ans pour l'action en nullité, et par dix ans pour l'action en rescision; édit du mois de juillet 1807. — Dunod, en son Traité des prescriptions, part. 2, chap. 8, pag. 176 : aujourd'hui, le délai est le même pour ces deux espèces d'actions, et dans tous les cas où elles ne sont point limitées par une loi particulière, elles durent trente ans. Art. 1304 du Code civil.

464. Comme ce genre de presciption tire toute sa force de cette présomption, que la partie qui a gardé le silence a reconnu la justice de son engagement, ou tout au moin, qu'elle a renoncé aux moyens qu'elle avait d'en faire prononcer la nullité; il en résulte qu'il y a, entre cette prescription et la prescription de dix et vingt ans dont parlent l'art. 2265 et suivans, une très-grande différence.

Dans la prescription de l'action en nullité ou en rescision, le titre est émané du véritable propriétaire, et par conséquent; il ne peut être raisonnablement supposé en ignorer l'existence ; s'il se tait pendant dix ans , ce ne peut être que parce qu'il veut renoncer à son action.

Au contraire, dans l'autre espèce de prescription , le titre qui lui sert de fondement est émané *à non domino :* ce n'est point un titre relativement au véritable propriétaire ; à son égard, c'est une chose passée entre des tiers, et dont , le plus ordinairement , il n'a aucune connaissance. La loi a décidé, avec raison', qu'il n'est réputé la connaître que par la possession dont un autre profite, et qu'il ne lui est pas permis d'ignorer si elle se prolonge pendant le temps donné pour prescrire.

465. Cette différence est d'autant plus à remarquer, que le Code renferme des dispositions faites pour une de ces prescriptions , et dont il est impossible de faire l'application à l'autre; telle est , par exemple , la disposition contenue dans l'art. 2267 du Code civ., qui porte que , *le titre nul pour défaut de forme ne peut servir de base à la prescription de dix et vingt ans.*

Si l'on appliquait cette disposition à la prescription de l'action en nullité, il s'ensuivrait que cette action est perpétuelle , c'est-à-dire qu'elle dure trente ans, lorsqu'elle a pour objet une nullité de forme , ce qui serait évidemment contraire à l'art. 1304 , d'après lequel l'acte en nullité est , *dans tous les cas ,* prescrit par dix ans.

Telle est encore la disposition de l'art. 2265 , suivant lequel la prescription n'est acquise que par vingt ans contre le propriétaire qui se trouve domicilié hors du ressort de la Cour d'appel , dans l'étendue de laquelle l'immeuble vendu se trouve situé. Il est certain que cette disposition ne peut être appliquée au cas de la prescription de l'action en nullité ou en rescision : en effet, lorsqu'il s'agit d'un titre émané *à non domino* , le véritable propriétaire qui habite dans un autre ressort, a plus difficilement connaissance de l'acte fait pour le dépouiller , au lieu que dans le

cas de l'action en nullité ou en rescision , le titre étant émané du véritable propriétaire , il est insignifiant qu'il habite ou qu'il n'habite pas le ressort où est situé l'immeuble illégalement aliéné.

466. Au reste , ce n'est pas précisément pour concilier les dispositions du Code qui se rapportent à ces deux espèces de prescription , que nous insistons sur la différence qu'il y a entre elles : nous pensons , en effet, que la lecture de ces dispositions suffit pour faire apprécier la réalité et les motifs de cette différence. C'est donc , principalement, pour faciliter la solution des questions graves et controversées qui se présentent tous les jours, solution qui doit varier suivant qu'il s'agit d'appliquer les règles de la prescription en général , ou celles de la prescription des actions en nullité ou en rescision. C'est surtout pour éviter la confusion , dont les dangers nous ont été signalés par le législateur lui-même , lorsqu'il dit dans l'art. 2264 du Code civil « que » les règles de la prescription, sur d'au- » tres objets que ceux mentionnés dans » le titre des prescriptions en général , » sont expliquées dans les titres qui » leur sont propres. »

467. Lors donc qu'on est à même de décider une question relative à une action en nullité que la partie intéressée dit avoir été couverte par prescription , la première chose à examiner , c'est, si la partie qui demande la nullité d'un acte a figuré dans cet acte, soit par elle-même , soit par son représentant légal , ou si elle n'y a pas été partie. Au premier cas, son silence pendant dix ans, depuis l'époque à laquelle elle a connu ou dû connaître la cause de la nullité, équivaut à ratification de son engagement; au second cas, elle a , pour agir, le temps accordé par la loi pour la prescription des actions ordinaires. — Ce premier examen fait, l'on verra s'évanouir une infinité de subtilités par lesquelles on cache la vérité et le droit plutôt qu'on ne les met à dé-

couvert. — Prouvons-le par quelques exemples.

468. Les biens d'un mineur ne peu-veuvent être vendus sans les formalités prescrites par la loi, au titre de la minorité. Si, au mépris de ces forma-lités, ils l'ont été par le tuteur, comme représentant son pupille, ou par le mineur lui-même, celui-ci doit, à peine de déchéance, intenter l'action en nullité de ces ventes, dans les dix ans qui suivent sa majorité. C'est le cas de la prescription portée par l'art. 1304 du Code civil (arrêt de cassation, du 14 nov. 1826, Jurispr. du 19e siècle, 1827, 1. 306). Il a été jugé, par cet arrêt, que la règle : *Factum tutoris est factum minoris*, était applicable au cas même où le tuteur avait agi hors des termes de ses pouvoirs.

La question jugée par cet arrêt est très-controversée, ainsi qu'on peut le voir par la note de M. Sirey, 1833, pag. 580. Cependant il nous paraît que l'o-pinion ci-dessus est la plus juste et la plus fondée en droit. Le tuteur est le représentant du mineur dans toutes sortes d'actes, ce n'est que par lui et en son nom que les biens du mineur peuvent être vendus, échangés, que ses procès peuvent être transigés. Sans doute ces actes sont annulables sur la demande des mineurs, s'ils ont été faits au mépris de la disposition de la loi, mais cela n'empêche pas que celui-ci n'ait été partie dans l'acte, qu'il n'y ait été légalement représenté par le tuteur. Cela est si vrai que, s'il garde le silence à sa majorité, les au-tres parties sont liées par l'engagement (Art. 1125 du Code civil). Cela est si vrai encore, que si le tuteur a reçu, par les actes ci-dessus, une somme d'argent, et qu'il l'ait utilement em-ployée pour le mineur, celui-ci ne peut se faire restituer qu'en rembour-sant cette somme (Art. 1312 du Code civil); donc on ne peut sous aucun rapport comparer cette espèce, au cas où un tiers sans qualité et sans droit aurait vendu la chose d'autrui. Et ce-pendant ce ne serait qu'en reconnais-sant une analogie parfaite entre ces deux espèces, que l'on pourrait criti-quer l'opinion que nous avons em-brassée.

469. Si au contraire la vente ou le partage avaient été consentis par un tuteur dont les pouvoirs étaient expi-rés, ou bien par un tuteur qui, en disposant du bien de son pupille, avait déclaré que ces biens lui appartenaient en propre, il est certain que le mineur aurait, pour se faire restituer, le temps fixé pour la prescription ordi-naire; son action durerait dix, vingt ou trente ans. On conçoit que dans ces deux hypothèses, c'est la vente ou la disposition de la chose d'autrui. Le mineur n'a point été partie dans l'acte, soit parce que celui qui a agi pour lui n'était plus son tuteur, soit parce qu'en déclarant qu'il disposait de sa propre chose, ce tuteur a voulu n'agir que pour lui et dans son propre inté-rêt. Dès-lors on ne peut pas lui opposer la règle : *factum tutoris est factum mi-noris*. Ces principes ont été approuvés par la Cour de cassation.

Arrêt du 8 déc. 1813; Sirey, 1814, p. 213.

6 janvier 1786, testament par le-quel Antoine Mas institue son héritier universel, Guillaume Mas, l'un de ses enfans. Par le même testament, il au-torise son épouse à vendre ses biens immeubles jusqu'à concurrence des dettes et des legs dont sa succession se trouverait grevée. Il décède peu de temps après.

Le 20 déc. 1786, la veuve Mas, con-formément à l'autorisation portée dans le testament de son mari, vend à Pierre Daydé deux pièces de terre, faisant partie de la succession, pour ac-quitter, est-il dit dans le contrat, quelques charges de cette succession; et, en effet, le prix de la vente est dé-légué à l'un des créanciers.

L'héritier universel du défunt, Guil-laume Mas, ne participe aucunement à cette vente, quoiqu'à l'époque où elle fut consentie, il eut atteint l'âge de quatorze ans, et, conséquemment, qu'il ne fût plus en tutèle, d'après les lois en vigueur dans le pays du droit écrit.— Ainsi, dans ce sens, la mère ne vendait pas comme tutrice. La vente n'était donc faite ni par le mineur, ni pour le mineur.

24 ans s'écoulent depuis la vente.

Guillaume Mas garde le silence jusqu'au décès de sa mère, arrivé en 1808 : alors il renonce à la succession, et demande la nullité du contrat du 20 déc. 1806, et le délaissement des deux pièces de terre, objet de ce contrat, comme étant comprises dans son legs universel, et ayant été illégalement vendues par sa mère.

L'acquéreur répond que Guillaume Mas est non-recevable à exercer cette action, attendu qu'il est âgé de 37 ans, et que, d'après l'art. 134 de l'ordonnance de 1539, les ventes des biens des mineurs ne peuvent plus être cassées ou rescindées, soit pour inobservation des formalités prescrites, soit pour cause de lésion ou de dol, lorsque les mineurs ont atteint l'âge de 35 ans accomplis.

29 août 1808, jugement du tribunal de Castelnaudary, qui déclare l'action du sieur Mas prescrite, attendu qu'il est né le 13 nov. 1770, et qu'il n'a introduit son action que le 14 mars 1808, plus de dix ans après sa majorité; que, dans le droit, aux termes de l'art. 134 de l'ordonnance de 1539, les mineurs n'ont que dix ans, à compter de leur majorité, pour poursuivre la cassation des contrats pour l'aliénation de leurs biens, faite sans décret ni autorité de justice....; que c'est vainement que le sieur Mas, en bornant les dispositions de cette ordonnance au cas où la vente a été faite par le mineur lui-même ou par son tuteur, se retranche à dire que, lors de la vente, Germaine Antier, sa mère, n'était pas sa tutrice, puisqu'il avait passé l'âge de 14 ans; que Germaine Antier, jouissant des biens du mineur, et ayant, par le testament de son mari, le pouvoir de vendre les biens de la succession, avait qualité pour faire ladite vente, et qu'il ne s'agit que de savoir si elle devait ou non

remplir les formalités nécessaires pour l'aliénation des biens des mineurs.

Que la vente ne pouvant, par conséquent, être attaquée que par le bénéfice de minorité, et par défaut d'accomplissement de ces formalités, le sieur Mas ne pouvait se dispenser d'exercer son action en nullité dans les dix ans fixés par la loi pour l'exercice de ces sortes d'actions. Appel.

9 novembre, arrêt de la Cour de Montpellier, qui infirme, par le motif que la vente du 20 déc. 1786 n'a été faite ni par le mineur ni pour le mineur; qu'ainsi, l'art. 134 de l'ordonnance de 1539 est inattaquable.

Pourvoi contre cet arrêt par les héritiers Daydé, pour violation de l'art. 134 de l'ordonnance de 1539.

Arrêt —Attendu que, dans l'espèce, il ne s'agit pas d'une vente faite par le mineur, mais d'une vente des biens d'autrui; que, dès-lors, l'art. 134 de l'ordonnance de 1539 est inapplicable, et que l'action compétente à Guillaume Mas devait durer trente ans, la Cour rejette le pourvoi.

470. Il est cependant un cas où, bien que la propriété immobilière d'un mineur ait été vendue par son tuteur, l'action en nullité appartenant au mineur doit être intentée dans le délai de dix ans, à compter de sa majorité, c'est lorsque le tuteur a été irrégulièrement nommé, que sa nomination est nulle, et lorsque néanmoins il a agi comme si sa nomination était valable : sa bonne foi ou plutôt l'erreur commune jointe à sa qualité de représentant de fait de l'enfant confié à ses soins, le font réputer tuteur, et lui rendent applicables toutes les dispositions propres au véritable tuteur. (Arrêt de cassation, du 14 oct. 1806; Sirey, tom. 24, part. 1re, p. 251.)

471. On trouve un second exemple des difficultés que présente l'application des principes ci-dessus dans la vente des biens appartenant à une femme mariée. Voici les diverses hypothèses qui peuvent se présenter.

472. La femme peut avoir vendu elle-même, sans l'autorisation de son mari, un immeuble dont elle était propriétaire. Cette vente est nulle dans son intérêt, aux termes de l'art. 225 du Code civil ; cependant, comme elle a figuré dans l'acte de vente, son action est une véritable action en nullité, dont la durée est soumise à la prescription portée par l'art. 1304.

473. Autre hypothèse. Un mari vend, en l'absence de sa femme, l'immeuble appartenant à celle-ci. Cette vente est nulle, comme ayant pour objet la chose d'autrui. La femme n'a pas besoin d'une action en nullité pour rentrer dans la possession de son immeuble : son défaut de consentement fait que la chose n'a jamais cessé de lui appartenir, elle peut donc agir par l'action en revendication qui, comme on sait, dure trente ans.

474. Enfin, *une troisième hypothèse* a l'eu, quand l'immeuble constitué en dot par la femme ou à la femme, a été vendu pendant le mariage. Pour décider si la femme n'a que le délai des actions en rescision ou en nullité, ou si, au contraire, son action dure trente ans, il faut distinguer si le mari et la femme, conjointement, ou la femme seule, ont consenti la vente, ou si, au contraire, le mari seul a vendu.

Au premier cas, la femme n'a que dix ans, à compter de la dissolution du mariage, car ayant elle-même fait la vente, il n'y a pas vente de la chose d'autrui ; seulement, elle ne pouvait pas vendre à raison de son incapacité ; elle ne peut donc agir que par la voie de l'action en nullité, pour se faire relever du consentement qu'elle avait donné au mépris de la loi.—Voir arrêt du Parlement de Toulouse, du 9 juillet 1704, Journal du Palais, tom. 3, pag. 150.

Au second cas, c'est-à dire si l'alié-

nation a été faite par le mari sans le consentement de sa femme, c'est une véritable vente de la chose d'autrui ; la femme a trente ans pour revendiquer son immeuble, à cause qu'elle n'a pas besoin d'agir par la voie de l'action en nullité, mais seulement par la voie de l'action réelle en revendication, *rei persecutoriæ*. (1)

Nec obstat qu'en vendant l'immeuble dotal, le mari ait déclaré qu'il agissait en qualité de mari et maître des cas dotaux, car cette qualité lui donne bien, en certains cas, des droits sur la dot mobilière, mais ne lui en donne aucun pour aliéner l'immeuble dotal, si l'aliénation ne lui a pas été permise dans le contrat de mariage. — C'est la conséquence de l'art. 1552 du Code civil, qui, contrairemen aux anciens principes, (Pothier, des Prescriptions, n° 68 et suiv.), dispose que l'estimation donnée à l'immeuble constitué en dot, n'en transporte pas la propriété au mari, s'il n'y a déclaration expresse.

Le mari n'étant donc nullement le représentant de la femme pour l'aliénation du fonds dotal, il ne peut l'aliéner sous aucun prétexte (art. 1554 du Code civil) et s'il l'a fait, la femme n'est pas plus liée que si la vente avait été faite par un étranger ; les énonciations contenues dans le contrat sont inutiles ; elles ne donnent point au mari une qualité que la loi lui refuse.

475. Il n'en est pas de même du tuteur par rapport au mineur : il le représente dans tous les actes civils, dans tous les emprunts, les ventes, etc., même dans les actes qu'il fait, sans observer les formalités prescrites par la loi ; et il est aujourd'hui constant, en jurisprudence, que le tuteur a qualité pour vendre les immeubles de son mineur, que la maxime : *Factum tutoris factum minoris*, s'applique au cas où

---

(1) Voir l'arrêt du Parlement de Toulouse, ci-dessus cité ; Boniface, tom. 1er, pag. 137, n. 3 ; Fromantal, pag. 259. —Voir en outre, un arrêt de cassation du 28 fév. 1825 ; Jurispr. du 19e siècle, 1825, 1. 421.

le tuteur a agi sans observer les formalités prescrites par la loi, et que le mineur étant ainsi censé être intervenu dans l'acte, n'a que dix ans, à compter de sa majorité, pour intenter l'action en nullité d'une pareille vente. Arrêt de cassation, du 14 nov. 1826; Jurispr. du 19ᵉ siècle, 1827, p. 306. Il en était autrement sous l'ancienne jurisprudence. Pothier pensait que, pour qu'un individu fût censé avoir contracté par le ministère de son tuteur, curateur, etc., il fallait que le contrat n'excédât pas les bornes du pouvoir de ces personnes. (des Oblig. n. 76.) — L'opinion contraire est plus fondée; il faut toujours que le mineur soit représenté, et effectivement il l'est toujours; seulement, les moyens qu'il a pour faire rescinder les engagemens par lui souscrits ou qu'on a consentis pour lui, doivent être plus ou moins faciles, suivant que les dispositions de la loi relatives à la forme des actes ont ou n'ont pas été observées.

476. La différence que nous avons indiquée entre la prescription ordinaire et la prescription de l'action en rescision, est extrèmement importante; notamment, on ne doit pas la perdre de vue, quand il s'agit de savoir à quelle époque le délai a commencé à courir utilement.

Pour la première, les dix ou vingt ans commencent à courir le jour où l'acquéreur a pris possession de l'immeuble, car le véritable propriétaire n'ayant pas concouru à l'acte, il n'a pu être prévenu de la vente de sa chose que par la prise de possession.

Au contraire, la prescription de l'action en nullité ou en rescision commence à courir le jour du contrat, lorsque la cause de la nullité était connue ou censée l'être, et si la nullité était ignorée, ou si la partie n'était pas libre, du jour de la découverte du moyen, ou du jour où la contrainte a cessé.

477. La prescription de l'action en nullité ou en rescision étant une espèce de ratification tacite, on doit décider que sa nature, ses conditions et ses ef-fets sont fixés par les règles de cette ratification. Cette vérité nous a été démontrée par les dispositions de la loi, par leurs motifs et par la jurisprudence : son exactitude va ressortir des trois conséquences ci-après.

478. *Première Conséquence.* La prescription de l'action en nullité ou en rescision ne peut jamais valider les actes et les conventions qui, suivant ce que nous avons dit au n° 334, ci-dessus, ne sont pas susceptibles d'être expressément ratifiés.

Par exemple, si un acte sous seing-privé, au lieu d'être annulable ou rescindable, était dépourvu d'existence légale, s'il n'était point signé de la partie à qui on l'oppose, il ne pourrait point être validé par la prescription de dix ans; la partie intéressée n'aurait pas besoin d'en demander la nullité, il n'aurait pas besoin d'action, et le possesseur qui n'aurait qu'un titre pareil ne prescrirait que par trente ans (Toullier, vol. 7, (édit. Tarlier, t. 4), n° 607).

Il n'en serait pas de même si le notaire avait rapporté la présence du vendeur et sa déclaration de ne savoir signer. Si ce titre avait été suivi de possession, le vendeur devrait l'attaquer dans les dix ans du jour de sa date, par voie d'inscription de faux : après ce délai, il n'y serait plus recevable, puisque l'action civile résultant même d'un crime capital est éteinte par le laps de dix ans, à compter du jour où le crime a été commis. Art. 637 du Code d'inst.; Toullier, *loco citato*, n. 608.

479. Par exemple encore, les communes ne peuvent renoncer aux actions en nullité qu'elles sont en droit d'exercer, d'où suit que là prescription de dix ans ne peut leur être opposée ; *nec obstat.* l'art. 2227 du Code civil, qui porte que « l'état, les établissemens publics, les communes, sont soumis aux mêmes prescriptions que les particuliers, et peuvent également l'opposer. » Car cet article, placé dans le titre des prescriptions en général, ne peut se rapporter à une prescription qui a

ses règles particulières (art. 2264) et qui ne peut jamais être que le résultat d'une renonciation tacite que les communes n'ont point capacité de faire.

Les communes ne peuvent donc être déclarées nonrecevables dans une action en nullité ou en rescision, qu'autant que le tiers se trouverait dans le cas de pouvoir leur opposer la prescription en général, sinon elles ne pourraient être repoussées, sous aucun prétexte, par les dispositions de l'art. 1304.

480. Cette première conséquence justifiée, on pourrait se demander si, réciproquement, la prescription de dix ans peut être opposée à l'égard de toutes les actions en nullité ou en rescision qui seraient de nature à pouvoir être éteintes par la ratification expresse ou la ratification tacite. Nous n'aurions pas hésité à répondre affirmativement à cette question, si nous n'avions eu sous les yeux une décision par laquelle la jurisprudence a cru devoir porter une exception. — Voici, sur ce point, l'espèce d'un arrêt de la Cour de Riom, 8 nov. 1828, Jurisp. du 19ᵉ s. 1829, p. 122.

Le 5 pluviôse an VII, acte par lequel Matthieu et Rose Mingot vendent à Jean Mingot, leur frère, tous leurs droits dans la succession future d'Antoine Mingot, père commun, moyennant la somme de 275 francs pour chacun des cédans, laquelle somme leur a été payée depuis, ainsi qu'il conste de divers actes. 5 pluviôse an XIII, décès d'Antoine Mingot père : en 1826, demande, par Matthieu Mingot ou ses enfans, en partage de la succession d'Antoine Mingot père, nonobstant l'acte de vente du 5 pluviôse an VII. Les demandeurs soutiennent que cet acte est nul, comme ayant eu pour objet la vente ou cession de droits successifs non encore ouverts. Jean Mingot répond, notamment, que la nullité a été couverte, aux termes de l'art. 1304 du Code civil, plus de dix ans s'étant écoulés, soit depuis l'acte, soit depuis le décès du père commun. —

6 juin 1826, jugement du tribunal du Puy, qui accueille cette défense.

Appel, de la part des enfans de Matthieu Mingot : dans leur intérêt, on commence à établir que l'acte de vente dont il s'agit était non pas seulement rescindable, mais radicalement nul, comme ayant une cause illicite, et portant sur une chose hors du commerce ; on soutient ensuite que l'art. 1304 est sans application aux conventions nulles de plein droit, aux conventions dont la cause illicite empêche qu'elles puissent produire aucun effet ; que la prescription trentenaire seule pouvait mettre l'acte en question à l'abri de l'action en nullité. On cite à l'appui de ce système, un arrêt de cassation, du 2 juillet 1827.

Arrêt du 8 nov. 1828. — La Cour ; — Attendu que, par l'acte du 5 pluviôse an VII, correspondant au 25 janvier 1799, Jean et Matthieu Mingot ont traité sur la succession d'Antoine Mingot, leur père, non encore ouverte, hors sa présence, et sans qu'il soit suffisamment justifié qu'il y eut donné son consentement ; — Attendu qu'un pacte de cette nature, contraire aux bonnes mœurs et à la morale publique, a été considéré, sous l'ancienne législation, comme étant nul de plein droit ; — attendu que si on apprécie l'acte dudit jour 5 pluviôse an VII, d'après les principes du Code civil, sous l'empire duquel Antoine Mingot est décédé, il en résulte qu'il est également frappé d'une nullité absolue par les art. 791, 1600, 1128, 1130 et 1131, comme contenant une cession de droits héréditaires dans la succession d'une personne vivante, essentiellement prohibée par ces différens articles, comme ayant une cause illicite, et portant sur une chose hors de commerce, et appartenant à autrui ; — attendu qu'une telle convention étant viciée d'une nullité viscérale, il est de la nature d'une pareille nullité, de faire considérer l'acte qui la contient comme ne pouvant produire aucun effet, ni être légitimé par aucun moyen légal, si ce n'est par la prescription de trente ans; —attendu que l'art. 791 du Code civil, en disposant qu'on ne peut renoncer à la succession d'un homme vivant, a nécessairement établi ce principe pour toutes les successions qui s'ouvriraient à l'avenir; attendu que le moyen pris de la prescription de dix ans, qui a été tiré de l'art. 1304 du Code civil, n'est point applicable à l'espèce, par la raison que le Code ayant prohibé et aboli toute convention faite sur une succession future, il n'y a eu lieu, en la cause, à aucune demande en nullité ou en rescision, mais seulement à une action en partage qui n'aurait pu se prescrire que par trente ans; —et attendu qu'Antoine Mingot n'est décédé que le 5 pluviôse an XIII; —attendu que la partie d'Allemand a formé la demande en partage de sa succession, le 13 janvier 1826, et, dès-lors, dans les trente ans pendant lesquels elle a eu le droit de l'exercer; par ces différens motifs, met l'appellation au néant, et statuant par jugement nouveau, sans s'arrêter ni avoir égard à l'acte du 5 pluviôse an VII, qui est déclaré nul, etc.

481. *Deuxième Conséquence*. Le délai de dix ans ne commence à courir que du jour où l'acte ou la convention pouvaient être valablement confirmés ou ratifiés; arg. de l'art. 1304 du Code civil. — Ainsi 1° pour les actes annulables pour défaut de forme, les dix ans commencent à courir du jour de l'acte, si la nullité est apparente ou si elle est de nature à n'avoir pas pu être ignorée de la partie intéressée; dans le cas contraire, ils ne commencent à courir que du jour où la nullité est connue.

2° Pour les actes et conventions surpris par dol, extorqués par violence ou consentis par erreur, les dix ans ne commencent à courir que du jour de la découverte du dol, de l'erreur, ou de la cessation de la violence (art. 1304 du Code civil).

482. A l'égard des actes ou conventions passés par les interdits, le délai ne commence à courir que du jour où l'interdiction est levée; et à l'égard de ceux faits par les mineurs, du jour de leur majorité, art. 1304 du Code civil, ou du jour de leur décès, s'ils meurent avant cette époque. — Remarquez que la loi ne distingue pas si le mineur et l'interdit ont eu connaissance de l'acte qui les obligeait ou les dépouillait, ou s'ils l'ont ignoré; dans l'un et l'autre cas, le délai commence à courir utilement du jour de la levée de l'interdiction ou du jour de la majorité. En cela, le Code n'a point apporté de changement aux principes admis par l'ancienne jurisprudence. Voir arrêt du Parlement de Toulouse, du 4 juillet 1714, journal du Palais, t. 3, p. 462.

483. Nous devons dire toutefois que si le tuteur, en rendant son compte, a induit son ci-devant pupille ou l'interdit en erreur, et qu'il l'ait fait sciemment, il est responsable du préjudice qu'ils ont éprouvé; les oyant-compte ont, pour obtenir cette réparation, une action qui dure dix ans, depuis la découverte du moyen de nullité.

484. Nous devons dire un mot sur une question qui prend naissance dans l'art. 475 du Code civil, ainsi conçu : « Toute action du mineur contre son tuteur, *relativement aux frais de la tutèle*, se prescrit par dix ans à compter de la majorité. — D'un autre côté, l'art. 472 du même Code, prononce la nullité de tout traité qui intervient entre le tuteur et le mineur, devenu majeur, s'il n'a été précédé de la reddition d'un compte détaillé et de la remise des pièces justificatives, le tout constaté par un récépissé de l'oyant-compte, dix jours au moins avant le traité.

On a demandé par quel délai se prescrivait l'action compétant au mineur, pour faire annuler un pareil traité. D'un côté, on a dit que l'article 475 ne réduisait à dix ans que les actions relatives aux faits de la tutelle, et que le traité sur le compte tutélaire étant un fait postérieur à la tutelle, il en résultait que l'action durait trente ans, suivant la règle générale établie par l'art. 2262 du Code civil ; et à cet égard, on a invoqué les principes de la jurisprudence antérieure au Code qui, ainsi que l'atteste M. de Maleville (sur l'art. 475), n'admettaient à cet égard que la prescription de trente ans.

Mais cette décision n'a pas été consacrée par l'usage : on a généralement pensé qu'elle n'était pas soutenable depuis la promulgation de l'art. 475. Cet article soumet, en effet, à la prescription de dix ans, toutes les actions du mineur contre son tuteur, *relativement aux faits de la tutelle ;* or, ces expressions générales ne permettent pas de douter que l'action en nullité du traité ne soit soumis à la même prescription. Dans quelque hypothèse qu'on se place, pour ce traité, il est impossible de soutenir qu'il ne se rapporte pas aux faits de la tutelle, directement et indirectement.—La Cour de cassation a reconnu et appliqué ces principes dans l'espèce suivante :

Le sieur Tesson père, avait été chargé de la tutelle de son fils mineur.

14 vendémiaire an XIV, traité sur le compte de tutelle, entre le sieur Tesson fils, devenu majeur, et le sieur Tesson père.—Ce traité ne fut pas précédé de la reddition d'un compte détaillé et de la remise des pièces justificatives, comme l'exige, à peine de nullité, l'article 472 du Code civil.

Dix années s'écoulent, à compter de la signature du traité.

En cet état de choses, le sieur Tesson père en demande l'exécution. —Tesson fils oppose la nullité fondée sur le défaut de remise du compte détaillé et des pièces justificatives.

Tesson père répond que l'action en nullité est prescrite, attendu qu'il s'est écoulé plus de dix ans depuis le traité, et à plus forte raison, depuis la majorité de son fils ; et qu'aux termes de l'art. 475 du Code civil, toute action du mineur contre son tuteur, relativement aux faits de la tutelle, se prescrit par dix ans, à compter de la majorité, et que, d'ailleurs, suivant la disposition générale de l'art. 1304 du

Code civ., toute action en nullité d'une convention se prescrit par dix ans.

6 juillet 1808, jugement du tribunal de Saintes, qui déclare le sieur Tesson fils non recevable, attendu que son action est relative aux faits de la tutelle, et qu'en conséquence, elle se prescrit par dix ans.

Appel de la part du sieur Tesson fils. — 11 mars 1819., arrêt de la Cour de Poitiers, qui confirme, par le motif, que l'art. 475 veut que toute action du pupille contre son tuteur, pour fait de tutelle, se prescrive par dix ans, et que l'action en nullité d'un traité tend évidemment à rechercher le tuteur relativement à sa gestion ; que, d'ailleurs, lart. 1304 du même Code, établit la prescription de dix ans pour l'action en nullité des contrats en général.

Pourvoi en cassation de la part de Tesson fils, pour violation de l'art. 472, et fausse application des art. 475 et 1304 du Code civil ; en ce que l'arrêt dénoncé a déclaré prescrite par dix ans l'action en nullité d'un traité intervenu entre le tuteur et le pupille, sans avoir rempli les formalités préalables, prescrites par l'art. 472.

Le 14 nov. 1820, — arrêt par lequel, la Cour — « attendu, *en droit,* que toute action du mineur contre son tuteur, relativement aux faits de la tutelle, se prescrit par dix ans à compter de la majorité, d'où il suit que, s'il est vrai que tout traité intervenu entre le tuteur et le mineur, devenu majeur, est nul, s'il n'a été précédé des pièces justificatives, le tout constaté par un récépissé de l'oyant-compte, dix jours au moins avant le traité ; il est vrai aussi que l'action pour poursuivre cette nullité, *se rattachant essentiellement à tous les faits de la tutelle,* est nécessairement prescrite par dix ans, à compter de la majorité, si., d'ailleurs, le même traité est à l'abri de tous reproches qui pourraient donner lieu à l'action ordinaire en nullité ou en rescision des conventions ; car autrement, même après dix ans à compter de la majorité, tous les faits de la tutelle pourraient de nouveau être mis en question, à la suite d'une action relative aux mêmes faits de tutelle; et, d'une part, le mineur lié par une obligation contractée par lui-même depuis sa majorité, serait d'une condition meilleure que le mineur auquel on ne pourrait objecter aucun fait de sa part; et, de l'autre, le tuteur qui aurait été déchargé par un traité passé avec le mineur, devenu majeur, serait soumis à une responsabilité plus longue que le tuteur qui n'aurait jamais pris soin de liquider son administration.

« Attendu encore, qu'il a été reconnu, 1° que le 14 vendémiaire an XIV, époque du traité passé entre Tesson père, ci-devant tuteur, et Tesson fils, celui-ci était devenu majeur; 2° qu'aucun reproche ne pouvait être fait à ce traité, hors celui de n'avoir pas été précédé du compte détaillé de tutelle, et de la remise des pièces dans le délai de la loi; 3° enfin, qu'il a été constamment exécuté par Tesson fils, pendant onze ans, non-seulement à compter de sa majorité, mais encore à compter de l'époque du même traité; que, dans ces circonstances, en décidant que l'action de Tesson fils, en nullité dudit traité et en reddition du compte tutélaire, était non recevable, l'arrêt attaqué a fait une très-juste application des lois de la matière;

Rejette le pourvoi, etc., etc.

485. L'art. 475 du Code civil a donné naissance à une autre difficulté importante. Nous avons dit que l'action en nullité établie par l'art. 472, se prescrivait par dix ans. Mais quand commencent-ils à courir utilement? Est-ce du jour de la majorité, est-ce du jour du traité? Plusieurs jurisconsultes, notamment Toullier, n. 1278, du tom. 2, ont pensé que la prescription ne commençait à courir que du jour où le traité a été consenti, et non du jour de la majorité. — Nous avons examiné les raisons par eux invoquées à l'appui de leur opinion, et nous n'avons pu nous décider à l'adopter. Nous pensons, au contraire, que les dix-ans commen-

cent à courir du jour de la majorité : nous allons le prouver. Mais avant, nous devons faire observer que nous ne parlons ici que du traité nul pour la cause spéciale mentionnée dans l'art. 472. S'il était entaché de quelqu'autre vice, comme de violence, de dol, etc., etc., les dix ans ne commenceraient qu'aux époques fixées par l'art. 1304 du Code civil. — Nous n'examinons donc la question que sous le rapport particulier que nous venons de signaler, et alors elle nous paraît d'une solution facile. — Rappelons quelques principes incontestables. La tutelle a été considérée de tout temps comme une véritable charge, et comme telle, le législateur a voulu en modifier, autant que possible, les rigoureuses conséquences. Surtout, il n'a pas voulu que le tuteur pût être trop long-temps recherché à raison de son administration, et que sa fortune pût demeurer trop long-temps incertaine ou grevée. Il a pensé que dix années étaient bien suffisantes pour que le mineur pût se faire rendre compte, et que c'était à ce laps de temps que devait être restreinte la durée de toutes les actions relatives à la tutelle. Un terme plus long aurait été en opposition à la loi, et surtout défavorable, puisque la tutelle étant une charge, il faut toujours dans le doute donner la préférence au moyen qui tend à l'alléger. — D'un autre côté, il est incontestable que la demande en nullité du traité fait sur le compte tutélaire, et avant que celui-ci ait été régulièrement rendu, est une action relative à la tutelle, une action dont la source et le caractère se trouvent dans les dispositions de la loi sur les obligations du tuteur.

Cela posé, comment peut-on prétendre que cette action en nullité ne rentre pas dans les dispositions de l'art. 475, et sous quel prétexte peut-on justifier l'opinion de ceux qui veulent que la prescription de dix ans ne commence à courir que du jour du compte, et non pas du jour de la majorité? ne faudrait-il pas une dérogation formelle à l'article que nous venons de citer, ou au moins, ne faudrait-il pas une raison légale et incontestable qui autorisât les juges à augmenter les charges du tuteur et à prolonger sa responsabilité?

Certes, si l'on pouvait trouver une différence dans l'action en nullité du traité intervenu entre le tuteur et le mineur, et l'action qui appartient à celui-ci pour se faire rendre compte, elle serait toute en faveur de la première. En effet, au premier cas, le tuteur a pu ne pa se conformer aux dispositions de l'art. 472 pour la forme, mais il a rendu compte, il a traité sans fraude avec le mineur, il a pu compter sur la familiarité de ses rapports avec son pupille, sur la probité de celui-ci; au contraire, lorsqu'il n'a pas rendu compte, il est en présomption de mauvaise foi, rien né justifie sa conduite, et son silence est défavorable.

Et cependant on convient que cette dernière action ne dure que dix ans, et l'on voudrait que la première qui est moins favorable, quoiqu'ayant une même origine, se prolongeât plus long-temps : c'est impossible ; la loi et ses motifs s'y opposent également.

La Cour de cassation s'est prononcée dans ce sens, par arrêt du 26 juillet 1829.

«Considérant, dit-elle, que d'après l'art. 472 du Code civil, tout acte passé entre le tuteur et le mineur, devenu majeur, est nul, s'il n'a été précédé de la remise des pièces justificatives du compte; que, d'après l'art. 475, toute action du mineur contre son tuteur, relativement aux faits de la tutelle, se prescrit par dix ans à compter de la majorité ;

» Considérant que la nullité prononcée par l'art. 472, laisse le mineur, devenu majeur, et le tuteur, au même état où ils étaient avant ce traité ; que, par conséquent, le mineur est autorisé à exercer son action en reddition de compte pendant les dix ans que lui accorde l'art. 475, à compter de la majorité, sans qu'on puisse lui opposer le traité ; qu'après ce délai ainsi calculé,

la prescription lui est applicable, à moins qu'il ne fonde la nullité du traité sur des faits spéciaux de dol ou de violence ; qu'en effet, le mineur qui a transigé en minorité, et qui n'attaque la transaction ni pour cause de dol, ni pour cause de violence, mais uniquement pour une omission qui n'exclut pas la bonne foi, ne peut être traité plus avantageusement que s'il n'eut pas transigé ; que, dans ce dernier cas, l'action aurait été prescrite dans le délai de dix années, à partir de la majorité ; qu'il doit en être de même dans le premier, puisque l'action en nullité n'ayant d'autre objet de la part du mineur, devenu majeur, que d'obtenir de nouveaux comptes, est nécessairement subordonnée à la même prescription que la deman de ordinaire en reddition de compte ;

» Que l'art. 1304 du Code civil est sans application à la cause qui est régie par un article spécial; qu'en effet, le législateur a simplement fixé par cet article le point de dépaat, pour la prescription des actions en nullité des contrats, au jour de ces contrats, par la raison que cette prescription ne pouvait évidemment courir avant l'existence de ces mêmes contrats; que le législateur, en posant ce principe, *a fait abstraction des matières particulières qui devraient être régies* par d'autres principes ; que dans la matière spéciale des actions quelconques relatives aux faits de la tutelle, la majorité du mineur a été fixée par l'art. 475 du Code, pour le point de départ de la prescription ; que, par conséquent, lorsqu'il n'y a eu ni dol ni violence, c'est à l'époque de la majorité, et non à celle du traité ou de la transaction sur les comptes tutélaires, qu'il faut remonter; que, d'après le système contraire, le tuteur qui aurait été déchargé par un traité passé avec le mineur devenu majeur, serait soumis à une responsabilité plus longue que le tuteur qui n'aurait pas traité; ce que la loi, sainement entendue, ne permet pas d'admettre, etc., etc. ;

« Rejetté, etc., etc. »

486. Nous ferons observer, en finissant, sur l'action en nullité ou en rescision accordée à plusieurs mineurs dont les biens ont été vendus sans l'observation des formalités voulues par la loi, elle ne présente aucun caractère d'indivisibilité dans son objet, de telle sorte, que les dix ans commencent à courir pour chacun des mineurs à leur majorité respective ; ce qui produit cet effet, que cette action peut être prescrite à l'égard des uns, bien que conservée à l'égard des autres. —Arrêt de cassation, 5 déc. 1826 ; Jurispr. du 19e siècle, 1827, p. 311.

487. Pour les actes passés par la femme mariée, sans l'autorisation de son mari, la prescription court du jour de la dissolution du mariage, art. 1304 du Code civil, ou de la séparation de biens, *leg.* 30 *Cod. de jure dotium ;* car, quoique cette séparation n'enlève pas aux biens le caractère qu'ils avaient, elle produit néanmoins l'effet de les faire rentrer sous l'empire de la prescription ; « les immeubles dotaux, est-il dit, dans l'article 1561 du Code civil, non déclarés aliénables par le contrat de mariage, sont imprescriptibles pendant le mariage, à moins que la prescription n'ait commencé auparavant ; ils deviennent néanmoins prescriptibles après la séparation de biens, quelle que soit l'époque à laquelle la prescription a commencé. » Voir arrêt du Parlement de Toulouse, du 9 sept. 1740, Journal du Palais, t. 6, p. 243.

488. Il est cependant une circonstance où l'action en nullité, compétant à la femme, ne commence pas à courir du jour de la séparation de biens, mais seulement du jour de la dissolution du mariage ; c'est lorsque cette action réfléchirait contre le mari ; par exemple, si le mari qui ne pouvait vendre les biens constitués à la femme qu'à la charge de remploi, les a néanmoins vendus sans les faire suivre de ce remploi : alors il n'est pas douteux que l'action donnée à la femme ne peut être exercée qu'à la dissolution du mariage ; car, jusqu'à ce moment, le mari peut faire un emploi utile du prix des biens vendus. Cette décision conforme aux principes de droit, qui ne permettent pas qu'aucune prescription puisse courir contre celui qui ne peut agir *contrà non volentem agere non currit præscriptio,* nous paraît résulter de l'art. 2250 du Code civil, et, en outre, d'un arrêt de la Cour de Grenoble, confirmé en cassation, le 27 juillet 1826. Jurispr. du 19e siècle, 1827, 1. 246. Cet arrêt a jugé que la femme dont les immeubles ne pouvaient être vendus qu'à la charge de remploi, ne pouvait point demander la nullité de ces ventes non suivies de remploi, aussitôt après la séparation de biens, et qu'elle devait attendre la dissolution du mariage. Par exemple encore, si la femme, séparée de biens, avait vendu son fonds dotal avec le consentement de son mari, et qu'il ne fût pas établi que le prix de la vente eût tourné au profit de la venderesse, l'action devant réfléchir contre le mari, les dix ans ne commenceraient à courir que du jour de la dissolution réelle du mariage. Arrêt de cassation, du 11 juillet 1826. Jurispr. du 19e siècle, 1827, 1. 287.

489. La disposition de l'art. 1304 du Code, suivant lequel l'action en nullité des actes passés par la femme sans l'autorisation de son mari, ne commence à prescrire que du jour de la dissolution du mariage, doit-elle être entendue d'une manière si générale, que les dix ans que la loi accorde au mari pour exercer cette action, ne commencent à courir, comme à l'égard de la femme, que du jour de la dissolution du mariage.

La généralité des expressions de l'art. 1304, sembleraient devoir le faire penser ainsi ; et M. Toullier, dit, à l'appui de cette opinion : « Le temps ne court point pendant le mariage, même en faveur du mari, qui peut, après la mort de sa femme, avoir intérêt à faire annuler les actes qu'elle a faits. La loi ne le force point à intenter, pendant le mariage, un procès qui serait nécessairement désagréable pour sa femme.

Cette opinion nous paraît erronée ; sans doute, l'art. 1304 s'exprime de la manière la plus générale, mais on ne doit pas perdre de vue que le législateur n'a eu d'autre but, par sa disposition, que de fixer l'époque où commenceraient à courir les dix ans requis pour prescrire à l'égard d'individus incapables d'agir, et qui cessaient de l'être ; or, peut-on raisonnablement mettre le mari sur la même ligne : la femme est incapable, parce que sa volonté se trouve contrainte et dominée par celle du mari, ou bien, parce qu'elle a traité au mépris de son autorité, et l'on voudrait que celui-ci fût empêché d'agir par déférence pour sa femme ? N'est-il pas certain, au contraire, que du moment que la femme a contracté sans l'autorisation de son mari, celui-ci peut demander la nullité du contrat ; que rien ne l'empêche d'agir ; et que son silence, dès le moment même qu'il connaît le tort fait à son autorité, fait supposer son approbation à l'acte annulable ? N'est-il pas certain que ce silence, prolongé pendant dix ans, réunit toutes les conditions de l'art. 1304, c'est-à-dire, que la prescription ne doit être suspendue par aucune des causes qui, suivant cet article, ont été reconnues pour les incapables ? Cette explication raisonnable donnée dans l'art. 1304 du Code civil, nous paraît résulter des paroles du citoyen Jaubert, dans son Rapport au tribunat, le 13 pluviôse an XII :

— *La prescription*, disait-il, *ne commence à courir contre la femme, qu'à la dissolution du mariage, parce qu'alors seulement elle est libre d'agir par elle-même et de son chef ; et que la prescription ne peut courir contre celui qui ne peut agir.* C'est là évidemment le motif de la suspension de prescription, portée par l'art. 1304. Or, ce motif étant positif, nous dirons avec le jurisconsulte Alciat. *de verb. signif. lib.* 1 : *Si*

ratio in lege sit, ex eâ et augeri et minui decisionem ; quoniam leges non tàm in verborum formâ quàm in ratione consistunt.

Nous pensons donc que l'action donnée au mari pour faire annuler les actes faits au mépris de son autorisation, commence à prescrire du jour même où les actes ont été faits, si le mari les a connus, et s'ils ont été faits à son insu du jour où il en aura eu connaissance.

490. Bien que l'art. 1304 du Code civil paraisse ne disposer pour la femme mariée qu'à l'égard *des actes qu'elle aurait passés sans l'autorisation de son mari*, la vérité est néanmoins que par identité de motifs, et suivant, d'ailleurs, la disposition de l'art. 2255 du Code civil, les dix ans que la loi donne à la femme pour former son action en nullité de la vente qu'elle aurait consentie de son bien dotal, conjointement avec son mari, ne commence à courir aussi que du jour de la dissolution du mariage ; jusque-là elle est incapable d'agir ; la prescription, d'ailleurs, serait incompatible avec l'aliénabilité dont sont frappés les biens dotaux. (Art. 1554 du Code civil). (1)

Mais si, ne s'agissant pas de la vente des immeubles dotaux, la femme a contracté l'engagement annulable, avec l'autorisation de son mari, la prescription n'est point suspendue pendant le mariage, (art. 1676 du Code civil), à moins que l'action en nullité ne fût de nature à réfléchir contre le mari (art. 2256.)

7° S'il s'agit d'actes ou conventions qui, n'ayant pu être confirmés pendant quelque temps à raison d'une circonstance quelconque, ont pu être confirmés ensuite à cause de la cessation de l'obstacle qui avait existé primitivement, les dix ans ne commencent à courir que du jour où la ratification expresse, ou la ratification tacite ont pu intervenir.

Par exemple, un donateur ne peut

<hr>

(1) Voyez l'arrêt de cassation du 11 juillet 1826 ; Jurispr. du 19ᵉ siècle, 1827, p. 287 ; et les arrêts, rapportés par Sirey 1817, part. 1ʳᵉ, pag. 304 ; et 1825, parti 1ʳᵉ, p. 421.

réparer, par aucun acte confirmatif, les vices d'une donation nulle en la forme, *suprà* n. 356; tant que le donateur existe, le délai de dix ans ne peut commencer à courir, car, sous aucun prétexte, la donation ne peut valoir qu'autant qu'elle est refaite dans la forme légale (art. 1339 du Code civil); mais à la mort du donateur, la donation pouvant être confirmée par la ratification tacite résultant de l'exécution volontaire (art. 1330), dès ce moment, les dix ans requis pour la prescription commencent à courir utilement.

Par exemple encore, le délai de l'action en rescision pour cause de lésion contre un partage d'ascendans commence à courir, non du jour du partage, mais de celui du décès de l'ascendant donateur.— Cette décision, mal à propos contestée, est la conséquence de ce principe, tant que l'ascendant existe, le partage ne peut être attaqué pour cause de lésion; et qu'alors c'est le cas de dire *contra non volentem agere*, etc., etc., Qui ne demeure convaincu, en effet, que dans un partage de cette nature, le descendant ne peut être lésé qu'autant qu'il n'a pas reçu sa réserve, et qu'il ne peut le savoir qu'à la mort de son donateur; jusque-là, il n'a aucun droit à cette réserve, il n'est pas héritier; et la loi lui refuse toute action. Si, à l'époque du partage, la disposition a pu être faite hors des limites tracées par la loi à sa capacité de disposer, le donateur a pu depuis acquérir d'autres biens, dans le partage desquels les cohéritiers sont à même de corriger l'inégalité de la première disposition. Ainsi, jusqu'à cette époque, la lésion est toujours incertaine, et le donataire peut se plaindre d'un préjudice qu'il peut ne pas éprouver. Or, s'il ne peut agir, et si, d'ailleurs, il ne le doit pas par des raisons d'ordre public et de convenance, aucune prescription ne peut courir contre lui. (1)

491. *Quid* si le partage a été fait cu-

mulativement par le père et la mère des donataires, des biens qu'ils possédaient en commun, le délai doit-il commencer à courir à la mort de l'un d'eux, ou seulement après le décès des deux donateurs ?

Il nous paraît que le délai ne peut commencer à courir utilement qu'après le décès de tous les deux; il nous semble que tant que l'un d'eux existe, des raisons de convenance et d'ordre public s'opposent à ce que le fils donataire puisse troubler, par une action en lésion et en partage, l'ascendant qui vit encore, et qui a consenti à se dessaisir de tous ses biens: Il y a mieux, celui-ci pourrait faire pire; il pourrait déshériter le fils mécontent; alors celui-ci n'est pas libre d'agir, et aucune prescription ne peut courir contre lui. Voici ce qu'on lit dans l'arrêt de la Cour de Bordeaux, du 4 janvier 1827 :

« Attendu que pendant la vie du père et de la mère, les enfans n'ont aucun droit sur leurs biens ; que la donation entre-vifs, suivie du partage, constituant le seul droit qu'ils puissent avoir à des biens que la loi ne les appelait à recueillir qu'après le décès de leurs auteurs, et dans l'état où ils se trouvaient à cette époque, ils ne peuvent attaquer l'acte qui forme leur titre ; que jusqu'au décès des donateurs, il n'y a ni succession, ni droits héréditaires ouverts, ni lésion possible ;

» Attendu que, si le Code civil a autorisé le père et la mère à faire entre leurs enfans le partage de leurs biens cumulativement et sans distinction de leur origine, cette mesure, dont l'avantage consiste à distribuer la totalité des biens comme s'ils provenaient d'une seule personne, deviendrait sans effet utile, si, au décès du premier mourant, l'un des enfans pouvait attaquer le partage et le faire rescinder pour cause de lésion ; qu'il serait évidemment non-recevable à se plaindre

---

(1) Voy. arrêt de la Cour de Toulouse du 18 juillet 1824 ; et un arrêt de la Cour de Bordeaux, du 4 janv. 1827, Jurispr. du 19e siècle 1827, p. 85.

de la lésion qu'il éprouverait sur les biens de l'époux survivant ; et que, d'un autre côté, pour réduire son action aux biens du conjoint décédé, il faudrait scinder l'acte, chose manifestement impossible, puisque dans un partage conjonctif, l'enfant peut recevoir, sur les biens de l'un des époux, le complément de ce qu'il ne reçoit pas dans les biens de l'autre ; que son action repoussée par les principes du droit, ne l'est pas moins par la morale, qui ne permet pas que pendant la vie et sous ses yeux, un enfant attaque, pour cause de lésion, la libéralité qu'il a reçue, et l'accuse d'injustice dans la distribution de ses bienfaits ; attendu qu'il est reconnu par toutes les parties qu'Ardouin père et sa femme vivaient au moment où le sieur et la dame Boutelaud introduisirent leur action ; qu'il est également avoué que la dame Ardouin existe en ce moment,.... ; émendant, déclare les demandeurs non-recevables, quant à présent, dans leur action en rescision pour cause de lésion du partage du 9 septembre 1814. »

8° A l'égard des actes dont l'effet serait suspendu par une condition, les dix ans commencent à courir du jour de l'acte ; nous ne saurions adopter l'opinion de M. Toulier, t. 7, (édit. Tarlier, t. 4,) n° 609, qui a soutenu que la prescription de l'action en nullité ou en rescision ne commençait à courir utilement que du jour de l'événement de la condition ; à cause, dit-il, que jusqu'au moment où cet événement s'est réalisé, il n'a pas existé de contrat, mais seulement espérance qu'il existerait, et que la prescription d'un droit ne peut courir tant qu'il n'est pas acquis d'une manière irrévocable, c'est-à-dire, tant que la condition dont il dépend n'est pas remplie ». Ce raisonnement est-il bien solide ? l'obligation conditionnelle n'est-elle pas une obligation (art. 1168 du Code civil), qui, bien qu'elle puisse ne pas être irrévocable, crée néanmoins un certain

lien ? l'incertitude de ses effets doit-elle être un obstacle à ce que celui qui l'a consentie puisse en demander la nullité ou la rescision pour un motif quelconque ; et aura-t-il à craindre d'être déclaré non-recevable, sous le prétexte que le contrat n'existe pas, et qu'il y a seulement espérance qu'il existera ?

Cet individu n'a-t-il pas qualité et intérêt d'insister, et de dire : Je ne veux pas de ce contrat qui m'oblige mal à propos ; peu m'importe que l'obligation ne soit pas définitive, il me suffit qu'elle puisse le devenir, pour que je veuille ne pas là laisser exister ; ne fût-elle qu'une espérance pour mon injuste créancier, je ne veux pas qu'il puisse la conserver, et je veux jouir du droit que j'ai de faire annuler un acte ou titre quelconque dont les apparences sont contre moi, et que, cependant, je n'ai pas consenti ?

Si donc, du moment où l'acte a existé, j'ai eu le libre exercice de mon action en nullité, mon silence a dû s'élever contre moi, et faire croire à mon intention de ne pas en demander la nullité.

Vainement se prévaudrait-on de l'art. 2257 du Code civil, duquel il résulte que la prescription ne court point à l'égard d'une créance qui dépend d'une condition, jusqu'à ce que cette condition arrive. En effet, le motif de cette disposition est sensible ; le créancier ne peut agir tant qu'il est incertain si l'obligation subsistera, ou tant qu'elle n'a pas commencé à être exigible.

Mais ce motif n'existe pas dans l'espèce de la question ci-dessus, puisqu'au contraire nous venons de voir que l'exercice de l'action en nullité n'était nullement suspendu ; donc l'art. 2257 n'est d'aucune influence.

Il est, d'ailleurs, à remarquer que la jurisprudence ne donne d'application à cet article que lorsqu'il s'agit d'une condition suspensive, de celles qui sont de nature à empêcher l'action de celui qui garde le silence , et qui autorisent l'application de l'adage : *contrà non volentem agere non currit prescriptio.* —Voir l'article 1676 du Code civil , et Delvincourt , tom. 6, pag. 117.

Enfin , la Cour de cassation a jugé la question de manière à faire cesser toute incertitude.

Un mineur avait institué contractuellement son frère pour son héritier dans tous les biens qu'il laisserait au jour de son décès, Le mineur pouvait se faire restituer contre cette institution, d'après les art. 294 et 296 de la coutume de la Manche. — Il n'usa pas de ce droit, quoiqu'il vécut 41 ans après avoir consenti ladite institution.

A sa mort, ses héritiers prétendirent qu'il avait été incapable d'instituer contractuellement, à cause de sa minorité à l'époque du contrat ; que la nullité de cette institution était absolue, et n'avait pu se prescrire à cause que , suivant l'opinion de M. Merlin, en ses Questions de droit. V° inst. contract. , ce genre de contrat ne transférait à l'institué qu'un droit éventuel qui pouvait ne jamais s'ouvrir : qu'ainsi la prescription de la chose elle-même n'avait pu courir avant l'événement de la condition, *Leg.* 7 , § 4. *cod. de præscript. trigent. et quadrag. annis ;* et qu'ainsi ce n'était qu'après la mort de l'instituant, et contre ses héritiers , que la prescription avait pu courir ; et qu'alors seulement, le silence de la part des héritiers pourrait être considéré comme une ratification tacite.

On répondait que la coutume de la Manche, sous l'empire de laquelle l'institution avait été faite, ne rendait pas le mineur absolument incapable de contracter, mais lui réservait seulement une action en rescision ou restitution pour cause de lésion, et que cette action s'était prescrite pendant la vie de l'instituant par un laps de dix

années , écoulées sans aucune réclamation de sa part, conformément à l'art. 134 de l'ordonnance de 1539.

Ce dernier système fut accueilli par le tribunal de Guéret, le 26 août 1808 ; et confirmé par arrêt de la Cour de Limoges , du 24 août 1812. — Et sur le pourvoi, la Cour décida n'y avoir lieu à cassation. Arrêt du 30 nov. 1814 , Sirey , 1815 , p. 53.

492. Nous n'avons pas cru devoir citer d'autres exemples à l'appui de la proposition suivant laquelle les dix ans nécessaires pour opérer la prescription de l'action en nullité , ne commençaient à courir que le jour où l'obligation pourrait être expressément ratifiée, ou exécutée volontairement. Cette proposition est suffisament prouvée par tout ce qui précède.

493. *Troisième Conséquence.* Le silence gardé par la partie qui pouvait invoquer l'action en nullité ou en rescision, n'équivalant à ratification , et ne validant un titre qu'autant qu'il s'est continué pendant dix ans , il faut que ces dix années se soient écoulées utilement , et dans leur entier , c'est-à-dire, qu'il est nécessaire que tous les jours dont ils se sont composés , la convention ou l'acte aient pu être confirmés ou ratifiés , si bien que si pendant deux ou plusieurs jours il y avait eu une des causes ordinaires de suspension de prescription, ces jours ne compteraient pas.

C'est ainsi qu'on tient pour certain que la prescription de l'action en nullité ou en rescision est suspendue, lorsque cette action passe à un mineur ou à un interdit, et que ce qui manque aux dix ans ne commence à courir qu'à la majorité ou à la levée de l'interdiction. Cette décision est consignée dans la disposition générale de l'art. 2252 du Code civil. — Elle est surtout motivée sur ce que la prescription , en ce cas, établirait à leur préjudice une véritable lésion. (I) — Cette décision ré-

---

(1) *Hoc enim ipso deceptus videtur minor quod cum posset restitui intrà tempus statutum ex personâ defuncti hoc non fecit. Leg.* 19 *ff. de minorib.*

suite encore de ce que nous avons dit que la prescription ne pouvait s'acquérir que contre l'individu ayant capacité pour ratifier l'acte ou l'obligation annulables, et que le mineur et l'interdit ne peuvent pas plus ratifier l'engagement de celui ou ceux qu'ils représentent, qu'ils ne pourraient ratifier leur propre engagement.

Malgré le nombre et la justesse de ces motifs, M. Toullier, tom 7, (édit. Tarlier, tom 4,) n⁰ˢ 614 et 615, n'est pas de l'opinion que nous avons adoptée : ce n'est, dit-il, qu'à l'égard des actes faits par le mineur ou par l'interdit, que l'art. 1304 fait courir la prescription à compter du jour de la majorité où de la levée de l'interdiction ; il doit en être autrement pour les actes faits par ceux auxquels ils succèdent.

Nous ne concevons pas sur quelles raisons M. Toullier peut faire reposer son opinion. Nous admettrons pour un moment que l'art. 1304 ne s'applique pas directement à l'espèce ci-dessus, nous admettrons même qu'on ne puisse pas trouver l'indentité des motifs pour approprier à cette espèce celle que l'article 1304 a eu pour objet ; eh bien ! qu'en résulterait-il ? c'est que la question ne pouvant pas être résolue par la disposition de cet article, ou devra chercher les règles de solution dans les dispositions relatives à la prescription en général. Or, l'art. 2252 du Code civil, comme l'art. 1304, s'oppose à ce que la prescription puisse courir contre le mineur et l'interdit, et dès-lors, la décision doit être la même, soit que l'on invoque la règle générale, soit que l'on se détermine par la disposition particulière.

M. Toullier l'a bien senti ; aussi a-t-il cherché à éviter l'application de l'un et de l'autre de ces deux art. ; il argumente de l'art. 1676 du Code civil, qui porte que « le délai donné pour la rescision court contre les absens, les interdits et *les mineurs venant* du chef d'un majeur, « et prévoyant l'objection qu'on doit lui faire, il dit « À la vérité, cet article est relatif à la rescision pour lésion d'outre-moitié dont l'action ne dure que deux ans, mais il y a non-seulement identité de raison, mais une raison de plus pour appliquer cette disposition aux autres actions en nullité ou en rescision, etc. »

Quelle autorité peut avoir l'art. 1676 dans la solution de la question ? N'est-il pas évident qu'il n'y a aucune analogie entre l'action en rescision pour cause de lésion, et l'action en nullité basée sur les causes ordinaires. N'est-il pas établi que l'art. 1676 s'applique à une espèce particulière, exceptionnelle, et qui, par cela même, ne doit pas tirer à conséquence ? Nous l'avons dit, en examinant les diverses causes de nullité et de rescision, au lieu des dix ans qui forment la durée des actions ordinaires en nullité, le législateur a borné à deux ans le terme de l'action en rescision pour cause de lésion d'outre-moitié. En limitant ainsi la durée de cette action, le législateur a concilié les justes droits du vendeur, et les exigences de l'ordre public, qui ne permettent pas qu'on laisse trop long-temps incertaines les aliénations de propriétés immobilières. Mais dans la fixation de ce délai, dans les conditions qui s'y rattachent, tout est spécial, et rien ne tire à conséquence ; et l'on ne peut trouver aucun motif plausible pour s'en prévaloir dans l'interprétation des dispositions relatives aux actions ordinaires en nullité ou en rescision. Bien loin de là ; nous devons penser que si le législateur avait partagé l'opinion de M. Toullier, il n'aurait pas manqué de faire une règle générale de la disposition qu'il a faite pour le cas particulier de l'action en rescision. Son silence ne peut s'interpréter autrement que nous ne le faisons : surtout si on le rapproche de l'art. 2264 du Code civil, suivant lequel les règles de la prescription, sur d'autres objets, que ceux mentionnés dans le titre 20 du liv. 3, sont expliquées dans les titres qui leur sont propres.

Disons-le donc : la question proposée ne peut être résolue que par l'art. 1304, ou par l'art. 2252, d'après lesquels la prescription ne court pas contre les mineurs ni contre les interdits.

494. Telles sont les principales conséquences auxquelles nous avons dû nous rattacher; il en est une infinité d'autres, mais elles résultent de celles que nous avons examinées : et ce serait se livrer à des longueurs inutiles que de les discuter toutes ; le bon esprit de nos lecteurs puisera, dans ce qui précède, les moyens de résoudre les questions les plus importantes et les plus difficiles.

495. L'art. 1304 limite seulement l'action en nullité ou en rescision des conventions, il ne parle pas de l'exception; celle-ci est perpétuelle, *quæ sunt temporalia ad agendum sunt perpetua ad excipiendum*, c'est-à-dire, qu'elle dure autant *que* l'action, *tandiù durat exceptio quamdiù actio.*—Domat, delectus legum ; lib. 44, tit. 4, n. 11 ; de telle sorte, que si celui à qui la loi donne l'action en rescision contre un acte est resté en possession de sa chose, il n'a pas à craindre la prescription : à quelque époque qu'on l'assigne, il peut exciper de la nullité ou de l'imperfection de l'acte, car, pour déposséder le détenteur d'un bien, il faut que le demandeur appuie sa demande d'un titre bon et légitime qui lui attribue la propriété, autrement il ne doit pas être admis dans sa demande. (1)

Si donc, une femme avait vendu son héritage sans le consentement de son mari, si un mineur avait vendu le sien sans l'observation des formalités prescrites par la loi, ils pourraient se prévaloir de la nullité de l'aliénation qu'on leur oppose, tant qu'ils seraient en possession de leur héritage.

L'ordonnance de 1510 avait accueilli cette différence dans la durée de l'action en nullité et de l'exception ; plus tard, l'art. 134 de l'ordonnance de 1539 l'avait supprimée, et il soumettait l'ac-

tion et l'exception à un même délai de dix ans. Plus tard encore, cet article fut abrogé par l'usage, et on revint généralement à l'opinion qui voulait que l'exception fût perpétuelle. Voir Dunod, Traité des prescriptions, part. 1re, chap. 12; Denizart, vo Exception, no 5.—Au Parlement de Toulouse, on jugeait autrement, lorsque l'exception était de nature à pouvoir se changer en action : on voulait qu'alors l'exception fût prescrite par dix ans. Arrêt du 18 juin 1712, journal du Palais, vol. 3, pag. 430.

C'est dans ce sens qu'a été rendu un arrêt de cassation, du 18 juin 1826, Sirey, 1827, p. 379. Les circonstances particulières qui ont donné lieu à cet arrêt, la reconnaissance que semblait avoir faite de son obligation, la femme dont les héritiers voulaient, plus tard, la faire annuler, ont déterminé la Cour. Celle-ci a jugé en *point de fait*, et c'est par ce motif que la Cour de cassation a cru devoir rejeter le pourvoi.

496. Dans les numéros qui précèdent, nous ne nous sommes occupés que de la prescription ordinaire de l'action en nullité ou en rescision ; de celle qui, aux termes de l'art. 1304, dure dix ans. L'on ne doit donc pas puiser nécessairement dans les dissertations que nous avons faites, les moyens de résoudre les questions relatives aux prescriptions particulières disséminées dans le Code. On doit se rappeler, en effet, que l'art. 1304 ne soumet au délai de dix ans que les actions en nullité, dont la durée ne se trouve pas limitée à un moindre délai par une loi particulière.—Disons un mot sur quelques-unes de ces prescriptions.

497. La nullité du mariage contracté sans le consentement des père et mère des ascendans, ou du conseil de famille dans le cas où il est nécessaire, se prescrit par le laps d'une année, qui com-

_____

(1) On lit dans la loi 5, § 6, ff. de dol. mal. et met. except. : » *Non sicut de dolo actio certo tempore finitur, ità etiam exceptio eodem tempore danda est. Nam hæc perpetuò competit : cum actor quidem in suâ potestate habeat, quandù utatur suo jure ; is autem, cùm quo agitur, non habeat potestatem, quando conveniatur* ».

mence à courir utilement, savoir : pour ceux dont le consentement était nécessaire depuis qu'ils ont eu connaissance du mariage ; et pour l'époux, à compter du jour où il a atteint l'âge compétent pour consentir lui-même au mariage; art. 148, 149, 150, 160, 182, 183.

498. La nullité du mariage résultant de ce que l'un des époux n'avait pas atteint l'âge requis pour contracter mariage, ce qui est dix-huit ans pour l'homme et quinze ans pour la femme, est prescrite par le laps de six mois, depuis l'accomplissement de l'âge compétent ; art. 144, 184, 185 du Code civil.

499. La nullité résultant de ce que le consentement des époux ou de l'un d'eux n'a pas été libre, ou de ce qu'il y a eu erreur dans la personne, se prescrit également par six mois de cohabitation, depuis que l'époux a acquis sa pleine liberté, ou depuis qu'il a reconnu son erreur; art. 180 et 181 du Code civil.

S'il n'y a point eu de cohabitation entre les époux, cette action ne se prescrit que par dix ans, car ne se trouvant pas dans le cas des articles ci-dessus, elle rentre nécessairement dans l'application des principes généraux qui soumettent à la prescription de dix ans, les actions en nullité ou en rescision des conventions. (Article 1304 du Code civil.)

500. L'action en rescision pour cause de lésion, n'est plus recevable après l'expiration de deux années, à compter du jour de la vente, art. 1676, ou de la promesse de vente; Arrêt de cassation, du 2 mai 1827, Jur. du 19° s., 1827, p. 313 ; autrefois elle durait dix ans.

Les considérations d'ordre public qui ont porté le législateur à abréger le délai, l'ont également porté à décider que ce délai courrait contre les femmes mariées, les absens, les interdits et les mineurs venant du chef d'un majeur qui a vendu, et qu'il courrait aussi pendant la durée du temps stipulé pour le pacte de rachat. (Article 1676 du Code civil.)

501. Les mêmes considérations veulent que ce délai ne puisse être augmenté sous le prétexte que la vente n'aurait pas été exécutée, et que le vendeur exciperait de la lésion par *voie d'exception.* Les termes de l'article 1676, et les motifs qui l'ont fait porter, ne permettent pas de douter que les deux ans qu'il accorde, sont un délai de rigueur qu'on ne peut augmenter dans aucun cas. C'est une exception à ce que nous avons dit au n° 495.

FIN.

TABLE

DES

CHAPITRES, SECTIONS, ARTICLES ET PARAGRAPHES,

CONTENUS DANS CE VOLUME.

FIN DE LA TABLE.